THE CANADIAN YEARBOOK OF INTERNATIONAL LAW

2007

ANNUAIRE CANADIEN DE DROIT INTERNATIONAL

The Canadian Yearbook of International Law

VOLUME XLV 2007 TOME XLV

Annuaire canadien de Droit international

Published under the auspices of
THE CANADIAN BRANCH, INTERNATIONAL LAW ASSOCIATION
AND
THE CANADIAN COUNCIL ON INTERNATIONAL LAW

Publié sous les auspices de
LA SECTION CANADIENNE DE L'ASSOCIATION DE DROIT INTERNATIONAL
ET
LE CONSEIL CANADIEN DE DROIT INTERNATIONAL

UBC Press
VANCOUVER, BC

Printed in Canada on acid-free paper

ISBN 978-0-7748-1617-5
ISSN 0069-0058

Canadian Cataloguing in Publication Data

The National Library of Canada has catalogued this publication as follows:

The Canadian yearbook of international law — Annuaire canadien de droit international

Annual.
Text in English and French.
"Published under the auspices of the Canadian Branch, International Law Association and the Canadian Council on International Law."
ISSN 0069-0058

1. International Law — Periodicals.
I. International Law Association. Canadian Branch.
II. Title: Annuaire canadien de droit international.
JC 21.C3 341'.05 C75-34558-6E

Données de catalogage avant publication (Canada)

Annuaire canadien de droit international — The Canadian yearbook of international law

Annuel.
Textes en anglais et en français.
"Publié sous les auspices de la Branche canadienne de l'Association de droit international et le Conseil canadien de droit international."
ISSN 0069-0058

1. Droit international — Périodiques.
I. Association de droit international. Section canadienne.
II. Conseil canadien de droit international.
III. Titre: The Canadian yearbook of international law.
JC 21.C3 341'.05 C75-34558-6E

UBC Press
University of British Columbia
2029 West Mall
Vancouver, BC V6T 1Z2
(604) 822-3259
www.ubcpress.ca

The Board of Editors, the Canadian Branch of the International Law Association, the Canadian Council on International Law, and the University of British Columbia are not in any way responsible for the views expressed by contributors, whether the contributions are signed or unsigned.

Les opinions émises dans le présent *Annuaire* par nos collaborateurs, qu'il s'agisse d'articles signés, ne sauraient en aucune façon engager la responsabilité du Comité de rédaction, de la Section canadienne du Conseil canadien de droit international ou de l'Université de la Colombie-Britannique.

Communications to the *Yearbook* should be addressed to:

Les communications destinées à l'*Annuaire* doivent être adressées à:

THE EDITOR, THE CANADIAN YEARBOOK OF INTERNATIONAL LAW
FACULTY OF LAW, COMMON LAW SECTION
UNIVERSITY OF OTTAWA
57 LOUIS PASTEUR
OTTAWA, ONTARIO K1N 6N5 CANADA

Contents / Matière

Book Reviews / Recensions de livres

THE CANADIAN YEARBOOK OF INTERNATIONAL LAW

2007

ANNUAIRE CANADIEN DE DROIT INTERNATIONAL

Les processus canadien et communautaire de négociation des traités, la Société civile et le Principe démocratique: Leçons à tirer de la Communauté européenne

FRANCE MORRISSETTE

I Introduction

Dans cette étude, nous entendons porter notre attention sur les mécanismes canadien et communautaire qui ont été mis en place pour faire participer la Société civile[1] lors du *processus de négociation* des traités, qui, pour les fins de la présente étude, comprend toutes les étapes qui précèdent le moment où le texte d'une convention est arrêté ou n'est plus modifiable, notamment par la procédure d'adoption des traités.[2] Par contre, au niveau du *processus de conclusion* des conventions, qui couvre en conséquence la phase de l'authentification suivie de la ratification, de la signature dans le

France Morrissette, Section de droit civil, Faculté de droit, Université d'Ottawa.

[1] Dans le contexte de notre étude, la notion de Société civile représente "l'ensemble des entités légales à caractère national, régional ou international autres que les gouvernements fédéraux [, provinciaux] et les organisations internationales." Voir *Sommet mondial sur la société de l'information, Genève 2003-Tunis 2005*, disponible en ligne à <http://www.geneve.ch/smsi/doc/20031204_sc.pdf>. Cette définition modifiée de l'ONU couvre ainsi tant le secteur privé que les organismes à but non lucratif. Elle inclut également les municipalités, etc. Toutefois, pour les fins de notre étude, nous en avons exclu les gouvernements provinciaux, car nous leur consacrons une analyse particulière dans l'ouvrage suivant: France Morrissette, *Les procédures canadienne et communautaire de conclusion des traités: Démocratie, équilibre institutionnel et principe fédéral: Leçons à tirer de la Communauté européenne*, Montréal, Collection bleue, Wilson et Lafleur ltée, 2008. Ce dernier ouvrage fait également l'analyse du rôle du pouvoir législatif canadien et communautaire lors de la *procédure de conclusion* des traités telle que définie à *infra*, note 3.

[2] Voir l'article 9 de la *Convention de Vienne sur le droit des traités*, (1980) 1155 R.T.N.U. 353 et le commentaire correspondant à cette disposition dans "Projet d'articles sur le droit des traités et commentaires, adopté par la Commission du droit international à sa dix-huitième session," 1966 II *Annuaire de la Commission du droit international* 7, aux pp. 15-16.

cas d'un accord en forme simplifiée et de l'adhésion, aucune disposition ne prévoit l'intervention directe de la Société civile tant au Canada que dans la Communauté européenne (Communauté).[3] Bien que certains[4] aient eu l'idée de tenir des référendums populaires avant la signature ou la ratification d'un accord d'une importance exceptionnelle, une telle suggestion relève, à notre avis, de l'utopie et elle nous paraît entièrement impraticable. Nous ne lui consacrerons donc aucun développement.

Afin de bien ancrer cette analyse, il nous faut d'abord établir le cadre juridique dans lequel intervient la Société civile; ce qui nous conduira ainsi à expliquer brièvement[5] les processus canadien et communautaire de négociation des accords internationaux. Ensuite, sur cette toile de fond, nous décrirons puis évaluerons les mécanismes existants d'intervention de la Société civile, afin de mesurer jusqu'à quel point le Canada et la Communauté s'efforcent et réussissent, pendant le déroulement de ce processus, à assurer le dialogue ou le respect du principe démocratique, lors des interactions qu'il implique entre leurs différentes instances politiques et sociétales. Finalement, le but ultime de notre étude est de réfléchir sur l'existence de remèdes qui seraient de nature à assurer une prise en considération constante et prévisible de l'idéal démocratique susmentionné à l'occasion du processus canadien de négociation des traités. C'est précisément avec cette idée en tête, que

[3] Pour nous, le *processus de négociation* forme avec le *processus de conclusion*, ce que nous désignons globalement comme étant la *procédure de conclusion*. Notons ici, que le 25 janvier 2008, le ministre des Affaires étrangères, Maxime Bernier, a annoncé que le gouvernement déposerait désormais les traités à la Chambre des communes pendant une période de vigt-et-un jours, entre le moment de leur signature et celui de leur ratification (soit pendant le processus de conclusion de telles conventions) afin de permettre à la Chambre d'en débattre si elle le désire. Voir sur ce point ministère des Affaires étrangères et du Commerce international, *Le Canada annonce une politique sur le dépôt des traités internationaux à la Chambre des communes*, disponible en ligne à: <http://w01.international.gc.ca/minpub/Publication.aspx?isRedirect=True&publication_id=385799&language=F&docnumber=20>. Comme cette proposition vise à conférer un certain rôle à la Chambre des communes lors du processus de conclusion des accords internationaux, elle sort donc du domaine de la présente étude. Nous entendons toutefois en traiter dans F. Morrissette, *supra* note 1.

[4] Voir sur ce point D. Turp, "Un nouveau défi démocratique: L'accentuation du rôle du Parlement dans la conclusion et la mise en œuvre des traités internationaux" dans Conseil canadien de droit international, *L'influence du droit international sur la pratique du droit au Canada*, 27ième congrès annuel, The Hague, Kluwer Law international, 1999, à la p. 128.

[5] Pour plus de détails, voir F. Morrissette, *supra* note 1.

nous avons étudié les solutions communautaires sur ce point, en pensant qu'elles pourraient possiblement constituer pour nous une source d'inspiration originale et intéressante.

II Le processus de négociation des traités au Canada

Dans le présent chapitre, nous identifierons, en premier lieu, les étapes chronologiques du processus canadien de négociation des conventions internationales, puis nous procéderons à la description et à la critique des différents mécanismes de consultation de la Société civile qui ont cours au Canada pendant ce processus.

A La chronologie du processus canadien de négociation des traités

Au Canada, le processus de négociation des traités commence par une phase exploratoire qui peut éventuellement donner lieu à une demande puis à l'obtention de l'approbation politique du Cabinet. Cette dernière permet ensuite d'entreprendre la conduite des négociations.

1 La phase exploratoire

Une fois que le Canada et un ou plusieurs autres États se sont mis d'accord, lors d'entretiens préliminaires, pour envisager la réglementation d'une question par le biais d'un accord international,[6] la phase exploratoire commence. Du côté canadien, il s'agira de mettre en marche, *au niveau gouvernemental d'abord,* un processus d'analyse et de consultations destiné à rassembler les éléments nécessaires pour être en mesure de cerner et de bien comprendre les domaines généraux, les secteurs particuliers, les préoccupations et les intérêts canadiens qui seront en jeu lors des pourparlers avec l'État ou les États étrangers.[7] C'est aussi dans cette même optique,

[6] A.E. Gotlieb, *Canadian Treaty-Making,* Toronto, Butterworths, 1968, à la p. 10; Commerce international Canada, *Accords commerciaux internationaux et administrations locales: Un guide pour les municipalités canadiennes, Annexe E: Principales étapes à suivre en vue de la négociation, de la mise en œuvre et de la gestion des accords de libre-échange* (ci-après Commerce international, Annexe E), 2005, à la p. 1 (format PDF), disponible en ligne à: <http://www.international.gc.ca/assets/trade-agreements-accords-commerciaux/pdfs/AnnexE-fr.pdf>.

[7] *Ibid.* Voir également J. Atkinson (secrétaire adjointe du Cabinet, Politique du développement social, Bureau du Conseil privé), *Témoignages, Comité permanent de la condition féminine,* Chambre des communes, 38ième législature, 1ère session,

comme nous le verrons dans la prochaine section, que les consultations seront *par la suite étendues à d'autres entités, comme la Société civile.*

Cette étape, qui se fait sous la supervision du Bureau du Conseil privé,[8] suppose au départ qu'il y ait des discussions entre les fonctionnaires concernés à l'échelle du ministère parrain de l'entente projetée. Ces derniers devront également initier des consultations avec leurs homologues d'autres ministères et organisations intéressés par ladite négociation.[9] Dépendant de la nature de la convention envisagée, plusieurs ministères peuvent être impliqués dans de pareilles réunions. À titre d'exemples, pour des accords commerciaux complexes,[10] tel l'*Accord instituant l'Organisation mondiale du commerce* (OMC), et pour des rencontres relatives à l'environnement,[11] comme la *Conférence des Nations Unies sur l'environnement et le développement* (Sommet de la Terre de Rio[12]) en 1992 et le *Sommet mondial sur le développement durable* (Sommet mondial) de 2002; de dix à vingt ministères ont collaboré en moyenne à leur préparation.[13]

---

réunion 24, mardi le 22 mars 2005, aux para. 1545, 1555, 1645 et 1650, disponible en ligne à: <http://cmte.parl.gc.ca/cmte/CommitteePublication.aspx?SourceId=126672&Lang=2&PARLSES=381&JNT=0&COM=8997>; D.Ciuriak, "Élaboration de la politique commerciale canadienne: consultations auprès des intervenants et recherche en politique gouvernementale" dans D. Ciuriak et J.M. Curtis, éds., *Les recherches en politique commerciale,* Partie III, Ottawa, Affaires étrangères et Commerce international, 2004, à la p. 5, disponible en ligne à: <http://www.international.gc.ca/eet/research/TPR-2004/TPR-2004-fr.asp>.

[8] Pour une définition du Bureau du Conseil privé et une explication de ses fonctions, voir son site Web,disponible en ligne à: <http://www.pco-bcp.gc.ca/default.asp?Language=F&page=AboutPCO>.

[9] D. Ciuriak, *supra* note 7 aux pp. 4-5.

[10] Dans le cadre de cette étude, nous donnerons souvent en exemples les accords commerciaux, car nous estimons qu'ils comptent parmi les conventions qui ont le plus d'impacts sur le fonctionnement de la Société civile.

[11] Au cours de cette étude, nous donnerons souvent en exemples les conventions en matière environnementale car elles ont également un impact de plus en plus grand sur le fonctionnement de la Société civile.

[12] Ci-après Sommet de la terre de Rio. Parfois, ce même sommet sera désigné: Conférence de Rio ou Sommet Planète-Terre de Rio.

[13] Voir D. Ciuriak, *supra* note 7 aux pp. 4-5; S. Meakin, *Le Sommet de la terre de Rio: Sommaire de la Conférence des Nations Unies sur l'environnement et le développement,* Ottawa, Division des sciences et de la technologie, Bibliothèque du Parlement, novembre 1992, (format PDF), disponible en ligne à: <http://dsp-psd.tpsgc.

Depuis la *Directive du Cabinet sur l'évaluation environnementale des projets de politiques, de plans et de programmes* (Directive), adoptée en 1990 puis révisée en 1999 et en 2004,[14] tout projet[15] "soumis à l'approbation d'un ministre ou du cabinet et [dont] la mise en œuvre ... peut entraîner des effets environnementaux importants, tant positifs que négatifs,"[16] doit faire l'objet d'une évaluation environnementale stratégique. Puisque, tel que nous le verrons dans le paragraphe suivant, le traité international important doit en principe faire l'objet de l'approbation politique du cabinet, il est donc en règle générale soumis à la Directive susmentionnée. Et comme, à titre d'exemple particulier, les conventions commerciales sont certainement de celles qui peuvent avoir un impact significatif sur l'environnement,[17] le ministère des Affaires étrangères et du

---

gc.ca/Collection-R/LoPBdP/BP-f/bp317-f.pdf>; voir *Le Canada au SMDD, rapport national,* Ottawa, Gouvernement du Canada, 19 décembre 2002, disponible en ligne à: <http://www.wssd.gc.ca/Canada_at_wssd/national_report_f.cfm>. Notons ici que le Sommet mondial sur le développement durable est parfois désigné "SMDD" dans les textes consultés.

[14] Pour un historique et le texte intégral et révisé de la directive du Cabinet ainsi que les lignes directrices sur sa mise en œuvre, voir Agence canadienne d'évaluation environnementale, *La directive du Cabinet sur l'évaluation environnementale des projets de politiques, de plans et de programmes* (Directive du Cabinet ou Directive), disponible en ligne à: <http://www.ceaa.gc.ca/016/directive_f.htm>. Par cette directive et par la modification, en 1995, de la *Loi sur le vérificateur général* (L.R., 1985, ch. A-17), qui a eu pour effet d'obliger tous les ministères fédéraux à élaborer une stratégie de développement durable, ainsi que par la nomination, toujours en 1995, d'un Commissaire à l'environnement et au développement durable dans le Bureau du vérificateur général, le Canada désirait marquer son attachement pour l'objectif du développement durable. Voir Bureau du vérificateur général du Canada, *Commissaire à l'environnement et au développement durable,* disponible en ligne à: <http://www.oag-bvg.gc.ca/internet/Francais/esd_fs_f_46.html>. La *Loi sur le vérificateur général* (L.R., 1985, ch. A-17) est disponible en ligne à: <http://lois.justice.gc.ca/fr/A-17/index.html>. Voir également B. Pavey et T. Williams, *Le Canada et le sommet mondial de 2002 pour le développement durable,* Ottawa, Division des sciences et de la technologie, Gouvernement du Canada, 7 février 2003, disponible en ligne à: <http://dsp-psd.pwgsc.gc.ca/Collection-R/LoPBdP/PRB-f/PRB0258-f.pdf>. Pour une vue globale de l'ensemble des actions du gouvernement fédéral canadien en faveur du développement durable, voir T. Williams, *Le développement durable au Gouvernement fédéral, ibid.*, 20 juillet 2005, disponible en ligne à: <http://dsp-psd.pwgsc.gc.ca/Collection-R/LoPBdP/PRB-f/PRB0512-f.pdf>.

[15] Les termes "tout projet" englobent notamment les projets de lois.

[16] Voir la *Directive du Cabinet, supra* note 14 à la p. 2 (version html).

[17] Il suffit de penser aux conventions qui ont résulté des négociations du cycle d'Uruguay pour s'en convaincre. Ces négociations du cycle d'Uruguay ont

Commerce international (ministère des Affaires étrangères ou Ministère) a donc préparé, pour se conformer à la Directive du Cabinet, un *Cadre pour l'évaluation environnementale des négociations commerciales* (Cadre),[18] lequel s'applique à toutes les négociations commerciales qu'elles soient bilatérales, régionales ou multilatérales.

En vertu de ce Cadre, la plus grande partie de cette évaluation environnementale se fait pendant la phase exploratoire d'une négociation. Tout le processus se déroule sous la coordination du ministère des Affaires étrangères assisté d'un Comité d'évaluation environnementale[19] et par le biais du site Web de ce Ministère et/ou de la *Gazette du Canada*. Il est jalonné de plusieurs étapes où *toute une série d'intervenants*[20] est invitée, au cours de délais successifs de soixante jours,[21] à présenter des commentaires sur les effets

---

d'ailleurs fait l'objet d'une *Analyse rétrospective de l'examen environnemental du Canada de 1994: négociations commerciales multilatérales du cycle d'Uruguay.* Voir ministère des Affaires étrangères et du Commerce international, *ibid.*, disponible en ligne à: <http://www.international.gc.ca/assets/trade-agreements-accords-commerciaux/pdfs/retrospective-f.pdf>. Ce document fut publié en novembre 1999. C'est à la suite de cette publication que le travail relatif au *Cadre pour l'évaluation environnementale des négociations commerciales, infra* note 18, fut commencé. Voir *Document d'information sur le Cadre national d'évaluation*, disponible en ligne à: <http://www.international.gc.ca/trade-agreements-accords-commerciaux/ds/backgrounder.aspx?lang=fr>.

[18] Ci-après Cadre. Le Cadre "a été voulu souple et générique, de manière à pouvoir être adapté et appliqué à une variété de négociations commerciales, au cas par cas, selon la nature de l'accord envisagé." Voir ministère des Affaires étrangères, *Cadre pour l'évaluation environnementale des négociations commerciales*, février 2001, à la p. 4, disponible en ligne à: <http://www.international.gc.ca/trade-agreements-accords-commerciaux/ds/Environment.aspx?lang=fr>. Pour les références nous utiliserons le format html. En mars 2006, un *Guide pour l'évaluation environnementale des négociations commerciales* a également été produit, disponible en ligne à: <http://www.international.gc.ca/assets/trade-agreements-accords-commerciaux/pdfs/handbook-f.pdf>. Voir également *Le commerce et l'environnement, Documents de référence, Cadre d'évaluation environnementale des négociations commerciales du Canada*, disponible en ligne à: <http://www.international.gc.ca/trade-agreements-accords-commerciaux/env/env-ea.aspx?lang=fr>.

[19] Le "Comité d'évaluation environnementale" se compose de représentants des différents ministères et organismes fédéraux concernés par l'éventuel accord. Environnement Canada et l'Agence canadienne d'évaluation environnementale en font toujours partie. Voir Cadre, Sommaire, *supra* note 18 à la p. 4.

[20] Voir *infra* notes 63 à 67 et le texte correspondant où nous indiquons ce qu'il faut entendre par "intervenants."

[21] Si nécessaire, cette période peut être raccourcie ou rallongée. Voir Cadre, *2.1 Processus de l'évaluation environnementale des négociations commerciales, supra* note 18 à la p. 13.

environnementaux probables d'un futur accord donné. Chaque étape donne lieu à un rapport[22] qui présente une analyse approfondie de ceux-ci avec des options suggérées pour atténuer l'impact de l'accord sur l'environnement. Les conclusions de ces études et les propositions qu'elles contiennent sont ensuite communiquées aux négociateurs, afin de les aider à orienter les tractations dans un sens qui soit le plus favorable à l'environnement.[23] Une fois complétées les étapes susmentionnées relevant de la phase exploratoire, il faut ensuite obtenir l'approbation politique du Cabinet.[24]

2 *L'approbation politique du Cabinet*

Si un projet de convention soulève des questions significatives de politique en ce sens qu'il traite notamment d'un sujet de dimension nationale, qu'il touche à des domaines relevant de plusieurs ministères ou qu'il implique des changements législatifs par opposition à des changements uniquement réglementaires,[25] il faudra l'approbation politique du Cabinet afin de poursuivre le processus de négociation d'un tel accord.

Au Canada, c'est à ce stade qu'il y aura définition et entérinement du mandat de négociation.[26] Dans un premier temps, un mémoire

[22] Pendant la phase exploratoire d'une négociation commerciale, une première étape donnera lieu obligatoirement à un "rapport d'évaluation environnementale initiale." Si ce dernier identifie des effets environnementaux probables, alors une deuxième étape suivra, soit une "évaluation environnementale préliminaire" qui marquera la fin de la phase exploratoire du processus de négociation.

[23] Pour plus de détails, voir F. Morrissette, *supra* note 1; Cadre, *supra* note 18, aux pp. 13-14.

[24] Commerce international, Annexe E, *supra* note 6, à la p. 2.

[25] Comme exemple de ce dernier cas, citons M.Copithorne, "Canada" dans M. Leigh, M.R. Blakeslee et L.B. Ederington, éds., *National Treaty Law and Practice: Canada, Egypt, Israel, Mexico, Russia, South Africa,* Washington DC, American Society of International Law, 2003, 1, à la p. 3: "*mutual legal assistance treaties (MLAT), which are incorporated into Canadian law by an order in council amending a schedule of a Canadian statute. In such a case there is an existing government treaty initiative as reflected in the statute, and the extension of its cooperation provisions to a State would not likely raise significant policy issues.*"

[26] Commerce international, Annexe E, *supra* note 6 à la p. 2; Commerce international Canada, *Accords commerciaux internationaux et administrations locales: Un guide pour les municipalités canadiennes, Annexe A, Négociations et accords de libre-échange du Canada - Un aperçu* (ci-après Commerce international, Annexe A), 2005, (format PDF), à la p. 18, disponible en ligne à: <http://www.international.gc.ca/assets/trade-agreements-accords-commerciaux/pdfs/AnnexA-fr.pdf>; D. Ciuriak, *supra* note 7 aux pp. 3-4.

adressé au Cabinet, contenant entre autres les instructions demandées, est préparé par le ministère des Affaires étrangères puis signé par le ministre de ce même ministère. Dans les cas où plusieurs ministères seront impliqués dans les négociations, le mémoire au Cabinet sera préparé en commun à partir d'un projet déposé par le ministre parrain, à la suite de quoi tous les ministres intéressés, dont en principe le ministre des Affaires étrangères, apposeront leur signature.[27] En plus du mandat recherché, le mémoire doit préciser l'étendue de la participation canadienne lors des négociations ainsi que les coûts et les avantages qui en découleront. Il doit également offrir une analyse des divers enjeux et risques connexes de l'accord projeté et inclure les résultats de l'évaluation environnementale mentionnée plus haut lorsqu'elle est requise.[28] L'exercice susmentionné se fait sous la supervision et l'œil critique du Bureau du Conseil privé[29] qui, une fois satisfait du mémoire, se prononcera sur le meilleur moment pour le présenter au comité du Cabinet compétent.[30] Sur avis favorable de ce dernier, le mémoire recevra ensuite l'approbation formelle du Cabinet siégeant dans son ensemble.[31]

3 La conduite des négociations

En vertu de la *Loi sur le ministère des Affaires étrangères et du Commerce international*,[32] il appartient, *en principe*, au ministre des Affaires

[27] D. Ciuriak, *supra* note 7 aux pp. 3 et 5.

[28] J. Atkinson, *supra* note 7 au para.1545; D. Ciuriak, *supra* note 7, à la p. 4; Commerce international, Annexe E, *supra* note 6 à la p. 1.

[29] J. Atkinson, *ibid.* note 7; D. Ciuriak, *ibid.* note 7, à la p. 5.

[30] Voir J. Atkinson, *ibid.*, aux para. 1545, 1555, 1615. Pour avoir notamment une idée du rôle joué par les comités du Cabinet, voir K. Rudderham, *La structure des comités du Cabinet conservateur*, disponible en ligne à: <http://www.industrymailout.com/Industry/LandingPage.aspx?id=118077&p=1>. Pour la liste actuelle des comités du Cabinet ainsi que leurs membres, disponible en ligne à: <http://www2.parl.gc.ca/Parlinfo/compilations/FederalGovernment/ComiteeCabinet.aspx?>.

[31] J. Atkinson, *supra* note 7 au para. 1555. Voir les informations obtenues lors d'une entrevue téléphonique, en date du 10 juin 2007, avec Pierre Desmarais, Directeur adjoint, Consultations et liaison, ministère des Affaires étrangères et du Commerce international.

[32] Voir A.E. Gotlieb, *supra* note 6 aux pp. 4-6; M. Copithorne, *supra* note 25 à la p. 1. Voir également *la Loi sur le ministère des Affaires étrangères et du Commerce international*, L.R.C. (1985) c.E-22, notamment les art. 2-5 et 10(2).

étrangères de mener les pourparlers internationaux et, en conséquence, d'approuver officiellement la délégation canadienne chargée de conduire les négociations internationales en vue de la conclusion d'un accord. La délégation est sélectionnée préalablement par le ministère des Affaires étrangères ou en collaboration, le cas échéant, avec les autres ministères fédéraux intéressés qui seront impliqués dans les tractations.[33]

Selon la pratique actuelle, il est clair que "le ministère des Affaires étrangères ne joue pas un rôle exclusif au cours des négociations avec les États étrangers, mais plutôt un rôle de supervision"[34] et que, bien que sa participation soit constante, il répond, à l'heure actuelle, "dans une mesure plus ou moins grande, aux besoins des autres ministères."[35] Ainsi, à titre d'exemple, afin d'être en mesure de bien remplir de pareils rôles dans le domaine des pourparlers commerciaux, le ministère des Affaires étrangères a mis sur pied une Division des négociations commerciales[36] dont la fonction est de superviser l'équipe de négociateurs formée pour un accord commercial donné, laquelle est, vu la complexité des thèmes discutés, souvent "composée de divers représentants des ministères concernés par l'objet du traité."[37] Elle a aussi pour mission d'encadrer le travail des groupes d'experts formés pour négocier les différentes questions

[33] Voir l'entrevue téléphonique mentionnée à *supra* note 31; J. Harrington, "Redressing the Democratic Deficit in Treaty Law Making: (Re-)Establishing a Role for Parliament," (2005) 50 *McGill Law Journal* 465, aux pp. 475 et 476; M. Copithorne, *supra* note 25 à la p. 1; D. Dupras (Division du droit et du gouvernement), *Les traités internationaux: La pratique canadienne*, Ottawa, Bibliothèque du Parlement, 3 avril 2000, à la p. 4 (format PDF), disponible en ligne à: <http://dsp-psd.pwgsc.gc.ca/Collection-R/LoPBdP/PRB-f/PRB0004-f.pdf>.

[34] D. Dupras, *ibid.* à la p. 4.

[35] *Ibid.* à la p. 5.

[36] Voir l'organigramme du ministère des Affaires étrangères, disponible en ligne à: <http://www.international.gc.ca/assets/about-a_propos/pdf/DFAIT-fr.pdf>. L'ancêtre de l'actuelle Division des négociations commerciales est le Bureau des négociations commerciales. Ce dernier était un organe administratif responsable devant le président d'un comité du Cabinet et non devant le ministre des Affaires extérieures d'alors. Ce Bureau avait été créé pour soutenir les négociations sur *l'Accord de libre échange* lancé en 1985, entre le Canada et les États-Unis; le Bureau fut aboli le 31 mars 1989. Voir Bibliothèque et Archives Canada, *Bureau des négociations commerciales*, disponible en ligne à: <http://mikan3.archives.ca/pam/public_mikan/index.php?fuseaction=genitem.displayItem&lang=fre&rec_nbr=163057&>; D. Ciuriak, *supra* note 7, à la p. 3.

[37] S. Bernier, *Le déficit démocratique dans la négociation commerciale internationale: une dynamique politique canadienne*, Thèse de maîtrise en relations internationales,

particulières qui font l'enjeu de la négociation,[38] lesquels se composent la plupart du temps des fonctionnaires qui s'occupent quotidiennement de ces domaines spécifiques. De plus, les tractations sont parfois conduites par le ministère responsable du sujet dont traite l'accord envisagé. Ainsi, "les négociations en matière d'environnement sont menées par le ministère de l'Environnement [et] … les négociations en matière fiscale par le ministère du Revenu et ainsi de suite."[39]

Cela dit, pendant les négociations, des domaines, qui n'avaient pas été envisagés lors de la phase exploratoire, peuvent être mis sur la table pour discussion. Dans de tels cas, en plus de devoir obtenir de nouvelles instructions de la part du Cabinet,[40] il faudra procéder à l'analyse de leurs effets environnementaux selon le Cadre mentionné plus haut.[41] Étant donné la confidentialité des négociations, ces analyses supplémentaires sont conduites *dans un cercle plus restreint* et seront rendues publiques uniquement dans le "rapport d'évaluation environnementale final" (rapport final)[42] qui sera publié à la fin des négociations dans la *Gazette du Canada* et/ou affiché sur le site Web du ministère des Affaires étrangères. Ce rapport final sera également utilisé "pour informer les autres ordres de gouvernement, les groupes autochtones, les gens d'affaires et le

---

Québec, Institut québécois des Hautes études internationales, Programme de Maîtrise en relations internationales, Université Laval, 11 novembre 2002, à la p.17 (format PDF), disponible en ligne à: <http://www.hei.ulaval.ca/fileadmin/hei/documents/documents/Section_Etudes_Plans_de_cours/Essais_et_memoires/MRIEssaiSophieBernier.pdf>. Voir *supra* notes 8 à 13 et le texte correspondant ainsi que les informations obtenues lors de l'entrevue téléphonique avec Pierre Desmarais mentionnée à *supra* note 31.

[38] S. Bernier, *supra* note 37 à la p.18; Commerce international, Annexe E, *supra* note 6, à la p. 2. Voir également l'entrevue téléphonique avec Pierre Desmarais, *ibid.*

[39] Voir D. Dupras, *supra* note 33 aux pp. 4-5. Notons ici qu'une telle pratique était plutôt rare auparavant. Voir A.E. Gotlieb, *supra* note 6 à la p. 6.

[40] Cette situation se présente souvent dans le cas des négociations multilatérales qui s'étendent sur une longue durée. Voir Commerce international, Annexe A, *supra* note 26 à la p. 18.

[41] Voir *supra* notes 14 à 24 et le texte correspondant.

[42] Ci-après rapport final. Notons ici qu'il y a en principe un rapport final même s'il n'y a pas eu une "évaluation environnementale préliminaire." Voir sur ce dernier point à titre d'exemple, le *Rapport de l'évaluation environnementale définitive de* l'Accord sur la protection des investissements étrangers entre le Canada et le Pérou, disponible en ligne à: <http://www.international.gc.ca/commerce/consultations/documents/canperu2007-fr.pdf>.

public ... du résultat des négociations par rapport à l'ensemble du processus d'évaluation environnementale."[43]

Pour terminer la présente section, il convient de rappeler ici que le Parlement canadien n'a *aucun rôle officiel* à jouer lors du processus de négociation des traités. Cela s'explique, rappelons-le, par le fait que la constitution canadienne reconnaît l'exclusivité de la compétence de l'exécutif en matière de conclusion des traités.[44] Cela étant précisé, nous verrons dans la section qui suit comment le Canada organise les mécanismes d'intervention de la Société civile pendant les différentes phases du processus de négociation que nous venons de décrire.

B CONSULTATION DE LA SOCIÉTÉ CIVILE CANADIENNE

1 La pratique

Dépendant de la nature et de l'importance du traité en vue ainsi que de la publicité qui l'entoure, de larges secteurs de la société et de la population canadienne peuvent être invités, au moyen notamment d'un "*guichet unique,*"[45] à participer aux consultations conduites par divers ministères et organismes gouvernementaux, lors des différentes phases du processus de négociation[46] et ce, toujours

43 Cadre, *2.1 Processus de l'évaluation environnementales des négociations commerciales, supra* note 21 aux pp. 15-16. Notons ici que ce rapport est également ouvert aux commentaires. Pour des exemples d'évaluations environnementales des négociations commerciales qui ont été effectuées par le ministère des Affaires étrangères, voir ministère des Affaires étrangères, *Le commerce et l'environnement, Les évaluations environnementales continuent,* disponible en ligne à: <http://www.international.gc.ca/trade-agreements-accords-commerciaux/env/env-ongoing.aspx?lang=fr>. Pour plus de détails sur les différentes étapes de l'évaluation environnementale du ministère des Affaires étrangères, voir *supra* note 21 aux pp. 12 et suiv.

44 Voir A.E. Gotlieb, *supra* note 6 aux pp. 4-5; J.-M. Arbour et G. Parent, *Droit international Public,* 5e éd., Cowansville, les Éditions Yvon Blais Inc., 2006, à la p. 173.

45 Ce "*guichet unique*" donne une liste des consultations en cours et antérieures menées par différents ministères et organismes canadiens. Les consultations qui y sont répertoriées portent sur l'ensemble des activités du Gouvernement, allant du projet de loi au projet de réglementation en passant par le projet de convention internationale. Voir Gouvernement du Canada, *Consultations auprès des Canadiens,* disponible en ligne à: <http://www.consultingcanadians.gc.ca/cpcPubHome.jsp?lang=fr>.

46 Ce qui inclut, lors de l'évaluation environnementale, des projets de politiques, des plans et des programmes. Voir la *directive du cabinet, supra* note 14. Nous

dans le but allégué d'aboutir à un accord qui soit le plus avantageux et acceptable pour le Canada.[47] Dans les paragraphes qui suivent, nous nous pencherons plus particulièrement sur les consultations de la Société civile qui ont cours lors de la négociation d'un accord commercial ou environnemental. Nous avons choisi ces deux types de traités comme exemples, car, à notre avis, ils comptent parmi ceux qui sont les plus susceptibles d'affecter les intérêts de celle-ci.

(a) Le cas de l'accord commercial

Dans le contexte d'une éventuelle négociation d'un accord commercial, le ministère des Affaires étrangères a développé un cadre sophistiqué de consultations permanentes.[48] Il utilise notamment[49] pour ce faire le communiqué de presse, les sondages d'opinions, les discussions en ligne, les envois postaux, les enquêtes auprès des

---

avons aussi vu plus haut comment le ministère des Affaires extérieures et du Commerce international (MAECI) a mis en œuvre cette directive; voir *supra* notes 14 à 24 et le texte correspondant.

[47] Des numéros sans frais 1–800 y sont parfois prévus. Voir *supra* note 47.

[48] D. Ciuriak, *supra* note 7 à la p. 5 et suiv.; Commerce international, Annexe A, *supra* note 26 aux pp.18-19. Voir aussi ZLEA-Comité des représentants gouvernementaux sur la participation de la Société civile, *Pratiques exemplaires et exemples de consultations auprès de la société civile aux niveaux national et régional,* FTAA. soc/24, 4 octobre 2003, disponible en ligne à: <http://www.ftaa-alca.org/Spcomm/SOC/cs24_f.asp>. Notons ici que, depuis le moment où nous avons terminé le présent texte (en octobre 2007), le site Web du ministère des Affaires étrangères et du Commerce international a été mis à jour en novembre 2007. Voir <http://www.international.gc.ca/trade-agreements-accords-commerciaux/index.aspx?lang=fr>. Toutefois, nous avons pu y retracer les documents importants avec lesquels nous avons travaillé. Certains ont cependant été retrouvés "en cache."

[49] Pour la liste des mécanismes de consultation historiquement utilisés par le ministère des Affaires étrangères, voir *ibid.* Voir aussi ministère des Affaires étrangères, *On vous écoute,* disponible en ligne à: <http://www.international.gc.ca/trade-agreements-accords-commerciaux/goods-produits/consult.aspx?lang=fr>; ministère des Affaires étrangères, *Évaluation des mécanismes de consultation sur le commerce,* octobre 2004, (format PDF), disponible en ligne à: <http://www.dfait-maeci.gc.ca/department/auditreports/evaluation/evalTradeConsultMechanisms04-fr.pdf>. Voir également dans le site Web du ministère des Affaires étrangères mis à jour, *supra* note 17: ministère des Affaires étrangères, *Services aux entreprises: Consultations,* disponible en ligne à: <http://www.international.gc.ca/commerce/consultations/menu-fr.asp>; ministère des Affaires étrangères, *Services aux entreprises: Consultations, Processus de consultation,* disponible en ligne à: <http://www.international.gc.ca/commerce/consultations/how_we_consult-fr.asp>.

clients ainsi que les "instruments de communication gouvernementale traditionnels tels que les avis dans la *Gazette du Canada* pour informer et demander l'opinion des citoyens."[50] Le ministère des Affaires étrangères a également recours à un processus de renseignement[51] et de consultation par le biais d'une page Web désignée "*On vous écoute,*" pendant de nombreuses années, puis renommée, depuis novembre 2007, "*Services aux entreprises: Consultation.*" Par un tel site, le ministère des Affaires étrangères invite, entre autres, les Canadiens à lui présenter, avant une date précisée dans l'appel, des commentaires sur telle ou telle question de politique commerciale.[52]

[50] D. Ciuriak, *supra* note 7 aux pp. 9-10. Dans la partie I de la *Gazette du Canada,* on retrouve notamment tous les avis publics du Gouvernement ayant pour but d'informer le public des faits nouveaux. *Ibid.*, Annexe 6. Voir aussi Commerce international, Annexe E, *supra* note 6 à la p. 1. Pour des exemples de tels avis dans la *Gazette du Canada,* voir l'avis publié dans la *Gazette du Canada,* le 13 juillet 2002, intitulé *Organisation Mondiale du Commerce: "Le cycle de Doha" Invitation à présenter des commentaires sur l'accès aux marchés pour les produits non agricoles,* disponible en ligne à: <http://canadagazette.gc.ca/partI/2002/20020713/html/notice-f.html#i15>; l'avis publié dans la *Gazette du Canada,* le 6 février 1999, intitulé *Consultations en vue de négociations commerciales* (en vue de l'établissement de la Zone de libre-échange des Amériques [ZLEA] et en vue des négociations prévues à l'Organisation mondiale du commerce), disponible en ligne à: <http://canadagazette.gc.ca/partI/1999/19990206/html/notice-f.html#i3>.

[51] On y retrouve notamment des documents d'information comme les versions préliminaires consolidées du texte de négociation, les positions et propositions du Canada. En exemples, citons les Documents d'information suivants: Ministère des Affaires étrangères et du Commerce international, *2001-Consultations relatives à l'OMC. Réunion ministérielle de Doha (Qatar), Obstacles Techniques au Commerce – Document d'Information,* disponible en ligne à: <http://www.international.gc.ca/trade-agreements-accords-commerciaux/goods-produits/TBT-Info.aspx?lang=fr>; *ibid.*, Commerce des services – *Document d'information,* disponible en ligne à: <http://www.international.gc.ca/trade-agreements-accords-commerciaux/services/gats_agcs/S-Info.aspx?lang=fr>. Des sites semblables avaient été créés pour presque tous les sujets discutés à Doha (par ex.: Système de règlement des différends, Le commerce électronique, etc.). Aujourd'hui ces documents d'information ne sont plus accessibles sur *Google* sauf "en cache" pour certains. Voir aussi d'autres exemples de Dossiers d'information (moins complets toutefois) au nouveau site du ministère des Affaires étrangères et du Commerce international, *Services aux entreprises ... Consultations en cours,* disponible en ligne à: <http://www.international.gc.ca/commerce/consultations/active-consultations-fr.asp>.

[52] Il est à noter ici que, au moment d'écrire ces lignes, la page Web "*On vous écoute*" et la page Web "*Services aux entreprises: Consultations*" coexistent sur le moteur de recherche *Google.* Cela dit, voir à titre d'exemples d'appels de commentaires, ministère des Affaires étrangères, *Le gouvernement sollicite l'opinion des Canadiens au sujet des intérêts canadiens en matière de propriété intellectuelle dans les*

Ces invitations sont accompagnées de dossiers d'information conçus pour favoriser un débat éclairé et pertinent.[53] Par le biais d'un service d'abonnement courriel, offert depuis 1999, il est d'ailleurs possible d'être automatiquement informé par courrier électronique de toute nouvelle consultation du gouvernement canadien.[54]

À l'heure actuelle, le gouvernement consulte la population canadienne pour mettre un frein à l'intensification des protestations de la Société civile qui n'a pas cessé de manifester son opposition lors des nombreux sommets internationaux de ces dernières années. Pour s'en convaincre, il suffit de se rappeler les manifestations qui ont eu lieu lors des négociations secrètes[55] de *l'Accord multilatéral*

---

marchés sélectionnés (date limite fixée au 17 août 2007), disponible en ligne à: <http://www.international.gc.ca/commerce/consultations/closed-IP-fr.asp#assess>; *ibid.*, consultations sur les *Négociations d'un accord de coopération scientifique et technologique avec le Brésil* (date limite 20 juin 2007) et celles relative à un *Accord de sciences et technologie entre le Canada et la Chine* (date limite 31 octobre 2005), etc., disponible en ligne à: <http://www.international.gc.ca/commerce/consultations/closed-ST-fr.asp>. Pour d'autres exemples, voir ministère des Affaires étrangères, *Services aux entreprises: Consultations*, disponible en ligne à: <http://www.international.gc.ca/commerce/consultations/menu-fr.asp>. On y trouve aussi des appels de commentaires faits dans le contexte du *Cadre pour l'évaluation environnementale des négociations commerciales*, décrit précédemment à *supra* notes 14 à 24 et le texte correspondant. Pour des exemples, voir *Services aux entreprises: Consultations*, disponible en ligne à: *ibid.*, <http://www.international.gc.ca/commerce/consultations/closed-consultations-fr.asp>. De telles demandes de commentaires peuvent aussi être annoncées dans la *Gazette du Canada*. Voir l'exemple suivant: ministère du Commerce international, "Avis d'intention de procéder à une évaluation environnementale stratégique de *l'Accord de libre-échange entre le Canada et la Corée*," vol. 139, n° 44, *Gazette du Canada*, 29 octobre 2005, disponible en ligne à: <http://canadagazette.gc.ca/partI/2005/20051029/html/notice-f.html>.

[53] Voir D. Ciuriak, *supra* note 7 à la p. 9; Commerce international, Annexe E, *supra* note 6 à la p. 1; Pour une liste d'exemples de consultations disponible en ligne, voir D. Ciuriak, *ibid.*, Annexe 5.

[54] Ainsi, le 17 mai 2007, nous avons reçu par courriel une demande de renseignements, à fournir au plus tard le 31 juillet 2007, de la part du Ministère et de Patrimoine canadien, qui avait pour but d'évaluer l'intérêt et l'implication des industries culturelles canadiennes dans les marchés étrangers et ce, afin de mettre au point des mesures adéquates pour appuyer ces entreprises dans de tels marchés; disponible en ligne à: <http://www.international.gc.ca/commerce/consultations/closed-others-fr.asp>. Nous avons reçu depuis, plusieurs autres demandes de consultation par le biais de ce service d'abonnement courriel du ministère des Affaires étrangères.

[55] Jusqu'à ce qu'il y ait une fuite ou diffusion de l'ébauche du texte sur Internet en 1997.

sur l'investissement commencées en mai 1995,[56] lors de la réunion ministérielle de l'Organisation mondiale du commerce à Seattle en 1999, lors des réunions des grandes institutions financières internationales, comme le Fonds monétaire international (FMI) et la Banque mondiale (BM), ainsi que lors des sommets du G-8. Plus récemment, les importantes protestations qui ont marqué la rencontre du G-8 en Allemagne du 6 au 8 juin 2007, en sont encore le témoin.[57] En accroissant l'information, la transparence[58] et la participation du public, les dirigeants souhaitent ainsi obtenir son appui lorsque des négociations internationales seront entreprises.

Le ministère des Affaires étrangères bénéficiait aussi, depuis les négociations de l'*Accord de libre échange* en 1986, des conseils de douze Groupes de consultations sectorielles sur le commerce extérieur (Groupes sectoriels).[59] À la suite des critiques dont ils ont été l'objet dans le Rapport final relatif à l'*Évaluation des mécanismes de consultation sur le commerce* produit par le Bureau de l'inspecteur général, le ministère des Affaires étrangères décida, en 2006, de les remplacer par de nouveaux mécanismes.[60] Le public en fut informé uniquement en novembre 2007, lors de la mise à jour du site Web de ce même Ministère. Ainsi fut donc créé le Groupe consultatif stratégique ministériel. Ce comité se réunit jusqu'à deux fois par année. Son rôle est de conseiller directement le ministre des Affaires étrangères sur la création de nouveaux programmes ou services bénéfiques pour l'économie canadienne et de lui donner des avis

[56] Voir S. Bernier, *supra* note 37 à la p. 43.

[57] D. Ciuriak, *supra* note 7, à la p. 9; S. Bernier, *ibid.*

[58] Commerce international, Annexe A, *supra* note 26 à la p. 16.

[59] Ci-après *Groupes sectoriels.* Les douze groupes étaient les suivants: (1) Agriculture, aliments et boissons; (2) Énergie, produits chimiques et matières plastiques; (3) Environnement; (4) Industries culturelles; (5) Poisson et produits de la pêche; (6) Produits forestiers; (7) Produits miniers, métaux et minéraux; (8) Produits et services médicaux et de santé; (9) Services; (10) Technologies de l'information; (11) Textile, fourrure et cuir; (12) Vêtement et chaussure. Pour une description et un historique de ces Groupes sectoriels, voir D. Ciuriak, *supra* note 7 à la p. 7 et annexe 2.

[60] Cette évaluation avait été effectuée pour le compte du ministère du Commerce international et le rapport produit en 2004-2005. Dans le rapport, on y avait souligné entre autres: (1) que plusieurs Groupes sectoriels se réunissaient peu; (2) que la méthode de sélection de leurs membres n'était pas claire; (3) qu'ils n'étaient plus adaptés aux négociations actuelles qui nécessitent des connaissances horizontales et intersectorielles. Voir *Évaluation des mécanismes de consultation sur le commerce, supra* note 49 aux pp. 19, 20, 51.

sur ce que devrait être la politique ou la stratégie commerciale du Canada. Ce groupe se compose de vingt membres qui sont tous des présidents d'entreprises canadiennes importantes ou d'associations horizontales de gens d'affaires. Ils sont nommés par le Ministre, pour un terme d'une année renouvelable.[61] Un Groupe consultatif sur le commerce international a également été mis sur pied. Il se réunit de deux à trois fois par année pour discuter de la mise en œuvre concrète et de l'évaluation des programmes existants, à la lumière des besoins de l'entreprise privée. Ses réunions sont présidées par le sous-ministre adjoint de la Direction générale "investissement, innovation et secteurs" du ministère des Affaires étrangères (Sous-ministre) et le Ministre y assiste parfois. Il se compose de vingt membres choisis, pour un terme de deux années renouvelable, par le Sous-ministre. Seuls des vice-présidents de grandes compagnies canadiennes ou des représentants d'associations horizontales de gens d'affaires en font partie. Pour répondre à ses besoins de nature technique, le ministère des Affaires étrangères a aussi instauré un Groupe consultatif sur l'accès aux marchés. Ce dernier se compose de douze personnes choisies, pour un terme de deux années renouvelable, par la Direction générale de ce ministère qui est responsable des négociations commerciales. Ses membres proviennent d'associations de gens d'affaires et d'organisations non gouvernementales (ONG). À l'heure actuelle trois ONG, dont l'Institut Nord-Sud, en font partie. On y discute de questions relatives à l'accès aux marchés des produits non agricoles, des services et des investissements qui peuvent survenir à l'occasion de négociations bilatérales et multilatérales en cours. Ils se rencontrent jusqu'à deux fois par année et ses réunions sont présidées par le Directeur général concerné. Toutefois, si les circonstances l'exigent, ils se contactent aussi souvent que nécessaire, soit à l'aide de sites Web à accès limité ou de conférences téléphoniques.[62]

[61] À tire d'exemples sont membres du Groupe consultatif stratégique ministériel: M. David Fung qui est président et premier dirigeant du groupe ACDEG, un groupe de sociétés ayant des partenariats d'investissement en Amérique du Nord, en Europe et en Asie (voir Industrie Canada, *Conférence sur les chaînes de valeur mondiales, Biographie des conférenciers*, disponible en ligne à: <http://www.ic.gc.ca/epic/site/gsc-gcsf.nsf/fr/h_wx00018f.html> ainsi que Isabelle Hudon qui est présidente et chef de la direction de la Chambre de commerce du Montréal métropolitain (voir *Chambre de commerce du Montréal métropolitain*, disponible en ligne à: <http://www.ccmm.qc.ca/fr/index.aspx?p=918&prt=1>.

[62] Les informations qui précèdent ont été obtenues, les 10 et 13 décembre 2007, lors d'entrevues téléphoniques avec Peter E. Stulken, Directeur adjoint, Affaires étrangères et Commerce international Canada, Consultations et liaison.

Lors des différentes étapes du Cadre, nous avons noté auparavant que toute une série d'intervenants est invitée à partager ses commentaires,[63] ce qui inclut, notamment, les éléments constitutifs de la Société civile tel le public, les gens d'affaires, les autochtones, les ONG et d'autres ordres de gouvernement, comme les municipalités. Jusqu'en 2006, les ex-Groupes sectoriels[64] comptaient également parmi ceux-ci. Ces derniers jouaient d'ailleurs un rôle particulièrement important après l'évaluation environnementale préliminaire, si, pendant les négociations, de nouvelles analyses devaient être conduites de manière non publique, étant donné le secret des pourparlers.[65] Dans de pareilles circonstances, le Comité d'évaluation environnementale, menaient alors confidentiellement ces études en consultation avec les ex-Groupes sectoriels.[66] Depuis l'abolition de ces derniers en 2006, le ministère des Affaires étrangères a créé le Groupe consultatif sur l'évaluation environnementale qui remplit aujourd'hui les fonctions que nous venons de décrire. Ce groupe se compose de dix personnes choisies, pour un mandat de trois ans renouvelable, par le Directeur général compétent du Ministère. Ses membres comprennent des universitaires, des porte-parole d'ONG et des représentants d'associations horizontales ou sectorielles de gens d'affaires. Ils se réunissent jusqu'à deux fois par année et, si le besoin s'en fait sentir, ils se contactent par le biais de conférences téléphoniques ou de sites Internet à accès limité. Cela étant précisé, il convient de souligner à présent que tous les comités de consultation mentionnés précédemment sont marqués par le sceau de la confidentialité. De plus, le processus de sélection de leurs participants ne brille pas par sa transparence et la liste de leurs membres n'est pas directement et facilement accessible par le public, ce qui demeurera du reste vrai pour la plupart des mécanismes de consultation dont nous ferons état par la suite.[67]

Parfois, le Ministère organise des tables rondes ou des consultations multisectorielles réunissant des intervenants variés (milieux d'affaires, universitaires, syndicats, groupes environnementaux,

[63] Voir *supra* notes 19 à 24 et le texte correspondant.

[64] Voir Cadre, *supra* note 18 à la p. 13.

[65] Voir *supra* notes 40 à 43 et le texte correspondant.

[66] Cadre, *supra* note 18 aux pp. 15 et 23. Comme nous l'avons déjà mentionné, ces analyses sont rendues publiques dans le "rapport d'évaluation environnementale final" qui est publié à la fin des négociations. Voir *ibid.*

[67] Nous avons déduit ces commentaires de notre entrevue avec Peter E. Stulken, *supra* note 62.

etc.) dans le but d'offrir de l'information et d'obtenir des avis sur des questions commerciales importantes.[68] Certains parlementaires intéressés par les questions discutées y participent souvent, de même que le Ministre et le Sous-ministre du Commerce international.[69] En 2001, on créa aussi, à la demande de la Fédération canadienne des municipalités (Fédération), un Groupe de travail mixte sur le commerce international composé de membres de la Fédération et du ministère des Affaires étrangères. Ce groupe représente un forum où l'on discute de l'impact réel et potentiel des accords commerciaux sur l'administration municipale. Actuellement, il se rencontre au besoin et de manière épisodique, environ une ou deux fois par année. Sa composition est présentement très informelle, en ce sens qu'il s'agit souvent d'un ou deux représentants du Ministère qui se réunissent avec deux à trois membres de la Fédération. Les discussions de ce groupe ont donné lieu en 2002 à la préparation d'un guide pour les municipalités canadiennes intitulé *Accords commerciaux internationaux et administrations locales.*[70]

En 1998, un Conseil consultatif d'universitaires sur la politique commerciale du Canada, relevant du Sous-ministre du Commerce international, avait été établi "pour améliorer la compréhension des questions liées à la politique commerciale ... accroître les compétences dans ce domaine ... favoriser la recherche et des initiatives connexes qui contribuent à un débat mieux informé et équilibré."[71]

[68] Voir ministère des Affaires étrangères, *Services aux entreprises: Consultations, Processus de consultation, supra* note 49. Pour des exemples, voir ministère des Affaires étrangères, *Consultations multisectorielles,* disponible en ligne à: <http://www.international.gc.ca/trade-agreements-accords-commerciaux/goods-produits/Consult4.aspx?lang=fr>.

[69] Voir Comité des représentants, *supra* note 48. Voir également *Évaluation des mécanismes de consultation sur le commerce, supra* note 49 aux pp. 4, 28-31.

[70] Informations obtenues notamment lors d'une entrevue, en date du 12 décembre 2007, avec Pierre Desmarais, Directeur adjoint, Consultations et liaison, Ministère des Affaires étrangères et du Commerce. Voir également ministère des Affaires étrangères, *Accords commerciaux internationaux et administrations locales, Un guide pour les municipalités canadiennes,* disponible en ligne à: <http://www.international.gc.ca/trade-agreements-accords-commerciaux/ressources/fcm/intro2.aspx?lang=fr>; Commerce international, Annexe A, *supra* note 26 à la p.19.

[71] Ses membres, nommés par le Sous-ministre du Commerce international (Sous-ministre) pour une période renouvelable de deux ans, étaient choisis en raison de leur expertise en matière de commerce et de développement social et économique. Ils devaient également être affiliés à une université ou un centre de recherche du Canada. Ses réunions étaient non confidentielles, régulières et animées par le sous-ministre. Voir *Évaluation des mécanismes de consultation sur*

Bien que ce Conseil n'ait pas été officiellement supprimé, il est néanmoins demeuré inactif pendant les dernières années.[72] Le ministère des Affaires étrangères compte également comme organe consultatif un Comité-conseil de petites et moyennes entreprises (PME) composé de vingt cadres supérieurs ou propriétaires de PME. Ses membres sont nommés par le Ministre pour une période de deux ans renouvelable. Ce comité se réunit jusqu'à trois fois par année. Selon les questions à l'ordre du jour, des hauts fonctionnaires du ministère des Affaires étrangères et d'autres ministères sont invités aux rencontres. On y discute, sur une base confidentielle, des problèmes touchant les PME désirant faire de l'exportation et des meilleurs moyens pour favoriser l'expansion de leur commerce international. À l'heure actuelle, il est présidé par Catherine Devlin, présidente de "Devlin eBusiness Architects."[73] En outre, il convient de mentionner ici le Groupe spécial d'experts sur les règles d'investissement qui, d'abord formé en 1999 pour conseiller le Sous-ministre dans le contexte du chapitre 11 de l'ALENA, fut ensuite reconstitué pour participer au développement de la position canadienne à l'égard des dispositions relatives au règlement des différends entre un investisseur et un État.[74] Ce Groupe a été très actif en 2003 lors de la mise au point de l'*Accord type du Canada sur la promotion et la protection des investissements étrangers*. Son travail fut alors salué en raison de la qualité et de l'expertise de ses membres. Toutefois, même s'il n'a pas été formellement aboli, il est entièrement demeuré inutilisé depuis 2004.[75] Finalement, signalons que le site Web du ministère des Affaires étrangères indique que ce dernier établit occasionnellement des *groupes d'experts*, quand il a

---

le commerce, supra note 49 à la p. 24. Voir aussi *ibid*, aux pp. 3 et 24-25; Comité des représentants, *supra* note 48; D. Ciuriak, *supra* note 7 à la p. 8.

72 Voir entrevue avec Pierre Desmarais, *supra* note 70.

73 Voir *Évaluation des mécanismes de consultation sur le commerce, supra* note 49 aux pp. p. 3, 25-28. Voir également entrevue avec Peter E. Stulken, *supra* note 62.

74 Ses membres venaient du secteur privé, d'associations industrielles, d'ONG et du milieu universitaire. Ils se réunissaient aux besoins, sans suivre un calendrier précis. Des représentants du gouvernement, comme le sous-ministre et le sous-ministre adjoint de Commerce international Canada (CiCan) assistaient aux réunions qui se déroulaient sur une base confidentielle. Voir *Évaluation des mécanismes de consultation sur le commerce, supra* note 49 aux pp. 3, 23-24.

75 Voir Informations obtenues en grande partie lors d'une entrevue téléphonique, en date du 13 décembre 2007, avec Megan J. Clifford, Affaires étrangères et Commerce international Canada, Politique commerciale sur l'investissement.

un besoin ponctuel de conseils spécialisés sur des questions spécifiques touchant au commerce.[76]

(b) Le cas de l'accord sur une question environnementale

L'examen du site Web du ministère de l'Environnement nous a permis de constater que ce dernier n'a pas mis sur pied un processus de consultation de la population canadienne et des autres intervenants sur les questions de politique environnementale internationale qui soit systématique, facilement accessible et comparable à celui qui est en place au ministère des Affaires étrangères. Cependant, comme les questions environnementales préoccupent de plus en plus la Société civile, le gouvernement fédéral a mené plusieurs consultations ponctuelles notamment lors de la préparation du Sommet de la Terre de Rio en 1992, lequel a donné naissance à plusieurs conventions et principes importants sur l'environnement, ainsi que lors de la préparation du Sommet mondial sur le développement durable (Sommet mondial)[77] en 2002, à Johannesburg,[78] qui avait pour objectif de mesurer les progrès faits depuis 1992 et de stimuler le processus en faveur du développement durable.[79]

[76] Voir ministère des Affaires étrangères, *On vous écoute, Autres mécanismes, supra* note 49; *Services aux entreprises: Consultations, Autres mécanismes de consultation, supra* note 49 (dates d'accès: le 12 juin 2007 et le 11 avril 2008). Voir également ministère des Affaires étrangères, *Services aux entreprises: Consultations, Processus de consultation, supra* note 49.

[77] Ce Sommet est souvent désigné dans les textes consultés "SMDD."

[78] La Convention sur la couche d'ozone, qui est une convention importante, n'a fait l'objet de consultations sérieuses qu'au niveau de la mise en œuvre. Voir H. Trudeau et S. Lalonde, "La mise en œuvre du protocole de Kyoto au Canada: concertation ou coercition?," (2004) 34:4 *Revue générale de droit* 141, aux pp. 162-163.

[79] Cette conférence n'a pas vraiment donné lieu à la conclusion de conventions internationales. Un plan d'action y fut cependant adopté, se voulant un cadre de travail ou un guide qui indique les mesures à adopter pour rencontrer les objectifs du développement durable. En outre, plus de 300 partenariats volontaires entre les gouvernements, le monde des affaires et la Société civile furent instaurés afin d'apporter des ressources supplémentaires pour soutenir des applications concrètes du développement durable et pour fournir un mécanisme d'exécution de ceux-ci. Des annonces d'ordre monétaire y furent également faites. C'est aussi à ce sommet que le Canada a annoncé son intention de ratifier Kyoto. Voir B. Pavey et T. Williams, *supra* note 14 aux pp.12-18.

En ce qui concerne le Sommet de la Terre de Rio, la préparation fut confiée au Secrétariat national d'Environnement Canada, en collaboration avec Environnement Canada, l'Agence canadienne de développement international et le ministère des Affaires extérieures et du Commerce extérieur.[80] "Des groupes de pression liés à l'environnement, au développement, aux entreprises, à l'industrie, aux syndicats, aux confessions religieuses, aux universités, aux autochtones et aux jeunes, ainsi que tous les niveaux de gouvernement, ont également pris part en grand nombre à ces travaux."[81]

Plusieurs questions environnementales étaient à l'ordre du jour au Sommet de la Terre de Rio, dont certaines étaient destinées à donner naissance à des conventions internationales qui sont actuellement au centre du développement durable. Pour un certain nombre de ces thèmes, des mécanismes spéciaux de consultation ont été mis sur pied. Ainsi, en ce qui concerne la *Convention sur la diversité biologique*, le gouvernement canadien a établi, en 1991, le Groupe consultatif de la Convention sur la biodiversité.[82] Ce dernier représentait un mécanisme pour conseiller les instances gouvernementales dans le contexte de négociations pour une convention internationale sur la conservation de la biodiversité. Il regroupait l'industrie, des groupes volontaires, des représentants de la jeunesse et des groupes autochtones.[83] Dans le cas de la *Convention cadre sur les changements climatiques*, un Comité consultatif de la Convention sur les changements climatiques, composé d'intervenants non gouvernementaux, a été créé pour orienter la position du Canada durant les négociations.[84]

Avant de ratifier le *Protocole de Kyoto* en décembre 2002, le gouvernement canadien a également procédé à une consultation de la Société civile qui s'est déroulée en deux étapes. D'abord, on a

[80] Le ministère des Affaires étrangères et du Commerce international était ainsi désigné auparavant.

[81] S. Meakin, *supra* note 13 à la p. 3.

[82] Devenu aujourd'hui le Forum canadien sur la biodiversité.

[83] Voir *La législation,* disponible en ligne à: <http://canadianbiodiversity.mcgill.ca/francais/legislation/legislation.htm>.

[84] Y.-A. Grondin et L. Charbonneau, "La participation et la mise en œuvre des conventions et engagements du Sommet Planète-Terre de Rio par le Québec," (1994) 25:4 *Revue générale du droit* 537, à la p. 559. Notons ici que le Canada a signé et ratifié la *Convention cadre sur les changements climatiques* en 1992. Voir B. Pavey et T. Williams *supra* note 14 à la p. 3.

entrepris la consultation d'intervenants impliqués et experts dans les domaines pertinents pour la lutte contre les changements climatiques.[85] Sur invitation, ces derniers ont participé, en juin 2002, à des ateliers nationaux, non publics[86] et coprésidés avec les provinces et les territoires, dans quatorze villes du pays, afin d'échanger, à partir d'un document de discussion préparé par le gouvernement fédéral, sur la contribution du Canada à la lutte contre les changements climatiques. Ce même document était également ouvert aux commentaires de la population intéressée par cette question. Dans un deuxième temps, une ébauche de plan détaillé fut préparée, sur la base des commentaires recueillis lors des ateliers, et soumise, pendant l'automne 2002, à une autre ronde de consultations avec les intervenants pour qu'ils évaluent la viabilité du plan proposé.[87]

En ce qui concerne le Sommet mondial, le gouvernement fédéral a mis sur pied un Secrétariat canadien du Sommet de la terre 2002 (Secrétariat),[88] relevant d'Environnement Canada, de l'Agence canadienne de développement international et du ministère des Affaires extérieures et du Commerce international[89] afin

[85] Comme "des fonctionnaires du gouvernement, des représentants de l'industrie, des associations d'affaires, des groupes autochtones et des organismes non gouvernementaux tels des groupes environnementaux et des universitaires." Voir Gouvernement du Canada, *Le processus de consultation sur les changements climatiques*, disponible en ligne à: <http://www.ec.gc.ca/media_archive/press/2002/020607_n_f.htm>. Rappelons ici que le *Protocole de Kyoto* a été adopté lors de la Troisième conférence des parties en 1997. Voir B. Pavey et T. Williams, *ibid.* Notons ici que la Conférence des parties est l'organe suprême de la *Convention cadre sur les changements climatiques*. Elle se réunit à chaque année depuis 1995 afin de mesurer les progrès réalisés et pour adopter de nouvelles décisions. Voir J.-M. Arbour et S. Lavallée, *Droit international de l'environnement*, Cowansville, éditions Yvon Blais Inc., 2006, à la p. 239.

[86] Les résultats des discussions devaient cependant être "affichés sur le site WEB national du processus national sur les changements climatiques du Canada … environ une semaine après la tenue de chaque atelier." Voir Gouvernement du Canada, *Le processus de consultation sur les changements climatiques*, *ibid.*

[87] *Ibid.*

[88] Ci-après Secrétariat. Le Secrétariat a été dissous le 31 mars 2003. Voir sur ce point *Le Canada au Sommet mondial sur le développement durable*, disponible en ligne à: <http://www.canada2002sommetdelaterre.gc.ca/index_f.cfm>.

[89] Le ministère des Affaires étrangères et du Commerce international était ainsi nommé à l'époque.

de coordonner les préparatifs de cette conférence. D'octobre à décembre 2001, le Secrétariat a invité les intéressés à prendre part à des consultations électroniques sur son site Internet. Il a également animé dix-sept tables rondes à travers le Canada.[90] Les participants à ces tables rondes étaient choisis de manière à constituer un échantillon représentatif "de groupes communautaires, environnementaux, de jeunes et autochtones, d'éducateurs, de consultants et de groupes d'intérêts et de particuliers. Des représentants des gouvernements municipaux, provinciaux et territoriaux ont également participé à plusieurs de ces tables rondes. Des délégués du milieu des affaires et de l'industrie ont également pris part à ces réunions."[91] Pour faciliter la réflexion via Internet et via les tables rondes, les intervenants pouvaient consulter une série de documents d'information. Cinq thèmes ainsi qu'un "texte de discussion" leur étaient aussi proposés.[92] Ces consultations, jointes à d'autres contributions,[93] devaient notamment servir pour la rédaction du "rapport national" que devait soumettre le Canada pour le Sommet mondial. Une première ébauche de ce rapport fut diffusée sur le site Internet du Secrétariat canadien du Sommet de la terre 2002 afin d'obtenir les observations du public.[94] Sa version finale fut ensuite soumise

[90] À Ottawa, Toronto, Vancouver, Victoria, Whitehorse, Yellowknife, Calgary, Regina, Québec, Montréal, Winnipeg, Iqaluit, Halifax, Fredericton, St. John's, Charlottetown, puis encore à Ottawa. Pour les dates des rencontres et plus de détails, voir Gouvernement du Canada, *Johannesburg ... et après?, Discussions avec les Canadiens, Rapport de synthèse des consultations pancanadiennes du Secrétariat canadien du sommet de la terre 2002, Le processus de discussion*, disponible en ligne à: <http://www.canada2002sommetdelaterre.gc.ca/canada_at_wssd/consultation_report/cr001_f.cfm>.

[91] *Ibid.* Pour plus de détails sur l'origine des participants, voir *ibid., Annexe 3 - Liste des participants.* À titre d'exemple, pour la table ronde d'Ottawa, cinquante participants avaient été sélectionnés. Certains provenaient des ONG, comme le Sierra Club, d'autres venaient du milieu universitaire. La ville d'Ottawa y était représentée ainsi que l'entreprise privée. Certains fonctionnaires fédéraux et des représentants des provinces y ont participé également, etc.

[92] Pour les cinq thèmes et pour le document de discussion, voir *ibid., Johannesburg, une perspective: Les réactions aux thèmes proposés* ainsi que *id. Annexe 4-Texte de discussion.* Les cinq thèmes de discussion étaient les suivants: Santé et environnement; Gouvernance internationale de l'environnement; Innovation et partenariat; Collectivités durables; Intendance et conservation.

[93] Pour une liste des autres contributions, voir *Rapport national*, <http://www.canada2002sommetdelaterre.gc.ca/canada_at_wssd/national_report_f.cfm>.

[94] *Ibid.*

pour commentaires à un “groupe de référence,”[95] formé expressément pour cette tâche et composé d’experts provenant de milieux divers.

2 *Observations critiques*

À la lumière des développements qui précèdent, on constate clairement que, ces dernières années, le gouvernement fédéral a évidemment le souci de consulter et d’informer la Société civile avant la conclusion d’un traité qui aura des répercussions certaines sur l’économie du pays, la vie et les activités des citoyens. En 2004, Dan Ciuriak notait une forte augmentation du nombre de visites sur le site Web du ministère du Commerce international relativement aux négociations d’accords commerciaux, lequel serait passé de 6.8 millions de fichiers consultés en 2000 à environ 17.2 millions en 2003,[96] ce qui, à notre avis, témoigne de l’intérêt marqué de la Société civile pour les questions commerciales.

Néanmoins, la question se pose ici de savoir si les mécanismes de consultation susmentionnés donnent le rendement escompté. En 2004-5, le Bureau de l’inspecteur général a produit, sur ce point, un rapport relatif à l’*Évaluation des mécanismes de consultation sur le commerce* [alors existants] effectuée pour le compte du ministère du Commerce international.[97] À notre avis, plusieurs des critiques faites dans ce rapport nous semblent, à des degrés divers, potentiellement pertinentes pour toutes les consultations de la Société civile menées actuellement par le gouvernement, peu importe le domaine pour lequel elles sont tenues. Dans les paragraphes qui suivent nous relèverons donc celles qui nous ont paru les plus importantes et les plus évidentes à la lumière des constatations et des réflexions que nous avons faites nous-même dans le cours de notre étude. Ainsi, on y a noté que parfois les personnes ou organisations consultées ne possèdent pas les compétences requises[98] ou ne savent pas faire

[95] Pour une liste des membres de ce groupe, voir *ibid.* Pour consulter le rapport national complété voir <http://www.wssd-smdd.gc.ca/canada_at_wssd/canadian_perspective_f.pdf>.

[96] D. Ciuriak, *supra* note 7 à la p 10 et la note 18.

[97] Pour consulter ce rapport, voir *Évaluation des mécanismes de consultation sur le commerce, supra* note 49.

[98] Ceci est particulièrement vrai quand des questions techniques et complexes font l’objet des consultations ou quand le militantisme aveugle le jugement.

preuve de la flexibilité nécessaire pour pouvoir faire une contribution utile du point de vue des négociateurs. On y a constaté également que les grandes assemblées générales sont beaucoup moins efficaces que les petites réunions, ciblées sur un nombre limité de questions, pour "obtenir des commentaires complets et pertinents [de la part] des participants."[99] En outre, les réunions multilatérales ou multisectorielles seraient souvent mal préparées du côté du gouvernement,[100] trop générales et trop rapprochées de la date de l'événement international pour pouvoir influencer la position du gouvernement. Elles auraient aussi tendance, selon certains, à se transformer en "échange d'information à sens unique, où seul le gouvernement en communique"[101] et ce, sans souci d'écouter vraiment ce que les participants ont à dire dans le cadre d'un dialogue véritable. Le tout donnant ainsi l'impression que la position du gouvernement est déjà arrêtée. D'ailleurs, ces deux dernières observations vaudraient également, selon le rapport, pour d'autres modalités existantes de consultation.[102] Vu les manifestations qui sont choses courantes depuis Seattle en 1999, on conçoit mal que le gouvernement puisse encore longtemps donner ne fut-ce que l'impression de ne pas être à l'écoute de la Société civile, à tout le moins en matière de négociations commerciales et environnementales.

Ceci étant dit, le Bureau de l'inspecteur général poursuit son analyse en soulignant qu'une fois terminées, les consultations sont rarement suivies d'une rétroaction de la part du gouvernement. On reproche entre autres aux procès-verbaux de ne pas être analytiques ou de n'être que des compte rendus qui ne font pas état des discussions tenues pendant la réunion, ni des conclusions et plans d'action qui en ont résultés, "ce qui laisse les participants perplexes, car ils se demandent si leurs opinions ont été prises en compte et si elles ont eu une incidence" quelconque.[103] En matière environnementale, "*jusqu'à tout récemment*," on semble avoir été plus enclin à assurer la transparence de l'ensemble du processus de

99 *Évaluation des mécanismes de consultation sur le commerce, supra* note 49 à la p. 16.

100 La documentation et l'ordre du jour seraient souvent distribués tardivement, *ibid.* à la p. 31.

101 *Ibid.* aux pp. 28, 30-31.

102 *Ibid.* à la p. 27.

103 *Ibid.* à la p.16. Voir également *ibid.* aux pp. 21, 24, et 33.

consultation et à préparer de meilleurs rapports, du moins en ce qui concerne les très grandes rencontres internationales sur l'environnement qui ont marqué ces dernières décennies. Pour s'en convaincre, il suffit de citer le rapport de synthèse extrêmement complet des consultations pancanadiennes du Secrétariat canadien du sommet de la terre produit en 2002, intitulé *Johannesburg ... et après? Discussions avec les Canadiens.*[104]

Dans le rapport d'évaluation susmentionné, on y souligne de plus que les critères de sélection des participants à la consultation sont loin d'être clairs et transparents, ce qui laisse parfois la porte ouverte aux nominations et aux opinions des seuls amis ou sympathisants politiques.[105] Ce problème fut noté particulièrement pour certains groupes restreints permanents de consultation, comme les Groupes sectoriels, maintenant remplacés depuis 2006 par d'autres groupes de consultation, pour lesquels le processus de sélection n'est pas vraiment plus limpide.[106] Ce manque de clarté s'est aussi

[104] Voir *supra* note 90. Le "*jusqu'à tout récemment*" veut souligner le fait que depuis le printemps 2006 "les environnementalistes sont devenus *persona non grata* au sein de la délégation canadienne" lors d'événements internationaux relatifs aux changements climatiques. Voir sur ce point, Radio-Canada.ca, *Changements climatiques, Le Canada veut revoir Kyoto*, disponible en ligne à: <http://www.radio-canada.ca/nouvelles/National/2006/10/30/004-kyoto-revision.shtml>. À la conférence de Bali (3 au 14 décembre 2007) consacrée à ces mêmes questions, les partis d'opposition en ont été à leur tour exclus. Voir sur ce point, *Les partis d'opposition sont exclus de la délégation canadienne*, disponible en ligne à: <http://www.hautevitesseinternet.com/nouvelles/nouvelle-partis_opposition_sont_exclus-38134-2.html>.

[105] Par exemple les participants ne sont pas choisis en fonction d'objectifs clairs que l'on veut atteindre par telle ou telle consultation (par ex.: obtenir ou fournir de l'information, élaborer la politique canadienne de négociation, comprendre les difficultés particulières rencontrées par certains secteurs d'activités économiques ou analyser et réfléchir sur des questions techniques précises). Ainsi, si l'on opte pour la méthode de la téléconférence (comme celles qui furent organisées avant la rencontre de Cancun, voir *Évaluation des mécanismes de consultation sur le commerce, supra* note 49 à la p. 29), il est évident que cette méthode est plus appropriée pour livrer de l'information à sens unique que pour procéder à des échanges d'idées de nature à contribuer au développement de la position canadienne. Dans le même ordre d'idées, dans le rapport d'évaluation des mécanismes du Bureau de l'inspecteur général, on y encourage l'utilisation du Web pour transmettre l'information. Toutefois, le recours à ce dernier comme médium principal pour mener des consultations n'y est pas favorisé. Voir *Évaluation des mécanismes de consultation sur le commerce, supra* note 49 aux pp. 10-12, 15, 19, 22, 29, 32, 40, 42-43.

[106] *Ibid.* à la p. 20 et voir *supra* notes 59 à 67 et le texte correspondant.

manifesté plus récemment, lors du sommet tripartite[107] organisé à Montebello les 20 et 21 août 2007, dans le cadre du Partenariat sur la sécurité et la prospérité,[108] où seulement trente hommes d'affaires du Conseil nord américain de la compétitivité furent invités[109] à participer aux discussions qui se sont tenues à huis clos.[110] Le rapport d'évaluation a également remarqué une certaine résistance chez certains intervenants gouvernementaux à l'égard des mécanismes officiels créés pour la consultation de la Société civile.[111] Dans cet ordre d'idées, on y indique:

> que les négociateurs et autres cadres supérieurs ... avaient, de façon générale, développé leurs propres réseaux de consultation informels, lesquels comptent des contacts d'affaires avec des perspectives sectorielles précises. Dans la plupart des cas, ces réseaux se sont développés au fil du temps et sont fondés sur une confiance mutuelle.[112]
>
> [D]ans de nombreux cas, les réseaux ont supplanté les mécanismes officiels comme les GCSCE [*Groupes sectoriels*] et les événements multilatéraux [ce qui entraîne une sous-utilisation de ces derniers]. Cette situation renforce l'opinion [souligne le rapport] selon laquelle les négociateurs du gouvernement ont déjà défini leur position de négociation avant de consulter les autres intervenants.[113]

[107] Le sommet réunissait le Président Bush des États-Unis, le Premier Ministre Harper du Canada et le Président Calderon du Mexique.

[108] Ce Partenariat a été créé en 2005 par le président Bush des États-Unis, le Premier Ministre canadien Paul Martin et l'ex-Président du Mexique Vincente Fox. Voir N. Greenaway, R. Foot et A. Thomson, "The Big 3: Sovereignty, Security and War," *The Citizen*, mardi, le 21 août 2007, à la p. A2; R. Foot, "Not as ominous as advertised," *The Citizen*, lundi, le 20 août 2007, à la p. A3.

[109] Ce Conseil a été créé dans le cadre du Partenariat sur la sécurité et la prospérité pour donner des avis sur la manière de renforcer l'intégration économique nord- américaine. Les trente hommes d'affaires invités à Montebello devaient faire rapport sur les progrès réalisés en ce sens et sur les mesures à adopter pour l'améliorer. Voir *ibid.*

[110] Pendant la durée de ce sommet des représentants de la Société civile sont descendus dans la rue pour protester contre le caractère anti-démocratique de celui-ci. Voir *ibid.*

[111] *Évaluation des mécanismes de consultation sur le commerce, supra* note 49 aux pp. 16 et 43.

[112] *Ibid.* à la p. 34.

[113] *Ibid.*

Il est bien évident qu'un tel recours à des réseaux parallèles manque de transparence, en ce sens que "les représentants [du gouvernement] risquent de consulter uniquement un petit groupe d'individus qui partagent la même optique"[114] et ce, sans qu'il soit possible de connaître qui est consulté et par qui. Ce manque de rétroaction et de critères de sélection des participants ainsi que l'existence de réseaux parallèles s'expliquent probablement, constate le Bureau de l'inspecteur général, par l'absence de lignes directrices minimales claires encadrant la conduite des consultations au Canada.[115]

Dans sa réponse,[116] le ministère du Commerce international a indiqué qu'il avait pris connaissance des recommandations de l'Inspecteur général. Concrètement, nous avons pu constater que le ministère des Affaires étrangères a remplacé en 2006 les Groupes sectoriels par d'autres groupes de consultation. Cependant, au moment d'écrire ces lignes, nous doutons que ces nouveaux groupes soient véritablement représentatifs de l'ensemble de la Société civile, car nous y avons noté une tendance très marquée à favoriser les opinions de l'entreprise privée. Cette orientation se remarque d'ailleurs même dans le titre sélectionné pour désigner le nouveau site Web du Ministère, soit "*Services aux entreprises: Consultations.*" Nous avons également été étonnés de constater que des modifications et suppressions puissent avoir lieu au niveau des instances chargées de représenter la Société civile dans le dialogue avec le ministère des Affaires étrangères, sans que cette dernière en soit informée pendant plusieurs mois. En outre, il est aussi très décevant de naviguer sur le nouveau site du Ministère, en raison de ses lacunes relatives aux informations fournies, entre autres sur les nouveaux groupes de consultation créés et globalement en raison de son manque chronique de transparence. Finalement, dans sa réponse au rapport du Bureau de l'inspecteur général, le ministère des Affaires étrangères avait annoncé qu'il élaborerait des "lignes directrices" qu'il publierait ensuite sur son site Web, conformément aux recommandations 3, 4 et 5 de ce rapport.[117] Toutefois, au

[114] *Ibid.* à la p. 52.

[115] *Ibid.* aux pp. 36 et 49.

[116] *Ibid.*, Annexe A (du rapport d'évaluation), à la p. 57.

[117] *Ibid.* à la p. 59.

moment d'écrire ces lignes on n'y a trouvé aucune trace évidente de telles lignes directrices, pourtant promises.[118]

Cela dit, dans le prochain chapitre nous nous pencherons sur les modalités de consultation de la Société civile instaurées par la Communauté et ce, comme nous l'avons déjà annoncé, dans le but ultime de mettre en évidence les éléments qui pourraient être importés au Canada pour améliorer les mécanismes similaires de consultation. Auparavant, il nous faut cependant décrire le cadre juridique dans lequel une telle intervention se manifeste, soit le processus communautaire de négociation des traités.

III Le processus communautaire de négociation des traités

La Communauté européenne (Communauté ou CE) connaît plusieurs procédures de conclusion des traités.[119] Elle compte ainsi, la procédure de conclusion de base ou de référence prévue à l'article 300 du *Traité instituant la Communauté européenne* (TCE),[120] qui régit notamment la conclusion des conventions bilatérales ou multilatérales auxquelles la Communauté participe seule, en raison de sa compétence exclusive soit d'attribution[121]

[118] Voir à ce sujet les sites du ministère des Affaires étrangères et du Commerce international mentionnés à *supra* notes 48 et 49.

[119] On se souviendra que la *procédure de conclusion* inclut le *processus de négociation* et le *processus de conclusion*. Sur ce point, voir *supra* note 3. Dans les rubriques suivantes nous ne traiterons pas des accords conclus par l'Union européenne dans le cadre de son deuxième et troisième piliers, car dans le contexte actuel, le droit les concernant est incertain et embryonnaire. Sur ce dernier point, voir l'article 46 du TUE. Voir également K. Lenaerts et P. Van Nuffel, *Constitutional Law of the European Union*, 2e éd., Londres, Sweet & Maxwell Ltd, 2005, aux pp. 446-48; P. Eeckhout, *External Relations of the European Union, Legal and Constitutional Foundations*, Oxford, Oxford University Press, 2004, à la p. 147.

[120] Ci-après souvent désigné TCE. Pour consulter le *Traité instituant la Communauté européenne*, voir N. Foster, *Blackstone's EC Legislation*, 2006-7, 17e éd., Oxford, Oxford University Press, 2006, aux pp. 1 et suiv.

[121] La "*compétence exclusive d'attribution*" de la Communauté lui appartient définitivement en propre qu'elle l'ait ou non exercée. C'est donc dire que les États membres de la CE ont perdu toute prérogative dans les domaines relevant de cette catégorie de pouvoir exclusif communautaire. À titre d'exemples, les *accords commerciaux traditionnels* visés par l'article 133 du TCE relèvent de la compétence exclusive d'attribution de la CE. Pour plus de détails, voir K. Lenaerts, "Les répercussions des compétences de la Communauté européenne sur les compétences externes des États membres et la question de la préemption" dans Paul Demaret, éd., *Relations extérieures de la Communauté européenne et marché*

ou par acquisition.[122] Ensuite, les articles 111[123] et 133[124] du TCE prévoient des procédures spéciales pour la conclusion de certains traités particuliers. Dans le cadre de la section suivante, nous nous pencherons uniquement sur la chronologie du processus de négociation de base, tel qu'il est suivi par la Communauté européenne

---

intérieur: aspects juridiques et fonctionnels, Bruxelles, E. Story Scientia, 1988, 37, à la p. 41; C.W.A. Timmermans, "Division of External Relations Power between the European Economic Community and the Member States in the Field of Harmonization of National Law – A Case Study" dans C.W.A. Timmermans et E.L.M. Vöiker, éds., *Division of Powers between the European Communities and their Member States in the Field of External Relations*, Deventer, Kluwer, 1981, à la p. 15.

122 Une "*compétence est par ailleurs concurrente*" entre la Communauté et les États membres quand ces derniers demeurent compétents dans le domaine concerné jusqu'à ce que la CE exerce son pouvoir législatif dans ledit domaine. À partir du moment de l'exercice communautaire de la compétence concurrente, cette dernière devient "*exclusive à la Communauté par acquisition*" et ce, dans la mesure de l'exercice effectif du pouvoir attribué par la Communauté. En conséquence, tant que la Communauté n'a pas occupé un de ses domaines de compétence (en vertu du TCE) de façon exhaustive, les États membres de la CE restent libres d'agir tant au niveau interne qu'au niveau international dans le champ inoccupé de cette juridiction en "autant que leur action n'entre pas en conflit avec l'exercice concret par la Communauté de sa compétence." Voir K. Lenaerts, *ibid.* à la p. 42. C'est pourquoi dans la pratique communautaire, le phénomène de l'accord mixte s'est développé permettant aux deux niveaux de gouvernement d'agir ensemble dans le cadre d'un accord traitant de sujets qui relèvent à la fois de la juridiction de la CE et de celle des États membres, ce qui est notamment très souvent le cas des conventions portant sur des questions environnementales. En conséquence, ces dernières sortent donc du champ de notre analyse sur l'intervention de la Société civile lors du processus communautaire de négociation des traités. Pour plus de détails, voir C.W.A. Timmermans, *ibid.*; K. Lenaerts, *ibid.* aux pp. 41-43; M.C. Erijta, X.F. Pons et L.H. Sancho, "Compliance Mechanisms in the Framework Convention on Climate Change and the Kyoto Protocol," (2004) 34:1 *Revue générale du droit* 51, à la p. 65.

123 Cette disposition concerne les accords relatifs au régime monétaire ou de change, ainsi que ceux qui portent sur un système de taux de change pour l'écu.

124 L'article 133 du TCE porte sur les accords commerciaux de la CE et il réfère, pour un grand nombre d'entre eux, à la procédure de base de l'article 300 du TCE, pour leurs négociations et leurs conclusions. Cet article identifie toutefois certaines conventions pour lesquelles une procédure spéciale de conclusion doit être suivie. Nous n'en traiterons pas dans le cadre du présent texte. Sur ces derniers points, voir, pour plus de détails, l'étude de F. Morrissette, *supra* note 1. Voir également P. Koutrakos, *EU International Relations Law*, Oxford and Portland, Hart Publishing, 2006, aux pp. 70 et suiv.; P. Eeckhout, *supra* note 119 aux pp. 48 et suiv.; K. Lenaerts et P. Van Nuffel, *supra* note 119 aux pp. 828 et suiv.

agissant seule en vertu de l'article 300 du TCE,[125] lequel s'applique aussi à une grande partie des traités commerciaux visés par l'article 133 du TCE.[126]

A LA CHRONOLOGIE DU PROCESSUS COMMUNAUTAIRE DE BASE POUR LA NÉGOCIATION DES TRAITÉS

1 *Les contacts exploratoires*

D'abord, il faut souligner ici que l'article 300 du TCE ne contient aucune norme juridiquement obligatoire relative à la phase exploratoire du processus communautaire de négociation des traités. Malgré cela, on constate que la Commission[127] informe le Conseil[128]

[125] En d'autres termes, notre analyse se penche sur le processus de négociation de l'article 300 du TCE tel qu'il est appliqué dans le contexte de conventions conclues par la Communauté seule, en raison de sa compétence exclusive, d'attribution ou par acquisition. Aucun développement n'y sera donc consacré à la procédure de conclusion qui est propre à l'accord mixte. À notre avis, la comparaison avec le processus canadien de négociation s'en trouve donc ainsi justifiée, puisque, dans les faits, le pouvoir central canadien agit lui-même en vertu d'une compétence exclusive alléguée d'engager le Canada dans un accord international. Pour plus de détails sur ce dernier point, voir l'ouvrage de F. Morrissette, *supra* note 1.

[126] I. Macleod, I.D. Hendry et S. Hyett, *The External Relations of the European Communities,* Oxford, Clarendon Press, 1996, à la p. 84, note 43. Voir également P. Eeckhout, *supra* note 119 aux pp. 169 et suiv.; K. Lenaerts et P. Van Nuffel, *supra* note 119, aux pp. 881 et suiv.; A. De Walsche, "La procédure de conclusion des accords internationaux" dans J.-V. Louis et M. Dony, éds., *Commentaire J. Megret, Le droit de la CE et de l'Union européenne, Vol. 12, Relations extérieures,* Bruxelles, Éditions de l'Université libre de Bruxelles, 2005, 77, à la p. 95.

[127] La *Commission* de la CE se compose actuellement de vingt-sept commissaires, soit un par État membre de la CE, lesquels sont choisis en raison de leur compétence. "La Commission est structurée en directions générales dont chacune est chargée d'un domaine d'activité particulier." La Commission a presque le monopole de l'initiative législative. Elle assure la mise en œuvre des politiques de l'Union européenne. Elle veille au respect des traités fondateurs et elle représente la Communauté sur la scène internationale. En gros, on peut considérer que la Commission représente le *pouvoir exécutif* de la Communauté. Pour plus de détails, voir *Europa, EUR-Lex, Procédure et Acteurs, 3. Les acteurs du système communautaire (*ci-après Les acteurs*), 3.3. La Commission européenne,* disponible en ligne à: <http://eur-lex.europa.eu/fr/droit_communautaire/droit_communautaire.htm#3>. Voir également S. Douglas-Scott, *Constitutional Law of the European Union,* Essex, Longman, 2002, aux pp. 53-74; Art. 211-219 du TCE.

[128] Le *Conseil* se compose d'un représentant du gouvernement de chaque État membre, lequel change d'ailleurs selon les sujets qui sont à l'ordre du jour. Parmi toutes ses attributions, il a notamment le pouvoir d'adopter la législation

de tout contact informel ayant pour but de préciser la nature et la portée d'une éventuelle convention avec un État tiers. Dans certains cas, la Commission demandera même au Conseil l'autorisation d'avoir des conversations exploratoires lorsque les sujets discutés présentent des aspects délicats. Par une telle pratique, la Commission vise avant tout à s'assurer de la bonne coopération du Conseil pour les étapes du processus qui suivront.[129]

À l'instar du Canada, la Commission doit également conduire à ce stade une analyse d'impact en vertu des *Lignes directrices concernant l'analyse d'impact économique, environnemental et social* (Lignes directrices d'impact) qu'elle a adoptées en 2002.[130] Ces dernières s'appliquent notamment aux directives pour la négociation d'un accord international qui sont proposées au Conseil et dont nous reparlerons plus en détail au paragraphe suivant.[131] Elles représentent en réalité un guide pour les Directions générales (DG) de la Commission qui auront à conduire de telles évaluations. Elles prévoient notamment que la DG responsable de la proposition à examiner

---

communautaire, dont l'initiative, rappelons-le, revient toutefois quasi entièrement à la *Commission.* D'une manière générale, on peut donc considérer qu'il constitue le *pouvoir législatif* "*originel*" de la Communauté, fonction qu'il partage actuellement dans de nombreux domaines avec le *Parlement européen,* qui représente en conséquence le "*partenaire*" *législatif* de la Communauté. Pour plus de détails, voir *Les acteurs, 3.2. Le Conseil de l'Union européenne, ibid.*; S. Doublas-Scott, *ibid.* aux pp. 74-85; art. 202-10 du TCE; J. Peterson et M. Shackleton, *The Institutions of European Union,* 2e éd., Oxford, Oxford University Press, 2006, aux pp. 63 et suiv.

[129] A. De Walsche, *supra* note 126 à la p. 83.

[130] Pour une explication de ces Lignes directrices d'impact, voir le site Web général sur le sujet, *Secretariat-General, European Commission, Impact Assessment* (ci-après Impact Assessment), disponible en ligne à: <http://ec.europa.eu/governance/impact/index_en.htm>. Pour consulter le texte des lignes directrices, *ibid., Commission steps and tools, 1. Impact assessment guidelines,* disponible en ligne à: <http://ec.europa.eu/governance/impact/docs_en.htm>. Il faut noter que ces lignes directrices furent modifiées et mises à jour en mars 2006 en conséquence de l'évaluation conduite par la Commission, au début de 2006, de son système d'analyse d'impact, à la lumière de sa mise en œuvre depuis 2002. Pour consulter les résultats de cette évaluation, voir *Commission européenne, Mieux légiférer, Analyse d'impact* (ci-après Analyse d'impact), *Évaluation du système d'analyse d'impact de la Commission,* disponible en ligne à: <http://www.ec.europa.eu/governance/better_regulation/impact_fr.htm>.

[131] Toutes propositions législatives majeures de la Commission sont en fait visées par les *Lignes directrices d'impact.* Voir *Impact Assessment, supra* note 130, *Proposals covered,* disponible en ligne à: <http://ec.europa.eu/governance/impact/proposals_en.htm>.

doit d'abord élaborer un plan de travail qui indique entre autres: (a) le temps approximatif requis pour conduire l'analyse d'impact, (b) la nécessité ou non d'établir un "Groupe inter-service"[132] selon que la proposition comporte ou non des éléments qui affectent plusieurs DG, (c) le programme de consultations à effectuer pendant l'enquête, lequel précisera les objectifs poursuivis, les éléments du projet qui en feront l'objet, les groupes cibles à consulter et les outils de consultation utilisés.[133]

Une fois toutes les consultations terminées, la DG responsable de l'enquête rédige un projet de rapport d'analyse d'impact où elle y résume les résultats et les conclusions qu'on en a tirées. Ce projet est ultérieurement présenté à un *Comité d'analyse d'impact*[134] afin qu'il puisse en évaluer la qualité. S'il est satisfait,[135] le rapport d'analyse d'impact finalisé et les directives proposées seront soumis au Collège des commissaires[136] pour approbation. Une fois approuvés, ces documents seront finalement transmis au Conseil et/ou au Parlement européen (PE)[137] pour décision ou avis selon le cas, puis

[132] En anglais "*Inter-Service Steering Group.*" Aucune traduction française officielle n'est disponible. Ce groupe permet à toutes les DG concernées par la proposition de contribuer pendant toute la durée du processus d'analyse d'impact.

[133] Nous reparlerons de ces points dans notre rubrique consacrée à la consultation de la Société civile. Voir *infra* à la section B "*Consultation de la société civile communautaire.*"

[134] Ce Comité a été créé en 2006 et est placé sous l'autorité directe du président de la Commission. Ses membres sont des fonctionnaires de haut niveau qui proviennent des services de la Commission concernés par les trois volets (économie, social et environnement) de l'analyse d'impact de la CE. Pour plus de détails, voir *Impact Assessment Board (IAB), Mandate,* disponible en ligne à: <http://ec.europa.eu/governance/impact/docs/key_docs/iab_mandate_annex_sec_2006_1457_3.pdf>. Voir également *Impact Assessment, supra* note 130, *Impact Assessment Board (IAB),* disponible en ligne à: <http://ec.europa.eu/governance/impact/iab_en.htm>.

[135] S'il n'est pas satisfait, il recommandera tout travail additionnel jugé nécessaire.

[136] Pour une explication du *Collège des commissaires,* voir J. Peterson et M. Shackleton, *supra* note 128 aux pp. 81-104.

[137] Il compte aujourd'hui 732 députés *élus au suffrage universel direct* pour une période de cinq années, lesquels sont répartis entre les États membres de la Communauté selon une grille établie en fonction de la population. Voir sur ce qui précède Wikipedia, *Parlement européen,* disponible en ligne à: <http://fr.wikipedia.org/wiki/Parlement_europ%C3%A9en>. Voir également N. Foster, *supra* note 120 aux pp. 55, 114 et 128; "Annexes referred to in Commission Memo/04/61, 16th March 2004," dans N. Foster, *ibid.*, aux pp. 730-731. À l'heure actuelle, le Parlement européen, soit le "*partenaire*" *législatif* de la

publiés sur le site Internet réservé aux analyses d'impact, par le Secrétariat général de la Commission.[138]

2 *L'approbation politique du Conseil*

En vertu de l'article 300:1 du TCE, il appartient exclusivement à la Commission de présenter des recommandations[139] au Conseil dans le but d'ouvrir les négociations en vue de la conclusion d'une éventuelle convention. En plus des résultats de l'analyse d'impact mentionnée au paragraphe précédent, la Commission y souligne les aspects de l'accord qui présentent un intérêt pour la Communauté. En annexe, elle suggère également au Conseil les directives qui devront la guider lors des négociations.[140]

Contrairement à ce qui a cours au Canada, il revient, après analyse de ces suggestions, au seul Conseil, c'est-à-dire au pouvoir législatif "originel" de la CE, d'autoriser l'ouverture des négociations par la Commission, au moyen d'une "décision *sui generis*"[141] non publiée,[142] afin de ne pas divulguer les directives ou la position de la Communauté.[143] Cette décision du Conseil approuvera, avec ou sans modification, les directives de négociation proposées par la

---

Communauté, contribue de manière significative à la fonction législative au sein de la Communauté. Sur ce dernier point, voir *supra* note 128. Voir également S. Douglas-Scott, *supra* note 127 aux pp. 90 et 117-24.

[138] Pour plus de détails sur tout le processus d'analyse d'impact de la Communauté voir *supra* note 130.

[139] Une recommandation peut viser la négociation d'une convention avec un État tiers en particulier ou elle peut viser la négociation de plusieurs conventions sur un sujet avec de nombreux pays. Voir I. MacLeod, I.D. Hendry et S. Hyett, *supra* note 126 à la p. 90. La Commission prépare souvent sa proposition par des documents de réflexion qu'elle publiera ensuite. Voir P. Eeckhout, *supra* note 119 à la p. 171.

[140] I. MacLeod, I.D. Hendry et S. Hyett, *ibid.* aux pp. 86-87.

[141] Une telle décision diffère de la "décision" mentionnée à l'article 249 du TCE. Voir *ibid.* à la p. 80.

[142] D. Verwey, *The European Community, The European Union and the International Law of Treaties*, The Hague, T.M.C. Asser Press, 2004, à la p. 110; P. Eeckhout, *supra* note 119 aux pp. 170-71.

[143] I. MacLeod, I.D. Hendry et S. Hyett, *supra* note 126 à la p. 87. Il convient de noter ici que le Conseil fut jusqu'au *Traité de Maastricht* un organe fonctionnant entièrement sous le sceau du secret. Depuis ce Traité, une politique de la transparence a toutefois été graduellement développée en ce qui concerne le Conseil. Pour plus de détails, voir F. Hayes-Renshaw et H. Wallace, *The Council of Ministers*, New York, Palgrave Macmillan, 2006, aux pp. 66-67 et 123-27.

Commission.[144] En vertu de l'article 300:1 du TCE, elle devrait en principe être prise à la majorité qualifiée,[145] sauf si l'accord envisagé relève de l'article 310 du TCE ou s'il concerne un domaine pour lequel la législation interne doit être adoptée à l'unanimité.[146]

3 *La Conduite des négociations*

Une fois cette autorisation du Conseil obtenue, il incombe théoriquement à la Commission de négocier la convention au nom de

144 *Ibid.* à la p. 89.

145 Sur la majorité qualifiée, voir l'article 205 du TCE (applicable dans le contexte d'une Union européenne à vingt-cinq membres), tel que modifié par la *Déclaration* [no 20] *relative à l'élargissement de l'Union européenne* et la *Déclaration* [no 21] *relative au seuil de la majorité qualifiée et au nombre de voix de la minorité de blocage dans une union élargie* (applicables dans le contexte d'une Union européenne maintenant à vingt-sept). Pour consulter ces documents, voir N. Foster, *supra* note 120 aux pp. 58-59 et 128-31; *Acte final*, disponible en ligne à: <http://eur-lex.europa.eu/fr/treaties/dat/12001C/htm/C_2001080FR.007001.html>. En gros, la majorité qualifiée s'explique comme suit. D'abord chaque État membre se voit notamment accordé, pour les fins du Conseil, un nombre de voix proportionnel à sa population. Depuis l'adhésion de la Roumanie et de la Bulgarie le 1er janvier 2007, le nombre total de voix au Conseil est en principe de 345. La majorité qualifiée est atteinte quand 255 voix sur 345, exprimées par la majorité des membres du Conseil, vont dans le même sens. Pour plus de détails généraux, voir K. Lenaerts et P. Van Nuffel, *supra* note 119 aux pp. 417-22. Sur la majorité qualifiée depuis l'adhésion de la Roumanie et de la Bulgarie, voir plus particulièrement K. Lenaerts et P. Van Nuffel, *ibid.* à la p. 418 note 182 et texte correspondant. Voir aussi "Annexes referred to in Commission Memo/04/61 16th March 2004," dans N. Foster, *supra* note 120 à la p. 730.

146 P. Eeckhout, *supra* note 119 à la p.171. À titre d'exemples, les dispositions suivantes du TCE exigent l'unanimité pour l'adoption de règles internes: les articles 93, 67:1, 94, 308, 47:2 et 57:2 TCE. P. Koutrakos, *supra* note 124 aux pp. 68-69. Il nous faut aussi souligner ici que le choix de la procédure de conclusion à suivre parmi celles décrites aux articles 300, 133 et 111 du TCE dépend de la base juridique sélectionnée par la Communauté pour fonder son action dans le domaine de la convention envisagée. En principe, le droit constitutionnel communautaire impose en effet à la Communauté "*d'abord*" l'obligation d'indiquer clairement dans toute décision relative à la conclusion des traités la base juridique du TCE qui sert de fondement à la conclusion dudit traité et "*ensuite*" de déterminer, en fonction du choix fait, la procédure de conclusion à suivre parmi celles qui se trouvent aux articles 300, 133 et 111 du TCE. De l'exactitude légale de ces mentions et choix dépendent la validité de la convention au niveau du droit communautaire, laquelle peut d'ailleurs être contestée dans le contexte d'actions prises en vertu des articles 226, 230, 234 et 300(6) du TCE. Sur ce point, voir I. MacLeod, I.D. Hendry et S. Hyett, *supra* note 126 aux pp. 83-84.

la Communauté, dans le cadre des directives susmentionnées du Conseil. En règle générale, les négociations sont concrètement dirigées par les fonctionnaires de la Direction générale des relations extérieures. Cependant, à l'instar du Canada, il arrive souvent aujourd'hui, vu la complexité des conventions, que la délégation de négociation de la Commission soit composée également de représentants de plusieurs Directions générales intéressées par le traité. De même, la direction de la délégation est parfois confiée, avec le support de la DG des relations extérieures, à la Direction générale responsable du sujet dont traite la convention en particulier.[147]

En résumé, en vertu de la procédure de base, la Commission ou le pouvoir exécutif communautaire détient donc un monopole sur le droit de proposer l'ouverture de négociations en vue de la conclusion d'un accord international impliquant la Communauté. En principe, elle assume également la responsabilité de conduire les négociations pour la CE; ce qui fait d'elle son négociateur en chef. C'est aussi à ce titre qu'elle pourra marquer la fin des négociations en paraphant le texte de la convention négociée[148] et qu'elle remettra au Conseil un rapport final à leur sujet; lequel sera en général accompagné de la proposition de conclure l'accord concerné. Toutefois, contrairement au Canada, le pouvoir législatif "originel" de la Communauté, soit le Conseil, joue également un rôle important au niveau du processus communautaire de négociation, puisqu'il lui revient d'autoriser les négociations et d'approuver, avec ou sans modification, les directives suggérées par la Commission. Par ailleurs, le "partenaire" législatif de la Communauté, soit le Parlement européen, se trouve, en tant que représentant de la population, dans une situation très semblable à celle du Parlement canadien, puisque le *Traité instituant la Communauté européenne* ne lui confère *aucun rôle formel* au niveau du processus de négociation des conventions communautaires.[149]

[147] D. Verwey, *supra* note 142 à la p. 105 note 90; A. De Walsche, *supra* note 126 aux pp. 86-87. Pour plus de détails sur le processus communautaire de négociation des traités, voir F. Morrissette, *supra* note 1.

[148] P. Eeckhout, *supra* note 119 à la p. 173; K. Lenaerts et P. Van Nuffel, *supra* note 119 à la p. 885. Il est admis, au sein de la CE, que le paraphe marque la fin de la phase des négociations. Voir A. De Walsche, *ibid.* aux pp. 88-89. Voir aussi le texte même de l'article 300 du TCE qui intègre la signature à l'étape de la conclusion.

[149] Sur le rapport final de la Commission sur les négociations, accompagné de la proposition de conclure l'accord, voir A. De Walsche, *ibid.* à la p. 89. De plus,

Cela dit, voyons à présent comment la Communauté organise les modalités d'intervention de la Société civile lors des différentes étapes du processus de négociation des traités.

B CONSULTATION DE LA SOCIÉTÉ CIVILE COMMUNAUTAIRE

Au sein de la Communauté européenne, le dialogue avec la Société civile existe depuis longtemps[150] et il ne se limite pas au processus de négociation des conventions internationales. Ainsi, en 1999, le *Protocole relatif à l'application des principes de subsidiarité et de proportionnalité,* annexé au *Traité d'Amsterdam,*[151] stipule à son article 9 que la Commission devrait procéder[152] à de larges consultations avant de proposer des textes législatifs, de façon à pouvoir les justifier à la lumière du principe de subsidiarité.[153] Comme les conventions internationales en vigueur pour la CE font partie de l'ordre juridique communautaire,[154] il revient donc à la Commission d'effectuer de telles consultations avant qu'elle en recommande la négociation et les directives de négociation au Conseil. Également, pour donner suite à la *Stratégie européenne pour le développement*

---

en ce qui concerne le rôle du Parlement européen lors du processus de négociation des conventions communautaires, il faut noter ici que, au fil des années, ce dernier a été en pratique *intégré de manière informelle* dans le processus communautaire de négociation, par le biais notamment d'accords interinstitutionnels qui, bien que n'ayant aucun poids juridique, sont largement respectés par les autres institutions de la Communauté. Voir pour plus de détails F. Morrissette, *supra* note 1, para. 133-39.

[150] Voir Commission des communautés européennes, *Communication de la Commission (11 décembre 2002), Vers une culture renforcée de consultation et de dialogue, Principes généraux et normes minimales applicables aux consultations engagées par la Commission avec les parties intéressées* (ci-après Principes et normes de consultation), (version PDF), aux pp. 4-5, disponible en ligne à: <http://ec.europa.eu/governance/docs/comm_standards_fr.pdf>; Pour plus de détails, voir Commission européenne, *La Commission européenne et la société civile, Aperçu général* (ci-après Aperçu général), *Cadre de consultation juridique,* (version HTML), aux pp. 2-3, disponible en ligne à: <http://ec.europa.eu/civil_society/apgen_fr.htm>.

[151] Voir N. Foster, *supra* note 120 à la p. 112.

[152] Sauf en cas d'urgence particulière ou de confidentialité.

[153] Voir K. Lenaerts et P. Van Nuffel, *supra* note 119 à la p. 579. Pour une définition du principe de subsidiarité, voir *ibid.* aux p. 100 et suiv.

[154] J.V. Louis, "L'insertion des accords dans l'ordre juridique de la Communauté et des États membres" dans J.V. Louis et M. Dony, *supra* note 126, aux pp. 113-116; P. Eeckhout, *supra* note 119 aux pp. 274 et suiv.

durable,[155] la Commission a adopté en 2002 des *Lignes directrices concernant l'analyse d'impact économique, environnemental et social*[156] de ses propositions législatives majeures, dont font partie les directives recommandées pour la négociation de telle ou telle convention internationale.[157] Or, pour mener à bien cet exercice, la Commission, nous l'avons vu,[158] doit procéder, selon les Lignes directrices d'impact, à la consultation des segments intéressés de la population.

Mais ne s'arrêtant pas là, la Commission a voulu, par son *Plan d'action pour mieux légiférer*[159] et son *Livre blanc sur la gouvernance européenne*[160] renforcer et valoriser davantage cette culture de consultation de la Société civile en l'encadrant de façon à améliorer ses propositions législatives, dont font partie ses recommandations en matière d'accords internationaux, la transparence de ses procédures et la confiance des citoyens envers les institutions européennes. Pour ce faire, elle a donc adopté, le 11 décembre 2002, la communication sur les *Principes généraux et normes minimales applicables aux consultations engagées par la Commission avec les parties intéressées* (*Principes et normes de consultation*).[161] Ces principes établissent que la

[155] Qui fut adoptée en 2002, *Europa, Activités de l'Union européenne, Synthèses de la législation, Stratégie en faveur du développement durable*, disponible en ligne à: <http://europa.eu/scadplus/leg/fr/lvb/128117.htm>.

[156] Voir, *supra* note 130.

[157] Par propositions de la Commission on entend celles qui concernent les dossiers législatifs et budgétaires et les accords internationaux. Voir Commission des Communautés européennes, *Communication de la Commission au Conseil, au Parlement européen, au Comité économique et social et au Comité des régions, Programme législatif et de travail de la Commission pour 2007* (version PDF), disponible en ligne à: <http://eur-lex.europa.eu/LexUriServ/site/fr/com/2006/com2006_0629fr01.pdf> à la p. 28; Commission européenne, *Suivi des procédures interinstitutionnelles, Quoi de neuf?*, disponible en ligne à: <http://ec.europa.eu/prelex/apcnet.cfm>. Voir également K. Lenaerts et P. Van Nuffel, *supra* note 119 aux pp. 578-80 et notes correspondantes.

[158] Voir *supra* notes 130 à 138 et le texte correspondant.

[159] Qui fut adopté en 2002. Voir *Europa, Activités de l'Union européenne, Synthèses de la législation, Plan d'action pour mieux légiférer*, disponible en ligne à: <http://europa.eu/scadplus/leg/fr/lvb/110108.htm>.

[160] Qui fut adopté en 2001. Pour y accéder, voir Commission des Communautés, *Gouvernance européenne, Un Livre blanc*, COM (2001) 428 du 25.7.2001 (version PDF) disponible en ligne à: <http://eur-lex.europa.eu/LexUriServ/site/fr/com/2001/com2001_0428fr01.pdf>.

[161] Ci-après souvent désignés *Principes et normes de consultation*. Pour y accéder, afin d'en connaître tous les détails, voir *Principes et normes de consultation*, *supra* note

consultation devrait: (1) être la plus large possible, c'est-à-dire sans système d'accréditation, de façon à ne pas éliminer toute personne concernée par la politique qui serait intéressée à contribuer; (2) avoir lieu le plus tôt possible, soit au stade de l'élaboration d'une politique ou d'une proposition et avant l'adoption de toute décision, afin qu'elle puisse produire des résultats; (3) être, au niveau de la méthode utilisée et de son étendue, en proportion avec l'impact de la proposition; (4) donner lieu, de la part de la Commission, à un accusé de réception ainsi qu'à des rapports, des analyses, des évaluations et des explications sur la manière dont les contributions furent prise en compte dans la rédaction de la proposition; (5) être accompagnée de documents clairs comprenant, entre autres, toutes les informations nécessaires pour faciliter les réponses, c'est-à-dire un résumé du contexte et des buts de la consultation, une description des questions à débattre avec indication de leur importance relative, les références aux documents pertinents non annexés, les détails, s'il y a lieu, sur les auditions et les réunions prévues, etc.; (6) s'adresser à un ou des groupe(s) cible(s) clairement désigné(s) en fonction de critères de sélection bien établis et transparents, qui doivent, cependant, permettre d'englober toutes les parties concernées par la politique; (7) donner un délai suffisant pour la réception des réponses, soit au moins huit semaines, ainsi qu'un préavis de vingt jours ouvrables pour les réunions; (8) si elle est ouverte au public, être notamment annoncée et accessible sur Internet par le biais du portail *Votre point de vue sur l'Europe,*[162] où devraient également paraître tous les documents d'informations pertinents ainsi

150 aux pp. 15-22. Ces principes s'appliquent aux propositions de la Commission que l'on retrouve dans son programme de travail. Voir sur ce dernier point, *Europa, Activités de l'Union européenne, Synthèses de la législation, Développement des relations entre la Commission et la Société civile,* <http://europa.eu/scadplus/leg/fr/cha/c10717.htm>. Voir *supra* note 131 et le texte correspondant, pour une définition du terme "propositions." En raison des résultats d'une consultation menée, en 2006, auprès de la Société civile sur le *Livre Vert, Initiative européenne en matière de Transparence* qui portait en partie sur les normes minimales, la Commission s'est engagée à faire certaines réformes pour le printemps 2008. Pour plus de détails, voir *infra* note 173 et le texte correspondant ainsi que Commission européenne, *Livre vert, Initiative de Transparence européenne, Résultats et suivi,* disponible en ligne à: <http://ec.europa.eu/transparency/eti/results_fr.htm>.

162 Voir *Votre point de vue sur l'Europe,* disponible en ligne à: <http://ec.europa.eu/yourvoice/index_fr.htm>.

que les contributions faites de même que les résultats, les rapports, etc., mentionnés dans l'énumération précédente.[163]

Les principes susmentionnés ne sont pas juridiquement obligatoires en droit communautaire. Et pourtant, "[i]l va de soi que lorsque la Commission décide d'appliquer certains principes et lignes directrices, ses services ont l'obligation d'agir en conséquence."[164] Leur champ d'application est large, en ce sens qu'ils régissent les évaluations d'impact[165] et, sauf quelques exceptions,[166] tous les autres types de consultations conduites par la Commission.[167] Ils visent donc toutes les modalités d'enquête dont dispose cette dernière,[168] que ce soit les réactions à un livre vert, à un livre blanc ou à une de ses communications ainsi que l'organisation de réunions ad hoc spécifiques, d'auditions publiques, de comités consultatifs, d'ateliers, de forums et de groupes d'experts, qui, soit dit en passant, sont répertoriés depuis 2005 dans un registre publié sur Europa.[169]

[163] Une référence au site *Votre point de vue sur l'Europe, ibid.* nous permet de constater une présentation en colonnes des sujets des différentes consultations publiques, avec le domaine d'activité et le groupe cible concernés ainsi que la date de clôture pour chacune d'elles avec la possibilité d'accéder à tous les documents pertinents en activant la rubrique *Lire plus* placée sous chaque thème de consultation.

[164] Voir le document *Principes et normes de consultation, supra* note 150 à la p. 10.

[165] Il est à noter que les consultations relatives à l'évaluation d'impact d'un projet n'empêchent pas que d'autres consultations aient lieu sur d'autres aspects de ce dernier par le biais d'un outil différent de consultation (par exemple via Internet). Si tel fut le cas, le rapport sur l'évaluation d'impact fera état des résultats de toutes les consultations, mais il y aura également un rapport distinct sur les consultations via Internet. Pour un exemple voir, *Environment, Reducing CO2 Emissions from Light-Duty Vehicles, "Impact Assessment"* et *"Report on the Results of This Consultation of the General Public" (Public Consultation on the Implementation of the Renewed Strategy to Reduce CO2 Emissions from Passenger Cars and Light-Commercial Vehicles)*, disponible en ligne à: <http://ec.europa.eu/environment/co2/co2_home.htm>.

[166] Les exceptions sont mentionnées à *Principes et normes de consultation, supra* note 150 aux pp. 15-16 et à *Aperçu général, Portée des normes de consultation, supra* note 150.

[167] *Principes et normes de consultation, ibid.* à la p. 15.

[168] Voir *Aperçu général, supra* note 150. Voir également *Gouvernance, Consultation*, disponible en ligne à: <http://www.ec.europa.eu/governance/better_regulation/consultation_fr.htm>.

[169] Pour un exemple de forum, voir *Euros du village, actualités, Déficit démocratique: Quand l'Union européenne consulte la société civile*, disponible en ligne à: <http://www.eurosduvillage.com/DEFICIT-DEMOCRATIQUE-Quand-1 -Union>. Le

Le recours au portail Internet *Votre point de vue sur l'Europe*[170] y est aussi soumis de même que la consultation des organisations sans but lucratif de la Société civile. En ce qui concerne ce dernier outil de consultation, signalons ici que, jusqu'à tout récemment, un site Web intitulé CONECCS répertoriait entre autres les "comités et autres cadres de la Commission" auxquels cette dernière a recours pour consulter, d'une manière formelle ou structurée, les organisations participantes sans but lucratif susmentionnées.[171] Ce site

---

registre du groupe d'experts est disponible en ligne à: <http://ec.europa.eu/transparency/regexpert/>. Pour en savoir plus sur les différentes activités de consultation, d'évaluation et d'information, etc., de l'Union européenne, voir disponible en ligne à: <http://www.emins.org/dokumenti/061120_transparent_europe.pdf>.

170 *Supra* note 162.

171 Voir Commission européenne, *CONECCS, Consultation, La Commission européenne et la Société Civile* (ci-après CONECCS), disponible en ligne jusqu'en décembre 2007: <http://ec.europa.eu/civil_society/coneccs/index_fr.htm>. (1) Sur ce site, *supprimé depuis décembre 2007*, ces "comités et autres cadres de la Commission" (désignés dans CONECCS "organes consultatifs formels et structurés de la Commission") étaient répertoriés par ordre alphabétique, par domaine d'action de la Commission ou par Direction générale de la Commission. Ils étaient structurés et formels car ils se réunissaient au moins une fois l'an. Les groupes ad hoc ou composés uniquement de représentants d'États en étaient exclus. Les services de la Commission eux-mêmes fournissaient, sur une base volontaire, au site CONECCS les informations relatives à de tels groupes, soit notamment sur l'année de leur création, le nombre de leurs réunions annuelles, la durée de leur mandat, le nom de leurs membres, le document portant leur création, l'adresse de leur secrétariat. Sur ces points, voir le site CONECCS, *ibid.* et M.-C. Hinrichsen et D. Obradovic, *Regulation of Lobbying in the European Union,* Paper to be presented at the ECREA Symposium 2007 "Equal Opportunities and Communication Rights: Representation, Participation & the European Democratic Deficit" 11 et 12 octobre 2007, Bruxelles, à la p. 6, disponible en ligne à: <http://sections.ecrea.eu/Brussels07/papers/hinrichsen_p.doc>. Voir également J. Floch, *La présence et l'influence de la France dans les institutions européennes, Rapport d'information déposé par la délégation de l'Assemblée nationale pour l'Union européenne,* Assemblée nationale, constitution du 4 octobre 1958, douzième législature, enregistré à la Présidence de l'Assemblée nationale le 12 mai 2004, no. 1594, aux pp. 68-70, disponible en ligne à: <http://www.assemblee-nationale.fr/12/europe/rap-info/i1594.asp#P1515_109359>; Commission des Communautés européennes, Communication de la Commission, *Vers une culture renforcée de consultation et de dialogue,* COM/202/0704final, Bruxelles, le 11/12/2002, disponible en ligne à: <http://eur-lex.europa.eu/LexUriServ/site/fr/com/2002/com2002_0704fr01.pdf>. (2) On trouvait également sur le site CONECCS un répertoire parallèle de plus de 800 "organisations de la Société civile" sans but lucratif, constituées au niveau communautaire (i.e., ayant

avait été créé en 2002 pour rendre le dialogue avec de tels groupes d'intérêt plus transparent.[172] Pourtant, une consultation menée en 2006 révéla que CONECCS présentait d'importantes lacunes sur ce point. Pour y remédier, la Commission a donc jugé nécessaire en 2007 d'instaurer pour le printemps 2008 un nouveau registre de pareils lobbies, beaucoup plus exigeant et limpide, particulièrement au niveau de la divulgation de leurs membres et de leurs sources de financement. Jusqu'à nouvel ordre, le nouveau registre se construira uniquement à partir de l'enregistrement volontaire de ces groupes d'intérêt. Toutefois, comme mécanisme d'incitation à ce faire, seuls les inscrits qui auront souscrits à un code de bonne conduite obligatoire seront informés par la Commission de la tenue de consultations dans les domaines qui les intéressent, avec l'option d'y assister s'ils le souhaitent.[173]

---

des membres dans au moins trois pays de l'Union européenne), qui s'y étaient inscrites sur une base volontaire. Pour pouvoir s'y inscrire, elles devaient aussi être sans but lucratif et rencontrer d'autres conditions énumérées au site CONECCS, *ibid.* et dans M.-C. Hinrichsen et D. Obradovic, *ibid.* note 28 et texte correspondant.

[172] CONECCS avait été créé en raison d'un engagement de la Commission pour donner suite (1) au Livre blanc, *Réforme de la Commission*, COM (2000) 200 du 1.3.2000, disponible en ligne à: <http://europa.eu/documents/comm/white_papers/reform/index_fr.htm> et (2) au Livre blanc intitulé *Gouvernance européenne, supra* note 160.

[173] Voir Commission européenne, *Initiative de Transparence européenne, Résultats et suivi*, disponible en ligne à: <http://ec.europa.eu/transparency/eti/results_fr.htm>; Commission des communautés européennes, *Livre vert, Initiative européenne en matière de transparence* (ci-après Livre vert), (COM(2006)194 final, Bruxelles, le 3.5.2006, disponible en ligne à: <http://eur-lex.europa.eu/LexUriServ/site/fr/com/2006/com2006_0194fr01.pdf>; *ibid.*, *Communication de la Commission, Suivi du "Livre vert, Initiative européenne en matière de transparence"* (ci-après Communication 2007), COM(2007) 127 final, Bruxelles, le 21.3.2007, disponible en ligne à: <http://ec.europa.eu/transparency/eti/docs/com_2007_127_final_fr.pdf>. En effet, les consultations sur le Livre vert ont entre autres mis en évidence que, sur le site CONECCS, plusieurs informations sur les groupes d'intérêt consultés par la Commission manquaient ou n'étaient pas tenues à jour, soit notamment celles relatives à leurs objectifs, à leurs sources de financement et aux intérêts qu'ils représentent. De même, on y a relevé que les règles existantes pour régir la conduite des représentants des institutions communautaires dans leurs relations avec de tels groupes (par ex., article 213:2 du TCE) n'étaient pas suffisantes pour empêcher les abus. Il fut donc décidé d'adopter un code de conduite obligatoire (et non volontaire, comme c'était le cas jusqu'alors) régissant les rapports avec la CE qui serait applicable directement à ces groupes (avec sanctions à l'appui). Aussi, afin d'éviter les erreurs du passé, le nouveau registre ne comprendra que les organisations qui accepteront

Cela étant dit, les *Principes généraux et normes minimales applicables aux consultations engagées par la Commission avec les parties intéressées* mentionnés plus haut n'ont pas pour but d'uniformiser tous les mécanismes de dialogue avec la Société civile auxquels ont recours les différentes Directions générales (DG) de la Commission. Ils ont plutôt pour but de les encadrer, afin de rendre l'ensemble du processus plus cohérent, tout en respectant l'autonomie de chacun des services de la Commission[174] et la structure décentralisée de cette dernière. À titre d'exemple, à l'époque du site CONECCS, on pouvait y constater que la direction générale responsable de l'environnement comptait dix-huit "organes consultatifs formels et structurés," alors que la direction générale responsable du commerce extérieur (DG Commerce) n'en possédait qu'un seul, désigné sous le nom de "DG Commerce, Dialogue avec la Société civile." Comme la plupart des conventions environnementales impliquant la Communauté sortent du champ de notre analyse car elles sont conclues sous la forme d'accords mixtes[175] et vu notre intérêt pour

---

de fournir les informations requises et de souscrire au code de conduite susmentionné, avec pour conséquence que seuls les groupes d'intérêt inscrits sur le nouveau registre seront informés par la Commission du calendrier des consultations les concernant, avec l'option d'y assister. Voir Livre vert, *ibid.* aux pp. 8-11, Annexe 1; M.-C. Hinrichsen et D. Obradovic, *supra* note 171 aux pp. 4 et suiv.; Communication 2007, *ibid.* aux pp. 3-6; Questions à Siim Kallas, commissaire européen chargé des Affaires administratives, de l'Audit et de la Lutte antifraude, disponible en ligne à: <http://www.touteleurope.fr/fr/actualite-europeenne/suivi-legislatif/liste-des-textes-suivis/livre-vert-sur-la-transparence/entretien-avec-siim-kallas-commissaire-charge-des-affaires-administratives-de-laudit-et-de-la-lutte-antifraude.html>.

174 Voir *Gouvernance, Consultation, supra* note 168 à la p. 2.

175 Sur ce dernier point, voir *supra* notes 122 et 125. Dans CONECCS, l'organe de la DG Commerce était répertorié uniquement en anglais, soit "DG Trade Civil Society Dialogue," disponible en ligne à: <http://64.233.167.104/search?q=cache:f11ZQioHw7QJ:www.eu.nl/civil_society/coneccs/organe_consultatif/detail_cb.cfm%3FCL%3Dfr%26GROUPE_ID%3D161+DG+Trade+Civil+Society+dialogue+Dialogue&hl=fr&ct=clnk&cd=5&gl=ca>. (1) En outre, les dix-huit organes de la DG Environnement répertoriés dans CONECCS étaient les suivants: Ad Hoc Committee with Representatives from Local and Regional authorities; Ad Hoc Industry / Ad Hoc NGO – Waste Management Committee; Biodegradable Waste – NGOs and Industry; Chemicals White Paper Technical Working Groups; Comité consultatif de la pêche et de l'aquaculture – CCPA/ACFA; Committee of Article 14 of the EMAS Regulation (Regulation (EC) N° 761/2001); Competent Authorities for Biocides; Competent Authorities for Existing Substances; Competent Authorities for the Welfare of Laboratory Animals; Designated National Authorities for Regulation 2455/92; DG

les négociations commerciales en raison de leur impact sur la Société civile, nous concentrerons donc notre attention dans le prochain paragraphe à expliquer le fonctionnement de l'organe susmentionné de la DG responsable du commerce international, lequel est toujours actif en tant qu'unité de cette dernière. Cet exercice nous paraît d'autant plus intéressant que ce mécanisme semble mieux correspondre à la philosophie qui a conduit à la création d'un nouveau registre pour le printemps 2008.

Ainsi, tout en étant soumis aux "principes généraux" susmentionnés, le "DG Commerce, Dialogue avec la Société civile" possède son propre système d'échange avec la Société civile. Il a donc mis sur pied un répertoire particulier d'enregistrement des "organisations de la société civile à but non lucratif intéressées au commerce," avec des conditions d'enregistrement précises.[176] Il organise également différents types de rencontres distinctes avec ces dernières, soit des réunions régulières à tous les deux mois, des forums généraux au moins deux fois par année, où le Commissaire de la DG Commerce est présent, et des rencontres ad hoc dont la fréquence varie selon l'évolution des négociations commerciales. Conformément aux *Principes et normes de consultation* susmentionnés, le "DG Commerce, Dialogue avec la Société civile" s'assurera de confirmer les dates et

---

Environment – NGO Dialogue with Candidate and Balkan Countries; EUEB – European Union ECO-Labelling Board; Expert Group for Endocrine Disrupters; Green Group of Eight - G8; IPPC – Information Exchange Forum; Mining Waste Management in Member States and in Accession Countries – NGOs and Industry; Noise Steering Group; Sludge – NGOs and Industry. (2) De plus, nous constaterons, dans les sites Web de la DG responsable du commerce extérieur qui seront visités dans les renvois suivants, que les mécanismes de consultation de cette dernière diffèrent considérablement d'avec ce qui a cours dans la DG Environnement. Sur le site Web de la DG Environnement nous n'avons en effet trouvé que le site de consultation générale suivant, disponible en ligne à: <http://ec.europa.eu/environment/consultations_en.htm>.

[176] C'est-à-dire un registre distinct de celui tenu par CONECCS, dont les conditions d'enregistrement sont plus précises, *supra* note 173. Pour la liste des organisations enregistrées, voir European Commission, *Trade Issues, Civil Society Dialogue* (ci-après Civil Society dialogue), *Database of registered organisations – Consultation*, disponible en ligne à: <http://trade.ec.europa.eu/civilsoc/search.cfm?action=form>. Pour le formulaire d'enregistrement de nouvelles organisations, avec les conditions requises voir *ibid.*, *Registration of new organisations*, disponible en ligne à: <http://trade.ec.europa.eu/civilsoc/register.cfm?action=formnew>. Ce formulaire d'enregistrement met clairement en évidence les conditions que les organisations doivent remplir pour pouvoir s'enregistrer auprès du "DG Commerce, Dialogue avec la Société civile."

les thèmes de ces séances au moins un mois avant leur tenue et d'en offrir l'ordre du jour le plus rapidement possible, de façon à ce que les organisations enregistrées puissent s'inscrire en ligne à la réunion qui les intéresse. De même, il s'engage à donner sur son site Web un retour d'informations, sous la forme de rapports, sur la nature des discussions et les conclusions tirées à l'issue de ces rencontres.[177] Il a également mis sur pied un "Groupe de contact"[178] qui représente, à notre avis, un élément particulièrement intéressant de son mode de fonctionnement. Les quinze membres[179] de ce Groupe de contact sont choisis par les "organisations de la société civile à but non lucratif intéressées au commerce" qui sont enregistrées dans le répertoire mentionné plus haut et ce, sans aucune intervention de la part de la DG Commerce. Le Groupe de contact, qui se réunit à tous les trois mois,[180] agit comme intermédiaire entre la direction de la DG et les organisations mentionnées plus haut. Il participe ainsi activement à l'orientation du dialogue avec ces dernières. À titre d'exemple, il est notamment consulté et fait des propositions sur les thèmes qui devraient faire l'objet de discussions lors des réunions de l'organe consultatif. Il participe également à l'établissement d'un calendrier approprié pour la tenue de ces rencontres. Finalement, le "DG Commerce, Dialogue avec la Société civile" a également instauré son propre mécanisme pour conduire via Internet les consultations ouvertes au public.[181] Sur le modèle du portail général de la CE *Votre point de vue sur l'Europe*,[182] on y trouve aussi la liste des thèmes commerciaux qui font l'objet

[177] Pour plus de détails, voir *ibid.*, *Purpose*, disponible en ligne à: <http://ec.europa.eu/trade/issues/global/csd/dcs_proc.htm>.

[178] *Ibid.*

[179] Pour les noms et les adresses des membres du Groupe de contact, voir *Civil Society Dialogue, Contact Group Members – List of addresses*, disponible en ligne à: <http://trade.ec.europa.eu/civilsoc/contactgroup.cfm>.

[180] Voir Comité économique et social européen, *REX – OMC – Négociations à l'OMC, Participation aux discussions de la Commission européenne sur les négociations de l'OMC*, disponible en ligne à: <http://www.eesc.europa.eu/sections/rex/wto/index_fr.asp?id=9071rexfr>. Les membres du Groupe de contact agissent en leur qualité personnelle, mais sont tout de même censés refléter les différents intérêts des organisations de la société civile enregistrées auprès de l'organe consultatif.

[181] Voir *Civil Society Dialogue, Public Consultations*, disponible en ligne à: <http://trade.ec.europa.eu/consultations/index.cfm>.

[182] *Supra* note 162.

des enquêtes avec les groupes qu'elles ciblent, leurs dates de clôture ainsi que les documents d'information, les questionnaires et les résultats qui correspondent.

La Communauté européenne possède aussi des organes de consultation de la Société civile qui sont institutionnalisés, c'est-à-dire prévus par le *Traité instituant la Communauté européenne* (TCE). Il s'agit du Comité économique et social européen (CÉSE ou Comité économique), et du Comité des Régions (CDR) qui sont régis respectivement par les articles 257 à 262 et 263 à 265 du TCE. Ils se composent chacun d'au plus de 350 membres[183] provenant, pour le Comité économique, des milieux socio-économiques de l'Europe (producteurs, fermiers, consommateurs, artisans, salariés, etc.). Quant au Comité des Régions, il est constitué de représentants d'entités locales et régionales. Les membres du CÉSE et du CDR sont nommés par le Conseil sur proposition des États membres pour un mandat de quatre ans renouvelable. Le but du Comité économique et social européen est de faire connaître aux organes centraux de la Communauté le point de vue des divers groupes européens d'intérêts économiques et sociaux, tandis que le rôle du Comité des Régions est de donner son avis sur les propositions qui ont des répercussions au niveau local ou régional.

Dans certains domaines, le *Traité instituant la Communauté européenne* prévoit que le CÉSE et le CDR doivent obligatoirement être consultés par la Commission ou par le Conseil avant de prendre une décision.[184] En outre, en vertu, selon le cas, de l'article 262 ou 265 du TCE, ces deux dernières institutions communautaires et le Parlement européen peuvent, s'ils le jugent souhaitable, demander l'avis du Comité économique ou du Comité des Régions et ceux-ci peuvent de leur propre initiative émettre des opinions, s'ils l'estiment approprié.[185] Mentionnons, à titre d'exemple, que, de son

[183] Qui sont répartis entre les États membres selon la grille prévue à l'article 258 du TCE pour le Comité économique et social européen et à l'article 263 du TCE pour le Comité des Régions.

[184] Pour connaître la liste des domaines de consultation obligatoire en ce qui concerne le Comité économique et social européen, voir K. Lenaerts et P. Van Nuffel, *supra* note 119 à la p. 459 note 347. Pour une liste de ces domaines dans le cas du Comité des Régions, voir *ibid.* à la p. 460 note 360.

[185] Pour plus de détails, voir Union européenne, *Le Comité des Régions – une introduction*, disponible en ligne à: <http://cor.europa.eu/fr/presentation/role.htm>; Comité économique et social européen, *Un pont entre l'Europe et la société civile organisée*, disponible en ligne à: <http://www.eesc.europa.eu/index_fr.asp>. Voir également J. Peterson et M. Shackleton, *supra* note 128 aux pp. 312-331.

propre chef, le Comité économique et social européen a adopté des avis en préparation de chaque conférence ministérielle de l'Organisation mondiale du commerce (OMC) qui s'est déroulée depuis Seattle, ce qui lui a permis de faire connaître sa position sur les questions qui y étaient à l'ordre du jour. En tant que porte-parole des intérêts économiques et sociaux de la Société civile, le Comité économique joue un rôle particulièrement important. Ses représentants assistent ainsi aux réunions que la DG Commerce organise pour faire état des négociations dans le cadre de l'OMC et ils participent aux réunions du "groupe de contact" de la Société civile mentionné plus haut. Le Comité économique et social européen organise également des séminaires ou forums tantôt sur l'amélioration de la coopération entre la population et l'Union européenne,[186] tantôt sur la contribution de la Société civile aux travaux de l'OMC, etc.[187]

En conclusion, à la lumière de ce qui précède, on ne peut être qu'impressionné par le système de consultation de la Société civile mis en place par la Communauté. Ainsi, l'incorporation dans le *Traité instituant la Communauté européenne* de forums institutionnels, tels le Comité économique et social européen et le Comité des Régions, qui donnent officiellement la parole à la Société civile et aux localités dans le processus législatif communautaire, dont les traités représentent une facette, nous paraît particulièrement conforme au principe démocratique. Il en va de même selon nous du "groupe de contact" créé au sein de la DG Commerce qui, pour le compte des organisations qui l'ont choisi, contribue à la sélection des sujets d'étude et à l'établissement du calendrier des réunions. Pareillement, le fait d'encadrer tout dialogue avec la Société civile concernée par des *Principes et normes de consultation* permet à ce processus de mieux servir l'idéal démocratique en le rendant plus efficace. En effet, l'obligation de préciser clairement dans l'appel même de commentaires les objectifs poursuivis, les éléments d'information requis, les questions de réflexion et le groupe cible auquel on s'adresse contribue, à la fin de l'exercice, à donner des résultats beaucoup plus pertinents et utilisables pour tous ceux qui auront à s'en servir. D'une telle pratique, il se dégage en conséquence l'impression que l'exécutif ne consulte pas uniquement pour la forme.

186 Voir Comité économique et social européen, *La société civile et l'Union européenne doivent mettre en place une coopération efficace*, disponible en ligne à: <http://www.eesc.europa.eu/activities/press/cp/docs/2006/cp_eesc_059_2006_fr.doc>.

187 Voir Comité économique et social européen, *supra* note 180.

Une pareille organisation de la procédure de consultation présente aussi un intérêt pour ceux qui offrent leurs opinions, car la demande de retours d'informations, d'accusés réception, de rapports de résultats et d'indications sur l'impact final des contributions donnent aux participants le sentiment qu'ils sont véritablement écoutés. Nous y voyons également un autre avantage pour la démocratie, à savoir que l'encadrement susmentionné favorise la transparence de tout le mécanisme de consultation, puisqu'on y indique que tous les éléments de la Société intéressés ou concernés par tel ou tel projet doivent être inclus dans le(s) groupe(s) cible(s) consulté(s) et ce, sans avoir à subir une quelconque accréditation préalable. Dans le même ordre d'idées, l'existence de répertoires accessibles au public, comme l'ex-CONECCS, le futur registre amélioré instauré au printemps 2008 et le registre des groupes d'experts, où sont listés clairement, avec toutes les informations requises, d'importantes catégories de groupes de pressions et d'organismes consultés par la Commission, sert pareillement à garantir la limpidité du processus communautaire de consultation. Néanmoins, sur ce dernier point, il faut souligner ici que tout n'est pas parfait au sein de la Communauté. Le rapport de *l'Évaluation des mécanismes de consultation sur le commerce* qui fut conduite en 2004 par le ministère canadien du Commerce international, note en effet que "[d]ans le cas de l'Union européenne, les présidents-directeurs généraux d'entreprises privées sont consultés de façon tout à fait informelle,"[188] ce qui constitue, à notre avis, une atteinte au principe démocratique, car il permet de faire entendre ou de favoriser l'opinion des seuls amis politiques et idéologiques.

IV Conclusion: Propositions pour une meilleure participation de la Société civile canadienne

Ayant maintenant exposé les mécanismes communautaires d'intervention de la Société civile à l'occasion des différentes étapes du *processus de négociation des traités,* il convient à présent d'en tirer des leçons ou remèdes qui seraient de nature à améliorer les modalités canadiennes de participation de la Société civile au cours de ce même processus et à assurer du même coup une prise en considération

[188] Voir MAECI, *Évaluation des mécanismes de consultation sur le commerce,* octobre 2004 (format PDF), disponible en ligne à: <http://www.dfait-maeci.gc.ca/department/auditreports/evaluation/evalTradeConsultMechanisms04-fr.pdf>, aux pp. 34 et 36.

constante et prévisible du principe démocratique sous-jacent à cette étude.

Au Canada, nous l'avons constaté, les consultations de la Société civile sont nombreuses depuis les dix dernières années. La population, les ONG, les entreprises, etc. ont soudainement réalisé l'impact considérable que certaines conventions peuvent avoir sur l'organisation de la société ainsi que sur leur façon de travailler et de vivre. Les différentes composantes de la Société civile ont donc voulu faire entendre leurs craintes et leurs solutions, et elles ont également voulu qu'on les écoute. Face à l'ampleur de ce phénomène, les dirigeants canadiens ont vite compris que les négociations secrètes ne seraient plus de mise et qu'il leur fallait ouvrir le processus de négociation des traités en fournissant un maximum de renseignements, de façon à éviter que les peurs ne se transforment en phobies irrationnelles. Ceci explique vraisemblablement la nature de plusieurs mécanismes canadiens de consultation de la Société civile où l'accent est mis principalement sur l'information unilatérale donnée par le gouvernement au détriment de modalités mieux axées sur la participation, l'écoute et la rétroaction.[189] Ce dernier point fait d'ailleurs l'objet de critiques de plus en plus nombreuses et donne à plusieurs l'impression que les positions canadiennes de négociation sont déjà arrêtées avant le début des consultations. Au sein de la Communauté, nous avons pu constater, au contraire, un plus grand souci d'assurer une communication allant dans les deux sens. Ceci vient probablement du fait que l'évolution de la CE dépend essentiellement de la qualité de ce dialogue.[190]

Ainsi, des modalités de consultation de la Société civile instaurées par la Communauté européenne,[191] nous avons dégagé certains éléments qui, s'ils étaient appliqués au Canada, contribueraient sensiblement à l'amélioration des mécanismes qu'il a lui-même mis sur pied. Ainsi, l'idée d'adopter des *lignes directrices* qui demandent, en plus de fournir l'information nécessaire, de préciser clairement dans l'appel d'observations, les buts poursuivis par la consultation, les questions à commenter et le groupe cible susceptible de donner des réponses nous apparaît un procédé de choix pour obtenir des

[189] Voir *supra* notes 97 à 104 et le texte correspondant.

[190] Il suffit de se souvenir de l'échec de la constitution européenne pour s'en convaincre.

[191] Voir *supra* les deux derniers paragraphes de la section B, *Consultation de la société civile communautaire.*

résultats pertinents pour ceux qui auront à les utiliser. De plus, la requête qui y est faite de produire des accusés de réception et des rapports d'analyse des consultations indiquant l'impact final de ces dernières sur l'orientation des politiques ou des négociations, nous semble également une bonne manière de démontrer que le négociateur est véritablement à l'écoute et que les dés ne sont pas déjà joués. En outre, l'idée que la consultation doit s'adresser à toutes les personnes intéressées comprises dans le groupe cible désigné, sans aucune exigence d'accréditation, combinée avec la *création d'un répertoire* strictement maintenu à jour[192] de toutes les organisations consultées par l'exécutif représentent, à notre avis, un pas énorme qui va dans la direction d'un dialogue ouvert et transparent où les sympathisants et amis politiques trouveront plus difficilement leur place.

De même, il y aurait intérêt à ce que chaque ministère canadien qui conduit des consultations instaure un *groupe de contact* choisi par les organisations de la Société civile afin de les représenter. À l'instar de ce qui existe au sein de la Communauté dans le cadre de la DG Commerce,[193] ce groupe de contact[194] aurait notamment pour fonction de participer avec ledit ministère à la sélection des sujets d'étude, d'enquête ou de consultation et à l'établissement du calendrier des réunions. Pour instaurer un tel groupe de contact, chaque ministère devrait au préalable mettre sur pied un registre où, ajoutant en cela à la pratique communautaire, toutes les organisations de la Société civile, avec ou sans but lucratif, pourraient librement s'inscrire, ce qui leur donnerait le droit de participer au choix des membres du groupe de contact et le cas échéant, d'être elles-mêmes élues pour en faire partie. À notre avis, le système du groupe de contact nous semble un excellent moyen de favoriser la transparence et l'efficacité du processus de consultation des ministères canadiens, ce qui du même coup faciliterait la réalisation de l'idéal démocratique.

En résumé, tout au long de cette étude nous avons pu constater que tant le Canada que la Communauté accordent une importance particulière à l'instauration d'un dialogue avec la Société civile lors

[192] Nous pensons ici plus particulièrement au nouveau registre communautaire amélioré destiné à remplacer le répertoire CONECCS. Voir *supra* notes 171 à 173 et le texte correspondant.

[193] Voir *supra* notes 178 à 180 et le texte correspondant.

[194] Au sein de la "DG Commerce" de la Communauté, les membres du groupe de contact sont au nombre de quinze. Voir *ibid.*

du processus de négociation des traités. Cependant, nous avons pu également noter que, du côté de la Communauté européenne, les moyens mis en place pour assurer une telle communication témoignent d'une meilleure organisation et d'une plus grande efficience. Dans les paragraphes précédents, nous avons en conséquence tenté de mettre en évidence certains éléments du modèle communautaire qui pourraient, à notre avis, être aisément transposés dans le contexte canadien, afin d'améliorer facilement et rapidement la qualité démocratique du dialogue entre les instances politiques et sociétales canadiennes.

Summary

Canadian and Community Processes for the Negotiation of International Agreements, Civil Society, and the Democratic Principle: Lessons to Be Drawn from the European Community

This article begins with a review of the Canadian and European Community processes for the negotiation of international agreements. Against this background, existing mechanisms for the participation of civil society in these processes are described and evaluated. The purpose is to measure the extent to which Canada and the European Community succeed in ensuring dialogue and respect for the democratic principle in the course of interactions among their various political and societal institutions in their respective processes. Finally, as its ultimate objective, the article reflects on the existence of steps that would ensure that the democratic ideal is regularly and predictably taken into consideration in the course of Canadian treaty negotiations. With this idea in mind, the European Community's solutions on this issue are therefore examined as a source of inspiration — original and interesting — for further progress in the Canadian model.

Sommaire

Les processus canadien et communautaire de négociation des traités, la Société civile et le Principe démocratique: Leçons à tirer de la Communauté européenne

Dans cette étude, nous faisons d'abord l'analyse des processus canadien et communautaire de négociation des accords internationaux. Ensuite, sur cette toile de fond, nous décrivons puis évaluons les mécanismes existants

d'intervention de la société civile, afin de mesurer jusqu'à quel point le Canada et la Communauté s'efforcent et réussissent, pendant le déroulement de ce processus, à assurer le dialogue ou le respect du principe démocratique, lors des interactions qu'il implique entre leurs différentes instances politiques et sociétales. Finalement, le but ultime de notre étude est de réfléchir sur l'existence de remèdes qui seraient de nature à assurer une prise en considération constante et prévisible de l'idéal démocratique susmentionné à l'occasion du processus canadien de négociation des traités. C'est précisément avec cette idée en tête que nous avons étudié les solutions communautaires sur ce point, en pensant qu'elles pourraient possiblement constituer pour nous une source d'inspiration originale et intéressante.

Weaving a Tangled Web: *Hape* and the Obfuscation of Canadian Reception Law

JOHN H. CURRIE

Introduction

In its June 2007 decision in *R. v. Hape,*[1] a five-to-four majority of the Supreme Court of Canada engaged in one of the most wide-ranging analyses of customary international law in the history of the Court's jurisprudence. Not only did the majority judgment delve extensively into customary international legal principles of state sovereignty, non-intervention, and state jurisdiction, but it also addressed the nature of the relationship between these international legal principles and Canadian law. *Hape* is therefore one of those rarest of creatures — a Supreme Court of Canada judgment expressly discussing the rules governing the Canadian reception of customary international law.

Hape's far-reaching foray into both the substance and domestic reception of international law is all the more remarkable for the fact that none of the parties before the Court addressed international law in their written submissions.[2] The only issue in the case was applicability of the *Canadian Charter of Rights and Freedoms* to an overseas investigation conducted by members of the Royal Canadian Mounted Police (RCMP).[3] And the Court had relatively recently

John H. Currie, Associate Professor, Faculty of Law, University of Ottawa.

[1] *R. v. Hape,* [2007] 2 S.C.R. 292, 280 D.L.R. (4th) 385, 363 N.R. 1, 2007 SCC 26 (released 7 June 2007) [*Hape*].

[2] See *Factum of the Appellant, Lawrence Richard Hape,* Court File no. 31125, 11 May 2006 [*Appellant's Factum*]; *Factum of the Respondent, Her Majesty the Queen,* Court File no. 31125, 7 July 2006 [*Respondent's Factum*]; and *Factum of the Intervenor, Attorney General of Ontario,* Court File no. 31125, 25 September 2006 [*Intervenor's Factum*].

[3] *Canadian Charter of Rights and Freedoms,* Part I of the *Constitution Act, 1982,* being Schedule B of the *Canada Act 1982* (U.K.) 1982, c. 11 [*Charter*].

settled the applicability of the *Charter* to the activities of Canadian officials abroad in *R. v. Cook*.[4] Yet the majority in *Hape* effectively overruled *Cook*,[5] finding that "extraterritorial application of the *Charter* is impossible" — a finding, moreover, premised entirely on Canada's customary international legal obligations.[6]

The majority judgment in *Hape* thus raises fundamentally important issues concerning the scope of application of the *Charter*[7] as well as the soundness of its analysis of those substantive principles of customary international law on which it is based. Given their scope, novelty, and implications, however, this article focuses more particularly on those elements of the majority judgment that specifically discuss and apply the rules governing the relationship between international and Canadian law. Other than passing reference to the well-settled interpretive presumption of conformity of legislation with Canada's international legal obligations, three principal aspects of this relationship figure prominently in the majority judgment in *Hape*: (1) the interaction of customary international law and Canadian common law; (2) the role of Canada's international legal obligations in *Charter* interpretation; and (3) the potential role of customary international law as a source of unwritten principles of the Canadian Constitution. Following a brief review of the facts and judicial history of *Hape*, the majority's treatment of each of these topics will be discussed in turn. Unfortunately, as will be seen, the majority's approach to each of these issues raises more questions than it answers, and the few answers actually given or implied by the majority raise fundamental concerns.

Factual and Judicial Background of *Hape*

The Facts

In 1996, the RCMP launched an investigation of Lawrence Richard Hape, a Canadian businessman, on suspicion of money launder-

4 *R. v. Cook*, [1998] 2 S.C.R. 597 [*Cook*].

5 While the majority in *Hape, supra* note 1, did not expressly overrule *Cook, supra* note 4, and the official report of the former indicates that *Cook* was "distinguished," it is difficult to see how the majority's conclusion concerning the impossibility of the extraterritorial application of the *Charter* can be reconciled with *Cook*'s earlier finding that such application, while rarely justified, is nevertheless permissible in limited circumstances.

6 *Hape, supra* note 1 at para. 85.

7 See, for example, K. Roach, "Editorial: *R. v. Hape* Creates Charter-Free Zones for Canadian Officials Abroad" (2007) 53 Crim. L.Q. 1.

ing activity. The investigation led in 1998 to a "sting" operation in which an undercover RCMP agent provided large sums of money to Hape for laundering through an investment company owned by Hape in the Turks and Caicos Islands. The purpose of the operation was to create a paper trail that would confirm whether Hape and his investment company were indeed involved in money laundering.[8] To this end, the RCMP sought and obtained permission from the Turks and Caicos police authorities to conduct part of their investigation in the Turks and Caicos Islands. In particular, permission was granted to RCMP officers to carry out covert, warrantless searches, under the supervision of a member of the Turks and Caicos police force, of the premises of Hape's investment company. The searches took place in 1998 and 1999, and large numbers of documents were seized and scanned by the RCMP, leading eventually to the laying of money laundering charges against Hape.[9]

LOWER COURT RULINGS

Prior to his trial, Hape applied for exclusion of the seized documents from evidence on the basis that they had been obtained contrary to the protection against unreasonable search and seizure provided by section 8 of the *Charter*. The trial judge, finding as a fact that the RCMP officers had been acting under the authority of the Turks and Caicos police while carrying out the searches and seizures, ruled that application of the *Charter* to those searches and seizures would produce an "objectionable extraterritorial effect" within the meaning of *Cook*.[10] He accordingly found that the *Charter* could not be applied in the circumstances, dismissed the application,[11] and subsequently found Hape guilty on two counts of money laundering.[12] The Court of Appeal for Ontario dismissed Hape's appeal, holding that the trial judge's finding of fact that the RCMP had been acting under foreign authority was supported by the evidence and concluding that his application of *Cook* to resolve the issue of the *Charter*'s application on such facts had been correct.[13]

8 *Hape, supra* note 1 at paras. 1–2.

9 *Ibid.* at paras. 3–14.

10 *Cook, supra* note 4 at paras. 25 and 43.

11 See *R. v. Hape*, [2002] O.J. No. 3714 (Sup. Ct.) (QL).

12 See *R. v. Hape*, [2002] O.J. No. 5044 (Sup. Ct.) (QL).

13 *R. v. Hape* (2005), 201 O.A.C. 126 (C.A.). See also *Hape, supra* note 1 at paras. 15–19 and 21–23.

SUPREME COURT OF CANADA DECISION

On appeal to the Supreme Court of Canada, the only issue was whether section 8 of the *Charter* could be applied to the searches and seizures conducted by the RCMP officers outside Canada.[14] While all nine members of the Court agreed that the appeal should be dismissed, three different sets of reasons were given for this outcome. Justice Ian Binnie applied the Court's prior ruling in *Cook* to find that application of section 8 in this case would produce an objectionable extraterritorial effect and should not, therefore, be countenanced.[15] Justice Michel Bastarache, on the other hand, writing for Justices Rosalie Abella and Marshall Rothstein, found that section 8 applied in principle to the extraterritorial searches and seizures. Applying a rebuttable presumption of *Charter* compliance where Canadian officials act pursuant to valid foreign law and procedures, however, Bastarache J. concluded that *Hape* had not shown a breach of section 8 in this case.[16] Neither Binnie nor Bastarache JJ. relied upon international law to support their conclusions.

In contrast, while none of the parties had sought to displace the authority of *Cook* or raised international law as a consideration, the judgment of Justice Louis LeBel (Chief Justice Beverley McLachlin and Justices Marie Deschamps, Morris Fish, and Louise Charron concurring) effectively overruled *Cook* on the basis that it conflicted with Canada's international legal obligations. After reviewing various aspects of the relationship between international and Canadian law, including interpretation of the *Charter*,[17] LeBel J. discussed at length the international legal principles of the sovereign equality of states, non-intervention and enforcement jurisdiction, as well as the interpretive principle of the comity of nations.[18] In light of these principles, the majority reasoned that application of the *Charter*, without foreign consent, to the activities of Canadian officials abroad would be tantamount to impermissible extraterritorial enforcement of the *Charter*.[19] The majority therefore concluded that "extraterritorial application of the *Charter* is impossible" and that the *Charter*'s

[14] *Hape, supra* note 1 at para. 24.

[15] *Ibid.* at para. 181.

[16] *Ibid.* at paras. 123–80.

[17] *Ibid.* at paras. 34–39 and 53–56.

[18] *Ibid.* at paras. 40–52, 57–65, and 96–101.

[19] *Ibid.* at para. 85.

application provision, section 32(1), should be interpreted accordingly.[20] As a secondary argument, the majority also reasoned that, because international law forbids the non-consensual exercise of extraterritorial enforcement jurisdiction, such jurisdiction falls outside the authority of Parliament and, hence, the wording of section 32(1).[21] In the result, the *Charter* was held inapplicable to the foreign investigatory activities of the RCMP officers, and the appeal was dismissed.

The Relationship between Customary International Law and Canadian Common Law

In the United Kingdom, it is well settled that the incorporationist or adoptionist approach governs the reception of customary international law in domestic law.[22] Pursuant to this approach, customary international law that does not conflict with legislation or binding precedent automatically forms part of the common law and, as such, has direct legal effect in British courts. This effect arises without any necessary intervention or transformation of customary international legal rules by domestic law-making processes.[23]

Notwithstanding Canada's largely British legal and constitutional heritage, the Canadian approach to the domestic reception of customary international law has remained much less certain.[24] The

[20] *Ibid.* at paras. 83–94.

[21] *Ibid.* at paras. 69, 94, and 103–6. Section 32(1) provides that the *Charter, supra* note 3, applies to "the Parliament and government of Canada in respect of *all mattters within the authority of Parliament*" [emphasis added].

[22] The term "incorporationist" is more common in British practice whereas "adoptionist" tends to be used in Canadian practice. On the vagaries of the terminology used in this area of the law, see G. van Ert, *Using International Law in Canadian Courts* (The Hague: Kluwer Law International, 2002) at 49–51.

[23] See, for example, *Trendtex Trading Corp. v. Central Bank of Nigeria,* [1977] Q.B. 529 (Eng. C.A.) [*Trendtex*]. In this judgment, Lord Denning traces the origins of this rule to the early eighteenth century and provides a succinct overview of the relevant precedents. *Ibid.* at 553. See also *Buvot v. Barbuit* (1737), 25 E.R. 777; *Heathfield v. Chilton* (1767), 4 Burrow 2015 (per Lord Mansfield); S. Fatima, *Using International Law in Domestic Courts* (Oxford: Hart Publishing, 2005) at 403–36; and I. Brownlie, *Principles of Public International Law,* 6th ed. (Oxford: Oxford University Press, 2003) at 41. A similar position is taken in the United States. See, for example, *The Paquette Habana,* 175 U.S. 688 at 700 (1900) (S. Ct).

[24] It will be recalled that the preamble to the *Constitution Act, 1867,* provides in part that Canada shall have "a Constitution similar in principle to that of the United Kingdom." *Constitution Act, 1867* (U.K.), 30 & 31 Vict., c. 3, reprinted in R.S.C. 1985, App. II, No. 5.

principal reason for this is that, notwithstanding (or perhaps because of) the absence of any provisions in Canada's constitutional documents expressly governing the matter, Canadian courts have tended to refrain from addressing the issue squarely and clearly. Rather, Canadian courts have for many years implicitly taken an adoptionist stance, giving rise to the cautious conclusion that "there is room for the view that the law on the relationship of customary international law to domestic law in Canada is the same as it is in England."[25] Other commentators, writing more recently, have been more sanguine.[26]

Illustrative of the somewhat ambiguous support in Canadian case law for the adoptionist approach to customary international law is the early and well-known Supreme Court of Canada decision in *Reference re Powers of Ottawa (City) and Rockcliffe Park* (*Foreign Legations* case).[27] While Chief Justice Lyman Poore Duff appeared in his judgment to adopt the proposition that customary international law was presumptively part of the common law of Canada, and Justice Henri-Elzéar Taschereau concurred in a separate opinion with the chief justice, the three remaining judges deciding the case were not explicit in their support for such an adoptionist position. Nevertheless, the overall tendency in the cases following the *Foreign Legations* case was, at least implicitly, to endorse the position articulated by Duff C.J. Decisions that could be cited in this regard include the reference opinions given by the Supreme Court of Canada in *Re Newfoundland Continental Shelf*[28] and in *Reference re Secession of*

[25] R. St. J. Macdonald, "The Relationship between International Law and Domestic Law in Canada," in R. St. J. Macdonald, G.L. Morris, and D.M. Johnston, eds., *Canadian Perspectives on International Law and Organization* (Toronto: University of Toronto Press, 1974), 88 at 111. See also J. Brunnée and S.J. Toope, "A Hesitant Embrace: The Application of International Law by Canadian Courts" (2002) 40 Can. Y.B. Int'l L. 3 at 42–51, reviewing the ambiguous and sometimes conflicting Canadian case law and tentatively concluding that "the best view appears to be that customary law can operate directly within the Canadian legal system" (at 44).

[26] See, for example, van Ert, *supra* note 22 at 150.

[27] *Reference re Powers of Ottawa (City) and Rockcliffe Park,* [1943] S.C.R. 208 [*Foreign Legations* case]. In this case, the Supreme Court of Canada was asked to give an advisory opinion on whether the Ontario *Assessment Act,* R.S.O. 1937, c. 272 [now R.S.O. 1990, c. A-31], applied to diplomatic property owned by foreign states in the national capital region, notwithstanding immunities from local taxation granted to foreign states by customary international law.

[28] *Re Newfoundland Continental Shelf,* [1984] 1 S.C.R. 86. In this case, one of the principal issues was whether customary international law relating to the status

Québec.[29] Through the years, there have been many similar examples in which the Supreme Court of Canada has apparently espoused an implicitly adoptionist stance *vis-à-vis* customary international law,[30] but it has never expressly and unambiguously done so in a majority judgment.

---

of the continental shelf had progressed sufficiently by 1949, the date of Newfoundland's entry into confederation, to have vested Newfoundland with sovereign rights over the continental shelf off its coasts. While the Court did not expressly address the nature of the relationship between customary international law on this issue and the domestic legal and constitutional questions before it, the careful review of customary international law carried out by the Court would appear to have been an implicit acknowledgment of its direct legal relevance in Canadian law.

29 *Reference re Secession of Québec*, [1998] 2 S.C.R. 217 [*Québec Secession Reference*]. Here the Supreme Court of Canada addressed objections to its consideration of the customary international law of self-determination, in determining the legality of a potential unilateral declaration of independence by Québec, by stating that "[i]nternational law has been invoked as a consideration and it must therefore be addressed" (at 276). This could be read as an endorsement of the direct legal effect or relevance of customary international law in domestic Canadian law. Yet see S.J. Toope, "Case Comment on the *Québec Secession Reference*" (1999) 93 A.J.I.L. 519 at 523–25, referring to the Court's "complete disregard for customary law"; and Brunnée and Toope, *supra* note 25 at 45, arguing that the Court "failed completely to engage with the customary law on self-determination," suggesting that "a dualist position may implicitly have been adopted." With respect, this seems an overly pessimistic reading. While the Court did fail to advert to customary international law as such, it did indicate that "the principle [of self-determination] has acquired a status beyond 'convention' and is considered a general principle of international law" (at para. 114). Moreover, the Court did in fact refer to several elements of non-conventional state practice and *opinio juris* (admittedly, without labelling them as such), suggesting that, at least in substance, it was applying customary international law. Certainly, the Court failed to take account of some recent, mainly European, state practice in this area, but that speaks to the quality of the Court's analysis of customary international law rather than to rejection of its applicability in principle.

30 See, for example, *Saint John v. Fraser-Brace Overseas Corp.*, [1958] S.C.R. 263 at 268–69 (per Rand J.) (again dealing with the effect of the customary international law of state immunities from municipal taxation); and *Pushpanathan v. Canada*, [1998] 1 S.C.R. 982 at 1029–35 (referring to the customary international legal meaning attributed to the words "contrary to the principles of the United Nations" in interpreting legislation implementing treaty obligations relating to refugee status). See also *The Ship "North" v. The King* (1906), 37 S.C.R. 385 at 394 (per Davies J.); *Reference as to Whether Members of the Military or Naval Forces of the United States of America Are Exempt from Criminal Proceedings in Canadian Criminal Courts*, [1943] S.C.R. 483 at 502 (per Kerwin J.); *114957 Canada Ltée (Spraytech, Société d'arrosage) v. Hudson (Ville)*, [2001] 2 S.C.R. 241 at paras. 30–32 [*Spraytech*]; *Suresh v. Canada (Minister of Citizenship and Immigration)*, [2002] 1

Yet, more recently, a number of lower Canadian courts have been more explicit in their support for the adoptionist approach to customary international law. For example, in litigation arising from the 1995 boarding and arrest by Canadian officials of the Spanish fishing trawler *Estai* in international waters (during the so-called "turbot war"), the Federal Court (Trial Division) considered "well settled" the proposition that "accepted principles of customary international law are recognized and are applied in Canadian courts, as part of the domestic law unless, of course, they are in conflict with domestic law."[31] Similarly, in addressing a lawsuit brought by an Iranian expatriate against Iran for torture, the Ontario Court of Appeal accepted that "customary rules of international law are directly incorporated into Canadian domestic law unless explicitly ousted by contrary legislation."[32]

In this context, a clear statement from the Supreme Court of Canada either confirming or repudiating the approach implicitly followed by it in earlier decisions, and now explicitly applied by some lower courts, is long overdue. It may be for this reason that the majority in *Hape* chose to express an opinion on the issue, even though it arguably did not, strictly speaking, arise on the facts of the case.[33] Thus, after reviewing the British position as well as the somewhat ambiguous adoptionist stance taken by Canadian courts to date, LeBel J. writing for the majority concluded:

> Despite the Court's silence in some recent cases, the doctrine of adoption has never been rejected in Canada. Indeed, there is a long line of cases in which the Court has either formally accepted it or at least applied it. In my view, following the common law tradition, it appears that the doctrine of adoption operates in Canada such that prohibitive rules of customary

---

S.C.R. 3 at paras. 61–65 [*Suresh*]; and *Schreiber v. Canada (Attorney General)*, [2002] 3 S.C.R. 269 at paras. 48–50 (per LeBel J.) [*Schreiber*]. Yet see *Gouvernement de la République démocratique du Congo v. Venne*, [1971] S.C.R. 997.

[31] *Jose Pereira E Hijos S.A. v. Canada (Attorney General)*, [1997] 2 F.C. 84 at para. 20 (T.D.).

[32] *Bouzari v. Islamic Republic of Iran* (2004), 71 O.R. (3d) 675 at para. 65 (C.A.), leave to appeal ref'd, [2005] 1 S.C.R. vi. See also *Mack v. Canada (Attorney General)* (2002), 60 O.R. (3d) 737 at para. 32 (C.A.), leave to appeal ref'd, [2003] 1 S.C.R. xiii.

[33] See the text accompanying notes 131–32 in this article, suggesting that the majority's review of the relationship between customary international and Canadian common law was *obiter* in a judgment turning solely on interpretation of the *Charter*.

international law should be incorporated into domestic law in the absence of conflicting legislation. *The automatic incorporation of such rules is justified on the basis that international custom, as the law of nations, is also the law of Canada unless, in a valid exercise of its sovereignty, Canada declares that its law is to the contrary.* Parliamentary sovereignty dictates that a legislature may violate international law, but that it must do so expressly. Absent an express derogation, the courts may look to prohibitive rules of customary international law to aid in the interpretation of Canadian law and the development of the common law.[34]

While, at first blush, the (somewhat tautological) sentence emphasized in this passage may seem to put the question of the direct domestic effect of customary international law beyond doubt, there is good reason for concluding otherwise. Unfortunately, this sentence does not stand alone. It is, first, apparently inconsistent with the immediately preceding statement that "prohibitive rules of customary international law *should be* incorporated into domestic law in the absence of conflicting legislation."[35] If custom "is also the law of Canada" by "automatic incorporation," is it meaningful to say that it "should be incorporated" into that law?[36] This odd phrasing suggests that incorporation is not in fact automatic but, rather, something that "should be" brought about, presumably by a court. It seems to conceive of incorporation as a *verb,* an action to be performed by the courts, rather than a juridical *fait accompli* merely to be recognized and applied by them.[37] This might be a distinction without a practical difference had LeBel J. indicated that incorporation is something that "shall be" or "must be" brought about, but the use of the significantly less imperative "should be" seems to imply a residual judicial discretion to refuse to incorporate customary international law into Canadian common law.[38]

34 *Hape, supra* note 1 at para. 39 [emphasis added].

35 *Ibid.* [emphasis added].

36 The French version of the judgment does not assist, as it uses "devraient être incorporées" rather than "doivent être incorporées" or "sont incorporées."

37 The possibility that the majority may view incorporation or adoption in dualist rather than monist terms is also suggested in the French version of the majority's description of the British "doctrine of adoption": "Ce principe veut que les tribunaux *puissent adopter* les règles du droit international coutumier *et les intégrer* aux règles de common law." See *Hape, supra* note 1 at para. 36 [emphasis added].

38 Such an implication naturally raises a number of questions, not the least of which is the nature of the grounds upon which a court would be justified in failing to carry out the act of incorporation. Would these be confined to conflict with

If such was the majority's intent, a rule of customary international law could not safely be considered part of Canadian law until a Canadian court made it so by way of binding precedent. Yet this would not be an adoptionist or incorporationist stance at all. Rather, it would effectively require *transformation* of the customary rule into domestic common law by way of judicial law making. As such, it would be entirely inconsistent with the monist,[39] adoptionist approach taken by Lord Denning M.R. in *Trendtex Trading Corp. v. Central Bank of Nigeria,* and by the British courts more generally, which clearly eschews the need for judicial intervention before changes in customary international law enter the corpus of English common law.[40] This inconsistency is all the more striking given that the majority in *Hape* appears to have approved *Trendtex* as a correct articulation of the "doctrine of adoption,"[41] which it subsequently holds "operates in Canada."[42] In this light, it is tempting to dismiss LeBel J.'s use of the phrase "should be" as a mere judicial slip of the pen and to assume that the majority's intent was indeed to endorse a truly adoptionist stance.

However, several other *dicta* in the judgment also suggest that the majority views the reception of customary international law in Canadian common law as a dualist phenomenon — a discretionary judicial function rather than an automatic legal occurrence. These *dicta* also vastly exacerbate the uncertainty introduced by the "should

legislation or prior binding precedent? Or might other considerations, for example of a public policy nature, justify a refusal by a court to "incorporate" a customary rule into domestic common law?

39 For a succinct overview of the "monist" and "dualist" theoretical models used by international lawyers to describe the interaction of international and domestic law, see J.H. Currie, *Public International Law,* 2nd ed. (Toronto: Irwin Law, 2008) at 220–24; G. Fitzmaurice, "The General Principles of International Law: Considered from the Standpoint of the Rule of Law" (1957-II) 92 Rec. des Cours 5 at 68–85; and J.G. Starke, "Monism and Dualism in the Theory of International Law" (1936) 17 Brit. Y.B. Int'l L. 66.

40 See *Trendtex, supra* note 23 at 554: "[T]he rules of international law, *as existing from time to time,* do form part of our English law" [emphasis added]. See also Fatima, *supra* note 23 at 408–10. LeBel J. himself interprets *Trendtex* as an endorsement of automatic incorporation, summarizing Denning M.R.'s judgment thus: "Rules of international law are incorporated *automatically, as they evolve,* unless they conflict with legislation." *Hape, supra* note 1 at para. 36 [emphasis added].

41 *Hape, supra* note 1.

42 *Ibid.* at para. 39.

be" formulation. For example and as seen earlier, while elaborating on the "automatic incorporation" of customary international law in Canadian common law, LeBel J. explains that "the courts *may* look to prohibitive rules of customary international law to *aid in ... the development* of the common law."[43] A variation on this rather novel characterization of the "doctrine of adoption" is subsequently applied by the majority, after discussing the customary international legal principles of non-intervention and territorial sovereignty, when it holds that these principles "*may be adopted* into the common law of Canada in the absence of conflicting legislation."[44]

It will immediately be seen that both of these formulations not only deny the automatic, direct effect of customary international law as common law, which is the essence of the doctrine of adoption, but also disavow any onus whatsoever on the courts to perform the act of "adoption" or "development." Holding that customary international law "should be incorporated into domestic law in the absence of conflicting legislation" implies, as suggested earlier, a relatively narrow (albeit undefined) judicial discretion to refuse to incorporate.[45] Nevertheless, the thrust of such a rule is at least to require incorporation in most circumstances and, presumably, justification for any refusal to carry it out. In contrast, the purely optional "may be adopted" or "may aid in the development" formulations imply an apparently unlimited judicial discretion to incorporate or not, as the courts see fit, with no *a priori* preference stated for one outcome or the other. This, it is submitted, is not a rule of adoption or even reception — it is no rule at all.

Unhappily, there is more. While enlarging upon the "doctrine of adoption [that] operates in Canada," the majority explains that Canadian courts "*may* look to prohibitive rules of customary international

[43] *Ibid.*

[44] *Ibid.* at para. 46 [emphasis added]. See also para. 36 where, in summarizing the English position, LeBel J. again articulates a seemingly purely discretionary version of the rule: "Prohibitive rules of international law *may be incorporated* directly into domestic law through the common law ... According to the doctrine of adoption, *the courts may adopt* rules of customary international law as common law rules" [emphasis added]. It is noteworthy that the only authority cited for this characterization of English law is Brownlie, *supra* note 23 at 41, who in fact sets out a quite different proposition: "The dominant principle, normally characterized as the doctrine of incorporation, is that customary international rules *are to be considered part of the law of the land* and enforced as such" [emphasis added].

[45] *Hape, supra* note 1 at para. 39.

law to *aid in the interpretation* of Canadian law."[46] In this final incarnation, the doctrine of adoption is recast in terms that do not contemplate incorporation or adoption at all, whether automatic or court-induced. Rather than a source of domestic law (actual or potential) in its own right, customary international law is relegated to the role of purely optional interpretive aid. It is not conceived as forming part of the common law, whether automatically or by act of judicial transformation, but, rather, is treated as a species of foreign law that may merely influence, from the outside, the courts' *interpretation* of the common law. Anything *less* like the automatic or direct domestic effect of customary international law as common law is hard to imagine.[47] Again, this is not a rule of adoption — by negative implication, it is a rule of *non*-adoption.

Moreover, this last formulation of the "doctrine of adoption" would accord customary international law a role inferior, in Canadian law, to that of Canada's unimplemented treaty obligations. As is well known, such obligations theoretically have no direct domestic effect in Canadian law.[48] However, as the majority reiterates elsewhere,[49] it is a well-established presumption of statutory construction that Canadian legislation is to be interpreted so as to comply with Canada's international legal obligations, whether or not domestically implemented, unless the relevant statutory language cannot bear such an interpretation.[50] The twin bases for this

[46] *Ibid.* [emphasis added].

[47] For similar concerns arising from *Spraytech, supra* note 30 at paras. 30–32, see Brunnée and Toope, *supra* note 25 at 47–48.

[48] See *A.-G. Canada v. A.-G. Ontario,* [1937] A.C. 326 [*Labour Conventions* case]; *Capital Cities Communications v. Canadian Radio-Television Commission,* [1978] 2 S.C.R. 141 at 173 [*Capital Cities Communications*]; and *Francis v. The Queen,* [1956] S.C.R. 618 at 621 [*Francis*]. For the similar position taken in the United Kingdom, see *Maclaine Watson v. Department of Trade and Industry,* [1989] 3 All E.R. 523 at 531 (H.L.) (per Lord Oliver); *R. v. Secretary of State for the Home Department, ex parte Ahmed and Patel,* [1999] Imm. A.R. 22 at 36 (C.A.); and Fatima, *supra* note 23 at 269–382.

[49] *Hape, supra* note 1 at paras. 53–54.

[50] See, for example, *Daniels v. White,* [1968] S.C.R. 517 at 541 (per Pigeon J.); *Zingre v. The Queen,* [1981] 2 S.C.R. 392 at 409–10 (per Dickson J.); *Ordon Estate v. Grail,* [1998] 3 S.C.R. 437 at para. 137 (per Iacobucci and Major JJ.) [*Ordon Estate*]; *Schreiber, supra* note 30 at para. 50; *Canadian Foundation for Children, Youth and the Law v. Canada (Attorney General),* [2004] 1 S.C.R. 76 at para. 31 (per McLachlin C.J.) [*Canadian Foundation for Children*]. See also R. Sullivan, *Sullivan and Driedger on the Construction of Statutes,* 4th ed. (Markham, ON: Butterworths, 2002) at 421–22; P.-A. Côté, *The Interpretation of Legislation in Canada,* 3rd ed.

presumption are, first, that Canada's binding international legal obligations form part of the legal context in which legislatures act and, second, that legislatures should be taken not to intend to violate binding international law unless they make such intention clear.[51] Accordingly, the presumption effectively *requires* courts to reconcile, in the absence of clearly inconsistent statutory language, their interpretation of Canadian legislation with Canada's treaty obligations, including those that are not domestically implemented.[52] By contrast, the majority's assertion that customary international law merely "*may* ... aid in the interpretation of Canadian law" states no such presumption or requirement.[53] Rather, judicial resort to customary international law in this version of the "doctrine of adoption" — that is, as an aid to interpretation of the common law — is characterized as purely voluntary. And if the "rule" is simply that customary international law *may* aid in the interpretation of Canadian law, the necessary implication is that, in some cases, it also may *not*. Just when, how, or why a source of law that "is also the law of Canada"[54] may thus be ignored by a Canadian court, when the same freedom does not exist with respect to unimplemented treaty obligations that are *not* the law of Canada, is not clarified by the majority.

Still more opaque is why this highly discretionary approach to the interpretive relevance of customary international law should apparently be confined to interpretation of the common law. While such an approach is stated by the majority to apply to "Canadian law"

(Scarborough, ON: Carswell, 2000) at 367–68; Brunnée and Toope, *supra* note 25 at 25–26 and 32; van Ert, *supra* note 22 at 99–136; and G. van Ert, *"What Is Reception Law?"* in O.E. Fitzgerald, ed., *The Globalized Rule of Law: Relationships between International and Domestic Law* (Toronto: Irwin Law, 2006), 85 at 89 (characterizing this presumption as a "basic doctrine of reception law").

[51] See Sullivan, *supra* note 50 at 422. See also van Ert, *"What Is Reception Law?"*, *supra* note 50 at 89, suggesting that application of the presumption "tends more to resemble a rule of judicial policy to the effect that the court will not, by its decisions, bring the state into violation of international law."

[52] See *Ordon Estate, supra* note 50 at para. 137 (per Iacobucci and Major JJ.): "[A] court *must* presume that legislation is intended to comply with Canada's obligations under international instruments" [emphasis added]; and *Canadian Foundation for Children, supra* note 50 at para. 31 (per McLachlin C.J.): "Statutes *should be* construed to comply with Canada's international obligations" [emphasis added].

[53] *Hape, supra* note 1 at para. 39.

[54] *Ibid.*

generally,[55] the majority elsewhere affirms the interpretive principle that *legislation* "will be presumed" to conform to customary international law.[56] On the assumption that the particular governs the general, one must conclude that the majority, in holding that customary international law may aid in the interpretation of "Canadian law," was in fact only referring to Canadian *common* law.[57] If so, the result is that Canadian legislation *will be* presumed to comply with customary international law, but Canadian common law only *may be* interpreted in light of customary international law. No justification for this apparently differential treatment is offered by the majority, nor is one easy to imagine. Are Canada's international legal obligations not part of the legal context in which courts also act? Should courts not also be presumed to intend to respect those obligations when they formulate common law rules (unless they explicitly say otherwise)?[58] Assuming they are and should, why would interpretation of the common law not be subject to a presumption of conformity with customary international law that is at least as robust as that applicable to the construction of statutes?

The other possibility, of course, is that the majority in *Hape* has also propounded inconsistent versions of the presumption of legislative conformity with Canada's international legal obligations. In other words, in holding that customary international law may aid in the interpretation of "Canadian law," it is possible that the majority intended to state a uniform, discretionary rule applicable to the interpretation of Canadian common and statute law. Yet if this is so, the majority's subsequent affirmation of a quasi-mandatory presumption of legislative conformity is contradictory.[59] Such a possibility must nevertheless be taken seriously, given the Court's past propensity for equivocating on the nature or strength of the presumption of legislative conformity,[60] as well as the majority's

[55] *Ibid.*

[56] *Ibid.* at paras. 53–54 (per LeBel J.), referring to the "well-established principle of statutory interpretation that legislation *will be presumed* to conform to international law," a "presumption [that] applies equally to customary international law and treaty obligations" [emphasis added].

[57] This is also suggested by the heading under which this aspect of the majority's analysis appears — that is, "Relationship between Customary International Law and the Common Law."

[58] See text accompanying note 51 in this article.

[59] See *Hape*, *supra* note 1 at paras. 53–54.

[60] Contrast the cases cited in note 50 with, for example, *Baker v. Canada (Minister of Citizenship and Immigration)*, [1999] 2 S.C.R. 817 at 861 (per L'Heureux-Dubé

apparent embrace in *Hape* of inconsistent interpretations of the "doctrine of adoption."

So where does all this leave the status of customary international law in Canadian law? Borrowing the heading used by LeBel J. to label his discussion of this issue, what is the "Relationship between Customary International Law and the Common Law"? To put it mildly, *Hape* provides no answers to these questions. Or, more accurately, it provides so many different answers that it might have been better had the issue not been discussed at all. Summarizing the foregoing, the paragraph quoted earlier from the majority judgment in *Hape* appears simultaneously to endorse as many as five different understandings of the relationship between customary international law and Canadian common law:[61]

- customary international law is automatically part of the common law of Canada in the absence of conflicting legislation;[62]
- customary international law should be incorporated into the common law of Canada in the absence of conflicting legislation;
- customary international law may be incorporated into the common law of Canada in the absence of conflicting legislation;
- customary international law may aid in the development of the common law of Canada; and
- customary international law may aid in the interpretation of the common law of Canada.[63]

These cannot all be the rule. It is not meaningful to say that customary international law should (let alone may) be incorporated into the common law of Canada if it is already, automatically, part

J. writing for the majority); and *Spraytech, supra* note 30 at paras. 30–32. Stéphane Beaulac, in "National Application of International Law: The Statutory Interpretation Perspective" (2003) 41 Can. Y.B. Int'l L. 225, argues that *Baker* and *Spraytech* effectively displace the presumption of legislative conformity in favour of a rule that merely considers international law an optional contextual interpretive element to be given more or less weight by courts depending on its source and degree of legislative implementation in domestic law. See also Brunnée and Toope, *supra* note 25 at 38–39, 41–42, and 45–46, fearing that this may have been the effect of *Baker* and *Spraytech* even if not intended.

61 *Hape, supra* note 1 at para. 39.

62 See also *ibid.* at para. 56, where the majority refers to the principle of "the direct application of international custom."

63 See also *ibid.* at para. 70, where the majority refers to the "context and interpretive assistance set out in the foregoing discussion."

of that law. A rule that customary international law *may* be incorporated is patently not the same as a rule that it *should* be incorporated. It is circular to say that customary international law may aid in the development or interpretation of the common law if it *is* common law, either automatically or through an act of judicial "incorporation." And so on. In short, the majority in *Hape* has *not* clarified the correct approach to the reception of customary international law in Canadian law at all. It has, rather, endorsed several mutually inconsistent approaches to the issue, both monist and dualist in nature, without clearly articulating which one prevails. Having waited nearly sixty-five years since the Supreme Court of Canada first signalled ambivalence on the topic in the *Foreign Legations* case, Canadian courts, lawyers, and their clients might have hoped for more — or, rather, less.

A final textual point that cannot pass unnoticed is LeBel J.'s repeated, apparent limitation of the operation of the "doctrine of adoption" to "prohibitive" rules of customary international law.[64] This puzzling qualification does not figure in any of the authorities cited by LeBel J. for the doctrine, nor is it a feature of the doctrine of adoption that operates in the United Kingdom. It does not appear to be an inadvertent bit of verbiage since it is used repeatedly by the majority to qualify the expression "rules of customary international law."[65] Yet its source and meaning are not explained in the majority's reasons.[66] Is its use meant to suggest that the "doctrine of adoption" (whatever its correct interpretation) does not apply to *permissive* rules of customary international law (assuming such a

[64] See *ibid.* at paras. 36 and 39. In French, the majority judgment repeatedly uses "les règles *prohibitives* du droit international coutumier" [emphasis added].

[65] See *ibid.* at para. 36 (in describing the "English tradition"): "*Prohibitive* rules of international custom may be incorporated"; and para. 39 (in describing the Canadian position): "*[P]rohibitive* rules of customary international law should be incorporated ... The automatic incorporation of *such* rules is justified ... [T]he courts may look to *prohibitive* rules of customary international law to aid in the interpretation of Canadian law" [emphasis added].

[66] It is possible that LeBel J. had in mind certain passages in *The Case of the SS "Lotus" (France v. Turkey)* (1927), P.C.I.J. (Ser. A) No. 10 at 18–19 [*Lotus*], which refer to permissive and prohibitive rules of jurisdiction and on which the majority placed considerable emphasis in its subsequent discussion of jurisdictional principles. See *Hape, supra* note 1 at paras. 60 and 65–66. However, this seems far-fetched as the *Lotus* decision in no way concerned itself with rules of reception and therefore did not suggest any distinction between the domestic reception of prohibitive versus permissive rules of customary international law or, indeed, any such categorization of customary rules in general.

distinction could meaningfully be drawn[67])? If it does not, why not? Or perhaps, less problematically, "prohibitive" is used in this context as an awkward synonym for "binding"? Unfortunately, no explanation at all is provided for this perplexing innovation, adding a further blow to the judgment's utility in clarifying the rules governing the relationship between customary international law and Canadian common law.

The Role of Canada's International Legal Obligations in Interpreting the *Charter*

In the absence of any clear indication that the *Charter* is to be considered a form of implementation of any of Canada's international treaty obligations,[68] Canadian courts have nevertheless taken account of such obligations, particularly in the human rights area, when construing the fundamental guarantees set out in the *Charter*.[69] The starting point for this interpretive approach was the relatively early endorsement, by a majority in the Supreme Court of Canada in *Slaight Communications Inc. v. Davidson*,[70] of the view that

> the Charter should generally be presumed to provide protection at least as great as that afforded by similar provisions in international human rights documents which Canada has ratified.

[67] International lawyers do not tend to categorize rules of customary international law according to whether they are "prohibitive" or "permissive," perhaps because such a categorization would be readily subject to manipulation. Almost any "prohibitive" rule of customary international law can readily be restated as a "permissive" one. For example, the "prohibitive" customary rule that states may not extend their territorial sea beyond twelve nautical miles from their coastal baselines can also be restated as the "permissive" rule that coastal states are free to establish a territorial sea extending up to twelve nautical miles from their coastal baselines.

[68] See, for example, *Ahani v. Canada (Attorney General)* (2002) 58 O.R. (3d) 107 at para. 31 (C.A.); W.A. Schabas and S. Beaulac, *International Human Rights and Canadian Law: Legal Commitment, Implementation and the Charter*, 3rd ed. (Toronto: Thomson Carswell, 2007) at 59–67; P.W. Hogg, *Constitutional Law of Canada*, 5th ed. Supp. (looseleaf) (Scarborough, ON: Thomson Carswell, 2007) at para. 36.9(c). For criticism of the *Ahani* decision, see J. Harrington, "Punting Terrorists, Assassins and Other Undesirables" (2003) 48 McGill L.J. 55.

[69] Schabas and Beaulac, *supra* note 68.

[70] *Slaight Communications Inc. v. Davidson*, [1989] 1 S.C.R. 1038 [*Slaight Communications*].

Canada's international human rights obligations should inform not only the interpretation of the content of the rights guaranteed by the Charter but also the interpretation of what can constitute pressing and substantial s. 1 objectives which may justify restrictions upon those rights.[71]

This approach, of course, is not really a rule of reception, in the sense that it does not contemplate judicial incorporation or transformation of Canada's international legal obligations into Canadian law *per se*. Rather, the Court in *Slaight Communications* was articulating a rule of construction, to the effect that the *Charter* should generally be interpreted to provide protections no less generous than those found in Canada's international human rights treaty obligations. Such an approach to interpretation could be considered justifiable in the *Charter* context given the fact that much of the inspiration for its provisions was drawn from Canada's international human rights commitments.[72]

Subsequent decisions of the Supreme Court of Canada, however, tended to focus on the qualifications to the *Slaight Communications* rule,[73] introducing uncertainty as to the strength or even existence of the "minimum content presumption" and suggesting that Canada's human rights and other international obligations may merely "inform" *Charter* interpretation rather than firmly or positively guide it.[74] The Court's decision in *Suresh v. Canada (Minister of Citizenship*

[71] *Ibid.* at 1056–57 (per Dickson C.J.), quoting his earlier comment in *Reference re Public Service Employee Relations Act (Alta.)*, [1987] 1 S.C.R. 313 at 349 (dissenting on another point).

[72] See W.S. Tarnopolsky, "A Comparison between the *Canadian Charter of Rights and Freedoms* and the *International Covenant on Civil and Political Rights*" (1982–83) 8 Queen's L.J. 211; Hogg, *supra* note 68 at paras. 33.8(c) and 36.9(c); Schabas and Beaulac, *supra* note 68 at 61. See also J. Claydon, "International Human Rights Law and the Interpretation of the *Canadian Charter of Rights and Freedoms*" (1982) 4 S.C. L. Rev. 287. But see the cautionary note sounded with respect to such a "minimum content" presumption by I. Weiser, "Effect in Domestic Law of International Human Rights Treaties Ratified without Implementing Legislation" (1998) 27 Can. Council Int'l L. Proc. 132 at 138–39.

[73] In particular, the indication that the presumption was only to operate "generally" and the equivocal use of the word "inform" to describe the interpretive relationship between Canada's human rights obligations and the meaning of the *Charter*.

[74] See, for example, *R. v. Keegstra*, [1990] 3 S.C.R. 697 at 750 (per Dickson C.J.) ("international human rights law and Canada's commitments in that area are of particular significance in assessing the importance of Parliament's objective under s. 1"); *United States v. Burns*, [2001] 1 S.C.R. 283 at paras. 79–81 [*Burns*]

and Immigration), in particular, signalled a retreat from the minimum content presumption, albeit without expressly disavowing it. In *Suresh*, while accepting that deportation to torture is categorically prohibited by the *International Covenant on Civil and Political Rights*[75] and the *Convention against Torture and Other Cruel, Inhuman or Degrading Treatment or Punishment*,[76] to both of which Canada is a party,[77] the Court nevertheless concluded that "in exceptional circumstances, deportation to face torture might be justified, either as a consequence of the balancing process mandated by s. 7 of the *Charter* or under s. 1."[78] In other words, *Charter* protections may fall below those called for in Canada's international human rights treaty commitments, at least in "exceptional circumstances."

Moreover, the range of international sources that "may" or "should" be relied upon either to "inform" *Charter* interpretation or to establish its presumptive minimum content has evolved over time. The majority in *Slaight Communications* asserted a minimum content presumption only in respect of Canada's international human rights obligations.[79] Yet the Supreme Court of Canada subsequently, in *United States v. Burns*, expanded the range of interpretive tools thus available to courts to include "various sources of international human rights law — declarations, covenants, conventions,

---

(endorsing the views that international law is "of use" in interpreting the *Charter* and that international human rights law "should inform" and "must be relevant and persuasive" to such interpretation); *Suresh, supra* note 30 at paras. 46 (*Charter* interpretation "*is informed* ... by international law, including *jus cogens*" [emphasis added]); and at para. 60 ("in seeking the meaning of the Canadian Constitution, the courts *may be informed* by international law" [emphasis added]). See also *Canadian Foundation for Children, supra* note 50 at paras. 9–10; and *Charkaoui v. Canada (Minister of Citizenship and Immigration)*, [2007] 1 S.C.R. 350 at para. 90. See also discussion of this evolution in the case law in Brunnée and Toope, *supra* note 25 at 33–35; and S. Beaulac, "Le droit international et l'interprétation législative: oui au contexte, non à la présomption," in O.E. Fitzgerald, ed., *Règle de droit et mondialisation: Rapports entre le droit international et le droit interne* (Toronto: Irwin Law, 2007), 413.

75 *International Covenant on Civil and Political Rights*, 16 December 1966, 999 U.N.T.S. 171 (entered into force 23 March 1976; Article 41 entered into force 28 March 1979) [*Civil Rights Covenant*].

76 *Convention against Torture and Other Cruel, Inhuman or Degrading Treatment or Punishment*, 10 December 1984, 1465 U.N.T.S. 85 (entered into force 26 June 1987).

77 *Suresh, supra* note 30 at paras. 66–75.

78 *Ibid.* at para. 78.

79 *Slaight Communications, supra* note 70 at 1056–57.

judicial and quasi-judicial decisions of international tribunals [and] customary norms."[80] Quite why these "various sources of international human rights law" — some internationally binding on Canada, others not — should all be treated equally in interpreting the *Charter* was not, however, clarified by the Court.[81] *Suresh* went a step further, holding in effect that interpretation of the *Charter* is "informed" no less by international law in general than it is by international human rights law in particular,[82] contradicting the apparently differential value attributed to each of these categories in *Burns*.[83]

Against this background, *Hape* presented a clear opportunity for the Court to clarify the status of the minimum content presumption as well as the relative influence on *Charter* interpretation of Canada's international human rights obligations, its other international legal obligations, and non-binding international "sources" more generally. However, rather than elucidating or reconciling its prior jurisprudence on these issues, the majority judgment in *Hape* appears to have announced a complete break with this jurisprudence and

80 *Burns, supra* note 74 at para. 80, adopting the enumeration of sources by Dickson C.J. (dissenting) in *Public Service Employee Relations Act Reference, supra* note 71 at 348: "The various sources of international human rights law — declarations, covenants, conventions, judicial and quasi-judicial decisions of international tribunals, customary norms — must, in my opinion, be relevant and persuasive sources for interpretation of the *Charter*'s provisions." See also, more recently, *Health Services and Support — Facilities Subsector Bargaining Assn.* v. *British Columbia*, [2007] 2 S.C.R. 391, 2007 SCC 27 at para. 78 [*Health Services*], which accorded the same weight to Canada's international human rights commitments and "the current state of international thought on human rights."

81 See Brunnée and Toope, *supra* note 25 at 35 and 51–55; and Beaulac, *supra* note 60 at 264–67, arguing for a differential approach by Canadian courts to (unimplemented) binding and non-binding sources of international law.

82 See *Suresh, supra* note 30 at para. 46, where the Court accords the same interpretive weight to international law generally, "sources" of international human rights law in particular, and even *jus cogens* norms. See also para. 60. For comment, see Brunnée and Toope, *supra* note 25 at 49–50.

83 See *Burns, supra* note 74 at paras. 79–81 (international law is "of use" in interpreting the *Charter*, but international human rights law "*should* inform" and "*must be* relevant and *persuasive*" to such interpretation [emphasis added]). It is arguable that the Court's recent judgment in *Health Services, supra* note 80, has re-established this differential approach: contrast para. 70 ("the *Charter should be presumed* to provide at least as great a level of protection as is found in the *international human rights documents* that Canada has ratified") with para. 20 ("*international law ... may inform* the interpretation of *Charter* guarantees") [emphasis added].

adopted a wholly novel approach. In particular, after briefly recalling and summarizing the Court's previous rulings on the topic,[84] LeBel J. writes: "In interpreting the scope of application of the *Charter*, the courts should seek to ensure compliance with Canada's binding obligations under international law where the express words are capable of supporting such a conclusion."[85] Surprisingly, other than a peppering throughout the judgment of generic assertions of the importance of international law to interpretation of the *Charter*,[86] this passage is the full extent of the majority's discussion of how specifically international legal sources are to guide such interpretation. This might not be so remarkable if the stated rule merely reiterated a well-established position clearly set out and defended in earlier cases. However, as seen, there is no such well-established, clear position. What is more, the stated rule is entirely unprecedented — a fact that is underlined by the majority's failure to cite any authority for it whatsoever. Neither *Slaight Communications* nor any of its successors asserted a presumption of conformity, when interpreting the *Charter*, with Canada's international legal obligations. At their strongest, the Court's prior judgments only ever suggested that international law establishes a "floor" of human rights protection below which *Charter* interpretation should not, "generally" and absent "exceptional circumstances," drop — a floor, moreover, that is only to be established by reference to Canada's international *human rights* obligations.[87] At their weakest, the Court's judgments eschewed any particular persuasive role for international

[84] *Hape, supra* note 1 at para. 55: "Whenever possible, [the Court] has sought to ensure consistency between its interpretation of the *Charter*, on the one hand, and Canada's international obligations and the relevant principles of international law, on the other." It should be noted that in recalling the *Slaight Communications* ruling, the majority in *Hape* slightly mischaracterizes it as holding that "Canada's *international obligations* should also inform the interpretation of ... the *Charter*." *Ibid.* [emphasis added].

[85] *Hape, supra* note 1 at para. 56.

[86] See, for example, *ibid.* at para. 35 ("rules [of customary international law] are important interpretive aids for determining the jurisdictional scope of s. 32(1) of the *Charter*"); para. 46 ("[t]hese principles [of customary international law] must also be drawn upon in determining the scope of extraterritorial application of the *Charter*"); para. 57 (in interpreting the *Charter*, "international law principles must be examined"); para. 93 ("[t]he words of s. 32(1) — interpreted with reference to binding principles of customary international law — must ultimately guide the inquiry").

[87] See *Slaight Communications, supra* note 70 at 1056–57.

law in interpreting the *Charter* at all, relegating it to the status of mere context that "may inform" such interpretation.[88]

By contrast, the new rule asserted by the majority — without authority, discussion, or justification — seems to require that Canadian courts "ensure" that their interpretation of the *Charter* aligns with all of Canada's international legal obligations, whether related to international human rights or not.[89] If this is so, *Charter* protections will not simply benefit from a minimum content presumption, but will also be subject to any "ceiling" or "walls" implied by any of Canada's international legal obligations. Similarly, any interpretive "floor" previously indicated by Canada's international human rights obligations could conceivably be lowered by reference to Canada's international obligations of a non-human rights character.[90] Note also how the majority's new rule appears to narrow drastically any judicial discretion to adopt a *Charter* interpretation that does not conform to any of Canada's international legal obligations. Whereas the pre-*Hape* jurisprudence accorded either unfettered ("*may* inform"[91]) or vaguely limited ("should *generally* be presumed"[92]) discretion to courts to depart from international law in interpreting the *Charter*, the majority in *Hape* seems to narrow the grounds for departure from international law to situations where the express wording of the relevant *Charter* provision makes "compliance" impossible.

Given the open-textured wording of many of the *Charter*'s provisions, the effects of such a rigid approach can be expected to be far-reaching, as amply demonstrated in *Hape* itself. In the absence

[88] See *Suresh*, *supra* note 30 at paras. 46 and 60.

[89] It is perhaps conceivable that the majority was not in fact purporting to state a general rule of *Charter* interpretation but, rather, one applicable only to s. 32(1) (see *Hape*, *supra* note 1 at para. 56: "*In interpreting the scope of application of the Charter*, the courts should seek to ensure compliance with...") [emphasis added]. This seems highly unlikely, however, given the majority's indication that the courts must interpret the *Charter*'s jurisdictional reach "as with the substantive provisions of the *Charter*" (*ibid.* at para. 33); its references to prior decisions governing *Charter* interpretation generally (*ibid.* at paras. 54–55); its subsequent unqualified reference to the "presumption of conformity" (*ibid.* at para. 56); as well as its overall failure to indicate or justify a need for a customized rule of interpretation applicable only to s. 32(1).

[90] On the dangers of allowing international law to act as a limit on the protections afforded by the *Charter*, see *Cook*, *supra* note 4 at para. 148 (per Bastarache J.).

[91] *Suresh*, *supra* note 30 at para. 60 [emphasis added].

[92] *Slaight Communications*, *supra* note 70 at 1056 [emphasis added].

of words expressly asserting (or addressing in any way) extraterritorial applicability of the *Charter*'s protections, the majority relies upon international legal principles of non-intervention, territorial sovereignty, and enforcement jurisdiction to conclude that "extraterritorial application of the *Charter* is *impossible*."[93] In other words, because nothing in the wording of the *Charter* expressly provides for its extraterritorial reach, the rigid "presumption of conformity" adopted by the majority in *Hape* gives international law controlling effect in filling this *lacuna*. This is a marked departure from the Court's prior, cautious approach to the role of international law in interpreting the *Charter*, which looked to international law as evidence of the meaning of the *Charter* but "not as controlling in itself."[94]

While some might welcome a more controlling role for international law in construing the *Charter* on the basis, for example, that it might have produced a less shameful ruling in *Suresh*, the outcome in *Hape* clearly illustrates that conformity is a double-edged sword. One also wonders, had the majority's presumption of conformity been applied in, say, *Burns*, whether the Court could have reached the conclusion that it did in that case, given its finding that the "evidence does not establish an international law norm against the death penalty, or against extradition to face the death penalty."[95] If Canada's international legal obligations did not prohibit the death penalty at the time,[96] and interpretation of the *Charter* should conform to such obligations unless its express wording makes this impossible, would it not at least arguably have followed that section 7 (or 12, for that matter) of the *Charter* prohibits neither the death penalty nor extradition thereto? Even if not, suppose that the Canadian government were to conclude a new extradition treaty with the United States in which it expressly agrees that it shall never seek assurances in cases of extradition to the death penalty?[97] This

[93] *Hape, supra* note 1 at para. 85 [emphasis added].

[94] *Suresh, supra* note 30 at para. 60.

[95] *Burns, supra* note 74 at para. 89.

[96] It should however be noted that on 25 November 2005, Canada acceded to the *Second Optional Protocol to the International Covenant on Civil and Political Rights, Aiming at the Abolition of the Death Penalty*, 11 July 1991, 1642 U.N.T.S. 414.

[97] This is not such a far-fetched possibility given the current government's newly adopted policy of not intervening on behalf of Canadians sentenced to death by courts in "a democratic country that supports the rule of law." See Statement by the Hon. Stockwell Day, Minister of Public Safety, House of Common Debates,

agreement would then form part of Canada's "binding obligations under international law" to which interpretation of the *Charter*, according to the majority in *Hape*, would be subject.[98]

Should Canadians be content with *Charter* protections that cannot exceed, absent express wording to that effect, corresponding international human rights protections? Should the Canadian government be able to control the meaning to be given by courts to the *Charter*'s protections by creating "binding obligations under international law" through its treaty-making power?[99] Since the only international legal constraint on the freedom to create such obligations would be the rule prohibiting treaties that conflict with *jus cogens* norms,[100] is it not conceivable that the majority's presumption of *Charter* conformity with Canada's international legal obligations could, over time, reduce the *Charter*'s protections to those provided

---

Hansard, 39th Parliament, 2nd Session, No. 013, 1 November 2007, <http://www2.parl.gc.ca/HousePublications/Publication.aspx?Language=E&Mode=1&Parl=39&Ses=2&DocId=3093030#OOB-2186711>.

98 It might be argued that the government's capacity to enter into such a treaty would itself be controlled by the *Charter*. See *Operation Dismantle v. The Queen*, [1985] 1 S.C.R. 441; and Hogg, *supra* note 68 at para. 37.2(e). In most instances, however, *Charter* challenges to the conclusion of such a treaty would likely only be brought once the treaty was in force, at which point its effect on interpretation of the *Charter* would already be operative, thus providing constitutional cover for the very governmental actions being challenged. Moreover, a judicial declaration that the conclusion of such a treaty was inconsistent with the *Charter* would (assuming compliance by the government) place Canada in violation of the *pacta sunt servanda* principle, one of the most fundamental rules of international law. See *Vienna Convention on the Law of Treaties*, 23 May 1969, 1155 U.N.T.S. 331 [*Vienna Convention*], Article 26. If the *Charter* should be interpreted so as to "ensure compliance with Canada's binding international obligations," it therefore seems the chances for success of such a challenge would be very slim.

99 It will be recalled that the federal executive branch has constitutional authority to commit Canada to international treaties without the need for any legislative concurrence. See A.E. Gotlieb, *Canadian Treaty Making* (Toronto: Butterworths, 1968) at 4–6 and 14; Hogg, *supra* note 68 at paras. 11.2 and 11.3(c); Hon. P. Martin, Secretary of State for External Affairs, *Federalism and International Relations* (Ottawa: Queen's Printer, 1968) at 11–33; and G.L. Morris, "The Treaty-Making Power: A Canadian Dilemma" (1967) 45 Can. Bar Rev. 478 at 484. One is also reminded of the admonition of LaForest J. in *Douglas/Kwantlen Faculty Assn. v. Douglas College*, [1990] 3 S.C.R. 570 at 585: "To permit government to pursue policies violating *Charter* rights by means of contracts or agreements with other persons or bodies cannot be tolerated."

100 *Vienna Convention*, *supra* note 98, Article 53.

for expressly in its wording or those corresponding to *jus cogens* norms in international law? Would this be consistent with the Court's earlier jurisprudence calling for an interpretation that grants Canadians the "full benefit of the *Charter*'s protection"?[101]

It is also unclear (given the lack of discussion of the point by the majority) why it is appropriate that the rule governing the influence of international law on interpretation of the *Charter* should be so completely assimilated to the rule applicable in the statutory interpretation context. For this is, in fact, the approach taken by the majority. Under a single heading entitled "Conformity with International Law as an Interpretive Principle of Domestic Law," the majority first reviews the well-established interpretive presumption of conformity of legislation with Canada's international legal obligations[102] and then seamlessly asserts that an identical presumption operates in the *Charter* interpretation context.[103] The majority subsequently refers to both, compendiously, as "*the* presumption of conformity."[104]

While the *Charter* might, at a stretch, be considered a mere piece of British legislation, and it might also be reasonable to assume that the British Parliament was aware of, and did not intend to violate, Canada's international legal obligations when it enacted the *Charter* in 1982,[105] there are, nevertheless, difficulties in transposing this rationale for the presumption of statutory conformity with international law to the *Charter* context.[106] One major difficulty is that the content of Canada's international legal obligations evolves over time. This poses no conceptual problems in the legislative context because Canada's evolving international legal obligations form part of the legal context in which legislatures continuously operate. Being free to amend existing legislation at any time, legislatures' failure to do so can reasonably be taken as evidence of a legislative conviction that existing legislation continues to conform to Canada's international legal obligations no less than when first enacted. By contrast, the British Parliament ended its authority to amend the Canadian Constitution by patriating it in 1982, and the rigidity of

101 *R. v. Big M Drug Mart Ltd.*, [1985] 1 S.C.R. 295 at 344.

102 *Hape, supra* note 1 at paras. 53–54. See also text accompanying notes 50–52.

103 *Hape supra* note 1 at paras. 55–56.

104 *Ibid.* at para. 56 [emphasis added].

105 Through enactment of the *Canada Act 1982* (U.K.), *supra* note 3.

106 See text accompanying note 51, and *Hape, supra* note 1 at para. 53.

the amending formulae incorporated into the *Constitution Act, 1982*, have since made constitutional amendments notoriously difficult in Canada.[107] Failure to amend the *Charter* is thus much more likely to be a product of the complexities of the process than an indication on the part of Canada's various legislatures that they consider it to continue to conform to Canada's evolving international legal obligations. The justification for a continuing presumption that the *Charter* does not depart from international law is therefore much less persuasive than in the case of legislation, and it becomes ever less so with the passage of time.

Moreover, a judicial construction of legislation that conforms to Canada's international legal obligations is subject to subsequent legislative override should the legislature deem this construction to have departed from the legislature's intent. The same legislative latitude is obviously not available in the case of *Charter* interpretation, barring a constitutional amendment[108] or, possibly, invocation of the notwithstanding clause.[109] What is more, the implications of presuming conformity of the *Charter* with Canada's international obligations go much deeper than applying the same presumption in the legislative context. *All* Canadian law *must* be consistent with, *inter alia*, the *Charter*, such that application of the presumption of conformity to interpretation of the *Charter* in turn effectively elevates the *presumption* of legislative conformity with international law to the status of an irrebuttable, mandatory *requirement*.[110] Among the curious results of this "knock-on" effect would be that Canada's

[107] *Constitution Act, 1982*, being Schedule B of the *Canada Act 1982* (U.K.) 1982.

[108] See I. Weiser, "Undressing the Window: A Proposal for Making International Human Rights Law Meaningful in the Canadian Commonwealth System" (2004) 37 U.B.C. L. Rev. 113 at 147–48.

[109] *Charter*, *supra* note 3 at s. 33.

[110] *Constitution Act, 1982*, *supra* note 107 at s. 52(1): "The Constitution of Canada is the supreme law of Canada, and any law that is inconsistent with the provisions of the Constitution is, to the extent of the inconsistency, of no force or effect." The consistency requirement is somewhat less direct in the case of common law rules, which are to be brought into line with the values of the *Charter*. See *Hill v. Church of Scientology of Toronto*, [1995] 2 S.C.R. 1130 at 1169. See also *R. v. Rahey*, [1987] 1 S.C.R. 588; *British Columbia Government Employees' Union v. British Columbia*, [1988] 2 S.C.R. 214; *Dagenais v. Canadian Broadcasting Corporation*, [1994] 3 S.C.R. 835; *Retail, Wholesale and Department Store Union, Local 558 v. Pepsi-Cola Canada Beverages (West) Ltd.*, [2002] 1 S.C.R. 156; Hogg, *supra* note 68 at para. 37.2(f)-(g); R.J. Sharpe and K. Roach, *The Charter of Rights and Freedoms*, 3rd ed. (Toronto: Irwin Law, 2005) at 99–102.

binding yet unimplemented treaty commitments would have more potent consequences in Canadian law than statutes enacted by Parliament or the legislatures. Again, as suggested earlier, the federal executive branch would be in a position, by concluding treaty commitments with foreign powers, to mould elements of Canada's *supreme* law and, hence, the content of all domestic law. The indirect violence thus done to the fundamental constitutional principle that the executive branch may not make domestic law without legislative concurrence[111] pales in significance when compared with the degree of control over the Constitution that would thus be conferred, by the Court, on the federal executive branch.

The inappositeness of extending the presumption of conformity from the legislative to the *Charter* contexts is also apparent when one considers the fundamentally different principles of interpretation applicable in each context. Whereas statutory interpretation is largely guided by an inquiry into legislative intention,[112] *Charter* interpretation is to be purposive, progressive, and organic, in keeping with the "living tree" metaphor that characterizes constitutional interpretation more generally.[113] In other words, the essential nature of the interpretation exercise is fundamentally different in the legislative and *Charter* contexts. Why, then, should the influence of Canada's international legal obligations on the interpretation of legislation and the *Charter* simply be assumed to be the same? While the differences between the nature of legislative and *Charter* interpretation need not lead ineluctably to different rules regarding the influence of international law on those processes, such differences certainly *suggest* the need for different rules or, at least, an explanation as to why different approaches are not appropriate.

111 *Proclamations* (1611), 12 Co. Rep. 74, 77 E.R. 1352; Hogg, *supra* note 68 at para. 1.9. This constitutional disability is in fact at the root of the requirement of treaty transformation elsewhere propounded by the Court. See *Labour Conventions* case, *supra* note 48; *Capital Cities Communications, supra* note 48; and *Francis, supra* note 48.

112 See R. Sullivan, *Statutory Interpretation* (Concord, ON: Irwin Law, 1997) at cc. 3–4 and 7; Sullivan, *supra* note 50 at 1–3, 9–11, 20, 105–106, and 108–18.

113 *Edwards v. A.G. Canada*, [1930] A.C. 124 at 136 (J.C.P.C.). See also *Hunter v. Southam*, [1984] 2 S.C.R. 145 at 156; *Big M Drug Mart, supra* note 101 at 344; *Reference re British Columbia Motor Vehicle Act*, [1985] 2 S.C.R. 486 at 499; *Eldridge v. British Columbia*, [1997] 3 S.C.R. 624 at para. 53; Hogg, *supra* note 68 at paras. 15.9(f), 18.2, 24.2(a), 26.3, 28.6(d), 36.8(a), 36.8(c), and 60.1(f)-(g); Sharpe and Roach, *supra* note 110 at c. 3; and Sullivan, *supra* note 50 at 105–6.

Even setting aside these concerns, it must also be acknowledged that the majority's new presumption of conformity of the *Charter* with Canada's international legal obligations imposes a very heavy burden on both litigants and courts. The range of Canada's international legal obligations is vast and growing.[114] Requiring interpretive compliance with all of them, whether or not in the human rights area, sets an extremely ambitious standard for any court, even if it is fully assisted by comprehensive submissions by the parties. This is appositely illustrated by the majority's application of the presumption in *Hape* itself. While the majority engaged in a wide-ranging exegesis of some of Canada's customary international legal obligations outside the human rights context in order to interpret section 32(1) of the *Charter*,[115] it conspicuously failed to consider any of Canada's specific international human rights obligations that might also be relevant to this interpretation exercise.[116] For example, Canada is a party to the *Civil Rights Covenant*,[117] as is the United Kingdom (which exercises sovereignty over the Turks and Caicos Islands).[118]

[114] Even setting aside Canada's customary international legal obligations, Canada had either signed or was party to 3,922 treaties by 1 October 2007; and between 1 October 2006 and 30 September 2007 alone, Canada signed, ratified, acceded to, amended, terminated, or signified the entry into force of thirty bilateral and eight multilateral treaties. See Legal Affairs Branch, Department of Foreign Affairs and International Trade, *Examples of Current Issues of International Law of Particular Importance to Canada* (October 2007) at 49.

[115] In particular, the principles of sovereign equality, non-intervention, and prescriptive and enforcement jurisdiction.

[116] Indeed, international human rights law receives only four brief and general mentions by the majority in the course of its 122-paragraph judgment. See *Hape*, *supra* note 1 at paras. 43, 52, 90, and 101, essentially holding that, while the non-binding principle of comity suggests the need to respect another state's sovereignty when participating in investigations abroad, this is not so if the result would be a violation of international human rights. In a subsequent judgment released after this article was written, the Supreme Court of Canada has also extended the operation of this international human rights limitation on the non-binding principle of comity to the binding principles of international law. See *Canada v. Khadr*, 2008 SCC 28 (released 23 May 2008) at paras. 18–19 and 26. *Khadr* does not, however, discuss the basis for this apparent extension or revision of the majority judgment in *Hape*. Nor does it consider whether Canada's international human rights obligations require a broader interpretation of section 32(1) of the *Charter* than that propounded by the majority in *Hape* or otherwise elucidate the many reception law issues raised by *Hape*.

[117] *Civil Rights Covenant*, *supra* note 75.

[118] The United Kingdom ratified the *Civil Rights Covenant* on 20 May 1976, at which time it notified the secretary-general of the United Nations of the extension of

It is widely acknowledged that the *Charter* protects (even if it does not formally implement) many of the same human rights as the *Civil Rights Covenant.*[119] Moreover, both the International Court of Justice[120] and the UN Human Rights Committee[121] have held that the *Civil Rights Covenant* imposes obligations on states parties when acting outside their territory.[122] Why, then, in interpreting the geographical reach of the *Charter*'s protections, was compliance with Canada's obligation to respect the *Civil Rights Covenant*'s protections outside its territory not "ensured" by the majority? It may be that the *Civil Rights Covenant*'s extraterritorial reach derogates somewhat from customary international law principles of territorial sovereignty, non-intervention, and jurisdiction, but nothing prevents states from agreeing to such derogations, as indeed the vast majority of states appear to have done in ratifying the *Civil Rights Covenant.*[123] Should the majority not at least have considered how Canada's general customary obligation to respect the sovereignty of other

---

the effect of its ratification of the Covenant to the Turks and Caicos Islands. See *United Nations Treaty Collection,* "Status of Multilateral Treaties Deposited with the Secretary-General," c. IV(4), <http://untreaty.un.org/>. One must assume that the majority's reference to the "sovereignty" of Turks and Caicos (see *Hape, supra* note 1 at para. 86) is in fact intended to refer to the sovereignty of the United Kingdom and that the majority was only speaking loosely in describing the Turks and Caicos Islands as a "country" (see *Hape, supra* note 1 at paras. 86 and 116).

119 See the authorities cited in notes 68 and 72 in this article.

120 See *Legal Consequences of the Construction of a Wall in the Occupied Palestinian Territory (Advisory Opinion),* [2004] I.C.J. Rep. 136 at paras. 108–11, concluding at para. 111: "[T]he Court considers that the *International Covenant on Civil and Political Rights* is applicable in respect of acts done by a State in the exercise of its jurisdiction outside its own territory."

121 See UN Human Rights Committee, *General Comment 31,* UN GAOR, 59th Sess., Supp. no. 40, vol. 1, UN Doc. A/59/40 (2004) at para. 12. See also UN Human Rights Committee, *Lopez v. Uruguay,* Communication no. 52/1979, UN Doc. CCPR/C/13//D//52/1979 (1981). For discussion, see C. Forcese, *National Security Law: Canadian Practice in International Perspective* (Toronto: Irwin Law, 2007) at 29–30.

122 But see M.J. Dennis, "ICJ Advisory Opinion on Construction of a Wall in the Occupied Palestinian Territory: Application of Human Rights Treaties Extraterritorially in Times of Armed Conflict and Military Occupation" (2005) 99 A.J.I.L. 119.

123 At the time of writing, the *Civil Rights Covenant, supra* note 75, had been ratified or acceded to by 160 states.

states may have been modified by multilateral treaty agreements with those states before concluding that this obligation makes "extraterritorial application of the *Charter* ... impossible"?[124]

It is submitted that the majority's failure to address these issues in *Hape* illustrates not only the dauntingly wide range of Canada's international legal obligations that may have to be considered when subjecting interpretation of the *Charter* to the very broad presumption of conformity adumbrated by the majority. It also underscores the dangers inherent in embarking on such an exercise without first receiving full argument on the full range of such obligations that may potentially be relevant.[125]

Two final aspects of the majority's adoption of a presumption of conformity in the *Charter* interpretation context invite comment. First is its admitted, relative clarity when compared with the considerable uncertainty that, as seen earlier,[126] has previously characterized the Court's approach to the role of international law in interpreting the *Charter*. Whatever criticisms might be levelled at the appropriateness of applying a presumption of conformity with Canada's international legal obligations in construing the *Charter*, the majority judgment in *Hape* might at least be seen as having the virtue of putting an end to the Court's prior waffling on the issue. Unfortunately, however, this appears not to be the case. The very day after *Hape* was released, the Court also released its judgment in *Health Services and Support — Facilities Subsector Bargaining Assn. v. British Columbia*.[127] In deciding whether the *Charter*'s guarantee of freedom of association includes a right to collective bargaining, the majority in *Health Services*[128] simultaneously reasserted *Slaight Communications*' minimum content presumption (albeit without its qualifications),[129]

124 *Hape*, *supra* note 1 at para. 85.

125 It will be recalled that none of the parties before the Court made written submissions with respect to international law. See *Appellant's Factum*, *Respondent's Factum*, and *Intervener's Factum*, *supra* note 2.

126 See text accompanying notes 73–83 in this article.

127 *Health Services*, *supra* note 80.

128 Including three of the five justices participating in the majority judgment in *Hape*. Note also that, while Deschamps J. (also a member of the majority in *Hape*) dissented in *Health Services*, she nevertheless endorsed the majority's general approach to interpreting the scope of section 2(d) of the *Charter*. See *Health Services*, *supra* note 80 at para. 170.

129 *Health Services*, *ibid.* at para. 70: "[T]he *Charter* should be presumed to provide at least as great a level of protection as is found in the international human

as well as the far more equivocal *Suresh* approach,[130] all the while failing to advert to *Hape*'s novel presumption of conformity at all. It therefore seems that *Hape* has not in fact resolved the Court's ongoing struggle to define, with clarity, the appropriate role for Canada's international legal obligations in interpreting the *Charter*'s provisions. Rather, it seems merely to have added yet another to the broad range of approaches from which the Court picks and chooses from case to case.

Finally, the manner in which the majority in *Hape* approaches the presumption of *Charter* conformity with international law raises the issue of the range of international legal obligations that may be relevant to the interpretive exercise. It must in particular be wondered why the majority found it necessary to preface its interpretation of section 32(1) of the *Charter* — the only issue in the case[131] — with a discussion of the rules governing the reception of customary international law as part of the common law. At first blush, it seems probable that this discussion is simply *obiter dicta*. At no prior point has the Court ever indicated that, in interpreting the *Charter*, only those of Canada's international legal obligations that have been received by, and form part of, Canadian common (or statute) law are to be considered. Similarly, the majority in *Hape* describes its new presumption of *Charter* conformity in terms of compliance with Canada's international legal obligations *per se*, not only with those that have been adopted or transformed into Canadian law. And yet the majority's repeated assertions that the rules governing the reception of customary international law as part of the common law are relevant to the interpretation of section 32(1) raise the question: why?[132] What is the "necessary" link between the rules governing

---

rights documents that Canada has ratified." See also *ibid.* at para. 79: "[S]. 2(d) of the *Charter* should be interpreted as recognizing at least the same level of protection [as international conventions to which Canada is a party]." Note the absence of the qualification "generally," which accompanied the articulation of the minimum content presumption in *Slaight Communications*, *supra* note 70 at 1056–57.

130 *Health Services*, *supra* note 80 at para. 20 ("international law ... *may inform* the interpretation of *Charter* guarantees"); and para. 69 ("Canada's international obligations *can assist* courts charged with interpreting the *Charter*'s guarantees") [emphasis added].

131 *Hape*, *supra* note 1 at paras. 1, 24, and 32.

132 See, for example, *ibid.* at para. 34 ("In order to understand how international law assists in the interpretation of s. 32(1), it is *necessary* to consider the relationship between Canadian domestic law and international law"); para. 35 ("[t]he

the incorporation of customary international law into the common law and the rules governing the influence of international law on interpretation of the *Charter*?

While the majority provides no explicit answer to this question, it seems there are three possibilities. First and most likely, there is no such necessary link, and the majority's discussion of the traditional doctrine of adoption is properly considered *un*necessary and, thus, *obiter dicta*. Second, it may be that the majority views the prior adoption or transformation of Canada's international legal obligations into domestic law as a necessary first step before compliance with them is required in interpreting the *Charter*. This possibility might explain the majority's seemingly selective approach, discussed earlier, in identifying only some of Canada's international legal obligations with which its interpretation of section 32(1) should comply: perhaps only those obligations forming part of Canadian common law (either by automatic incorporation or discretionary judicial reception into the common law[133]) need be considered.[134] Nevertheless, such an explanation seems quite improbable. As suggested earlier, such an approach would constitute yet another major departure from the Court's prior jurisprudence in this area, which has never set out such a requirement, and the majority does not expressly advert to (much less justify) any such departure. Moreover, requiring domestic reception of Canada's international legal obligations as a necessary precondition to their influence on *Charter* interpretation would stand the relationship between Canadian law and the *Charter* on its head. It is the *Charter* that guides interpretation and application of Canadian statute and common law, not the other way around.[135] The third possible

---

use of customary international law to assist in the interpretation of the *Charter* *requires* an examination of the Canadian approach to the domestic reception of international law"); para. 56 ("*[i]n light of* ... the direct application of international custom ... I will now turn to the point that is directly in issue in this appeal: the interpretation of s. 32 of the *Charter*") [emphasis added throughout].

[133] See text accompanying notes 35–63 in this article.

[134] This leaves aside the possibility, however, that the extraterritorial obligations imposed by the *Civil Rights Covenant, supra* note 75, may exist in customary international and thus, at least on the theory of automatic adoption, Canadian common law.

[135] See *Constitution Act, 1982, supra* note 107, s. 52(1); Hogg, *supra* note 68 at paras. 12.2(a)-(b) and 37.2(f)-(g); Sullivan, *supra* note 112 at 179–81; *Canadian Foundation for Children, supra* note 50; *Montréal (City) v. 2952–1366 Québec Inc.*, [2005] 3 S.C.R. 141. See also authorities cited in note 110.

explanation for the majority's insistence on the relevance of the "doctrine of adoption" in a case concerning *Charter* interpretation, an explanation not quite as improbable as the second, is considered in the next section.

An Implied Rule of Adoption of Customary International Law as Domestic Constitutional Law?

There is a final element of reception law in *Hape* that, while not explicitly discussed by the majority, is nevertheless necessarily implied by it. As seen earlier, the central basis for the majority's conclusion that the *Charter*'s reach is limited to Canadian territory is the presumption that the *Charter* should be interpreted in conformity with Canada's international legal obligations to respect the territorial sovereignty and jurisdiction of other states.[136] However, the majority also offers a secondary argument supporting this outcome. After interpreting section 32(1) in a manner "which is consistent with the principles of international law," the majority adds that this interpretive conclusion "is also dictated by the words of the *Charter* itself."[137] The specific words relied upon by the majority to support this secondary argument are found in section 32(1) of the *Charter*, which limits the *Charter*'s applicability to "matters within the authority of Parliament." On the premise that "[i]n the absence of consent Canada cannot exercise its enforcement jurisdiction over a matter situated outside Canadian territory," the majority reasons that such a matter "falls outside the authority of Parliament." It therefore concludes that the *Charter* cannot apply to it.[138]

[136] That this is the *ratio decidendi* of the majority judgment in *Hape, supra* note 1, is suggested at para. 93: "The words of s. 32(1) — interpreted with reference to binding principles of customary international law — must ultimately guide the inquiry."

[137] *Ibid.* at para. 69.

[138] *Ibid.* Note, as an aside, the logical leap between the premise that Canada has no *enforcement jurisdiction over a matter* situated outside Canada's territory, and the conclusion that the *matter itself* therefore falls outside the authority of Parliament. This is a conflation of prescriptive and enforcement jurisdiction, of which the majority is repeatedly guilty throughout its judgment: see, for example, para. 65 ("[w]hile extraterritorial jurisdiction–prescriptive, enforcement or adjudicative–exists under international law, *it* is subject to strict limits under international law that are based on ... the territoriality principle" [emphasis added]); and para. 85 (reasoning that the *Charter* cannot *apply* to extraterritorial conduct — a question of its prescriptive reach — if it cannot be *enforced* extraterritorially, thus collapsing the distinction between prescriptive and enforcement jurisdiction).

For present purposes, what is most significant in this line of reasoning is the provenance of the majority's critical premise that, absent consent, Canada cannot exercise its enforcement jurisdiction over matters situated outside its territory (the "purported rule"). Setting aside quibbles concerning its overly categorical terms, it is clear that the purported rule roughly corresponds to a rule found in customary international law.[139] However, it is just as clear that there is (at least prior to *Hape*) no such rule of Canadian constitutional law. Certainly, the majority cites no Canadian constitutional authority for the proposition — quite the contrary. In fact, the majority recognizes that Parliament has clear constitutional authority to make laws "having extraterritorial operation"[140] and "governing conduct by non-Canadians outside Canada"[141] and repeatedly refers to the fundamental Canadian Constitutional principle of the supremacy or sovereignty of Parliament.[142] It nevertheless asserts, again without citing Canadian constitutional authority, that Parliament's authority is restricted to extraterritorial assertions of prescriptive, rather than enforcement, jurisdiction.[143] Yet it is an axiomatic principle of the Canadian Constitution that Parliament is supreme within the jurisdictional boundaries established by the *Constitution Act, 1867*, the *Constitution Act, 1982*, and Canada's other constitutional enactments, as interpreted from time to time by the courts.[144] What provision in any of these enactments, or what other rule or principle of Canadian constitutional law, states or implies the limitation on the authority of Parliament asserted by the majority in the purported rule?[145] The majority cites none. Rather, the

139 "Now the first and foremost restriction imposed by international law upon a State is that — failing the existence of a permissive rule to the contrary — it may not exercise its power in any form in the territory of another State." *Lotus*, *supra* note 66 at 18–19.

140 *Hape*, *supra* note 1 at para. 66.

141 *Ibid.* at para. 68.

142 *Ibid.* at paras. 39, 53, and 68.

143 *Ibid.* at paras. 68–69.

144 Hogg, *supra* note 68 at para. 12.2; and Sullivan, *supra* note 112 at 34.

145 In fact, the texts point in the opposite direction. See, for example, the *Statute of Westminster 1931 (U.K.)*, 22 Geo. 5, c.4, s.3, which confers on Parliament "*full power* to make laws having extra-territorial *operation*" [emphasis added]. See also *Interpretation Act*, R.S.C. 1985, c. I-21, s. 8(3); Hogg, *supra* note 68 at para. 13.2. *Croft v. Dunphy*, [1933] A.C. 156 (J.C.P.C.) [*Croft*], in particular, affirmed the *vires* of anti-smuggling legislation that authorized the seizure of vessels outside Canadian territory, holding that the *British North America Act, 1867* "imposed

sole source relied upon by the majority for the purported rule is customary international law.

The question that therefore arises is how and why a rule of customary international law comes to be applied, by a Canadian court, as a binding rule of domestic constitutional law that purportedly curtails the authority of Parliament itself. Has the majority implicitly adapted or extended the "doctrine of adoption" from a rule providing for the incorporation of customary international law as part of the common law into one also providing for its incorporation as part of the Canadian Constitution? As indicated, the majority does not explicitly say so, and so the question must remain rhetorical until the Court clarifies whether this was its intent. However, the majority's repeated insistence that the authority of Parliament is subject to a restriction that has its source in customary international rather than Canadian constitutional law suggests a positive answer. So too does the logical impossibility of curtailment of Parliamentary authority by an *un*incorporated rule of customary international law. As the majority reiterates,[146] it is a well-established constitutional principle that Parliament may legislate in violation of international law.[147] If this is so, a rule of customary international law logically cannot, *as such*, limit the authority of Parliament. Only by acquiring the status of a rule of Canadian constitutional law may it have such effect.

The possibility that the majority has implicitly applied the doctrine of adoption to import a customary rule as a domestic constitutional rule might also provide a third explanation for the majority's otherwise *obiter* foray into the more traditional doctrine of adoption, which was reviewed earlier. Was this exercise meant to imply that incorporation of a customary rule into the "unwritten constitution" is justifiable by way of analogy to the incorporation of customary rules into the common law? If so, there are at least three bases upon which the appropriateness of such an analogy may be questioned.

---

no territorial restriction in terms and their Lordships see no justification for inferring it" (at 167). LeBel J. himself has held that *Croft v. Dunphy* stands for the proposition that the *Constitution Act, 1867* "imposed no restriction on the scope of Parliament's plenary legislative power." See *Society of Composers, Authors and Music Publishers of Canada v. Canadian Assn. of Internet Providers*, [2004] 2 S.C.R. 427 at para. 141.

146 See *Hape, supra* note 1 at paras. 34 and 68.

147 See note 175 in this article.

First, when a rule of customary international law is incorporated into the common law, it is plain that this rule may be overridden by statute — just as with any common law rule — should Canada's democratically elected legislatures consider it to be contrary to the welfare of Canadians.[148] The same is obviously not so in the case of incorporation of a customary rule as part of the Constitution. Barring a constitutional amendment, there would thus be no residuary democratic control over the domestic effects of customary international law.

Second, there is a qualitative difference between the courts' function in developing the common law generally and their function in elucidating the unwritten constitution in particular. The common law is essentially the creature of the courts, and the courts thus appropriately retain the freedom to amend and develop it as they see fit, within bounds dictated only by the requirements of the rule of law and respect for legislative supremacy.[149] The power to recognize and give effect to rules of customary international law as rules of the common law clearly and appropriately comes within that freedom. By contrast, the role of the courts in elucidating the unwritten constitution is more narrowly circumscribed.[150] The courts do not create the Constitution. They are, first and foremost, governed by its written or enacted elements.[151] As for its unwritten elements, these are sourced in "vital unstated assumptions upon which the text [of the written Constitution] is based."[152] In other words, the unwritten constitution is not invented by the courts — it is necessarily implied by the written Constitution.[153] The role of the courts is thus to unravel and explain these necessarily implied elements in order to "fill ... [the] gaps in the express terms of the constitutional

[148] Sullivan, *supra* note 112 at 34; Sullivan, *supra* note 50 at 357–58; and Hogg, *supra* note 68 at para. 12.2.

[149] Hogg, *supra* note 68 at para. 12.2. See also *R. v. Salituro*, [1991] 3 S.C.R. 654 at 670 and 678; *Watkins v. Olafson*, [1989] 2 S.C. R. 750, 61 D.L.R. 4th 577 at 584; and *Friedmann Equity Developments Inc. v. Final Note Ltd.*, [2000] 1 S.C.R. 842 at para. 42.

[150] See generally Hogg, *supra* note 68 at paras. 1.8 and 15.9(g).

[151] *Reference re Remuneration of Judges of the Provincial Court of Prince Edward Island*, [1997] 3 S.C.R. 3 at paras. 93 and 104 [*Judges Reference*].

[152] *Québec Secession Reference*, *supra* note 29 at para. 49.

[153] And, in particular, by the preambular reference, in the *Constitution Act, 1867*, to Canada having "a constitution similar in principle to that of the United Kingdom." See *Fraser v. Public Service Staff Relations Board*, [1985] 2 S.C.R. 455 at 462–63.

text"[154] — not to create or introduce wholly new rules of constitutional law.[155] It is submitted that adopting and giving constitutional status to rules of customary international law that are neither implied in the Canadian Constitution nor consistent with its most fundamental principles exceeds the traditional role of the courts in revealing the unwritten constitution.

Third, as with the extension of the presumption of conformity from the statutory to the *Charter* context,[156] the implications of incorporating customary international law as constitutional law are far more profound than incorporating it as common law. As seen, constitutional law is by its nature supreme law, and it therefore controls not only the powers of legislatures and governments but also the reach and effect of all other Canadian law. Should customary international law be given such supreme status in Canadian law, particularly when its reception as constitutional law is not readily subject to democratic control as in the case of the common law?

Consider in particular the effects of the apparent adoption of customary international law as constitutional law in *Hape*. Not only does it "dictate"[157] a drastic curtailment of the reach of the *Charter*, in the absence of any textual indication of such limitation, but it also entails an unprecedented truncation of parliamentary authority, again without any basis in domestic constitutional law and, indeed, *in opposition to* one of the fundamental pillars of the Canadian Constitution — parliamentary supremacy.[158] The apparent adoption of customary international law as constitutional law nevertheless leads the majority to assert that Parliament "has no jurisdiction to authorize enforcement abroad."[159] What, then, does this mean for the extensive legislation enacted by Parliament doing just that?

[154] *Judges Reference, supra* note 151 at para. 104.

[155] See also *British Columbia v. Imperial Tobacco,* [2005] 2 S.C.R. 473 at para. 65; *Babcock v. Canada,* [2002] 3 S.C.R. 3 at para. 55; *Ocean Port Hotel v. British Columbia,* [2001] 2 S.C.R. 781; and *Reference re Manitoba Language Rights,* [1985] 1 S.C.R. 721 at 752.

[156] See text accompanying notes 108–11 in this article.

[157] *Hape, supra* note 1 at para. 69.

[158] A result all the more remarkable for the majority's failure to make any attempt to reconcile the constitutional principle of parliamentary supremacy with the competing, apparently constitutional, principle that Parliament may not authorize extraterritorial enforcement action.

[159] *Hape, supra* note 1 at para. 94.

For example, the *National Defence Act* authorizes the Governor in Council to place the Canadian Forces "on active service anywhere in or *beyond Canada* at any time ... for the defence of Canada" — surely the ultimate exercise of enforcement jurisdiction.[160] It also explicitly authorizes, for example, the conduct of military trials,[161] the coercive collection of DNA samples pursuant to a warrant issued by a court martial,[162] and the interception of the private communications of foreign entities,[163] all outside Canada and all without reference to consent by any foreign state. Similarly, the *Royal Canadian Mounted Police Act* authorizes employment of the RCMP "in such places within or *outside Canada* as the Governor in Council prescribes,"[164] and RCMP members alleged to have contravened the RCMP Code of Conduct "may be dealt with under this Act either inside or *outside Canada* ... whether or not the alleged contravention took place in or *outside Canada*."[165] Federal legislation also authorizes the enforcement of Canadian laws in Arctic waters beyond Canada's sovereign territory[166] as well as in Canada's contiguous zone,[167] its exclusive economic zone,[168] its continental shelves,[169] and even on the high seas,[170] all of which lie outside Canadian territory.

This is by no means a comprehensive catalogue. Is all of this legislation, which clearly "authorize[s] enforcement abroad,"[171] *ultra vires* Parliament? Has the Privy Council's ruling in *Croft v. Dunphy*, which explicitly affirmed Parliament's plenary authority over extraterritorial enforcement action, been overruled?[172] If so, does this mean that Parliament has no constitutional power to authorize, for example, the deployment of the Canadian Forces to the territory of another state without its consent? One wonders

160 *National Defence Act*, R.S.C. 1985, c. N-5, s. 31 [emphasis added].

161 *Ibid.* at s. 68.

162 *Ibid.* at s.196.17(2).

163 *Ibid.* at s. 273.65(2)(a).

164 *Royal Canadian Mounted Police Act*, R.S.C. 1985, c. R-10, s. 4 [emphasis added].

165 *Ibid.* at s. 39 [emphasis added].

166 *Arctic Waters Pollution Prevention Act*, R.S.C. 1985, c. A-12, s. 15(4).

167 *Oceans Act*, S.C. 1996, c. 31, s. 12(1).

168 *Ibid.* at s. 14.

169 *Ibid.* at s. 20.

170 *Coastal Fisheries Protection Act*, R.S.C. 1985, c. C-33, ss.7–9.

171 *Hape*, *supra* note 1 at para. 94.

172 See *Croft*, *supra* note 145.

where such a rule would have left Canada during the Second World War. Or does it mean that Parliament has no constitutional power to authorize such a deployment in contravention of international law more generally?[173] What then of the basic constitutional principle, reiterated by the majority in *Hape*,[174] that Parliament is free to legislate in contravention of international law as long as it does so in clear, unequivocal terms?[175]

All of these considerations suggest that, if the majority did indeed apply a variant of the doctrine of adoption in order to give domestic constitutional status to rules of customary international law, its basis and justification for doing so ought to have been given much more careful and explicit consideration. Surely, such a fundamental innovation in the interaction between international and Canadian constitutional law, with all of its profound implications, deserves better than to be slid, by implication, into a majority judgment of the Court. In addition to justifying the appropriateness of any "doctrine of constitutional adoption," the Court ought to clarify the precise rules governing its application. In particular, all of the questions that surround the majority's articulation of the doctrine of adoption in the common law context, reviewed earlier, take on added importance if this doctrine is to be transferred to the constitutional context. If it is incumbent on the Court to be clear on the rules governing the reception of customary international law as common law, it is all the more so in the case of the Constitution.

If, on the other hand, the majority did *not* implicitly incorporate relevant customary international law into Canada's unwritten constitution, it would appear that it had no basis in Canadian constitutional law for asserting that Parliament has "no jurisdiction to authorize enforcement abroad."[176] Its conclusion that extraterritorial enforcement jurisdiction "cannot be a matter within the authority of Parliament"[177] would therefore appear to be unsupported, with obvious consequences for the strength of its conclusion that the *Charter* cannot apply to exercises of such jurisdiction.

173 For example, in the absence of consent, valid grounds for acting in self-defence, or authorization by the Security Council under Chapter VII of the *Charter of the United Nations*, 26 June 1945, Can. T.S. 1945 No. 7 (in force 24 October 1945).

174 *Hape*, *supra* note 1 at paras. 39, 53, and 68.

175 See Macdonald, *supra* note 25 at 119.

176 *Hape*, *supra* note 1 at para. 94.

177 *Ibid.*

We may therefore presumably look forward to the Court's clarification in a future case of whether in *Hape* it hobbled Parliament's authority by implicitly giving customary international law direct domestic constitutional effect or, rather, misconstrued section 32(1) of the *Charter*.

Conclusions

In 2002, Jutta Brunnée and Stephen Toope described the approach of Canadian courts to international law as a "hesitant embrace," an affair characterized by "fulsome words of endearment" yet "far from consummated."[178] In contrast, the majority judgment in *Hape* puts one more in mind of a spontaneous fling — a liaison of doubtfully sustainable intensity, resting on uncertain foundations, engaged in without full consideration of the consequences, and either covered up or only reluctantly justified to others through a series of partial, elusive, and sometimes self-contradictory rationalizations.

With respect to the relationship between customary international law and Canadian common law, it may be that the majority in *Hape* meant simply to endorse an unqualified adoptionist approach in line with that of the United Kingdom. It unfortunately does not do so but, rather, espouses several different possible rules all at once. On the relevance of Canada's international legal obligations in interpreting the *Charter*, a wholly new rule is adopted and applied by the majority in *Hape*, only to be entirely ignored, in favour of a different set of rules, in another judgment released by the Court the following day. With respect to fundamental constitutional principles, the majority affirms the supremacy of Parliament while simultaneously denying it through the implicit elevation of customary international law to the status of Canadian constitutional law.

Is there a pattern here? Or is the recurrent assertion of contradictory positions on the interaction of international and domestic law the result of mere inadvertence? It must be admitted that the disabling effect of such an approach goes far beyond the generation of uncertainty for litigants and lower courts. It also effectively silences constructive dialogue on the merits of the chosen rules, as there *are* no chosen rules.[179] For example, there are convincing policy

[178] Brunnée and Toope, *supra* note 25 at 4.

[179] It is also striking, and perhaps not insignificant or inconsequential, that the majority fails to advert to any of the voluminous Canadian legal literature on the relationship between international and domestic law (outside of the well-settled statutory interpretation context).

grounds upon which a *Trendtex*-type doctrine of adoption may be supported.[180] On the other hand, countervailing considerations might also support one of the more conditional or discretionary approaches advanced by the majority in *Hape*. Yet the majority appears unwilling to commit to, let alone justify, any one position. Observers are, in the result, reduced to wishing for a clear endorsement of any intelligible rule on the issue at all, whatever its merits may be.

It must of course be conceded that the Supreme Court of Canada is entitled, in the absence of any constitutional texts clearly governing the matter, to change the law governing the relationship between international and Canadian law. However, it is submitted that in doing so it is at least incumbent upon it to (1) acknowledge that it is doing so by clearly stating the nature of any new rules; (2) explain the reasons for any such departures; and (3) justify the appropriateness of any new rules in light of prevailing constitutional principles. Lamentably, the majority in *Hape* does none of these things. Rather, by (1) simultaneously affirming and recasting the "doctrine of adoption"; (2) immediately prefacing its articulation of a wholly new rule of *Charter* conformity with a cursory and uncritical summary of the Court's prior jurisprudence on the relationship between international law and interpretation of the *Charter* and legislation; and (3) avowing the sovereignty of Parliament while slipping an international legal fetter on it into Canada's unwritten constitution, the majority implies that it is not in fact innovating at all. And yet, as shown, the majority's reasoning in each of these areas is not merely business as usual. Each potentially represents a fundamental departure that deserves acknowledgment, explanation, and justification as such.

This is all the more so because, in the absence of any provision in Canada's constitutional documents expressly addressing the relationship between international and Canadian law, the issue is entirely governed by judicial pronouncement. More than in most other areas, therefore, absolute clarity in the Court's pronouncements on

180 See, for example, *Trendtex*, *supra* note 23 at 553; van Ert, *supra* note 22 at 150 *et seq.;* and Fatima, *supra* note 23 at 408 *et seq.* Indeed, the majority in *Hape* adverts, at least in passing, to some such considerations. For example, the majority seems implicitly to approve the reasoning of Denning M.R. in *Trendtex*, *ibid.*, although it offers no further justification for embracing the "doctrine of adoption" (whatever its correct interpretation) other than a desire to follow the "common law tradition" and the prevailing, implicit tendency in prior Canadian jurisprudence. See *Hape*, *supra* note 1 at paras. 36–39.

the topic is essential. What is at stake is nothing less than the intelligibility of the content of Canadian law and of the Canadian Constitution — and, hence, the rule of law itself.

Sommaire

Une Toile entortillée: *Hape* et l'obscurcissement du droit canadien de la réception

Le jugement majoritaire de la Cour suprême du Canada dans l'arrêt Hape *— un cas traitant de la portée extraterritoriale de la* Charte canadienne des droits et libertés *— se fonde sur trois aspects du rapport entre le droit international et le droit canadien: (1) l'interaction entre le droit international coutumier et la common law du Canada; (2) l'influence du droit international sur l'interprétation de la* Charte*; (3) le rôle potentiel du droit international coutumier comme source de principes non-écrits de la constitution canadienne. Cet article passe en revue l'état du droit sur ces trois questions et discute d'apparentes innovations qui y sont introduites, sans ou avec peu d'explications, par la majorité dans* Hape*. Il conclut que* Hape *exacerbe les incertitudes qui embêtent déjà le droit canadien de la réception, avec de sérieuses conséquences pour la règle du droit au Canada.*

Summary

Weaving a Tangled Web: *Hape* and the Obfuscation of Canadian Reception Law

The majority Supreme Court of Canada judgment in Hape *— a case concerning extraterritorial applicability of the* Canadian Charter of Rights and Freedoms *— is premised on three aspects of the relationship between international and Canadian law: (1) the interaction of customary international law and Canadian common law; (2) the role of Canada's international legal obligations in* Charter *interpretation; and (3) the potential role of customary international law as a source of unwritten principles of the Canadian Constitution. This article reviews pre-existing law in all three of these areas and analyzes a number of innovations apparently introduced thereto, with little or no explanation, by the majority in* Hape*. It concludes that* Hape *seriously exacerbates an already uncertain relationship between international and Canadian law, with fundamental consequences for the rule of law in Canada.*

La responsabilité internationale d'État pour le fait d'entreprises militaires privées

MARIE-LOUISE TOUGAS

Depuis septembre 2007, la compagnie Blackwater de la Caroline du Nord, défraye les manchettes. Le gouvernement irakien l'accuse de la mort de neuf civils. Cette entreprise n'en est pas à ses premiers incidents médiatisés. En mars 2004, quatre de ses employés furent tués et pendus sur le pont de Fallujah.[1] Ces évènements font connaître la présence d'entreprises militaires privées (EMP) dans les zones de conflits armés. Beaucoup s'étonnent de cette participation accrue du secteur privé dans un domaine considéré comme du ressort exclusif des États. La participation d'acteurs privés dans les conflits armés n'a, cependant, rien de nouveau ou d'inusité. Elle a pratiquement toujours existé. Toutefois, l'activité des EMP s'inscrit dans un contexte politique et juridique où l'activité militaire est considérée comme du ressort exclusif des États ou, à tout le moins, de groupes prétendant au contrôle de l'État, et qui organise le cadre normatif régissant les hostilités autour de cette prémisse.

Depuis le début des années 1990, un contexte favorable lié à la privatisation et à l'externalisation de nombreux domaines d'activités étatiques de même qu'à la fin de la guerre froide, a engendré une réduction des effectifs militaires de certains États. Cette situation a entraîné une certaine disponibilité de matériel militaire et de personnel qualifié, et ainsi favorisé l'essor et le développement des services militaires privés.[2] Le domaine des services de sécurité

Marie-Louise Tougas, Avocate et doctorante à l'Université Laval. L'auteur tient à remercier le Fonds québécois de la recherche sur la société et la culture.

1 Robert Young Pelton, *Licensed to Kill,* New York, Crown Publishers, 2006, aux pp. 4-5.

2 Par exemple, l'armée sud-africaine a été grandement démobilisée suite à la fin du régime de l'apartheid et, entre 1987 et 2000, les effectifs militaires et civils

et des services militaires privés est aujourd'hui une véritable industrie organisée qui offre de multiples services à différentes entités.[3] Ce sont surtout les conflits en Irak et en Afghanistan qui ont attiré l'attention sur le phénomène de la privatisation de certains services militaires et qui ont confirmé l'importance de cette industrie sur la scène des conflits armés. Par example, le nombre de personnes travaillant pour des CMP, sous contrat avec les États-Unis, en lrak est estimé à 180 000, soit plus que le nombre de militaires des forces armées des États-Unis.[4] De ce nombre, environ 35 000 fournissent des services de sécurité ou d'autres services de type militaires impliquant le port d'armes.[5]

Le 11 septembre 2001 a aussi contribué à l'essor des EMP. En effet, cet évènement a ouvert le marché de la sécurité intérieure et de la défense du territoire. Blackwater, Triple Canopy et plusieurs autres entreprises ont vu le jour après cette date.[6] Par exemple, la compagnie Blackwater a fait ses débuts dans le milieu avec un contrat de six mois d'une valeur de 5.4 millions de dollars pour le compte de la CIA en Afghanistan.[7] Tel que mentionné précédemment, le gouvernement de Nourri Al-Maliki, qui accuse Blackwater d'avoir tué des civils lors d'une opération, a voulu interdire cette même entreprise d'activités sur le sol irakien.[8]

---

des États-Unis sont passés de 2 174 200 à 1 370 000. Philippe Chapleau, *Les mercenaires de l'Antiquité à nos jours,* Rennes, éditions Ouest-France, 2006, à la p. 105, coll. "Histoire."

[3] Pour des études exhaustives au sujet de l'industrie des services militaires privés, voir Peter Singer, *Corporate Warriors: The Rise of Privatized Military Industry,* New York, Cornwell University Press, 2004; Deborah D. Avant, *The Market for Force: The Consequences of Privatizing Security,* Cambridge, Cambridge University Press, 2005, aux pp. 16-22.

[4] Christian Miller, "Iraq: Private Contractors Outnumber U.S. Troops in Iraq," *Los Angeles Times,* 4 juillet 2007, <http://www.corpwatch.org/article.php?id=14554>.

[5] Cette estimation est celle de l'organisme *Human Rights First.* Voir Human Rights First, "Private Security Contractor at War: Ending the Culture of Impunity," 2008, p. 12, <http://www.humanrightsfirst.info/pdf/08115-usls-psc-final.pdf>.

[6] Pelton, *Licensed to Kill, supra* note 1, à la p. 31.

[7] *Ibid.* à la p. 36.

[8] Jay Deshmuckh, "L'Irak veut réexaminer les activités de toutes les sociétés de sécurité," *Cyberpresse,* mardi le 18 septembre 2007, disponible en ligne: <http://www.cyberpresse.ca/article/20070918/CPMONDE/709180931/1014/CPMONDE>.

Aujourd'hui, de nombreux États, dont le Canada,[9] ont recours aux services d'EMP pour accomplir certaines tâches traditionnellement dévolues aux armées nationales. Des organisations internationales et non gouvernementales, et des entreprises privées font aussi appel aux services d'EMP.

Malgré l'augmentation des activités des EMP, notamment dans les zones de conflits, une réglementation spécifique visant à encadrer ces activités tarde à voir le jour. Le droit international existant comporte certaines règles pouvant s'appliquer aux EMP et à leurs employés, et ces entreprises n'agissent pas dans un vacuum juridique.[10] Par exemple, les règles du droit international humanitaire s'appliquent aux employés et dirigeants d'EMP[11] et ceux-ci peuvent faire l'objet de poursuites en vertu des règles du droit international pénal. Pourtant, malgré plusieurs allégations de commissions d'infractions (e.g., l'abus de prisonniers,[12] l'exploitation sexuelle[13] et l'attaque sans distinction de civils)[14] commises par des employés

[9] Alec Castonguay, "Ottawa emploie des mercenaires en Afghanistan," *Le Devoir*, 24 octobre 2007, disponible en ligne: <http://www.ledevoir.com/2007/10/24/161709.html> et Benjamin Perrin, "Guns for Hire – With Canadian Taxpayer Dollars," dans *Security Privatization: Challenges and Opportunities, Human Security Bulletin* 6, 3 (mars 2008) à la p. 5, disponible en ligne: <http://www.humansecurity.info/#/humansecuritybulletin/4527875841>.

[10] Pour faire reference aux termes employés par Peter Singer dans son article "War, Profits, and the Vacuum of Law: Privatized Miltary Firms and International Law," Colj. J. Transnt'l L. 42 (2004), à la p. 521.

[11] Voir par exemple Louise Doswald-Beck, "Private Military Companies under International Humanitarian Law" dans Simon Chesterman et Chia Lehnardt, éds., *From Mercenaries to Market. The Rise and Regulation of Private Military Companies*, New York, Oxford University Press, 2007 et Emanuela-Chiara Gillard, "Business Goes to War: Private Military/Security Companies and International Humanitarian Law," R.I.C.R. 88, 863 (2006), à la p. 525.

[12] William R. Casto, "Regulating the New Privateers of the Twenty-First Century," Rutgers L. J. 671, 37 (2006), à la p. 685 et MG George R. Fay, "AR 15-6 Investigation of the Abu Ghraib Detention Facility and 205th Military Intelligence Brigade," 2004, disponible en ligne: <http://www.defenselink.mil/news/Aug2004/d20040825fay.pdf>.

[13] Singer, *Corporate Warriors, supra* note 3 à la p. 222; Robert Capps, "Outside the Law," *Salon* (26 juin 2002), disponible en ligne: <http://archive.salon.com/news/feature/2002/06/26/bosnia/index.html> et Laura Peterson, "Privitizing Combat, the New World Order," The Center for Public Integrity, octobre 2002, disponible en ligne: <http://www.icij.org/bow/report.aspx?aid=148>.

[14] Jay Deshmuckh, "L'Irak veut réexaminer les activités de toutes les sociétés de sécurité," *Cyberpresse*, mardi le 18 septembre 2007, disponible en ligne: <http://www.cyberpresse.ca/article/20070918/CPMONDE/709180931/1014/CPMONDE>.

d'EMP, aucun d'eux n'a fait l'objet de poursuite pénale à ce jour. L'application pratique de certaines des règles du droit international aux EMP et à leurs employés ne semble donc pas toujours aisée.

Bien que nécessaire, la recherche d'un meilleur encadrement des activités des EMP ne doit pas occulter le fait que ces activités soient rendues possibles par l'assentiment ou l'absence de réprobation de la part des États, de même que par un transfert de certaines activités militaires d'une sphère publique vers une sphère privée. La responsabilité que peuvent encourir les États relativement aux activités des EMP apparaît donc comme une dimension capitale de toutes réflexions sur le sujet. En effet, ce sont les États qui permettent à ces entreprises de s'incorporer et de mener des activités sur leur territoire. Sans compter que plusieurs États ont recours aux services des EMP.

Certes le droit international n'interdit pas aux États de recourir à des EMP. Il n'établit pas non plus les limites des activités qui peuvent être accomplies par ces entreprises.[15] Les États peuvent donc contracter avec des EMP. Cependant, cela ne saurait leur permettre d'échapper à leurs obligations et responsabilités internationales.

En effet, bien que répondant à une logique traditionnelle et westphalienne du droit international, les règles de la responsabilité internationale des États sont assez souples pour apporter une réponse appropriée à la nécessité d'encadrer de façon normative les activités des EMP.[16] Évidemment, les règles de la responsabilité d'État ne sont pas la seule avenue possible d'encadrement normatif des activités de ces entreprises, mais les possibilités qu'elles offrent, notamment le modèle qu'elles peuvent offrir dans l'élaboration de législations nationales et l'importance qu'elles peuvent prendre dans les relations contractuelles existant entre un État et une entreprise privée,[17] méritent que l'on s'y attarde. De plus, les États demeurent les principaux sujets du droit international. Il est donc

[15] Les États peuvent toutefois adopter des politiques visant à limiter les activités pouvant être confiées au secteur privé. Par exemple, les États-Unis considèrent que le commandement opérationnel des forces armées et les activités de combat sont des activités inhérentes au gouvernement. *Guidance for Determining Workforce Mix,* instruction, département de la Défense des États-Unis, numéro 1100.22, 6 avril 2007, para. 6.1.2., E2.1.1 et E2.1.3.

[16] Voir aussi Chia Lehnardt, "Private Military Companies and State Responsibility" dans Chesterman et Lehnardt, *From Mercenaries to Market, supra* note 11.

[17] Voir par exemple, la décision rendue dans *Asian Agricultural Products Ltd. v. Sri Lanka* (1990), 30 I.L.M. 580, I.C.S.I.D., (Arbitres: Dr. Ahmed Sadek El-Kosheri, Pr. Berthold Golman et Dr. Samuel K.B. Asante).

approprié de s'interroger sur leurs obligations et responsabilités internationales face aux activités des EMP dans la recherche de réponses normatives aux apparentes lacunes du droit international en la matière.

La responsabilité internationale des États est un principe fondamental du droit international issu de la nature même du système juridique international et des principes fondateurs que sont la souveraineté et l'égalité des États. Ainsi, elle "apparaît comme le mécanisme régulateur essentiel et nécessaire de leurs rapports mutuels."[18] Si les États sont égaux, ils le sont en droits aussi bien qu'en devoirs[19] et comme disait Max Hubert, "La responsabilité est le corollaire nécessaire du droit. Tous droits d'ordre international ont pour conséquence une responsabilité internationale."[20] Par conséquent, un acte internationalement illicite commis par un État à l'encontre d'un autre État ou d'un autre sujet de droit international, engage sa responsabilité et implique une obligation de réparation.[21]

Règle générale, sur la scène internationale, un État ne sera tenu responsable que des faits ou omissions générateurs de violations d'une obligation internationale incombant à cet État commis par lui, par ses agents ou par ses organes; toutefois, l'État ne sera pas responsable du comportement d'acteurs non étatiques[22] qui ne lui est pas, en principe, imputable.[23] Cependant, certaines des règles d'attribution en matière de responsabilité d'État permettent d'attribuer le comportement d'acteurs non étatiques à des États. La question est donc de savoir qu'elles sont ces règles et dans quelles

[18] Nguyen Quoc Dinh†, Patrick Daillier et Alain Pellet, *Droit international public,* 7e éd., Paris, L.G.D.J., 2002, à la p. 762.

[19] *Ibid.*

[20] *Biens britanniques dans la zone espagnole du Maroc,* Nations Unies, *Recueil des sentences arbitrales,* Vol. II (1949) à la p. 641, tel que citée dans "Rapport de la Commission du droit international sur les travaux de sa cinquante-troisième session" (Doc. NU A/56/10), dans *Annuaire de la Commission du droit international 2001,* vol. II, partie II, New York, NU, à la p. 67, à être publié, disponible en ligne: <http://untreaty.un.org/ilc/texts/instruments/francais/commentaires/9_6_2001_francais.pdf>.

[21] Voir par exemple David Ruzier, *Droit international public,* 18e éd., Paris, Dalloz, 2006, à la p. 98 et Malcom N. Shaw, *International Law,* 5e éd., Cambridge, Cambridge University Press, 2003, à la p. 694.

[22] Dans ce texte, les termes *acteurs non étatiques* et *individus ou entités privées* sont utilisés indifféremment.

[23] Quoc Dinh et al., *Droit international public, supra* note 18 à la p. 779.

circonstances elles peuvent servir à rendre un État responsable pour le comportement d'acteurs non étatiques.

Dans cet article, nous explorerons dans quelles circonstances et suivant quelles règles un État peut être tenu responsable à l'échelle internationale pour le comportement d'acteurs non étatiques particuliers: les entreprises militaires privées.

Premièrement, nous verrons qu'il est possible que le comportement d'une EMP engage directement la responsabilité internationale de l'État. Cela, en vertu de quelques-unes des règles d'attribution contenues au *Projet d'articles sur la responsabilité d'État pour fait internationalement illicite*[24] (ci-après Projet d'articles sur la responsabilité d'État ou Projet d'articles) de la Commission du droit international (CDI), qui font en sorte que, dans certaines circonstances, le comportement d'individus ou d'entités privées pourra être attribué à l'État et, ainsi, rendre ce dernier responsable des violations d'une obligation internationale engendrées par les activités d'EMP. Ce sera le cas, par exemple, lorsque ces entreprises peuvent être considérées comme *de facto* des agents de l'État, lorsqu'elles exercent une fonction de la prérogative de puissance publique ou lorsque l'État fait siens leurs actes ou omissions *a posteriori*. Cette responsabilité de l'État peut être qualifiée de responsabilité directe puisque le comportement d'acteurs non étatiques est directement attribué à l'État, engageant ainsi la responsabilité internationale de celui-ci.

Deuxièmement, nous aborderons les cas où la responsabilité internationale de l'État pourrait être indirectement engagée par le comportement d'EMP. En effet, lorsqu'un État manque à son devoir de diligence relativement à la prévention ou à la punition de faits ou omissions d'acteurs privés sous sa juridiction et qui constituent une violation d'une obligation internationale de cet État, ce dernier peut être tenu responsable. Cependant, cela ne constitue pas, au sens propre, une exception au principe selon lequel l'État n'est pas responsable du comportement des individus ou des entités privées. La responsabilité de l'État se trouve alors engagée en raison du comportement de ses organes ou agents et non pas d'acteurs non étatiques.[25]

Cette responsabilité de l'État, engagée par la faute de ses organes à son obligation de diligence relativement au comportement d'acteurs non étatiques, est donc indirecte.

[24] *Projet d'articles et commentaires* (2001), *supra* note 20.

[25] Quoc Dinh et al., *Droit international public, supra* note 18 à la p. 779.

Cette distinction entre responsabilité directe et indirecte permet, notamment, de bien différencier les cas où le comportement d'EMP est attribué à l'État, de ceux où ce comportement agit plutôt comme déclencheur de la responsabilité d'État.

Mais avant d'aborder ces questions, nous exposerons brièvement, à titre préliminaire, les pourtours de la responsabilité d'État, principalement à travers les travaux de la CDI.

Remarques liminaires sur la responsabilité d'État

Bien que le principe de la responsabilité d'État retienne l'attention des juristes depuis longtemps, sa codification a été un travail de longue haleine qui n'a abouti que récemment. Une première tentative d'adopter une convention sur le sujet avait échoué lors de la conférence de Genève de 1930, les participants à la conférence n'ayant pu se mettre d'accord.[26] La CDI a repris le flambeau en 1955 et, après de nombreux rapports, a présenté son projet d'articles à l'Assemblée générale des Nations Unies lors de sa 56ième session en décembre 2001.[27]

Le projet d'articles sur la responsabilité d'État ne concerne que les règles secondaires, c'est-à-dire les règles établissant les conditions, en droit international, pour qu'un État soit responsable d'actions ou d'omissions illicites de même que les conséquences juridiques découlant de cette responsabilité. Les règles primaires, celles définissant le contenu des obligations internationales des États dont la violation engage leur responsabilité, ne sont pas visées par le projet d'articles de la CDI.[28] En effet, comme le faisait remarquer M. Roberto Ago, le second rapporteur spécial de la CDI sur la question de la responsabilité d'État: "définir une règle et le contenu de l'obligation qu'elle impose est une chose et établir si cette obligation a été violée et quelles doivent être les suites de cette violation en est une autre."[29]

[26] *Ibid.* à la p. 763.

[27] *Responsibility of State for Internationally Wrongful Acts*, Rés. AG, Doc. Off. AG NU, 56ième sess., Doc. NU A/RES/56/83 (2001).

[28] *Projet d'articles et commentaires* (2001), *supra* note 20 à la p. 62 et "Rapport de la Commission du droit international sur les travaux de sa trente-deuxième session" (Doc. NU A/35/10), dans *Annuaire de la Commission du droit international 1980*, vol II, partie II, New York. NU, 1981, à la p. 26, para. 23 (Doc.NU A/CN.4/Ser.A/1980/Add.1), disponible en ligne: <http://untreaty.un.org/ilc/publications/yearbooks/Ybkvolumes(f)/ILC_1980_v2_p2_f.pdf>.

[29] "Rapport de la Commission du droit international sur les travaux de sa vingt-deuxième session" (Doc. NU A/8010/Rev.1), dans *Annuaire de la Commission du*

L'article premier du projet d'articles de la CDI énonce clairement que tout fait internationalement illicite d'un État engage sa responsabilité internationale. Dans ses commentaires relatifs à cet article, la CDI précise que l'"expression 'responsabilité internationale' s'applique aux relations juridiques nouvelles qui naissent en droit international du fait internationalement illicite d'un État."[30] Cette responsabilité internationale s'étend aussi bien aux rapports entre l'État auteur du fait illicite et un État lésé, qu'à ceux entre l'État auteur du fait illicite et plusieurs États lésés, ou même à d'autres sujets du droit international, dépendamment de la nature de l'obligation violée. Certains faits internationalement illicites peuvent ainsi engager la responsabilité de l'État envers plusieurs États, voire même la communauté internationale dans son ensemble.[31] Comme l'énonçait la Cour internationale de justice (CIJ) dans l'affaire de la *Barcelona Traction*:

> Une distinction essentielle doit en particulier être établie entre les obligations des États envers la communauté internationale dans son ensemble et celles qui naissent vis-à-vis d'un autre État dans le cadre de la protection diplomatique. Par leur nature même, les premières concernent tous les États. Vu l'importance des droits en cause, tous les États peuvent être considérés comme ayant un intérêt juridique à ce que ces droits soient protégés; les obligations dont il s'agit sont des obligations *erga omnes*.[32]

Le champ d'application du projet d'articles ne se limite donc pas aux obligations bilatérales des États et peut s'étendre à la mise hors la loi des actes d'agression et du génocide, de même qu'aux principes et règles concernant les droits fondamentaux de la personne, y compris la protection contre l'esclavage et la discrimination raciale.[33]

Le second article du projet de la CDI énonce qu'il y a fait internationalement illicite lorsqu'un comportement, consistant en une

---

droit international 1970, Vol. II, New York, NU, 1972, à la p. 327, para. 66 c (Doc. NU A/CN.4/Ser.A/1970/Add.1), disponible en ligne: <http://untreaty.un.org/ilc/publications/yearbooks/Ybkvolumes(f)/ILC_1970_v2_f.pdf>.

[30] *Projet d'articles et commentaires* (2001), *supra* note 20 à la p. 65.

[31] Voir notamment Santiago Villalpando, *L'émergence de la communauté internationale dans la responsabilité d'État*, Paris, PUF, 2005.

[32] *Affaire de la Barcelona Traction, Light and Power Company, Limited, deuxième phase (Belgique c. Espagne)* [1970] C.I.J. rec. 3, à la p. 32.

[33] *Ibid.* para. 34.

action ou une omission, est attribuable à l'État en vertu du droit international et constitue une violation d'une obligation internationale de l'État. L'existence d'un dommage n'est donc pas un élément constitutif du fait internationalement illicite engageant la responsabilité de l'État.[34]

Voici donc, en quelques lignes, un aperçu de ce que constitue un fait internationalement illicite engageant la responsabilité de l'État. Bien que celui-ci soit très succinct, il nous a semblé nécessaire de le présenter avant d'aborder la question centrale de ce texte: la responsabilité d'État pour le fait des entreprises militaires privées.

Responsabilité directe de l'État pour le comportement des EMP

La question de la responsabilité internationale des États pour le fait des EMP sera d'abord traitée sous l'angle de cette *cheville ouvrière* de l'ordre juridique international: l'attribution.[35] En effet, tel que mentionné précédemment, pour qu'en droit international un État soit responsable du comportement d'un acteur non étatique, ce comportement doit pouvoir lui être attribué.

La règle générale en droit international est que les États ne sont pas responsables des actes posés par des acteurs non étatiques et causant un dommage à un sujet du droit international ou à un autre acteur non étatique. Comme le rappelait la CDI dans ses *Commentaires sur le projet d'articles sur la responsabilité d'État*, la responsabilité internationale des États se limite "*à un comportement qui engage l'État en tant qu'organisation et* [qui tient] *compte de l'autonomie des personnes qui agissent pour leur propre compte et non à l'instigation d'une entité publique.*"[36] Pour tenir un État internationalement responsable d'un fait, il faut donc être en mesure de lui attribuer le comportement générateur de ce fait.

Le deuxième chapitre de la première partie du Projet d'articles sur la responsabilité d'État énonce les règles permettant d'attribuer

[34] Voir par exemple Pierre d'Argent, *Les réparations de guerre en droit international public: La responsabilité internationale des États à l'épreuve de la guerre*, Paris, Bruxelles, L.G.D.J. et Bruylant, 2002, à la p. 425 et Claude Emmanuelli, *Droit international public*, 2e éd., Wilson & Lafleur, Montréal, 2004, à la p. 571.

[35] Pour reprendre l'expression de M. Condorelli dans Luigi Condorelli, "L'imputation à l'État d'un fait internationalement illicite: solutions classiques et nouvelles tendances," *RCADI* 89 (1984-VI), Dordrecht, Martinus Nijhoff, 1988, à la p. 168.

[36] *Projet d'articles et commentaires* (2001), *supra* note 20 à la p. 83.

un comportement donné à un État. Ces règles seront d'abord présentées brièvement puis, nous nous attarderons ensuite sur celles qui nous semblent les plus susceptibles d'engager la responsabilité des États pour le fait d'EMP.

La première des règles d'attribution est, bien sûr, que le comportement des organes de l'État sera considéré comme des actes de cet État (article 4). Bien que cela soit rarement le cas, les employés d'EMP intégrés aux forces armées nationales d'un État feront partie d'un organe de cet État. De même, sera attribuable à l'État le comportement d'une personne ou d'une entité habilitée par la loi de cet État à exercer des prérogatives de la puissance publique (article 5). Seront attribuables à l'État le comportement d'un organe étatique mis à la disposition d'un État par un autre État (article 6); le comportement d'un organe étatique, d'une personne ou entité habilité à exercer des prérogatives de puissance publique, même lorsque ce comportement outrepasse la compétence qui lui a été attribuée ou contrevient aux instructions données (article 7); le comportement d'une personne ou d'une entité contrôlée par l'État (article 8); le comportement d'une personne ou entité exerçant des prérogatives de la puissance publique en cas d'absence ou de carence des autorités officielles (article 9); et le comportement d'un mouvement insurrectionnel ou autre qui devient le nouveau gouvernement ou qui prend le contrôle d'une partie de territoire (article 10). Enfin, le comportement, non attribuable à l'État en vertu des règles précédemment mentionnées, mais que l'État a adopté et reconnu comme étant le sien (article 11) lui sera également attribuable.[37]

Plusieurs de ces règles peuvent permettre d'attribuer directement, à un État, le comportement d'individus ou d'entités privées et engager sa responsabilité internationale. C'est le cas, tout particulièrement, des articles 5 et 8.[38]

[37] *Ibid. supra* note 20.

[38] Article 5: Comportement d'une personne ou d'une entité exerçant des prérogatives de puissance publique.

> *Le comportement d'une personne ou entité qui n'est pas un organe de l'État au titre de l'article 4, mais qui est habilitée par le droit de cet État à exercer des prérogatives de puissance publique, pour autant que, en l'espèce, cette personne ou entité agisse en cette qualité, est considéré comme un fait de l'État d'après le droit international.*

Article 8: Comportement sous la direction ou le contrôle de l'État.

> *Le comportement d'une personne ou d'un groupe de personnes est considéré comme un fait de l'État d'après le droit international si cette personne ou ce groupe de personnes,*

Comportement d'une personne ou d'une entité exerçant des prérogatives de puissance publique

Suivant l'article 5 du projet d'articles sur la responsabilité d'État, le comportement d'un acteur non étatique exerçant des prérogatives de puissance publique sera attribuable à l'État. Pour la CDI,

> *the State should not be able to evade its international responsibility in certain circumstances solely because it has entrusted the exercise of some elements of the governmental authority to entities separate from the State machinery proper. The Commission, for its part, feels able to conclude that there is already an established rule on the subject; but it is also convinced that, even if that were not the case, the requirements of clarity in international relations and the very logic of the principles governing them would make it necessary to affirm such a rule in the course of the progressive development of international law.*[39]

Le critère d'attribution de l'article 5 n'est pas la nature de l'entité ni le contrôle de l'État sur cette entité, son capital ou ses actifs, mais bien le fait que cette entité soit habilitée, par le droit interne de l'État, à exercer une prérogative de la puissance publique. Le comportement de cette entité ne sera attribuable à l'État que s'il se rapporte à l'exercice d'une telle prérogative et non à des activités commerciales ou privées.[40] Le point important est donc de savoir ce qui peut être considéré comme une telle prérogative. La CDI, dans ses commentaires, loin d'en préciser le contenu, mentionne que: "ce qui est considéré comme 'public' relève de chaque société, de son histoire et de ses traditions."[41] Ce qui constitue une prérogative de la puissance publique devra donc être déterminé au cas par cas, mais dans certaines limites. En effet:

> La répartition des fonctions publiques entre l'État lui-même et d'autres institutions est le résultat d'une technique d'organisation qui varie de système à système. Il serait absurde d'en arriver, en se fondant sur cette

---

en adoptant ce comportement, agit en fait sur les instructions ou les directives ou sous le contrôle de cet État.

39 "Report of the International Law Commission to the General Assembly" (Doc. A/9610/Rev1), dans *Annuaire de la Commission du droit international 1974*, vol. II, partie I, New York, 1975, à la p. 282, para. 17 (A/CN/SER.A/1974/Add.1), disponible en ligne: <http://untreaty.un.org/ilc/publications/yearbooks/Ybkvolumes(e)/ILC_1974_v2_p1_e.pdf>.

40 *Projet d'articles et commentaires* (2001), *supra* note 20 à la p. 99.

41 *Ibid.*

répartition, à la conclusion qu'une action ou omission commise dans l'exercice d'une même fonction publique devrait être considérée, du point du vue du droit international, ici comme un fait de l'État et là non.[42]

Ce qui constitue une prérogative de la puissance publique ne peut donc pas dépendre uniquement de l'ordre interne de l'État intéressé, ce qui priverait la règle de son effet utile.[43] Quelques indications sur les fonctions relevant de la puissance publique peuvent être trouvées dans les travaux de la CDI et dans la jurisprudence. Dans ses commentaires, la CDI donne l'exemple d'une entreprise de sécurité privée qui exploite une prison et se voit ainsi conférer un pouvoir de détention et des pouvoirs disciplinaires.[44] M. Roberto Ago, donne aussi l'exemple d'entreprises privées chargées d'assurer un service d'intérêt public dans des domaines variés, tels les transports ou les communications, et de groupes de particuliers utilisés en tant qu'auxiliaires des formations sanitaires officielles, des forces de police et des corps armés. Il mentionne aussi spécifiquement le cas de conducteurs de moyens de transports privés chargés de transporter les troupes militaires sur les lignes de combat.[45] La jurisprudence a aussi considéré qu'une fondation qui garde et gère des biens confisqués par le gouvernement[46] exerçait une prérogative de puissance publique. Un pouvoir d'expropriation constitue aussi l'exercice d'une telle prérogative.[47] De plus, il peut être utile de se référer au contenu de certaines obligations internationales des États pour déterminer ce qui constitue une telle prérogative de puissance publique, comme par exemple, à celle qui incombe à une puissance occupante de restaurer et d'assurer l'ordre

[42] "Troisième rapport sur la responsabilité des États" (Doc. NU A/CN.4/217/Add.2), dans *Annuaire de la Commission du droit international 1971*, vol. II, partie I, New York, NU, 1973, à la p. 270 (Doc. NU A/CN.4/Ser.A/1971/Add. 1), disponible en ligne <http://untreaty.un.org/ilc/publications/yearbooks/Ybkvolumes(f)/ILC_1971_v2_p1_f.pdf>.

[43] Marco Sassòli, "La responsabilité internationale de l'État face à la mondialisation, la déréglementation et la privatisation: quelques réflexions" dans Olivier Delas et Christian Deblock, dir., *Le bien commun comme réponse politique à la mondialisation*, Bruxelles, Bruylant, 2003, aux pp. 303-6.

[44] *Projet d'articles et commentaires* (2001), *supra* note 20 à la p. 97.

[45] "Troisième rapport sur la responsabilité des États," *supra* note 42 à la p. 278.

[46] *Hyatt International Corporation c. République islamique d'Iran* (1985), 9 C.T.R. 72 (1985-II), (Tribunal des réclamations Iran/États-Unis), à la p. 88.

[47] *Yeager c. République islamique d'Iran* (1987), 17 C.T.R. 92 (1987-IV) (Tribunal des réclamations Iran/États-Unis).

public et la sécurité[48]: "[W] *here the treaty imposes an obligation to carry out a task or achieve a given result, the State Party is under an international obligation to do this and cannot evade international responsibility by contracting out this task to a private entity.*"[49] Ainsi, bien qu'il n'y ait pas de définition précise de ce qui relève de l'exercice d'une prérogative de la puissance publique, certaines fonctions sont inhérentes à l'État. Par exemple, dans un rapport intitulé *Are Service Contractors Performing Inherently Governmental Functions?*, le General Accounting Office américain observait que:

> *None of the documents GAO reviewed clearly defined inherently governmental functions. The basic principle to adhere to is that the government should not contract out its responsibilities to serve the public interest or to exercise its sovereign powers.*[50] *These functions include activities requiring either the exercise of discretion in applying government authority or the use of value judgment in making decisions for the government.*[51]

Le comportement des EMP qui exercent de telles fonctions sera attribuable à l'État.

À partir de la doctrine et de la jurisprudence précédemment mentionnées, on peut penser que l'exercice de prérogatives de la puissance publique a déjà été confié à des EMP. Par exemple, les employés de CACI et Titan étaient chargés de l'interrogation de prisonniers à la prison d'Abu Ghraib.[52] Au milieu des années 1990,

[48] *Convention (II) concernant les loirs et coutumes de la guerre sur la terre et son Annexe: Règlement concernant les lois et coutumes de la guerre sur la terre*, La Haye, 1899, art. 43, disponible en ligne: <http://www.icrc.org/dih.nsf/FULL/150?OpenDocument>. Voir aussi Chia Lehnardt, "Private Military Companies and State Responsibility," *supra* note 11.

[49] Centre universitaire de Droit international humanitaire, "Expert Meeting on Private Military Contractors: Status and State Responsibility for their Actions," Genève, 2005, à la p. 17, disponible en ligne: <http://www.adh-geneve.ch/evenements/pdf/colloques/2005/2rapport_entreprises_privees.pdf>.

[50] United States Government Accountability Office, *Are Service Contractors Performing Inherently Governmental Functions?*, Report to the Chairman, Federal Service, Post Office and Civil Service, Subcommittee, Committee on Governmental Affairs, U.S. Senate, GAO-GGD92-11, le 8 novembre 1991, à la p. 3, disponible en ligne: <http://archive.gao.gov/t2pbat7/145453.pdf>.

[51] *Ibid.* à la p. 4.

[52] Les agissements des employés de ces entreprises à la prison d'Abu Ghraib pourraient aussi être abordés sous l'angle de l'article 8 du *Projet d'articles sur la responsabilité d'État.* Voir par exemple: Rüdiger Wolfrum, "State Responsibility for Private Actors: An Old Problem or Renewed Relevance" dans Maurizio Ragazi,

le gouvernement du Sierra Leone eu recours successivement aux entreprises Gurkha Security Guards, Executive Outcomes (EO) et Sandline afin de former et d'entraîner l'armée gouvernementale aux prises avec les troupes rebelles du Front révolutionnaire uni.[53] Le contrat avec EO prévoyait que celle-ci assisterait, en plus d'entraîner, l'armée gouvernementale. Ainsi EO exerça une part d'autorité sur l'entraînement, la logistique, le commandement et le contrôle des forces gouvernementales lors d'opérations.[54] En Angola, le gouvernement a eu recours à plusieurs EMP dans sa lutte contre les rebelles de l'Union nationale pour indépendance totale de l'Angola (UNITA). En 1993, EO a été embauchée pour entraîner les forces gouvernementales et diriger des opérations. Les employés d'EO auraient aussi piloté la force aérienne angolaise et lancer des raids contre des centres de commandement de l'UNITA.[55] EO aida les forces gouvernementales à reprendre le contrôle des champs pétrolifères de Soyo et de mines de diamants. Une autre EMP, International Defense and Security, a assisté le gouvernement angolais en bloquant la route aux forces rebelles et en aidant à la défense de mines de diamants appartenant à des entreprises privées.[56] En janvier 1997, Sandline International signa un contrat avec la Papouasie-Nouvelle-Guinée afin de fournir aux forces armées de cet État une assistance militaire dans leur lutte contre l'Armée révolutionnaire de Bougainville. Le contrat, qui mentionnait que l'entreprise ne faisait affaire qu'avec des gouvernements reconnus et conformément aux Conventions de Genève, prévoyait, notamment, que Sandline offrirait des services d'entraînement et conduirait des opérations offensives à Bougainville conjointement avec les forces gouvernementales, afin de mater les forces rebelles et de reprendre la mine de Panguna. Le contrat prévoyait aussi que les employés de Sandline seraient embauchés comme *agents spéciaux* par l'armée

éd., *International Responsibility Today. Essays in Memory of Oscar Schachter*, Leiden/Boston, Martinus Nijhoff Publishers, 2005, aux pp. 423–34 et Katja Nieminen, "The Rules of Attribution and Private Military Contractors at Abu Ghraib: Private Acts or Public Wrongs?" Finnish Yearbook of International Law 15 (2004), à la p. 289.

[53] Avant, *The Market for Force, supra* note 3 aux pp. 82-98.

[54] *Ibid.* à la p. 87.

[55] Singer, *Corporate Warriors, supra* note 3 aux pp. 9 et 107-10 et Pelton, *Licensed to Kill, supra* note 1 aux pp. 258-59.

[56] Singer, *Corporate Warriors, supra* note 3 à la p. 10.

gouvernementale.[57] Les employés d'entreprises qui opèrent des barrages entre Israël et les territoires occupés exercent assurément, eux aussi, des fonctions qui relèvent de la prérogative de puissance publique.[58] Enfin, les États-Unis, lorsqu'ils étaient la Puissance occupante en Iraq, avaient l'obligation de maintenir l'ordre et la sécurité dans ce pays. Même s'ils ont fait appel à des EMP pour les assister dans cette tâche, ils n'en demeurent pas moins responsables pour les agissements des ces entreprises puisque celles-ci exerçaient une activité qui relève de la prérogative de la puissance publique. De plus, un groupe d'experts est d'avis qu'une EMP envoyée par un État pour accomplir des fonctions de police ou de maintient de la paix dans le cadre d'une opération visant à maintenir ou à rétablir la paix exercera une prérogative de la puissance publique.[59] Enfin, soulignons qu'en vertu de l'article 7 du Projet d'articles, l'État sera responsable du comportement d'individus ou d'entités privées habilités à exercer une prérogative de la puissance publique, même s'ils ont agi en dehors de leur compétence ou ont outrepassé les instructions qui leur ont été données.

Ainsi donc, de nombreuses activités aujourd'hui confiées à des EMP peuvent être considérées comme relevant de la prérogative de puissance publique et engager la responsabilité internationale d'un État en vertu de l'article 5 du Projet d'articles.

Comportement sous la direction et le contrôle de l'État

Le comportement d'individus ou d'entités privées est aussi attribuable à l'État lorsque ceux-ci ont agi sur les instructions de l'État ou sous son contrôle. Ils sont alors, bien que non formellement ou

[57] Voir *Agreement for the Provision of Military Assistance Dated This 31 day of January 1997 between the Independent State of Papua New Guinea and Sandline International*, disponible en ligne: <http://coombs.anu.edu.au/SpecialProj/PNG/htmls/Sandline.html>. Voir aussi *Sandline International v. Papua New Guinea* (1999) 117 I.L.M. 552.

[58] B'Tselem, "Human Rights in the Occupied Territories," *Annual Report 2007*, à la p. 18, disponible en ligne: <http://www.btselem.org/Download/200712_Annual_Report_eng.pdf>. Voir aussi The Associated Press, "Erez Crossing will be Operated by Private Company Starting Thursday," *Haaretz*, 18 janvier 2006, disponible en ligne: <http://www.haaretz.com/hasen/pages/ShArt.jhtml?itemNo=672063&contrassID=1&subContrassID=1> et Daniel Levy, "A More Private Occupation," *Haaretz*, 13 avril 2008, disponible en ligne: <http://www.haaretz.com/hasen/spages/973974.html>.

[59] "Expert Meeting on Private Military Contractors: Status and State Responsibility for their Actions," *supra* note 49.

légalement intégrés à l'appareil étatique, considérés comme des agents *de facto* de l'État.[60] Cette règle, énoncée à l'article 8 du *Projet d'articles sur la responsabilité d'État,* a souvent été analysée par la jurisprudence internationale. Tout d'abord, la Cour internationale de justice (ci-après CIJ), dans l'affaire des *Activités militaires et paramilitaires au Nicaragua et contre celui-ci,*[61] a reconnu les États-Unis responsables en raison du fait que des agents de ce pays avaient pris part à la préparation, au commandement et au soutien de certaines opérations des *contras* nicaraguayens. La Cour a cependant refusé d'attribuer tous les comportements des *contras* aux États-Unis. La CIJ a ainsi statué que:

> Toutes les modalités de participation des États-Unis qui viennent d'être mentionnées, et même le contrôle général exercé par eux sur une force extrêmement dépendante à leur égard, ne signifieraient pas par eux-mêmes, sans preuve complémentaire, que les États-Unis aient ordonné ou imposé la perpétration des actes contraires aux droits de l'homme et au droit humanitaire allégués par l'État demandeur ... Pour que la responsabilité juridique de ces derniers soit engagée, il devrait en principe être établi qu'ils avaient le contrôle effectif des opérations militaires et paramilitaires au cours desquelles les violations en question se seraient produites.[62]

Les juges de la CIJ confirmaient ainsi que le fait qu'une entité privée se trouve dans une situation générale de dépendance par rapport à un État et qu'elle reçoive de l'aide de cet État ne suffisent pas à attribuer les comportements de ladite entité à l'État. Des instructions spécifiques quant à la commission d'actes illicites doivent avoir été données.[63]

[60] Pour une analyse détaillée, voir Claus Kress, "L'organe *de facto* en droit international public. Réflexions sur l'imputation à l'État de l'acte d'un particulier à la lumière des développements récents," R.G.D.I.P. 105 (2001), à la p. 93.

[61] (*Nicaragua c. États-Unis d'Amérique*) [1986] C.I.J. rec. 14.

[62] *Ibid.* à la p. 64.

[63] Voir aussi, par exemple, *Alfred L. W. Short c. République islamique d'Iran* (1985), 16 C.T.R. 76 (1987-III), (Tribunal des réclamations Iran/États-Unis), para. 35:

> *While these statements are of anti-foreign and in particular anti-American sentiment, the Tribunal notes that these pronouncements were of a general nature and did not specify that Americans should be expelled* en masse ... *[I]t cannot be said that the declarations referred to by the Claimant amounted to an authorization to revolutionaries to act in such a way that the Claimant should be forced to leave Iran forthwith ... In these circumstances,*

Cette exigence d'instructions spécifiques énoncée par la CIJ en 1986 semble avoir été rejetée ou à tout le moins assouplie, par une partie de la jurisprudence subséquente. Par exemple, la Cour européenne des droits de l'Homme, dans l'affaire *Loizidou c. Turquie,* a jugé la Turquie responsable des actes commis par l'autorité de la République turque de Chypre du Nord, en raison du *contrôle global* exercé par l'État turc sur cette partie de territoire.[64] Mais c'est le jugement de la Chambre d'appel du Tribunal pénal international pour l'ex-Yougoslavie (TPIY), rendu dans l'affaire Tadic, qui a lancé le débat sur la question.[65] Ce jugement ne portait pas explicitement sur les règles de la responsabilité internationale d'État, mais sur l'application des règles de droit international humanitaire et sur la nature du conflit bosniaque. Il n'en demeure pas moins pertinent à la question sous étude car il aborde dans le détail les critères permettant de déterminer si un groupe armé peut être considéré comme un agent *de facto* d'un État.[66] En ce sens, il pourrait

---

> *the Tribunal is of the view that the Claimant has failed to prove that this departure from Iran can be imputed to the wrongful conduct of Iran.*

Voir aussi d'Argent, *Les réparations de guerre, supra* note 34 aux pp. 520-21.

64 *Loizidou c. Turquie (fond),* (1996-VI) Cour Eur. D.H. (Sér. A), para. 56 [*Loizidou c. Turquie*].

65 Voir *Procureur c. Tadic* (1999), Affaire n° IT-94-11 (Tribunal Pénal pour l'ex-Yougoslavie, Chambre d'appel) [*Procureur c. Tadic*].

66 Il est à noter que Sassòli est d'avis que:

> *The ILC writes that the question in the Tadic case concerned not responsibility but applicable rules of international humanitarian law. This is true. The preliminary underlying issue in the Tadic cas was, however, the same as that decided in the Nicaragua case. … International humanitarian law governing international armed conflict could apply to acts which Mr Tadic, a Bosnian Serb, committed against Bosnian Muslims in the course of a conflict with the Bosnian government* only if those acts could be legally considered as acts of another State, *namely the Federal Republic of Yusgoslavia* [nous soulignons].

Marco Sassòli, "State Responsibility for Violations of International Humanitarian Law," R.I.C.R. 84, 401 (2002), à la p. 408.

De plus de nombreux auteurs traitent le jugement du TPIY dans l'affaire Tadic comme une évolution des règles d'attribution de la responsabilité d'État. Voir par exemple, Deiter Fleck, "Individual and State Responsibility for Violations of the Ius in Bello: An Impergect Balance" dans Wolff Heintschel von Heinegg et Volker Epping, éd., *International Humanitarian Law Facing New Challenges. Symposium in Honour of Knut Ipsen,* Berlin, Springer, 2007, à la p. 186 et Derek Jinks, "State Responsibility for Sponsorship of Terrorist and Insurgent Groups: State Responsibility for the Acts of Private Armed Groups," Chi. J. Int'l 4 (2003), L. 83.

bien trouver écho lorsque se posera la question de savoir si un État est internationalement responsable ou non des actions d'une EMP. Dans cette affaire, la Chambre d'appel, avant de juger si Tadic avait commis des crimes de guerre tels que définis à la quatrième *Convention de Genève,*[67] devait d'abord déterminer s'il existait un conflit international en Bosnie après le retrait de la Yougoslavie de ce conflit en mai 1992. Cela pouvait être le cas uniquement si l'armée de la République de Srpska pouvait être considérée comme l'agent *de facto* de la République fédérale de Yougoslavie (RFY). La Chambre d'appel a jugé que la République de Srpska et son armée recevaient de l'aide matérielle et financière de la part de la RFY, et que nombre d'anciens soldats et commandants de la Yougoslavie continuaient de servir dans l'armée Srpska. Pour ces raisons, la Chambre d'appel a conclu que la RFY avait la capacité d'exercer une grande influence et peut-être même un contrôle général sur la République de Srpska et son armée, même si elle n'a pas été convaincue que la RFY a effectivement exercé ce contrôle. Dans cette affaire, la Chambre d'appel, contrairement à la CIJ, a affirmé que le contrôle général d'un État sur une entité privée, dotée d'une hiérarchie et d'une structure, suffisait à attribuer le comportement de chacun des membres de cette entité à cet État:

> *In order to attribute the acts of a military or paramilitary group to a State, it must be proved that the State wields overall control over the group, not only by equipping and financing the group, but also by coordinating or helping in the general planning of its military activity. Only then can the State be held internationally accountable for any misconduct of the group. However, it is not necessary that, in addition, the State should also issue, either to the head or to members of the group, instructions for the commission of specific acts contrary to international law.*[68]

Ainsi, suivant la Chambre d'appel du TPIY, pour qu'un individu ou un groupe soit considéré comme un agent *de facto* d'un État et que son comportement soit attribuable à l'État, cet État doit exercer sur celui-ci un contrôle effectif et lui transmettre des instructions spécifiques. En revanche, lorsqu'il s'agit d'un groupe hiérarchisé

[67] *Convention (IV) de Genève relative à la protection des personnes civiles en temps de guerre,* 12 août 1949, 75 R.T.N.U. 287, disponible en ligne: <http://www.icrc.org/dih.nsf/3355286227e2d29d4125673c0045870d/e8acc1a1e2a34f5fc1256414005deecc>.

[68] *Procureur c. Tadic, supra* note 65, para. 131.

et structuré, un contrôle général de l'État suffit pour lui imputer les comportements de ce groupe ou ceux de ses membres.[69]

Malgré le fait que la CIJ ait toujours réitéré les critères qu'elle avait utilisés dans l'affaire des *Activités militaires et paramilitaires au Nicaragua et contre celui-ci,*[70] on peut se demander si les critères élaborés par la Chambre d'appel du TPIY n'ont pas été confirmés par la récente pratique des États et même assouplis davantage. Par exemple, le Conseil de sécurité des Nations Unies a reconnu le droit à la légitime défense des États-Unis face aux attaques terroristes commises le 11 septembre 2001 par une entité privée, Al-Qaïda, hébergée par le régime Taliban qui était alors le gouvernement *de facto* de l'Afghanistan.[71] Ce faisant, le Conseil de sécurité acceptait d'attribuer des actes terroristes à un État.[72] Encore une fois, les règles de la responsabilité d'État n'ont pas été abordées directement par le Conseil de sécurité, mais les conséquences indirectes de ces décisions sur l'évolution de ces règles doivent tout de même être prises en considération.[73] En effet, les diverses résolutions adoptées par le Conseil de sécurité et l'Assemblée générale des Nations Unies

69 *Ibid.* voir para. 132:

> *It should be added that courts have taken a different approach with regard to* individuals or groups not organised into military structures. *With regard to such individuals or groups, courts have not considered an overall or general level of control to be sufficient, but have instead insisted upon specific instructions or directives aimed at the commission of specific acts, or have required public approval of those acts following their commission* [nous soulignons].

70 Voir *Affaire des activités armées sur le territoire du Congo (République démocratique du Congo c. Ouganda),* [2005] C.I.J. rec. 1, para. 160 et *Affaire relative à l'application de la Convention pour la prévention et la répression du crime de génocide (Bosnie-Herzégovine c. Serbie-et-Monténégro),* [2007] C.I.J. rec. 1, para. 398-407.

71 Voir *Résolution 1368,* Rés. CS, Doc. Off. CS N.U., 4370ième sess., Doc. NU S/RES/1368 (2001), *Résolution 1373,* Rés. CS, Doc. Off. CS N.U., 4385ième sess., Doc. NU S/RES/1373 (2001), *Résolution 1386,* Rés. CS, Doc. Off. CS N.U., 4443ième sess., Doc. NU S/RES/1386 (2001) et *Condamnation des attaques terroristes perpétrées aux États-Unis d'Amérique,* Rés. AG, Doc. Off. AG N.U., 56ième sess., Doc. NU A/RES/56/1 (2001), para. 4, soulignant: "que ceux qui portent la responsabilité d'aider, soutenir ou héberger les auteurs, organisateurs et commanditaires de tels actes devront rendre des comptes." Voir aussi, Sassòli, "State Responsibility for Violations of International Humanitarian Law," *supra* note 66 à la p. 409 et Joe Verhoeven, "Les 'étirements' de la légitime défense," A.F.D.I. 48, 47 (2002), à la p. 62.

72 Voir notamment, Jinks, "State Responsibility for the Acts of Private Armed Groups," *supra* note 66.

73 Par exemple, Dieter Fleck Remarque que: "*Apparently, during the collective response to the September 11 attacks, an even wider principle of attributability was applied.*"

semblent ainsi tendre vers une acceptation du fait que le contrôle d'un État sur un groupe organisé et structuré suffit à attribuer les actes et omissions des membres de ce groupe à l'État, même lorsque l'État n'a pas de contrôle direct sur ces individus.[74] De plus, rappelons qu'un État a l'obligation de ne pas permettre que son territoire soit le forum d'un comportement contraire aux droits d'un autre État.[75] Mais la question faisant encore l'objet de vifs débats, il est sans doute trop tôt pour se prononcer sur l'évolution de ces critères ou sur l'existence d'une *opinio juris* en la matière.[76]

Force nous est de constater que c'est au cas par cas que doit être évalué le degré de contrôle requis pour imputer à l'État le comportement d'acteurs non étatiques, celui-ci pouvant varier dépendamment de la nature de l'entité en cause.[77]

En ce qui concerne les EMP, ce n'est pas parce qu'elles ont été embauchées par un État que ce dernier exerce sur elles un contrôle suffisant pour engager sa responsabilité. Par exemple, les employés d'EMP embauchées par des agences du gouvernement des États-Unis ne sont pas soumis à la chaîne de commandement militaire.[78]

Fleck, "Individual and State Responsibility for Violations of the Ius in Bello," *supra* note 66 à la p. 186. Un auteur va jusqu'à affirmer que: *"It is sufficient that State have entrusted private persons or groups with certain tasks and continue to exercise a general control over the conduct of such persons or groups. It is not necessary that States control such conduct in details to meet the standard 'under the direction or control' in Article 8 of the Commission's draft."* Wolfrum, "State Responsibility for Private Actors," *supra* note 52 à la p. 431.

[74] Jan Arno Hessbruegge, "The Historical Development of the Doctrines of Attribution and Due Diligence in International Law," N.Y.U.J. Int'l L. & Pol. 36 (2004), à la p. 265.

[75] *Affaire du Détroit de Corfu (fond)* (*Royaume-Unis c. Albanie*) [1949] C.I.J. rec. 4, à la p. 22.

[76] Voir notamment Olivier Corten et François Dubuisson, "Opération 'Liberté immuable': une extension abusive du concept de légitime défense," R.G.D.I.P. 106 (2002), à la p. 51.

[77] *Procureur c. Tadic, supra* note 65 au para. 137:

> *In sum, the Appeals Chamber holds the view that international rules do not always require the same degree of control over armed groups or private individuals for the purpose of determining whether an individual not having the status of a State official under internal legislation can be regarded as* a de facto *organ of the State. The extent of the requisite State control varies.*

Voir aussi *Loizidou c. Turquie, supra* note 64, para. 52 et 56.

[78] *Army Field Manual 3-100.21, Contractors on the Battlefield,* chapitre 1, 2003, disponible en ligne: <http://globalsecurity.org/military/library/policy/army/fm/3-100-21/chap1.htm>.

Il semble que dans certains cas, des employés d'EMP aient été en situation de contrôle et de "supervision" sur des soldats réguliers.[79] De plus, lorsque l'État qui embauche une EMP n'est pas celui sur le territoire duquel cette dernière exerce ses activités, la preuve qu'il exerçait un réel contrôle sur l'EMP peut être plus difficile à établir et nécessiter davantage d'éléments.[80] Il en est de même lorsque l'État auquel on veut attribuer la responsabilité pour le comportement d'une EMP est aux prises avec un conflit armé.[81] *A contrario,* lorsqu'un État embauche une EMP pour opérer sur son territoire ou lorsque l'État qui contracte avec l'EMP est présent sur le territoire de l'État où ont lieu les activités, il pourrait être avancé que la preuve d'un contrôle général pourrait être suffisante.[82] Il n'en demeure pas moins qu'un État qui contrôle les activités d'une EMP se verra attribuer les comportements fautifs de celle-ci et engagera sa responsabilité. Des règles contractuelles claires et précises devraient donc être une priorité pour les États qui embauchent des EMP. En particulier, les États qui font affaire avec des EMP devraient s'assurer que le personnel de ces entreprises a les qualifications requises, que l'entreprise a une bonne connaissance des règles de droit international applicables dans une zone de conflit et qu'elle donne une formation adéquate à ses employés à ce sujet, que des mécanismes sont mis en place afin de réprimer les employés qui commettent des infractions et que ceux-ci sont sujets au droit national de l'État sur le territoire duquel ils opèrent et/ou du droit national de l'État avec lequel l'entreprise a un contrat afin d'éviter les situations d'impunité telles que celles rencontrées en Irak.[83]

Autres règles d'attribution

Tout d'abord, rappelons que, règle générale, l'État est responsable internationalement du fait de ses agents. Cette règle est rappelée à l'article 4 du *Projet d'articles sur la responsabilité d'État.* Dans certaines circonstances, les employés d'une EMP pourront être considérés comme des agents de l'État. Ce sera le cas, par exemple,

[79] *Rapport Fay, supra* note 12 aux pp. 51-52.

[80] *Procureur c. Tadic, supra* note 65, para. 138.

[81] *Ibid.* para. 139.

[82] Voir Chia Lehnardt, "Private Military Companies and State Responsibility" dans Chesterman et Lehnardt, *From Mercenaries to Market, supra* note 11 à la p. 152.

[83] Voir Michael Cottier, "Elements for Contracting and Regulating Private Security and Military Companies," R.I.C.R. 88 (2006), à la p. 637 et Perrin, "Guns for Hire – With Canadian Taxpayer Dollars," *supra* note 9.

lorsqu'ils pourront être qualifiés de membres des forces armées d'une partie au conflit au sens de l'article 43 du *Protocole additionnel aux Conventions de Genève du 12 août 1949 relatif à la protection des victimes de conflits armés internationaux*[84] ou de l'article 4A(1) de la *Convention de Genève III*.[85] Cependant, les règles du droit international humanitaire ne mentionnent pas clairement qui peut être considéré comme un membre d'une force armée. En dehors des cas où les employés d'EMP seront formellement intégrés aux forces armées d'un État, cette question devra donc être analysée au cas par cas au regard de différents indicateurs comme, par exemple, le fait que ceux-ci soient soumis au commandement, à la discipline et à la justice militaires, et qu'ils portent l'uniforme des forces armées.[86] Les employés d'EMP qui pourront être qualifiés de membres des forces armées d'une partie au conflit au sens du droit international humanitaire, mais qui ne pourront être considérés comme des agents de l'État au sens de l'article 4 du *Projet d'articles sur la responsabilité d'État*, pourront néanmoins engager la responsabilité de l'État qui les emploie en vertu de l'article 5 du Projet d'articles.

L'article 9 du *Projet d'articles sur la responsabilité d'État* stipule, quant à lui, que le comportement d'un individu ou d'une entité privée peut être attribué à l'État si cet individu ou cette entité exerce une prérogative de la puissance publique en l'absence de capacité ou de volonté de la part de l'État et si cet exercice d'une prérogative de la puissance publique est requis par les circonstances. Ainsi, il est raisonnable de penser qu'en vertu de cet article, le comportement d'entreprises privées utilisant leur propre force de sécurité pour protéger leurs installations sur le territoire d'un État incapable de le faire ou non enclin à le faire, notamment lorsque cet État est aux prises avec d'importants troubles internes, pourra être attribuable à l'État.

Lorsqu'un État reconnaît et adopte le comportement d'acteurs non étatiques comme étant le sien, ce comportement, qui ne lui

84 8 juin 1977, disponible en ligne: <http://www.icrc.org/dih.nsf/3355286227e2d29d4125673c0045870d/3080204ob80aaceec1256414005df4ac>. À ce sujet, voir, "Expert Meeting on Private Military Contractors: Status and State Responsibility for their Actions," *supra* note 49.

85 *Convention de Genève (III) relative au traitement des prisonniers de guerre du 12 août 1949*, disponible en ligne: <http://www.icrc.org/dih.nsf/3355286227e2d29d4125673c0045870d/456114a02468c862c1256414005de923>.

86 Gillard, "Business Goes to War," *supra* note 11 à la p. 533.

est pas attribuable en vertu des articles 4 à 10, pourra tout de même lui être attribué en vertu de l'article 11. L'exemple le plus connu d'une telle attribution est sans doute celui de l'*Affaire relative au personnel diplomatique et consulaire des États-Unis à Téhéran*.[87] Dans cette affaire, le comportement des militants, suite à la prise de l'ambassade des États-Unis à Téhéran, a été attribué aux autorités iraniennes, car celles-ci avaient approuvés ces faits et décidé de les perpétuer.[88]

Soulignons, enfin, que plusieurs conventions internationales agissent à titre de *lex specialis* en matière de responsabilité d'État. Par exemple, la *Convention sur la responsabilité internationale pour les dommages causés par des objets spatiaux*[89] établit la responsabilité absolue de l'État de lancement, qui peut être l'État qui procède ou fait procéder au lancement d'un objet spatial ou encore l'État, dont le territoire ou les installations servent à une telle activité, de réparer le dommage causé par l'objet spatial lancé. Parfois, c'est l'appartenance de l'auteur du comportement à une certaine catégorie de personnes qui servira de base à l'attribution de ce comportement à l'État. C'est le cas, par exemple, de l'article 3 de la *Convention IV de La Haye de 1907*[90] concernant les lois et coutumes de guerre ainsi que de l'article 91 du premier *Protocole additionnel aux Conventions de Genève*[91] qui établissent la responsabilité des Parties pour tous les actes commis par les personnes faisant partie de leurs forces armées dans le cadre d'un conflit international. Ainsi, l'État sera responsable de tous les actes constituant une violation du *jus in bello* commis par les membres de ses forces armées que ce soit à ce titre ou à titre de particulier.[92]

Il existe donc plusieurs règles, générales ou spécifiques, permettant d'attribuer directement à l'État le comportement d'EMP. Les situations pouvant donner lieu à une telle attribution à l'État sont

87 (*États-Unis d'Amérique c. Iran*) [1980] C.I.J. rec. 3 [*États-Unis d'Amérique c. Iran*].

88 *Ibid.* aux pp. 34-36.

89 29 mars 1972, 961 R.T.N.U. 187, art. 1 et 2.

90 *Convention de Genève (IV)*, *supra* note 67.

91 *Protocole additionnel aux Conventions de Genève du 12 août 1949 relatif à la protection des victimes des conflits armés internationaux* (Protocole I), 8 juin 1977, 1125 R.T.N.U. 3, disponible en ligne: <http://www.icrc.org/dih.nsf/WebART/470-750117?OpenDocument>.

92 Voir notamment d'Argent, *Les réparations de guerre*, *supra* note 34 à la p. 509.

très variées et les quelques illustrations données précédemment sont loin de constituer une revue exhaustive.

Responsabilité indirecte de l'État pour le comportement des EMP

Cette partie abordera la question de la responsabilité de l'État engagée indirectement par le fait d'acteurs non étatiques. En effet, bien qu'un État ne soit pas, en principe, responsable du comportement d'individus ou d'entités privées, la négligence des organes de l'État face à certains comportements privés peut engager sa responsabilité. Un État peut être internationalement responsable en raison du fait d'un individu ou d'une entité privée se trouvant sous sa juridiction, lorsque les organes de cet État n'ont pas exercé toute la diligence requise ou due[93] pour prévenir le comportement, pour protéger les victimes ou pour punir ledit comportement.[94] Cette obligation est le corollaire de la reconnaissance, par le droit international, de la souveraineté exclusive d'un État sur son territoire.[95] Ce n'est donc pas le comportement de l'acteur non étatique

[93] La doctrine et la jurisprudence internationales ne semblent pas avoir trouvé d'expression uniforme pour traduire le terme anglais *due diligence.* Ainsi, les mots et expressions *vigilance, diligence requise, diligence due* ou encore l'expression anglaise elle-même sont utilisées de façon indifférente. Dans ce texte, l'expression *diligence requise* est privilégiée. L'expression *diligence requise* peut être définie comme étant: "*[N]othing more or less than the reasonable measure of prevention which a well-administered government could be expected to exercise under similar circumstances.*" Alwyn V. Freeman, "Responsibility of States for Unlawful Acts of their Armed Force," *RCADI,* 88, Leyde, A.W. Sijthoff (1955), aux pp. 277-78. Voir aussi Institut du Droit international, "La responsabilité en droit international en cas de dommages causés à l'environnement," (1997), Résolution, art. 3, disponible en ligne: <http://www.idi-iil.org/idiF/resolutionsF/1997_str_03_fr.PDF>.

[94] Voir Emmanuelli, *Droit international public, supra* note 34 à la p. 576 et "Quatrième rapport sur la responsabilité d'État" (Doc. NU A/CN.4/264 et Add.1) dans *Annuaire de la Commission du droit international 1972,* Vol. II, New York, NU, 1974, à la p. 97 (Doc. NU A/CN.4/Ser.A/1972/Add.1), disponible en ligne: <http://untreaty.un.org/ilc/publications/yearbooks/Ybkvolumes(f)/ILC_1972_v2_f.pdf>.

[95] Eric Wyler, *L'illicite et la condition des personnes privées: La responsabilité internationale en droit coutumier et dans la Convention européenne des droits de l'homme,* Paris, Pedone, 1995, à la p. 99. Cependant, "*il se peut, en effet, qu'au vu du contenu d'autres obligations internationales des États des comportements individuels soient susceptibles de catalyser la responsabilité internationale d'un État indépendamment de leur localisation dans un espace contrôlé par celui-ci. Très évidemment, une telle hypothèse n'est possible que si l'obligation prescrite par une norme internationale appropriée porte non pas sur le contrôle à exercer sur un espace donné, mais sur le contrôle à exercer sur une*

qui est directement imputé à l'État, comme dans les exemples présentés précédemment, mais un comportement connexe: celui des organes de l'État.[96] Le comportement de l'individu ou de l'entité privée *catalyse* en quelque sorte le comportement de l'État non conforme à ses obligations internationales.[97] La responsabilité imputée à l'État est donc *indirecte,* en ce sens qu'il n'y a pas de lien entre le comportement de l'individu ou de l'entité privée et l'État. L'analyse porte plutôt sur les obligations de l'État. Ce qui rend responsable l'État, c'est le manquement à son devoir d'exercer la diligence requise par la situation et attendue de cet État afin de prévenir ou de punir l'acte en question.[98] Dans l'ordre juridique international, l'État n'est donc pas responsable du comportement de l'individu ou de l'entité privée en tant que tel, mais bien du défaut de ses organes de prendre les mesures appropriées face à ce comportement. [99] Le degré de diligence auquel est tenu l'État dépend de la règle primaire qui a été violée et sera donc différent d'un domaine du droit international à l'autre.[100]

Déjà, en 1927, le principe selon lequel "[l]'État n'est responsable, en ce qui concerne les faits dommageables commis par des particuliers, que lorsque le dommage résulte du fait qu'il aurait omis de prendre les mesures auxquelles, d'après les circonstances, il convenait normalement de recourir pour prévenir ou réprimer de tels faits," était énoncé par l'Institut du droit international.[101]

Ce principe bien établi à maintes reprises. a été réaffirmé et appliqué par la jurisprudence. Par exemple, dans l'*Affaire Tellini,* il était énoncé que: "La responsabilité d'un État, pour crime politique

certaine activité de particuliers." Condorelli, *L'imputation à l'État d'un fait internationalement illicite, supra* note 35 à la p. 112.

96 Roberto Ago, "Le délit international," *RCADI* 68 (1939-II), Paris, Sirey, à la p. 475.

97 "Quatrième rapport sur la responsabilité d'État," *supra* note 94 à la p. 97 et Condorelli, *L'imputation à l'État d'un fait internationalement illicite, supra* note 35 à la p. 96.

98 Vincent-Joel Proulx, "Babysitting Terrorists: Should State be Strictly Liable for Failing to Prevent Transborder Attacks?," Berkeley J. Int'l L. 23, à la p. 615. Voir aussi Quoc Dinh et al., *Droit international public, supra* note 18 à la p. 779.

99 "Quatrième rapport sur la responsabilité d'État," *supra* note 94 à la p. 97.

100 Sassòli, "La responsabilité internationale de l'État," *supra* note 43 à la p. 307.

101 Article 3, *Résolution de l'Institut de droit international* adoptée le 1er septembre 1927, tel que reproduite dans Charles Rousseau, *Droit international public,* t. V, Paris, Sirey, 1983, à la p. 73.

commis sur la personne des étrangers sur son territoire, ne se trouve engagée que si cet État a négligé de prendre toutes les dispositions appropriées en vue de prévenir le crime et en vue de la poursuite, de l'arrestation et du jugement du criminel."[102] Ou encore, comme le mentionnait l'arbitre Max Hubert dans l'affaire des *Biens britanniques dans la zone espagnole du Maroc:* "la non-responsabilité (pour le fait de particuliers) n'exclut point le devoir d'exercer une certaine vigilance. Si l'État n'est pas responsable des évènements révolutionnaires eux-mêmes, il peut être néanmoins responsable de ce que les autorités font ou ne font pas pour parer, dans la mesure du possible, aux suites."[103]

Ce principe d'attribution de responsabilité a été utilisé par la CIJ dans l'*Affaire relative au personnel diplomatique et consulaire des États-Unis à Téhéran*[104] déjà mentionnée. Dans cette affaire, bien que les attaques contre l'ambassade des États-Unis, le 4 décembre 1979, ne puissent être imputées directement à l'Iran, la Cour a statué, qu'en vertu de diverses dispositions des Conventions de Vienne de 1961 et de 1963 relatives aux relations consulaires et diplomatiques, l'Iran avait l'obligation de protéger l'ambassade des États-Unis et ses employés. La Cour a considéré que les autorités iraniennes étaient pleinement conscientes de leurs obligations en vertu de ces conventions, qu'elles étaient pleinement conscientes des appels à l'aide de l'ambassade, qu'elles disposaient des moyens de s'acquitter de leurs obligations, et qu'elles ont, néanmoins, manqué de se conformer à ces obligations.[105] L'État iranien a donc été tenu responsable des attaques commises par un groupe de militants contre l'ambassade des États-Unis. Pour ce qui est de la seconde phase, soit une série d'évènements survenus après le 4 décembre 1979, tel que mentionné dans la partie précédente, la Cour a jugé que les militants, auteurs de l'invasion, sont devenus des agents de l'État iranien suite à l'approbation des faits de ces militants par les autorités iraniennes qui ont décidé de les perpétuer.[106]

[102] *Affaire Tellini*, S.D.N., Journal officiel, quatrième année, n° 11 (novembre 1923), à la p. 1349, tel que citée dans *Projet d'articles et commentaires* (2001), *supra* note 20 à la p. 84.

[103] Nations Unies, *Recueil des sentences arbitrales*, Vol. II (1925), à la p. 645, tel que citée dans Wyler, *L'illicite et la condition des personnes privées*, *supra* note 95 à la p. 99.

[104] *États-Unis d'Amérique c. Iran*, *supra* note 87.

[105] *Ibid.* à la p. 32.

[106] Cas couvert par l'article 11 du Projet d'articles, *supra* note 20.

En ce qui concerne le manquement de l'État à son devoir de poursuivre et de punir le fait de particuliers, l'affaire *Janes* constitue un exemple intéressant. Dans cette affaire, la Commission générale des réclamations créée par les États-Unis et le Mexique a reconnu la responsabilité du Mexique suite au défaut de la police de cet État de poursuivre et de punir un citoyen mexicain qui avait assassiné un ressortissant des États-Unis. La Commission s'exprima ainsi:

> *Nobody contends either that the Mexican Government might have prevented the murder of Janes, or that it acted in any other form of connivance with the murderer … the Government is liable for not having measured up to its duty of diligently prosecuting and properly punishing the offender.*[107]

Cette responsabilité de l'État pour le manquement de ses organes face au comportement d'individus ou d'entités privées a connu une application particulièrement dynamique dans le domaine des droits de la personne, traditionnellement perçus comme protégeant l'individu des abus des pouvoirs publics. La théorie de l'application horizontale des droits de la personne ou *Drittwirkung*,[108] d'abord développée en droit interne, a ainsi trouvé une place en droit international. Suivant cette théorie, le comportement d'individus ou d'entités privées face à d'autres individus ou entités privées et non conforme aux droits de la personne peut engager la responsabilité de l'État si un tel comportement est permis par la législation nationale ou si les organes de l'État n'adoptent pas la conduite appropriée pour prévenir ou réprimer un tel comportement.[109] Cela découle du fait que de nombreuses conventions protégeant les droits de la personne imposent aux États, non seulement l'obligation de s'abstenir de porter atteinte aux droits qu'elles garantissent, mais aussi celle de protéger et de mettre en œuvre ces droits.[110]

[107] General Claims Commission, décision du 16 novembre 1925, Recueil des sentences arbitrales, vol. IV, à la p. 87, cité dans Wyler, *L'illicite et la condition des personnes privées*, *supra* note 95 à la p. 102.

[108] Littéralement, application à des tiers. Voir Nicola Jägers, *Corporate Human Rights Obligations: In Search of Accountability*, New York, Intersentia, 2002, aux pp. 36-44.

[109] Voir par exemple Condorelli, *L'imputation à l'État d'un fait internationalement illicite*, *supra* note 35 aux pp. 149-156.

[110] Voir par exemple le *Pacte international relatif aux droits civils et politiques*, 16 décembre 1966, 999 R.T.N.U. 171, art. 2, le *Pacte international relatif aux droits économiques, sociaux et culturels*, 16 décembre 1966, 993 R.T.N.U. 3, art. 2 et la

La Cour européenne des Droits de l'Homme offre une riche jurisprudence en matière d'application horizontale des droits de la personne et a, à plusieurs reprises, reconnu l'obligation qui incombe aux États membres de mettre en œuvre et de protéger les droits garantis par la Convention européenne des Droits de l'Homme,[111] et ce, même dans les rapports entre particuliers.[112] Par exemple, suivant l'avis de la Cour, le droit à la vie privée, garanti par l'article 8 de la Convention, comporte des obligations positives à la charge des États qui "peuvent impliquer l'adoption de mesures visant au respect de la vie privée jusque dans les relations des individus entre eux."[113] Dans l'affaire *Guerra c. Italie,*[114] la Cour a reconnu que l'utilisation, par une entreprise privée, de fertilisants causant une pollution environnementale importante pouvait affecter le bien-être d'individus et les empêcher de jouir de leur domicile au point de porter atteinte à leur droit à la vie privée.[115] Dans cette affaire, la Cour a estimé que les requérantes:

> [N]e sauraient passer pour avoir subi de la part de l'Italie une "ingérence" dans leur vie privée ou familiale: elles se plaignent non d'un acte, mais de l'inaction de l'État. Toutefois, si l'article 8 a essentiellement pour objet de prémunir l'individu contre des ingérences arbitraires des pouvoirs publics, il ne se contente pas d'astreindre l'État à s'abstenir de pareilles ingérences: à cet engagement plutôt négatif peuvent s'ajouter des obligations positives inhérentes à un respect effectif de la vie privée ou familiale.[116]

Convention américaine relative aux droits de l'Homme, 22 novembre 1969, 1144 R.T.N.U. 123, art. 1.

[111] *Convention de sauvegarde des Droits de l'Homme et des Libertés fondamentales,* 4 novembre 1950, STE n° 005.

[112] Voir par exemple *Leempoel & S.A. ED. Cine Revue c. Belgique* (2006), Cour Eur. D.H. requête no. 64772/01, *Mahmut Kaya c. Turquie* (2000), 2000-III Cour Eur. D.H. (Sér. A), *Lòpez Ostra c. Espagne* (1994), 303-C Cour Eur. D.H. (Sér. A), *Costello-Roberts c. Royaume-Uni* (1993), 247-C Cour Eur. D.H. (Sér. A), *Airey c. Irlande* (1979), 32 Cour Eur. D.H. (Sér. A).

[113] *X et Y c. Pays-Bas* (1985), 91 Cour Eur. D.H. (Sér. A), para. 23. Cette affaire concernait l'impossibilité, à l'époque, en vertu de la loi néerlandaise, pour le père d'une jeune fille de seize ans déficiente intellectuelle de poursuivre devant une juridiction criminelle la personne ayant commis une agression sur la personne de sa fille.

[114] *Guerra c. Italy* (1998), 64 Cour Eur. D. H. (Sér. A).

[115] *Ibid.,* para. 60.

[116] *Ibid.,* para. 58.

Le droit à la vie, tel que garanti par l'article 2 de la Convention européenne, comporte aussi des obligations dites positives. Ainsi, dans l'affaire *Osman c. Royaume-Uni,* ni le gouvernement ni les requérants ne contestaient le fait que, dans certaines circonstances, le droit à la vie puisse imposer une obligation positive à la charge de l'État de prendre des mesures préventives pour protéger une personne dont la vie est menacée par le comportement criminel d'une autre personne.[117] Pour la Cour, il suffit de démontrer "que les autorités n'ont pas fait tout ce que l'on pouvait raisonnablement attendre d'elles pour empêcher la matérialisation d'un risque certain et immédiat pour la vie, dont elles avaient ou auraient dû avoir connaissance."[118]

Du côté de la Cour interaméricaine des droits de l'Homme, l'arrêt de principe en matière d'obligations positives et d'exercice de la diligence requise est celui rendu dans l'affaire *Velásquez Rodriguez.* Dans cette affaire, concernant l'enlèvement et le meurtre de Manfredo Velásquez par un escadron de la mort, la Cour a affirmé que le Honduras avait l'obligation d'enquêter sur toutes les situations impliquant une violation des droits protégés par la Convention et que, lorsqu'une violation demeurait impunie et que les droits de la victime n'étaient pas rétablis, l'État avait failli à son devoir d'assurer l'exercice des droits garantis par la Convention. La Cour a ajouté que cela était aussi le cas lorsque l'État permettait à des individus ou entités privées d'agir librement et impunément au détriment des droits reconnus par la Convention.[119]

Ainsi, le comportement d'une EMP, sans être directement attribuable à l'État, peut néanmoins mettre en exergue le manquement de cet État à une de ses obligations internationales. Les liens de cet État avec l'EMP peuvent être de trois différents ordres: il peut être

117 *Osman c. The United Kingdom* (1998), 1998-VIII Cour Eur. D. H. (Sér. A), para. 115.

118 *Ibid.* para. 116.

119 *Affaire Velásquez Rodriguez* (*Honduras*) (1998), Inter-Am. Ct. H.R. (Sér. C), No. 4, para. 176, disponible en ligne: <http://www1.umn.edu/humanrts/iachr/b_11_12d.htm>:

> *The State is obligated to investigate every situation involving a violation of the rights protected by the Convention. If the State apparatus acts in such a way that the violation goes unpunished and the victim's full enjoyment of such rights is not restored as soon as possible, the State has failed to comply with its duty to ensure the free and full exercise of those rights to the persons within its jurisdiction. The same is true when the State allows private persons or groups to act freely and with impunity to the detriment of the rights recognized by the Convention.*

l'État qui embauche l'EMP, l'État sur le territoire duquel l'EMP conduit ses opérations ou l'État dans lequel l'EMP est incorporée. Avec la multiplication des obligations internationales à la charge des États, notamment dans le domaine des droits de la personne, ce qui a pu être perçu comme une exception au principe de non-responsabilité de l'État pour le comportement d'acteurs non étatiques est peut-être en voie de devenir la règle.[120] Les obligations internationales exigeant des États l'exercice d'une certaine diligence face au comportement d'individus et d'entités privées sont, en effet, très nombreuses et leur interprétation tend vers un élargissement du champ d'exercice de cette diligence, dans la mesure, bien sûr, où les droits dont il est question sont susceptibles de s'appliquer dans une sphère d'activité privée.[121]

Le recours de plus en plus fréquent des États à des EMP devrait amener ceux-ci à augmenter le niveau de diligence qu'ils exercent sur les activités de ces entreprises. À cet égard, l'obligation d'un État d'exercer une certaine diligence sur l'activité des EMP relevant de sa juridiction devrait passer par un meilleur encadrement législatif de ces entreprises afin de déterminer, par exemple, quels services ces entreprises peuvent offrir, à qui elles peuvent les offrir et quelles sont les qualifications que leurs employés doivent avoir. Une législation nationale relative aux EMP devrait aussi prévoir des mécanismes de recours en cas de comportement fautif de la part des employés de celles-ci, notamment lorsque ce comportement a lieu dans un pays aux prises avec un conflit armé et dont les institutions

[120] Voir Condorelli, *L'imputation à l'État d'un fait internationalement illicite, supra* note 35 aux pp. 174-76.

[121] Voir par exemple, "Directives de Maastricht concernant les violations de droits économiques, sociaux et culturels," Maastricht, 22 au 28 janvier 1997, disponible en ligne: <http://www1.umn.edu/humanrts/instree/Maastrichtguidelines_.html> et "General Comment no. 31 on Article 2 of the Covenant: The Nature of the General Legal Obligation Imposed on States Parties to the Covenant," Doc. Off. CCPR, 80ième sess., 2187ième séance, Doc. NU CCPR/C/21/Rev.1/Add.13 (2004). Au paragraphe 8 de ce commentaire, on peut lire:

> *However the positive obligations on States Parties to ensure Covenant rights will only be fully discharged if individuals are protected by the State, not just against violations of Covenant rights by its agents, but also against acts committed by private persons or entities that would impair the enjoyment of Covenant rights in so far as they are amenable to application between private persons or entities. There may be circumstances in which a failure to ensure Covenant rights as required by article 2 would give rise to violations by States Parties of those rights, as a result of States Parties' permitting or failing to take appropriate measures or to exercise due diligence to prevent, punish, investigate or redress the harm caused by such acts by private persons or entities.*

judiciaires sont incapables d'exercer leurs fonctions. Certains États, dont l'Afrique du Sud et les États-Unis se sont dotés de législations nationales visant à encadrer l'exportation de services militaires privées et à soumettre les EMP à des systèmes de permis.[122] Dans le cas de l'Afrique du Sud, bien que la loi soit très stricte, les mécanismes de mise en œuvre ne sont cependant pas adéquats.[123] D'autres initiatives, telle l'Initiative de la Suisse relative aux entreprises militaires et aux entreprises de sécurité privées, visent à proposer des modèles de réglementations nationales relatifs aux EMP afin d'aider les États à respecter et à faire respecter le droit international et, en particulier, le droit international humanitaire et les droits de la personne.[124]

Conclusion

En conclusion, que ce soit en vertu de règles générales d'attribution, de règles conventionnelles spécifiques ou encore par manquement de l'État à son obligation d'exercer la diligence requise, la responsabilité de l'État peut, dans certaines circonstances, être engagée directement ou indirectement par le comportement d'EMP.

Bien que le statut des individus et entités privées dans l'ordre juridique international de même que la place qu'ils y occupent fassent toujours l'objet d'ardents débats doctrinaux,[125] ils se sont vus, surtout à partir de la deuxième moitié du 20e siècle, conférer des droits et obligations dans certains domaines du droit international, comme celui des droits de la personne, du droit international humanitaire et du droit pénal international. Ils peuvent désormais, notamment en matière de droit pénal international, engager leur propre responsabilité pour des violations de certaines règles de droit international. Mais cette responsabilité individuelle demeure l'exception et n'est possible que pour un nombre restreint de violations du droit international.

[122] Marina Caparini, "Domestic Regulation. Licensing Regimes for the Export of Military Goods and Services" dans Chesterman et Lehnardt, *From Mercenaries to Market, supra* note 11 aux pp. 158-78.

[123] Caroline Holmqvist, "Private Security Companies. The Case for Regulation," SIPRI Policy Paper No. 9, janvier 2005, à la p. 52, disponible en ligne: <http://www.sipri.org/contents/conflict/SIPRI_PolicyPaper9.pdf>.

[124] Voir le site de l'Initiative de la Suisse relative aux entreprises militaires et aux entreprises de sécurité privées: <http://www.eda.admin.ch/eda/fr/home/topics/intla/humlaw/pse/psechi.html>.

[125] Quoc Dinh et al., *Droit international public, supra* note 18 à la p. 648.

De plus, la place qu'ont acquis *de jure* les acteurs non étatiques dans l'ordre juridique international, toujours fortement influencé par une conception wesphalienne, est sans commune mesure avec celle qu'ils occupent *de facto*. En effet, les activités de ces acteurs, notamment des EMP, sur la scène internationale, sont de plus en plus variées et importantes. Les risques que certaines d'entre elles soient génératrices de violations du droit international, que l'on pense par exemple au droit international humanitaire ou aux droits de la personne, sont donc croissants. Les règles d'attribution en matière de responsabilité d'État occuperont ainsi possiblement une place de plus en plus importante dans la jurisprudence et la doctrine internationales. De plus, le phénomène de la mondialisation amène une délocalisation de nombreuses activités qui échappent ainsi au contrôle de l'État ou, à tout le moins, rend ce contrôle plus difficile à exercer.[126] L'extension de l'obligation des États d'exercer la diligence requise relativement à certains comportements sera-t-elle la réponse du droit international à ce phénomène? On peut penser qu'elle en fera, à tout le moins, partie.[127]

Sur le plan interne, nombre d'États sont de plus en plus enclins à délaisser certaines sphères d'activités et à confier à des entreprises privées le soin d'accomplir certaines des fonctions considérées comme normalement dévolues à l'État. Tel que mentionné précédemment, le comportement d'un acteur non étatique relatif à l'exercice d'une prérogative de puissance publique est attribuable à l'État. Mais, puisque ce concept est propre à chaque société, à leur histoire et à leur tradition, la tendance à la privatisation de nombreux États pourrait bien réduire le champ des prérogatives de puissance publique[128] et ainsi priver d'un recours les sujets de droit international lésés par de telles activités.

[126] Voir à ce sujet Claire Cutler, *Private Power and Global Authority: Transnational Merchant Law in the Global Political Economy*, Cambridge, Cambridge University Press, 2003.

[127] Voir par exemple, les récents travaux du Représentant spécial des Nations Unies sur la question des droits de l'Homme et des sociétés transnationales, qui abordent directement la question de la responsabilité d'État et de l'obligation d'exercer la diligence requise relativement aux activités des entreprises transnationales à l'extérieur du territoire de leur État d'incorporation. "Workshop on Attributing Corporate Responsibility for Human Rights under International Law," (2006), Conseil des droits de l'Homme, Haut Commissaire des Nations Unies aux droits de l'Homme, disponible en ligne: <http://www.business-humanrights.org/Documents/Workshop-Corp-Responsibility-under-Intl-Law-17-Nov-2006.pdf>.

[128] Voir Sassòli, "La responsabilité internationale de l'État," *supra* note 43.

En somme, la question sous étude est au cœur de plusieurs des changements que connaît présentement la structure de l'ordre juridique international et dont le recours de plus en plus fréquent aux EMP par les États est un exemple probant. La responsabilité internationale des États pour le comportement d'acteurs non étatiques est en voie de devenir, si elle ne l'est pas déjà, une question dont l'importance sera grandissante dans la régulation des rapports juridiques internationaux.

Summary

State Responsibility for the Acts of Private Military Companies

Private security and military services have become a substantial organized business activity that offers various services to multiple entities. Today, a number of states call on private military companies (PMCs) to carry out tasks traditionally provided by national armed forces. The activities of these companies are increasingly varied and extensive. The risk that some of these activities will generate violations of international law is therefore also growing. However, direct application of international law to PMC activities is not always straightforward. Thus, rules of state responsibility constitute an important dimension of any approach, and may provide interesting potential solutions, to the issue. This article explores the circumstances in which the rules of state responsibility may hold a state responsible for a PMC's act.

Sommaire

La responsabilité internationale d'État pour le fait d'entreprises militaires privées

Le domaine des services de sécurité et des services militaires privés est aujourd'hui une véritable industrie organisée qui offre de multiples services à différentes entités. De nombreux États ont recours aux services d'entreprises militaires privées (EMP) pour accomplir certaines tâches traditionnellement dévolues aux armées nationales. Les activités de ces entreprises sont de plus en plus variées et importantes. Les risques que certaines d'entre elles soient génératrices de violations du droit international sont donc croissants. L'application pratique de certaines des règles du droit international aux EMP et à leurs employés ne semble cependant pas toujours aisée. Les règles de la responsabilité internationales des États apparaissent donc comme une dimension capitale de toutes réflexions sur le sujet et peuvent apporter d'intéressantes pistes de solutions. Cet article explore dans quelles circonstances et suivant quelles règles un État peut être tenu internationalement responsable pour le comportement d'EMP.

The Special Court for Sierra Leone, Child Soldiers, and Forced Marriage: Providing Clarity or Confusion?

VALERIE OOSTERVELD

The Special Court for Sierra Leone released its first two trial-level judgments in mid-2007. In June 2007, Trial Chamber II of the Special Court issued its judgment in the case of *Prosecutor v. Brima, Kamara and Kanu* (*Armed Forces Revolutionary Council (AFRC)* case).[1] This judgment was followed in August 2007 by Trial Chamber I's judgment in the case of *Prosecutor v. Fofana and Kondewa* (*Civil Defence Forces (CDF)* case).[2] These two judgments, and the subsequent Appeals Chamber judgments in both cases, are noteworthy for having been the first to adjudicate at the international level the war crime of conscription, enlistment, or use of child soldiers.[3] In addition, these judgments had the opportunity to explore, also for the first

---

Valerie Oosterveld, Assistant Professor, Faculty of Law, University of Western Ontario.
The author wishes to thank Margaret Martin for her comments and Robert Curtis for his research assistance. Any errors are the author's own.

1 *Prosecutor v. Alex Tamba Brima, Brima Bazzy Kamara and Santigie Borbor Kanu,* SCSL-04-16-T, Judgment (20 June 2007) (Special Court for Sierra Leone, Trial Chamber II) [*AFRC* Trial Judgment].

2 *Prosecutor v. Moinina Fofana and Allieu Kondewa,* SCSL-04–14-T, Judgment (2 August 2007) (Special Court for Sierra Leone, Trial Chamber I) [*CDF* Trial Judgment].

3 *Prosecutor v. Alex Tamba Brima, Brima Bazzy Kamara and Santigie Borbor Kanu,* SCSL-04–16-A, Judgment (22 February 2008) (Special Court for Sierra Leone, Appeals Chamber) [*AFRC* Appeals Judgment]; *Prosecutor v. Moinina Fofana and Allieu Kondewa,* SCSL-04–14-A, Judgment (28 May 2008) (Special Court for Sierra Leone, Appeals Chamber) [*CDF* Appeals Judgment]. Note that the International Criminal Court (ICC) can also claim to be among the first international criminal bodies to have reviewed this war crime, albeit on a preliminary basis. *Prosecutor v. Thomas Lubanga Dyilo,* ICC-01/04–01/06, Decision on the Confirmation of Charges (29 January 2007) (ICC, Pre-Trial Chamber I) [*Lubanga* Confirmation of Charges]. Note also that there has been some discussion as to whether the Special Court for Sierra Leone can be classified as an "international"

time within an international criminal tribunal, the gender-based crime against humanity of forced marriage. Unfortunately, only the *AFRC* judgments chose to do so. The *CDF* trial judgment was silent on this important matter, although the appeals judgment tried to — but could not — correct this omission. Given that the Special Court was the first international criminal tribunal to rule on crimes involving child soldiers and forced marriage, its views will likely be considered by the International Criminal Court (ICC) in its upcoming cases involving elements of these two issues.[4]

---

criminal tribunal or whether it is more accurately termed a "mixed," "hybrid," or "internationalized" criminal tribunal. See Daphna Shraga's classification of the Special Court as a "mixed" tribunal in Daphna Shraga, "The Second Generation UN-Based Tribunals: A Diversity of Mixed Jurisdictions," in Cesare P.R. Romano et al., eds., *Internationalized Criminal Courts: Sierra Leone, East Timor, Kosovo, and Cambodia* (New York: Oxford University Press, 2004), 15. Yet see the Special Court for Sierra Leone's own Trial Chamber classification of this court as an international criminal tribunal. *Prosecutor v. Charles Ghankay Taylor,* SCSL-2003–01-I, Decision on Immunity from Jurisdiction (31 May 2004) at para. 42 (Special Court for Sierra Leone, Appeals Chamber). For the purposes of this article, the term "international criminal tribunal" is used to include the Special Court for Sierra Leone for ease of reference rather than to make a judgment about the proper categorization.

[4] The ICC was to have considered the conscription, enlistment, and use of child soldiers in the Democratic Republic of the Congo in the case of Thomas Lubanga Dyilo. See *Prosecutor v. Thomas Lubanga Dyilo,* ICC-01/04-01/06, Warrant of Arrest (10 February 2006) (ICC, Pre-Trial Chamber I) [*Lubanga* Charges]. However, the *Lubanga* case is, at the time of writing, subject to a stay of proceedings. *Prosecutor v. Thomas Lubanga Dyilo,* ICC-01/04-01/06, Decision on the Consequences of Non-Disclosure of Exculpatory Materials Covered by Article 54(3)(e), Agreements and the Application to Stay the Prosecution of the Accused, Together with Certain Other Issues Raised at the Status Conference on 10 June 2008 (13 June 2008) (ICC, Trial Chamber I). The ICC also has in custody two individuals, Germain Katanga and Mathieu Ngudjolo Chui, who are charged with the war crime of using children to participate actively in hostilities. See *Prosecutor v. Katanga and Ngudjolo Chui,* ICC-01/04–01/07, Prosecution's Submission of Public Version of Document Containing the Charges (24 April 2008) Annex I at 32 (ICC, Pre-Trial Chamber I) [*Katanga and Ngudjolo* Charges]. The confirmation of the charges hearing is scheduled to begin on 27 June 2008: *Prosecutor v. Katanga and Ngudjolo Chui,* ICC-01/04–01/07, Decision on the Defence Request for Postponement of the Confirmation Hearing (25 April 2008) (ICC, Pre-Trial Chamber I). The ICC recently unsealed another arrest warrant for an individual charged with conscription, enlistment, and use of child soldiers: *Prosecutor v. Bosco Ntaganda,* ICC-01/04-02/06, Warrant of Arrest (22 August 2006) at 4 (ICC, Pre-Trial Chamber I). In the Uganda situation, the prosecutor has also charged the enlistment of child soldiers as a war crime. See, for example,

This article will focus upon how the Special Court for Sierra Leone has addressed the war crime of conscription or enlistment of children under the age of fifteen as fighters or using them to participate actively in hostilities, as well as the gender-based crime against humanity of forced marriage. Beginning with the issue of child soldiers, this article argues that the Special Court's first four judgments in the *AFRC* and *CDF* cases have made some important findings on the applicable elements of crime. The article also examines how the AFRC Trial Chamber addressed the issue of abduction of children and how the *CDF* judgments grappled with the role of initiation within the act of conscription or enlistment of child soldiers. It also explores how the *AFRC* and *CDF* judgments addressed the use of children to participate actively in hostilities and whether criticism of their approaches is valid.

The second part of this article discusses how the AFRC Trial and Appeals Chambers addressed the crime against humanity of forced marriage. Forced marriage occurred within the Sierra Leonean civil war when girls and women were forcibly "married" to combatants and therefore expected to accede to any sexual demands from their "husbands" as well as to cook, clean, porter, bear and care for children, and protect the property of their "husband." This article considers how the AFRC Trial Chamber approached this crime, which contains both sexual and non-sexual aspects, subsuming its understanding of forced marriage into that of sexual slavery. The AFRC Appeals Chamber attempted to remedy this collapsing, recognizing that forced marriage is a gender-based crime with important differences from that of sexual slavery. It also defined the crime against humanity of forced marriage as involving "forced conjugal association with another person resulting in great suffering, or serious physical or mental injury on the part of the victim."[5] This

---

Prosecutor v. Joseph Kony, ICC-02/04-01/05, Warrant of Arrest for Joseph Kony Issued on 8 July 2005 as Amended on 27 September 2005 (27 September 2005) at 13 (count 5) and 15 (count 13) (ICC, Pre-Trial Chamber II) [*Kony* Charges]. While the ICC's prosecutor has not charged the crime against humanity of forced marriage in the same manner as the Special Court, he has alleged acts of forced marriage (sometimes referred to only as sexual slavery). *Katanga and Ngudjolo* Charges, *ibid.* at paras. 62 and 89. Given the widespread use of forced marriage by the Lord's Resistance Army, one might expect the evidence of sexual enslavement and perhaps rape to also relate to forced marriage, if the case is heard by the ICC. See, for example, *Kony* Charges, *ibid.* at 12–13 (counts 1–3).

[5] *AFRC* Appeals Judgment, *supra* note 3 at para. 195.

approach raises some pertinent questions about whether a definition of "forced conjugal association" actually enhances international criminal law's understanding of the crime. This section closes by looking at how the CDF Trial Chamber chose to avoid consideration of the crime against humanity of forced marriage and how the Appeals Chamber's rebuke of the Trial Chamber in this matter could not correct the negative silence created within the Special Court's record of CDF atrocities.

The article concludes by finding that the *AFRC* and *CDF* trial and appeals judgments will provide some guidance for the ICC on the interpretation of the elements of crimes for conscription, enlistment, and use of child soldiers. These judgments also raise some issues that should be considered in more detail by the ICC — for example, the link between abductions and child soldier recruitment and how to distinguish between active and non-active participation of children under fifteen in hostilities. These judgments also point to the dangers involved in misunderstanding a gender-based crime such as forced marriage solely as a crime of a sexual nature. In addition, the *CDF* trial judgment, in particular, illustrates the way in which a trial record can be irrevocably altered by the unbalanced exclusion of gender-based crimes. In other words, the ICC will need to be keenly aware of how to focus on sexual violence crimes (such as the crime against humanity of sexual slavery), while still acknowledging the non-sexual aspects of the larger context (such as that of forced marriage).

Background

The Special Court for Sierra Leone was created in 2002 following a decade-long armed conflict in the West African country of Sierra Leone.[6] The Special Court was tasked with prosecuting "persons who bear the greatest responsibility for serious violations of international humanitarian law and Sierra Leonean law committed in the territory of Sierra Leone since 30 November 1996, including those

[6] In 2000, as a result of a request by the government of Sierra Leone, the United Nations Security Council asked the UN secretary-general to negotiate an agreement with the government of Sierra Leone to create a Special Court. Security Council Resolution 1315 on the Situation in Sierra Leone, UNSCOR, 54th Year, 4186th Mtg., UN Doc. S/Res/1315 (2000). This led to the adoption of an *Agreement between the United Nations and the Government of Sierra Leone on the Establishment of a Special Court for Sierra Leone,* 16 January 2002, 2178 U.N.T.S. 138 (entered into force 12 April 2002). The *Statute of the Special Court* was annexed to this agreement.

leaders who, in committing such crimes, have threatened the establishment of the peace process in Sierra Leone."[7] The Special Court's subject matter jurisdiction covers crimes against humanity, violations of common Article 3 to the Geneva Conventions of 1949 and of Additional Protocol II, other serious violations of international humanitarian law, and certain crimes under Sierra Leonean law.[8]

The two cases under discussion in this article involve two different fighting forces within the Sierra Leonean civil war: the AFRC and the CDF. The AFRC was created in 1997 following a coup against the elected government by seventeen junior-ranking soldiers of the Sierra Leonean Army.[9] The coup plotters, and others, formed a new government, which called itself the AFRC. The AFRC government suspended the application of the country's Constitution, dissolved the democratically elected government, and banned political parties.[10] The AFRC invited the rebel group, the Revolutionary United Front (RUF), to join the AFRC in government and in consolidating control over Sierra Leone.[11] Since the AFRC and the RUF did not exercise control over the entire country, it undertook joint military operations to attempt to gain control from the CDF and to secure arms and diamonds.[12]

The forces of the Economic Community of West African States Monitoring Group (ECOMOG) fought against the AFRC/RUF and regained control of the capital city, Freetown, in February 1998.[13] The AFRC/RUF relationship began to disintegrate, as did the internal relations within the AFRC. The AFRC fighters (sometimes in collaboration with the RUF) engaged in widespread looting and attacks on, and abductions of, civilians.[14] The AFRC attacked Freetown in January 1999 but were eventually repelled by ECOMOG forces.[15] During their retreat, the AFRC troops caused massive

7 *Statute of the Special Court*, *supra* note 6 at Article 1(1).

8 *Ibid.* at Articles 2, 3, 4, and 5. The prosecutor has chosen not to charge any of the individuals with crimes under Sierra Leonean law. *Geneva Conventions,* 12 August 1949, 1125 U.N.T.S. 3, <http://www1.umn.edu/humanrts/instree/y5pagc.htm>.

9 *AFRC* Trial Judgment, *supra* note 1 at para. 164.

10 *Ibid.* at para. 165.

11 *Ibid.* at para. 164.

12 *Ibid.* at paras. 166, 170, and 172.

13 *Ibid.* at paras. 168, 173, and 175.

14 *Ibid.* at paras. 178, 184, and 192.

15 *Ibid.* at paras. 202–6.

civilian casualties and extensive damage to infrastructure and housing in Freetown.[16] The AFRC then divided into two groups: one supporting the RUF and one known as the "West Side Boys," which frequently targeted and attacked the civilian population.[17] The AFRC existed in this way until the end of the hostilities in Sierra Leone.

The three defendants in the *AFRC* case — Alex Tamba Brima, Brima Bazzy Kamara, and Santigie Borbor Kanu — were members of the Supreme Council, the highest decision-making body of the AFRC.[18] They also held other high-ranking roles within the AFRC.[19] Brima eventually became the overall commander of the AFRC forces, Kamara was deputy commander, and Kanu was chief of staff.[20] They remained the most senior commanders within the AFRC until the end of the hostilities in 2002.[21] The accused were arrested in 2003 and were charged with fourteen counts of crimes against humanity and war crimes, including the war crime of conscription, enlistment, or use of child soldiers and the crime against humanity of forced marriage.[22] Their joint trial began in March 2005 and ended in December 2006.

The CDF militia was involved in the conflict in Sierra Leone between November 1996 and December 1999.[23] The CDF fought in support of the democratically elected government and against the AFRC and RUF.[24] Kamajors (traditional hunters in rural Sierra Leone) were originally engaged by village chiefs to protect their communities against the rebels, in cooperation with Sierra Leone's military.[25] After the AFRC coup, the Kamajors and other civil security groups became an independent fighting force, which was designated the

[16] *Ibid.* at para. 207.

[17] *Ibid.* at para. 208.

[18] *AFRC* Appeals Judgment, *supra* note 3 at para. 17.

[19] For example, Brima and Kamara served as public liaison officers with supervisory responsibility over various government ministries. *Ibid.*

[20] *Ibid.* at para. 18.

[21] *Ibid.*

[22] *AFRC* Trial Judgment, *supra* note 1 at Annex A, paras. 1–3. See also *Prosecutor v. Alex Tamba Brima, Brima Bazzy Kamara and Santigie Borbor Kanu*, SCSL-04-16-PT, Further Amended Consolidated Indictment (18 February 2005) (Special Court for Sierra Leone) [*AFRC* Indictment].

[23] *CDF* Trial Judgment, *supra* note 2 at para. 2.

[24] *Ibid.*

[25] *Ibid.* at para. 62.

CDF by President Kabbah from exile in Guinea.[26] The Organization for African Unity enlisted the Economic Community of West African States (ECOWAS) to restore Kabbah's government, and ECOWAS empowered ECOMOG to do so.[27] ECOMOG provided the CDF with supplies, intelligence, medical care, and logistical support and collaborated operationally in fighting the AFRC and RUF.[28]

Three members of the CDF High Command — Sam Hinga Norman, Moinina Fofana, and Allieu Kondewa — were arrested in 2003 and charged with eight counts of crimes against humanity and war crimes, including the conscription, enlistment, or use of child soldiers.[29] The prosecutor tried, and failed, to add charges, and bring evidence, relating to the crime against humanity of forced marriage.[30] Norman, originally the national coordinator of the Kamajors, was the national coordinator of the CDF.[31] Fofana was the CDF director of war, and Kondewa was the high priest of the CDF and chief initiator of new recruits into the Kamajor society.[32] Their joint trial began in June 2004 and ended in November 2006. Norman died soon after, in February 2007, and the case against him was terminated.[33]

Conscription, Enlistment, and Use of Child Soldiers

Both the *AFRC* and *CDF* trial judgments adjudicated, for the first time in an international tribunal, the war crime of "conscripting or enlisting children under the age of 15 years into armed forces or

[26] *Ibid.* at para. 80.

[27] *Ibid.* at para. 82.

[28] *Ibid.* at paras. 83–86.

[29] *Ibid.* at Annex F, paras. 2–4. See also *Prosecutor v. Sam Hinga Norman, Moinina Fofana and Allieu Kondewa,* SCSL-03-14-I, Indictment (3 February 2004) (Special Court for Sierra Leone) [*CDF* Indictment].

[30] These attempts are outlined in detail later in this article beginning at note 134 and associated text.

[31] *CDF* Trial Judgment, *supra* note 2 at paras. 75 and 81.

[32] *Ibid.* at paras. 293, 338–40, and 344.

[33] Norman died following routine surgery in Senegal. Special Court for Sierra Leone Press Release, "Special Court Indictee Sam Hinga Norman Dies in Dakar" (22 February 2007). On the dismissal, see *CDF* Trial Judgment, *supra* note 2 at paras. 4–8. Norman had testified during the trial, and the Trial Chamber took his evidence into account in making factual findings. However, it did not pronounce on his guilt or innocence (*ibid.* at paras. 6, 7, and 274).

groups or using them to participate actively in hostilities."[34] The *AFRC* trial judgment recorded the first-ever international convictions for the conscription, enlistment, or use of child soldiers, and the *CDF* trial judgment followed with an additional conviction.[35] The AFRC convictions have been upheld on appeal, but the CDF conviction was overturned on appeal.[36] Given the precedent-setting nature of these convictions and acquittals, the Special Court's consideration of this crime is likely to influence the forthcoming prosecution of these crimes by the ICC in the joint case of *Prosecutor v. Katanga and Ngudjolo Chui.*[37]

In 2004, the accused Norman, in the *CDF* case, argued that the crime of child conscription or enlistment found in Article 4(c) of the *Statute of the Special Court* was not recognized under customary international law at the times relevant to the indictment and therefore that it violated the principle of *nullem crimen sine lege.*[38] The Special Court's Appeals Chamber found that, prior to the start of the Special Court's temporal jurisdiction in November 1996, the crime had indeed crystallized as customary international law, whether committed in international or internal armed conflict, and, thus, that there was no issue of *nullem crimen sine lege.*[39] This

[34] *Statute of the Special Court, supra* note 6 at Article 4(c). While the *Rome Statute of the International Criminal Court* was the first statute of an international criminal tribunal providing for individual criminal responsibility for this crime (under Articles 8(b)(xxvi) and 8(e)(vii)), the Special Court for Sierra Leone is the first such tribunal to prosecute this crime. *Rome Statute of the International Criminal Court,* 17 July 1998, 2187 U.N.T.S. 90 (entered into force 1 July 2002) [*Rome Statute*].

[35] In the *AFRC* case, all three accused (Brima, Kamara, and Kanu) were convicted of this crime. *AFRC* Trial Judgment, *supra* note 1 at paras. 2113, 2117, and 2121. In the *CDF* case, one of the accused (Kondewa) was convicted of this crime. *CDF* Trial Judgment, *supra* note 2 at 291 (Disposition). The other CDF accused charged with this crime (Fofana) was not convicted on this count (*ibid.* at paras. 962–7).

[36] *AFRC* Appeals Judgment, *supra* note 3 at 106 (Disposition) and para. 306 (Kanu); and *CDF* Appeals Judgment, *supra* note 3 at para. 146.

[37] The Special Court's rulings may also be influential in the case of *Prosecutor v. Thomas Lubanga Dyilo,* if the stay of proceedings is lifted. See *Lubanga* Charges and *Katanga and Ngudjolo* Charges, both at *supra* note 4.

[38] *Prosecutor v. Norman,* SCSL-04-14-AR72(E), Decision on Preliminary Motion Based on Lack of Jurisdiction (Child Recruitment) (31 May 2004) at para. 1 (Special Court for Sierra Leone, Appeals Chamber) [*Norman* Decision]. *Statute of the Special Court, supra* note 6.

[39] *Norman* Decision, *supra* note 38 at para. 53.

decision was recognized and followed by both the AFRC and CDF Trial Chambers in their judgments.[40] The *CDF* judgment went further and applied the Appeals Chamber decision beyond recruitment in order to find that the use of children to participate actively in hostilities was similarly criminalized under customary international law prior to the start of the court's temporal mandate.[41] These views on recruitment and use were confirmed by the Appeals Chamber in the *AFRC* and *CDF* appeals judgments.[42]

Unlike the *Rome Statute of the International Criminal Court* (*Rome Statute*), the *Statute of the Special Court for Sierra Leone* is not provided with predetermined elements of crimes.[43] Thus, to begin its analysis, the AFRC Trial Chamber set out the elements of the crime of conscripting or enlisting children under the age of fifteen years into armed forces or groups or using them to participate actively in hostilities. The Trial Chamber decided to closely follow the ICC's elements for this crime, stating that the applicable elements are:

- the perpetrator conscripted or enlisted one or more persons into an armed force or group or used one or more persons to participate actively in hostilities;
- such person or persons were under the age of fifteen years;
- the perpetrator knew or should have known that such person or persons were under the age of fifteen years;
- the conduct took place in the context of, and was associated with, an armed conflict; and
- the perpetrator was aware of factual circumstances that established the existence of an armed conflict.[44]

40 *AFRC* Trial Judgment, *supra* note 1 at para. 728; and *CDF* Trial Judgment, *supra* note 2 at para. 197.

41 *CDF* Trial Judgment, *supra* note 2 at para. 197.

42 *AFRC* Appeals Judgment, *supra* note 3 at paras. 295–6; and *CDF* Appeals Judgment, *supra* note 3 at para. 139.

43 However, note that the ICC's Elements of Crimes are non-binding. *Rome Statute, supra* note 34 at Article 9. The Elements of Crimes are found in Preparatory Commission for the International Criminal Court, *Report of the Preparatory Commission for the International Criminal Court, Addendum, Part II, Finalized Draft Text of the Elements of Crimes,* UN Doc. PCNICC/2000/1/Add.2 (2000) [ICC Elements of Crimes].

44 *AFRC* Trial Judgment, *supra* note 1 at para. 729. The *AFRC* trial judgment's approach is slightly different from that found in the ICC's Elements of Crimes document, which states in the fourth element: "The conduct took place in the

Nolwenn Guibert and Tilman Blumenstock have critiqued the *AFRC* trial judgment as failing to define the precise elements of the crime,[45] but it is difficult to see how these elements might be more detailed and yet still provide generalized prosecutorial guidance.[46] Apart from essentially adopting the general elements associated with the *Rome Statute*, the AFRC Trial Chamber also defined the terms "conscription," "enlistment," and "use" as they are to be understood within the context of the elements of crime.[47]

While the AFRC Trial Chamber was deferential to the elements associated with the *Rome Statute*, the CDF Trial Chamber in its judgment decided to take a different approach. This is an interesting turn of events, given that the CDF Trial Chamber, in its decision on a defence motion for acquittal, originally proposed the elements that were eventually adopted by the AFRC Trial Chamber.[48] In its judgment, and without reference as to why it chose to deviate from its earlier determination, the CDF Trial Chamber adopted two sets of elements: one related to enlistment (which appears to include

---

context of and was associated with an armed conflict not of an international character." ICC Elements of Crimes, *supra* note 43 at 46.

[45] Nolwenn Guibert and Tilman Blumenstock, "The First Judgment of the Special Court for Sierra Leone: A Missed Opportunity?" (2007) 6 Law and Practice of International Courts and Tribunals 367 at 381.

[46] While the AFRC Trial Chamber essentially adopted the elements of crime associated with the *Rome Statute* of the ICC, perhaps Guibert and Blumenstock are concerned that these elements captured conscripting, enlistment, and use all in one set of elements. A discussion of the separation of the elements of conscription and enlistment from those of use by the CDF Trial Chamber follows later in this article. Or, alternatively, perhaps their concern lies not with the general elements *per se*, but with the definitions adopted by the Trial Chamber and/or their application to the facts of the case. The dangers of adopting extremely detailed elements are examined in the discussion later of Itoe J.'s proposed categories in the *CDF* case.

[47] *AFRC* Trial Judgment, *supra* note 1 at paras. 729 and 734–36. The Trial Chamber noted the ICC's approach of classifying conscription as a forcible recruitment and enlistment as voluntary recruitment. *Lubanga* Confirmation of Charges, *supra* note 3 at paras. 246–47.

[48] *Prosecutor v. Sam Hinga Norman, Moinina Fofana and Allieu Kondewa*, SCSL-04-14, Decision on Motion for Judgment of Acquittal Pursuant to Rule 98 (21 October 2005) at para. 124 (Special Court for Sierra Leone, Trial Chamber I). These elements were adopted not only in the *AFRC* Trial Judgment but also in *Prosecutor v. Alex Tamba Brima, Brima Bazzy Kamara and Santigie Borbor Kanu*, SCSL-04-16-T, Decision on Defence Motions for Judgment of Acquittal Pursuant to Rule 98 (31 March 2006) at para. 194 (Special Court for Sierra Leone, Trial Chamber I) [*AFRC* Rule 98 Decision].

conscription),[49] and one associated with the use of children to participate actively in hostilities. The first set of elements includes:

- one or more persons were enlisted, either voluntarily or compulsorily, into an armed force or group by the accused;
- such person or persons were under the age of fifteen years;
- the accused knew, or had reason to know, that such person or persons were under the age of fifteen years; and
- the accused intended to enlist the said persons into the armed forces or group.[50]

The second set of elements, on use, includes:

- one or more persons were used by the accused to actively participate in hostilities;
- such person or persons were under the age of fifteen years;
- the accused knew or had reason to know that such person or persons were under the age of fifteen years; and
- the accused intended to use the said persons to actively participate in hostilities.[51]

The main difference between the AFRC and CDF sets of elements is that the CDF elements explicitly state that the accused intended to enlist the child or use the child to participate actively in hostilities. The ICC's — and therefore the AFRC Trial Chamber's — elements of crime adopt a lower subjective requirement, namely that the perpetrator must know, or have turned a blind eye to the fact, that the child is under fifteen years of age.[52] Neither the *AFRC* nor the *CDF* appeals judgments clarified which approach is the correct one. However, the *CDF* appeals judgment follows part of the AFRC Trial Chamber's analysis of the elements, which is a hint that the Appeals Chamber prefered this Trial Chamber's approach.[53]

49 *CDF* Trial Judgment, *supra* note 2 at para. 191, notes that recruitment covers enlistment and conscription, and para. 192 refers to both voluntary and forced enlistment (with conscription seemingly the same as forced enlistment).

50 *Ibid.* at para. 195.

51 *Ibid.* at para. 196.

52 Gerhard Werle, *Principles of International Criminal Law* (The Hague: T.M.C. Asser Press, 2005) at 334, para. 985.

53 *CDF* Appeals Judgment, *supra* note 3 at paras. 139–41. The Appeals Chamber may prefer the AFRC Trial Chamber's approach to the elements because it

While the *AFRC* appeals judgment did not clarify the required elements of crime, it did address an issue related to *mens rea*. The accused Kanu argued during the *AFRC* trial that the practice in Sierra Leone prior to the indictment period was to recruit persons under fifteen, and, therefore, he did not know that such recruitment was illegal.[54] The Trial Chamber replied that the rules of customary international law are not contingent on domestic practice in Sierra Leone nor can a national practice creating an appearance of lawfulness be raised as a defence to conduct violating international norms.[55] Kanu attempted to appeal on the same ground of mistake of law, arguing that his required *mens rea* was missing,[56] but the Appeals Chamber dismissed this argument as frivolous and vexatious.[57] Guibert and Blumenstock have praised this approach, noting that this position is consistent with the practice of other international criminal tribunals, which require a high threshold before accepting a mistake of law.[58]

During the *AFRC* trial, Kanu also argued that the age of fifteen years is arbitrary since the end of childhood in traditional African society has little to do with achieving a particular age and more to do with physical capacity to perform acts reserved for adults.[59] The Trial Chamber held that the age requirement cannot be construed flexibly since the crime of recruitment or use of children under fifteen has attained the status of customary international law.[60] In addition, the Trial Chamber rejected "any defence based on cultural distinctions regarding the definition of 'childhood.'"[61] While

---

appears to be more reflective of an international consensus. Note, however, that the ICC's Elements of Crime are to be read in conjunction with Article 30 of the *Rome Statute*, which provides the overarching rule with respect to the mental elements. *Rome Statute*, *supra* note 34 at Article 30. The ICC's application of Article 30 was not explicitly considered by the AFRC Trial Chamber in its proposed elements.

[54] *AFRC* Trial Judgment, *supra* note 1 at para. 730.

[55] *Ibid.* at para. 732.

[56] *AFRC* Appeals Judgment, *supra* note 3 at para. 293.

[57] *Ibid.* at paras. 296–97.

[58] Guibert and Blumenstock, *supra* note 45 at 381, citing *Prosecutor v. Orić*, IT-03-68, Judgment (30 June 2006) at para. 563 (International Criminal Tribunal for the Former Yugoslavia (ICTY), Trial Chamber II).

[59] *AFRC* Trial Judgment, *supra* note 1 at para. 730.

[60] *Ibid.* at para. 731.

[61] *Ibid.* at para. 1251.

the defence raised a potentially philosophically interesting argument because of its relation to the tensions between universalism and cultural relativism within international law, the Trial Chamber was correct in its legal determination. The war crime of recruitment or use of children under fifteen as fighters stems from international humanitarian and human rights law, which do not permit a flexible age interpretation in this respect.[62]

The *AFRC* indictment charged the use of child soldiers by referring to the fact that many of these children were first abducted, then trained in the AFRC/RUF camps in various locations, and then used as fighters.[63] The prosecutor's decision to bring a sharp focus on the role that abduction played in the creation of child soldiers echoed the *Report of the Secretary-General on the Establishment of a Special Court for Sierra Leone.*[64] The AFRC Trial Chamber held

62 Under Article 38(3) of the *Convention on the Rights of the Child,* states parties shall refrain from recruiting any person who has not attained the age of fifteen years into their armed forces. *Convention on the Rights of the Child,* 20 November 1989, 1577 U.N.T.S. 3 (entered into force 2 September 1990). (The Optional Protocol to this convention raises the age limit for voluntary and compulsory recruitment: *Optional Protocol to the Convention on the Rights of the Child on the Involvement of Children in Armed Conflict,* 25 May 2000, GA Res. 54/263, Annex I, 54 U.N. GAOR Supp. (No. 49) at 7, UN Doc. A/54/49 (2000) at arts. 2–3.) Article 77(2) of *Additional Protocol I* requires states parties to refrain from recruiting children under age fifteen into their armed forces and to take feasible measures to ensure that they do not take a direct part in hostilities, and Article 4(3)(c) of *Additional Protocol II* states that children who have not attained the age of fifteen years shall neither be recruited into the armed forces or groups nor allowed to take part in hostilities. *Protocol Additional to the Geneva Conventions of 1949, and Relating to the Protection of Victims of International Armed Conflicts,* 12 December 1977 1977, 1125 U.N.T.S. 3 (entered into force 7 December 1978) [*Additional Protocol I*] and *Protocol Additional to the Geneva Conventions of 1949 and Relating to the Protection of Victims of Non-International Armed Conflicts,* 12 December 1977, 1125 U.N.T.S. 609 (entered into force 7 December 1978) [*Additional Protocol II*].

63 *AFRC* Indictment, *supra* note 22 at count 12, para. 65. This has been criticized as "inartful drafting." Guibert and Blumenstock, *supra* note 45 at 380.

64 "While the definition of the crime of 'conscripting' or 'enlisting' connotes an administrative act of putting one's name on a list and formal entry into the armed forces, the elements of crime under the proposed Statute of the Special Court are: (a) abduction, which in the case of the children of Sierra Leone was the original crime and is in itself a crime under common article 3 of the Geneva Conventions; (b) forced recruitment in the most general sense — administrative formalities, obviously, notwithstanding; and (c) transformation of the child into, and its use as, among other degrading uses, a 'child-combatant.'" *Report of the Secretary-General on the Establishment of a Special Court for Sierra Leone,* UN Doc. S/2000/915 (2000) at para. 18.

that the only method of recruitment described in the evidence was abduction, "a particularly egregious form of 'conscription.'"[65] Thus, the Trial Chamber linked abduction with a prohibited act within the *Statute of the Special Court*. This conclusion does raise the issue of whether abduction is entirely synonymous with conscription or whether abduction is more correctly termed a means to achieve a separate criminal act of conscription. The latter interpretation appears to be more convincing. The *AFRC* indictment also charged the crime against humanity of enslavement through abduction (for the purposes of diamond mining).[66] In this case, the AFRC Trial Chamber classified abduction as a means to achieve enslavement or as corroborating the claim of enslavement.[67]

Unlike the *AFRC* indictment, the *CDF* indictment did not focus upon abductions as part of the process of creating child soldiers.[68] Rather, the indictment included a different consideration — that of initiation of children into fighting forces.[69] The legal issue was whether initiation of a child into the Kamajor society could amount to enlistment into an armed force or group since enlistment and not initiation was the act criminalized in the *Statute of the Special Court*. The CDF Trial Chamber found that initiation did not necessarily amount to enlistment in an armed force or group but, rather, that initiation could amount to enlistment in specific cases.[70]

The Trial Chamber largely focused upon the evidence of witness TF2-021, who was eleven years old at the time of his first initiation and thirteen years old at the time of his second initiation. During TF2-021's first initiation, he and the other initiates were given potions to rub on their bodies, to be made strong for fighting, before going into battle.[71] They were then given military training and soon after sent to fight in the civil war.[72] The majority of the CDF Trial

65 *AFRC* Trial Judgment, *supra* note 1 at para. 1276.

66 *AFRC* Indictment, *supra* note 22 at count 13, paras. 66–73.

67 *AFRC* Trial Judgment, *supra* note 1 at para. 1285.

68 This was likely because of the different nature of the CDF troops, which were composed of initiated Kamajors as opposed to large numbers of abducted youth.

69 *CDF* Indictment, *supra* note 29 at para. 29. The indictment stated that "the Civil Defence Forces did, throughout the Republic of Sierra Leone, initiate or enlist children under the age of 15 years into armed forces or groups."

70 *CDF* Trial Judgment, *supra* note 2 at para. 969.

71 *Ibid.* at para. 970.

72 *Ibid.*

Chamber held that "the evidence is absolutely clear that on this occasion, the initiates had taken the first step in becoming fighters," and, therefore, the accused Kondewa, who was the person initiating the boys, "was also performing an act analogous to enlisting [children under fifteen years] for active military service."[73] Similarly, when Kondewa initiated TF2–021 into the Avondo Society (a society within the Kamajors) at age thirteen, Kondewa was also violating the prohibition of enlisting those under fifteen into an armed force or group.[74] In a lengthy separate opinion, Justice Benjamin Itoe argued that initiation into the Kamajor society should not be considered to be analogous to enlistment and therefore a criminal offence.[75] In his view, initiation was a traditional ritual separate from enlistment.[76] However, he did acknowledge that initiation provided an evidentiary element as a preparatory stage to enlistment.[77]

The *CDF* appeals judgment took a different approach. Seemingly rejecting the AFRC Trial Chamber's (and the ICC's) definition of enlistment as voluntary recruitment, the Appeals Chamber held that enlistment includes "any conduct accepting the child as part of the militia," including "making him participate in military operations."[78] The Appeals Chamber found that the enlistment of TF2–021 occurred not at the time of initiation by Kondewa but, rather, when he was captured by the CDF and forced to carry looted property.[79] Therefore, the required nexus between Kondewa and TF2–021 did not exist, and Kondewa could not be held responsible for TF2–021's enlistment.[80] The Appeals Chamber rightly noted that there was a paucity of jurisprudence on how direct an act must be to constitute enlistment and on the possible modes of enlistment.[81] However, the Appeals Chamber did not add clarity in this regard since it muddied the distinction between conscription

[73] *Ibid.*

[74] *Ibid.*

[75] *Ibid.* at Annex A, para. 30 (Separate and Partially Dissenting Opinion Only on Count 8 of the Hon. Justice Benjamin Mutanga Itoe).

[76] *Ibid.* at Annex A, paras. 27 and 30 (Separate and Partially Dissenting Opinion Only on Count 8 of the Hon. Justice Benjamin Mutanga Itoe).

[77] *Ibid.* at Annex A, para. 31 (Separate and Partially Dissenting Opinion Only on Count 8 of the Hon. Justice Benjamin Mutanga Itoe).

[78] *CDF* Appeals Judgment, *supra* note 3 at para. 144.

[79] *Ibid.*, para. 142.

[80] *Ibid.*, paras. 141–45.

[81] *Ibid.*, para. 141.

and enlistment. Surely, the capture of TF2–021 by the CDF could also be considered conscription under the Appeals Chamber's reasoning. Justice Renate Winter dissented from the majority judgment, arguing that the test of whether something constitutes enlistment hinges on whether the act (or series of acts) substantially furthers the process of a child's enrolment and acceptance into an armed force or group.[82] According to Winter J., forcing TF2–021 to carry looted property does not meet this test, while the CDF's ritualized initiation and military training does.[83] Winter J.'s test, while still unclear on the voluntary or involuntary nature of enlistment, does appear to be more persuasive than that of the majority.

Guibert and Blumenstock have strongly critiqued the AFRC Trial Chamber's consideration of the second portion of the war crime outlined in Article 4(c) of the *Statute of the Special Court* — namely using children to participate actively in hostilities. They raise two main concerns. First, they argue that the AFRC Trial Chamber has interpreted the word "use" too widely and therefore incorrectly demarcates the difference between active and non-active participation in hostilities. Second, they argue that one worrisome outcome of the AFRC Trial Chamber's interpretation of "use" is that it opens up the possibility of children losing protected status under international humanitarian law.

With respect to Guibert and Blumenstock's first concern, it is instructive to begin by examining how the AFRC Trial Chamber approached the crime of using children to participate actively in hostilities, compared to that of the CDF Trial Chamber.[84] The AFRC Trial Chamber defined the phrase "using children to participate actively in hostilities" as encompassing the notion of putting their lives directly at risk in combat.[85] The Trial Chamber also adopted

[82] *Ibid.* at paras. 11 and 14 (Partially Dissenting Opinion of Honourable Justice Renate Winter).

[83] *Ibid.* at para. 14 (Partially Dissenting Opinion of Honourable Justice Renate Winter).

[84] The *AFRC* Appeals Judgment did not address the issue of using children to participate actively in hostilities. The *CDF* Appeals Judgment did address this issue, in the context of the prosecutor's appeal against the "not guilty" finding against Fofana and the Trial Chamber's decision not to pronounce a verdict against Kondewa on using children. However, in its discussion, the Appeals Chamber did not elaborate its understanding of this crime. *CDF* Appeals Judgment, *supra* note 3 at paras. 115–35 and 147–53.

[85] *AFRC* Trial Judgment, *supra* note 1 at para. 736.

the approach of the Preparatory Committee involved in drafting the *Rome Statute*, which stated: "The words 'using' and 'participate' have been adopted [within the draft *Rome Statute*] in order to cover both participation in combat and also active participation in military activities linked to combat such as scouting, spying, sabotage and use of children as decoys, couriers or at military checkpoints."[86] It should be noted that the draft ICC text also included this clarification:

> The terms "using" and "participate" would not cover activities clearly unrelated to the hostilities such as food deliveries to an airbase or the use of domestic staff in an officer's married accommodations. However, use of children in a direct support function such as acting as bearers to take supplies to the front line, or activities at the front line itself, would be included within the terminology.[87]

The Trial Chamber similarly concluded that the use of children to participate actively in hostilities is not limited to participation in combat:

> An armed force requires logistical support to maintain its operations. Any labour or support that gives effect to, or helps maintain, operations in a conflict constitutes active participation. Hence carrying loads for the fighting faction, finding and/or acquiring food, ammunition or equipment, acting as decoys, carrying messages, making trails or finding routes, manning checkpoints or acting as human shields are some examples of active participation as much as actual fighting or combat.[88]

It appears, therefore, that the AFRC Trial Chamber adopted a somewhat wider approach than the drafters of the *Rome Statute* in terms of the activities that qualify as direct support functions for combat, including activities that do not necessarily relate directly to the front line, such as finding and/or acquiring food and making

[86] *Ibid.* This approach was also adopted by the ICC in *Lubanga* Confirmation of Charges, *supra* note 3 at para. 261.

[87] *Report of the Preparatory Committee on the Establishment of an International Criminal Court*, on *Draft Statute and Draft Final Act*, UN Doc. A/Conf.183/2/Add.1 (1998) at 25, note 12. Unlike the *AFRC* Trial Judgment, the entire quotation from the draft ICC Statute is included in the *CDF* Trial Judgment, *supra* note 2 at para. 193. This approach was adopted by the ICC in *Lubanga* Confirmation of Charges, *supra* note 3 at para. 262.

[88] *AFRC* Trial Judgment, *supra* note 1 at para. 737.

trails or finding routes. Later in the judgment, the Trial Chamber widens this approach even further by finding "that forcing children to undergo military training in a hostile environment constitutes illegal use of children pursuant to Article 4(c)" of the *Statute of the Special Court* and thereby links training to use.[89]

Guibert and Blumenstock appear to be particularly worried about the combined effect of these characterizations, insofar as they encompass a wide variety of auxiliary activities.[90] They capture their concern by stating that "[i]t may also be argued that defensive military training, or first aid, would be covered by the Trial Chamber's definition."[91] However, it is questionable whether either would actually be captured by the Trial Chamber's definition interpreted in light of the *travaux preparatoires* of the *Rome Statute*, although it is true that the Trial Chamber's use of the broad phrasing "any labour or support that gives effect to, or helps maintain, operations in a conflict constitutes active participation" does not assist in explaining where to draw the line between active and non-active participation (and therefore use).[92] Guibert and Blumenstock are also correct in expressing concern about the potential for conflating the crime of enslavement of children with the responsibility for using child soldiers: "[A] result which would blur the distinction between two separate crimes, while eroding the paramount interests which are protected by singling out for criminalization the use of child soldiers to wage war."[93]

Do the *CDF* judgments replicate or avoid this potential for over-inclusion? As noted earlier, the CDF Trial Chamber felt that it was appropriate to provide separate elements for use of children, apart from conscription or enlistment. Given their generalized nature, these elements rightfully do not provide an explicit demarcation between active and non-active participation in hostilities. The *CDF* majority trial judgment, however, does not provide any guidance

[89] *Ibid.* at para. 1278. The ICC does not go this far, providing the examples of using children to guard military objectives, such as the military quarters of the various units of the parties to the conflict, or to safeguard the physical safety of military commanders (using children as bodyguards). *Lubanga* Confirmation of Charges, *supra* note 3 at para. 263.

[90] Guibert and Blumenstock, *supra* note 45 at 381.

[91] *Ibid.*

[92] As Guibert and Blumenstock state, "[m]ost forced labour in an armed conflict is likely to support military operations in some way" (*ibid.*).

[93] *Ibid.*

on this demarcation, since it acquitted Fofana on the charges relating to the conscription, enlistment, or use of child soldiers and convicted Kondewa only on enlistment of child soldiers.

Itoe J., in his separate and partially dissenting opinion, does provide his detailed thoughts on where to draw the line between active and non-active participation in hostilities. He creates three categories of active participation. The first category is "direct involvement in combat activities in the frontlines by carrying a weapon and using it to exchange fire to the extent that [the child's] life or existence is, as a result, exposed to peril and jeopardy."[94] This characterization is narrower than that expressed by the AFRC Trial Chamber and the ICC drafters (and narrower than necessary), given the requirement of carrying a weapon and exchanging fire. For example, one can imagine that child soldiers could also put their lives directly at risk in combat by not exchanging fire but, instead, by using weapons such as machetes or gasoline to attack a village.

The second category outlined by Itoe J. involves

> [t]he participation in military activities or duties such as guarding military establishments or equipment belonging to a warring faction in times of hostilities and in the defence of occupied territory or of persons against threats of aggression from enemy forces, either by defending military installations or garrisons; mounting of checkpoints or acting as body guards to Commanders, indeed, being employed to assume roles which would place them in a permanent state of alert and readiness for combat.[95]

This category reflects some of the modes of active participation identified by the AFRC Trial Chamber and by the drafters of the *Rome Statute*, namely active combat defence of military installations and the use of children at checkpoints. However, it is also extremely narrow, leaving out other interlinked roles such as scouting, spying, sabotaging, and the use of children as decoys. On the other hand, the category is also quite wide (and would therefore likely attract concern from Guibert and Blumenstock) in its inclusion of children being placed in a situation of alert and readiness for combat.

94 *CDF* Trial Judgment, *supra* note 2 at Annex A, para. 10(1) (Separate and Partially Dissenting Opinion Only on Count 8 of the Hon. Justice Benjamin Mutanga Itoe).

95 *Ibid.* at Annex A, para 10(2) (Separate and Partially Dissenting Opinion Only on Count 8 of the Hon. Justice Benjamin Mutanga Itoe).

Itoe J.'s final category is that of "[p]articipation in the transportation to the frontlines, of supplies of a strategic military nature and importance such as arms, ammunitions and other lethal weapons or equipment that are destined for use in sustaining combat activities."[96] This aspect accords with the drafters of the *Rome Statute*, but it is again narrower, as the drafters would include the conveyance of all supplies to the front line. As a result of his three categories, Itoe J. would exclude from active participation "children who are involved in performing in the homes or camps of combatants who are actively involved in hostilities in the frontlines, domesticated jobs of a purely civilian character like cooking, food finding, laundry or running routine errands."[97] In sum, Itoe J.'s demarcation does avoid some of the concerns of over-inclusion in active participation identified by Guibert and Blumenstock, but it is also unduly exclusionary in other ways, leaving out some child soldier activities that appear to be directly related to front-line combat support.

As an extension of their concerns about the AFRC Trial Chamber's overbroad interpretation of using children to participate actively in hostilities, Guibert and Blumenstock argue that "one inescapable danger of enlarging the group of potential child soldiers by such a broad definition ... would be that these children would then be considered participants in armed conflict or combatants, as opposed to civilians, which reduces their level of protection under the Geneva Conventions."[98] This is a realistic concern, given that the status of the child combatant "is determined not by their age but by the same criteria as determine whether any other persons are entitled to participate directly in hostilities or not."[99] However, since the criteria under international humanitarian law relates to those who take a *direct* (as opposed to *active*) part in hostilities,[100] it can be fairly asked if international criminal law's classification would automatically transform into combatant status under international humanitarian law. Perhaps international criminal law's consideration

96 *Ibid.* at Annex A, para 10(3) (Separate and Partially Dissenting Opinion Only on Count 8 of the Hon. Justice Benjamin Mutanga Itoe).

97 *Ibid.* at Annex A, para. 13 (Separate and Partially Dissenting Opinion Only on Count 8 of the Hon. Justice Benjamin Mutanga Itoe).

98 Guibert and Blumenstock, *supra* note 45 at 381.

99 Matthew Happold, *Child Soldiers in International Law* (Manchester: Manchester University Press, 2005) at 101.

100 *Additional Protocols I* and *II*, *supra* note 62 at Articles 77(2) and 4(3)(c) respectively.

of use and participation represents something wider than international humanitarian law's designation of combatants and non-combatants.[101]

To conclude this section, the *AFRC* and *CDF* judgments provide some helpful guidance to the ICC on the elements and interpretation of conscripting, enlisting, and using child soldiers. Given the valid criticisms of some of these interpretations outlined earlier, the judgments also raise some key issues that will hopefully be resolved by future judgments of the Special Court or the ICC in order to bring more clarity to the crime, especially relating to the roles of abduction and initiation, and to the line drawn between active and non-active participation in hostilities. In a somewhat similar fashion, these various judgments also provide guidance to future Special Court and ICC judgments on some important considerations — and some conclusions to avoid — with respect to the gender-based crime against humanity of forced marriage, which is explored in the next section.

Forced Marriage as a Crime against Humanity

Apart from the issue of the conscription, enlistment, and use of child soldiers, the *AFRC* and *CDF* judgments also provided the opportunity for the Special Court for Sierra Leone to advance the understanding within international criminal law on the gender-based crime of forced marriage. During the conflict in Sierra Leone, widespread abduction by combatants of girls and women occurred.[102] These abductees were often assigned to particular men and boys as "wives" and were expected to cook for, wash the clothes of, carry the possessions of, and submit to sex whenever demanded by, their "husbands."[103] These girls and women were also expected to protect the property of, and remain loyal at all times to, their "husband."[104] Many suffered violence at the hands of their "husband"

[101] John T. Holmes has noted that it can be argued that the ICC's use of "participating actively" is broader than the term "direct part" found in international humanitarian law. John T. Holmes, "The Protection of Children's Rights in the Statute of the International Criminal Court," in Mauro Politi and Giuseppe Nesi, eds., *The Rome Statute of the International Criminal Court: A Challenge to Impunity* (Burlington, VT: Ashgate Publishing, 2001), 119 at 121.

[102] Human Rights Watch, *"We'll Kill You If You Cry": Sexual Violence in the Sierra Leone Conflict* (New York: Human Rights Watch, 2003) at 42.

[103] *AFRC* Trial Judgment, *supra* note 1 at para. 711.

[104] *Ibid.* at paras. 31–32 (Partially Dissenting Opinion of Justice Doherty on Count 7 (Sexual Slavery) and Count 8 (Forced Marriages)).

and contracted sexually transmitted diseases.[105] They also faced (and continue to face) significant social stigma for being a "wife" in this manner.[106]

The Special Court's prosecutor charged this complex situation, which contains both sexual and significant non-sexual aspects, as a crime against humanity of an "other inhumane act" of forced marriage, as there is no explicitly named crime of forced marriage listed within the *Statute of the Special Court*. The AFRC Trial and Appeals Chamber both addressed this crime in some detail, simultaneously expanding the international community's comprehension of it and potentially complicating its future prosecution in other contexts. Unfortunately, a similar opportunity to explore the crime of forced marriage was squandered in its entirety by the majority within the CDF Trial Chamber, although the Appeals Chamber subsequently attempted to partially address this omission. The end result is that the Special Court for Sierra Leone has provided some welcome clarity with respect to this newly identified crime but has also raised some key questions that should be considered before any subsequent ruling is made on this issue.

The *AFRC* trial judgment represents the first time the crime against humanity of forced marriage was explored by an international criminal tribunal.[107] The crime was not reflected in the original *AFRC* indictments but was added after a successful request by the prosecutor for leave to add a new crime against humanity of

[105] *Ibid.* at para. 15 (Separate Concurring Opinion of the Hon. Justice Julia Sebutinde Appended to Judgment Pursuant to Rule 88(C)).

[106] *Ibid.* at paras. 48 and 51 (Partially Dissenting Opinion of Justice Doherty on Count 7 (Sexual Slavery) and Count 8 (Forced Marriages)).

[107] Special Court for Sierra Leone Press Release, Office of the Prosecutor, "Prosecutor Welcomes Arraignment of RUF and AFRC Indictees on Charges Related to Forced Marriage" (17 May 2004). The press release states: "At the Special Court for Sierra Leone, acts of forced marriage will be prosecuted as an 'inhumane act' — a crime against humanity — for the first time in the history of international law." The issue of forced marriage has been mentioned within the International Criminal Tribunal for Rwanda (ICTR) but has never been charged as such. See, for example, *Prosecutor v. Mikaeli Muhimana*, ICTR-95-1B-T, Judgment and Sentence (28 April 2005) at paras. 307–23 (ICTR, Trial Chamber III). Sebutinde J. also characterized the ICTY's leading case on sexual enslavement — *Prosecutor v. Dragoljub Kunarac* — as an example of a forced marriage case not named as such. *AFRC* Trial Judgment, *supra* note 1 at note 3453 (at Separate Concurring Opinion of the Hon. Justice Julia Sebutinde Appended to Judgment Pursuant to Rule 88(C)).

"other inhumane acts (forced marriage)."[108] In approving this request, the Trial Chamber stated:

> [T]he count related to forced marriage ... is as much sexual, indeed a gender offence, as those that were included in the initial individual indictments [namely rape, sexual slavery and other forms of sexual violence, and outrages upon personal dignity] and that feature in the current consolidated indictment ... Forced marriage is in fact what we would like to classify as a "kindred offence" to those that exist in the indictment in view of the commonality of the ingredients needed to prove offences of this nature.[109]

This statement, though, is the first indication of where the conception of forced marriage as a gender-based crime containing both sexual and substantial non-sexual facets begins to be collapsed into a largely sexual crime. Both the Trial Chamber and the prosecutor saw it this way (as kindred to rape, sexual slavery, and other crimes of sexual violence) — the latter classifying it in the amended indictment under the heading "Sexual Violence," even while arguing for its multilayered nature.[110]

A hint of what was to come in the *AFRC* trial judgment was provided in Justice Julia Sebutinde's separate concurring opinion in the Trial Chamber's decision on the defence motion for acquittal following the close of the prosecutor's case. In this opinion, Sebutinde J. indicated her view that forced marriage was in fact a

108 *Prosecutor v. Alex Tamba Brima, Brima Bazzy Kamara and Santigie Borbor Kanu,* SCSL-04-16-PT, Trial Chamber Decision on Prosecution Request for Leave to Amend the Indictment (6 May 2004) at para. 58 (Special Court for Sierra Leone, Trial Chamber) [*AFRC* Indictment Amendment].

109 *Ibid.* at paras. 50–51.

110 In its final trial brief, the prosecution highlighted that the "wives" were expected not only to provide sexual gratification to their "husbands" but also to fulfil many other roles as well — cooks, launderers, child carers, and so on. However, it significantly muddied its own argument by then focusing strongly on the sexual aspect of forced marriage, sometimes even writing the crime as "sexual slavery and/or forced marriage." *Prosecutor v. Alex Tamba Brima, Brima Bazzy Kamara and Santigie Borbor Kanu,* SCSL-04-16-T, Prosecutor Final Trial Brief (6 December 2006) at paras. 1868–918. The AFRC Appeals Chamber (*AFRC* Appeals Judgment, *supra* note 3 at para. 181) scolded the prosecutor for his classification of forced marriage under the "Sexual Violence" heading in the indictment: "This categorization of forced marriages explains, but does not justify, the classification by the Trial Chamber of forced marriage as 'sexual violence.'"

form of sexual slavery and, therefore, that the forced marriage count was redundant: "This is because the sexual element inherent in these acts tends to dominate the other elements therein such as forced labour and other forced conjugal duties."[111] Sebutinde J. did not explain why she saw the sexual elements as dominating the non-sexual elements, but it is clear that she viewed the sexual elements as being more compelling or more important than the non-sexual elements.

This collapsing of a gender-based crime into a sexual crime was completed in the June 2007 *AFRC* trial judgment.[112] In this judgment, the majority judges dismissed the forced marriage charges for redundancy.[113] It was their view that the evidence adduced by the prosecution under the count relating to forced marriage was "completely subsumed" by the crime of sexual slavery.[114] The majority judges also concluded that there is no lacuna in international criminal law that would necessitate the recognition of a separate crime of forced marriage as an "other inhumane act."[115] In the Trial Chamber's view, the crime against humanity provision of "other inhumane acts" is a residual clause that is logically restricted to acts of a non-sexual nature.[116] Such a restriction is due to the fact that Article 2 (g) of the same provision lists "rape, sexual slavery, enforced prostitution, forced pregnancy and any other form of sexual violence," and, therefore, all "gender crimes" are separated into an isolated paragraph.[117] Thus, in the majority's view, if one extracted

[111] *AFRC* Rule 98 Decision, *supra* note 48 at para. 14 (Separate Concurring Opinion of the Hon. Justice Julia Sebutinde).

[112] Karen Engle and Katherine Franke have identified this collapsing of gender into sex within international criminal tribunals. Karen Engle, "Feminism and Its (Dis)Contents: Criminalizing Wartime Rape in Bosnia and Herzegovina" (2005) 99 A.J.I.L. 778 at 815; and Katherine M. Franke, "Gendered Subjects of Transitional Justice" (2006) 15 Colum. J. Gender & L. 813 at 822–23.

[113] *AFRC* Trial Judgment, *supra* note 1 at para. 714.

[114] *Ibid.* at para. 713.

[115] *Ibid.*

[116] *Ibid.* at para. 697.

[117] *Ibid.* at para. 707. The majority judges argued that the *Rome Statute,* like the *Statute of the Special Court for Sierra Leone,* separates gender-based crimes against humanity into an isolated paragraph. This is incorrect. The *Rome Statute* lists the crime of gender-based persecution within a separate crimes against humanity provision. *Rome Statute, supra* note 34 at Article 7(1)(h). In addition, the ICC's Elements of Crimes document indicates that gendered considerations exist within non-sexual crimes. ICC Elements of Crimes, *supra* note 43 at 6,

the sexual slavery evidence from the consideration of forced marriage, the remaining evidence relating to non-sexual crimes is not of a similar gravity to qualify for the residual category of "other inhumane acts."[118] This collapsing of forced marriage into sexual slavery was further compounded by the majority's decision to delete the count relating to sexual slavery for duplicity and, therefore, to consider all sexual slavery evidence within the war crime of outrages upon personal dignity.[119]

The approach of the majority of the AFRC Trial Chamber to forced marriage causes concern for two main reasons. First, this decision of the majority has, in essence, taken a gender-based crime containing sexual aspects (for example, rape and sexual slavery) and non-sexual aspects (for example, domestic slavery, forced childbearing and childrearing, and harm to physical and mental health) and slotted it into a sexual violence category, thereby shedding the important non-sexual aspects of forced marriage. This characterization reduces a rather complex situation to its least complex, but perhaps most obvious, aspect. This appears to have been done because the majority judges (and, to some extent, the prosecutor) over-focused on the sexual parts of the evidence, perhaps because they found this evidence most shocking. For the victims involved, becoming a "wife" through forced marriage not only amounted to sexual violence but also included different forms of slavery, and, therefore, it is the entirety of the experience along the gendered continuum that should be considered. This conclusion raises wider concerns for international criminal law's consideration of gender-based crimes. If sexual slavery (or rape) is not the central or only component of a victim's experience, it must be questioned whether the rest of her experience of a gender-based crime will be treated as seriously as it should be. Will the harm as a whole be properly identified?[120] And why do the broader socio-economic

note 3 (genocide by causing serious bodily or mental harm) and 10, note 11 (the crime against humanity of enslavement).

[118] *AFRC* Trial Judgment, *supra* note 1 at para. 710.

[119] *Ibid.* at paras. 92–95, 696, 714, and 719. Given the lower threshold required for war crimes, and the lack of precision related to the term outrages upon personal dignity, it is fair to be concerned about this telescoping of a complex, multifaceted crime such as forced marriage into a crime against humanity of sexual violence into a war crime of outrages upon personal dignity.

[120] The need to name a harm as a whole is behind the inclusion of the crime of sexual slavery in the *Rome Statute*, *supra* note 34. In this case, delegates negotiating

aspects of gender-based crimes — in the case of forced marriage, the non-sexual aspects of the crime — tend to be overlooked?[121]

The second concern relates to the legal delineation made by the AFRC majority between the crime against humanity of sexual slavery and the crime against humanity of other inhumane acts. The majority in the *AFRC* judgment argue that the residual crimes against humanity category of "other inhumane acts" is logically restricted to apply only to acts of a non-sexual nature, in light of the fact that there exists another crimes against humanity category for "gender crimes." In other words, the majority judges separate out the evidence of sexual slavery and examine what is left, finding that there is not enough in the leftover pile of evidence to amount to a separate non-sexual charge. They then dismiss the forced marriage count as redundant.

Looking at the charges from one perspective, the majority's approach is understandable since the category of "other inhumane acts" is considered subsidiary to the other categories of crimes against humanity. However, looking more deeply, it is clear that the category of "other inhumane acts" is broad enough to include a newly identified crime of forced marriage containing both sexual and non-sexual elements, without needing to strip out the sexual slavery aspects. Under international criminal law, it is permissible to understand some prohibited crimes against humanity acts as including aspects that may also fall under other prohibited crimes against humanity acts.[122] Thus, each act listed under the crimes against humanity provision is not a watertight compartment. The

---

the statute acknowledged that the crime against humanity of enslavement could cover slavery involving sexual acts (as was later demonstrated in the ICTY's *Kunarac* judgments) but felt that it was important to identify sexual slavery as a separate harm. Valerie Oosterveld, "Sexual Slavery and the International Criminal Court: Advancing International Law" (2004) 25 Michigan J. Int'l L. 605 at 622–23.

[121] It is instructive to note here that the Sierra Leone Truth and Reconciliation Commission also considered forced marriage as the same as sexual slavery. Sierra Leone Truth and Reconciliation Commission, *Witness to Truth: Report of the Sierra Leone Truth and Reconciliation Commission,* volume 1 (Accra, Ghana: Graphic Packaging, 2004) at para. 299.

[122] For example, the nature of the act of extermination includes the act of murder. This does not take away from the fact that murder is also listed as a separate prohibited crime against humanity act. Also under crimes against humanity, acts of torture or enslavement may also include acts of rape.

rigid compartmentalization of sexual crimes by the *AFRC* trial judgment is arguably not in line with current understandings of international criminal law.[123] For this reason, the inhumane act of forced marriage does not need to be pried open to have the sexual slavery aspect extracted — the act of forced marriage is permitted to be considered as a whole.

The prosecutor appealed the AFRC Trial Chamber's characterization. This time, the prosecutor took a clearer approach, explaining in detail the view that, while forced marriage may include sexual servitude, it is but one potential aspect of the crime and that the focus of the court should be on the forced conjugal association by the perpetrator over the victim.[124] The Appeals Chamber took a very different view of forced marriage than did the Trial Chamber, strongly refuting the conception of forced marriage that collapses gender into sex. It stated:

> Based on the evidence on record, the Appeals Chamber finds that no tribunal could reasonably have found that forced marriage was subsumed in the crime against humanity of sexual slavery. While forced marriage shares certain elements with sexual slavery such as non-consensual sex and deprivation of liberty, there are also distinguishable factors. First, forced marriage involves a perpetrator compelling a person by force or threat of force ... into a forced conjugal association with another person resulting in great suffering or serious physical or mental injury on the part of the victim. Second, unlike sexual slavery, forced marriage implies a relationship of exclusivity between the "husband" and "wife," which could lead to disciplinary consequences for breach of this exclusive relationship. These distinctions imply that forced marriage is not predominantly a sexual crime.[125]

The Appeals Chamber also answered the concerns identified earlier by finding that the Trial Chamber erred in law by finding

[123] This was recognized by the AFRC Appeals Chamber, when it noted that the jurisprudence of the ICTY and ICTR recognize a wide range of criminal acts, including gender-based and sexual crimes, as "other inhumane acts." Examples given included sexual violence perpetrated upon dead human bodies, forced undressing of women and marching them in public, and forcing women to perform exercises naked. *AFRC* Appeals Judgment, *supra* note 3 at para 184 and related footnotes.

[124] *Prosecutor v. Alex Tamba Brima, Brima Bazzy Kamara and Santigie Borbor Kanu*, SCSL-04-16-A, Appeal Brief of the Prosecution (13 September 2007) at 602–27.

[125] *AFRC* Appeals Judgment, *supra* note 3 at para. 195.

that the category of "other inhumane acts" must be restrictively interpreted to exclude sexual crimes.[126]

The Appeals Chamber concluded that forced marriage is not predominantly a sexual crime, as it is a crime that includes, apart from rape, "a variety of conjugal duties" related to forced domestic labour, enduring forced pregnancy, and caring for and rearing children of the "marriage."[127] It is also a crime that may involve the commission of other international crimes, such as enslavement, imprisonment, rape, sexual slavery, and abduction.[128] The chamber also recognized the harm caused by the entirety of the crime, including physical, mental, and psychological injury, severe suffering, and lasting stigmatization of the victims and their children.[129] The chamber noted that many of the victims of forced marriage were children themselves.[130] The Appeals Chamber ended by ruling that its reversal of the Trial Chamber's views did not result in any increase in the sentence.[131]

The Appeals Chamber's judgment provides a great deal of clarity to international criminal law on the crime of forced marriage. The Appeals Chamber's approach to defining the crime against humanity of forced marriage as forced conjugal association does, however, leave international criminal law with questions that should perhaps be answered in future judgments. For instance, does this definition codify a patriarchal gender stereotype as to the assumption of what are a wife's conjugal duties (cooking, cleaning, having sex, caring for children)?[132] If it does, then does this assumption serve to advance the international community's understanding of how to

[126] *Ibid.* at paras. 185–86.

[127] *Ibid.* at para. 190.

[128] *Ibid.* at para. 201.

[129] *Ibid.* at paras. 195, 196, and 199.

[130] *Ibid.* at para. 200.

[131] *Ibid.* at para. 202.

[132] See Binaifer Nowrojee, "Making the Invisible War Crime Visible: Post-Conflict Justice for Sierra Leone's Rape Victims" (2005) 18 Harvard Hum. Rts. J. 85 at 102. Sebutinde J. raises the interesting question in her separate concurring opinion to the AFRC Trial Judgment, as to how stereotyped, gender-specific forms of labour in forced marriage during conflict mimic stereotyped peacetime expectations of free female labour during peacetime and how this puts women at great risk for abduction and violence. *AFRC* Trial Judgment, *supra* note 1 at para. 10 (Separate Concurring Opinion of the Hon. Justice Julia Sebutinde Appended to Judgment Pursuant to Rule 88(C)).

counter gender-based crimes against humanity? Is the definition inherently focused only on forced marriage of girls and women? How to capture the harms done to, for example, boy soldiers who are indoctrinated into serving as the one who forces the "conjugal association"? Would it be better to understand forced conjugal association (or the crime of forced marriage, if this term is inappropriate) as a varying combination of prohibited acts such as enslavement (sexual and non-sexual), forced labour, rape, forced pregnancy and other forms of sexual violence, mutilation, abduction, and/or imprisonment or, alternatively, as a form of gender-based persecution?

Unlike the *AFRC* trial and appeals judgments, the *CDF* trial judgment — and the *CDF* trial as a whole — almost completely excluded any evidence of crimes of gender-based violence, including forced marriage. This finding was despite the fact that forced marriage took place within CDF-held territories.[133] This result illustrates how international criminal tribunals can intentionally or unintentionally silence the understanding of a crime such as forced marriage. While the *CDF* appeals judgment attempted to undo some of this damage, it only partially succeeded.

The exclusion from the *CDF* case of forced marriage and other gender-based crimes resulted from a series of decisions that began in February 2004, four months prior to the start of trial, when the prosecutor requested leave to amend the *CDF* indictment.[134] As a

[133] For example, the Sierra Leone Truth and Reconciliation Commission found that all of the armed perpetrator groupings were responsible for forced marriage (which the commission equated with sexual slavery at para. 299) of women and girls. Sierra Leone Truth and Reconciliation Commission, *supra* note 121 at para. 311. As well, Staggs Kelsall and Stepakoff have recorded cases in which female witnesses were prepared to testify about forced marriage to the Special Court in the *CDF* case but were prevented from doing so as a result of the Trial Chamber decisions outlined later in this article. Michelle Staggs Kelsall and Shanee Stepakoff, "'When We Wanted to Talk about Rape': Silencing Sexual Violence at the Special Court for Sierra Leone" (2007) 1 Int'l J. Transitional Justice 355 at 364 (witness TF2–187), 367 (witnesses TF2–188 and TF2–189), 369 (witness TF2–135), and 370 (witness TF2–133).

[134] *Prosecutor v. Sam Hinga Norman, Moinina Fofana and Allieu Kondewa,* SCSL-04-14-PT, Prosecution Request to Amend the Indictment against Samuel Hinga Norman, Moinina Fofana and Allieu Kondewa (9 February 2004) (Special Court for Sierra Leone, Trial Chamber). The original indictment against Norman was confirmed on 7 March 2003. The original indictments against Fofana and Kondewa were confirmed on 26 June 2003. These indictments were combined into a consolidated indictment on 5 March 2004.

result of evidence uncovered during the ongoing investigations, the prosecutor sought to add four new counts relating to rape as a crime against humanity, sexual slavery and other forms of sexual violence as a crime against humanity, other inhumane acts (forced marriage) as a crime against humanity, and outrages on personal dignity as a violation of Article 3 common to the *Geneva Conventions* and of *Additional Protocol II*.[135] Similar counts had earlier been added into the *AFRC* and *RUF* indictments.[136]

Three-and-a-half months later, and immediately prior to the scheduled beginning of the trial, a majority of the CDF Trial Chamber rejected the prosecutor's request, holding that the prosecutor brought the request after undue delay and that granting the request might require an unreasonable delay in the trial to allow the accused to prepare additional defences to the new charges.[137] The prosecutor had submitted that, while he had indications of sexual violence crimes committed by the CDF as early as June 2003, he had only collected solid evidence of these crimes as of October 2003.[138] Instead of looking at the latter date, the majority judges focused on the June 2003 date and found the prosecutor's arguments on delay "neither credible nor convincing."[139] The majority judges did not comment on their own long delay but implied that the prosecutor, in making his request, wished to create an exception to the rights of the accused for "gender offences and offenders."[140] Justice Pierre Boutet issued a strong (and convincing) dissent, noting that, in

[135] *Prosecutor v. Sam Hinga Norman, Moinina Fofana and Allieu Kondewa*, SCSL-04-14-PT, Decision on Prosecution Request for Leave to Amend the Indictment (20 May 2004) at paras. 10 and 21 (Special Court for Sierra Leone, Trial Chamber) [*CDF* 20 May 2004 Majority Decision]. This article will refer to these crimes as gender-based crimes, although the judges in the *CDF* case used varying terminology (such as gender crimes, gender-based crimes, sexual violence crimes, rape crimes, and so on) throughout their decisions.

[136] *Prosecutor v. Issa Sesay, Morris Kallon and Augustine Gbao*, SCSL-04-15-PT, Decision on Prosecution Request for Leave to Amend the Indictment (6 May 2004) (Special Court for Sierra Leone, Trial Chamber) [*RUF* Amendment Indictment]; and *Prosecutor v. Alex Tamba Brima, Brima Bazzy Kamara and Santigie Borbor Kanu*, SCSL-04-16-PT, Decision on Prosecution Request for Leave to Amend the Indictment (6 May 2004) (Special Court for Sierra Leone, Trial Chamber).

[137] *CDF* 20 May 2004 Majority Decision, *supra* note 135 at paras. 42 and 48–86.

[138] *Ibid.* at para. 57.

[139] *Ibid.*

[140] *Ibid.* at para. 84.

considering timeliness, one must account for the difficult nature of collecting evidence of gender-based violence in this case.[141]

The majority judges focused very closely on the timeliness of the prosecutor's request for amendment. Their central and overriding concern related to the right of the defendants to be tried without undue delay.[142] They interpreted the Special Court's time-limited existence as changing the parameters as to what amounts to an undue delay to mean "a much shorter time frame" than might otherwise be the case — a time frame of "extreme expeditiousness."[143] The prosecutor had argued that the fact that members of the CDF had committed forced marriage and other gender-based crimes against their own supporters, who continued to live in the same communities as the perpetrators, should be taken into account.[144] Even though this scenario made it more difficult for the prosecutor to collect indictable evidence, the majority in the CDF Trial Chamber discounted its relevance.[145] Michelle Staggs Kelsall and Shanee Stepakoff correctly critique the Trial Chamber's approach as being uneven. They explain that the judges should have conducted a balancing exercise regarding the defendants' rights to be tried without undue delay and the prosecutor's obligation, as well as their difficulties in collecting evidence to prosecute gender-based crimes, as was done by the dissenting judge.[146] They also query whether the absence of special measures in the Special Court's Rules of Procedure and Evidence to address gender-based crimes could

141 *Prosecutor v. Sam Hinga Norman, Moinina Fofana and Allieu Kondewa*, SCSL-04-14-PT, Dissenting Opinion of Judge Pierre Boutet on the Decision on Prosecution Request for Leave to Amend the Indictment (31 May 2004) at paras. 26 and 34 (Special Court for Sierra Leone, Trial Chamber).

142 Staggs Kelsall and Stepakoff, *supra* note 133 at 360.

143 *CDF* 20 May 2004 Majority Decision, *supra* note 135 at para. 53.

144 *Prosecutor v. Sam Hinga Norman, Moinina Fofana and Allieu Kondewa*, SCSL-04-14-PT, Prosecution's Application for Leave to File an Interlocutory Appeal against the Decision on the Prosecution's Request for Leave to Amend the Indictment against Sam Hinga Norman, Moinina Fofana and Allieu Kondewa (2 June 2004) at para. 15, as cited in Staggs Kelsall and Stepakoff, *supra* note 133 at 361, note 27.

145 *CDF* 20 May 2004 Majority Decision, *supra* note 135 at para. 83.

146 Staggs Kelsall and Stepakoff, *supra* note 133 at 360–61. On the prosecutor's obligation to prosecute gender-based crimes, see the *Statute of the Special Court*, *supra* note 6 at Article 15(4), under which the prosecutor must give due consideration to employing staff experienced in investigating and prosecuting gender-related crimes.

be partly to blame, because the Trial Chamber is "seemingly not guided to give special consideration to the difficulties associated with conducting investigations of this kind."[147]

As a result of the majority decision, the prosecutor requested leave to file an interlocutory appeal, arguing that the decision rendered the prosecutor unable to establish a complete and accurate historical record of the crimes committed during the armed conflict in Sierra Leone, failed to acknowledge the right of the victims to have crimes committed against them characterized as gender-based crimes, and permitted impunity for these crimes.[148] The prosecutor also restated that obtaining evidence of gender-based crimes is much more time-consuming than is the case with other crimes, especially with respect to CDF victims because of the security risks created by popular support for the CDF.[149] On 2 August 2004, a majority of the CDF Trial Chamber rejected the prosecutor's request as not meeting the required test of "exceptional circumstances" found in the Rules of Procedure and Evidence and appeared to rely on the merits of its own 20 May decision on which leave to appeal was sought.[150] Boutet J. again dissented.[151] The prosecution attempted to appeal the majority's decision to the Appeals Chamber, but this Chamber ruled in January 2005 that it did not have jurisdiction to consider the appeal.[152]

[147] Staggs Kelsall and Stepakoff, *supra* note 133 at 361.

[148] *Prosecutor v. Sam Hinga Norman, Moinina Fofana and Allieu Kondewa,* SCSL-04-14-T, Majority Decision on the Prosecution's Application for Leave to File an Interlocutory Appeal against the Decision on the Prosecution's Request for Leave to Amend the Indictment against Samuel Hinga Norman, Moinina Fofana and Allieu Kondewa (2 August 2004) at paras. 4 and 6 (Special Court for Sierra Leone, Trial Chamber).

[149] *Ibid.* at paras. 8 and 16.

[150] *Ibid.* at paras. 36–38.

[151] *Prosecutor v. Sam Hinga Norman, Moinina Fofana and Allieu Kondewa,* SCSL-04-14-T, Dissenting Opinion of Judge Pierre Boutet on Decision on the Prosecution's Application for Leave to File an Interlocutory Appeal against the Decision on the Prosecution's Request for Leave to Amend the Indictment against Samuel Hinga Norman, Moinina Fofana and Allieu Kondewa (5 August 2004) at paras. 2, 18, 20, 22, and 25 (Special Court for Sierra Leone, Trial Chamber). Justice Boutet argued that such a double analysis was not permitted, that the "exceptional circumstances" test was met, and that the majority incorrectly applied the doctrine of estoppel.

[152] *Prosecutor v. Sam Hinga Norman, Moinina Fofana and Allieu Kondewa,* SCSL-04-14-T, Decision on Prosecution Appeal against the Trial Chamber's Decision of 2

The majority judges of the CDF Trial Chamber subsequently expressed reluctance to hear any kind of evidence related to gender-based violence committed against women or girls.[153] As the prosecutor had indicated in his supplemental pre-trial documents that he planned to introduce evidence of gender-based violence to substantiate existing (as opposed to the rejected) charges, he brought a further motion to the Trial Chamber on 15 February 2005, requesting clarification of the kind of evidence he was permitted to introduce under the existing counts of the indictment.[154] The prosecutor argued that, under international criminal law, existing counts of inhumane and cruel treatment could be proven by, *inter alia,* reference to gender-based violence.[155]

Over three months later, on 23 May 2005, the prosecutor's motion was orally dismissed without reasons by the same majority of the Trial Chamber judges.[156] This dismissal was followed by a written decision issued in late June (but inexplicably backdated to 24 May 2005).[157] In between the oral and written decisions, certain female prosecution witnesses were precluded from testifying entirely, and seven others were required to carefully tailor their testimony so as not to mention that they were victims of, or had witnessed, forced marriage, sexual slavery, or other similar crimes.[158] For example,

---

August 2004 Refusing Leave to File an Interlocutory Appeal (17 January 2005) at para. 44 (Special Court for Sierra Leone, Trial Chamber).

153 Kendall and Staggs outline this increasing reluctance beginning in November 2004, emerging more clearly in March 2005 and solidifying in May and June 2005. Sara Kendall and Michelle Staggs, *Silencing Sexual Violence: Recent Developments in the CDF Case at the Special Court for Sierra Leone* (Berkeley, CA: U.C. Berkeley War Crimes Studies Center, 2005) at <http://socrates.berkeley.edu/~warcrimes/Papers/Silencing_Sexual_Violence.pdf>.

154 *Prosecutor v. Sam Hinga Norman, Moinina Fofana and Allieu Kondewa,* SCSL-04–14-T, Reasoned Majority Decision on Prosecution Motion for a Ruling on the Admissibility of Evidence (24 May 2005) at paras. 1–3, 5, and 9 (Special Court for Sierra Leone, Trial Chamber) [*CDF* 24 May 2005 Thompson Majority Decision].

155 *Ibid.*

156 *Prosecutor v. Sam Hinga Norman, Moinina Fofana and Allieu Kondewa,* SCSL-04-14-T, Decision on the Urgent Prosecution Motion Filed on the 15th of February 2005 for a Ruling on the Admissibility of Evidence (23 May 2005) (Special Court for Sierra Leone, Trial Chamber).

157 *CDF* 24 May 2005 Thompson Majority Decision, *supra* note 154.

158 Kendall and Staggs, *supra* note 153 at 4, note 5, citing Prosecution Supplementary Pre-trial Brief (22 April 2004).

witnesses "TF2–188 and TF2–189 were each silenced as soon as they mentioned their marital status as 'wives' to the Kamajors."[159] The result was that witnesses' stories were truncated, such that the record of what these women experienced was incomplete and, in some respects, inaccurate.[160] As an example, TF2–189 testified that she was captured at gunpoint by a Kamajor who had murdered her husband. While she was then forcibly "married" to this Kamajor, she was not permitted to explain that her relationship with her new Kamajor "husband" was a result of forced marriage.[161] She was not permitted to refer to any injuries suffered while with this Kamajor "husband" since the majority judges ruled that her answer *might* be linked to sexual violence.[162]

The backdated 24 May 2005 written decision contained two separate sets of majority reasoning. Justice Bankole Thompson avoided addressing the prosecutor's request. He did not address the potential legal ambit of existing counts within the indictment, deeming these to be non-issues, or whether the administration of justice would be brought into serious disrepute (as required by Rule 95 of the Rules of Procedure and Evidence) by the admission of evidence of gender-based crimes to prove existing counts.[163] Instead, he recharacterized the issue as solely relating to the statutory due process rights of the accused.[164] He ruled that the only category under which such crimes could be considered is the *Statute of the Special Court*'s provision on the crimes against humanity of rape,

159 Staggs Kelsall and Stepakoff, *supra* note 133 at 367.

160 *Ibid.*

161 *Prosecutor v. Sam Hinga Norman, Moinina Fofana and Allieu Kondewa,* SCSL-04-14-T, Transcript (3 June 2005) at 14, lines 3–5 and 27–29.

162 *Ibid.* at 17, lines 21 and 23–24 and 19, lines 2–8. Justice Boutet dissented at 19, lines 9–17. The majority ruling did not consider the test for exclusion under Rule 95 of the Rules of Procedure and Evidence, which is whether such evidence would bring the administration of justice into serious disrepute. This ruling also does not seem to accord with the approach of the same Trial Chamber on other evidentiary matters. For example, Boutet J. notes that the Trial Chamber normally determines whether the evidence is relevant prior to admitting it and the probative value of the evidence is determined at a later stage. *Prosecutor v. Sam Hinga Norman, Moinina Fofana and Allieu Kondewa,* SCSL-04–14-T, Transcript (1 June 2005) at 3, lines 5–27.

163 *CDF* 24 May 2005 Thompson Majority Decision, *supra* note 154 at paras. 17 and 19.

164 *Ibid.* at para. 16.

sexual slavery, enforced prostitution, forced pregnancy, and any other form of sexual violence.[165]

Itoe J.'s rather shocking separate concurring opinion held that "gender evidence" amounts to "prejudicial evidence" because it is "of a nature [as] to cast a dark cloud of doubt on the image of innocence that the Accused enjoys under the law until the contrary is proved."[166] This language — and other language used by Itoe J. in his decision[167] — seems to imply that evidence of gender-based crimes is somehow far more likely to impugn the reputation of the defendants than other kinds of evidence. As convincingly argued by Staggs Kelsall and Stepakoff, Itoe J. "reveals himself to believe that the harm to the accused, by allowing the judges to hear the evidence, is the only consideration the judges should take into account."[168] Boutet J. issued a strongly worded dissent, arguing that the decision to deny the addition of new counts in May 2004 "has no effect on the ... adduction of evidence that is relevant and probative to the offences set forth in the Counts of the indictment."[169]

165 *Ibid.* at para. 19(iii). This is despite the findings in other international criminal tribunals and, later, the *AFRC* Appeals Judgment that gender-based acts may serve as the *actus reus* for other crimes, including within the category of "other inhumane acts." *AFRC* Appeals Judgment, *supra* note 3 at para. 184, and relevant notes canvassing the jurisprudence of the ICTY and ICTR. Unfortunately, it was this Thompson Majority Decision that influenced the majority of the AFRC Trial Chamber to isolate gender-based crimes in the same way.

166 *Prosecutor v. Sam Hinga Norman, Moinina Fofana and Allieu Kondewa,* SCSL-04-14-T, Separate Concurring Opinion of Hon. Justice Benjamin Mutanga Itoe, Presiding Judge, on the Chamber Majority Decision on Prosecution Motion for a Ruling on the Admissibility of Evidence (24 May 2005) at para. 78(vi) (Special Court for Sierra Leone, Trial Chamber).

167 For example, the evidence had the potential of "staining [the] mind of the Judge with an impression that adversely affects his clean conscience towards all parties, and particularly, towards the victim of that evidence which is tendered, to the extent that it leaves in the mind of the Judge, an indelible scar of bias which could make him ill disposed to the cause of the victim of the said evidence as a result of which an injustice could be occasioned to that party who after all, may be innocent or have a just cause, and who, but for the admission of that contested evidence, should ordinarily have had the benefit of the judicial balance tilting in his favour." *Ibid.* at para. 64. Note Itoe J.'s use of the word "victim" to describe the accused in this matter.

168 Staggs Kelsall and Stepakoff, *supra* note 133 at 368. They continue: "[W]ith due respect, one hopes that professionally trained judges at war crimes trials are able to be more discerning and rather less impressionable regarding the subject matter of the evidence than these sentiments would seem to suggest" (*ibid.*).

169 *Prosecutor v. Sam Hinga Norman, Moinina Fofana and Allieu Kondewa,* SCSL-04-14-T, Dissenting Opinion of Justice Pierre Boutet on decision on prosecution

As noted by Staggs Kelsall and Stepakoff, expediency was once again valued most highly: "Rather than risking the delays that producing a reasoned decision may have required, [the majority judges] sought to hear the witnesses without providing any real clarity on the point the prosecution raised."[170] The result was that "the legal arguments [on admissibility of evidence of forced marriage and other gender-based crimes] the prosecution sought to avoid followed, having a detrimental impact both on the victim-witnesses, and ... the integrity of the proceedings the judges were seeking to safeguard."[171] The prosecutor again requested leave to appeal from the Trial Chamber of its backdated majority decision of 24 May 2005, but the majority of the chamber dismissed the request, reiterating the reasons of its earlier dismissal.[172] Boutet J. again issued a dissent and called for Appeals Chamber guidance.[173]

The outcome of these numerous decisions is that virtually no evidence of gender-based violence directed against women is included in the *CDF* trial judgment. Only a few references to threatened rape, sexual mutilation of women, and targeting of pregnant women and fetuses are included in the chamber's findings.[174] The nature of gender-based violence committed by members of the CDF

Motion for a Ruling on the Admissibility of Evidence (24 May 2005) at para. 6 (Special Court for Sierra Leone, Trial Chamber). He also outlined jurisprudence of the ICTY and ICTR at paras. 7–9, which stipulates that evidence of sexual violence may constitute offences of inhumane acts as a crime against humanity and the war crime of cruel treatment. He pointed out, at para. 33, that evidence of sexual violence is no different than evidence of any other act of violence for the purposes of constituting offences within the existing counts of the indictment.

170 Staggs Kelsall and Stepakoff, *supra* note 133 at 363.

171 *Ibid.*

172 *Prosecutor v. Sam Hinga Norman, Moinina Fofana and Allieu Kondewa,* SCSL-04-14-T, Majority Decision on Request for Leave to Appeal Decision on Prosecution Motion for a Ruling on Admissibility of Evidence (9 December 2005 as corrected 23 January 2006) at paras. 9–11 (Special Court for Sierra Leone, Trial Chamber).

173 *Prosecutor v. Sam Hinga Norman, Moinina Fofana and Allieu Kondewa,* SCSL-04-14-T, Dissenting Opinion of Justice Pierre Boutet on the Majority Decision on Request for Leave to Appeal Decision on Prosecution Motion for a Ruling on Admissibility of Evidence (9 December 2005) at paras. 9–12 (Special Court for Sierra Leone, Trial Chamber).

174 *CDF* Trial Judgment, *supra* note 2 at paras. 423, 533, 561, 565, and 653. Evidence relating to sexual violence directed against men was seemingly not subjected to similar scrutiny and describes the Kamajors' plan to put pepper on

is not reflected in the judgment.[175] This omission is striking, considering how the truncation of witnesses' stories directly affected the evidentiary narrative set out in the judgment. For example, witness TF2–188's testimony is summarized in the *CDF* judgment as follows: "TF2–188 was captured together with her mother in Blama and both women were made to carry loads to Talia. When they arrived at Talia, Allieu Kondewa told his boys to capture TF2–188's mother and said that the mother should be killed. TF2–188 saw the Kamajors kill her mother."[176] Witness TF2–188 was originally to have testified about forced marriage and her rape by Kondewa, allegations that not only potentially demonstrate Kondewa's direct individual responsibility for certain gender-based crimes but also contextualize gender-based violence within the CDF.[177] In the end, there is no context in the *CDF* trial judgment regarding forced marriage and other gender-based crimes directed against women.[178]

The CDF appeals judgment addresses this series of trial-level decisions. While the Appeals Chamber majority rejected the prosecutor's request to reverse the Trial Chamber's dismissal of the indictment amendment, calling it an "academic exercise," it did address the admissibility of evidence of gender-based violence to prove existing counts of the indictment.[179] The Appeals Chamber

the genitals of two male prisoners (at para. 496) and describes pepper rubbed into the genitals of another male prisoner (at para. 520).

175 For a detailed description of sexual violence in CDF-held areas, see Human Rights Watch, *supra* note 102 at 27–28 and 46–48. For allegations of rape committed by or under the control of certain accused, see Kendall and Staggs, *supra* note 153 at 3.

176 *CDF* Trial Judgment, *supra* note 2 at para. 625.

177 Kendall and Staggs, *supra* note 153 at 2, 3, note 4, and 17, note 79. Similar arguments could be made with respect to the evidence that witnesses TF2–187, TF2–134, TF2–108, TF2–109, TF2–135, and TF2–189 were to have introduced (*ibid.* at 3, 4, and 17).

178 This lack of context is the result of what Staggs Kelsall and Stepakoff refer to as "silencing" throughout their article, *supra* note 133. In addition, it raises the issue as to whether the Special Court is fulfilling the expectations set out by the Security Council in Resolution 1315, *supra* note 6 at preamble, that the court would contribute to the process of national reconciliation and to the restoration and maintenance of peace, bringing justice and ensuring lasting peace, given the views of the victim-witnesses expressed in Staggs Kelsall and Stepakoff's article and the fact that this judgment could perpetuate the myth that gender-based violence did not happen within the CDF.

179 *CDF* Appeals Judgment, *supra* note 3 at paras. 410–27 and 428–51. The Appeals Chamber majority reasoned that, once the Trial Chamber had rejected his

directly refuted many of the arguments put forward at various points by the majority of the Trial Chamber. It held that the fact that the original indictment charges did not specify acts of gender-based violence was cured by the prosecutor's delivery of nearly one year of clear notice that he intended to rely upon evidence of, *inter alia,* forced marriage in order to prove these charges.[180] It concluded that evidence of gender-based violence was relevant to the existing charges and that the Trial Chamber was in error in prospectively denying the admittance of such evidence.[181] Thus, it concluded that the Trial Chamber had erred in denying a hearing of evidence of gender-based violence to support existing charges and in dismissing the prosecutor's admissibility motion for the reasons that it did.[182] The Appeals Chamber also strongly rejected Itoe J.'s categorization of such evidence as "prejudicial evidence": "[T]he right to a fair trial enshrined in Article 17 of the Statute cannot be violated by the introduction of evidence relevant to any allegation in the trial proceedings, regardless of the nature or severity of the evidence."[183] While these findings are positive in terms of addressing serious mistakes on the part of the majority of the Trial Chamber, they cannot — and do not — reverse the silence within the *CDF* case with respect to the crime against humanity of forced marriage and other gender-based crimes. They do, however, provide "guidance to the Trial Chamber," presumably for this chamber's forthcoming judgment in the RUF case.[184]

Conclusion: Some Clarity and Some Confusion

This article has focused upon how the first four judgments of the Special Court for Sierra Leone have considered the crime of

---

request to amend the indictment, the prosecutor could have brought a separate, second indictment (at para. 426). In her dissent, Winter J. also strongly refuted almost every aspect of the Trial Chamber majority's decisions related to the denial of the prosecutor's request to amend the indictment. *CDF* Appeals Judgment, *supra* note 3 at paras. 64–89 (Partially Dissenting Opinion of Honourable Justice Renate Winter).

180 *CDF* Appeals Judgment, *supra* note 3 at paras. 443–45. Note that, throughout this part, the Appeals Chamber seems to use the term "sexual violence" to include forced marriage, despite its sensitivity to the distinction between the two demonstrated in the *AFRC* Appeals Judgment.

181 *Ibid.* at para. 446.

182 *Ibid.* at para. 450 (referring to the backdated 24 May 2005 majority decision).

183 *Ibid.* at para. 446.

184 *Ibid.* at para. 451.

conscription, enlistment, or use of child soldiers and the crime of forced marriage. These crimes are often interlinked. During Sierra Leone's internal armed conflict, girls and women were captured by fighting forces to serve as "wives." Those doing the capturing were often child soldiers and those who were captured were often children themselves. Sometimes, the captured girls and women were forcibly married to child soldiers, and sometimes these "wives" were forced to fight or otherwise provide support or assistance to those on the front lines.[185]

The *AFRC* and *CDF* trial judgments considered, for the first time under international criminal law, the elements for the war crime of conscripting or enlisting children under fifteen into armed groups or using them to participate actively in hostilities. These judgments also raise some issues that should be considered in more detail in future Special Court judgments and by the ICC. For example, how exactly are abductions linked to conscription? Is a ceremony initiating children into fighting forces tantamount to enlistment? Is there a clearer way to distinguish between active and non-active participation of children under fifteen in hostilities? And, finally, is there a difference, or a parallel, between what qualifies as the use of children to participate actively in hostilities and the classification of children as combatants under international humanitarian law?

Similarly, the Special Court has shone a welcome spotlight on the details of the previously unexamined crime against humanity of forced marriage. The Appeals Chamber has provided helpful direction that can be used by the RUF and Taylor Trial Chambers.[186] In

185 There is an additional way in which these two crimes may be interlinked. The United Nations Special Representative of the Secretary-General for Children and Armed Conflict has argued to the ICC that the war crime of using children to participate actively in hostilities can include subjecting girls and women to forced marriage. *Prosecutor v. Thomas Lubanga Dyilo,* ICC-01/04–01/06, Submission of the Observations of the Special Representative of the Secretary-General of the United Nations for Children and Armed Conflict pursuant to Rule 103 of the Rules of Procedure and Evidence (18 March 2008) at para. 22 (International Criminal Court, Trial Chamber I).

186 *RUF* Indictment Amendment, *supra* note 136. Charles Taylor is not explicitly charged with forced marriage as a crime against humanity (other inhumane act). However, he is charged with the crimes against humanity of rape and sexual slavery and the war crime of outrages upon personal dignity. *Prosecutor v. Charles Taylor,* SCSL-03–01-PT, Prosecution's Second Amended Indictment (29 May 2007) at counts 4–6 and paras. 14–17. Even so, evidence has arisen in his trial with respect to forced marriage. See, for example, *Prosecutor v. Charles Taylor,* SCSL-03-01-PT, Transcript (23 April 2008) at 8392 (line 23)-8395 (to line 19) on "jungle wives" in Benguema.

addition, the Special Court's consideration of forced marriage may have more far-reaching effects, influencing how the ICC deals with the crime. As with the *Statute of the Special Court*, the *Rome Statute* does not explicitly list forced marriage as a crime against humanity. Even so, the Special Court's views are likely to be considered in certain of the ICC's cases. The prosecutor of the ICC has charged several individuals with rape or sexual slavery in situations that are very likely to also reveal forced marriage. For example, Joseph Kony, the leader of the Lord's Resistance Army in northern Uganda, is charged with sexual enslavement and rape.[187] The Lord's Resistance Army is well known for its practice of forced marriage.[188] In addition, the joint indictment against Germain Katanga and Mathieu Ngudjolo Chui specifically references forced marriage in the context of the charge of using children to participate actively in hostilities.[189] Given these points of influence, it is crucial to note that the Special Court's Appeals Chamber has provided helpful guidance on the multifarious nature of forced marriage. However, as the confusion created by the *AFRC* and *CDF* Trial Chamber decisions and judgments demonstrates, there is much more to learn about how international criminal tribunals can best approach multifaceted gender-related crimes. Over the past fifteen years, international criminal law has developed in a rapid and progressive manner with respect to sexual violence crimes, but it needs to develop further with respect to more complex forms of gender-based violence containing mixed sexual and non-sexual aspects or forms that are entirely non-sexual in nature. In sum, through its first four judgments, the Special Court for Sierra Leone has provided some constructive clarity with respect to the conscription, enlistment, and use of child

[187] *Kony* Charges, *supra* note 4.

[188] In a study by McKay and Mazurana, approximately half of the girls interviewed reported serving as "wives" during their time in captivity with the Lord's Resistance Army. Susan McKay and Dyan Mazurana, *Where Are the Girls? Girls in Fighting Forces in Northern Uganda, Sierra Leone and Mozambique: Their Lives during and after War* (Montreal: Rights and Democracy, 2004) at 73. See also Human Rights Watch, *Abducted and Abused: Renewed Conflict in Northern Uganda* (New York: Human Rights Watch, 2003) at 28–31.

[189] See *Katanga and Ngudjolo* Charges, *supra* note 4 at para. 89. "Some women, who were captured at Bogoro and spared because they hid their ethnicity, were raped and forcibly taken to military camps. Once there, they were sometimes given as a "wife" to their captors or kept in the camp's prison, which was a hole dug in the ground."

soldiers and the crime of forced marriage, but it has also sown some confusion that will need to be resolved in the future by the Special Court and by the ICC.

Sommaire

Le Tribunal spécial pour la Sierra Léone, les enfants-soldats, et le mariage forcé: Éclaircissement ou obscurcissement?

Cet article passe en revue les deux premiers jugements de première instance, et les deux jugements d'appel qui y correspondent, du Tribunal spécial pour la Sierra Léone dans les cas du Conseil révolutionnaire des forces armées (CRFA) et des Forces de la défense civile (FDC). Ces arrêts sont notoires pour le fait d'être les premiers à traiter, devant une instance internationale, du crime de guerre de la conscription ou l'enrôlement d'enfants de moins de 15 ans dans les forces armées nationales ou de les faire participer activement à des hostilités; et du crime contre l'humanité du mariage forcé. Abordant en premier lieu la question des enfants-soldats, cet article décrit l'approche du Tribunal spécial quant à la définition des éléments du crime, d'enlèvement d'enfants, du rôle de l'initiation dans l'acte de conscription ou d'enrôlement d'enfants-soldats, et de la définition de "faire participer activement à des hostilités." En deuxième lieu l'article discute de l'approche du Tribunal, dans le cas CRFA, au crime contre l'humanité du mariage forcé. Par contre, la chambre de première instance dans le cas FDC s'est abstenu de traiter de ce crime, et les critiques de la chambre d'appel à l'endroit de cette approche n'ont pas pu corriger le silence négatif ainsi introduit dans l'exposé par le Tribunal spécial des atrocités commises par les FDC contre les femmes et enfants. L'article tire la conclusion que ces jugements soulèvent des questions qui nécessitent une considération plus poussée. Par exemple, quel est le lien juridique entre l'enlèvement et l'enrôlement d'enfants-soldats? Comment différencier entre la participation active et non-active à des hostilités par des enfants? De plus, ces jugements soulignent les conséquences néfastes du traitement d'un crime contre des femmes ou enfants, tel le mariage forcé, uniquement comme un crime de nature sexuelle. Ce faisant, l'historique de crimes contre les femmes ou les enfants risque d'être irrévocablement et inexactement modifié.

Summary

The Special Court for Sierra Leone, Child Soldiers, and Forced Marriage: Providing Clarity or Confusion?

This article considers the first two trial, and corresponding first two appeal, judgments issued by the Special Court for Sierra Leone in what are commonly referred to as the Armed Forces Revolutionary Council *(*AFRC*) and* Civil Defence Forces *(*CDF*) cases. These judgments are noteworthy for having been the first to adjudicate at the international level the war crime of conscription or enlistment of children under the age of fifteen or using them to participate actively in hostilities and the gender-based crime against humanity of forced marriage. Beginning with the issue of child soldiers, this article explores how the Special Court addressed the applicable elements of crime, the abduction of children, the role of initiation within the act of conscription or enlistment of child soldiers, and the definition of use of children to participate actively in hostilities. The second part of this article discusses how the* AFRC *judgments addressed the crime against humanity of forced marriage. In comparison, the CDF Trial Chamber avoided consideration of this crime, and the Appeals Chamber's partial criticism of this approach could not correct the negative silence created within the Special Court's record of gender-based atrocities by the CDF. The article concludes that the* AFRC *and* CDF *judgments raise issues that require further consideration. For example, what is the legal linkage between abductions and child soldier recruitment, and how does one distinguish between active and non-active participation of children under fifteen in hostilities? These judgments also point to the dangers involved in misunderstanding a gender-based crime such as forced marriage solely as a crime of a sexual nature, and the way in which a trial record can be irrevocably altered by the unbalanced exclusion of gender-based crimes.*

L'incorporation de la coutume internationale en common law canadienne

FRANÇOIS LAROCQUE ET MARTIN KREUSER

INTRODUCTION

Les cours canadiennes de justice ont souvent fait preuve d'ambiguïté dans leur traitement du droit international. Comme l'ont souligné de nombreux commentateurs, le droit international est demeuré trop longtemps un domaine ésotérique auprès des cours et des plaideurs canadiens.[1] Somme toute, les quelques praticiens qui choisi d'avancer des arguments fondés sur le droit international, n'ont pas réussi à engendrer une meilleure compréhension du droit international ou du moins à cultiver une appréciation de sa pertinence et de son application devant les cours canadiennes de justice. En effet, les cours, surtout la Cour suprême du Canada,

François Larocque, Professeur adjoint, Université d'Ottawa, Faculté de droit et Martin Kreuser, B.A., M.A., LL.B.

[1] Hugh M. Kindred, "The Use and Abuse of International Legal Sources by Canadian Courts: Searching for a Principled Approach" dans Oonagh E. Fitzgerald, dir., *The Globalized Rule of Law: Relationships between International and Domestic Law*, Toronto, Irwin Law, 2006, aux pp. 5-30. Kindred note à la p. 17: "*For most of the twentieth century Canadian courts shied away from international law. Perhaps ignorant of its relevance or unsure of how to handle it, they tended to disregard it and even treat it with contempt of exclusionary nationalism.*" Voir aussi généralement Armand de Mestral et Evan Fox-Decent, "Implementation and Reception: The Congeniality of Canada's Legal Order to International Law" dans Oonagh E. Fitzgerald, dir., *The Globalized Rule of Law: Relationships between International and Domestic Law*, Toronto, Irwin Law, 2006, aux pp. 31-83; Jutta Brunnée et Stephen J. Toope, "A Hesitant Embrace: The Application of International Law by Canadian Courts," *Canadian Yearbook of International Law* 40 (2002), à la p. 3; Gibran van Ert, *Using International Law in Canadian Courts*, The Hague, Kluwer Law International, 2002; Ronald St. J. Macdonald, "The Relationship between International Law and Domestic Law in Canada" dans Ronald St. J. Macdonald, Gerald L. Morris, et Douglas M. Johnston, dirs., *Canadian Perspectives in International Law and Organization*, Toronto, Toronto University Press, 1974.

semblent osciller en appliquant le droit international dans certains jugements tout en l'occultant dans d'autres litiges, malgré la contribution évidente que ce corpus juridique aurait pu apporter à l'instruction de nombreuses affaires.

Or, si la place et l'efficace des diverses sources du droit international au sein de l'ordre juridique ont rarement fait l'objet d'étude soutenue par nos cours, il en est particulièrement ainsi pour la coutume internationale. Cette ambivalence a suscité maintes critiques de la part des commentateurs et des avocats œuvrant dans ce domaine spécialisé du droit qui, dans le cadre de leurs travaux, doivent pouvoir se fonder sur des principes clairs quant à l'interaction normative de la coutume internationale et la common law canadienne. En juin 2007, la Cour suprême du Canada a rendu un jugement qui, en grande partie, a su taire plusieurs de ces critiques en clarifiant sa position quant à la relation entre la coutume internationale et la common law. La décision dans l'affaire *R. c. Hape* permet de clore une partie d'un débat qui perdure depuis de l'aube la Confédération,[2] tout en soulevant *ipso facto* de nouvelles problématiques. Pour bien cerner l'importance des propos de la Cour dans l'affaire *Hape,* il sied de revoir en quoi consiste ce débat et en quoi l'arrêt dans *Hape* vient l'informer.

Il convient d'entrée de jeu de définir les termes. La coutume internationale s'entend d'une norme prescriptive découlant d'une pratique étatique qui est générale et continuelle, et dont les États acceptent le caractère obligatoire.[3] Bien qu'il s'agisse de la plus ancienne des sources de droit international[4] énumérée à l'article 38 du *Statut de la Cour internationale de justice,*[5] la coutume internationale a connu un déclin graduel de son influence avec la montée

[2] *R. c. Hape,* [2007] 2 R.C.S. 292 [*Hape*]. L'affaire *Hape* fera l'objet d'une analyse poussée dans la dernière section de notre texte.

[3] *Statut de la Cour international de justice,* [1945] C.I.J., art. 38.1 b) ("La coutume internationale comme preuve d'une pratique générale acceptée comme étant de droit"). Hugh M. Kindred et Phillip M. Saunders, *International Law: Chiefly as Interpreted and Applied in Canada,* 7e éd., Toronto, Emond Montgomery, 2006, à la p. 148; J.-Maurice Arbour, *Droit International Public,* 4e éd., Cowansville, Yvon Blais, 2002, aux pp. 56–60; John H. Currie *et al., International Law: Doctrine, Practice, and Theory,* Toronto, Irwin Law, 2007, aux pp. 120-44.

[4] van Ert, note 1 à la p. 19.

[5] *Statut de la Cour international de justice,* [1945] C.I.J., art. 38.1 (la Cour reconnaît les conventions internationales, la coutume internationale, les principes généraux de droit, les décisions judiciaires et la doctrine des publicistes les plus qualifiés et de même que la coutume internationale).

du positivisme juridique à la fin du 19e siècle. La codification de la coutume internationale dans plusieurs traités internationaux au début du 20e siècle et surtout dans la période d'après-guerre avec les travaux de la Commission de droit international, a certes contribué à ce déclin. Conséquemment, les domaines qui sont régis exclusivement par la coutume internationale sont aujourd'hui limités.[6] Mais au-delà de ces limites, le droit coutumier semble souffrir d'une impopularité au Canada, impopularité attribuable en partie à l'incertitude persistante face au statut du droit international propre dans l'ordre constitutionnel canadien. En 2001, Toope résume la situation canadienne de la manière suivante: "*Canada is one of the minority of states where the relationship between international law and domestic law remains a constitutional conundrum. Our constitutional texts do not address the issue, and the Supreme Court has not seen fit ... to pronounce upon the matter.*"[7] Enfin, avec l'affaire *Hape,* la Cour suprême du Canada a finalement jugé bon de se prononcer sur l'effet juridique de la coutume internationale dans l'ordre juridique canadien, dissipant *ipso facto* de nombreuses questions quant à l'interaction de la coutume internationale et le droit canadien, tout en soulevant une myriade de nouvelles interrogations pour l'avenir.

Une autre raison qui explique l'hésitation généralisée des juristes canadiens à l'égard de la coutume internationale, découle des problèmes de preuve que celle-ci présente pour les praticiens. Même si une norme coutumière s'avère pertinente à un litige quelconque, elle ne peut être plaidée en droit domestique que si ce dernier reconnaît son existence. Il est donc primordial pour le plaideur d'être en mesure de déterminer si la juridiction dans laquelle il plaide reconnaît la coutume internationale qu'il ou elle souhaite invoquer. Or, lorsque le droit coutumier est plaidé dans le cadre d'un litige, l'État peut réagir de deux façons: il peut la reconnaître ou la rejeter. S'il la rejette, il doit signifier concrètement cette opposition par un geste de protestation, tel qu'une déclaration périodique.[8] Inversement, si l'État reconnaît l'existence de la norme

[6] Les domaines qui demeurent sont souvent des règles de *jus cogens,* comme la prohibition de la torture, de l'esclavage et de génocide. Voir William A. Schabas, "Twenty-Five Years of Public International Law at the Supreme Court of Canada," Canadian Bar Review 79 (2000), aux pp. 174-76.

[7] Stephen J. Toope, "The Uses of Metaphor: International Law and the Supreme Court of Canada," Canadian Bar Review 80 (2001), aux pp. 534-36; Voir aussi Kindred, *supra* note 1 à la p. 5.

[8] Voir Arbour, *supra* note 3 aux pp. 68-69 (pour une discussion de la portée d'une protestation contre une coutume internationale); *Pêcherie norvégiennes*

coutumière, il peut signifier cette reconnaissance selon l'une des deux manières suivantes: l'État peut soit incorporer la règle coutumière dans son droit domestique de manière automatique ou bien il peut transformer la norme par un geste positif pour qu'elle soit incluse au corpus juridique domestique. La majorité des États s'en tient normalement à la méthode d'incorporation facilitant largement ainsi le travail des plaideurs. Au Canada cependant, avant les précisions récentes apportées par l'affaire *Hape*, la situation demeurait sans certitude. Comme nous le démontrerons, bien que *Hape* soulève de nouvelles interrogations, cette décision représente un effort important par la Cour suprême du Canada de clarifier les équivoques de sa jurisprudence antérieure.

Dans cet article, nous démontrons le bien-fondé de la position prise par la Cour suprême du Canada, c'est-à-dire, que l'ordre juridique canadien incorpore la coutume internationale directement. Malgré la confusion exprimée par certains auteurs qui œuvrent dans le domaine et la jurisprudence ambivalente de la Cour, il n'est plus permis de douter que le courant moniste domine au Canada. Pour démontrer cette conclusion, le texte qui suit a été divisé en trois parties. Dans la première partie, nous décrivons brièvement les deux approches empruntées pour intégrer les normes coutumières internationales en droit domestique. En deuxième partie, nous examinerons la pratique britannique et états-unienne, tant historique que contemporaine, en matière d'incorporation de la coutume internationale. Finalement, dans la troisième partie, nous étudions les arrêts canadiens qui ont traité de la coutume internationale, en tenant compte des clarifications salutaires apportées par l'arrêt *Hape* et des nouvelles questions qu'il soulève.

L'intégration de la coutume internationale en droit domestique

Il est généralement admis que la reconnaissance du droit coutumier se fait selon deux approches: soit selon une approche dite "moniste" ou bien selon une approche dite "dualiste."[9] L'approche

(Royaume-Uni c. Norvège), C.I.J. Recueil, 1951 (où la Cour n'applique pas une coutume internationale à l'État norvégien car celui-ci c'est toujours opposé à son application).

[9] Voir Shaheed Fatima, *Using International Law in Domestic Courts*, Oxford, Hart Publishing, 2005, § 13.3 pour une discussion des deux approches en Angleterre et § 13.4 pour une discussion des avantages et désavantages de chaque approche.

moniste, aussi connue sous le terme "incorporation" ou parfois "adoption,"[10] avance que les normes coutumières font partie de l'ordre juridique canadien dès qu'elles prennent naissance dans l'ordre international. Autrement dit, selon ce courant, les cours canadiennes prennent connaissance d'office de la coutume internationale et l'appliquent à même titre qu'une norme domestique dans tous les litiges où celle-ci s'applique. Comme nous le démontrerons dans la section suivante, cette conception moniste est constamment appliquée au Royaume-Uni depuis la première moitié du 18e siècle, et par la suite aux États-Unis.[11] Pour sa part, l'approche dualiste, aussi appelée "transformation," date du 19e siècle[12] et exige que l'État pose un geste positif, soit de manière législative ou jurisprudentielle, pour que le droit domestique reconnaisse la force obligatoire d'une coutume internationale. Avant de discuter des courants jurisprudentiels dans l'application canadienne de ces deux approches, il sied mieux de les situer dans le contexte du droit britannique et états-unien, et d'élucider leurs fondements historiques.

L'expérience britannique et états-unienne

La doctrine moniste de l'incorporation

William Blackstone n'était pas le premier juriste à décrire le principe de l'incorporation ou de l'adoption de la coutume internationale, mais sa formulation demeure l'une des plus limpides et connues. Dans le quatrième volume de *Commentaries on the Laws of England,* intitulé "Of Public Wrongs," Blackstone définit le droit international de son époque ("*the law of nations*") comme "*a system of rules, deducible by natural reason, and established by universal consent among the civilized inhabitants of the world*" avant de traiter de sa mise en œuvre au niveau étatique.[13] Avec renvoi infrapaginal à l'affaire *Triquet c. Bath,*[14] Blackstone enchaîne sa définition du droit de gens avec le propos suivant:

[10] Voir généralement van Ert, *supra* note 1, chapitre 5.

[11] *Buvot c. Barbuit* (1737) Case. T. Talb. 281, 25 ER 777. Voir aussi *Trendtex Trading Corp. c. Nigeria (Central Bank),* [1977] 1 Q.B. 529 (C.A.); [1977] 1 All E.R. 881; [1977] 2 W.L.R. 356 [*Trendtex* avec renvois aux W.L.R.].

[12] *Regina c. Keyn* (1876) 2 Ex. D. 63 (Ct. Cr.C. Res.).

[13] William Blackstone, *Commentaries on the Law of England,* Oxford, Clrendon, 1769, vol. IV, aux pp. 66-67.

[14] (1764) 3 Burr. 1478 [*Triquet*].

> *[T]he law of nations (wherever any question arises which is properly the object of it's* [sic] *jurisdiction) is here adopted in it's* [sic] *full extent by the common law, and is held to be part of the law of the land.* And those acts of parliament, which have from time to time been made to enforce this universal law, or to facilitate the execution of it's [sic] decisions, are not to be considered as introductive of any new rule, but merely as declaratory of the old fundamental constitutions of the kingdom; without which it must cease to be a part of the civilized world.[15]

Nous analyserons plus loin la section du passage qui n'est pas en italique; nous l'incluons ici uniquement pour compléter la première phrase et pour signaler dès maintenant la tension qui se profile entre le monisme du 18e siècle et le dualisme du 19e siècle. Pour l'instant, il convient d'analyser l'affirmation de Blackstone que le droit des gens "*is here adopted in it's [sic] full extent by the common law.*"

Il est significatif que Blackstone cite l'affaire *Triquet c. Bath* (1764) à l'appui de sa formulation du principe de l'incorporation dans ses *Commentaries.* Il était avocat au dossier dans ce litige et la décision marque la première fois que le principe de l'incorporation de la coutume internationale en common law est explicitement rapporté dans la jurisprudence britannique. Dans ses motifs dans l'affaire *Triquet c. Bath,* Lord Mansfield fait référence à l'affaire *Buvot c. Barbuit* (1736)[16] dans laquelle il était lui-même avocat, alors sous le nom de William Murray. Lord Mansfield affirme se souvenir que dans cette affaire le juge en chef Lord Talbot avait déclaré: "*That the law of nations, in its full extent was part of the law of England.*" Plus loin, Lord Mansfield évoque ses souvenances: "*I was counsel in this case, and have a full note of it. I remember, too, Lord Hardwicke's declaring his opinion to the same effect; and denying that Lord Chief Justice Holt ever had any doubt as the law of nations being part of the law of England.*" Lord Mansfield conclut en affirmant: "*Mr Blackstone's principles are right.*"[17]

Lord Mansfield applique le principe de l'incorporation dans quelques décisions subséquentes. Dans l'affaire *Lockwood c. Coysgarne* (1765),[18] il décrit la *Diplomatic Protection Act, 1708,* une codification des principes coutumiers des privilèges des ambassadeurs, comme

[15] Blackstone, *supra* note 13, vol. IV, à la p. 67 [nos italiques].

[16] *Triquet, supra* note 14.

[17] *Ibid.* à la p. 1481.

[18] (1765) 3 Burr. 1676 [*Lockwood*].

étant "*declaratory*" de l'état du droit international, qui, de toutes façons, "*was in full force in these kingdoms.*"[19] Il traite de la même loi deux ans plus tard dans l'affaire *Heathfield c. Chilton* (1767)[20] en affirmant que les privilèges des ministres étrangers "*depend upon the law of nations, which is part of the common law of England*" et qu'en définitive, "*the law of nations will be carried as far in England as anywhere.*"[21]

À la lumière de ce qui précède, il est possible d'affirmer avec confiance qu'au moment où Blackstone publie le quatrième volume de ses *Commentaries* en 1769, le principe de l'incorporation de la coutume internationale était clairement reconnu en jurisprudence britannique. Moins clairs cependant sont les fondements théoriques du principe. Comment se fait-il que Lord Mansfield (ou même Lord Talbot, si nous pouvons compter sur la mémoire de Mansfield) ait pu affirmer dans la seconde moitié du 18e siècle que le droit international était réputé faire partie intégrante de l'ordre juridique national?

Selon Dickinson, l'apparition relativement soudaine de la doctrine de l'incorporation au 18e siècle s'explique à la lumière de la culture intellectuelle prédominante de l'époque, une culture cosmopolite, voire universalisante, imprégnée des idéaux du stoïcisme classique, du droit naturel et de la rationalité. Bref, le siècle des Lumières battait son plein en Angleterre tout comme en Europe continentale. Ainsi, selon Dickinson, l'ipséité substantive du droit international et de la common law était pour les juristes de l'époque:

> *[A] perfectly natural deduction from the theories of national and international law which flourished in the 17th and 18th centuries. All law, national no less than international, was being tested by the standards of what was assumed to be a rational, universal and immutable system. The English courts were developing English national law in harmony, as it was assumed, with right reason and natural justice ... International law was not only in harmony with right reason and natural justice, but was a veritable* corpus juris naturalis *in the treaties of the most influential publicists. In an age dominated by such ideas, nothing could have been more plausible than the conclusion that international law formed an integral part of the national law governing matters of international concern.*[22]

[19] *Ibid.* à la p. 1678.

[20] (1767) 4 Burr. 2015 [*Heathfield*].

[21] *Ibid.* à la p. 2016.

[22] Edwin Dickinson, "Changing Concepts and the Doctrine of Incorporation," American Journal of International Law 26 (1932), aux pp. 239-53; Robert Lillich,

Autrement dit, c'est l'esprit du temps (*zeitgeist*) qui aurait généré le principe de l'incorporation. Soucieux d'assurer l'harmonie conceptuelle entre le droit international et la common law, les juristes britanniques de l'époque auraient avancé l'idée que celui-ci ne pouvait contredire celle-là dans la mesure où tous les deux tiraient leurs fondements du droit naturel.

L'hypothèse n'est pas complètement sans mérite. Les juristes anglais du 18e siècle formés en droit romain, connaissaient certainement la tradition philosophique du droit naturel et ils faisaient recours régulièrement aux œuvres de Gentili, Grotious et Burlmaqui devant les cours civilistes et dans leurs travaux en tant que conseillers de la couronne. Cependant, l'hypothèse de Dickinson n'explique pas comment le droit des gens était soudainement perçu comment faisant partie de la common law britannique, un droit qui, historiquement, s'appliquait en Angleterre et aux pays de Galle, et ce à l'exclusion générale du droit romain. Il sied de se rappeler qu'à l'époque de Lord Mansfield, la pratique juridique des civilistes était distincte de celle des common lawyers, particulièrement à l'égard des matières internationales. Les civilistes s'activaient généralement devant les cours de l'amirauté, surtout en matière de prise alors que la pratique de la common law se limitait surtout aux questions domestiques et de droit privé.[23]

Cela étant dit, il est vrai que la common law de l'époque était profondément influencée par le droit naturel. Pour Blackstone, la common law se devait d'être le reflet des prescriptions des lois de la nature[24] et se concevait comme l'avatar historique des traditions juridiques romaine, saxonne, danoise et normande, qui tour à tour, ont été implantées et supplantées en Angleterre.[25] En définitive,

"The Proper Role of Domestic Courts in the International Legal Order," Virginia Journal of Internationa Law 11 (1970), aux pp. 9-13. Voir aussi Edwin Dickinson "The Law of Nations as Part of the National Law of the United States," University of Pennsylvania Law Review 101 (1952), à la p. 26; Hersh Lauterpacht, "Is International Law Part of the Law of England?" dans E. Lauterpacht, éd., *The Collected Papers of Hersch Lauterpacht,* Cambridge, Cambridge University Press, 1975, vol. II, à la p. 537.

[23] William Holdsworth, *A History of English Law,* London, Sweet & Maxwell, 1964, vol. X, aux pp. 369-70. Voir aussi Holdsworth, vol. XIV, aux pp. 23-33.

[24] William Blackstone, *Commentaries on the Laws of England,* Oxford, Clarendon, 1765, vol. I, "Introduction" à la p. 43.

[25] Voir aussi Sir Edward Coke, *Selected Writings and Speeches,* S. Sheppard, éd., Indianapolis, Liberty Fund, 2003, aux pp. 39-40.

l'apparition du principe de l'incorporation a peut-être été facilitée par le patrimoine "jusnaturaliste" partagé du droit international et de la common law, mais l'hypothèse de Dickinson semble escamoter une autre explication beaucoup plus prosaïque et, à notre sens, plus plausible.

À l'instar de Crawford, nous estimons que la notion que le droit des gens soit assimilé à la common law au début du 18e siècle, est historiquement intenable dans la mesure où la common law s'est traditionnellement développée et définie comme "*the law of the land in a literal sense, the law of the Kingdom of England, as contrasted with the law applicable to foreign places and transactions.*"[26] En effet, il convient de rappeler que les cours de common law n'avaient aucune compétence *ratione materiae* en matières internationales avant le 17e siècle. De manière générale, à cette époque, le droit international administré par les cours domestiques touchait la *lex mercatoria,* les conflits de juridiction et les causes maritimes, dont la piraterie, les épaves, les otages et la prise.[27] Or, au 17e siècle, tous ces domaines relevaient de l'Amirauté et donc des avocats civilistes.[28] Les questions d'immunité et les transactions internationales, pour leur part, relevaient de la prérogative royale et étaient administrées par la couronne et son conseil.[29]

C'est durant le règne d'Élizabeth I que les common lawyers, suivant les ambitions expansionnistes du juge en chef Coke, ont déployé maintes manigances politiques pour s'emparer des matières qui jadis relevaient de la compétence exclusive de l'Amirauté. Le récit de ces guerres juridictionnelles entre les cours de common law et de droit romain est bien documenté, et trop fastidieux pour figurer ici.[30] Pour nos fins, il suffit de noter qu'au 18e siècle, les

[26] James Crawford, "Public International Law in Twentieth-century England" dans J. Beatson et R. Zimmermann, éds., *Jurists Uprooted: German-speaking Emigré Lawyers in Twentieth Century Britain,* Oxford, Oxford University Press, 2004, à la p. 686, note 26. Voir aussi E.D. Adair, *The Extraterritoriality of Ambassadors in the Sixteenth and Seventeenth Centuries,* London, Longmans, Green & Co., 1929, aux pp. 88, 238-43.

[27] Blackstone, vol. IV, *supra* note 13 à la p. 67.

[28] Holdsworth, vol. I, *supra* note 23 à la p. 548.

[29] *Ibid.*, vol. XIV, *supra* note 23 à la p. 22. Voir aussi Lauterpacht, *supra* note 22 à la p. 553.

[30] James Oldham, *The Mansfield Manuscripts and the Growth of English Law in the Eighteenth Century,* Chapel Hill, University of North Carolina Press, 1992., vol. II, aux pp. 657-58; Holdsworth, vol. I, *supra* note 23, à la p. 559; *Halbury's Laws of England,* 4e éd., Londres, Butterworths, vol. 1(1), §301. Pour une discussion

cours de common law avaient réussi à s'approprier une grande part des compétences de l'Amirauté en matières internationales, à l'exception des questions de prises maritimes sur lesquelles l'Amirauté continuait à exercer une compétence exclusive. Bref, si Blackstone et Mansfield pouvaient affirmer au milieu du 18e siècle que le droit international était incorporé dans la common law, c'est parce que les cours de common law administraient désormais le droit international dans l'exercice de leurs nouvelles compétences judiciaires sur les questions touchant le droit maritime et les immunités.

Quoiqu'il en soit de ses origines, la doctrine de l'incorporation du droit international en common law a été exportée et appliquée par les tribunaux des colonies britanniques en Amérique, et ensuite par les cours de la nouvelle république des États-Unis.[31] Dans la cause célèbre de *Respublica c. Delongchamps* (1784), le procès sensationnel qui suivit l'affaire Marbois, le juge en chef McKean déclare que le droit international "*in its full extent is part of the law of this state* [la Pennsylvanie], *and is to be collected from the practice of different nations and the authority of writers.*"[32] Les *Commentaries* de Blackstone étaient extrêmement bien connus et cités dans les jugements et les documents politiques de l'époque.[33] Dans ses directives au grand jury en 1790, le juge en chef Jay précise que la coutume internationale était "*part of the laws of this, and of every other civilized nation.*"[34] De manière semblable, le juge Irdell note dans ses directives en 1794: "*The*

---

judiciaire de l'évolution de la compétence de l'Amirauté, voir également *The Goring,* [1988] A.C. 831 (H.L.).

[31] Louis Henkin, "International Law as Law in the United States," Michigan Law Review 82 (1984), aux pp. 1555-56.

[32] Le chevalier français Charles Julien de Longchamps avait agressé le ministre français François Barbé-Marbois dans une taverne à Philadelphie. L'administration de Napoléon était outragée et exigeait que l'accusé soit extradé vers la France, ce que la Pennsylvanie refusait de faire. Voir *Respublica c. De Longchamps,* 1 U.S. (1 Dall.), aux pp. 111-16 (Sup. Ct. Pa. 1784). Le propos du juge en chef McKean est calqué sur les paroles de Lord Mansfield dans l'affaire *Triquet, supra* note 14.

[33] Voir généralement Dickinson, *supra* note 22; J.S. Watterman, "Thomas Jefferson and Blackstone's Commentaries," Illinois Law Review 27 (1933), à la p. 629; Dennis R. Nolan, "Sir William Blackstone and the New Republic: A Study of Intellectual Impact," New York University Law Review 51 (1976), à la p. 731; Stewart Jay, "The Status of the Law of Nations in Early American Law," Vanderbilt Law Review 42 (1989), à la p. 819.

[34] *Charge to the Grand Jury for the District of New York* (le 4 avril 1790), tirée de Jay, *supra* note 33 à la p. 825.

Common Law of England, from which our own is derived, fully recognizes the principles of the Law of Nations, and applies them in all cases falling under its jurisdiction, where the nature of the subject requires it."[35] Il serait possible de multiplier ainsi les exemples et de citer des douzaines d'autorités démontrant l'application du principe de l'incorporation en jurisprudence états-unienne, mais nulle plus haute que celle du juge en chef Marshall qui, dans l'affaire *The Nereide,* affirme: "*the Court is bound by the law of nations, which is part of the law of the land.*"[36]

Cette conception moniste de la réception de la coutume internationale en droit états-unien est affirmée à maintes reprises au 20e siècle. Notamment, dans l'affaire *The Paquete Habana,* le juge Gray declare: "*International law is part of our law, and must be ascertained and administered by the courts of justice of appropriate jurisdiction, as often as questions of right depending upon it are duly presented for their determination. For this purpose, where there is no treaty, and no controlling executive or legislative act or judicial decision, resort must be had to the customs and usages of civilized nations.*"[37] L'adhésion états-unienne au monisme et à la doctrine de l'incorporation de la coutume internationale se poursuit toujours au 21e siècle.[38] Toutefois, comme il le sera démontré dans la prochaine sous-section, l'adhésion britannique à la doctrine moniste de l'incorporation est mise en doute à partir du 19e siècle au profit de la doctrine dualiste de la transformation.

LA DOCTRINE DUALISTE DE L'INCORPORATION

Un autre paradigme de réception du droit coutumier en common law — la doctrine de transformation — fait son apparition dans la jurisprudence anglaise à la fin du 19e siècle. Selon cette doctrine, une coutume internationale n'acquiert force de droit dans l'ordre juridique domestique que si elle est formellement et explicitement *transformée* en norme domestique par fiat judiciaire ou, préférablement, par voie législative.[39] Bien que la doctrine dualiste de la

35 *Charge to the Grand Jury for the District of South Carolina* (le 12 mai 1794), tirée de Jay, *supra* note 33 à la p. 826.

36 *The Nereide,* 13 U.S. (9 Cranch) 388 (1815), à la p. 423.

37 *The Paquete Habana,* 175 U.S. 677 à la p. 700 (1900). Voir aussi *Banco Nacional de Cuba c. Sabbatino,* 376 U.S. 398 (1964); *Filartiga c. Pena-Irala,* 630 F.2d 876 (2nd Cir.).

38 Voir *e.g. Sosa c. Alvarez-Machain,* 542 U.S. 692 (2004).

39 Ian Brownlie, *Principles of Public International Law,* 6e éd., Oxford, Oxford University Press, 2003, aux pp. 42-44; van Ert, *supra* note 1 à la page 138.

transformation ait généralement été rejetée au Royaume-Uni et ailleurs, elle a néanmoins le mérite de soulever deux considérations qui conditionnent à juste titre la réception de la coutume internationale, à savoir, la spécificité normative requise de la coutume internationale et la pertinence du principe de la suprématie parlementaire.

C'est l'affaire *Regina c. Keyn* (1876) qui est généralement citée comme autorité à l'appui de la doctrine de transformation.[40] Une formation de treize juges devait déterminer si les cours anglaises avaient la compétence d'adjuger une accusation d'homicide involontaire contre un étranger à l'égard d'événements survenus sur un navire dans les eaux territoriales du Royaume-Uni. Les juges étaient divisés sept contre six. Selon la majorité, en l'absence d'une loi habilitante spécifique à cet effet, les cours britanniques n'avaient aucune compétence à l'égard d'actes criminels commis par des étrangers sur un navire étranger situé dans les eaux territoriales du Royaume-Uni. Pour leur part, les juges dissidents étaient d'avis que l'exercice de la compétence criminelle était permis puisqu'en vertu du droit international applicable, l'acte en question était survenu sur le territoire britannique. Les motifs du juge en chef Cockburn et ceux de Sir Robert Phillimore illustrent éloquemment les tensions qui persistaient au 19e siècle entre la tradition jusnaturaliste (Phillimore était civiliste de formation) et la montée puissante du positivisme.

Sir Robert Phillimore a expressément refusé de se prononcer sur la question de savoir si "*an Act of Parliament would not be required to empower the Court to exercise jurisdiction*"[41] et conclut, en se référant à ses maîtres de penser — dont Grotius, Vattel et Lord Stowell — que ni le droit domestique ni le droit international permettait l'exercice de la compétence pénale en l'espèce. Partageant l'avis de son collègue que le droit anglais ne présentait aucune solution au litige, le juge en chef Cockburn concentre son analyse sur les normes pertinentes de la coutume internationale. En considérant leur effet juridique, le juge en chef Cockburn note que celles-ci devraient avoir reçu "*the assent of the nations who are to be bound by it. This assent may be express, as by treaty or the acknowledged concurrence of governments, or may be implied from established usage.*"[42] Le juge en chef affirme par la suite:

[40] *Supra* note 12.

[41] *Ibid.* à la p. 68.

[42] *Ibid.* à la p. 202.

In the absence of proof of assent, as derived from one or other of these sources, no unanimity on the part of theoretical writers would warrant the judicial application of the law on the sole authority of their views or statements. Nor, in my opinion, would the clearest proof of unanimous assent on the part of other nations be sufficient to authorize the tribunals of this country to apply, without an Act of Parliament, what would practically amount to a new law. In so doing we should be unjustifiably usurping the province of the legislature.[43]

Dans ce passage, le juge en chef Cockburn soulève deux considérations qui demeurent toujours pertinentes à l'interprétation et l'application judiciaire de la coutume internationale, à savoir, la nécessité d'établir par la preuve l'existence d'une norme coutumière et l'efficace de la doctrine de la suprématie parlementaire.

La question à savoir si les motifs du juge en chef Cockburn exigent généralement que la coutume internationale soit *transformée* en droit domestique par voie législative demeure controversée.[44] Comme le souligne O'Keefe, le juge en chef Cockburn est le seul des treize juges "*to cast doubt on whether, as a matter of principle, the law of nations formed part of the law of England in the absence of legislation — and even then* obiter *and ambiguously.*"[45] En effet, la question de l'interaction du droit international et domestique était accessoire à la question en litige principale concernant la compétence pénale des cours anglaises à l'égard d'un crime commis par un étranger sur un navire étranger. Comme le note Crawford, le renvoi (inexact) du juge Lindely à l'affaire *Triquet* est la seule référence explicite à la doctrine de l'incorporation dans les motifs de l'affaire *Regina c. Keyn.*[46]

Quoiqu'il en soit, l'affaire *Regina c. Keyn* n'est pas l'arrêt déterminant en la matière et la jurisprudence britannique portant sur la réception de la coutume internationale a continué à évoluer durant les premières décennies du 20e siècle.[47] Tout en faisant l'écho des

43 *Ibid.* à la p. 203.

44 Lauterpacht, *supra* note 22 aux pp. 545-46; Brownlie *supra* note 39 à la p. 43.

45 Roger O'Keefe, "Customary International Crimes in English Courts," British Yearbook of International Law 72 (2001), aux pp. 304-05.

46 James Crawford, "The Contribution of Professor D.P. O'Connell to the Discipline of International Law," British Yearbook of International Law 51 (1980), à la p. 61, note 2. Le juge Lindley mentionne à la p. 91 de *Regina c. Keyn* que le droit international fait partie du droit anglais, en faisant référence à "*Lord Mansfield's observation in 3 Burr. 1471.*" Or, le renvoi exact est 3 Burr. 1478 à la p. 1481.

47 L. Oppenheim, *International Law: A Treatise,* 8e éd., H. Lauterpacht, dir., Londres, Longmans, 1967, aux pp. 39-40 ("*all such rules of customary International Law as*

considérations soulevées par le juge en chef Cockburn, Lord Alverston affirme le paradigme moniste de l'incorporation en 1905 dans l'affaire *West Rand Central Gold Mining*. Il affirme:

[I]nternational law forms part of the law of England, requires a word of explanation and comment. It is quite true that whatever has received the common consent of civilized nations must have received the assent of our country, and that to which we have assented along with other nations in general may properly be called international law, and as such will be acknowledged and applied by our municipal tribunals when legitimate occasion arises for those tribunals to decide questions to which doctrines of international law may be relevant. But any doctrine so invoked must be one really accepted as binding between nations, and the international law sought to be applied must, like anything else, be proved by satisfactory evidence, which must shew [sic] *either that the particular proposition put forward has been recognised and acted upon by our own country, or that it is of such nature, and has been so widely and generally accepted, that it can hardly be supposed that any civilized State would repudiate it.*[48]

C'est ensuite au tour de Lord Atkin de raffiner davantage la jurisprudence dans l'arrêt *Chung Chi Cheung c. The King* (1939).[49] Ce litige concernait la compétence de la couronne britannique à l'égard d'un meurtre qui avait pris place sur un bateau étranger en eau territoriale hongkongaise. Dans ses motifs, Lord Atkin affirme:

It must always be remembered that, so far, at any rate, the Courts of this country are concerned, international law has no validity save in so far as its principles are accepted and adopted by our own domestic law. There is no external power that imposes its rules upon our own code of substantive law or procedure. The Courts acknowledge the existence of a body of rules which nations accept amongst themselves. On any judicial issue they seek to ascertain what the relevant rule is, and, having

---

are either universally recognised or have at any rate received the assent of this country are per se part of the law of the land. To that extent there is still valid in England the common law doctrine, to which Blackstone gave expression in a striking passage, that the Law of Nations is part of the law of the land. It has been repeatedly acted upon by courts. Apart form isolated obiter dicta *it has never been denied by judges. The unshaken continuity of its observance suffered a reverse as the result of the* dicta *of some judges in* The Franconia *case in 1876, but* West Rand Central Gold Mining Co. v. The King, *decided in 1905, must be regarded as a reaffirmation of the classical doctrine*").

48 *West Rand Central Gold Mining Co. c. The King,* [1905] 2 K.B. aux pp. 391-406.

49 *Chung Chi Cheung c. The King* [1939] A.C. 160 (P.C.) [*Chung*].

found it, they will treat it as incorporated into the domestic law, so far as it is not inconsistent with rules enacted by statutes or finally declared by their tribunals.[50]

Bien que les propos de Lord Atkin soient parfois cités en guise d'autorité à l'appui de la doctrine dualiste de transformation,[51] une lecture plus attentive de ce passage révèle plutôt que Lord Atkin appuyait vraisemblablement l'approche moniste.[52] Soulignant les impératifs de la souveraineté étatique et de hiérarchie des normes, et rappelant les considérations soulevées par le juge en chef Cockburn dans *Regina c. Keyne,* Lord Atkin précise que seules les normes coutumières dont l'existence et la spécificité ont été démontrées ("*ascertained*") sont incorporées dans l'ordre juridique interne, et ce dans l'unique mesure où qu'elles soient compatibles avec la législation et la jurisprudence domestique. Autrement dit, une norme coutumière qui entre en conflit avec une norme législative ou jurisprudentielle ne saurait être incorporée dans l'ordre juridique national.

Cette dernière condition — la sujétion des normes coutumières au principe de *stare decisis* — a depuis été rejetée par la Cour d'appel de l'Angleterre dans l'affaire *Trendtex Trading Corp. c. Central Bank of Nigeria* (1977). Dans cette affaire portant sur l'émergence en droit international d'une exception au principe de l'immunité des états fondée sur l'activité commerciale, Lord Denning MR s'interrogeait sur le mode de réception de cette nouvelle norme en common law britannique. Après avoir fait le survol des deux écoles de pensée (l'incorporation et la transformation), Lord Denning MR et Shaw LJ concluent que les normes coutumières font automatiquement partie de la common law du moment qu'elles se cristallisent en droit international, à moins qu'elles entrent en conflit avec une norme législative.[53] "*As between the two schools,*" affirme Lord Denning, "*I now believe the doctrine of incorporation is correct. Otherwise I do not see that our courts could ever recognise a change in the rules of international law.*" Il poursuit plus loin:

[50] *Ibid.* aux pp. 167-68.

[51] Arbour, *supra* note 3 à la page 177. Voir aussi *Trendtex Trading Corporation c. Central Bank of Nigeria,* [1977] QB 529 à la p. 554 (C.A.).

[52] O'Keefe, *supra* note 45 à la p. 306; van Ert, *supra* note 1 à la p. 141.

[53] *Trendtex, supra* note 51 aux pp. 552-54 (Lord Denning MR), aux pp. 577-79 (Shaw LJ).

International law does change, and the courts have applied the changes without the aid of any Act of Parliament ... It follows, too, that a decision of this court — as to what was the ruling of international law 50 or 60 years ago — is not binding on this court today. International law knows no rule of stare decisis. *If this court today is satisfied that the rule of international law on a subject has changed from what it was 50 or 60 years ago, it can give effect to that change — and apply the change in our English law — without waiting for the House of Lords to do it.*"[54]

Bref, après avoir exhibé des tendances dualistes durant les premières décennies du 20e siècle, avec l'arrêt *Trendtex*, l'Angleterre se rallie aux États-Unis pour affirmer le triomphe du monisme et de la doctrine de l'incorporation, ne serait-ce que pour quelques décennies. La phrase que Lord Denning emprunte de Gallilé à l'égard du droit international s'applique *a fortiori* à la common law: *"E pur si muove!"*[55] Comme il le sera démontré dans la prochaine sous-section, l'état britannique du droit post-*Trendtex* continue à évoluer.

APRÈS *TRENDTEX*: LA TRANSFORMATION DOMESTIQUE DES CRIMES INTERNATIONAUX

La clarification jurisprudentielle apportée par Lord Denning dans l'affaire *Trendtex* quant à la relation entre la coutume internationale et la common law a fait l'objet de précisions supplémentaires à la fin du 20e siècle et au début du 21e siècle. Deux arrêts anglais seront présentés pour démontrer que l'approche des tribunaux vis-à-vis de l'incorporation de la coutume internationale varie selon le contenu substantif de ladite norme coutumière. Bref, même s'il est toujours possible d'affirmer que la coutume internationale est généralement incorporée en common law anglaise de manière automatique, il n'en est pas ainsi pour les crimes internationaux. Ceux-ci doivent faire l'objet d'une transformation législative.

La première décision pertinente est celle de l'affaire *Pinochet No. III*,[56] où la House of Lords devait déterminer si l'ancien dictateur chilien Augusto Pinochet pouvait être extradé vers l'Espagne pour

[54] *Trendtex, Ibid.* aux pp. 554-55.

[55] Pour exprimer le dynamisme idiosyncrasique de la coutume internationale, Lord Denning affirme: "*I would use of international law the words which Galileo used of the earth: 'But it does move'.*" *Trendtex, Ibid.* à la p. 554.

[56] *Commissioner of Police for the Metropolis and Others, Ex Parte Pinochet (No. 3)* [1999] 2 All ER 97, [1999] UKHL 17 [*Pinochet* avec renvois aux UKHL].

ester en justice pour des crimes commis alors qu'il était chef d'état au Chili. Pinochet revendiquait son immunité en vertu du *State Immunity Act, 1978*. Cependant, les Lords ont rejeté cet argument parce que cette immunité ne protège aucunement les anciens chefs d'État pour les crimes internationaux, tels que la torture. Selon l'*Extradition Act, 1989,* pour qu'un accusé soit extradé vers une autre juridiction, le crime allégué doit être un crime reconnu auprès des deux juridictions en cause. Alors, la question plus pointue était à savoir si la torture était considérée un crime en Angleterre au moment où les actes de tortures allégués ont été commis. La majorité des Lords a conclu que la torture était devenue un crime reconnu en Angleterre à compter de 1988 en raison de l'adoption du *Criminal Justice Act* qui incorporait les obligations de l'Angleterre face à la *Convention contre la torture et autres peines ou traitements cruels, inhumains ou dégradants*[57] (*Convention contre la torture*). Bien que la Cour ait rejeté l'immunité de Pinochet, la non-rétroactivité de la *Criminal Justice Act* avait comme conséquence qu'elle ne pue reconnaître les crimes de torture commis avant 1988 comme étant prohibés en droit anglais. Cette conclusion venait exclure le caractère justiciable de la grande partie des crimes qui avait pris place lors des années 1970 durant le règne de Pinochet. En conclusion, la Cour décide que Pinochet pouvait être extradé vers l'Espagne pour répondre aux accusations commises après 1988.

Un des jugements saillants de la décision est celui de Lord Millett, qui, pour sa part, était d'avis que la torture était crime en Angleterre du fait de son incorporation coutumière en common law. Après avoir analysé la jurisprudence portant sur les immunités et le développement des crimes internationaux, Lord Millett conclut que la torture est un crime en droit international et donc un crime reconnu en Angleterre depuis bien avant 1988. En premier lieu, sur la question de l'immunité, il est proposé que depuis la fin de la Deuxième Guerre mondiale, la doctrine de l'immunité ne s'applique pas aux comportements qui sont contraires au droit international. Lord Millett se réfère au jugement de la Cour suprême d'Israël dans l'affaire *Eichmann,*[58] qui pour faire preuve de la validité de sa juridiction, approuve le consensus général que les crimes de guerre sont sujets à la compétence universelle. Lord Millett s'explique en disant: "*This seems to have been an independent source of*

[57] 1465 U.N.T.S. 85, le 10 décembre 1984.

[58] *Attorney-General of Israel c. Eichmann* (1962) 36 I.L.R. 5.

jurisdiction derived from customary international law, which formed part of the unwritten law of Israel, and which did not depend on the statute." Cet arrêt a été confirmé en 1985 dans l'affaire *Demjanjuk c. Petrovsky,* dans quel arrêt la Cour énonce: "*International law provides that certain offences may be punished by any state because the offenders are enemies of all mankind and all nations have an equal interest in their apprehension and punishment.*"[59]

Au sujet de savoir quel crime peut être puni en vertu de la compétence universelle, Lord Millett explique que suite à la *Déclaration universelle des droits de la personne*[60] la communauté internationale ne pouvait ignorer ou s'aveugler volontairement face à certaines violations du droit international. Selon Lord Millett, un crime interdit en droit international relève de la compétence universelle s'il est (1) contraire à une norme impérative (*jus cogens*) et (2) de telle magnitude qu'il sera considéré comme un affront à l'ordre juridique international. L'application de ces critères à la compétence judiciaire extraterritoriale d'un pays s'explique avec l'exemple de l'Angleterre:

> *Every state has jurisdiction under customary international law to exercise extra-territorial jurisdiction in respect of international crimes, which satisfy the relevant criteria. Whether its courts have extra-territorial jurisdiction under its internal domestic law depends, of course, on its constitutional arrangements and the relationship between customary international law and the jurisdiction of its criminal courts. The jurisdiction of the English criminal courts is usually statutory, but it is supplemented by the common law. Customary international law is part of the common law, and accordingly I consider that the English courts have and always have had extra-territorial criminal jurisdiction in respect of crimes of universal jurisdiction under customary international law.*

Lord Millett conclut que le statut de la torture en tant que crime international donnant lieu à la compétence universelle existait bien avant que les incidents dont est accusé Pinochet prennent place. Donc, le fait que l'*Extradition Act* exige que le crime soit reconnu dans les deux juridictions avant d'entamer l'extradition n'est pas un obstacle dans le raisonnement de Lord Millett car le crime de torture existait déjà avant le *Criminal Justice Act* et était ainsi reconnu en droit anglais. Le *Criminal Justice Act* ne créa pas un nouveau crime en légiférant la prohibition de la torture selon la *Convention*

[59] 603 F. Supp. 1468 (N.D. OH. 1985), affirmed 776 F.2d 571 (6th Cir. 1985).

[60] Assemblée générale, Résolution 217 A (III), le 10 décembre 1948.

contre la torture, mais plutôt la redéfini en formalisant l'obligation des États signataires de prévenir ce crime.

Ainsi, à la lumière des propos de Lord Millett dans l'affaire Pinochet, il était possible de soutenir — comme certains juges et commentateurs l'ont fait[61] — que le principe de l'incorporation s'appliquait uniformément à la pleine panoplie des normes coutumières, incluant les crimes internationaux comme la torture et le génocide. Pour reprendre les paroles de Blackstone, la coutume internationale était réputée incorporée "to its *full extent* by the common law."[62] Ou encore, comme l'a souligné le juge Gray de la Cour suprême des Etats-Unis: "International law, in its *widest and most comprehensive sense* ... is part of our law."[63] Ainsi, les normes coutumières portant sur l'immunité des états,[64] les privilèges des ambassadeurs[65] ou les différents principes permettant l'exercice de la compétence criminelle,[66] sont réputées faire partie de la common law et sont susceptibles d'être administrées et appliquées par les cours nationales.

En 2006, la House of Lords est venue raffiner cette conception du principe de l'incorporation dans l'affaire *R. c. Jones & Milling*[67] et, ce faisant, a partiellement réhabilité la doctrine de transformation que Lord Denning avait évacuée dans l'affaire *Trendtex* presque trente ans auparavant. De manière plus pertinente à la discussion de cette sous-section, l'arrêt *Jones & Milling* précise les modalités afférentes à la réception domestique des normes pénales reconnues par la coutume internationale. Dans cette affaire, des opposants à la guerre contre l'Irak ont saboté des installations militaires revendiquant que leurs actes étaient légitimes car le droit anglais permet

61 Voir notamment *Nulyarimma et al. c. Thompson* (1999), 165 ALR 621, surtout les motifs du juge Merkel (aux para. A-Z) qui estime que la prohibition coutumière du génocide faisait partie de la common law australienne. Voir aussi Andrew Mitchell, "Genocide, Human Rights Implementation and the Relationship between International and Domestic Law: Nulyarimma v. Thompson," *Melbourne University Law Review* 24 (2000), aux pp. 15-32. O'Keefe, *supra* note 45 à la p. 331.

62 Blackstone, *supra* note 13, vol. IV à la p. 67 (nos italiques).

63 *Hilton c. Guyot* (1895), 159 U.S., aux pp. 113-63 (nos italiques).

64 *Trendtex, supra* note 51.

65 *Heathfield, supra* note 20.

66 Voir généralement *Harvard Research on Jurisdiction with Respect to Crime,* Dickinson, E. (Rapp.), (1935) 29 *A.J.I.L. Supp.* 429.

67 *R. c. Jones & Milling,* [2006] U.K.H.L. 16 [*Jones & Milling*].

de faire usage de la force pour prévenir des actes criminels. Les accusés ont plaidé que les actions du gouvernement britannique — i.e., sa participation à la guerre états-unienne en Irak — représentaient un crime d'agression selon le droit international coutumier. À l'égard du principe général de l'incorporation, Lord Bingham affirme ce qui suit:

> *The appellants contended that the law of nations in its full extent is part of the law of England and Wales. The Crown did not challenge the general truth of this proposition, for which there is indeed old and high authority ... I would for my part hesitate, at any rate without much fuller argument, to accept this proposition in quite the unqualified terms in which it has often been stated. There was, however, no issue between the parties on this matter, and I am content to accept the general truth of the proposition for present purposes.*[68]

Au nom d'une cour unanime, Lord Bingham, accepte la règle bien établie depuis le 18e siècle selon laquelle la coutume internationale est incorporée à la common law. Ainsi, la doctrine de l'incorporation demeure le mantra du plaideur anglais. Cela étant dit, l'incorporation d'une norme coutumière dans l'ordre juridique national est une chose, son caractère exécutoire en est une autre. Si la House of Lords accepte en principe que la coutume internationale est incorporée en common law, elle ne saurait cependant créer des infractions criminelles dans l'ordre domestique. La proposition contraire viendrait contrecarrer la suprématie parlementaire et la politique sociale selon laquelle il appartient uniquement à l'assemblée législative de définir des infractions pénales du pays. Sur ce volet de la question, Lord Bingham fait sien les propos de Sir Franklin Berman:

> *[I]nternational law could not create a crime triable directly, without the intervention of Parliament, in an English court ... Inasmuch as the reception of customary international law into English law takes place under common law, and inasmuch as the development of new customary international law remains very much the consequence of international behaviour by the Executive, in which neither the Legislature nor the Courts, nor any other branch of the constitution, need have played any part, it would be odd if the Executive could, by means of that kind, acting in concert with other States, amend or modify specifically the criminal law, with all the consequences that flow for the liberty of the individual and rights of personal property. There are, besides, powerful reasons of political accountability, regularity and*

[68] *Ibid.* au para. 11.

> *legal certainty for saying that the power to create crimes should now be regarded as reserved exclusively to Parliament, by Statute.*[69]

Dans ses motifs concordants, Lord Mance endosse la position de Lord Bingham et renchérit dans les termes suivants:

> *The expansive former view that the courts had a general residual power to recognize or in effect create new crimes, when the public interest in their view so required, no longer survives:* Knuller (Publishing, Printing and Promotions) Ltd v. Director of Public Prosecutions, [1973] *AC 435. The creation and regulation of crimes is in a modern Parliamentary democracy a matter* par excellence *for Parliament to debate and legislate. Even crimes under public international law can no longer be, if they ever were, the subject of any automatic reception or recognition in domestic law by the courts.*[70]

Ainsi, dans *Jones & Milling*, la House of Lords réhabilite la doctrine de transformation à l'égard des crimes reconnus par la coutume internationale. Ceux-ci doivent être transformés en crimes domestiques par l'assemblée législative avant d'être appliqués et administrés par les cours nationales. Il s'agit là d'une précision importante et, somme toute, éminemment raisonnable à la lumière du principe constitutionnel de la primauté du droit[71] et du principe de justice fondamental *nullum crimen sine lege.*[72] Ce débat aurait vraisemblablement pris une toute autre forme au Canada en raison, d'une part, de l'article 9 du *Code criminel*[73] qui exclut expressément les infractions en common law et, d'autre part, du para. 4(4) de la *Loi sur les crimes contre l'humanité et les crimes de guerre,* qui prévoit le recours à la coutume internationale en formation dans

69 *Ibid.* au para. 23.

70 *R. c. Jones & Milling,* [2006] UKHL, à la p. 16 au para. 102 (Lord Mance). Voir aussi les para. 65-66 (Lord Hoffman).

71 *Renvoi relatif aux droits linguistiques au Manitoba,* [1985] 1 R.C.S. 721. La Cour affirme à la p. 749 "la primauté du droit exige la création et le maintien d'un ordre réel de droit positif qui préserve et incorpore le principe plus général de l'ordre normatif." Voir aussi *Renvoi relatif la sécession du Québec,* [1998] 2 R.C.S., à la p. 217, aux paras. 70-71.

72 *Reference re ss. 193 and 195.1(1)(c) of the Criminal Code,* [1990] 1 S.C.R. 1123 à la p. 1152. Voir aussi *R. c. McDonnell,* [1997] 1 S.C.R., à la p. 948 au para. 89.

73 L.R.C. 1985 c. C-46, art. 9. "Nonobstant toute autre disposition de la présente loi ou de quelque autre loi, nul ne peut être déclaré coupable ou absous en vertu de l'article 730 des infractions suivantes : *a*) une infraction en *common law.*"

l'interprétation et l'application des crimes de compétences universelles.[74] Comme nous le soulignerons dans la dernière section, certains propos de la Cour suprême du Canada dans l'affaire *Hape* soulèvent des questions intéressantes à cet égard.[75] Quoiqu'il en soit, après l'affaire *Jones & Milling*, la situation en Angleterre se résume succinctement comme suit: la coutume internationale, à l'exception des crimes reconnus par cette dernière, est adoptée et appliquée dans l'ordre juridique anglais. Cependant, tel qu'il le sera démontré, contrairement à la situation anglaise, celle du Canada demeurait jusqu'à récemment considérablement plus ambiguë.

L'expérience canadienne

Outre l'application du droit civil dans la province du Québec en matière de propriété et de droit civil, la tradition juridique en vigueur ailleurs au Canada provient du Royaume-Uni. Les règles relatives à la réception de la common law sur le territoire canadien *avant* l'adoption de la *Loi constitutionnelle de 1867* sont complexes et, de toute façon, n'importent peu dans le cadre de la présente étude.[76] Pour les fins de notre analyse, il suffit de rappeler qu'à compter du 29 mars 1867, le Canada est fondé sur "une constitution reposant sur les mêmes principes que celle du Royaume-Uni."[77] C'est en vertu de ce patrimoine constitutionnel que le Canada a hérité, à prime abord, la conception moniste de l'incorporation.

74 L.C. 2000, c. 24. Nonobstant l'exclusion des infractions en common law mentionnée à la note précédente, le par. 4(4) de la *Loi sur les crimes contre l'humanité et les crimes de guerre* prévoit expressément la possibilité de l'évolution de la définition des crimes contre l'humanité, crimes de guerre et du génocide et de l'application contemporaine de ces développements en droit canadien: "4(4) Il est entendu que pour l'application du présent article, les crimes visés aux articles 6 et 7 et au paragraphe 2 de l'article 8 du Statut de Rome sont, au 17 juillet 1998, des crimes selon le droit international coutumier *sans que soit limitée ou entravée de quelque manière que ce soit l'application des règles de droit international existantes ou en formation*" [nos italiques].

75 Voir *infra* note 177 et texte rattaché.

76 Les dates de réception varient dépendamment de l'année de la fondation de l'Assemblée législative de chaque province. Pour une discussion détaillée de la réception voir Peter W. Hogg, *Constitutional Law in Canada*, éd. étudiante, Toronto, Thompson Carswell, 2005, chapitre 2. Voir aussi généralement Brian Slattery, *The Land Rights of Indigenous Canadian Peoples*, D.Phil thesis, Oxford University, 1979 pour une excellente exposition des divers principes applicables aux diverses provinces de la fédération canadienne.

77 *Loi constitutionnelle de 1867*, 30 & 31 Victoria, c. 3 (R-U).

Cependant, comme le note Arbour, "on ne peut pas dire [que les tribunaux canadiens] ont fait preuve de beaucoup de créativité en important aussi les contradictions résultant du débat général entre partisans du monisme et du dualisme."[78] Toujours est-il que même si le débat semble résolu en sol anglais, il demeurait sans conclusion officielle en droit canadien. L'arrêt *Hape*, comme il le sera démontré, vient néanmoins apporter quelques clarifications salutaires. Une analyse des arrêts canadiens qui traitent de l'application du droit coutumier en droit domestique servira à mieux comprendre l'évolution du débat et son statut actuel.

Il est possible de schématiser la discussion en trois phases ou catégories d'arrêts. La première catégorie comprend les arrêts de la Cour de l'Échiquier du Canada. Ces arrêts traitent surtout du droit maritime (i.e., des anciennes matières relevant de la compétence de l'amirauté) et renvoient généralement aux arrêts anglais qui appuient la doctrine moniste de l'incorporation. La deuxième catégorie englobe les décisions des cours supérieures et d'appels provinciales. Celles-ci se sont aussi montrées généralement monistes dans leur approche à la coutume internationale. Finalement, la dernière catégorie comprend les décisions de la Cour suprême du Canada qui, pour sa part, à différents moments de son histoire, fait preuve d'ambivalence à l'égard de l'interaction des normes coutumières et du droit domestique. Ces arrêts sont à la base de certaines critiques, dont celle de Toope qui affirme que "*the Canadian Supreme Court has vacillated between an approach seeming to accept the direct application of customary international law and one requiring some form of explicit transformation of custom into domestic law.*"[79] Cependant, comme il le sera démontré, l'arrêt *Hape* représente un tournant remarquable pour la Cour suprême du Canada dans la mesure où celle-ci a explicitement tenté de débroussailler sa jurisprudence et de clarifier l'état du droit canadien relativement à la réception de la coutume internationale.

LES ARRÊTS DE LA COUR DE L'ÉCHIQUIER ET DE LA COUR FÉDÉRALE

Le premier arrêt canadien qui traite de l'application du droit international en droit domestique semble être *The Queen c. The Grace*.[80] Dans cette affaire, un bateau de pêche battant pavillon

[78] Arbour, *supra* note 3 aux pp. 178-79.

[79] Toope, *supra* note 7 à la p. 537.

[80] *Canada c. The Grace* (1894), 4 Ex. C.R. 283 [*The Grace*].

états-unien s'est fait appréhender par les autorités canadiennes alors que ses filets étaient tendus au-delà de la ligne frontalière sur le lac Érié, mais à plus de trois milles de la côte canadienne. Le litige était à savoir si le navire états-unien avait commis une infraction à la *Act Respecting Fishing by Foreign Vessels,* R.S.C. c. 94, en pêchant dans les eaux canadiennes. Les défendeurs ont plaidé qu'aucune infraction n'avait été commise car ils n'avaient pas franchi la zone de trois milles des eaux territoriales. Le juge Lord McDougall fait référence à la coutume internationale dans son analyse du droit applicable. Il déclare: "*it is also an axiom of International law that every state is entitled to declare that fishing on its coasts is an exclusive right of its own subjects.*"[81] Plus loins, il affirme:

> *Upon the ocean the law of nations recognizes the limit of three marine miles from the shore as the only portion of the ocean in respect of which a state can claim to exercise territorial rights; but the same law of nations recognizes the authority of a state to claim the same territorial rights in respect to so much of all inland lakes as lie within the limits of its conventional boundaries. If a foreign vessel, therefore, is twenty miles from shore, and is fishing without a license a quarter of a mile north of the boundary line upon an inland lake, she is subject to seizure and condemnation under the provisions of the Act under consideration.*[82]

À la lumière de ces principes et de la preuve à l'égard de la position du navire *The Grace* dans les eaux canadiennes, Lord McDougall conclut à la culpabilité des accusés. L'analyse de la cour est très sommaire et ne fait pas directement référence à l'incorporation. Néanmoins, la référence de la cour aux "axiomes" du droit international et l'interprétation de la loi fédérale à la lumière des normes coutumières révèle un penchant nettement moniste.

La Cour de l'Échiquier a été beaucoup plus explicite dans l'affaire *The Ship "Milwaukee."*[83] Il s'agit d'une décision suite à une motion portant sur la compétence de la cour d'adjuger d'un litige découlant d'une collision entre un navire états-unien et une barge canadienne en eaux territoriales canadiennes. Or, à cette époque, l'étendue de la compétence en amirauté de la Cour de l'Échiquier n'était pas bien établie, particulièrement à la lumière des ambiguïtés créées par certains traités que le Canada et les États-Unis avaient

[81] *Ibid.* à la p. 288.

[82] *Ibid.* à la p. 289.

[83] *Dunbar and Sullivan Dredging Co. c. Milwaukee (The)* (1907), 11 Ex. C.R. 179 [*Milwaukee*].

conclus au cour du 19e siècle à l'égard des eaux frontalières et du droit de navigation sur celles-ci. En analysant les dispositions desdits traités, Lord Hodgins affirme ce qui suit:

Comparing these Articles, it cannot be claimed, I think, that the vessels of the United States sailing over the 1871 Treaty portion of the St. Lawrence River, are subject to the jurisdiction of the Canadian Statute Law and Courts. But when sailing over the 1842 Treaty portion of the river, that they are immune from such jurisdiction. The Treaty of 1871 affirms a long established doctrine of International Law which must he held to be applicable to both Treaties; — That no independent sovereignty is to be construed to contract itself, by implication, out of its fundamental sovereign rights, nor out of "one of the highest rights of sovereignty, viz.; the right of legislation;" Hall's International Law, 5e éd., aux pp. 339-340. And per Lord Mansfield, C.J.; "The Law of Nations, to its full extent, is part of the law of England," *Triquet v. Bath.*[84]

En définitive, Lord Hodgins conclut que la cour possède la compétence d'adjuger le litige dans la mesure où les requérants avaient payé la caution prescrite, signalant ainsi leur soumission à la compétence judiciaire canadienne. Pour les fins de la présente étude, nous notons l'application explicite du paradigme moniste par la Cour de l'Échiquier dans son survol du droit applicable.

La décision de la Cour fédérale, qui a succédé à la Cour de l'Échiquier, dans l'affaire *Jose Pereira E Hijos, S.A.* (1996) de la Cour fédérale[85] contient l'une des affirmations canadiennes les plus limpides sur ces questions. En 1995, les demandeurs exploitaient un navire de pêche, l'*Estai*, sous le pavillon de l'Espagne, et ils pêchaient dans la zone de réglementation de l'Organisation des pêches de l'Atlantique Nord-Ouest à l'est des eaux canadiennes. Suite à un avis des autorités canadiennes menaçant la saisie de tous navires espagnols pêchant le turbot dans la zone en question, les demandeurs se sont rendus à l'est dans les eaux internationales. Ils sont cependant retournés dans la zone après avoir reçu un avis des autorités espagnoles selon lequel les demandeurs n'avaient pas excédé leur quota. Le lendemain, sous la menace d'arraisonnement des autorités canadiennes, les demandeurs ont accéléré et seulement une fois qu'ils étaient en haute mer est-ce qu'ils ont déhalé leur navire pour finalement être arraisonnés et saisis par les autorités canadiennes.

[84] *Ibid.* aux pp. 187-88.

[85] *Jose Pereira E Hijos, S.A. c. Canada (P.G.)* [1997] 2 C.F. 84. (1ère inst.).

Dans leurs actes de procédures les demandeurs ont soulevé certains arguments fondés en droit international à l'appui de leur cause. Le Canada, en revanche, a exigé que ces arguments soient radiés car ils "outrepassent la compétence de la Cour et constituent un emploi abusif des procédures de celle-ci, qu'elles ne révèlent aucune cause raisonnable d'action, qu'elles ne sont pas essentielles et qu'elles sont gênantes."[86] La Cour rejette la demande du Canada, exposant savamment l'état du droit canadien en matière de réception. Elle affirme:

> [L]es principes reconnus du droit international coutumier sont acceptés et considérés par les tribunaux canadiens comme des principes faisant partie des règles de droit interne, sauf, bien entendu, s'ils vont à l'encontre de celles-ci. Lorsqu'ils interprètent les règles de droit interne, qu'elles soient d'origine législative ou qu'il s'agisse de règles de common law, les tribunaux cherchent à éviter toute interprétation ou application allant à l'encontre des principes reconnus du droit international. Dans la mesure où ces principes sont énoncés dans des conventions internationales ou découlent de conventions internationales pouvant aller à l'encontre des règles de droit interne, elles font partie du droit canadien uniquement lorsque le Parlement ou une assemblée législative provinciale adopte une disposition législative en ce sens en se fondant sur la Constitution.[87]

LES COURS SUPÉRIEURES ET D'APPELS PROVINCIALES

Les cours supérieures et d'appels des provinces canadiennes adhèrent depuis longtemps à la perspective moniste, telle que l'illustre la jurisprudence ontarienne et québécoise en matière d'immunité des États. Durant la période précédant l'adoption de la *Loi sur les immunités des États* en 1982, le principe de l'immunité restrictive avait été invoqué dans un bon nombre de litiges commerciaux. Or, à l'époque, outre la *Convention européenne sur l'immunité des États* de 1972 — qui ne s'applique pas au Canada — il n'existait aucun traité multilatéral en matière d'immunité codifiant l'exception émergeante de l'immunité restrictive. Autrement dit, le principe était invoqué dans les tribunaux ontariens et québécois uniquement sur la base du caractère évolutif de la coutume internationale et de son incorporation directe dans l'ordre juridique canadien. Bien qu'elles n'aient pas toujours expliqué clairement le mode de réception de la nouvelle norme coutumière en droit canadien, il n'en

86 *Ibid.* au para. 18.

87 *Ibid.* au para. 20.

demeure pas moins que les cours supérieures[88] et d'appels[89] du Québec et de l'Ontario[90] l'ont reconnu à plusieurs reprises, et ce en absence d'intervention législative.

La Cour d'appel de l'Ontario a affirmé le principe de l'incorporation plus clairement dans l'affaire *Re Regina and Palacios.*[91] Il était question de déterminer les modalités afférentes aux limites temporelles de l'immunité diplomatique en fonction des principes codifiés dans la *Covention de Vienne sur les relations diplomatiques* de 1961. Avant d'entreprendre l'analyse du libellé de la Convention, le juge Blair a jugé utile d'exposer les principes "*of the customary international law on which the Convention was based and which all authorities are agreed it codified and clarified.*"[92] La cour rappelle que la Cour suprême du Canada avait affirmé dans les arrêts *Re Legations Case et Re Armed Forces* que les principes de droit coutumier régissant les relations diplomatiques faisaient partie de l'ordre juridique canadien.[93] Faisant référence à la règle spécifique assurant la continuité de l'immunité du diplomate qui a été démis de ses fonctions, le juge Blair note: "*The rule was recognized as forming part of the common law in two 19th-century cases where it was held that foreign diplomats in the United Kingdom were immune from civil process for a reasonable time after being recalled to their home country.*"[94] Enfin, en affirmant la primauté contemporaine de la Convention, il affirme: "*The decision in this case turns on the interpretation of the Convention. Treaties,* unlike customary international law, *only become part of municipal law if they are expressly implemented by statute.*"[95] Inversement, et de manière quelque peu oblique, la cour reconnaît que la coutume internationale s'incorpore automatiquement au droit domestique sans intervention législative.

88 Voir par exemple *Venne c. Republic of Congo* [1968] R.P. 6. (C.S. Qc).

89 Voir par exemple *Venne c. Republic of Congo* [1969] B.R. 818 (C.A. Qc); *Penthouse Studios c. Republic of Venezuela* (1969), 8 D.L.R. (3d) 686. (C.A.Qc); *Zodiak International Products Inc. c. Polish People's Republic* (1978), 81 D.L.R. (3d) 656 (C.A. Qc).

90 Voir par exemple *Smith c. Canadian Javelin* (1976), 12 O.R. (2e) 244 (H.C.); *Corriveau c. Cuba* (1979), 26 O.R. (2e) 674 (H.C.); *Khan c. Fredson Travel Inc. (No. 2)* (1982), 36 O.R. (2e) 17 (H.C.).

91 (1984), 45 O.R. (2d) 269 (C.A.) [*Palacios*].

92 *Ibid.* au para. 9.

93 *Ibid.* au para. 11. Nous traiterons de ces décisions dans la prochaine sous-section. Voir *infra* note 121 et ss.

94 *Ibid.* au para. 13.

95 *Ibid.* au para. 15 [nos italiques].

C'est l'affaire *Bouzari c. Islamic Republic of Iran*[96] qui a donné lieu aux expressions les plus clairs du principe d'incorporation en droit ontarien. Dans cette affaire, le demandeur Houshang Bouzari entame une poursuite civile en Ontario contre la République islamique de l'Iran pour la torture qu'il alléguait avoir subie aux mains de certains fonctionnaires iraniens à Téhéran. La question en litige dans cette affaire porte sur la compétence de la Cour supérieure de justice de l'Ontario de prendre connaissance du contentieux, étant donné les limites fixées par la *Loi sur l'immunité des États.*[97] La partie demanderesse avance plusieurs arguments fondés en droit international, poussant ainsi la cour à se prononcer sur l'interaction normative des ordres juridiques canadiens et internationaux. À cet égard, dans un paragraphe admirablement concis, la juge Swinton synthétise les principes applicables de la manière suivante:

> *Customary rules of international law are directly incorporated into Canadian domestic law unless ousted by contrary legislation. In contrast, an international obligation under a treaty or convention has no direct application in Canada until implemented by legislation by the appropriate level of government. Nevertheless, even when an international obligation has not been implemented, the Supreme Court has observed that "the values reflected in international human rights law may help inform the contextual approach to statutory interpretation and judicial review." Parliament and legislatures are presumed to respect the values and principles enshrined in international law, which constitutes part of the legal context within which legislation is enacted. However, if there is a conflict between Canadian legislation and a norm of international law, then the legislation continues in force.*[98]

En définitive, la cour rejette l'action du demandeur au motif qu'elle est irrecevable en vertu de la *Loi sur l'immunité des États.* Cette conclusion est confirmée par la Cour d'appel de l'Ontario qui ne manque pas pour autant de réaffirmer l'application du principe d'incorporation. Au nom d'une cour unanime, le juge Goudge écrit: "*customary rules of international law are directly incorporated into Canadian domestic law unless explicitly ousted by contrary legislation.*"[99] Avant l'arrêt *R. c. Hape* (2007), qui sera analysé dans la

[96] *Bouzari c. Islamic Republic of Iran,* [2002] O.T.C. 297 (C.S.J.); confirmé par (2004), 71 O.R. (3e) 675; (2004), 243 D.L.R. (4th) 406 (C.A.) (L'autorisation d'interjeter appel à la Cour suprême a été refusée: [2004] S.C.C.A. No. 410) [*Bouzari*].

[97] L.R.C. 1985, c. S-18.

[98] *Bouzari* (2002), *supra* à la note 96 au para. 39.

[99] *Bouzari* (2004), *supra* note 96 au para. 65.

prochaine sous-section, ce passage de l'affaire *Bouzari* demeurait sans doute l'énoncé le plus limpide du monisme et du principe de l'incorporation de la jurisprudence récente.

LA COUR SUPRÊME DU CANADA

Si la Cour de l'Échiquier, la Cour fédérale, les cours supérieures et d'appels ont constamment affirmé le caractère moniste de l'ordre juridique canadien à l'égard de la coutume internationale, la Cour suprême du Canada n'a pas toujours fait preuve de cohérence sur ce plan. Au début du 20e siècle elle avait pourtant affirmé le principe de l'incorporation, quoique implicitement, dans l'arrêt *The North c. Canada.*[100] Dans cette affaire, un navire de pêche états-unien avait été observé en train de pêcher dans les eaux territoriales canadiennes. Les navires du gouvernement canadien ont immédiatement pourchassé le navire étranger au-delà de la zone de trois milles en haute mer où ils l'ont finalement saisi. Les défendeurs ont argumenté que le Canada n'avait pas la compétence juridique en haute mer et qu'en conséquence, la saisie était illégale du fait qu'il n'y avait aucun traité entre les deux pays autorisant une telle action. Le juge Davies décrit les principes applicables dans les termes suivants:

I think the Admiralty Court when exercising its jurisdiction is bound to take notice of the law of nations, and that by that law when a vessel within foreign territory commits an infraction of its laws either for the protection of its fisheries or its revenues or coasts she may be immediately pursued into the open seas beyond the territorial limits and there taken ... The right of hot pursuit of a vessel found illegally fishing within the territorial waters of another nation being part of the law of nations was properly judicially taken notice of and acted upon.[101]

Les propos du juge Davies laissent entrevoir les traits distinctifs de la conception moniste dans la mesure où ils permettent non seulement aux cours judiciaires de prendre connaissance d'office d'une norme coutumière, mais d'y donner effet immédiatement.

Une décennie plus tard, la Cour suprême exhibe derechef une approche moniste à l'égard des normes coutumières. Dans l'arrêt *The John J. Fallon,*[102] un navire américain est saisi pour avoir pêché

[100] *The North c. Canada* (1906), 37 S.C.R. 385 [*The North*].

[101] *Ibid.*, à la p. 394.

[102] *John J. Fallon (The) c. Canada* (1917), 55 S.C.R. 348 [*Fallon*].

au-delà de la frontière canadienne au large de l'île Saint-Paul. Une des questions dans cette affaire est à savoir si l'île Saint-Paul fait partie de la côte canadienne. Pour résoudre ce litige, la Cour suprême se réfère à des ouvrages de droit international dont Wheaton's *International Law Digest* et Hall's *International Law,* qui précisent la règle coutumière quant à la définition du tracé de la frontière des eaux territoriales: "*the seaward boundary of [the three miles] line of territorial waters follows the coast of the mainland, extending where there are islands, so as to place around such islands the same belt.*"[103] Ayant identifié la règle de droit pertinente, la Cour l'applique directement, malgré le fait que celle-ci n'ait aucunement été entérinée par le Parlement. Comme le note MacDonald, il est par ailleurs difficile d'imaginer comment le litige aurait pu être tranché autrement, étant donnée la nature internationale des litiges survenant en mer.[104]

Quoique les deux arrêts précédents semblent indiquer un courant jurisprudentiel que l'on aurait cru solidement ancré en common law, il sied de souligner qu'ils traitent tous deux du droit maritime, un domaine qui était auparavant défini par la coutume internationale mais qui aujourd'hui est largement régi par des traités internationaux[105] et des lois domestiques.[106] Comme le remarque MacDonald, les liens historiques entre le droit international et le droit maritime ont sans doute facilité la reconnaissance automatique des normes internationales dans l'ordre domestique,[107] mais il serait erroné de prétendre que la codification d'une grande partie du droit maritime a eu pour effet d'invalider les méthodes d'incorporation formulées dans les arrêts vus précédemment. À cette époque de son histoire, nous notons que la Cour suprême n'avait toujours pas expressément traité des problématiques découlant de l'interface normative des ordres international et domestique. Les affaires *The North* et *The John J. Fallon* ne contiennent aucune analyse soutenue de ces questions et, de plus, comme nous l'avons déjà souligné, elles relèvent du domaine spécialisé du droit de la mer. À ce stade

[103] *Ibid.* à la p. 351.

[104] MacDonald, *supra* note 1 à la p. 100.

[105] Voir par exemple, *Convention des Nations Unis sur le droit de la mer,* 10 décembre 1982, R.T. Can. 23; *Convention (II) de Genève pour l'amélioration du sort des blessés, des malades et des naufragés des forces armés sur mer,* 12 août 1949, R.T. Can 1965/20.

[106] Voir par exemple, *Loi sur la marine marchande,* L.C. 2001, c. 26, *Code criminel,* L.R.C. 1985, c. C-26, etc.

[107] MacDonald, *supra* note 1 à la p. 100.

de notre survol jurisprudentiel, il est donc permis de douter de l'opération effective de la doctrine d'incorporation dans l'ordre juridique canadien dans des contextes non maritimes.

C'est en 1943 que la Cour suprême adresse carrément pour la première fois le débat du traitement de la coutume internationale en droit canadien et ce dans un domaine autre que le droit maritime. À quelques mois d'intervalle, la Cour a rendu deux jugements en la matière, soit *Re Foreign Legations* et *Re Armed Forces.* Ces deux arrêts auraient pu être une occasion en or pour la Cour d'établir l'état du droit dans ce secteur émergeant. Cependant, faute de précision et de conclusions manifestes dans ses décisions, ces arrêts non pas clos le débat mais ont généré plutôt, de par leurs ambiguïtés, des interprétations favorables aux partisans de l'incorporation tant bien que ceux de la transformation.

L'affaire *Re Foreign Legations*[108] est bien connue. La question en litige était à savoir si la Ville d'Ottawa avait le pouvoir d'assujettir les légations des gouvernements de la France, des États-Unis et du Brésil à ses impôts fonciers. Dans son jugement, le juge en chef Duff commence son analyse avec deux citations, l'une de Lord Atkin, tiré de l'arrêt *Chung* (cité plus haut), et l'autre de Lord Dunedin tiré de l'arrêt *Mortensen c. Peters.*[109] Aux dires de Lord Dunedin:

> *It is a trite observation that there is no such thing as a standard of international law extraneous to the domestic law of a kingdom, to which appeal may be made. International law, so far as this Court is concerned, is the body of doctrine regarding the international rights and duties of states which has been adopted and made part of the law of Scotland.*[110]

Résumant et appliquant les autorités précitées aux faits en l'espèce, le juge en chef Duff poursuit en disant: "*There are some general principles touching the position of the property of a foreign state and the minister of a foreign state* that have been accepted and adopted by the law of England *(which, except as modified by statute, is the law of Ontario) as part of the law of nations.*"[111] Enfin, le juge en chef Duff cite l'énoncé classique du Lord Mansfield dans l'affaire *Heathfield c. Chilton:* "*The law of nations will be carried as far in England, as anywhere.*"

[108] *Re: Powers of Ottawa (City) and Rockcliff Park,* [1943] S.C.R. 208; [1943] 2 D.L.R. 481 [*Foreign Legations* avec renvois aux S.C.R.].

[109] (1906) 8 F. (J.C.) à la p. 93 [*Mortensen*].

[110] *Ibid.* à la p. 101.

[111] *Foreign Legations, supra* note 108 à la p. 214 [nos italiques].

L'analyse du juge en chef est malheureusement ambivalente. Alors que les arrêts *Chung* et *Mortensen* recèlent une teneur dualiste, la citation de Mansfield est manifestement moniste. Comment convient-il de réconcilier l'usage de ces précédents apparemment contradictoires? La réponse est possiblement révélée dans l'analyse de la citation de *Chung*, qui, comme nous l'avons indiquée plus haut,[112] peut être lue en deux temps. Les deux premières phrases énoncent clairement une approche qui exige que toutes règles coutumières doivent être acceptées et adoptées par le droit domestique pour qu'elles soient valides comme argument juridique. La seconde moitié de la citation révèle que lorsqu'une règle coutumière est identifiée, elle sera considérée incorporée au droit domestique dans la mesure où elle n'est pas contraire à la législation et à la jurisprudence domestique.[113] Il est possible que le juge en chef ait choisi de se concentrer sur la deuxième partie de la citation, ce qui lui aurait permis de réunir ses choix de citations en un discours moniste. Pour sa part, MacDonald solutionne l'incompatibilité en se penchant sur le choix des mots "*accepted*" et "*adopted*":

> *Now, the Mortensen and Chung quotes are what I have described as grudgingly adoptionist, the last passage from Duff CJ's Judgment and the* Heathfield *passage being adoptionist; but what needs explanation is the first Duff passage where he speaks of principles "that have been accepted and adopted by the law of England." If he is using "adopted" as a term of art, why the word "accepted"? Unless he means by "accepted," judicially recognized as a valid rule of customary international law. If this is so, then the entire judgment is adoptionist and internally consistent. But, it could be argued that he was looking to English acceptance as a legal precedent to follow or even as an act of transformation to legitimize his use of these rules. In any case, there is ambivalence in, or at least reluctance to apply as he does, the adoption method.*[114]

Les analyses des autres juges n'éclairent pas davantage le débat. Le juge Taschereau se rallie aux propos du juge en chef et ajoute qu'il estime que la majorité des pays du monde accepte la règle de droit international de l'immunité des États. De son côté, le juge Rinfret écrit: "*It must be held, I think that amongst the principles of international law which have acquired validity in the domestic law of England and, therefore, in the domestic law of Canada, it is generally admitted that*

[112] Voir la discussion afférente aux notes 52-55 dans cet article.

[113] Arbour, *supra* note 3 à la p. 182.

[114] MacDonald, *supra* note 1 à la p. 101.

a foreign Minister is not subject to the laws of the State to which he has been sent."[115] Il est présumé que le juge Rinfret adopte le même raisonnement que le juge en chef, car il n'y a aucune explication quant à savoir si "*acquired validity*" implique une adoption ou une transformation de la règle. L'analyse du juge Hudson pour sa part se concentre sur l'application en Ontario de la *Diplomatic Protection Act, 1708*.[116] Cette conclusion n'illumine en rien le lecteur quant au débat en l'espèce, mais le juge Hudson mentionne (peut-être fortuitement) dans son jugement la deuxième partie de l'énoncé de *Chung* et omet sa première partie, ce qui suggère possiblement que le juge Hudson appuie la doctrine de l'incorporation.[117] Finalement, le juge Kerwin ne s'attarde pas à la question de l'incorporation sauf qu'il mentionne que toutes questions de nature internationale doivent être résolues en fonction des règles de droit international qui font maintenant partie du droit domestique canadien. Quant à la question à savoir comment ces règles auraient pris place en droit canadien, le juge Kerwin n'offre aucune réponse.

Tel que mentionné plus haut, l'ambivalence manifestée dans cet arrêt a suscité diverses interprétations qui ont servi aux protagonistes des doctrines monistes et dualistes. En conséquence une certaine ambiguïté qu'en à l'état du droit persiste dans la littérature. Certains auteurs, dont van Ert, interprètent cet arrêt comme étant une illustration claire de l'usage de la doctrine de l'incorporation en droit canadien.[118] Dans la même veine, l'application moniste, dans cet arrêt, du principe de l'immunité des États est reprise par la Cour d'appel de l'Ontario dans *Re Regina and Palacios*.[119] Cependant, d'autres auteurs comme Toope soulignent l'ambiguïté dominante du jugement: "*In the only Supreme Court case dealing directly with the relationship between customary international law and municipal law, readers were treated to five separate opinions, each directed to different issues. No clear* ratio decidendi *can be discerned.*"[120] Bien qu'il soit possible, avec van Ert, d'entrevoir dans l'affaire *Foreign Legations* une certaine

[115] *Foreign Legations, supra* note 108 à la p. 232.

[116] Voir la discussion de l'affaire *Lockwood, supra* note 18.

[117] *Foreign Legations, supra* note 108 à la p. 244.

[118] van Ert, *supra* note 1 à la page 145.

[119] Voir la discussion de l'affaire *Palacios, supra* notes 91-95 et texte rattaché.

[120] Stephen J. Toope, "International Decisions: Re Reference by Governor in Council Concerning Certain Questions in Relation to Secession of Quebec from Canada," *American Journal of International Law* 93 (1999), aux pp. 519-23.

continuité de l'application canadienne de la doctrine moniste, une telle interprétation nous apparaît quelque peu factice.

La position de la Cour n'est pas beaucoup plus limpide dans le renvoi *Re Armed Forces*[121] où la Cour devait répondre la question suivante:

Are members of the military or naval forces of the United States of America who are present in Canada with the consent of the Government of Canada for purposes of military operations in connection with or related to the state of war now existing exempt from criminal proceedings prosecuted in Canadian criminal courts and, if so, to what extent and in what circumstances?[122]

Cette affaire met en relief la tension qui se joue entre, d'une part, la règle de l'immunité des États reconnue par la coutume internationale et, d'autre part, l'un des principes constitutionnels de la common law britannique voulant que les armées étrangères ne jouissent d'aucune immunité vis-à-vis de la compétence criminelle des cours anglaises. À la majorité, la cour décide que la règle coutumière en question n'avait jamais été acceptée dans l'ordre juridique canadien et que seul un acte législatif pouvait infirmer le principe fondamental constitutionnel. Le juge en chef Duff, en son nom et celui du juge Hudson, exprime cette opinion:

I find it impossible to escape the conclusion that the United Kingdom has never assented to any rule of international law by which British courts are restricted in their jurisdiction in respect of visiting armies or members of them. In other words, no such rule as that now insisted upon has ever been a part of the law of England; and this applies equally to Canada. The fundamental constitutional principle with which it is inconsistent is a part of the law of every province of Canada, the constitutional principle by which, that is to say, a soldier does not, in virtue of his military character, escape the jurisdiction of the civil courts of this country. Nothing short of legislative enactment, or its equivalent, can change this principle.[123]

Ce passage du jugement du juge en chef Duff donne l'impression que la Cour adhère à la théorie de la transformation. À notre avis cependant, la Cour ne rejette pas la doctrine de l'incorporation en faveur de celle de la transformation, mais applique plutôt l'approche du Lord Atkin dans l'affaire *Chung*, à savoir que le droit positif,

[121] *Re Armed Forces*, [1943] S.C.R. 483.

[122] *Ibid.* à la p. 488.

[123] *Ibid.* aux pp. 496-97.

serait t'il législatif ou jurisprudentiel, a toujours préséance sur les normes coutumières. Si le juge en chef Duff n'a pas cité directement les propos monistes du juge Atkin, les juges Taschereau et Rand ont été plus explicites sur ce point. Le juge Taschereau évoque la doctrine de l'incorporation lorsqu'il cite la deuxième partie de la citation saillante de l'arrêt *Chung* dans son jugement et affirme: "*I have come to the conclusion that there exists such a body of rules adopted by the nations of the world ... and treat them as incorporated in our domestic law, following the direction given in the* Chung *case.*"[124] Le juge Rand, pour sa part, cite la citation de *Chung* au complet en ajoutant:

But the question remains whether any conclusion that might follow from these circumstances and views is in conflict with a rule or principle declared or adopted by the courts or Parliament of this country or accepted as embodied in its constitutional practices. There is no doubt that constitutional principle in England has for several centuries maintained the supremacy of the civil law over the military arm. If that principle meets the rule of immunity to foreign forces arising in the circumstances stated, then the latter must give way.

En définitive, cet arrêt laisse planer un doute quant l'orientation de la Cour à l'égard de la coutume internationale et de son interaction avec les normes domestiques dans la mesure où les commentaires à caractère dualiste sont accompagnés de citations appuyant la doctrine moniste. Selon MacDonald, malgré ces ambiguïtés, l'affaire *Re Armed Forces* ne répudie en rien la doctrine de l'incorporation:

It is true that one could argue that by requiring an act to implement the immunity, these three judges [Duff, Hudson, and Rand] were in favour of transformation, but his interpretation would require one to ignore their numerous statements and quotations of the adoption principle and the fact that they required legislation only because the immunity rule conflicted with a fundamental principle.[125]

Van Ert partage cette opinion et estime que s'il n'y avait pas eu de règle constitutionnelle contradictoire, la Cour aurait adopté la règle de droit coutumier.[126] Une telle analyse permet de faire concorder cette décision avec l'interprétation moniste de *Re Foreign*

124 *Ibid.* à la p. 517.

125 MacDonald, *supra* note 1 à la p. 104.

126 van Ert, *supra* note 1 aux pp. 146-47.

Legations et suggère, malgré les ambiguïtés de la Cour, la pertinence continue de la doctrine de l'incorporation au Canada.

L'arrêt *St. John (City) c. Fraser-Brace Overseas Corp.*[127] est sans doute l'arrêt le plus décisif de la Cour suprême dans ce débat jusqu'à ce point de son histoire. Sous la plume du juge Rand, la Cour endosse en termes non équivoques la doctrine moniste de l'incorporation. Les faits sont forts semblables à ceux de *Re Foreign Legations:* la ville de Saint-Jean au Nouveau-Brunswick, tentait d'imposer ses taxes foncières à l'égard de bien-fonds détenu par le gouvernement étatsunien. Il était donc naturel pour la Cour de se référer aux conclusions de l'affaire *Re Foreign Legations* et à d'autres arrêts monistes britanniques. En particulier, le juge Rand invoque la vénérable autorité de l'affaire *Heathfield c. Chilton* et se prononce clairement en faveur de l'incorporation en termes quelque peu grandiloquents:

> *It is obvious that the life of every state is, under the swift transformations of these days, becoming deeply implicated with that of the others in* a de facto *society of nations. If in 1767 Lord Mansfield, as in* Heathfield v. Chilton ... *could say, "The law of nations will be carried as far in England, as any where* [sic]*," in this country, in the 20th century, in the presence of the United Nations and the multiplicity of impacts with which technical developments have entwined the entire globe, we cannot say any thing* [sic] *less.*[128]

Poursuivant son élan, le juge Rand rejette la doctrine de transformation, accentuant du coup le caractère évolutif de la coutume internationale et de la common law:

> *But to say that precedent is now required for every proposed application to matter which differs only in accidentals, that new concrete instances must be left to legislation or convention, would be a virtual repudiation of the concept of inherent adaptability which has maintained the life of the common law, and a retrograde step in evolving the rules of international intercourse. However slowly and meticulously they are to be fashioned they must be permitted to meet the necessities of increasing international involvements. It is the essence of the principle of precedent that new applications are to be determined according to their total elements including assumptions and attitudes, and in the international sphere the whole field of the behaviour of states, whether exhibited in actual conduct, conventions, arbitrations or adjudications, is pertinent to the determination of each issue.*[129]

[127] [1958] R.C.S. 263 [*Fraser-Brace*].

[128] *Ibid.* aux pp. 268-69.

[129] *Ibid.* à la p. 269.

La Cour n'a pas toujours exhibé un tel "esprit d'internationalité,"[130] mais les motifs du juge Rand démontrent que la Cour suprême du Canada n'a pas toujours été insensible aux réalités changeantes de la sphère internationale et de la nécessité pratique de les reconnaître en droit domestique.

Quelques années plus tard, dans l'affaire *Congo c. Venne*,[131] le juge Ritchie, pour la majorité, applique la doctrine de l'incorporation pour affirmer l'opération du principe de l'immunité absolue des États en droit canadien, et ce en absence de législation. En effet, comme nous l'avons noté plus haut, la *Loi sur l'immunité des États* n'a pas été sanctionnée avant 1982.[132] Le demandeur dans cette affaire était un architecte canadien qui avait été embauché par la République du Congo pour concevoir les plans initiaux d'un pavillon congolais pour l'Exposition universelle de 1967. En définitive, le Congo avait abandonné ses projets sans compenser l'architecte pour ses services. La question en litige était à savoir si l'architecte pouvait poursuivre le Congo pour bris de contrat. Or, à l'époque, la doctrine de l'immunité restrictive n'avait pas encore été formellement reconnue en jurisprudence canadienne, même si elle faisait nettement partie de la coutume internationale.[133] Les cours supérieure et d'appel du Québec étaient d'avis que l'embauche de l'architecte était un acte *jure gestionis* et que l'affaire était justiciable en droit canadien en vertu de la doctrine émergente de l'immunité restrictive.[134] Sans pour autant se prononcer de manière définitive sur l'opération en droit canadien de la doctrine

130 Nous empruntons ici l'expression de Koskenniemi, référant au cosmopolitisme juridique dont sont parfois capables les institutions nationales. Voir Martii Koskenniemi, *The Gentle Civilizer of Nations*, Cambridge, Cambridge University Press, 2001, à la p. 13.

131 *Congo c. Venne*, [1971] R.C.S. 997 [*Venne*].

132 Voir, "Les Cours supérieures et d'appels provinciales," *supra* note 87.

133 Hersh Lauterpacht, "The Problem of Jurisdictional Immunities of Foreign States," *British Yearbook of International Law* 28 (1951), à la p. 220; Sir Ian Sinclair "The Law of Sovereign Immunity: Recent Developments," *R.C.* 67 (1980-II), à la p. 113; P.D. Trooboff, "Foreign State Immunity: Emerging Consensus on Principles," *R.C.* 200 (1986-V), à la p. 245; Hazel Fox, *The Law of State Immunity*, Oxford, Oxford University Press, 2002.

134 Voir notes 88-90 dans cet article et texte rattaché. Il convient ici de rappeler les principes pertinents. En vertu de la doctrine absolue, un État ne peut jamais faire l'objet d'une poursuite judiciaire. En revanche, selon la doctrine restrictive, un État bénéficie de l'immunité uniquement à l'égard ses actes *jure imperii*. Les actes *jure gestionis* (ou non souverains) peuvent fonder une action en justice.

d'immunité restrictive, la Cour suprême infirme la décision de la Cour d'appel. Selon le juge Ritchie, l'embauche d'un architecte dans le cadre d'une Exposition universelle constitue un acte *jure imperii* qui ne saurait faire l'objet d'une action en justice en droit canadien, "*even if the so-called doctrine of restrictive sovereign immunity had been adopted in our courts.*"[135] Ainsi, abstraction faite de la conclusion finale de la Cour, celle-ci s'aligne implicitement avec le paradigme moniste lorsqu'elle admet la possibilité que la doctrine d'immunité restrictive aurait pu être adoptée par les cours canadiennes.[136]

À l'instar de l'affaire *Venne,* le *Renvoi relatif au plateau continental de Terre-Neuve*[137] est un autre exemple où la Cour semble implicitement adopter l'approche moniste. Dans cette affaire, Terre-Neuve revendique sa souveraineté sur le plateau continental au large de ses côtes, mais le Canada insiste, tant qu'entité nationale, la souveraineté d'exploitation des ressources du plateau lui revient. Une des questions à trancher était de savoir si, au moment de l'entrée de Terre-Neuve à la Confédération, Terre-Neuve possédait déjà le droit de souveraineté sur le plateau continental. La question a été décidée en faveur du Canada, car il a été déterminé "que le droit international n'était pas suffisamment développé en 1949 pour accorder, *ipso jure,* aux États riverains le droit d'explorer et d'exploiter le plateau continental. Nous croyons qu'en 1949 la pratique des États n'était ni suffisamment répandue pour constituer une pratique générale, ni suffisamment uniforme pour constituer une règle bien établie."[138] Le débat était donc à savoir si une norme coutumière particulière existait en 1949. Il est donc possible d'inférer de l'analyse de ce renvoi que si le droit coutumier revendiqué par Terre-Neuve existait, la Cour lui aurait donné effet en tant que coutume internationale incorporée en droit canadien.

Une autre décision à partir de laquelle on peut inférer l'usage de la doctrine d'incorporation est le *Renvoi relatif au Code canadien du travail.*[139] La question à être tranchée par la Cour était à savoir si le gouvernement des États-Unis pouvait bénéficier de l'immunité prévue à l'article 3 de la *Loi sur l'immunité des États* à l'égard d'une requête en accréditation présentée par les employés canadiens

[135] *Venne, supra* note 131 à la p. 1003.

[136] Voir MacDonald, *supra* note 1 à la p. 109; van Ert, *supra* note 1 à la p. 148.

[137] *Renvoi relatif au sol et sous-sol du plateau continental situé au large de Terre-Neuve,* [1984] 1 R.C.S., à la p. 86.

[138] *Ibid.* à la p. 124.

[139] [1992] 2 R.C.S. 50 [*Code du travail*].

d'une base militaire états-unienne.[140] Dans son analyse, le juge La Forest, pour la majorité, présente un discours hautement moniste lorsqu'il adopte les propos du juge Lord Wilberforce dans l'arrêt *I Congreso del Partido,*[141] décrivant la théorie de l'immunité restrictive de l'État souverain, tel que mentionnée plus haut lors de la discussion de l'affaire *Venne.* Les élans monistes du juge La Forests sont évidents dans ce passage où il explique que la règle de l'immunité restrictive reconnue par la coutume internationale avait été adoptée en droit canadien avant la sanction de la *Loi sur l'immunité des États:*

> En vertu du droit international, on reconnaissait qu'un État souverain n'avait pas à se soumettre à la juridiction d'un tribunal étranger. Cependant, au fil des ans, face à la participation grandissante des gouvernements dans l'arène commerciale, on en est venu à considérer que le principe de l'immunité absolue offrait une protection injuste aux commerçants œuvrant sous l'égide d'une entreprise possédée ou contrôlée par l'État. La common law a réagi en formulant une nouvelle théorie de l'immunité restreinte.[142]

Par la suite la common law a été codifiée dans la *Loi sur l'immunité des États,*[143] une codification qui "vise à clarifier et à maintenir la théorie de l'immunité restreinte."[144] En spécifiant que la règle coutumière de l'immunité restrictive avait été adoptée en common law, le juge La Forest endosse *ispo facto* la doctrine de l'incorporation. En l'espèce, la Cour a jugé que, malgré la nature commerciale de l'action étatique, il s'agissait réellement, en vertu de sa nature et de son objet, d'un acte *jure imperii.* Les États-Unis ont donc pu bénéficier de l'immunité prévue par la loi. Bien que la Cour ait pu être plus explicite dans son analyse, l'affaire de *Code de travail* dénote généralement l'appuie de l'incorporation de la coutume internationale. Pour sa part, van Ert estime que "*La Forest J's judgment [is] very strong authority for the continued survival of the incorporation doctrine in Canadian law.*"[145]

140 *Ibid.* au para. 20.

141 [1993] 1 A.C. 244, à la p. 262 (H.L.).

142 *Code du travail, supra* note 139 à la p. 71.

143 L.R.C. 1985, c. S-18.

144 *Code du travail, supra* note 139 à la p. 73.

145 van Ert, *supra* note 1 à la p. 148.

En 1998, dans le cadre du *Renvoi relatif à la sécession du Québec,*[146] où certains arguments de droit international avaient été invoqués (spécifiquement, sur les principes régissant l'autodétermination des peuples), la Cour suprême avait l'opportunité de clarifier le débat et de se prononcer sur la relation et l'interaction entre la coutume internationale et le droit canadien. Malheureusement, le *Renvoi relatif à la sécession du Québec* ne répond pas aux *desiderata* des académiciens et des praticiens du droit international, et la Cour s'en tient à quelques propos généraux. Par exemple, la Cour a noté que "la prise en *considération* du droit international dans le contexte du présent renvoi concernant les aspects juridiques de la sécession unilatérale du Québec est non seulement permise mais inévitable."[147] Cette phrase a fait couler beaucoup d'encre et a suscité une avalanche de critiques.[148] La décision de la Cour d'accorder toute l'importance aux traités internationaux tout en faisant fi des autres sources de droit international, comme la coutume internationale, est symptomatique soit d'un manque de familiarisation manifeste en la matière, soit d'une hésitation malheureuse de la part de la Cour. Que la Cour juge nécessaire de seulement *considérer* le droit international, alors qu'il était d'une grande importance en l'espèce, vient frustrer le débat. Toope ne voile pas son opinion du jugement de la Cour:

> *Canadians simply do not know whether or not customary international law forms part of the law of Canada ... [O]ne might have expected the Supreme Court to seize the opportunity presented by the* Secession Reference *to clarify the role played by public international law within the Canadian legal system. Instead, the Court made matters worse ... The Court seems to have suggested that customary law, at least, does not form part of the law of Canada; the Court cannot simply apply customary law as a matter of right. Instead, the Court expressly treated international law (including customary law, treaties ratified by Canada, and declarations of intergovernmental organizations and assemblies) merely as a "consideration." The Court's treatment of persuasive authority in international law leaves much to be desired.*[149]

[146] [1998] 2 R.C.S. 217; (1998), 161 D.L.R. (4e) 385 [*Renvoi à la sécession* avec renvois aux R.C.S.].

[147] [1998] 2 R.C.S. 217 au para. 23 [nos italiques].

[148] Brunné et Toope, *supra* note 1 à la p. 44; van Ert, *supra* note 1 à la p. 149 ("*The doctrine of incorporation is . . . strangely forgotten.*"); Schabas, *supra* note 6 à la p. 191 ("*The court's conclusion are in some ways unremarkable, in that they do little more than echo the writings of the vast majority of academic commentators*").

[149] Toope, *Secession, supra* note 120 à la p. 523.

Somme toute, le *Renvoi relatif à la sécession du Québec* demeure une occasion ratée pour la Cour de clarifier son approche à la coutume internationale et du rapport de celle-ci à l'ordre juridique domestique. En revanche, cette décision a le mérite de ne pas avoir infirmé les arrêts précédents qui, dans l'ensemble, s'avèrent favorables à la doctrine de l'incorporation.

L'année suivante, avec l'affaire *Baker c. Canada,* la Cour suprême a de nouveau laissé passer la possibilité de préciser l'état du droit.[150] Les faits du litige sont biens connus: une décision d'expulsion avait été retenue contre Mme Baker, une mère jamaïquaine avec des enfants à charge nés au Canada. Mme Baker vivait au Canada depuis 1981 sans jamais avoir obtenu le statut de résidente permanente. Elle avait demandé d'être dispensée de faire sa demande de résidence permanente à l'extérieure du Canada pour raisons d'ordre humanitaire, conformément à l'art. 114(2) de la *Loi sur l'immigration.*[151] Mme Baker a plaidé, entre autres, "que les principes de droit administratif exigent que ce pouvoir discrétionnaire soit exercé conformément à la Convention [relative aux droits de l'enfant], et que le ministre devrait faire de l'intérêt supérieur de l'enfant une considération primordiale dans les décisions d'ordre humanitaire."[152] La Cour conclut cependant que la *Convention relative aux droits de l'enfant*[153] n'avait pas force de droit au Canada car elle avait été simplement ratifiée et non mise en vigueur par le Parlement par l'entremise d'une loi.[154] Par contre, la Cour poursuit son jugement et ajoute que le droit international doit être pris en considération dans l'interprétation des lois, même s'il n'est pas en vigueur au Canada.[155] Selon la Cour, les "facteurs susmentionnés montrent que les droits, les intérêts, et les besoins des enfants, et l'attention particulière à prêter à l'enfance sont des valeurs importantes à considérer pour interpréter de façon raisonnable les raisons d'ordre

150 [1999] 2 R.C.S. 817 [*Baker*].

151 L.R.C. 1985, c. I-2.

152 *Baker, supra* note 150 au para. 50.

153 R.T. Can. 1992 no 3.

154 Quant à l'application des traités, le Canada est un pays dualiste qui demande qu'un traité soit "transformé" ou mis en œuvre par le Parlement pour qu'il ait force de droit au Canada. Voir Peter W. Hogg, *Constitutional Law in Canada,* loose leaf, Toronto, Thompson Carswell, 2006, c. 11.

155 *Baker, supra* note 150 aux para. 69-71. La cour se penche sur la présomption interprétative qui veut que la législature soit présumée ne pas légiférer de façon contraire au droit international, conventionnel et coutumier.

humanitaire qui guident l'exercice du pouvoir discrétionnaire."[156] En conclusion, les décisions des tribunaux inférieurs ont été infirmées et l'affaire a été renvoyée au ministre pour qu'une nouvelle décision soit rendue.

Certains commentateurs estiment que la Cour a outrepassé le débat international en se prononçant sur l'effet d'un traité ratifié qui n'a pas été mis en œuvre en droit canadien. D'autres avancent que la Cour aurait pu offrir une solution plus élégante au litige en se tournant vers la coutume internationale. En effet, dans *Baker*, une porte s'est ouverte par laquelle la Cour aurait pu conclure que le principe de l'intérêt supérieur de l'enfant est désormais cristallisé en règle de droit coutumier.[157] Ceci aurait ouvert la voie à une analyse qui aurait pu s'avérer concluante quant à l'opération du droit coutumier au sein de l'ordre domestique.[158] En définitive, la méthode herméneutique de *Baker* — qui a été reprise par la Cour dans d'autres instances, dont les affaires *Spraytech*,[159] *Suresh*[160] et *Mugesera*[161] — n'adresse qu'indirectement la question de l'incor-

[156] *Ibid.* au para. 73.

[157] Schabas, *supra* note 6 à la p. 182. ("*This unfortunate debate might have been avoided had the Court accepted that article 3 of the Convention simply codifies the customary norm of 'best interest of the child'*").

[158] Brunné et Toope, *supra* note 1 à la p. 45.

[159] *114957 Canada Ltée (Spraytech, Société d'arrosage) c. Hudson (Ville)*, [2001] 2 R.C.S. 241 aux para. 30-32 (la Cour favorise une interprétation d'un règlement municipal réglementant l'usage de pesticides à la lumière du principe de précaution, reconnu en droit coutumier).

[160] *Suresh c. Canada*, [2002] 1 R.C.S. 3 aux para. 46, 59-75. Dans *Suresh*, la Cour a rappelé à maintes reprises l'importance de tenir compte des diverses sources de droit international, incluant la coutume, dans l'interprétation de la *Charte canadienne des droits et libertés*, l'interprétation des lois et l'examen de décisions discrétionnaires.

[161] *Mugusera c. Canada*, [2005] 2 R.C.S. 100. Dans cette affaire, la Cour s'est penchée sur le droit international coutumier et sur la jurisprudence de tribunaux internationaux pour interpréter les dispositions pertinentes du *Code criminel*, L.R.C. 1985, c. C-46. La Cour note au para. 82: "Le droit international se trouve à l'origine du crime de génocide. Il est donc appelé à jouer un rôle décisif dans l'interprétation du droit interne, plus particulièrement dans la détermination des éléments constitutifs du crime d'incitation au génocide. Dans l'arrêt *Baker c. Canada (ministre de la Citoyenneté et de l'Immigration)*, [1999] 2 R.C.S. 817, para. 69-71, notre Cour a souligné l'importance d'interpréter le droit interne conformément aux principes du droit coutumier international et aux obligations conventionnelles du Canada. Dans ce contexte, les sources internationales comme la jurisprudence récente des tribunaux pénaux internationaux revêtent une grande importance pour les besoins de l'analyse."

poration de la coutume internationale et son opération dans l'ordre domestique. Il est certes louable que la Cour ait développé davantage la judicieuse présomption voulant que la législation soit interprétée conformément au droit international, mais les fondements de ce principe étaient déjà bien établis.[162] À notre avis, l'approche *Baker* et sa progéniture jurisprudentielle, quoique souhaitable et riche en possibilités argumentatives, ne met aucunement terme à l'incohérence et l'incertitude qui depuis trop longtemps criblent la jurisprudence de la Cour suprême à l'égard de l'incorporation de la coutume internationale.[163]

C'est en 2007, dans son jugement de l'affaire *R. c. Hape*,[164] que la Cour suprême du Canada s'est enfin prononcée clairement sur la question de l'incorporation de la coutume internationale en droit domestique canadien, et ce pour la première fois depuis l'affaire *Fraser-Brace*. La question en litige principale était à savoir si la *Charte canadienne des droits et libertés*[165] s'applique aux fouilles, perquisitions et saisies effectuées à l'étranger par des agents de la Gendarmerie royale du Canada (GRC). Soupçonnant M. Hape de blanchiment d'argent, la GRC avait obtenu la permission des autorités des îles Turks et Caicos de fouiller et perquisitionner les locaux de M. Hape situés dans ce pays. Au procès, la GRC avait déposé de la preuve documentaire obtenue lors de leur fouille autorisée par les autorités locales. En appel, M. Hape demande le rejet de la preuve documentaire en alléguant qu'elle avait été obtenue au mépris de son droit garanti à l'article 8 de la *Charte*. La Cour suprême rejette le pourvoi et conclut que la *Charte* ne saurait généralement s'appliquer aux fouilles, perquisitions et saisies effectuées à l'étranger sans contrevenir aux exigences de la courtoisie internationale et au principe coutumier de non-intervention étatique.

Écrivant au nom de la majorité, le juge LeBel commence son analyse en notant que le libellé de l'article 32 de la *Charte* ne précise aucunement la portée territoriale de celle-ci. Il appartient donc

[162] Voir par exemple *Daniels c. White,* [1968] S.C.R. 517; van Ert, *supra* note 1 au chapitre 4.

[163] Brunné et Toope, *supra* note 1 ("*It is safe to say, however, that the* Spraytech *decision does not clarify the matter*" à la page 48). Voir *contra* van Ert, *supra* note 1 à la p. 165.

[164] *R. c. Hape,* 2007 CSC 26, [2007] 2 R.C.S. 292.

[165] *Charte canadienne des droits et libertés,* art. 8, partie I de la *Loi constitutionnelle de 1982,* constituant l'annexe B de la *Loi de 1982 sur le Canada* (R.-U.), 1982, c. 11.

à la magistrature de définir non seulement les dispositions substantives de la *Charte,* mais aussi les modalités de leur application territoriale. C'est à cet égard que le juge LeBel fait appel au droit international et aux principes régissant la compétence de l'État. Il affirme: "Pour comprendre la manière dont le droit international contribue à l'interprétation du par. 32(1) [de la *Charte*], il faut considérer sa relation avec le droit interne canadien de même que ses principes relatifs à la souveraineté territoriale, à la non-intervention et aux revendication d'une compétence extraterritoriale."[166] Autrement dit, avant d'en arriver à la conclusion que le droit international limite l'application extraterritoriale du droit canadien, il convient d'abord d'illustrer la mécanique de leur interaction normative. C'est donc en guise de prolégomènes à son analyse des principes de courtoisie et de non-intervention étatique que le juge LeBel se prononce sur la relation entre le droit interne et le droit international.[167] Il s'agit là d'un détail important qui potentiellement pourrait atténuer la valeur de cette partie du jugement (les paragraphes 34-39) dans la mesure où elle pourrait être caractérisée *d'obiter* puisqu'elle ne se rapporte qu'incidemment au *ratio decidendi* de *R. c. Hape* concernant l'application extraterritoriale de la *Charte.*

D'entrée de jeu, le juge LeBel rappelle que la tradition britannique a depuis longtemps reconnu que la coutume internationale est automatiquement incorporée dans la common law sans que le parlement n'ait à intervenir, et que les cours peuvent donner effet aux normes coutumières "à condition qu'aucune disposition législative valide n'entre clairement en conflit avec elle."[168] Il cite Brownlie et l'affaire *Trendtex* à l'appui de ces propositions. Se tournant ensuite vers l'état du droit canadien, le juge LeBel note que la doctrine de l'incorporation (ou de "l'adoption," pour employer le langage de la Cour) a toujours été appliqué au Canada, soit implicitement ou explicitement,[169] reconnaissant que la Cour a parfois manqué d'analyser la doctrine de l'incorporation à certaines occasions où elle s'y prêtait.[170] Le juge LeBel conclut son analyse dans les termes suivants:

[166] *Hape, supra* note 164 au para. 34.

[167] *Ibid.* aux para. 34-39.

[168] *Ibid.* au para. 36.

[169] *Ibid.* au para. 37.

[170] *Ibid.* au para. 38.

> Malgré ce silence de notre Cour dans certaines affaires récentes, la doctrine de l'adoption n'a jamais été rejetée au Canada. En fait, un fort courant jurisprudentiel la reconnaît formellement ou, du moins, l'applique. À mon avis, conformément à la tradition de la common law, il appert que la doctrine de l'adoption s'applique au Canada et que les règles prohibitives du droit international coutumier devraient être incorporées au droit interne sauf disposition législative contraire. L'incorporation automatique des règles prohibitives du droit international coutumier se justifie par le fait que la coutume internationale, en tant que droit des nations, constitue également le droit du Canada à moins que, dans l'exercice légitime de sa souveraineté, celui-ci ne déclare son droit interne incompatible. La souveraineté du Parlement permet au législateur de contrevenir au droit international, mais seulement expressément. Si la dérogation n'est pas expresse, le tribunal peut alors tenir compte des règles prohibitives du droit international coutumier pour interpréter le droit canadien et élaborer la common law.[171]

Suite à cet énoncé de principe, le juge LeBel poursuit son analyse de la portée territoriale de la *Charte* à la lumière des normes coutumières — dont celle de la non-intervention — qui, grâce à la doctrine de l'incorporation, font automatiquement partie de l'ordre juridique canadien.

Il pourrait sembler à première vue que la Cour suprême dans *R. c. Hape* a finalement répondu aux commentateurs qui depuis des décennies revendiquent une prise de position sans équivoque à l'égard de la coutume internationale. Certes, dans l'ensemble, le paragraphe 39 des motifs de la majorité (les juges dissidents n'ont exprimé aucune opinion sur cette question), est de loin l'énoncé le plus claire de la Cour suprême du Canada en ce qui a trait au mode de réception de la coutume internationale en droit canadien. Cela étant dit, certains aspects du paragraphe susmentionné s'avèrent problématiques et soulèvent de nouvelles questions.

Premièrement, le juge LeBel semble avoir limité son énoncé de la doctrine de l'incorporation aux seules "règles prohibitives" du droit coutumier.[172] Il est sans doute malavisé d'interpréter les motifs d'une décision judiciaire en y appliquant les canons d'interprétation législative, mais suivant la maxime *expressio unius est exclusio alterius,* cette précision soulève la question à savoir si les règles prohibitives de la coutume internationale sont incorporées en droit canadien

[171] *Ibid.* au para. 39.

[172] *Ibid.* aux paras. 36 et 39.

à l'exclusion des règles permissives. Il est possible, en employant les termes "règles prohibitives," que le juge LeBel avait à l'esprit la règle de la non-intervention étatique dans le contexte spécifique du litige en l'espèce, mais la répétition à trois reprises de ces termes pourrait suggérer une visée restrictive plus générale. En revanche, il est également possible que la cour se soit arrêtée aux règles prohibitives par simple prudence judiciaire dans la mesure où le restant de son analyse sur l'application extraterritoriale de la Charte faisait appel à la règle interdisant l'ingérence étatique dans les affaires d'un autre état souverain. Malheureusement, la Cour n'a pas jugé bon d'expliquer son choix et a laissé aux commentateurs la tâche épineuse d'en deviner le dessein.

Deuxièmement, la Cour emploie un langage contingent en décrivant le fonctionnement de la doctrine de l'incorporation, perpétuant ainsi en quelque sorte l'incertitude de sa jurisprudence antérieure. Par exemple, la Cour indique que les règles coutumières "*devraient* être incorporées" et que le tribunal "*peut* ... tenir compte" de la coutume.[173] L'emploi du conditionnel "devrait" et du verbe permissif "peut" semble suggérer que l'incorporation nécessite une sanction judiciaire préalable et, de surcroît, que les cours ont la discrétion de ne pas appliquer les normes coutumières une fois qu'elles sont incorporées en common law. Ce langage hésitant porte d'autant plus à la confusion lorsqu'on lit dans le même paragraphe que l'incorporation est "automatique." Étant donné l'ambiguïté historique sur cette question, il aurait été fort préférable que la Cour s'en tienne à un langage clair et précis.

Finalement, une ambiguïté persiste quant à l'utilisation permise des normes coutumières par les cours judiciaires. À quelle fin peut-on faire recours à la coutume internationale? À la dernière phrase du paragraphe 39, le juge LeBel affirme que les juges peuvent tenir compte des normes pour "interpréter le droit canadien et élaborer la common law." Alors que l'utilisation du droit international dans l'interprétation des lois est une pratique bien établie en droit canadien,[174] il existe peu d'exemples où le droit international a dirigé ou influencé l'élaboration de la common law. Par exemple, les cours

[173] *Ibid.* aux para. 36 et 39. Cette même hésitation est reflétée dans la version anglaise du jugement où le juge LeBel affirme que la coutume "*should be incorporated*" et que les cours "may look to" le droit coutumier pour élaborer la common law.

[174] Ruth Sullivan, *Driedger on the Construction of Statutes,* Toronto, Butterworths, 1994, à la p. 330; *Daniels, supra* note 162.

supérieures avaient jadis reconnu le principe de l'immunité restrictive en common law suite à son émergence en droit coutumier,[175] mais l'adoption de la *Loi sur l'immunité des États* semble frustrer cette possibilité de nos jours.[176] Le développement du droit pénal international nous apparaît comme une voie d'action plausible. Il est possible que le juge LeBel envisage le développement des crimes de compétence universelle en common law en tenant compte des "règles prohibitives du droit international coutumier," comme le permet expressément le para. 4(4) de la *Loi sur les crimes contre l'humanité et les crimes de guerre*.[177] Effectivement, la prohibition du génocide, des crimes de guerre et des crimes contre l'humanité constituent les "règles prohibitives du droit international coutumier" par excellence.

Une autre possibilité nous vient toutefois à l'esprit. En se fondant sur les propos de la Cour au para. 39 et sur son renvoi titillant à l'affaire *Mack c. Canada (A.G.)* au para. 37, une cour canadienne pourrait-elle élaborer une nouvelle cause d'action civile en common law pour la violation d'une norme coutumière au motif que celle-ci se retrouve incorporée à celle-là? Rappelons que dans l'affaire *Mack*, les parties demanderesses avaient intenté une poursuite civile contre le Canada pour avoir contrevenu la norme coutumière prohibant la discrimination raciale.[178] Bien que la cour d'appel dans cette affaire ait conclu en définitive qu'il n'existait aucune norme coutumière prohibant la discrimination raciale avant 1947, son analyse laisse entendre à tout le moins qu'il aurait été possible de fonder une nouvelle cause d'action sur une violation du droit coutumier. Suivant cette interprétation de la jurisprudence, l'exhortation dans *Hape* "de tenir compte des règles prohibitives du droit international coutumier pour interpréter ... élaborer la common law" permettrait-elle à un juge de reconnaître une cause d'action civile en common law pour donner effet aux diverses "règles prohibitives du droit international coutumier," dont la prohibition contre la torture? Il est malheureux que la Cour n'ait pas jugé bon

[175] Voir *supra* notes 90-93 et texte rattaché.

[176] *Bouzari* (2004), *supra* note 96 aux para. 55-59; voir aussi François Larocque, "*Bouzari v. Iran*: Testing the Limits of State Immunity in Canadian Courts," *Canadian Yearbook of International Law* 41 (2003), à la p. 343.

[177] Voir la discussion afférente à la note 74.

[178] *Mack c. Canada (A.G.)* (2002), 60 O.R. (3d) 737 (C.A.). Plus spécifiquement, il était question de la légalité de diverses lois canadiennes qui, jusqu'en 1947, imposaient injustement une taxe d'entrée aux immigrants Chinois.

de préciser davantage cet aspect de son jugement. Il est à souhaiter qu'elle ait l'occasion de se prononcer sur cette question et de clarifier les autres aspects problématiques de son jugement d'ici peu.

Conclusion

Nous avons démontré que depuis le 18e siècle, la coutume internationale est une source de droit importante en common law: sans pour autant y être subsumée, elle est directement incorporée et continuellement actualisée par celle-ci. Le recensement que nous avons entrepris mène à une conclusion qui nous apparaît indubitable: à l'instar du Royaume-Uni, l'ordre juridique canadien incorpore la coutume internationale. Autrement formulé, la coutume internationale est une partie intégrante du droit canadien. Une telle conclusion n'exige pas d'acte législatif. La coutume internationale s'applique *de jure* pour autant qu'elle ne soit pas contraire au droit domestique. Si un conflit se présente, le droit domestique l'emportera, même si cela engage la responsabilité du Canada dans l'ordre juridique international.[179] Toutefois, les cours ne concluent pas l'existence d'un conflit sans tenir compte de la présomption voulant que le Parlement ne légifère pas de façon contraire à ses obligations internationales.[180]

Malgré le manque de constance marqué dans la jurisprudence depuis 1867, l'héritage britannique de la conception moniste en droit canadien est bien établi. L'ambivalence des cours, surtout celle de la Cour suprême du Canada, a créé un climat d'incertitude auprès des plaideurs domestiques, qui, avec une formation limitée dans le domaine du droit international coutumier, hésitent parfois d'avancer des arguments fondés sur la coutume internationale. Cependant, il est démontré que les cours canadiennes, malgré quelques ambiguïtés, n'ont jamais rejeté la doctrine moniste de l'incorporation. Qui plus est, la doctrine de l'incorporation du droit coutumier en common law canadienne a heureusement été confirmée sans équivoque par les cours d'appel et la Cour suprême du Canada. L'arrêt *R. c. Hape* offre les propos les plus clairs de la Cour suprême du Canada en la matière. Bien que le poids de ses propos

[179] Oppenheim, *supra* note 47 aux pp. 37-39 ("*And if it happens that a rule of Municipal Law is in indubitable conflict with a rule of Law of Nations, municipal courts must apply the former. … It is admitted that municipal courts may be bound by the law of their State to enforce statutes which are contrary to International Law*").

[180] Arbour, *supra* note 3 aux pp. 183-84.

soit assujetti à certaines limites que nous avons identifiées, comme sa caractérisation possible en tant qu'*obiter*, il demeure que la Cour reconnaît son ambivalence antérieure et saisie cette occasion pour se prononcer clairement sur la question.

Il faut espérer que les développements récents en la matière auront pour effet de confirmer et préserver l'autorité normative domestique de la coutume internationale de sorte que ce droit connaîtra une effusion chez les plaideurs canadiens qui sauront, eux, s'en servir pour étayer leurs causes. Il importe aussi que les juges et les juristes acquièrent une formation suffisante en droit international pour connaître son potentiel (et ses limites!) et donner davantage d'opportunités aux cours pour s'exprimer sur son traitement domestique. L'acquisition de connaissance en droit international est d'une importance croissante dans la mesure où les sphères d'activités humaines touchées par ces normes ne cessent de se multiplier. Il est vrai que la Cour suprême du Canada est une cour nationale et que sa priorité, son expertise et, par extension, sa zone de confort, est en droit domestique,[181] mais au 21e siècle, les interactions internationales et transnationales exigent de nos juges non pas la simple familiarité, mais rien de moins que la maîtrise des principes régissant l'interface des ordres juridiques. Il est à souhaiter que le jugement dans l'affaire *R. c. Hape* — malgré les problèmes qu'il soulève — signale une nouvelle volonté de la part de la Cour de s'aventurer aux confins broussailleux du droit domestique et international afin de raffiner sa jurisprudence en la matière. Il est plus que probable que, tôt ou tard, les enjeux de l'heure — par exemple, les prétentions territoriales du Canada en Arctique ou les revendications des victimes de torture extraterritoriale — la pousseront dans ce sens.

Summary

The Incorporation of Customary International Law in Canadian Common Law

Since the eighteenth century, it has generally been considered that customary international law is incorporated into the common law. This article traces the historical foundations of the doctrine of incorporation as applied by

[181] Toope, "Metaphor," *supra* note 7 à la p. 539 ("*International law remains a seemingly mysterious set of norms referred to haphazardly by the Court*").

English and US courts before discussing the relevant Canadian case law. It is shown that while Canadian courts have not always expressly recognized the doctrine of incorporation, they have nevertheless consistently applied it. The decision of the Supreme Court of Canada in R. v. Hape *brings much needed clarification to this issue yet also raises new questions as to the extent of incorporation and the effects that customary norms produce once incorporated into the Canadian legal order.*

Sommaire

L'incorporation de la coutume internationale en common law canadienne

Il est généralement admis depuis le 18e *siècle que la coutume internationale est incorporée à la common law. Cette étude retrace l'historique de la doctrine de l'incorporation telle qu'elle fut appliquée par les cours anglaises et états-uniennes avant d'aborder la jurisprudence canadienne pertinente. Il est démontré que même si les cours canadiennes n'ont pas toujours expressément reconnu la doctrine de l'incorporation, elles l'ont constamment appliquée. La décision de la Cour Suprême du Canada dans l'affaire* R. c. Hape *apporte quelques clarifications salutaires mais soulève à la fois de nouvelles questions quant à la portée de l'incorporation et quant aux effets que produisent les normes coutumières une fois incorporées dans l'ordre juridique canadien.*

State Immunity, State Atrocities, and Civil Justice in the Modern Era of International Law

CHILE EBOE-OSUJI

> *Torture is an unqualified evil.*
>
> LORD BROWN OF EATON-UNDER-HEYWOOD[1]

INTRODUCTION

A key item on the "to do" list of modern international law is to resolve the tension between the enduring primordial predisposition of some agents of states to violate human rights (and humanitarian norms) and the newfound resolve of the international community to contain that predisposition. This tendency to violate rights is arguably correlated to the familiar principle of international law forbidding states to interfere in matters essentially within the domestic jurisdiction of one another, out of respect for each other's sovereign integrity. Consequently, the treatment of a people, however abominably, by their leaders was considered a matter essentially within the domestic jurisdiction of their state. It mattered little that the treatment in question might have amounted to violations of *jus cogens* norms, in the manner of genocide, extermination, and other crimes against humanity. Some national leaders grew so used to such thought habits that they have continued to find it hard to tame their penchant to violate the human rights of their own peoples. One of the more current extreme examples of this ancient

Chile Eboe-Osuji, LL.M., of the Ontario Bar. Head of Chambers, International Criminal Tribunal for Rwanda; formerly Senior Appeals Counsel in the Office of the Prosecutor, Special Court for Sierra Leone; formerly Senior Legal Officer in the Chambers of United Nations International Criminal Tribunal for Rwanda; and formerly Prosecution Counsel, United Nations International Criminal Tribunal for Rwanda.

1 *A (FC) & ors v. Secretary of State for the Home Department,* [2005] U.K.H.L. 71 at para. 160.

instinct is the treatment of Darfurians in Sudan. Other examples abound, of course, with the more notable ones including the 1994 genocide in Rwanda; the "ethnic cleansing" in the former Yugoslavia during the early 1990s; the 1988 poison gas attack against the Kurds of Halabja, Iraq, under Saddam Hussein; the regime of apartheid in South Africa from 1948 to 1994; and so on.

Happily, there is, as noted earlier, a newborn determination to tame this tendency. One notes in this connection the increased resonance of such recent trends, or enhanced profile to such notions and international socio-legal sentiments, as repression of impunity for serious violations of human rights and humanitarian norms; universal criminal jurisdiction for such violations; responsibility to protect; and, possibly, regime change to liberate peoples from oppression.

Perhaps, the epitome of this newborn determination to curb state-sponsored atrocities is the emphasis upon the idea that heads of state and other public officers may be arraigned and prosecuted for crimes against humanity, the responsibility of which is attributable to them, even in their capacity as heads of state or government. This is particularly the case in situations that are under the jurisdiction of international criminal tribunals.[2] And it is also the case with respect to the exercise of universal jurisdiction over crimes against humanity. Modern international law permits states to exercise criminal jurisdiction over former heads of state and other public officials who are implicated in the commission of crimes against humanity.[3]

On the civil side, however, there is a lingering resistance to the idea that domestic courts of states may exercise jurisdiction in cases involving foreign heads of state and other public officials, for civil remedies arising even from the commission of state atrocities

[2] See Article 6(2) of the *Statute of the International Criminal Tribunal for Rwanda*, <http://www1.umn.edu/humanrts/instree/rwandatrib-statute1994.html>; Article 7(2) of the *Statute of the International Criminal Tribunal for the Former Yugoslavia* <http://www1.umn.edu/humanrts/icty/statute.html>; Article 27 of the *Statute of the International Criminal Court*, <http://untreaty.un.org/cod/icc/statute/romefra.htm>; Article 6(2) of the Statute of the Special Court for Sierra Leone, *Agreement between the United Nations and the Government of Sierra Leone on the Establishment of a Special Court for Sierra Leone*, 16 January 2002, 2178 U.N.T.S. 138, annex: *Statute of the Special Court*; and Article 29(2) of the Law on the Establishment of Extraordinary Chambers in the Court of Cambodia, <http://www.eccc.gov.kh/english/cabinet/law/4/KR_Law_as_amended_27_Oct_2004_Eng.pdf>.

[3] See *R.v. Bow Street Metropolitan Stipendiary Magistrate, ex p Pinochet Ugarte (No. 3)*, [2000] 1 A.C. 147 (House of Lords) [*Pinochet*].

abroad. The cases that have entrenched this resistance in recent times have mainly involved allegations of torture. Yet the reasoning might equally serve to block civil remedies for genocide, extermination, and other crimes against humanity committed abroad. The lingering obstacle to the exercise of jurisdiction by the court of the forum is said to be the rule of foreign state immunity. This obstacle is typified in the resistance to the recognition of a *jus cogens* exception to foreign state immunity. This obstacle to justice encumbers not only citizens of a foreign state or of third states who may be constrained to seek justice in the courts of other states but also citizens of states who seek justice at home for atrocities that they may have suffered abroad in the hands of agents of foreign states.

The *Jus Cogens* Exception Debate

The triumvirate of cases that have entrenched this resistance in recent times are *Al-Adsani v. UK,*[4] *Bouzari v. Iran,*[5] and *Jones v. Saudi Arabia,*[6] which were respectively decided by the European Court of Human Rights (ECtHR), the Ontario Court of Appeal, and the House of Lords. In *Al-Adsani,* a British citizen of Kuwaiti origins had sued the state of Kuwait and other individual Kuwaiti public officials, alleging that the brother of the Emir of Kuwait had subjected him to torture in Kuwait. The Court of Appeal of England and Wales upheld the decision of the High Court, which had ruled that Kuwait was immune from the lawsuit, by virtue of the UK *State Immunity Act.*[7] Leave was not granted for further appeal to the House of Lords. Whereupon, the plaintiff proceeded against the United Kingdom at the ECtHR, claiming that the English courts had, by ruling that Kuwait was immune from his lawsuit, failed to secure his enjoyment of the right not to be tortured and denied him access to a court, contrary to Article 6(1) and other provisions of the *European Convention on Human Rights* (*ECHR*).[8] The ECtHR ruled unanimously that the UK *State Immunity Act* was indeed a violation of the plaintiff's right as guaranteed by Article 6(1), as it had the effect of preventing the plaintiff's lawsuit. But in a nine-to-eight split

4 *Al-Adsani v. UK,* (2002) 34 E.H.R.R. 11, <http://www.worldlii.org/eu/cases/ECHR/2001/761.html> [*Al-Adsani*].

5 *Bouzari v. Iran,* (2004), 243 D.L.R. (4th) 406 (Ont. C.A) [*Bouzari*].

6 *Jones v. Saudi Arabia,* [2006] U.K.H.L. 26 [*Jones*].

7 UK *State Immunity Act,* 1978, c. 33

8 *European Convention on Human Rights,* (1950) E.T.S. 5 [*ECHR*].

decision, the ECtHR ruled that the violation was justifiable. The court considered that the grant of sovereign immunity to a state in civil proceedings pursues the legitimate aim of complying with international law to promote comity and good relations between states through the respect of another state's sovereignty.[9] The minority disagreed and held that the rule against torture is a *jus cogens* norm. As such, it overrides the doctrine of sovereign immunity.

Bouzari involved a civil action against Iran by an Iranian citizen living in Canada. He claimed that he was tortured while on a visit to Iran. But the courts ruled that his action was barred by the operation of the Canadian *State Immunity Act.*[10] The Ontario Court of Appeal rejected the suggestion that the *Canadian Charter of Rights and Freedoms* could be invoked to salvage his action.[11] The court also rejected the plaintiff's plea of *jus cogens* as a permissible exception to the scheme of immunity provided in the *State Immunity Act.*

In *Jones,* four plaintiffs in two actions had commenced legal actions against the Kingdom of Saudi Arabia and some of its individual public officials. The Court of Appeal for England and Wales dismissed the suits against Saudi Arabia but allowed the suits against the individual defendants to proceed. But the House of Lords unanimously overruled the Court of Appeal. According to the House of Lords, the suits against the individual state officials were just as barred by the doctrine of foreign state immunity as was the suit against Saudi Arabia. The outcome, according to the decision, was not saved by considerations of *jus cogens.*

DISTINGUISHING *BOUZARI*

In their decision in *Jones,* the House of Lords repeatedly cited *Bouzari* with approval as supporting their own decision.[12] From the strict perspective of *ratio decidendi,* however, the decision of the Ontario Court of Appeal in *Bouzari* is very distinguishable from the decisions of the ECtHR (in *Al-Adsani*) and the House of Lords (in *Jones*). First, it must be accepted that the plaintiff's plea of *jus cogens,* strictly speaking, was a plea on the Ontario courts to exercise jurisdiction over Iran, "beyond the exceptions to state immunity which

9 *Al-Adsani, supra* note 4 at para. 54.

10 Canadian *State Immunity Act,* R.S.C. 1985, c. S-18

11 *Canadian Charter of Rights and Freedoms,* Part 1 of the *Constitution Act, 1982,* being Schedule B to the *Canada Act 1982* (U.K.), 1982, c. 11.

12 *Jones, supra* note 6 at paras. 1, 22, 45, 46, 60, 61,

are expressly enacted in the [Canadian *State Immunity Act*]."[13] Considerations of *jus cogens* do not animate any of the exceptions currently stated in the Canadian *State Immunity Act*.[14] The exception of the greatest relevance to *Bouzari* was the exception stated in section 6 that "[a] foreign state is not immune from the jurisdiction of a court in any proceedings that relate to ... any death or personal or bodily injury." However, this exception did not apply because the provision requires the death or personal or bodily injury to have occurred in Canada, and the Ontario Court of Appeal found the facts of the case to be lacking in this nexus. Hence, the Ontario Court of Appeal considered itself bound by the terms of the statute, which granted immunity to foreign states without making an exception for *jus cogens* violations.[15]

Assuming that there are no other domestic laws of Canada that may encumber the operation of the *State Immunity Act*,[16] this conclusion would be a reasonable one that should, as a practical matter, have disposed of the case. For it is entirely consistent with the incorporation theory of how customary international law operates generally in Commonwealth countries.[17] Second, in their bid to overcome the difficulties posed by the absence of a *jus cogens* exception in the

[13] *Bouzari, supra* note 5 at para. 60.

[14] The exceptions are contained in the Canadian *State Immunity Act, supra* note 10 at ss. 4–8. Section 4 concerns waiver of immunity; section 5 deals with the commercial activity exception; section 6 deals with death or personal or bodily injury and property damage that occurred in Canada; section 7 deals with actions *in rem* and *in personam* regarding ships and their cargo, and section 8 deals with interest in property arising by way of succession, gift, or *bona vacantia*.

[15] As the court put it, "Section 3 of the *SIA* accords complete state immunity except as provided by the *SIA*. And, as we have seen, none of the relevant exceptions in the *SIA* permits a civil claim against a foreign state for torture committed abroad. Canada has clearly legislated so as not to create this exception to state immunity whether it has an international law obligation to do so or not." *Bouzari, supra* note 5 at para. 67.

[16] For a discussion to the contrary, see the discussion later in this article under the heading "A Peculiar Canadian Angle to the Question: The *Canadian Bill of Rights*."

[17] Ian Brownlie puts the point succinctly as follows: "The dominant principle, normally characterized as the doctrine of incorporation, is that customary rules are to be considered part of the law of the land and enforced as such, with the qualification that they are incorporated only so far as not inconsistent with Acts of Parliament or prior judicial decisions of final authority." Ian Brownlie, *Principles of Public International Law*, 6th ed. (Oxford: Oxford University Press, 2003) at 41; and Peter Malanczuk, *Akehurst's Modern Introduction to International Law*, 7th ed. (London: Routledge, 1997) at 69.

Canadian *State Immunity Act,* Bouzari and his counsel sought to anchor their argument on a theory of duty. In this regard, they argued that public international law proscribes torture; that this proscription has attained the status of a *jus cogens* norm; and that both the proscribing legal instruments[18] (in their own terms), coupled with the logic of the stature of the *jus cogens* proscription, created an obligation on Canada to deny immunity to states implicated in acts of torture.

The ultimate conclusion by the Ontario Court of Appeal rejecting this argument was correct. At the moment, international law does not impose a duty on Canada, or on any state, to deny immunity to a foreign state against whom a civil suit has been launched upon allegations of torture. A duty leaves no choice of action on the obligor. And failure to discharge a duty imposed by international law will likely attract allegations of a violation of international law, as such, on the part of the state that is seen as having failed to comply with the duty. Hence, it should amount to a failure of analysis if one were to view as a duty something that is no more than a set of powerful circumstances that strongly recommend a desirable course of action. Surely, there are very strong reasons to deny immunity to foreign states whose functionaries commit torture in the name of the state. These very strong reasons were more than competently canvassed by counsel for Bouzari together with the intervenors and the expert witness on their side. Yet such strong reasons cannot correctly be said to have left no choice of action for Canada than to deny state immunity.

Finally, there was no provision of the *Canadian Charter of Rights and Freedoms* that reasonably applied to the case, overriding the *State Immunity Act* and denying immunity to Iran. The plaintiff founded his case on the right to "security of the person and the right not to be deprived thereof except in accordance with the principles of fundamental justice," as guaranteed by section 7 of the *Charter.*[19] The Court found the provision inapplicable in the circumstances of the case.[20] Notably, the Canadian *Charter* does not contain a

[18] Chiefly, the *Convention against Torture and Other Cruel, Inhuman or Degrading Treatment or Punishment,* 10 December 1984, G.A. res. 39/46, annex, 39 UN GAOR Supp. (No. 51) at 197, UN Doc. A/39/51 (1984).

[19] Section 7 of the *Canadian Charter of Rights and Freedoms, supra* note 11, provides: "Everyone has the right to life, liberty and security of the person and the right not to be deprived thereof except in accordance with the principles of fundamental justice."

[20] *Bouzari, supra* note 5 at paras. 96–103.

provision that might be said to guarantee a plaintiff the right "to a fair and public hearing" in the determination of his civil rights. The *Canadian Bill of Rights* contains such a provision, but the *Canadian Bill of Rights* was neither invoked by counsel in the case nor considered by the court *suo motu*.[21] Therefore, in view of the materials canvassed in *Bouzari*, the Ontario Court of Appeal truly had no choice but to apply the Canadian *State Immunity Act* and uphold the immunity of Iran, as a matter of the *ratio decidendi* of the case.

A similar view could not be taken of the decisions of the ECtHR and the House of Lords in *Al-Adsani* and *Jones*, respectively. Unlike *Bouzari*, there was ample room in *Al-Adsani* and *Jones* to deny the operation of the UK *State Immunity Act* on grounds that to uphold immunity in a case involving allegations of torture would have been an unjustifiable violation of Article 6(1) of the *ECHR*.[22] Indeed, the ECtHR did find this reasoning to be the case in *Al-Adsani*, as was the House of Lords constrained (in view of *Al-Adsani*) to find in *Jones*.[23] Yet a narrow majority in the ECtHR and the entire panel of the House of Lords *chose* — they were not compelled — to rule that state immunity, although a violation of Article 6(1) of the *ECHR*, was a reasonably justifiable violation, as it was directed towards a legitimate objective and was not disproportionate.

This determination essentially involved a judicial choice since there was not much of a gap in persuasive force between this determination and the opposing one. That is to say, at least as many people would have applauded a conclusion that the violation did not pursue a legitimate objective since it would have served to shield violators of a *jus cogens* norm from making amends — especially considering that the norm in question had been accepted as being

21 *Canadian Bill of Rights*, S.C. 1960, c. 44.

22 Article 6(1) of the *ECHR*, *supra* note 8, provides: "In the determination of his civil rights and obligations or of any criminal charge against him, everyone is entitled to a fair and public hearing within a reasonable time by an independent and impartial tribunal established by law. Judgement shall be pronounced publicly by the press and public may be excluded from all or part of the trial in the interest of morals, public order or national security in a democratic society, where the interests of juveniles or the protection of the private life of the parties so require, or the extent strictly necessary in the opinion of the court in special circumstances where publicity would prejudice the interests of justice."

23 Lord Bingham, notably, questioned the correctness of the view of the European Court of Human Rights (ECtHR) in this regard, although he did eventually concede the point. *Jones*, *supra* note 6 at para. 14. See also Lord Hoffman's speech at para. 64.

superior to the norm of state immunity. Quite naturally, this consideration calls to mind the extra-judicial statement of Lord MacMillan that "in almost every case, except the very plainest, it would be possible to decide the issue either way with reasonable legal justification."[24]

However, where the Ontario Court of Appeal shares the same properties of thought with the majority of the ECtHR and the House of Lords was in their *obiter dicta* — that is, the pronouncements made by the Ontario Court of Appeal to justify the continuing validity of the doctrine of state immunity as a principle of international law outside the four walls of the Canadian *State Immunity Act*. The Ontario Court of Appeal felt compelled to tackle the stormier question of whether international law imposed upon Canada an obligation to exempt cases involving *jus cogens* violations from the law of state immunity. As for its reasons in tackling the issue, the court curiously saw as "the more fundamental question"[25] the issue of whether international law imposed upon Canada an obligation to exempt cases involving *jus cogens* violations from the law of state immunity. It is submitted that even if this was the fundamental question in the case, it is not clear how a resolution of it would have, in practical terms, overcome the correct conclusion that the court had earlier made when it observed that Canada was entitled within its domestic realms to legislate as it pleased, *regardless* of international law.[26] This conclusion is consistent with the prevailing views on how courts in the Commonwealth treat customary international law. It fully warranted the Ontario Court of Appeal to say, as they eventually did,[27] that any disparity between the international obligations of Canada and the provisions of the Canadian *State Immunity Act* is something for Parliament, and not for the courts, to rectify by way of amendment to the statute.

[24] Lord Macmillan, "Law and Other Things," in G. Paton and D. Derham, *A Textbook of Jurisprudence* (Oxford: Clarendon Press, 1972), 48 at 229.

[25] *Bouzari, supra* note 5 at para. 68.

[26] As the court put it, "[h]owever, as Professors Brunnée and Toope have written, whether Canada's obligations arise pursuant to treaty or to customary international law, it is open to Canada to legislate contrary to them. Such legislation would determine Canada's domestic law although it would put Canada in breach of its international obligations" (*ibid.* at para. 66). The court's reference to Brunnée and Toope is to Jutta Brunnée and Stephen J. Toope, "A Hesitant Embrace: The Application of International Law by Canadian Courts" (2002) 40 Can. Y.B. Int'l L. 3, <http://www.nji.ca/cciawj/papersE1.htm>.

[27] See *Bouzari, supra* note 5 at para. 95.

In its foray beyond this narrow question of whether the terms of the *State Immunity Act* permitted a *jus cogens* exemption to state immunity, the Ontario Court of Appeal appeared to have lent their voice to the despondent chorus of Pontius Pilate that was began by the majority of the ECtHR in *Al-Adsani* and later amplified by the House of Lords in *Jones* when they elected to uphold the UK *State Immunity Act,* even though they had found that the UK act violated Article 6 of the *ECHR.* It is a despondent chorus in the sense that the judicial reasoning in question (1) dwelt on the reasons that the judges found it misguided for the plaintiffs to urge a *jus cogens* exception; (2) showed little sympathy for the plaintiffs' arguments; (3) was dismissive of the reasoning of other judges elsewhere who reasoned that there is a valid place for a *jus cogens* exception in the modern law of state immunity; but (4) conceded that such an exception may develop in the future.

These are serious pronouncements from eminent jurists. With the greatest respect and a closer look, however, there is a degree to which it needs to be said that the judicial resistance represented by these three cases lends itself to the criticism of being founded upon a medley of over-simplified and, in places, gravely mistaken, views about the doctrine of state immunity. These over-simplifications were served up with little regard for the relationships between important elements of the doctrine and the implications of those relationships in the determinations that the courts were required to make in those cases. These misconceptions include the following: that state immunity is a doctrine of international law from which no unilateral deviation is permissible on the part of any state; that no national court had jurisdiction over foreign states as a matter of first principles; that the maxim *par in parem non habet imperium* continues to afford a rational basis for the rejection of a *jus cogens* exception to state immunity; that state immunity is merely a "procedural matter" that may not therefore conflict with the more substantive *jus cogens* norms; and that there are alternative methods of settlement of breaches of *jus cogens* norms, thus making *jus cogens* considerations irrelevant to state immunity. The purpose of this article is to review these misconceptions, together with the question of comity of nations that is constantly alluded to as the basis of the doctrine of state immunity.

A BRIEF NOTE ON RELEVANT CONCEPTS

Before continuing with the critique of the reasoning in *Al-Adsani, Bouzari,* and *Jones,* it will be appropriate at this juncture to recall briefly the main features of the notions of state immunity and *jus cogens*. These will be only cursory reviews of the main features. Closer attention will be paid to particular elements of these notions in the course of the commentary that follows. As earlier indicated, the enduring obstacle to a general agreement that the courts of one state may entertain jurisdiction in a civil suit against another state over allegations of grave violations of human rights or humanitarian norms is founded upon an over-simplified view of the doctrine of state immunity.

The doctrine of state immunity generally forbids the courts of one state to sit in judgment over another state. State immunity is a doctrine of obscure origins.[28] It is, however, usually traced back to the 1812 judgment of Chief Justice John Marshall of the Supreme Court of the United States in *The Schooner Exchange v. McFaddon.*[29] The case involved an attempt by two American citizens to reclaim a vessel that had been seized by France and converted into a war vessel during the reign of Emperor Napoleon. In deciding that American courts must decline jurisdiction in the case, Marshall C. J. first considered the concept of jurisdiction, such as was urged upon the court to exercise in the case. Having found that the local sovereign has full and absolute jurisdiction within its territory, he then went on to say that sovereigns enjoy "perfect equality and absolute independence" among themselves. Consequently, no local sovereign has a right of dominion over another, and a foreign sovereign enters the territory of another under a presumptive waiver of dominion on the part of the receiving sovereign.[30]

[28] Australian Law Reform Commission, *Report No. 24: State Immunity* (Canberra: Australian Government Publishing Service, 1984) at 7, para. 8.

[29] *Ibid*; see also United Nations, *Report of the Working Group on Jurisdictional Immunities of States and Their Property*,' annexed to the *Report of the International Law Commission to the General Assembly on the Work of Its Thirtieth Session*, in *Yearbook of the International Law Commission*, 1978, vol. II, Part Two, 154, Doc. A/CN.4/SER. A/1978/Add.1 (Part 2) (1978) at para. 26; Ernest Bankas, *The State Immunity Controversy in International Law* (Berlin: Springer, 2005) at 14; H. Lauterpacht, "The Problem of Jurisdictional Immunities of Foreign States" (1951) 28 Br. Y.B. Int'l L. 220 at 229; and Lee Caplan, "State Immunity, Human Rights, and *Jus Cogens*: A Critique of the Normative Hierarchy Theory" (2003) 97 Am. J. Int'l L. 741 at 745. *The Schooner Exchange v. McFaddon*, (1812) 7 Cranch 116 (United States Supreme Court) [*Schooner Exchange*].

[30] As the chief justice put it, "[t]his full and absolute territorial jurisdiction being alike the attribute of every sovereign, and being incapable of conferring extra-

The foregoing statement of foreign state immunity has now come to be widely regarded as the "classical statement" of international law on the subject.[31] As understood originally, especially in common law countries, it bears recalling that the doctrine of state immunity was considered an absolute concept, permitting no exceptions even for commercial activities.[32] It is recalled also that for a long time, continental Europeans were ahead of the common law world in taking a restrictive view of state immunity.[33] They tended to restrict its application to acts of public administration (acts *jure imperii*) and

---

territorial power, would not seem to contemplate foreign sovereigns nor their sovereign rights as its objects. One sovereign being in no respect amenable to another; and being bound by obligations of the highest character not to degrade the dignity of his nation, by placing himself or its sovereign rights within the jurisdiction of another, can be supposed to enter a foreign territory only under an express license, or in the confidence that the immunities belonging to his independent sovereign station, though not expressly stipulated, are reserved by implication, and will be extended to him.

This perfect equality and absolute independence of sovereigns, and this common interest impelling them to mutual intercourse, and an interchange of good offices with each other, has given rise to a class of cases in which every sovereign is understood to waive the exercise of a part of that complete exclusive territorial jurisdiction, which has been stated to be the attribute of every nation." *Schooner Exchange, supra* note 29 at 137.

31 See Australian Law Reform Commission, *supra* note 28; and Lauterpacht, *supra* note 29.

32 Hazel Fox, "International Law and Restraints on the Exercise of Jurisdiction by National Courts of States," in Malcolm Evans, ed., *International Law* (Oxford: Oxford University Press, 2003), 358 at 360. See also *The Parlement Belge* (1880), 5 P.D. 197 (C.A., England); and *Porto Alexandre,* [1920] P. 30; and *Berizzi Brothers Co. v. The SS Pesaro* (1926), 271 U.S. 562 (US S.C.).

33 In *Dralle v. Republic of Czechoslovakia,* (1950), 17 I.L.R. 127, the Supreme Court of Austria conducted a comprehensive survey of practice and concluded that in light of increased activity of states in the field of commerce, the traditional doctrine of absolute immunity was no longer tenable in international law. This case was cited with approval by the Supreme Constitutional Court of the Federal Republic of Germany in *The Empire of Iran Case,* (1963) 45 I.L.R. 57. See Malcolm Shaw, *International Law,* 4th ed. (Cambridge: Cambridge University Press, 1997) at 497. In 1972, the Council of Europe adopted the *European Convention on State Immunity,* ETS No. 74, which is colloquially known as "the Basel Convention." It entered into force on 11 June 1976 following ratification by three states. It has now been ratified by eight states (Austria, Belgium, Cyprus, Germany, Luxembourg, the Netherlands, Switzerland, and the United Kingdom) and signed by one other state (Portugal). See *Al-Adsani, supra* note 4 at para. 22.

denied it in regard to commercial activities (acts *jure gestionis*).[34] It is finally recalled that this restrictive view of immunity was given added momentum by the emergence of the Soviet Union as a major economic power[35] as well as by the emergence of former colonies as independent sovereign states whose governmental agencies engaged in trade and commerce.[36] The rationale was that a state that "descends" into the market place might not enjoy total immunity in foreign national courts from suits arising from the commercial activities of that state.[37]

Having recalled the main features of the doctrine of state immunity, it might also be useful to recall those of *jus cogens*. It is recalled that it is a superior norm of international law — or a "peremptory norm of general international law"[38] — that permits no derogation and that may only be modified by a subsequent norm of equal stature. It may also be recalled that perhaps the main practical property of a *jus cogens* norm lies in its right of way on the highway of international law. Every other norm that is not a *jus cogens* norm must yield to it. In the words of the *Vienna Convention on the Law of Treaties:* "A treaty is void if, at the time of its conclusion, it conflicts with a peremptory norm of general international law."[39] It is recalled that just as treaties are rendered void if they collide with a *jus cogens* norm so, too, do rules of customary international law.[40] It is finally

34 Malanczuk, *supra* note 17 at 119. See generally Eleanor Wyllys Allen, *The Position of Foreign States before National Courts: Chiefly in Continental Europe* (New York: Macmillan Company, 1933).

35 Allen, *supra* note 34 at 301.

36 See R. Garnett, "State Immunity in Employment Matters" (1997) 46 Int'l & Comp. L. Q. 81 at 82.

37 See *Playa Laga (Owners of cargo lately laden on board) v. 1 Congreso del Partido,* [1983] 1 A.C. 244 at 266 (House of Lords, per Lord Wilberforce). See also *Controller and Auditor-General v. Sir Ronald Davidson,* [1996] 2 N.Z.L.R. 278 (C.A., NZ) [*Sir Ronald Davidson*].

38 Article 53 of the *Vienna Convention on the Law of Treaties,* <http://sedac.ciesin.org/pidb/texts-menu.html>, defines the concept as follows: "[A] peremptory norm of general international law is a norm accepted and recognized by the international community of States as a whole as a norm from which no derogation is permitted and which can be modified only by a subsequent norm of general international law having the same character."

39 *Ibid.* at Article 53.

40 Malcolm Shaw, *International Law,* 4th ed. (Cambridge: Cambridge University Press, 1997) at 97. For a critical review of *jus cogens* in international criminal law, see C. Bassiouni, "International Crimes, *Jus Cogens* and *Obligatio Erga Omnes*" (1996) 59 L. & Cont. Problems 63.

recalled that some of the main examples of *jus cogens* norms are prohibitions against genocide,[41] slavery,[42] aggression,[43] and, of course, torture.[44]

The Misconceptions

STATE IMMUNITY AS A DOCTRINE OF INTERNATIONAL LAW PERMITTING NO UNILATERAL DEVIATION BY STATE

In the discussion of the doctrine of foreign state immunity in the case law, one often encounters a description of the notion as a doctrine of international law that binds the domestic court considering it. In the current debate about the development of a *jus cogens* exception to state immunity, it is now said that no state may on its own develop such an exception since it will violate the existing rule of international law that has not recognized the exception. This statement is continually evident in the judgment of the House of Lords in *Jones*. One sees it particularly in the dismissive attitude of the House of Lords towards the judgments of other supreme courts that might be inclined to accept, as the Supreme Court of Italy did in *Ferrini v. Federal Republic of Germany*, that *jus cogens* norms can generate an exception to state immunity.[45] Luigi Ferrini, an Italian

41 *Prosecutor v. Kupreški & ors (Judgment)*, 14 January 2000, para. 520 (ICTY Trial Chamber), <http://www.un.org/icty/kupreskic/trialc2/judgement/index.htm>; *Case Concerning Application of the Convention on the Prevention and Punishment of the Crime of Genocide (Further Provisional Measures)*, (1993) I.C.J. Rep. 325 at 440–41, paras. 100 and 104 (Separate Opinion of Judge Lauterpacht); and *Case Concerning Application of the Convention on the Prevention and Punishment of the Crime of Genocide (Preliminary Objections)*, (1996) I.C.J. Rep. 595 at 765 (Dissenting Opinion of Judge ad hoc Kreca).

42 See Malanczuk, *supra* note 17 at 58.

43 *Ibid.* at 58.

44 See *Prosecutor v. Delali (Judgment)*, 16 November 1998 at para. 454 (ICTY Trial Chamber), <http://www.un.org/icty/celebici/trialc2/judgement/index.htm>. See also *Prosecutor v. Kunarac (Judgment)*, 22 February 2001 at para. 466 (ICTY Trial Chamber), <http://www.un.org/icty/kunarac/trialc2/judgement/index.htm>.

45 *Ferrini v. Federal Republic of Germany*, Judgment no. 5044 of 11 March 2004. Carlo Focarelli of Italy's University of Perugia and LUISS University of Rome has provided a summary of this case under the title "Denying Foreign State Immunity for Commission of International Crimes: The *Ferrini* Decision" (2005) 54 Int'l & Comp. L. Q. 951. He advises that the Italian text of the judgment is available at (2004) 87 Rivista di diritto internazionale 540–51. See also Andrea Bianchi's case comment at (2005) 99 Am. J. Int'l L. 242.

citizen, was captured by Nazi troops in August 1944 in the area of Arezzo and was transported to Germany and subjected to forced labour. He was eventually interned in a concentration camp until April 1945. In September 1998, he sued Germany in an Italian court in Arezzo. In the suit, he sought damages for the physical and psychological injury he suffered at the hands of the Nazis. Germany pleaded jurisdictional immunity under customary international law. Italian courts have traditionally applied the doctrine of state immunity upon the authority of Article 10(1) of the Italian Constitution, which provides that "[t]he Italian legal system shall conform with the generally recognized rules of international law."[46] The Court of First Instance accepted Germany's plea of state immunity. The Court of Appeal upheld the decision. However, upon further appeal, the Supreme Court of Italy reversed the lower courts, holding that the Nazis violated *jus cogens* by subjecting Ferrini to the treatment about which he complained. According to the court, respect for the inviolable rights of the human being is a fundamental principle of the international legal system. And, as such, held the court, it must necessarily affect the scope of other traditional principles of international law, such as the principle of sovereign equality of states on which the practice of state immunity from foreign civil jurisdiction is founded.[47] Apparently, the Supreme Court of Italy considered and rejected the reasoning in the decisions of the ECtHR majority and of the Superior Court of Ontario, respectively, in *Al-Adsani* and *Bouzari*.[48] Lord Bingham rejected the *Ferrini* case and dismissed its value in international law, by calling it "one swallow [that] does not make a rule of international law."[49]

[46] Italian judges and lawyers have traditionally accepted this provision as requiring their courts to apply international law automatically and directly as if it were Italian law. See Focarelli, *supra* note 45 at 951–52. Indeed, Italy has neither signed nor ratified the *European Convention on State Immunity*, *supra* note 33.

[47] See Focarelli, *supra* note 45 at 953–54.

[48] *Ibid.* at 954.

[49] In the words of his lordship, "[t]he decision has been praised by some distinguished commentators (among them Andrea Bianchi in a case note in (2005) 99 Am. J. Int'l L. 242), but another (Andrea Gattini, "War Crimes and State Immunity in the *Ferrini* Decision" (2005) 3 J. Int'l Crim. J. 224 at 231) has accused the court of 'deplorable superficiality'" (*ibid.*) See also Hazel Fox, QC, "State Immunity and the International Crime of Torture" (2006) 2 E.H.R. L. Rev 142. The *Ferrini* decision cannot in my opinion be treated as an accurate statement of international law as generally understood and one swallow does not make a rule of international law. The more closely reasoned decisions in

Similarly, Lord Hoffman also rejected as impermissible the ability of the Supreme Court of Italy to develop a *jus cogens* exception in the *Ferrini* case.[50] The theme that national courts have little discretion but to apply the existing rule of state immunity, as a matter of international law, was repeated later by Lord Hoffman in the following statement:

> As Lord Millett said in *Holland v. Lampen-Wolfe* ... state immunity is not a "self-imposed restriction on the jurisdiction of its courts which the United Kingdom has chosen to adopt" and which it can, as a matter of discretion, relax or abandon.[51]

With respect, statements such as these are some of the reasons that embolden the criticism of the resistance (which is manifest in *Al-Adsani, Bouzari,* and *Jones*) to the development of a *jus cogens* exception to state immunity as founded on over-simplified views of the doctrine of state immunity.

Bouzari v. Islamic Republic of Iran, (2002) 124 I.L.R. 427, (2004) 71 O.R. (3d) 675, are to the contrary effect." *Jones, supra* note 6 at para. 22. To the same effect, see also Lord Bingham's indication that he would consider cases from national courts "only to the extent that they express principles widely shared and observed among other nations" (*ibid.* at para. 20).

50 In the words of Lord Hoffman, "[t]hat leaves the Italian *Ferrini* case, *Ferrini v. Federal Republic of Germany,* which exhibits the same bare syllogistic reasoning as the judgment of the minority in *Al-Adsani.* In a thoughtful comment on the case by Pasquale De Sena and Francesca De Vittor ("State Immunity and Human Rights: The Italian Supreme Court Decision on the *Ferrini* Case" (2005) 16 E.J. Int'l L. 89) the authors acknowledge these shortcomings and accept that a jus cogens prohibition of torture does not *entail* a corresponding exception to state immunity. But they say that the *Ferrini* case should be seen rather as giving priority to the *values* embodied in the prohibition of torture over the values and policies of the rules of state immunity. I think that this is a fair interpretation of what the court was doing and, if the case had been concerned with domestic law, might have been regarded by some as 'activist' but would have been well within the judicial function. As Professor Dworkin demonstrated in *Law's Empire* (1986), the ordering of competing principles according to the importance of the values which they embody is a basic technique of adjudication. *But the same approach cannot be adopted in international law, which is based upon the common consent of nations. It is not for a national court to 'develop' international law by unilaterally adopting a version of that law which, however desirable, forward-looking and reflective of values it may be, is simply not accepted by other states.* (See *Al-Adsani* 34 EHRR 273, 297, para. O-II9 in the concurring opinion of judges Pellonpää and Bratza)." *Jones, supra* note 6 at para. 65 [emphasis added], as were the words "entail" and "values," which were emphasized in Lord Hoffman's speech.

51 *Jones, supra* note 6 at para. 101.

The doctrine did not result from any ectopic process of gestation of the law on the international plane. Even as recently as 1951 (recently compared to the *Schooner Exchange* case), Hersch Lauterpacht dared to question the supposition that state immunity was at all a principle of international law. As he put it,

> [i]t is submitted that the view, so often expressed in textbooks and elsewhere, that the immunity of foreign states and their property from the jurisdiction of courts of foreign states follows from a clear principle of international law, namely, the principle of equality and independence of states needs re-examination. It finds no support in classical international law. Grotius does not refer to it. Bynkershoek occasionally deprecates it: "Principes dum contrahunt haberi privatorum loco." Vattel, after admitting it with regard to the person of the foreign sovereign, is silent with regard to the position of foreign states as such.[52]

Over half a decade later, Lauterpacht's gauntlet has yet to be picked up by any international lawyer. There appears instead to be a general agreement that the principle of foreign state immunity resulted from a doctrinal exposition within national jurisdictions, especially in judicial decisions of municipal courts. This point was correctly made in 1979 by the special rapporteur for the ILC Working Group on Jurisdictional Immunities of States and Their Property, Sompong Sucharitkul:

> As the question of jurisdiction of a municipal court or the extent of competence of a national tribunal is primarily determined by the court or the tribunal itself, at least in the first instance it is invariably the trial judge who is called upon to decide on the limits of his own jurisdiction. The judge may do so by referring to the relevant law on the competence of his own court. It follows therefore that international usage or customary international law on the subject of State immunities has grown principally and essentially out of the judicial practice of States on the matter, although in actual practice other branches of the government, namely, the executive and the legislature, have had their share in the progressive evolution of rules of international law. Sources other than the practice of States have also played a constructive part in the final crystallization of international law of State immunities.[53]

[52] Lauterpacht, *supra* note 29 at 228.

[53] United Nations, *Preliminary Report on Jurisdictional Immunities of States and Their Property, by Mr Sampong Sucharitkul, Special Rapporteur,* Doc. A/CN.4/323, in

Along the same line, Hazel Fox, for her part, appears to suggest that the rule of sovereign state immunity lies more in the realms of comparative law than of international law. According to her,

> [t]he international law content of the rule is highly controversial; to date the formulation of the rule has largely taken place in the practice of States within their national legal orders and the ascertainment among the competing municipal laws of the foreign and the forum States of a common rule often requires an exercise more in comparative than in international law.[54]

Indeed, when he formulated what has become known as the classical statement of the rule of state immunity in the *Schooner Exchange* case, Marshall C.J. did not purport to be restating any clearly existing rule of customary international law. In fact, he literally declared that he was proceeding upon an "unbeaten path."[55]

The uncertain provenance of the doctrine of state immunity in international law thus makes it tempting to view it as a "bastard principle" of international law, whose legitimacy is still in doubt — in the sense that there probably never *was* a principle of international

---

Documents of the Thirty-First Session (excluding the report of the Commission to the General Assembly), *Yearbook of the International Law Commission*, 1979, vol. II, Part One, Doc. A/CN.4/SER.A/1979/Add.1 (Part 1) at 231, para. 23. In their report of the preceding year, the ILC Working Group on Jurisdictional Immunities of States and Their Properties had also observed as follows: "Customary law in this connexion appears to have grown largely out of the judicial practice of States, since the question of extent of jurisdiction of a municipal court is invariably determined by the court itself ... The practice of States, both judicial and governmental, will therefore have to be consulted as primary evidence of the existence of rules of international law, and also as indications of the direction in which international law is progressively developing." United Nations, *supra* note 29 at para. 18.

54 Hazel Fox, *The Law of State Immunity* (Oxford: Oxford University Press, 2002) at 17.

55 According to the chief justice, "This case involves the very delicate and important inquiry, whether an American citizen can assert, in an American court, a title to an armed national vessel, found within the waters of the United States.

The question has been considered with an earnest solicitude, that the decision may conform to those principles of national and municipal law by which it ought to be regulated.

In exploring *an unbeaten path*, with few, if any, aids from precedents or written law, the court has found it necessary to rely much on general principles, and on a train of reasoning, founded on cases in some degree analogous to this." *Schooner Exchange*, *supra* note 29 at 135–36 [emphasis added].

law in the first place that originally compelled the development of the doctrine. Yet since the general parameters of the principle are now firmly established by virtue of the general practice of states,[56] even though its development continues to evolve,[57] there is no longer any question about its existence as a principle of contemporary customary international law. It may not then be called a "bastard principle" since the generally accepted formula for the creation of customary international law does not appear to exclude a mistaken *opinio juris* at the inception of the practice that produced an international custom that eventually became law. That is to say, when the domestic judiciary of states saw fit to generate a principle of law within their domestic realms, upon the mistaken belief that they were bound by international law to do so, a resulting general practice on the international plane ought still to be regarded as a "general practice [of states] accepted as law."

The role of domestic judiciary in developing the principle of foreign state immunity continued long after Marshall C.J.'s pioneering effort in the *Schooner Exchange* case. For instance, the development of the *jus gestionis* exception within the Commonwealth was greatly aided by Lord Denning's efforts, first in *Rahimtoola v. Nizam of Hyderabad*[58] and eventually in *Trendtex Trading Corporation v. Central Bank of Nigeria.*[59] Lord Denning was doing for England and the Commonwealth what judges in European countries had begun to do many years before.[60] And it was precisely what the Supreme Court of Italy was seeking to do in the *Ferrini* case.

With the doctrine of state immunity properly viewed in light of its correct provenance in municipal law, it becomes easier for national courts to see their continuing role in the progressive development of the international law of state immunity. They will see that their role in this progressive development did not stop with Marshall

[56] As the ILC Working Group on Jurisdictional Immunities observed, "[e]vidence of rules of international law on State immunities appears to be eminently available primarily in the judicial and governmental practice of States, in the judicial decisions of national courts, in the opinions of legal advisers to governments, and partially in the rules embodied in national legislation as well as international conventions of universal or regional character within the limits of the subject-matter concerned." United Nations, *supra* note 29 at para. 17.

[57] *Ibid.* at para. 27.

[58] *Rahimtoola v. Nizam of Hyderabad,* [1958] A.C. 379.

[59] *Trendtex Trading Corporation v. Central Bank of Nigeria,* [1977] 2 W.L.R. 356 [*Trendtex*].

[60] See Lauterpacht, *supra* note 29, generally, especially at 250 *et seq.*

C.J.'s original formulation of the classic statement of the rule in 1812 nor with senior national judges such as Lord Denning, who helped to restrict it by developing and consolidating a *jure gestionis* exception to the rule. It thus becomes evident that domestic judges of the modern day do indeed have a role to play in helping "to 'develop' international law by unilaterally adopting a version of that law which [is] desirable, forward-looking and reflective of [current international] values, even if it is not accepted by other states," contrary to Lord Hoffman's scoff in *Jones*.

In fact, the House of Lords itself furnished a defining impetus in the development of international law of immunity when it held, in *R.v. Bow Street Metropolitan Stipendiary Magistrate, ex p Pinochet Ugarte (No. 3)*, that a former head of state did not enjoy immunity from criminal prosecution before national courts. Although this decision involved primarily the interpretation and application of a piece of UK legislation and was in regard to criminal prosecution and not civil litigation, it has still been widely acknowledged as having an important bearing on the development of international law on the question of state immunity in civil litigation. This point was clearly made by the ILC Working Group on Jurisdictional Immunities of States and Their Property.[61] This role of the domestic judiciary in the development of international law is widely recognized as being part of the state practice needed to create and evolve customary international law as a primary source of international law, by virtue of Article 38(1)(b) of the *Statute of the International Court of Justice* (*ICJ Statute*).[62] It is also specifically recognized as a "subsidiary means

61 According to the working group, "the Pinochet case has emphasized the limits of immunity in respect of gross human rights violations by State officials.

Although the judgement of the House of Lords in that case only holds that a *former* head of State is not entitled to immunity in respect of acts of torture committed in his own State and expressly states that it does not affect the correctness of decisions upholding the plea of sovereign immunity in respect of civil claims, as it was concerned with a criminal prosecution, there can be no doubt that this case, and the widespread publicity it received, has generated support for the view that State officials should not be entitled to plead immunity for acts of torture committed in their own territories in both civil and criminal actions." United Nations, *Report of the Working Group on Jurisdictional Immunities of States and Their Property*,' appendix, annexed to the *Report of the International Law Commission on the Work of Its Fifty-First Session*, 3 May–23 July 1999, A/54/10, *Yearbook of the International Law Commission*, 1999, vol. II, Part Two, 172, Doc. A/CN.4/SER. A/1999/Add.1 (Part 2).

62 In this connection, one notes the following authoritative commentary: "The practice of states in this context embraces not only their external conduct with

for the determination of rules of law" under Article 38(1)(d) of the *ICJ Statute*.[63]

Under these circumstances, it becomes irresistible to recall Lord Denning's rallying cry in *Trendtex*, which called upon England's judges to subscribe to the *jure gestionis* exception to state immunity, without waiting for legislative action. On that occasion, he said:

> Seeing this great cloud of witnesses, I would ask: is there not here sufficient evidence to show that the rule of international law has changed? What more is needed? Are we to wait until every other country save England recognises the change? Ought we not to act now? *Whenever a change is made, some one some time has to make the first move. One country alone may start the process. Others may follow. At first a trickle, then a stream, last a flood.* England should not be left behind on the bank ... "we must take the current when it serves, or lose our ventures." *Julius Caesar*, Act IV, sc. III.[64]

Lord Denning was thus describing the very process by which customary international law is generated, as a general practice accepted as law, within the terms of Article 38(1)(b) of the *ICJ Statute*. State practice, it must be noted, is nothing more than the way in

---

each other, but is also evidenced by such internal matters as their domestic legislation, judicial decisions, diplomatic dispatches, internal government memoranda, and ministerial statements in Parliaments and elsewhere." R. Jennings and A. Watts, *Oppenheim's International Law*, 9th ed., vol. 1 (Peace) (London and New York: Longman, 1996) at 26. See also Brownlie, *supra* note 17 at 6; and Shaw, *supra* note 40 at 65. *Statute of the International Court of Justice*, 3 Bevans 1179, 59 Stat. 1031, T.S. 993, 39 A.J.I.L. Supp. 215 (1945).

[63] In *Oppenheim's International Law*, the following commentary is made regarding judicial decisions in general: "[J]udicial decision has become a most important factor in the development of international law, and the authority and persuasive power of judicial decisions may sometimes give them greater significance than they enjoy formally." Jennings and Watts, *supra* note 62 at 41. And specifically regarding the role of domestic decisions in the development of international law, the editors of *Oppenheim's* observed as follows: "Decisions of municipal courts represent the most frequent form in which judicial consideration is given to international law. Such decisions are not a source of law in the sense that they directly bind the state from whose courts they emanate. But the cumulative effect of uniform decisions of national courts is to afford evidence of international custom (although the weight to be attached to that evidence will vary with the status of the courts and the intrinsic merits of the decisions)" (*ibid.* at 41–42). See also Brownlie, *supra* note 17 at 22; and Shaw, *supra* note 40 at 87–88.

[64] *Trendtex*, *supra* note 59 at 367 [emphasis added].

which an influential state, or a group of them, would behave and which would become a fashionable behaviour among more states. If they behaved that way long enough, believing that they were legally bound to behave in this way, the behaviour would then produce a rule of customary international law.[65]

It was undoubtedly in this way that the *jure gestionis* exception, as well as the general rule of state immunity itself, resulted. And if it was acceptable for one domestic court to originate the *jure gestionis* exception, which eventually caught on and became the norm, it becomes difficult to see why it is such an unacceptable idea, as suggested by the House of Lords in *Jones*, for the Supreme Court of Italy to originate the *jus cogens* exception in *Ferrini*.

Directly connected to this aspect of the discussion are two related questions: (1) whether the absence of a line of precedents recognizing the *jus cogens* exception may stand in the way of recognition of the new exception; and (2) whether the presence of a convincing line of precedents denying the *jus cogens* exceptions may stand in the way of recognition of the new exception. All of the judges who rejected the *jus cogens* exception plea in *Al-Adsani, Bouzari,* and *Jones* remarkably took refuge in the first proposition. They uniformly said that militating against the plea of a *jus cogens* exception, as was urged on them, was the fact that there is no body of precedent in international law recognizing the exception. In considering the question, it is important to keep in mind the narrow compass of the issue — for the issue cannot properly be conflated into the wider plank of state immunity as covering the field of application of a *jus cogens* exception. The issue must rather be considered from the specific and narrow perspective of whether a *jus cogens* exception in its own right had been raised and rejected prior to the litigation involved in *Al-Adsani, Bouzari,* and *Jones*.

It is important to emphasize that the judges in *Al-Adsani, Bouzari,* and *Jones* did not say that they were obstructed by the presence of a consistent pattern of precedents rejecting the idea of a *jus cogens* exception. Their concern, instead, was *the absence* of a line of precedents accepting the *jus cogens* exception. What was not considered, however, was the explanation for such an absence of precedents. Before dealing with this explanation, it helps to remember that *Al-Adsani, Bouzari,* and *Jones* uniformly concerned allegations of torture as a violation of a *jus cogens* norm. So it is fair to say that it

[65] See *Pinochet, supra* note 3 at 278.

is torture cases that have driven the debate on a *jus cogens* exception to state immunity.

From this perspective, it will be easier to see the futility of looking for a long line of cases that have considered or rejected, as a matter of *ratio decidendi,* the proposition of a *jus cogens* exception to state immunity resulting from the commission of torture. This is because both the international convention outlawing torture and the recognition of the anti-torture regime as a matter of *jus cogens* are of comparatively recent vintage, in comparison to the ancient origins of the doctrine of state immunity. The UN *Convention against Torture and Other Cruel, Inhuman or Degrading Treatment or Punishment* (*Convention against Torture*) was only adopted in 1984 and came into force in 1987.[66] And, even so, it did not declare that it was creating a *jus cogens* norm. It was not until 2000, in virtue of the *Pinochet (No. 3)* case, that the torture prohibition was authoritatively recognized as a *jus cogens* norm.[67] In these circumstances, then, it should be of little significance that there is no long-standing authority stating that a violation of a *jus cogens* norm should result in the denial of state immunity.

Nor does it advance the proposition any further merely to say that states have up until the *Al-Adsani, Bouzari,* and *Jones* decisions, abstained from recognizing violations of a *jus cogens* norm as an exception to the doctrine of state immunity. Such a proposition would require proof not only of the abstention itself but also of the fact that such an abstention was motivated by a sense of obligation, such as could be viewed as a rule of customary international law. The Permanent Court of International Justice (PCIJ) said as much in the *Case of the S.S. "Lotus."*[68] The case concerned Turkey's exercise of criminal jurisdiction over M. Demons, the French officer of the watch on board the French mail steamer, the *Lotus,* which collided off the coast of Lesbos, Greece, with the Turkish collier, the *Boz-Kourt,* just before midnight on 2 August 1926. The *Boz-Kourt* was cut in half and sank with eight of the eighteen Turkish nationals on board. Following rescue efforts, the *Lotus* proceeded to Istanbul in

[66] *Convention against Torture and Other Cruel, Inhuman or Degrading Treatment or Punishment,* G.A. Res. 39/46, annex, 39 U.N. GAOR Supp. (No. 51) at 197, UN Doc. A/39/51 (1984)

[67] *Jones, supra* note 6 at para. 46.

[68] *Case of the S.S. "Lotus"* (1927) P.C.I.J. (Ser. A) No. 10, <http://www.worldcourts.com/pcij/eng/decisions/1927.09.07_lotus/>.

due course, and M. Demons and Hassan Bey, the captain of the *Boz-Kourt,* were arrested and prosecuted for manslaughter by the public prosecutor of Istanbul. They were convicted. This exercise of jurisdiction over M. Demons by Turkey resulted in a diplomatic row between the two countries. Both countries agreed to litigate their differences before the PCIJ. Before the court, France argued, among other things, that only France as the flag state of the *Lotus,* and not Turkey, could prosecute M. Demons. In support of this proposition, France asserted that, in the past, other states had traditionally abstained from asserting jurisdiction in circumstances similar to those in which Turkey asserted jurisdiction over M. Demons. Yet the court rejected this contention, saying that even if this abstention could be proved in fact, it still might not amount to the creation of a customary rule of international law on the part of states. In the court's view, it is "only if such abstentions were based on their being conscious of a duty to abstain would it be possible to speak of an international custom."[69]

This notion brings us to the second difficulty concerning the obstacle of precedents to the creation of a *jus cogens* exception to state immunity — that is, whether the *presence* of a convincing line of precedents denying the *jus cogens* exceptions may stand in the way of recognizing the new exception. Such an obstacle, even though it may be literally harder to overcome than the obstacle of an *absence* of precedent on the matter, will still not be insurmountable. It merely engages the question of how it is that customary international law is amended or adapted to meet the changes in international circumstances. This question is perhaps best answered in the following words of the International Court of Justice in *Case Concerning Military and Paramilitary Activities in and against Nicaragua (Nicaragua v. United States)*: "[R]eliance by a State on a novel right or an unprecedented exception to the principle might, if shared in principle by other States, tend towards a modification of customary international law."[70] In view of all of the foregoing arguments, it is submitted that the House of Lords was gravely mistaken when they suggested that it was not for Italy's highest court to purport to develop international law by accepting a *jus cogens* exception to state immunity in *Ferrini.*

69 *Ibid.* at 28.

70 *Case Concerning Military and Paramilitary Activities in and against Nicaragua (Nicaragua v. United States)* (1986), I.C.J. Rep. 14 and 109.

WHETHER NATIONAL COURTS HAD JURISDICTION OVER FOREIGN STATES IN THE FIRST PLACE

Directly related to this question of the proper appreciation of the true origins of the doctrine of state immunity are the views expressed by some judges about the source of the jurisdiction of the domestic court in relation to a foreign sovereign. This view is to the effect that the local court has no jurisdiction to begin with over the foreign state but, instead, that the local court is to *refrain from exercising any jurisdiction that it had in the first place.* One instance of this view appears in the speech of Lord Bingham in *Jones.* Commenting on the unanimous finding of the ECtHR in *Al-Adsani* that the UK *State Immunity Act* violated the *ECHR*'s guarantee of the right of access to court, Lord Bingham stated:

> I must confess to some difficulty in accepting this. Based on the old principle *par in parem non habet imperium,* the rule of international law is not that a state should not exercise over another state a jurisdiction which it has but that (save in cases recognised by international law) a state has no jurisdiction over another state. I do not understand how a state can be said to deny access to its court if it has no access to give. This was the opinion expressed by Lord Millett in *Holland v. Lampen-Wolfe* ... and it seems to me persuasive.[71]

[71] *Jones, supra* note 6 at para. 14. There are a number of reasons to reassure his Lordship about the correctness of the view that the intendment of the UK *State Immunity Act* was to prevent the court from exercising jurisdiction already existing in the court, rather than to grant new jurisdiction for purposes of the exceptions made in the act. First, the noun "immunity" has been legally defined as "Exemption, as from serving in an office, or performing duties which the law generally requires other citizens to perform; *eg* exemption from paying taxes. Freedom or exemption from penalty, burden, or duty. Special privilege." *Black's Law Dictionary* (St. Paul, MN: West Publishing, 1990) at 751. Immunity is thus an exemption from that which would otherwise encumber the person enjoying the immunity. This sense of "immunity" is preserved by section 1(1) of the UK *State Immunity Act,* which provides: "A State is *immune from the jurisdiction of the courts* of the United Kingdom except as provided in the following provisions of this Part of this Act" [emphasis added]. Clearly then, the provision is more easily seen as saying that foreign states are exempt from the ordinary "jurisdiction" of UK courts. It is more difficult to read these words as saying that the UK courts did not have the jurisdiction in the first place, as Lord Bingham suggests. Furthermore, the act contemplates certain exceptions to immunity using the formulation "a state is not immune" rather than by the formulation the court "has jurisdiction." If it is accepted that there never was jurisdiction to begin with, it may well mean that the UK courts may never exercise jurisdiction in cases falling within the exception, since the denial of immunity from a vacuum cannot convert the

Traces of the same thinking are also identifiable among the American judiciary. A case in point is the reasoning of the US Court of Appeal for the Ninth Circuit in *Siderman de Blake v. Republic of Argentina.*[72] In this case, the court held that "a violation of *jus cogens* does not *confer* jurisdiction under the [US *Foreign Sovereign Immunities Act*]."[73]

The underlying — and, in some cases, patent — suggestions are these. First, to the extent that jurisdiction is exercised over a foreign state, such a jurisdiction was only conferred by state immunity legislation or permissive developments in the common law by virtue of the exceptions to the doctrine of state immunity, and, second, such a limited exercise of jurisdiction was, in turn, made possible by international law and, therefore, conferred by international law. The resulting conclusion is that the jurisdiction was conferred by international law, being a source outside of the domestic legal realm.

This view of the source of jurisdiction is not wholly satisfactory. The doctrine of state immunity is better viewed, to the extent that it confers immunity on a foreign state, as merely *displacing* the jurisdiction that domestic courts ordinarily enjoy in suits before them.[74] When legislation or common law restricts the immunity of

---

vacuum into an object. Indeed, the foregoing is amply consistent with the dictum of the International Court of Justice that "rules governing the jurisdiction of national courts must be carefully distinguished from those governing jurisdictional immunities: jurisdiction does not imply absence of immunity, while absence of immunity does not imply jurisdiction." *Case Concerning the Arrest Warrant of 11 April 2000,* (2002) 14 February 2002, General List No. 121, para. 59. That is to say, both jurisdiction and immunity can co-exist, just as they can both be absent, at the same time.

72 *Siderman de Blake v. Republic of Argentina,* 965 F.2d 699 (1992) (US Court of Appeal, 9th Circuit).

73 *Ibid.* at 719 [emphasis added]. This conclusion follows the ruling of the US Supreme Court in *Argentine Republic v. Amerada Hess Shipping Corp.,* 488 U.S. 428 at 434 (1989), that the *Foreign Sovereign Immunities Act* afforded "the sole basis for obtaining jurisdiction over a foreign state in our courts." *Foreign Sovereign Immunities Act,* title 28, paras. 1602–11 of the United States Code.

74 Shaw, *supra* note 40 at 491 and 493. See also *Victory Transports, Inc v. Comisaria General de Abastecimientos y. Transportes,* 336 F.2d 354 at 360 (1964) (US Court of Appeal for the Second Circuit), certification denied to appeal 381 U.S. 934, 14 L Ed. 698, 85 S. Ct 1763 (US SC). Indeed, in *Schooner Exchange, supra* note 29 at 136, Marshall C.J. had commenced his discussion of the immunity of foreign sovereigns with the observation that the jurisdiction of a nation within its own territory "is susceptible of no limitation not imposed by itself."

foreign states, such restriction simply revives the jurisdiction initially displaced. Jurisdiction in this sense is very much like having a wooden floor in a room, overlain by a carpet of immunity. Initially, the carpet of immunity was wall to wall when immunity was conceived as being absolute. Yet this wall-to-wall carpeting was peeled back to permit suits against foreign states in certain instances, and, in the process, the original wooden floor of jurisdiction was revealed again.

In this analysis, it is important to consider that at common law superior courts have complete jurisdiction to entertain the citizens' supplications for justice.[75] It is otherwise referred to as inherent jurisdiction to do justice. This complete jurisdiction is motivated by the subjects' right of recourse to the courts of the land for the determination of their rights[76] — a right that has been judicially characterized as "inalienable."[77] In Canada, this right of recourse to the courts is specifically recognized in the *Canadian Bill of Rights.*[78]

As a practical question of the social order, the right of recourse to the courts is entirely consistent with the need to dissuade citizens from taking the law into their own hands. And at common law, it has been long accepted that this right of recourse to the courts may not be excluded unless the legislature unequivocally limits this complete jurisdiction.[79] In Canada, it is also recognized in section 2 of the *Canadian Bill of Rights.* The Canadian *State Immunity Act* is

[75] See *Canadian Encyclopedic Digest (Ontario)*, 3rd ed., vol. 6 (Scarborough: Carswell, 1973), title 38, para. 4.

[76] See *Ibid.* at note 75; *Pyx Granite Co Ltd v. Ministry of Housing and Local Government*, [1960] A.C. 260 at 286 (House of Lords) [*Pyx Granite*]; and *In re Vexatious Actions Act 1896*, [1915] 1 K.B. 21 at 36 (Court of Appeal, England) [*In re Vexatious Action*].

[77] Per Viscount Simonds in *Pyx Granite, supra* note 76 at 286.

[78] Section 2(e) of the *Canadian Bill of Rights, supra* note 21, which provides: "Every law of Canada shall, unless it is expressly declared by an Act of Parliament of Canada that it shall operate notwithstanding the *Canadian Bill of Rights*, be so construed and applied as not to abrogate, abridge or infringe or to authorize the abrogation, abridgment or infringement of any of the rights or freedoms herein recognized and declared, and in particular, no law of Canada shall be construed or applied so as to ... deprive a person of the right to a fair hearing in accordance to the principles of fundamental justice for the determination of his rights and obligations."

[79] See *Canadian Encyclopedic Digest, supra* note 75 at note 75; and *Pyx Granite, supra* note 76.

an exemplar of such clear exclusion in terms of the immunity that it confers on foreign states.[80] In the common law world, the ordinary jurisdiction of the court in civil matters is fully engaged in any given case upon the service of the originating process[81] on the defendant — usually within the jurisdiction. This is the case even where the presence of the defendant within the jurisdiction is temporary but exceptionally outside of the jurisdiction with leave of the court.[82]

The view that the domestic superior court enjoys complete territorial jurisdiction finds support in the decision of Marshall C.J. in the *Schooner Exchange* case in which the doctrine of state immunity was classically stated. According to him, the jurisdiction of the national court is full, complete, absolute, and exclusive within the forum. Such jurisdiction may not be legitimately limited from a source outside the state itself without the consent of the state concerned, since such a limitation would amount to a diminution of the sovereignty of the state to the extent of that limitation.[83]

As the foregoing is part of the exordium of Marshall C.J.'s reasoning towards his finding of immunity of the foreign state, it appears

[80] However, upon an analysis that may not conveniently be made in the present article, it is submitted that in preventing Canadians from suing foreign states who torture Canadians abroad, the Canadian *State Immunity Act* is in conflict with the right to a fair hearing in accordance with the principles of justice for the determination of rights, as provided for in the *Canadian Bill of Rights.* To that extent, the *State Immunity Act* would be inoperative, given that the *Canadian Bill of Rights* is a quasi-constitutional document that has that effect upon any ordinary legislation that is expressed as operating notwithstanding the effect of the *Canadian Bill of Rights.*

[81] Such as a writ of summons or statement of claim.

[82] Shaw, *supra* note 29 at 457–58. See also *In re Vexatious Actions Act 1896, supra* note 76 at 37.

[83] As Marshall C.J. put the proposition, "[t]he jurisdiction of courts is a branch of that which is possessed by the nation as an independent sovereign power. The jurisdiction of the nation within its own territory is necessarily exclusive and absolute. It is susceptible of no limitation not imposed by itself. Any restriction upon it, deriving validity from an external source, would imply a diminution of its sovereignty to the extent of the restriction, and an investment of that sovereignty to the same extent in that power which could impose such restriction. All exceptions, therefore, to the full and complete power of a nation within its own territories, must be traced up to the consent of the nation itself. They can flow from no other legitimate source. This consent may be either express or implied. In the latter case, it is less determinate, exposed more to the uncertainties of construction; but, if understood, not less obligatory." *Schooner Exchange, supra* note 29 at 136.

then that the focus of the *Schooner Exchange* case was not, after all, on the immunity of the foreign state but, rather, on the plenitude of the jurisdiction of the local court. In other words, the fact that any derogation from such an ample jurisdiction, out of deference to the foreign state, derives from the express or implied *waiver* of the territorial state and from the fact that such a derogation is not lightly to be assumed as a requirement of international law. Many eminent jurists support this interpretation of the *Schooner Exchange*.[84] Indeed, Marshall C.J. did expressly recognize in his classic statement that the doctrine of state immunity, out of a deference to a perfectly equal foreign sovereign, is dependent on the *waiver* of jurisdiction by the receiving sovereign: "This perfect equality and absolute independence of sovereigns, and this common interest impelling them to mutual intercourse, and an interchange of good offices with each other, has given rise to a class of cases in which every sovereign is understood *to waive the exercise of a part of that complete exclusive territorial jurisdiction, which has been stated to be the attribute of every nation.*"[85]

When the *State Immunity Act* is thus viewed merely as displacing the ordinary, inherent jurisdiction of the domestic court, it becomes easier to appreciate the effect of *jus cogens* as a superior norm that overrides the norm of international law that motivated states to remove from their national courts the jurisdiction in suits against foreign states. The result is this. The conceptual foundations of state immunity are swept away from the jural zone of *jus cogens*, which permits the suppressed jurisdiction of the forum court to spring back to work in this zone. And the forum court is thereby enabled to try the foreign state for any egregious breach of human rights occurring in that jural zone. There may be other reasons — such as *forum non conveniens* or sheer absence of a cause of action[86] —

[84] See Lauterpacht, *supra* note 29 at 229; Sir Ian Sinclair, "The Law of Sovereign Immunity: Recent Developments" (1980-II) 167 Rec. des Cours 113 at 215; and Sir Robert Jennings, *The Place of the Jurisdictional Immunity of States in International and Municipal Law*, vol. 19, no. 108 (Institut der Universität des Saarlandes, 1987). Sinclair and Jennings, cited by Caplan, *supra* note 29 at 750.

[85] *Schooner Exchange*, *supra* note 29 at 137 [emphasis added].

[86] For instance, in a recent case, the US Court of Appeal for the District of Columbia Circuit, upheld the decision of the lower court to the effect that although the US *Foreign Sovereign Immunities Act* has now been amended to permit civil suits against foreign states, such amendments in themselves did not give anyone a cause of action against a foreign State. *Ciccippio-Puleo v. Islamic Republic of Iran and Iranian Ministry of Information and Security*, 353 F. 3d 1024 (2004) (US Court of Appeal for DC Circuit).

which may yet prevent the court from exercising jurisdiction. However, *jus cogens* would have served its end in denying state immunity for the purposes of any jurisdiction ordinarily available. This appears to be consistent with the approach taken by the dissenting judges in the *Al-Adsani* case in their assessment of the effect of *jus cogens* on the domestic law of state immunity. It is, in my view, the sounder approach.

PAR IN PAREM NON HABET IMPERIUM: A LATIN BUNKUM?

In almost every discussion of the doctrine of state immunity in case law and academic writing,[87] reference is fashionably and almost automatically made to the Latin phrase *par in parem non habet imperium,* as the underlying principle of state immunity.[88] This obligatory reference also appears in both *Al-Adsani* and *Jones.*[89] The expression translates into "an equal has no dominion over an equal."[90] The maxim is traced to Bartolus of Saxoferrato, the fourteenth-century Italian jurist who, in his days, declared: "*[N]on enim una civitas potest facere legem super alteram, quia par in parem non habet imperium.*"[91]

The Latin maxim *par in parem non habet imperium* introduces into the discourse of state immunity the same sense of intellectual autocracy that old Latin phrases often introduce in other areas of the law — a sense of refusal to be subjected to precise meaning, clear rationale, and clear elemental connection to the building blocks of thought on the matter at hand. All that appears to be needed to prove a controversial proposition is to reverently invoke a geriatric Latin expression and the proposition becomes *quad erat demonstratum!* The result tends then to be mystification — rather than clarity — of thought. One notices this sense of the bare authority of the *par in parem* maxim in Lord Bingham's speech in *Jones.* Faced

87 With the possible exception of the decision of the Ontario Court of Appeal in *Bouzari, supra* note 5.

88 See United Nations, *supra* note 29 at para. 11; Australian Law Reform Commission, *supra* note 24 at para. 37; and Fox, *supra* note 54 at 30.

89 *Al-Adsani, supra* note 4 at para. 54: "The Court must first examine whether the limitation pursued a legitimate aim. It notes in this connection that sovereign immunity is a concept of international law, developed out of the principle *par in parem non habet imperium,* by virtue of which one State shall not be subject to the jurisdiction of another State." *Jones, supra* note 6 at para. 14.

90 *Black's Law Dictionary,* 6th ed. (St. Paul, MN: West Publishing, 1990) at 1115.

91 Caplan, *supra* note 29, citing G. Badr, *State Immunity: An Analytical and Prognostic View* (The Hague: Martinus Nijhoff, 1984) at 89.

with the unanimous agreement of the seventeen judges of the ECtHR in *Al-Adsani* that the UK *State Immunity Act* did violate the plaintiff's right of access to British courts as guaranteed by Article 6(1) of the *ECHR*, Lord Bingham said that the ECtHR was wrong. And, according to him, the proof of their error lay entirely in a brief protest containing the *par in parem* maxim.[92]

Although rarely accompanied by any analysis, it is generally said that the *par in parem* maxim sired the rule of sovereign equality that is, in turn, said to be the basis of the doctrine of state immunity.[93] Some of the difficulties surrounding the *par in parem* maxim include the following. As it is said to mean "an equal has no dominion over an equal," what then is meant by "dominion"? Is the adjudication of a cause of action necessarily an exercise of dominion? When one citizen in a free, democratic, and egalitarian society acts as a judge in a matter involving his or her fellow citizen, is that an exercise of dominion? Does the Latin maxim itself state an organic general principle that is capable of comprehensive exposition? Are there principled exceptions to it? What are the principled exceptions? What are the principles involved in both the general rule and any exceptions? As the maxim is said to be the basis of the doctrine of sovereign equality, what is meant by sovereign equality? Does it mean more than that an equal must treat an equal the same way he would treat himself, rather than as a subordinate? The answers to these questions and more were never contemplated in *Al-Adsani*, *Bouzari*, and *Jones*. It is submitted that they will continue to pose a continuing difficulty to the doctrine of state immunity until it permits a *jus cogens* exception.

Since the *par in parem* maxim is said to have begotten the rule of sovereign equality, which is viewed as the basis of state immunity, the rule of sovereign equality then deserves a closer look. Edwin Dickinson explained many years ago that the equality of states could connote one of two fundamentally different things, with different meanings and different implications. In the first sense, it connotes

[92] As he put it, "I must confess to some difficulty in accepting this. Based on the old principle par in parem non habet imperium, the rule of international law is not that a state should not exercise over another state a jurisdiction which it has but that (save in cases recognised by international law) a state has no jurisdiction over another state. I do not understand how a state can be said to deny access to its court if it has no access to give." *Jones, supra* note 6 at para. 14.

[93] See *Schooner Exchange, supra* note 29 at 137, note 24. See also Australian Law Reform Commission, *supra* note 24 at para. 37; and Fox, *supra* note 54 at 30.

"equality before the law" or "equal protection of the law." In the second sense, it connotes "equal capacity for rights" or "equality of rights."[94] In the first sense of equality, international persons are equal before the law when they are equally protected in the enjoyment of their rights and equally compelled to fulfil their obligations.[95] Equality in this sense is essential to the rule of law since it is an alternative to tyranny in the domestic realm or universal empire on the international plain.[96] In terms of the second sense of equality, states are equally capable of acquiring rights, entering into transactions, and performing acts. It does not mean that all states have the same rights. Equality in this sense is not essential to the rule of law.[97] Although writers and statesmen often confuse the two senses of equality of states, continues Dickinson, it is sufficiently clear that when publicists employ the term, they do so in the sense of an equal capacity for rights.[98]

The theory of equality as meaning equal capacity for rights — that is, equal capability of acquiring rights, entering into transactions, and performing acts — have led some commentators to suggest that the true meaning of sovereign equality belies the widespread assumption that the *par in parem* maxim forbids courts of one state from exercising jurisdiction over other states.[99] There is great merit in this argument. Yet even in Dickinson's first sense of the notion, equality may also not continue to sustain the resistance to exercise of jurisdiction by domestic courts in cases arising out of allegations of violations of *jus cogens* norms. This is because this sense of equality is no longer violated in the modern age by subjecting the foreign sovereign to the jurisdiction of local courts.

In this regard, it must be acknowledged at once that at the time of the decision of the *Schooner Exchange* in 1812, equality of states before the law — with particular reference to the domestic law of the forum state — was an eminently sound basis for foreign sovereign immunity from the jurisdiction of local courts. This was because the local sovereign was above the law of the forum and could not

94 E. Dickinson, *The Equality of States in International Law* (Cambridge: Harvard University Press, 1920) at 3–4.

95 *Ibid.* at 3.

96 *Ibid.* at 4.

97 *Ibid.*

98 *Ibid.* at 5.

99 See Caplan, *supra* note 29 at 751–52.

be impleaded before the courts of the forum,[100] and it was considered beneath the dignity of a state to implead it before its own courts.[101] The rule of local sovereign immunity held that since the local sovereign was the fountain of all rights and justice within the realm,[102] the local sovereign was above the law.[103] Therefore, only the *subjects* of the local sovereign — that is, persons over whom the local sovereign had *imperium* — may be impleaded before the forum courts.

In those circumstances, then, the rule of foreign sovereign immunity properly engaged the concerns of equality and dignity of the foreign sovereign. It would have been improper to subject the foreign sovereign to the jurisdiction of the forum courts, if the local sovereign might not equally be subjected to the jurisdiction of the forum courts. To do otherwise would have meant placing the foreign sovereign in the position of not being an equal to the local sovereign but, rather, in the position of a person over whom the local sovereign had *imperium* — since those were the only classes of persons who could be impleaded before the forum court. This would have offended Dickinson's first sense of equality.

However, this sense of equality will no longer be seen as being violated today, given that in societies under the rule of law the local sovereign is no longer above the law but may be impleaded in a civil suit — often in the same manner as the subject. In his first attempt at weaning the British judiciary from the mentality of absolute state

[100] See Fox, *supra* note 54 at 42.

[101] See Lauterpacht, *supra* note 29 at 230–36. In particular, Lauterpacht correctly notes as follows: "A closer examination of the origin and of the development of the doctrine of immunity of foreign states from jurisdiction shows that it is perhaps not so much the principles of independence and equality which have nurtured the soil in which that doctrine has flourished, but factors of a different kind. These have been: (a) considerations of the dignity of the sovereign state and (b) the traditional claim, transposed into the international arena, of the sovereign state to be above the law and to claim, before its own courts, a privileged position compared with that enjoyed by the subject" (at 230).

[102] Pollock and Maitland cite Bracton to this effect: "Who, asks Bracton, ought to be judge in temporal causes? The king; no one else: — this is the meaning of the kingship, that the king should do justice to all. It is mere want of time and strength that authorizes and compels him to depute his duties to others. All temporal judges are his delegates." Sir Frederick Pollock and Frederic Maitland, *The History of English Law*, vol. 1 (Cambridge: Cambridge University Press, 1895) at 513.

[103] In the United States, for instance, the rule of local sovereign immunity began in the modest *obiter dictum* of Jay C.J. in 1793 when he stated in *Chisholm v.*

immunity to the idea of a restrictive version, Lord Denning captured this changed stature of the territorial sovereign under the rule of law in the following way:

It is more in keeping with the dignity of a foreign sovereign to submit himself to the rule of law than to claim to be above it, and his independence is better ensured by accepting the decisions of courts of acknowledged impartiality than by arbitrarily rejecting their jurisdiction. In all civilized countries there has been a progressive tendency towards making the sovereign liable to be sued in his own courts; notably in England by the *Crown Proceedings Act,* 1947. Foreign sovereigns should not be in any different position. There is no reason why we should grant to the departments or agencies of foreign Governments an immunity which we do not grant our own, provided always that the matter in dispute arises within the jurisdiction of our courts and is properly cognizable by them.[104]

Yet one need not even go as far as analyzing the matter according to Dickinson's two theories of equality in order to see how unsustainable in the long run it is to continue the resistance to a *jus cogens* exception on the grounds of the *par in parem* maxim. It is only sufficient to consider the phenomenon of the exceptions to state immunity developed over the years. By these exceptions, it is now acknowledged that domestic courts of one state may exercise jurisdiction over a foreign state in a host of matters including those arising from commercial activities, personal injury, or death occurring

---

Georgia that a suit may not lie against the United States because "there is no power which the courts can call to their aid." *Chisholm v. Georgia,* 2 Dall (2 US) 419 at 478 (1793) (US S.C.). But by 1907, the rationale for the rule had taken the more robust tone stated by Justice Holmes in *Kawananakoa v. Polybank,* where he stated that "there can be no legal right as against the authority that makes the law on which the right depends." *Kawananakoa v. Polybank,* 205 U.S. 349 at 353 (1907) (US S.C.). See also *The Western Maid,* 257 US 419 (1921) (US S.C.). In the United Kingdom, some of the classic statements of local sovereign immunity include the dictum of Cockburn C.J. in *Featther v. R,* (1865) 6 B. & S. 257 at 259, that "a petition of right in respect of a wrong, in the legal sense of the term, shews no right to legal redress against the Sovereign. For the maxim the King can do no wrong applies to personal as well as to political wrongs; and not only to wrongs done personally by the Sovereign, if such a thing can be supposed to be possible, but to injuries done to a subject by the authority of the Sovereign. For from the maxim that the King can do no wrong it follows, as a necessary consequence, that the King cannot authorize a wrong ... As in the eye of the law no such wrong can be done, so, in law, no right to redress can arise."

104 *Rahimtoola v. Nizam of Hyderabad,* [1958] A.C. 379 at 418.

in the territory of the forum state. Given these exceptions, is the forum court now to be seen as exercising *imperium* or dominion over the foreign state? If not, why not? What effect does a positive answer to this question have on the maxim *par in parem non habet imperium?* If it is acceptable for the forum court to exercise jurisdiction over these kinds of cases, why is it notionally unacceptable for the forum court to exercise jurisdiction over allegations involving violations of *jus cogens* norms? Surely the answer cannot be left to the vacuous and timorous explanation of a lack of a long list of precedents supporting the *jus cogens* exception.

WHETHER STATE IMMUNITY IS MERELY A "PROCEDURAL" MATTER

Another controversial view of the doctrine of state immunity that has been put in play in the debate about a *jus cogens* exception is the view of state immunity as something merely "procedural." This view of state immunity has led some commentators to argue that there cannot be a conflict between the doctrine of state immunity and the idea of *jus cogens* since the latter is of a "substantive" nature. Hence, it is argued, any breach of *jus cogens* norms is to be diverted to a method of settlement different from litigation in a national court. This theory appears to form a cardinal pillar of the reasoning of the House of Lords in *Jones*. It is also apparent in Lord Hoffman's speech.[105]

It is important to note that the only authority upon which the House of Lords relied for this reasoning is the passage they quoted from Hazel Fox's very useful book on the subject of state immunity.[106]

105 According to him, "[t]he *jus cogens* is the prohibition on torture. But the United Kingdom, in according state immunity to the Kingdom, is not proposing to torture anyone. Nor is the Kingdom, in claiming immunity, justifying the use of torture. It is objecting *in limine* to the jurisdiction of the English court to decide whether it used torture or not." As Hazel Fox, *supra* note 54 at 525, has said, "[s]tate immunity is a procedural rule going to the jurisdiction of a national court. It does not go to substantive law; it does not contradict a prohibition contained in a *jus cogens* norm but merely diverts any breach of it to a different method of settlement. Arguably, then, there is no substantive content in the procedural plea of state immunity upon which a *jus cogens* mandate can bite." To produce a conflict with state immunity, it is therefore necessary to show that the prohibition on torture has generated an ancillary procedural rule that, by way of exception to state immunity, entitles or perhaps requires states to assume civil jurisdiction over other states in cases in which torture is alleged.

106 See also paragraph 24 for Lord Bingham's similar reliance on the same passage from Fox, *supra* note 54.

However, many lawyers will find this reasoning and the authority for it wholly unconvincing. First, as authority for the proposition, Fox was clearly making an *argument*. She was not asserting any settled principle of international law. In fact, the portion of her argument relied upon by Lord Hoffman is preceded by a preliminary statement of dilemmas that she expresses as follows:

> It is currently not the practice to express in treaty provision all the legal consequences of a *jus cogens* norm established by multilateral convention, yet if the assertion that such a norm takes precedence over all other rules is correct, the consequences may affect the whole accepted structure of law. There is little State practice elucidating such consequences. A *jus cogens* norm is said to invalidate or render ineffective other rules of international law. Is this effect solely with regard to rules which directly contradict the substantive law contained in the superior norm? Or does a *jus cogens* norm also have an effect on rules of jurisdiction, procedure, or evidence, or principles of natural justice operating in favour of the alleged violator of the norm?[107]

Notably, Fox does not support her argument with any authority in international law beyond her bare statement of the argument itself. Therefore, in terms of procedure of legal reasoning, Fox's *argument* is a weak authority for the law lords' dictum on the subject. It is one thing for the law lords to adopt the *arguments* of a commentator with whom they agree, but it is quite another matter for them to rely upon a commentator's controvertible argument as if it were an authoritative statement of international law.

More importantly, however, the idea that the *exclusion of the jurisdiction* of a national court to grant a remedy is merely a matter of procedure cannot command much following around the world. Such an idea has already been rejected by judges of some of the more highly respected supreme courts in the common law world. In *Maxwell v. Murphy,* for instance, Chief Justice Owen Dixon of the High Court of Australia derided it as "[t]he inveterate tendency of English law to regard some matters as evidentiary or procedural which in reality must operate to impair or destroy rights of substance."[108] In a similar vein, in the case of *Tolofson v. Jensen,* Justice Gerard La Forest of the Supreme Court of Canada was evidently

[107] Fox, *supra* note 54 at 524–25.

[108] *Maxwell v. Murphy,* [1957] 96 C.L.R. 261 at p 267.

unimpressed when it was found that the Privy Council, in a certain judgment, had "[continued] to cling to the old English view that statutes of limitation are procedural."[109] In contrast, La Forest J. expressed approval with the trend within the Canadian judiciary to chip away at the technical distinction between substance and procedure, alternatively referred to respectively as right and remedy, with the view to doing justice. According to him,

> [s]o far as the technical distinction between right and remedy, Canadian courts have been chipping away at it for some time on the basis of relevant policy considerations. I think this Court should continue the trend. It seems to be particularly appropriate to do so in the conflict of laws field where, as I stated earlier, the purpose of substantive/procedural classification is to determine which rules will make the machinery of the forum court run smoothly as distinguished from those determinative of the rights of *both* parties.[110]

These views from kindred supreme courts surely must impede a general acceptance of the theory supported by the House of Lords in *Jones* that the rule of state immunity may be characterized as "procedural," even as it effectively deprives a plaintiff of the right to seek remedy in a national court (a substantive deprivation of rights unanimously acknowledged by the ECtHR in *Al-Adsani*), and even as it deprives a national court of the power to inquire into the cause of the plaintiff's complaint. Hence, a valid reason to reject a *jus cogens* exception to the doctrine of state immunity must be found elsewhere other than the "procedural" versus "substantive" compartmentalization of legal concepts.

ON DIFFERENT METHODS OF SETTLEMENT OF *jus cogens* VIOLATIONS

Just as it is unsatisfactory to say that state immunity is merely "a procedural rule" that cannot conflict with *jus cogens* norms, it is equally inadequate to say that a *jus cogens* norm "merely diverts any breach of it to a different method of settlement" — a proposition asserted by Fox and adopted by Lord Hoffman in *Jones*.[111] The reference to a different method of settlement can only mean one of the following two things in terms of the violation of a *jus cogens*

[109] *Tolofson v. Jensen,* [1994] 3 S.C.R. 1022, 1994 Can. LII 44 (S.C.C.).

[110] *Ibid.* at 57–58.

[111] See note 105 in this article.

norm: (1) a complaint to a relevant convention body established to deal with specific violations, such as the Committee against Torture (pursuant to the *Convention against Torture*) or the Human Rights Committee (pursuant to the *International Covenant on Civil and Political Rights*);[112] or (2) criminal prosecution within the framework of international criminal law, including by national authorities exercising universal jurisdiction.

None of these considerations do truly assist the argument against a *jus cogens* exception to state immunity. This conclusion is chiefly borne out specifically by the fact that it is currently accepted that national courts can exercise jurisdiction over foreign states as a result of exceptions to the doctrine of state immunity, notwithstanding the existence of different methods of settlement of the types of disputes now dealt with by the exceptions to state immunity. For instance, it was always an accepted method of settlement for the state of the aggrieved corporate or human citizen to employ the right of diplomatic protection for purposes of asserting a claim against a defendant in, say, a commercial matter.[113] It would then not have been necessary to develop an exception, such as a *jure gestionis* exception, that would permit the plaintiff citizen to assert directly the claim against the foreign state. Therefore, if it was good enough to develop a *jure gestionis* exception to state immunity, despite the existence of the method of subrogation of claim through the uses of diplomatic protection, it should not matter to the recognition of a *jus cogens* exception that there exists another method of settling the dispute arising from the *jus cogens* breach.

In regard to the contemplation of prosecution as an alternative method for settling breaches, such that makes it unnecessary to permit a *jus cogens* exception, there are two peculiar difficulties that the protagonists of this view must overcome. The first is the fact that prosecutions and civil litigations serve two completely different purposes. Prosecution is generally a matter of public concern, which typically in common law countries is between the state and the accused. The victim (complainant) is merely a witness and not a party in the process and, as such, has no control over the process. And the aim is punishment or reform of the offender for the purposes of public order. In civil litigation arising from the same events, the victim (now called the plaintiff) is the driving party in the process

[112] *International Covenant on Civil and Political Rights*, 16 December 1966, 999 U.N.T.S. 171.

[113] See Brownlie, *supra* note 17 at 497–98. See also Garnett, *supra* note 36.

and his or her aim is to recover a private remedy to help make him or her whole to the extent that such can be done. It may of course be rightly pointed out that this scenario is mostly true of common law countries and that it may not be representative of a continental European legal tradition. Nevertheless, the scenario is very serviceable in the analysis, given that the common law world (in which the scenario holds true) accounts for a good part of the global legal landscape in which to employ the *jus cogens* exception.

A further reason why any contemplation of criminal prosecution of *jus cogens* breaches cannot assist the antagonists of the *jus cogens* exception is because of questions of comity of nation and sensitivity to the dignity of the foreign state as a result of key considerations that first motivated the development of the doctrine of state immunity. On this question of the alternative value of criminal prosecution, the reasoning of the Ontario Court of Appeal in *Bouzari* deserves particular attention. According to the Ontario Court of Appeal, criminal sanctions against an individual state functionary remain available as a means of exacting a remedy for violation of the *jus cogens* norm forbidding torture, where civil remedy against a foreign state remains out of bounds. This, said the court, would not offend the rule against subjecting one sovereign to the jurisdiction of the other.[114] For this proposition, the Ontario Court of Appeal cited *Pinochet*[115] and the speeches by Lord Hutton,[116] Lord Millett,[117] and Lord Phillips of Worth Matravers.[118]

However, it is important to avoid understanding these law lords as having said that immunity applies in civil proceedings for some discernible doctrinal reason that is absent in criminal proceedings. To end up with this understanding is to read too much into the authority of what the law lords said as a matter of judicial precedent. It is not necessary to discuss at length the difference between *rationes decidendi* and *obiter dicta* and into which category the utterances of the law lords belong. It is enough to point out that the authority of what they said about immunity in civil cases is best deduced from the following words of Lord Hutton after he had reviewed earlier authorities tendered by counsel for General Pinochet:

114 *Bouzari, supra* note 5 at paras. 91–93.

115 *Pinochet, supra* note 3.

116 *Ibid.* at 254 and 264.

117 *Ibid.* at 278.

118 *Ibid.* at 280.

In my opinion these authorities and similar authorities relating to claims for damages in tort against states and government officials do not support the claim of Senator Pinochet to immunity from criminal proceedings in the United Kingdom because the immunity given by Part I of the *State Immunity Act 1978* does not apply to criminal proceedings.[119]

The point that he is making is simply something to this effect: "We have a statute — the *State Immunity Act of 1978*. That statute gives immunity in civil cases. That statute does not apply in criminal cases. We are therefore not prepared to apply that statute in criminal cases." This proposition is some distance from the suggestion (made by the Ontario Court of Appeal in *Bouzari*) that there is a unique doctrinal reason why the immunity in question applies in civil cases but not in criminal cases.

One must also note the circumspection shown by Lord Phillips of Worth Matravers in the following words:

We are not, of course, here concerned with a civil suit but with proceedings that are criminal in nature. Principles of law of immunity that apply in relation to civil litigation *will not necessarily apply* to a criminal prosecution.[120]

Lord Phillips is not necessarily to be understood as stating that there is immunity in civil cases but not in criminal cases. For all intents and purposes, he may be taken as only saying: "We are not now deciding a civil case. We need not pronounce on what happens in civil cases. We are deciding a case of a criminal nature. We are therefore limiting ourselves to what the position is in criminal cases, regardless of what the position may be in civil cases." At any rate, it is strange to suggest (as was done by the Ontario Court of Appeal in *Bouzari*) that civil proceedings against a state will offend the rule against subjecting one sovereign to the jurisdiction of the other, while criminal proceedings will not so offend.[121] It is strange for at least two reasons. First, it is incongruous to common sense to suggest that it is more consistent with the principle of sovereignty of states for the prosecutors of a forum state to indict a sovereign head of a nation, try him in the court of the forum, and have him possibly sentenced to jail than it is to litigate a civil claim against his state.

[119] *Ibid.* at 254.

[120] *Ibid.* [emphasis added].

[121] *Bouzari*, *supra* note 5 at paras. 91–93.

The more sensible observation is the one made by Malcolm Shaw, namely that the exercise of criminal jurisdiction by a forum court is more injurious to the dignity of foreign sovereign than is the exercise of civil jurisdiction.[122]

This view is consistent with that of Justice Stephen Breyer of the Supreme Court of the United States that the international consensus over universal criminal jurisdiction of states over violations of human rights that have attained the character of *jus cogens* norms "suggests that universal tort jurisdiction would be no more threatening."[123] Also notable is the view expressed in the lead dissenting opinion rendered by Judge Christos Rozakis and Judge Lucius Caflisch at the ECtHR in *Al-Adsani.* They considered the "criminal versus civil" jurisdiction distinction and rejected it, as "not consonant with the very essence of the operation of the *jus cogens* rules." According to them,

> [i]t is not the nature of the proceedings which determines the effects that a *jus cogens* rule has upon another rule of international law, but the character of the rule as a peremptory norm and its interaction with a hierarchically lower rule. The prohibition of torture, being a rule of *jus cogens,* acts in the international sphere and deprives the rule of sovereign immunity of all its legal effects in that sphere. The criminal or civil nature of the domestic proceedings is immaterial.[124]

Furthermore, as far as foreign state immunity is concerned, a case could also reasonably be made that the jurisdiction of the forum court is indivisible between the civil and the criminal spheres. There are two ways of looking at this question of indivisibility of jurisdiction. One way is to consider the foundation of the doctrine of foreign state immunity. There is the need to respect the dignity and sovereign equality of foreign states as well as the concern for the comity

[122] Having noted that "jurisdiction in civil matters is enforced in the last resort by the application of the sanctions of criminal law," he continued as follows: "In general it is fair to say that the exercise of civil jurisdiction has been claimed by states upon far wider grounds than has been the case in criminal matters, and the resultant reaction by other states much more muted. This is partly due to the fact that *public opinion is far more easily roused where a person is tried abroad for criminal offences than if a person is involved in a civil case.*" Shaw, *supra* note 29 at 457 [emphasis added].

[123] *Sosa v. Alvarez-Machain,* 542 U.S. 692 (2004), 762 (US S.C.).

[124] *Al-Adsani, supra* note 4 at para. O-III4.

of nations. It cannot possibly make any difference in terms of respect for the dignity of a state if a foreign state can prosecute a former head of state or public official of the state but cannot try the same person in the civil court. Nor, as noted earlier, would the comity of nations be preserved in a criminal prosecution but not in a civil trial. Another way of looking at the question of indivisibility is from the perspective of the model of the continental European justice system, which combines criminal and civil proceedings, thus "allowing those injured by criminal conduct to be represented, and to recover damages, in the criminal proceeding itself."[125]

Comity of Nations as a Basis of State Immunity

comity of nations versus a peremptory norm of international law

As might have become apparent by now, any discourse on whether or not to recognize a *jus cogens* exception to state immunity would be incomplete without some reflections on the subject of the comity of nations, as the bedrock of state immunity, and the implications of this foundation. It is generally acknowledged that the "concept" of state immunity arose out of the "comity" of nations. In this connection, one notes the observation of the Supreme Court of the United States that "foreign sovereign immunity is a matter of grace and comity on the part of the United States, and not a restriction imposed by the Constitution."[126] It is, perhaps, of moment that in explaining "comity" in international law one commentator has noted that "[i]ts literal meaning is 'courtesy,' and in this sense comity is regarded as something different from law of any sort; rules of comity are customs which are normally followed but which are not legally obligatory."[127]

On what basis then may a rule arising out of considerations of comity or *courtesy* prevail over a prohibition enjoying a *jus cogens* — or peremptory — stature? On these bases, at least, the reasoning of the minority (of eight judges) stands on a stronger analytical footing than that of the majority in *Al-Adsani*. The minority held that as the prohibition of torture was a *jus cogens* norm, the UK *State*

125 *Sosa v. Alvarez-Machain*, 542 US 692 at 762–63 (2004) (per Breyer J., US S.C.).

126 *Verlinden bv v. Central Bank of Nigeria*, 461 U.S. 480 at 486 (1983).

127 Malanczuk, *supra* note 17 at 73.

Immunity Act ought not to have prevented Al-Adsani's lawsuit in British courts. According to them, the matter was simply one of a hierarchy of norms. In this hierarchy, the peremptory norm (the prohibition of torture) nullifies any effect that any local law might have, in so far as the law arose from the norm of sovereign equality of states.

However, in *Jones,* Lord Hoffman rejected this analysis. According to him, it is a matter of conflict. An enquiry, he said, into the existence of a conflict between state immunity and *jus cogens* should not be assumed in the syllogism. If you accept the *jus cogens* norm, then a state may not avoid the consequences of its violation by relying upon a hierarchically lower rule of international law.[128] It may be that Lord Hoffman's difficulty arose from an undue focus on the idea of "conflict" between a *jus cogens* norm and state immunity — particularly from the perspective of absolute outcomes. That is to say, he approached his analysis of conflict from the perspective of an obligation to exercise jurisdiction rather than as a question of licence to exercise jurisdiction. The point of the *Al-Adsani* minority and of the *Jones* appellants is, perhaps, better taken as involving a process in which the operation of *jus cogens* has the effect of *enabling*— rather than *requiring*— domestic courts to assume jurisdiction, by negating the foundations of the doctrine of state immunity in relevant respects. This process is, in turn, better appreciated by revisiting the question, examined earlier, of the source of jurisdiction of the forum court. Is jurisdiction derived from international law or is it derived from domestic law? If jurisdiction is derived from domestic law, then the local courts may employ any permissible judicial process of reasoning to assume jurisdiction, upon taking a view of a case as involving a *jus cogens* violation. This judicial process of reasoning is what was involved in the reasoning of the minority of the ECtHR in their decision in *Al-Adsani.* The same process also drove the reasoning of the Supreme Court of Italy in *Ferrini.* Given that Lord Hoffman accepted this process as

[128] As he put it, "[t]orture cannot be justified by any rule of domestic or international law. But the question is whether such a norm conflicts with a rule which accords state immunity." The syllogistic reasoning of the minority in *Al-Adsani, supra* note 4 at 298–99, simply assumes that it does: "The acceptance therefore of the *jus cogens* nature of the prohibition of torture entails that a state allegedly violating it cannot invoke hierarchically lower rules (in this case, those on state immunity) to avoid the consequences of the illegality of its actions." *Jones, supra* note 6 at para. 43.

proper in the *Ferrini* decision on matters of domestic law, it then seems contradictory for Lord Hoffman to criticize the same process of judicial reasoning that was employed in *Al-Adsani* by the ECtHR minority who were international judges operating in their sphere of international law.

COMITY OF NATIONS VERSUS OBLIGATIONS *erga omnes*

In addition, the acceptance of respect for human rights as no longer being a matter within the exclusive domestic jurisdiction of any state, and the fact that certain human rights violations are a matter of *obligatio erga omnes,*[129] compounds the difficulty confronting the antagonists of the *jus cogens* exception, given that state immunity is a concept born out of the comity of nations. This view of *obligatio erga omnes* has certainly emboldened states to condemn each other for the violations of human rights. When the prime minister of Canada condemns the leaders of China for human rights violations and the leaders of the Western world do the same thing to President Robert Mugabe of Zimbabwe, while everyone condemns President Omar Bashir of Sudan and the leaders of Myanmar for crimes against humanity against civilians respectively in Darfur and Myanmar, it becomes irresistible to wonder what is left of the fate of comity of nations as a continuing basis to resist a *jus cogens* exception to state immunity. Considering that these *judgments* are constantly being passed by politicians against their foreign counterparts, and considering that the entire bases of these political judgments are often unknown to the public, the question arises whether it is not safer then to accept an arrangement in which the evidence on these matters is presented and tested with the usual rigours of the courtroom in order that more credible and impartial *judgments* are rendered by the judiciary who are trained and tasked to assess evidence and render judgments on the basis of evidence.

COMITY OF NATIONS AND PROTECTION OF CITIZENS FROM THE WRONGFUL ACTS OF FOREIGN STATES ABROAD

An additional conceptual difficulty for the antagonists of a *jus cogens* exception to state immunity is presented by the incidence of citizens of the forum state returning home to sue foreign states in whose hands the forum citizens had endured atrocities. Immunity

[129] *Barcelona Traction, Light and Power Co.,* (1970) I.C.J. Rep. 32.

is usually asserted successfully by the foreign state.[130] An interesting question is presented by the continuing reliance on comity to sustain the doctrine of state immunity even in these cases. The question is interesting because the forum citizen who was abused abroad was so abused notwithstanding the fact that she or he was known to be a citizen of the forum state at the time of the abuse and she or he had been travelling with a passport issued by the forum sovereign.

In this connection, and especially given the central place of comity in the law of state immunity, it is important to keep in mind the function of a passport as a document issued by the bearer's sovereign requesting free passage and the safe conduct of the bearer.[131] It is thus a matter of comity that the request be honoured or that the citizen be refused entry to the foreign territory or be deported to his or her own country rather than be subjected to abuse at the hands of the agents of the foreign state. To ignore the request of the passport bearer's sovereign for free passage or safe conduct of the bearer, and to subject him or her to treatment that amounts to violation of a *jus cogens* norm, certainly involves breach of comity of nations on the part of the foreign state. Such a breach would therefore justify a reciprocal denial of any deference based on comity, such as the granting of immunity from a lawsuit resulting from the abuse of the bearer abroad. In these circumstances, it is unsustainable to maintain the protection of foreign sovereign immunity on the grounds that it is required by the comity of nations. It might even be said that to maintain immunity is to permit an extra-territorial triumph of tyranny and international outlawry rather than to sustain the comity of nations.

Conclusion

In sum, the question of recognition of a *jus cogens* exception to state immunity in civil cases is inevitably linked to the existential question whether international law has become a comprehensive

[130] *Saudi Arabia v. Nelson*, 507 U.S. 349 (1993) (US S.C.). Canadian passports, for example, contain this request in the following formulation: "The Secretary of State for External Affairs of Canada requests, in the name of Her Majesty the Queen, all those whom it may concern to allow the bearer to pass freely without let or hindrance and to afford the bearer such assistance and protection as may be necessary."

[131] In *US v. Laub*, 385 U.S. 475 (1967) (US S.C.) at 481, Fortas J. observed as follows: "A passport is a document identifying a citizen, in effect requesting foreign powers to allow the bearer to enter and to pass freely and safely,

code of norms crystallized at any point in time and thenceforth incapable of further growth. In the *Pinochet* case, Lord Millet rightly answered this question in the negative as he exhorted his colleagues to take the precedent-setting step of extraditing the former head of state of a foreign nation so that he might be prosecuted in the national courts of another state for violations of international criminal law.[132]

In no area of the development of international law are these question and answers more apt than in the area of state immunity. Indeed, Lord Millet's dicta in this regard are strikingly reminiscent of the similar ones we saw from Lord Denning in the leading case of *Trendtex* almost two decades earlier, urging his colleagues to join him in reforming the law of state immunity. *Pinochet* is the international *locus classicus* for the denial of immunity to former heads of states for violation of *jus cogens* norms. This case was the latest progressive development on the practice of immunity in international law. Although this development occurred on the criminal side of the immunity question, it was, in the end, part of a now identifiable pattern. Before *Pinochet,* state practice had periodically witnessed the shifting of the tectonic plates of international law beneath the accepted notions of foreign sovereign immunity from national jurisdictions. Occurring on the civil side, the first occasion of these shifts resulted in an initial crack on the plains of what was originally understood as an absolute doctrine of sovereign immunity. This initial crack generated the commercial activities (or the *jure gestionis*) exception.[133] Once more, there are rumblings occurring beneath the

---

recognizing the right of the bearer to the protection and good offices of American diplomatic and consular offices."

132 *Pinochet, supra* note 3 at 278. As he put it, "we have come a long way from what I earlier described as the classical theory of international law — a long way in a relatively short time. But as the Privy Council pointed out in *In re Piracy Jure Gentium* ... international law has not become a crystallised code at any time, but a living and expanding branch of the law." Glueck observed: "[U]nless we are prepared to abandon every principle of growth for international law, we cannot deny that our own day has its right to institute customs." Gluek, 59 Harv. L. Rev. 396 at 398. In a footnote to this passage he added: "Much of the law of nations has its roots in custom. Custom must have a beginning; and customary usages of states in the matter of national and personal liability for resort to prohibited methods of warfare and to wholesale criminalism have not been petrified for all time."

133 Other exceptions were also recognized.

plates of state immunity from civil claims in national courts. The current rumblings involve the clamour for a *jus cogens* exception.

There are discernible parallels in the basic rationales for these two legal developments on the civil side. At the heart of the argument for a *jus cogens* exception is the proposition that a state that descends into the dark dungeons of torture must not enjoy such forbearance of inquiry into its conducts in foreign courts as is motivated by considerations of dignity or comity.[134] This proposition obviously enjoys a congenial philosophical kinship with the rationale behind the older *jure gestionis* exception, which considered several decades ago that a state that "descends" into the marketplace must have to put up with any resulting lawsuit in foreign domestic courts.[135]

However, perhaps more compelling is the argument that the underlying assumptions for state immunity are unsustainable in the long run for the purposes of avoiding the *jus cogens* exception. Some of these assumptions (for instance, that state immunity is a rule of international law that may not be unilaterally altered by any state and its judiciary) are clearly erroneous, for the rule itself was developed by nations and their judiciaries. While others of these assumptions (such as those underlying the venerable *par in parem non habet imperium*) can no longer sustain a doctrine of state immunity that does not permit a *jus cogens exception* — considering that the *jure gestionis* exception, and other exceptions, have been made to the doctrine of state immunity, notwithstanding the *par in parem* maxim.

Despite the obstacle posed by the triumvirate of *Al-Adsani, Bouzari,* and *Jones,* current trends indicate that the question is no longer whether this *jus cogens* exception will be recognized eventually by states as a matter of general practice but, rather, how soon it will be done. For any member of the community of nations, the issue is whether she will play a leading role in establishing and shaping this exception or whether she will be a mere follower. For many states, the courts may appear to be an unlikely source for this role, in the presence of a legislative framework that may not readily accommodate to a construction that could reasonably generate a *jus cogens*

[134] See dissenting opinion of Wald J. in *Princz v. Federal Republic of Germany,* 26 F. 3d 1166 at 1176–85 (1994) (US C.A. for DC Circuit), certification denied, 513 U.S. 1121 (1995) (US S.C.).

[135] See the opinion of Lord Wilberforce in *I Congreso,* and the judgment of the Court of Appeal of New Zealand in *Sir Ronald Davidson, supra* note 37.

exception. For others, however, it may be possible to achieve the change through a relevant and progressive construction of an overriding instrument, such as the *ECHR* or the *Canadian Bill of Rights*. At any rate, there is no valid obstacle to achieving the change through legislation. Such a progressive construction of an overriding instrument, as with a legislative change in the absence of a relevant overriding instrument, will necessarily be driven by the changing pattern of global ideals that currently stresses the need to tame the enduring proclivity of some state functionaries to abuse fundamental human rights and humanitarian norms grossly.

Sommaire

L'immunité des États, les atrocités étatiques et la justice civile en droit international contemporain

L'exercice de la compétence civile par une instance nationale sur un souverain étranger a été la source de controverses perpétuelles en matière de relations internationales. Cela a conduit au développement de la doctrine de l'immunité des États, fondée sur la notion de la courtoisie internationale. À un certain moment, cette doctrine a pu être considérée comme une règle absolue. Avec le temps, des exceptions à la règle ont été acceptées, notamment en matière d'activités commerciales. Récemment, on a pu constater un mouvement vers la reconnaissance d'une nouvelle exception concernant la violation de normes de jus cogens, *pour freiner la tendance de certains agents étatiques à participer à des violations graves du droit humanitaire et des droits de la personne. Ce mouvement a cependant rencontré une forte résistance. Cette résistance s'est manifestée au travers de trois décisions respectivement rendues par la Cour européenne des Droits de l'Homme, la Cour d'appel de l'Ontario et la Chambre des lords. Cet essai à pour objet de démontrer en premier lieu que cette résistance est fondée en grande partie sur des conceptions intrinsèquement erronées. En deuxième lieu, il démontrera que la courtoisie internationale des nations ne suffit plus pour justifier la doctrine de l'immunité des États, en particulier face au* jus cogens *en tant que norme impérative de droit international.*

Summary

State Immunity, State Atrocities, and Civil Justice in the Modern Era of International Law

The exercise of civil jurisdiction by a national court over a foreign sovereign has been a perennial source of controversy in international relations. It resulted in the development of the doctrine of state immunity, founded on the notion of the comity of nations. The doctrine at some point was considered an absolute rule. With time, exceptions to the rule were accepted, notably in the area of commercial activities. In recent times, there has been a movement to recognize a further exception involving violation of jus cogens *norms in order to limit the tendency of certain state agents to engage in gross violations of human rights and humanitarian norms. Yet this movement has encountered strong resistance. The resistance is apparent in three decisions rendered respectively by the European Court of Human Rights, the Ontario Court of Appeal, and the British House of Lords. In this article, it is contended first that the resistance noted in these cases is largely founded on fundamental misconceptions. It is further contended that the comity of nations is no longer sustainable as a rational basis for the doctrine of state immunity, especially in the face of* jus cogens *as a peremptory norm of international law.*

Notes and Comments / Notes et commentaires

Canada and the 2003 Invasion of Iraq: Prime Minister Chrétien's Gloss on the *UN Charter* Principles on the Use of Force

On 20 March 2003, the United States and Great Britain, in a combined military operation, invaded Iraq. The then prime minister of Canada, Jean Chrétien, announced to the House of Commons on 17 March that, if military action against Iraq should proceed without a new resolution of the UN Security Council explicitly authorizing such armed intervention, Canada would not take part in it. The British government had decided on that same day not to proceed further on its earlier project, which had already been debated for some time in the Security Council with respect to such an authorizing resolution. It had become apparent that, notwithstanding intensive diplomatic lobbying, the votes for such an US-UK armed intervention against Iraq were not there even to obtain the special legal majority (nine votes, as required in the fifteen-member Security Council), quite apart from any question of a possible veto by one or more of the other three permanent members of the Security Council (France, Russia, and China).

Emergence of a Chrétien Gloss on Canadian Practice as to Chapter VII (Peacemaking)

Prime Minister Chrétien's announcement in the House of Commons on 17 March should not have come as a surprise to those who

---

The succeeding analysis is based in part on a guest editorial, which was prepared at the invitation of the Canadian Council on International Law for their bulletin on 20 March 2003 (29 CCIL Bulletin 1 (2003). For a fuller development of the legal issues, see also Edward McWhinney, *The September 11 Terrorist Attacks and the Invasion of Iraq in Contemporary International Law: Opinions on the Emerging New World Order System* (Leiden and Boston: Martinus Nijhoff Publishers, 2004). Some aspects relating particularly to Prime Minister Chrétien's role are also reviewed by the

had been studying the evolution of Canadian practice on Chapters VI and VII of the *Charter of the United Nations* since the "golden era" of the middle 1950s when foreign policy was guided by Lester Pearson and Paul Martin, Sr.[1] It was at this time that Lester Pearson's proposal for an interposition of neutral *peacekeeping* forces between the rival antagonists in the Suez crisis of October 1956 provided a politically face-saving occasion for the withdrawal of the then invading British/French forces and also established the classical paradigm for involvement of Canadian armed forces in the United Nations or UN-sanctioned military operations. The change in the nature and character of threats to international peace and security that existed during the Cold War era of US-Soviet political-military bloc confrontation gave way to peaceful coexistence and then to *détente,* which involved a new phenomenon of inter-ethnic conflict and of violence approaching civil war within existing plural-national states that had so very often been cobbled together, artificially, by peace treaties imposed by the victors after great wars. The classical peacekeeping role was evidently no longer sufficient to contain and moderate these inter-ethnic conflicts, and so the difficult quest began to develop new ground rules for a new, affirmative peacekeeping role, involving, if need be, the direct application of armed force under Chapter VII of the *UN Charter.*

The change in emphasis had become apparent at the opening of the decade of the 1990s with the implosion of the former Socialist Federal Republic of Yugoslavia (SFRY). Within Canada, the then Conservative prime minister, Brian Mulroney, had had no difficulty in engaging Canadian armed forces in the US-led Gulf War operation of 1990–91. But, then, the legal issues were clear cut enough — an Iraqi invasion of a neighbouring state, Kuwait, and a full and immediate collective response within the United Nations by way of an umbrella series of UN Security Council and General Assembly resolutions authorizing Chapter VII military operations to repel the invasion and to restore the territorial integrity of the Kuwait frontiers. Within the Balkans, in contrast, the legal issues were not so clear cut in what became a veritable war of the Yugoslav succession, involving, at times, vestigial historical rivalries within the European Community group of states going back to pre-1914. A continuing public

---

author in *Chrétien and Canadian Federalism: Politics and the Constitution, 1993–2003* (Vancouver: Ronsdale Press, 2003) at 197 and 199–205; and in (2004) 2 Chinese J. Int'l L. 571 at 579–80.

[1] *Charter of the United Nations,* 26 June 1945, Can. T.S. 1945 No. 7.

dialogue in Canada over whether, and how and when, to intervene in a civil war situation found outlets within the Canadian Parliament in the deliberations of the Standing Committees on Foreign Affairs of both the Senate and the House of Commons and in a series of debates in the House of Commons. Throughout these debates, all political parties became actively engaged in a form of dialectical unfolding of a new national consensus as to the use of force under the *UN Charter* and the conditions and modalities for engagement of Canadian military forces in any direct combat-style activity.

Prime Minister Jean Chrétien's projection of executive personality involved a substantial delegation of decision-making authority to ministers in service portfolios such as defence and foreign affairs, but he would increasingly assume a personal role in regard to Chapter VII (use of force) issues as the complexity and gravity of the inter-ethnic crisis mounted. Prime Minister Chrétien made no claims to being a specialist in international law in his own right. There were no acknowledged experts in international law or foreign policy on his personal political staff, and while, by arrangement with the Ministry of Foreign Affairs, there was a foreign ministry officer seconded to the prime minster's office on a continuing basis, it was always on a short-term, non-renewable basis, usually with a promising younger career officer who, by professional training, would not seek to intrude his or her own high policy notions, even if invited to do so, which rarely seemed to be the case. This emergence of a new, distinctively Chrétien gloss on Canadian state practice in these areas would emerge on an incremental, step-by-step basis through public addresses or interviews in private, non-parliamentary, non-governmental fora over a period of a number of months in 2002–3. There would be no essaying by the prime minister, in *a priori* terms, and in Parliament itself, of any new, Canadian doctrine. As a result, the prime minister's approach may have been the more durable because of its evident empirical, experiential base and high element of pragmatic realism and political common sense in the concrete case.

At a bilateral, French-German head-of-government summit meeting in Hannover, Germany, on 8 September 2002, French president Jacques Chirac and German chancellor Gerhard Schroeder issued a joint declaration stating categorically that their two countries would not agree to take part in any armed intervention in Iraq without the prior explicit authority of the UN Security Council. The next day, 9 September 2002, Prime Minister Chrétien had indicated that the Canadian government would adopt the same policy.

Much closer to the military "moment of truth" on Iraq — on 13 February 2003 in an address to the US Council on Foreign Relations in Chicago — Prime Minister Chrétien had indicated his insistence on relying on the United Nations and on the continuing disarmament process for Iraq, which was underway under UN supervision, according to Security Council Resolution 1441. Prime Minister Chrétien had taken the opportunity, at the same time, to sound a cautionary note to the US administration:

> The price of being the World's only superpower is that its motives are sometimes questioned by others. Great strength is not always perceived by others as benign. Not everyone around the world is prepared to take the United States on faith ... Therefore it is imperative to avoid the perception of a "clash of civilizations." Maximum use of the United Nations will minimize the risk.[2]

In an interview on ABC's television network diffused throughout the United States on 9 March 2003, Chrétien had been even more specific in defining the problem as the Canadian government then saw it: "Resolution 1441 is about disarmament and ... it's a question of more days."[3] Prime Minister Chrétien went on to reject the notion that Resolution 1441 could be invoked as authority to produce a change of *régime* in Iraq. In his words,

> [t]hat is not the debate at the U.N. ... You know, China might say, well, we have a problem somewhere and you know, we don't like the *régime* and we're going to change the *régime*. It's why it's dangerous. You know, everybody will take that as a pretext."[4]

In answer to a direct question from his American television network host, as to whether Canada would fight in Iraq only if there were a UN resolution, the prime minister had replied: "It has been the position of Canada since the first day and it was the position of Canada in 1990 [in the Gulf War]."[5]

2 Jean Chrétien, "Address to the US Council on Foreign Relations" (Chicago, IL), 13 February 2003, Prime Minister's Office, Ottawa.

3 Jean Chrétien, "Interview, ABC Television Network (United States)," 9 March 2003, Prime Minister's Office, Ottawa.

4 *Ibid.*

5 *Ibid.*

Canada had not been a member of the UN Security Council at the time that Great Britain presented its draft resolution seeking Security Council legal authority for the action against Iraq and had not therefore participated directly in the prolonged Security Council debates and negotiations resulting from the draft resolution. It is perhaps understandable that Prime Minister Chrétien turned to the non-official fora provided by US media and US community service groups in order to secure the dissemination of his views to a wider international audience. He also spoke in private to heads of state of countries that were elected members of the Security Council at the time, including, in particular, the president of Chile, Ricardo Lagos, with whom he had developed close personal ties that included personal visits at their private residences in their respective home countries, and, through President Lagos, the president of Mexico, Vincente Fox. Both of these key Latin American states withheld their support from what had become reduced, in the end, to a UK-US-Spanish (then Spanish Premier Aznar), three-state project. Due to certain Latin American states' long historical record of colourable interventions by outside Western European powers and, of course, the United States in their internal affairs in the late nineteenth and early twentieth centuries — one of the principal reasons for inclusion of Article 2(7) in the *UN Charter* at the San Francisco founding conference in 1945 — the Chilean and Mexican opposition may well have been a decisive factor in the eventual political collapse of the UK-US-Spanish draft resolution project, which was finally allowed to lapse without coming to a vote in the Security Council.

If there is no single documentary formulation of the Chrétien gloss on Chapter VII of the *UN Charter*, its main outlines may nevertheless be induced easily enough from the separate explanations and elaborations advanced by Prime Minister Chrétien in the spring of 2003, during the political run-up and preparation for the US-UK invasion of Iraq. There is a particular focus on the very special mandate established by Security Council Resolution 1441 and its postulation of the circumstance, the only circumstance, under which the "serious consequences" that it intended for Iraq could (validly in international law terms) occur. It is all predicated upon the United Nations examining and reporting credibly on the degree of compliance by the government of Iraq with disarmament obligations imposed on it and spelled out in this resolution. UN Resolution 1441 thus exists, and has to be interpreted, in the special context of the United Nations as well as in the UN inspection system created by the United Nations for determination of the fulfillment or non-fulfillment by the government of Iraq of those obligations. In Prime Minister Chrétien's own words to the US Council on Foreign Relations on 13 February 2003, in referring to the specially created United Nations Monitoring, Verification and Inspection Committee, which was headed by the Swedish diplomat and former head of the International Atomic Energy Agency, Hans Blix: "Dr. Blix will tell the world whether Iraq is in compliance with Resolution 1441."[6]

Report of the Canadian Senate Standing Committee on Foreign Affairs, 2000

The long-range Canadian position, which corresponds to the historical intentions of the founding members of the United Nations at the San Francisco conference in 1945, has been that the *UN Charter* establishes an absolute ban on the use of armed force except in the two special situations stipulated under the *Charter: peacemaking* action when expressly authorized by the Security Council under Chapter VII; and *self-defence* as strictly defined and limited under Article 51 of the *UN Charter.* To this definition, we could add the new condition successfully sponsored by US President Harry Truman and his secretary of state, Dean Acheson, in the Korean crisis of 1950: the UN General Assembly may (by a two-thirds majority, as required for an "important question" under the *UN Charter*) legislate affirmatively to fill any gap in the peacemaking capacity of the United Nations in situations where "the Security Council because of lack of unanimity of Permanent Members, fails to exercise its primary responsibility for the maintenance of international peace and security." The only legal limitation under this condition — the "uniting-for-peace" formula established in the UN General Assembly resolution of November 1950 that bears its name — would be the necessity, procedurally, of obtaining the two-thirds majority in the General Assembly to authorize the peacemaking action (though with no right of veto, of course, for permanent members of the Security Council in General Assembly voting).

The Standing Committee on Foreign Affairs of the Canadian Senate in its April 2000 report on the Kosovo case,[7] found no less than eight examples of the successful application of the uniting-for-

[6] Chrétien, *supra* note 2.

[7] *Report of the Standing Committee on Foreign Affairs. Senate of Canada* (Peter Stollery, chairman), April 2000, Senate of Canada, Ottawa.

peace precedent via the UN General Assembly, after its first invocation in the Korean crisis of 1950.[8] It has been suggested by a thoughtful Canadian jurist, who is a specialist in the law of war, that an inability to obtain the two-thirds majority in the General Assembly in support of armed action for the maintenance of international peace and security might sensibly call for a re-examination of the political merits and wisdom of the proposed measures.[9]

The Canadian Senate's Standing Committee's extended retrospective re-examination of the legal formulation and merits of the original political decision by the Canadian government to by-pass the United Nations in the quest for a legal dispensation from the *UN Charter*'s prohibitions on the use of force and to take part, as a result, in a US-led North Atlantic Treaty Organization (NATO)-based coalition in armed action against the residual Serbia-Montenegro remnant of the old Socialist Federal Republic of Yugoslavia (SFRY) is only one among a number of historically revisionist studies of the renewed Balkan conflicts of the 1990s what might be denoted as the War of the Yugoslav Succession. The most intense legal soul-searching, understandably enough, has come within the core European Community countries France, Germany, and Italy, whose governments were eventually persuaded to rally to the US-led military attack on the rump of Yugoslavia and the government in Belgrade in the spring of 1999. All of these core European Community countries had had their own long-standing historical claims and special foreign policy interests in the Balkan region, going back before the First World War, continuing between the two world wars, and manifesting again in the Second World War. These claims had been asserted either by proxy in supporting claims of the Balkan neighbours and rivals of Yugoslavia or directly in the case of Italian territorial ambitions before, during, and after the First World War, which concerned the Illyrian region and the eastern littoral of the Adriatic Sea. The historically based cleavages between these key European Community countries were demonstrated early enough in conflicting state policies concerning the diplomatic recognition of the two early breakaway constituent republics of the old Socialist Federal Republic of Yugoslavia, Slovenia, and Croatia, with the French government taking the long view and preaching caution according to the more generally accepted classical international

[8] *Ibid.* at 33.

[9] L.C. Green, "The Rule of Law and Human Rights in the Balkans" (1999) 37 Can. Y.B. Int'l L. 223 and 244.

law doctrines and practice on recognition, and the other governments opting instead for a rush to recognition.

The doctrinal differences are clearly demonstrated in the assorted memoirs and personal papers of the principal political players. President François Mitterand has perhaps the more legally principled long-range approach[10] and was supported in this by then UN Secretary-General Boutros Boutros-Ghali.[11] German Chancellor Helmut Kohl, however, was pressured by major internal, domestic political forces within Germany, which ultimately prevailed because of Kohl's European allies' concern for Kohl's political survival in upcoming German national elections, resulting finally, if reluctantly, in a European Community common position on early recognition.[12] Domestic political considerations clearly entered into the ultimate decisions in Canada on the Balkan files. Canada in its new condition of a plural-national, plural-ethnic society as a result of the waves of new immigrants in the post-Second World War era had its own politically involved, and articulate, special communities and pressure groups from all of the main constituent republics and communities of the old SFRY.

The Canadian Senate, as a body that is unelected, with its members appointed by the federal prime minister of the day and holding their seats until compulsory retirement at the age of seventy-five years, remains relatively immune from the more obvious community political pressures and thus relatively free to take a politically independent view related to its own assessment of long-range legal principles and going beyond the exigent here and now of particular problem situations coming before it in committee. The Senate Standing Committee's recommendations in its report in 2000 are thus clear and categorical in a way that would be difficult for a House of Commons committee, composed of elected members of parliament and delegated by their respective political parties to the committee, to try to replicate:

> That any military operations involving Canada, going beyond the defence of NATO territory, or of Canada's own vital national interests should be

[10] Hubert Védrine, *Les mondes de François Mitterand. À l'Elysée 1981–1995* (Paris: Librairie Arthème Fayard, 1996).

[11] Boutros Boutros-Ghali, *Unvanquished: A U.S.-U.N. Saga* (New York: Random House, 1999).

[12] See generally Klaus Kinkel, ed., *In der Verantwortung. Hans-Dietrich Genscher zum Siebzigsten* (Berlin: Siedler Verlag, 1997).

authorized by the U.N. Security Council; that if U.N. Security Council authority be not feasible because of application of a veto, or threat thereof, by a Permanent Member of the Security Council, then the authority of the U.N. General Assembly should be sought on the precedent of the "Uniting for Peace" Resolution adopted by the General Assembly on 3 November 1950 during the Korean Crisis.[13]

In explaining its conclusions and recommendations, the Senate Committee added:

> The lack of U.N. authorization also set an unfortunate precedent. NATO's action in Kosovo could be seen as implying that it can disregard international law when it so chooses. Or, it might lead some to conclude more generally that both individual states and regional organizations, may act unilaterally when it serves their purpose.[14]

Consensus Building within the House of Commons Standing Committee on Foreign Affairs as to the *Charter* principles on the Use of Force

The House of Commons Standing Committee of Foreign Affairs, except in politically rare minority government situations, will always have a majority of its members from the government party, plus a chair designated by the prime minister and automatically voted in by the government majority within the committee. The balance of the seats within the committee are distributed *pro rata* among the opposition parties according to their actual numbers in the House and will normally be filled by selection by the party leaders concerned. The parliamentary secretary, by custom, is always a member of the committee and charged with the quota of government members in the committee.

As noted by the parliamentary secretary in the House of Commons on 28 April 1998, Prime Minister Chrétien's Liberal government had made the commitment in 1994, at the beginning of its mandate, that when Canadian forces would be involved in military activities under the United Nations or otherwise, the House would get the opportunity to debate it.[15] In terms of this engagement, the House

[13] *Report of the Standing Committee on Foreign Affairs. supra* note 7 at 34.

[14] *Ibid.* at 47.

[15] *House of Commons Debates,* 28 April 1998, vol. 135 (no. 094) 1st Session, 36th Parliament, at 6272–73.

of Commons thus had the opportunity of discussing — albeit in a non-vote debate — the issue of Canadian representation in NATO coalition forces to be mounted against the rump of Yugoslavia, both *before* the political decisions had actually been taken and, finally, *after* military operations had begun. Four such non-vote debates over the US-sponsored Kosovo intervention were held: on 28 April 1998;[16] on 7 October 1998;[17]; on 17 February 1999;[18] and, finally, on 12 April 1999,[19] when the NATO military operations were already well underway and when its most politically controversial element — high-level aerial bombing impacting directly on the civil population and property — had become a matter of potential political division within Canada. The House debates, in which the leading actors from all parties were usually members of the House of Commons Standing Committee on Foreign Affairs, reflect a marked degree of collegiality and common cause among committee members, going across conventional party lines. The Standing Committee had had a considerable continuity in its ranks and also in its chair since the committee's inauguration, for the thirty-sixth Parliament, at the beginning of 1994. Having no inherent constitutional powers in its own right, as the non-vote condition attached to the new privilege of debating the proposed NATO military intervention indicated, the committee's effectiveness, in influencing or directing foreign policy formation, would depend very largely on its ability to form a persuasive consensus within committee ranks on any major issue, avoiding the extremes of partisan warfare that sometimes had characterized plenary House activities in other policy areas. The Standing Committee was fortunate to have had the one continuing chair throughout this whole period — from 1994 to the end of the 1990s — an unusually long term in a post that, by conventional parliamentary wisdom, lacks effective power. The committee chair, Bill Graham, was belatedly promoted directly from the House of Commons Standing Committee chair to Cabinet as minister of foreign affairs — an unusual occurrence in itself — but this only occurred during the third Chrétien mandate, in the immediate aftermath of the 11 September 2001 terrorist attacks in the United States.

16 *Ibid.*, 28 April 1998.

17 *Ibid.*, 7 October 1998, vol. 135 (no. 134) 1st Session, 36th Parliament.

18 *Ibid.*, 17 February 1999, vol. 135 (no. 183) 1st Session, 36th Parliament.

19 *Ibid.*, 12 April 1999, vol. 135 (no. 205A) 1st Session, 36th Parliament.

Within the House of Commons Standing Committee, all of the parties were concerned as to the international law base for the then widely presaged military intervention by NATO member states against the rump of Yugoslavia, for which Canadian active military involvement was being canvassed by other states. Such concern may be induced in the comments and questions of individual committee members in the successive Kosovo debates. Thus, Reform Party spokesperson, Bob Mills, expressed his fears, during the 7 October 1998 House debate, that Canada might end up fulfilling NATO action as opposed to UN action, a situation that he said he found troubling because, in his view, it greatly weakened the position of the United Nations, meaning that more and more people would be challenging the UN's authority. Going outside the UN, Mills suggested, does nothing but hurt the UN organization and could ultimately lead to its demise.[20]

Again, in the same 7 October 1998 debate, Parti québécois spokesperson, Daniel Turp, pointedly reminded the House that he himself had, in the first of the Kosovo debates (on 28 April 1998), asked if the Canadian government thought that Canada and other NATO states had the legal authority to use military force against Serbia and that the question, he noted, still remained unanswered six months later.[21] Raising his own doubts whether use of force would be consistent under contemporary international law with the *UN Charter* without the prior authorization of the Security Council, Turp indicated that he knew that legal opinions had been provided to the government on the subject.[22] In fact, a request that the government obtain such expert opinion from the legal advisor to the Ministry of Foreign Affairs had been put forth in the House of Commons Standing Committee's own deliberations.

An even more interesting example of constructive cooperation and interaction between government and opposition political parties in clarifying difficult issues of international law with respect to the licitness of recourse to armed force in situations when not permitted, in terms, under the *UN Charter*, was provided in detailed inter-party exchanges in the House of Commons during the 7 October 1998 debate. These debates took advantage of the House's internal procedures that permit the introduction of questions and answers in the routine exercise of speech making, with the consent

[20] *Ibid.*, 7 October 1998, at 8921.

[21] *Ibid.* at 8925.

[22] *Ibid.*

of the concerned members of parliament. In this way, government party, Parti québécois,[23] and New Democratic Party[24] spokespersons were able to address, together, the relevance of any revived doctrine of humanitarian intervention in contemporary international law terms. This notion had been floated at the time, in some diplomatic circles, as an alternative legal base for any outside armed intervention against Serbia. It was at a time when serious doubts were beginning to be expressed in political, and also in expert legal, quarters as to the legal justification and entitlement of NATO as a vehicle for any such military operation. These particular doubts were most strikingly raised in the final of the four House debates on the Kosovo file on 12 April 1999, only a few weeks after the NATO operation had actually begun, by Reform Party spokesperson, Jim Abbott:

> In terms of intervention for humanitarian reasons, here we have NATO, which has historically been a defensive organisation, suddenly turning offensive. Under what basis, what authority? ... Why are we not intervening, for example, in East Timor? What would happen if an altercation occurred between China and Taiwan? What would happen in the Basque? What authority is there? ... [Under] what authority does [one] really see NATO involved in the way in which it is involved in this very aggressive intervention?[25]

In the immediate time context of the House of Commons debates, questions such as these as to the legality of a NATO-based military intervention against Serbia without any prior Security Council dispensation from the *UN Charter* prohibitions on use of force may have become moot with the completion of the NATO military operation itself. Nevertheless, when what had been expected to be a one-week successful military operation turned out to be an eleven-week campaign, which involved, among other things, high-level aerial bombardments that managed to hit the Chinese embassy in Belgrade, the main civilian television station in Belgrade, as well as an ordinary civil passenger train loaded with civilians, legal questions were raised as to the compatibility with the obligations established under the 1977 *Protocol Additional to the Geneva Conventions of*

[23] *Ibid.,* Daniel Turp (Beauharnois-Salaberry).

[24] *Ibid.* at 8926, Svend J. Robinson (Burnaby-Douglas).

[25] *Ibid.,* 12 April 1999, at 13614.

1949, and Relating to the Protection of Victims of International Armed Conflicts and the *Protocol Additional to the Geneva Conventions of 1949 and Relating to the Protection of Victims of Non-International Armed Conflicts,* which serve to protect civilian populations and civil property in the case of aerial bombardment.[26] It was later confirmed for House Standing Committee members that Canadian military personnel and military aircraft had not been involved in these particular attacks. The implications of the 1977 protocols for the law of war as to aerial bombardment had been raised in the House debate of 7 October 1998, some months before the NATO armed intervention actually began.[27]

As for the political choice of NATO as the vehicle for effectuating the Rambouillet Accords by military enforcement action, questions might still remain, from a legal viewpoint, as to whether NATO itself, as a vestigial survival from a Cold War defensive alliance from time past, could properly qualify today as a United Nations regional association for the purposes of Chapter VIII of the *UN Charter*. The Petersberg Declaration of 6 May 1999 — the G-8 foreign ministers' statement that followed on the peace plan presented by Finnish president Martti Ahtisaari and Russian special envoy Viktor Chernomyrdin — which essentially ended the outside military intervention against the rump of Yugoslavia in 1999, managed to do so without any mention of NATO.[28] The same apparently conscious and deliberate avoidance of any acknowledgment, in terms, of NATO or NATO's military role is represented in UN Security Council Resolution 1244 (1999), adopted on 10 June 1999 as a concrete implementation of the Petersberg Declaration,[29] which qualifies as an effective legal termination of the hostilities.

[26] *Protocol Additional to the Geneva Conventions of 1949, and Relating to the Protection of Victims of International Armed Conflicts,* 12 December 1977, 1125 U.N.T.S. 3 (entered into force 7 December 1978); and *Protocol Additional to the Geneva Conventions of 1949 and Relating to the Protection of Victims of Non-International Armed Conflicts,* 12 December 1977, 1125 U.N.T.S. 609 (entered into force 7 December 1978)

[27] Reference is made by Chuck Strahl (Fraser Valley), spokesperson of the then Reform Party to the 1977 Protocols on Aerial Bombardment, in the 7 October 1998 House of Common debates on Kosovo. *House of Commons Debates,* 7 October 1998, vol. 135 (no. 134) 1st Session, 36th Parliament, at 8925.

[28] *G-8 Foreign Ministers: Statement by the Chairman on the Conclusion of the Meeting of the G8 Foreign Ministers on the Petersberg,* 6 May 1999.

[29] United Nations Security Council Resolution 1244, 10 June 1999, adopted by the Security Council at its 4011th meeting, on 10 June 1999, Doc. S/RES/1244 (1999).

Intervention under Chapter VII of the *UN Charter*: "Humanitarian Intervention": Multilateralism versus Unilateralism in the Final Decision on Use of Force

The residual legacy for Canada from a study of both parliamentary Standing Committees, Senate and House of Commons, and the House of Commons debates, and then Prime Minister Chrétien's executive, prerogative decisions concerning armed engagement in Iraq is based on the cumulative experience from all of these sources. The main points of the emerging new consensus as to Chapter VII of the *UN Charter* seem clear enough. First, while the decision to go to war is, for Canada, in the realm of prerogative power of the executive with no constitutional requirement of parliamentary approval as in some other, non-Westminster constitutional systems, the experience with the non-vote House of Commons debates on recourse to armed intervention under Chapter VII of the *UN Charter* has been a positive one and has facilitated the formation of a consensus across conventional party lines in support of the ultimate executive decision to act or not to act. It is to be recalled, of course, that since the Kellogg-Briand Pact of 1928, states considering armed action have usually chosen to avoid formal declarations of war. The Chapter VII stipulations as to the use of force would apply, equally, to formal and to informal exercises in armed action against other states. In what would, as the logical next step beyond House of Commons non-vote debates, amount to important constitutional advance for Parliament, Prime Minister Stephen Harper had indicated, in 2007, that his minority Conservative government would allow the House of Commons to decide by a vote whether the Canadian forces' current armed engagement in Afghanistan should be extended beyond the current February 2009 deadline.

Second, since the ending of the Cold War and the era of bipolar nuclear confrontation, the Cold War balance-of-power scenario of nuclear weapons poised and ready to strike at a moment's notice has largely disappeared. With respect to both the Kosovo intervention and the run-up to the US-UK invasion of Iraq, there was more than ample time for parliamentary reflection and consultation of public opinion — twelve months in the first case and eighteen months in the second case — from the early, first informal diplomatic exchanges and proposals. In some other notable cases that might have been deemed more urgent in terms of international intervention through the United Nations — Darfur, for example — the problem did not concern, it may be suggested, the time dimension but, rather, the lack of any clear, collective international will to act.

Third, there has always been a clear distinction for Canadian purposes between Afghanistan, where, from the very beginning, the legal foundations for collective action under the *UN Charter* were provided by enabling resolutions of the Security Council enacted in the aftermath of the 11 September 2001 terrorist attacks on the United States, and Iraq, where there was the signal failure of the attempts to achieve similar Security Council backing and where Canada, in consequence, opted against joining the planned armed intervention.

Fourth, Security Council (or, for that matter, also General Assembly) legal mandates for collective international armed interventions under Chapter VII have to be strictly construed since they necessarily involve a departure from the overall *UN Charter* policy against recourse to armed force. While customary international law principles flowing from the rules concerning belligerent occupation will certainly extend to both the rights and also to the obligations of invading powers to continue with reconstruction and restoration of civil authority after the completion of the original military operations, any significant change from an original UN Security Council mandate or any undue prolongation of this original mandate would seem to require a return to the United Nations and the obtaining of a new or renewed mandate in a fresh UN resolution specially adopted for this purpose.

Fifth, in the extended run-up to the Kosovo armed intervention in 1999, there were some attempts to postulate a new, or renewed, international law right of "humanitarian intervention" by other states in the stated design to protect citizens of a particular state from actions of its own government. The claimed doctrine was revived again in the context of the Iraq invasion of March 2003, particularly after the original grounds offered for such armed intervention — the claimed existence of weapons of mass destruction and the claimed links of the Iraqi government to the Taliban regime in Afghanistan and Taliban terrorist organizations generally — were demonstrated as being without factual foundation. There were several difficulties to the claimed humanitarian intervention doctrine when revived in the Iraq invasion context. As it was then presented, belatedly, the claim may have seemed designed as another justification for *unilateral* armed intervention outside, and in despite of, the express *UN Charter* prohibitions. More substantially, political trial balloons launched on its behalf in the Balkans and Iraq contexts ran counter to the severely tarnished reputation of this claimed doctrine from its original late nineteenth-century projections as a cloak for (Western European and later US) imperial or colonial ventures in other states and, particularly, in Latin American states, in support of the intervening states' own national commercial or economic special interests in those other states. It was these perceived abuses in the name of humanitarian intervention that had resulted in the Latin American states' reasoned legal briefs in San Francisco in 1945, which had led to the adoption of Article 2(7) of the *UN Charter*. The eminent British scholar, J.L. Brierly, commenting upon a doctrine of humanitarian intervention that, if it had ever attained credibility in international law terms, would have been generally considered to have been historically spent by the end of the First World War, notes wryly that Hersh Lauterpacht (later the British judge on the International Court of Justice), whom Brierly characterized correctly as "the great protagonist for the recognition of human rights," had felt "bound to consider that the doctrine of humanitarian intervention had 'never become a fully acknowledged part of positive international law.'"[30] If the legal quietus to this doctrine was finally achieved, under the renewed pressures of the Latin American states at the founding conference of the United Nations in 1945, it might be suggested that there is absolutely nothing to prevent, and indeed everything to recommend, acceptance today by the Security Council (or the General Assembly, if need be, on the uniting-for-peace precedent of 1950) that conditions of the sort existing in Darfur in recent days, with their inevitable immediate spill-over into other states, may become in themselves threats to international peace and security and proper subjects, therefore, for international collective action under Chapter VII of the *UN Charter*. The essential procedural difference would be that instead of opening the legal door to unilateral military intervention, in which an intervening state acts, in effect, as judge, jury, and lord high executioner in its own cause, it would require multilateral decision making within the *UN Charter*.

Sixth, a rhetorically perhaps more pleasing formulation of the same proposition of a (unilateral) right to a humanitarian intervention, but, it may be suggested, with the same basic institutional and processual flaws or *lacunae* — an asserted "right to protect" — had surfaced also in some governmental and diplomatic quarters in the prolonged run-up to the invasion of Iraq in March 2003, with the

[30] J.L. Brierly, *The Law of Nations*, 6th ed., Sir Humphrey Waldock (Oxford: Clarendon Press, 1928; reprinted 1963) at 403.

evident political failure in the Security Council of the other proffered grounds for invoking Chapter VII of the *UN Charter*. This motion had been floated even earlier, from 1995 on, in the context of the foreshadowed later NATO-based intervention of Kosovo in 1999. It was cited, with evident approval, by the then president of the American Society of International Law, Anne-Marie Slaughter, in her September-October 2003 newsletter for the American Society of International Law.[31] In subsequent newsletters, Slaughter had begun to change her views on the Iraq invasion, culminating in her final newsletter as president, which was published in March-April 2004, in which she had indicated that, while originally supporting the invasion on the score that while "illegal under international law [it was] politically legitimate in the eyes of the international community," she had now concluded that the invasion was "both illegal and illegitimate." This view was based, principally, on the failure to find any weapons of mass destruction there and on the failure to turn the issue back to the United Nations as quickly as possible after the fighting was done.[32]

[31] Anne-Marie Slaughter, "Notes from the President: A Fork in the Road" ASIL Newsletter (September-October 2003) at 1 and 4.

[32] Anne-Marie Slaughter, "Notes from the President: The Value of Spirited Debate," ASIL Newsletter (January-February 2004); and "Notes from the President: Reflections on the War in Iraq One Year Later," ASIL Newsletter (March-April 2004). In her September-October 2003 newsletter, Slaughter had indicated that the "right to protect" doctrine was the work of a "Canadian-sponsored Commission." This commission, the original, apparently informal, non-governmental group, commenced in the mid-1990s in the run-up to the ultimate NATO-led armed action against the former Yugoslavia and had twelve members, two of whom were Canadians. The group's activities were not called for, or reported to, the House of Commons Standing Committee on Foreign Affairs during the House Standing Committee's extensive public hearings before and after the NATO-led attack of 1999. The group's eventual report, published in December 2001, under the title *Report of the International Commission on Intervention and State Sovereignty*, was apparently never considered by the Canadian government, and it was not adopted by the Canadian government. There were no recognized international law scholars in the group, and this may have helped account for its failure to achieve any general acceptance in world community terms for a postulated new imperative principle of international law when the case for armed intervention against Iraq was being advanced in the corridors of the United Nations and elsewhere after the 11 September 2001 terrorist attacks against the United States. The major *lacuna* throughout was a seeming lack of fundamental interest or concern for the necessary interrelation of abstract legal principle — the law-in-books — and the international institutions and decision-making processes necessary to translate it concretely into law-in-action and world

Seventh, we return to then Prime Minister Jean Chrétien who made the decision on 17 March 2003 — in spite of some last-minute extreme diplomatic pressures on him, as his principal political aide of the time has now revealed[33] — to refuse to join in the planned invasion of Iraq. He thus established his own special gloss on Canadian long-term policies and practice as to Chapter VII of the *UN Charter* and the recourse to armed force under it. The key elements in decisions on application of Chapter VII involve, first and foremost, fact-finding tests. In making his own assessment of the facts, Prime Minister Chrétien benefited certainly from the collective wisdom of the Senate and the House of Commons' Standing Committees on Foreign Affairs and their detailed studies and reports and also from the all-party consensus within Canada on the particular points emerging from the four successive non-vote House of Commons debates. In the end, however, it may have come down to Prime Minister Chrétien's own commonsense evaluation and judgment on all available evidence at the time, including facts of general public knowledge of the sort commonly acknowledged by courts in their own rulings. A shrewd and worldly wise, if intellectually unpretentious and always down-to-earth political leader, thus exercised his own pragmatic judgment on the facts as known at the time. His decision may also be said to have acquired its own subsequent scientific-legal vindication in the resolution — the Bruges Declaration on the Use of Force — which was adopted by the century-old

community "living law." The gap in the thinking and reasoning is clear: *who* is to make the crucial decision on whether to invade, and *when* and *how*, and *under what controls* as to timing and duration? This major *lacuna* had been sought to be addressed in the group's eventual report, published in December 2001, five months after the 11 September terrorist attacks. But, as Slaughter's successor as president of the American Society on International Law, José E. Alvarez, then correctly noted, the report did not exclude a claimed "right to protect" — as proffered legal justification for an invasion outside the *UN Charter* and without prior enabling resolution adopted by the Security Council — being invoked even by a so-called "coalition of the willing." This may in fact have occurred as a latter-day rationalization of the grounds for the Iraq invasion, after the original grounds put forward as to the weapons of mass destruction and the asserted links to the Taliban had fallen away. José E. Alvarez, "The Schizophrenias of R2P. Notes from the President," ASIL Newsletter (Summer 2007).

[33] Chrétien's political chief of staff, who was not himself an international lawyer, in looking back after Chrétien had left office. Eddie Goldenberg, *The Way It Works: Inside Ottawa* (Toronto: McClelland and Stewart, 2006) at 256 and 270.

Institut de Droit International at its seventy-first biennial session some six months later on 2 September 2003.[34]

EDWARD MCWHINNEY
Q.C., Honorary Editor, Board of Editors

Sommaire

Le Canada et l'invasion de l'Irak, 2003: L'interprétation du premier ministre Jean Chrétien des principes de la Charte de l'ONU sur le recours à la force

Le premier ministre Jean Chrétien annoncait au Parlement le 17 mars 2003 — trois jours avant l'invasion de l'Iraq — que le Canada n'assisterait pas à une intervention par la force armée, sauf sous l'égide des Nations Unies et avec l'autorité préalable d'une résolution du Conseil de Sécurité. La déclaration du premier ministre avait réaffirmé la politique historique classique du Canada, visant la primauté de la Charte *et l'autorité du Conseil de Sécurité sur l'application de la force armée.*

Summary

Canada and the 2003 Invasion of Iraq: Prime Minister Chrétien's Gloss on the *UN Charter* Principles on the Use of Force

Prime Minister Jean Chrétien announced to Parliament on 17 March 2003, three days before the launching of the US-British joint invasion of Iraq, that Canada would not take part in any armed intervention without a prior UN Security Council resolution authorizing such action in legal terms. The Chrétien declaration effectively reaffirmed Canadian classical historical positions as to the primacy of the United Nations in any decisions on the application of armed force conformably to Chapter VII of the Charter.

[34] "Bruges Declaration on the Use of Force" (2 September 2003) 71(2) Annuaire de l'Institut de Droit International 279–80 (English and French texts of the resolution at 284–89). The Bruges Declaration was adopted by a vote of ninety to fifteen, with twelve abstentions. The institute at its biennial session held in Santiago, Chile, in 2007 had no difficulty in agreeing that today — "[g]enocide, crimes against humanity or large-scale war crimes should be considered as a threat to international peace and security" and to reaffirm the full legal authority of the "competent organs of the United Nations." *Resolution on the Present Problems of the Use of Armed Force in International Law,* (2008) 72 Annuaire de l'Institut de Droit International.

Le processus d'adhésion de la Turquie à l'Union européenne: Le rôle déterminant des critères politiques de Copenhague

Introduction

"La Turquie demeure 'eurocompatible.'" C'est ce que déclarait Abdullah Gül, nouveau président de la République de Turquie, dans un discours à l'Assemblée parlementaire du Conseil de l'Europe le 3 octobre 2007. Faisant part de la détermination politique de poursuivre les réformes, le président se félicitait des progrès accomplis par son pays en matière des droits humains. Cette insistance sur les droits humains n'est pas fortuite. Elle intervient à un moment où les relations avec l'Union européenne (UE) piétinent depuis que les négociations d'adhésion aient subi un coup d'arrêt le 11 décembre 2006 sur le dossier chypriote. L'UE avait alors décidé de suspendre les pourparlers sur les huit des trente-cinq chapitres de l'acquis communautaire face au refus turc d'ouvrir ses ports et ses aéroports aux navires et aux avions chypriotes grecs. Les propos de M. Gül révèlent les efforts du gouvernement turc de relancer les négociations avec l'UE.

L'adhésion de la Turquie à l'Union européenne est un sujet de controverse qui divise les opinions et les partis politiques en Europe. La candidature turque crée des replis identitaires qui ont failli remettre en cause le projet européen.[1] Elle a occupé une place majeure dans les débats ayant précédé le rejet par référendum du *Projet de Traité établissant une Constitution pour l'Europe* en France, le 29 mai 2005. Pourtant, des accords de longue date lient la Turquie

De 1994 à 2004, l'auteur fut l'adjointe du Représentant permanent de la Turquie auprès du Conseil de l'Europe.

[1] Près de quatre millions d'immigrants turcs habitent dans les pays de l'Europe de l'ouest.

à l'Europe. Le premier accord remonte à 1963.[2] La Turquie a progressivement intégré certaines institutions et programmes de l'UE et transposé en partie l'acquis communautaire.[3]

Le débat sur l'adhésion de la Turquie est un débat sur l'avenir de l'Europe. Il soulève des questions relatives à des limites institutionnelles et géographiques de l'UE, et à son identité.[4] Les arguments d'ordre géographique, historique, culturel, religieux, démographique ou économique, reviennent dans ce débat. Pour chacune des thèses avancées contre l'adhésion de ce pays, il existe des arguments en faveur semblant tout aussi fondés selon l'approche politique, culturelle ou intellectuelle adoptée. Le débat sur l'appartenance géographique de la Turquie à l'Europe, illustre bien cette polarisation: les opposants soutiennent que 95 % de son territoire étant situé en Asie, la Turquie n'est pas un pays, géographiquement parlant, européen, que l'entrée de la Turquie signifierait la fin de l'Europe, puisqu'elle ouvrirait la porte à d'autres États comme l'Ukraine ou les pays du Caucase. En outre, cette adhésion qui mettra les frontières extérieures de l'UE en contact direct avec les pays instables du Moyen-Orient, présenterait des désavantages géopolitiques.[5] Face à ces arguments, les défenseurs de l'adhésion invoqueront le cas de Chypre, membre de l'UE depuis 2004, et qui se situe à quelques 500 km. à l'est d'Istanbul. Ils feront valoir que la Turquie, pays résolument tourné vers l'Europe,[6] pourrait constituer un pont entre l'Orient et l'Occident, garantissant la stabilité politique et le dialogue interreligieux dans cette région si perturbée de notre planète. Dans les arguments en faveur, l'accent sera placé sur les atouts géopolitiques et géostratégiques que présente la Turquie: elle participe à des missions de maintien de la paix et de reconstruction de l'Organisation des Nations Unies et occupe une position géographique cruciale pour la sécurité éner-

[2] *Accord d'association CEE-Turquie* (1963). JO no. 217 du 29 décembre 1964.

[3] Gwénaelle Le Guillou, *L'Union européenne et la Turquie,* Rennes, Éditions Apogée, 1999, aux pp. 128-130; Conseil européen, *Décision relative à la conclusion d'un accord cadre entre la CE et la Turquie les principes généraux de la participation de la Turquie aux programmes communautaires,* 2002/179/CE , 17 décembre 2001.

[4] Jean-Paul Burdy, *La Turquie est-elle européenne?,* Grenoble, Éditions Turquoise, 2004, à la p. 11.

[5] Alexandre Del Valle, *La Turquie dans l'Europe. Un cheval de Troie islamiste,* Paris, Éditions des Syrtes, 2004, aux pp. 385-410.

[6] Olivier Roy, "La Turquie en quête d'Europe" dans Olivier Roy, dir., *La Turquie aujourd'hui. Un pays européen?,* Paris, Universalis, 2004, à la page 11.

gétique de l'Europe.[7] Il est certain que ce débat contribue à la définition de l'identité européenne.

La question de savoir si la Turquie peut devenir un membre de l'UE a été résolue lorsque Bruxelles a convenu que ce pays était suffisamment européen pour poser sa candidature. Il existe aujourd'hui une feuille de route politique claire précisant les conditions de son adhésion. Nous soutenons que le seul argument valable pour ou contre l'entrée de ce pays dans l'Union est d'ordre démocratique. Cet article analyse l'évolution des critères régissant l'élargissement de l'UE et leurs répercussions sur le processus d'adhésion de la Turquie. Les facteurs ayant joué un rôle dans les réformes démocratiques entreprises par ce pays sur la voie d'adhésion seront également examinés.

Les critères politiques de Copenhague et le processus d'adhésion de la Turquie

L'effondrement de l'Union soviétique et l'aspiration des nouvelles démocraties de l'Europe Centrale et de l'Est à s'intégrer dans l'UE ont entraîné de profonds changements politiques et institutionnels pour l'UE. Le préambule du *Traité sur l'UE* du 7 février 1992 souligne l'importance historique de la fin de la division du continent. L'Union européene est a été appelée à établir des bases solides pour l'architecture de l'Europe future basée sur des valeurs communes.[8] Son but initial de réaliser une union économique et commerciale entre les États membres semblait être relégué au second plan. Au fil des traités, l'Europe est devenue un véritable projet politique qui a culminé avec l'instauration de la citoyenneté européenne et l'élaboration de la *Charte des droits fondamentaux*. L'article 6.1 du *Traité sur l'UE* précise que "l'Union est fondée sur les principes de la liberté, de la démocratie, du respect des droits de l'homme et des libertés fondamentales, ainsi que de l'État de droit, principes qui sont communs aux États membres." Cette disposition est reprise à l'article 2 du *Traité modifiant le traité sur l'Union européenne et le traité instituant la Communauté européenne* adopté lors du sommet de Lisbonne le 18 octobre 2007. L'élargissement apparaît comme un outil politique puissant promouvant ces valeurs

[7] Federico Bordonaro, "Turkey key to Western energy, security" (4 octobre 2006), en ligne: ISN Security Watch, <http://www.isn.ethz.ch/news/sw/details.cfm?id=16582>.

[8] *Traité sur l'Union européenne*, 7 février 1992, JOC 191.

communes dans les futurs États membres.[9] Selon l'article 49 du *Traité sur l'UE,* tout État européen qui respecte les principes énoncés à l'article 6.1 peut devenir membre de l'Union. Il s'agit des exigences de base que tout État candidat doit satisfaire pour intégrer l'UE. Le Conseil européen de juin 1993 a confirmé ce fait en adoptant les *critères politiques de Copenhague* selon lesquels un pays candidat doit être une démocratie stable, respectueuse des droits humains, de la règle de droit et de la protection des minorities.[10]

Les relations entre l'UE et la Turquie ont progressivement évolué: essentiellement économiques au début, elles se sont centrées sur le respect des principes démocratiques à partir des années 1990. Le but principal du *Traité de Rome* de 1957, de réaliser un marché commun basé sur la libre circulation transparaît dans le premier *accord d'association* conclu en 1963 entre la Communauté économique européenne et la Turquie, suivi du *protocole additionnel sur le renforcement des échanges Turquie-CEE,* entré en vigueur en 1973. Les objectifs fondamentaux de ces instruments sont le renforcement des relations commerciales et économiques, et la mise en place d'une union douanière. Un tournant est pris le 14 avril 1987, lorsque la Turquie a officiellement présenté sa candidature à la Communauté européenne. Ce qui a entraîné une obligation de satisfaire aux exigences communautaires en matière d'élargissement. La Turquie a ainsi dû faire preuve de sa volonté de "partager un projet fondé sur une communauté de principes, de politiques et d'institutions"[11] par le respect des critères de Copenhague. Des réformes démocratiques sont entreprises dès juillet 1995. Une "Stratégie européenne pour la Turquie"[12] est élaborée par la Commission européenne le 4 mars 1998 marquant le début d'un processus de rapprochement des législations communautaire et turque et la reprise par ce pays de l'acquis communautaire. Depuis la publication en novembre 1998 d'un premier rapport sur les progrès

[9] CE, *Document de stratégie pour l'élargissement,* Communication (2005)561final, 9 novembre 2005 à la p. 2.

[10] Conseil européen de Copenhague, *Conclusions de la Présidence,* 21-22 juin 1993, <http://www.consilium.europa.eu/ueDocs/cms_Data/docs/pressData/fr/ec/72922.pdf>.

[11] Commission européenne, *Document de stratégie pour l'élargissement,* Communication (2005)561final, 9 novembre 2005 à la p. 2.

[12] Commission européenne, *Stratégie européenne pour la Turquie,* Communication (98)124 final, 4 mars 1998, non publié au Journal officiel.

accomplis par la Turquie sur la voie à l'adhésion,[13] ce pays se trouve sous la supervision étroite de la Commission.

En décembre 1999, le Conseil européen d'Helsinki a reconnu que la Turquie est un État candidat qui a vocation à rejoindre l'UE. Il a décidé de lui accorder le statut officiel de pays candidat à l'adhésion. Un partenariat pour l'adhésion de la Turquie est élaboré en 2001,[14] précisant les lignes directrices à poursuivre en vue de la préparation à l'adhésion. La Commission attirait alors l'attention sur le fait que la Turquie ne remplissait pas encore les *critères de Copenhague* et qu'elle devrait donner la priorité à l'amélioration du respect des droits humains.

Quatre ans plus tard, dans son rapport régulier, la Commission se félicitait des avancées importantes accomplies par la Turquie dans le cadre de son processus de réforme politique. Elle notait avec satisfaction les profonds changements constitutionnels et législatifs intervenus. Estimant que la Turquie satisfaisait suffisamment aux *critères politiques de Copenhague,* la Commission recommandait l'ouverture des négociations d'adhésion conditionnées avec ce pays.[15] Sur la base de cette recommandation, le Conseil européen a ouvert les négociations le 3 octobre 2005.

Les critères démocratiques occupent une place prééminente dans la stratégie d'encadrement proposée par la Commission. Des trois piliers que prévoit cette stratégie, le plus important traite de la coopération visant à renforcer et soutenir le processus de réforme en Turquie dans la perspective du respect continu des *critères de Copenhague.* L'évaluation des progrès accomplis dans le domaine des réformes politiques se fait sur la base d'un partenariat pour l'adhésion revisé.[16]

Les réformes entamées dès le milieu des années 1990 ont radicalement transformé l'État de droit en Turquie. Dans la prochaine

[13] Commission européenne, *Rapport sur les progrès accomplis par la Turquie sur la voie pour l'adhésion,* Communication(98)711final, novembre 1998, non publié au Journal officiel.

[14] Conseil européen, *Règlement (CE) n° 390/2001 concernant l'assistance à la Turquie dans le cadre de la stratégie de préadhésion, et notamment l'instauration d'un partenariat pour l'adhésion,* 26 février 2001. JO L58 du 28.2.2001.

[15] Commission européenne, *Recommandation concernant les progrès réalisés par la Turquie sur la voie de l'adhésion,* Communication(2004) 656 final, 6 octobre 2004, non publiée au Journal officiel.

[16] Conseil européen, *Décision 2006/35/CE relative aux principes, aux priorités et aux conditions figurant dans le partenariat pour l'adhésion de la Turquie,* 23 janvier 2006.

partie, nous analyserons les facteurs ayant joué un rôle dans ce processus en vue de permettre une meilleure compréhension de la nature et l'ampleur des réformes démocratiques.

Un meilleur respect des droits humains comme la condition et la conséquence du "désir d'Europe": les réformes démocratiques mises en œuvre par la Turquie

Trois facteurs ont été déterminants dans la réalisation rapide des réformes par la Turquie. Le premier est son "désir d'Europe." L'Union projette une image de modernité et représente des valeurs jugées "désirables" par le pouvoir politique et une partie de la population. Ce qui motive la détermination de la Turquie de faire partie des institutions et des politiques communautaires.[17] Le deuxième facteur concerne les changements de politique interne de la dernière décennie. La démocratie parlementaire turque a connu plusieurs ruptures depuis les années 1960. Cette discontinuité démocratique a été exacerbée par la lutte armée menée contre le Parti des travailleurs du Kurdistan (PKK), reconnu comme une organisation terroriste par l'UE et les États-Unis. Entre 1984 et 1999, les conflits armés ont coûté la vie à plus de trente mille personnes majoritairement des civils. L'état de siège décrété dans le sud-est du pays et le climat d'insécurité généralisée qui s'en est suivi eurent un impact dévastateur sur l'exercice des droits et libertés. La paix civile a pu être réétablie vers la fin des années 1990. La stabilité politique qui prévalait dans la période ayant suivi l'accession au pouvoir du Parti de la justice et du développement (AKP) le 3 novembre 2002, a créé un climat propice aux réformes. Certains tabous, comme la question kurde, ont été brisés.[18] Le pouvoir politique pro-européen, a fait preuve d'une détermination sans faille pour intégrer l'UE. Ces changements politiques ont été accompagnés de l'émergence d'une culture démocratique véhiculée par une société civile qui est de plus en plus structurée. Les développements sociopolitiques ont créé des conditions favorables pour le réaménagement du système politique et juridique exigé par l'Union.

[17] Commission européenne, *Document de stratégie pour l'élargissement,* Communication (2005)561final, 9 novembre 2005 à la p. 2.

[18] Martin Harvey, "Un acteur majeur à la croisée des chemins" dans Didier Billion dir., *La Turquie vers un rendez-vous décisif avec l'Union européenne,* Paris, IRIS, PUF, 2004, à la page 132.

Le dernier facteur est l'effort déployé par la Turquie pour se conformer à ses obligations internationales dans le domaine des droits humains. Le Conseil de l'Europe, à travers l'application de la *Convention européenne des droits de l'Homme*[19] a joué un rôle pivot dans la démocratisation de ce pays, et la réforme de ses institutions politiques, judiciaires et administratives. À partir des années 1990, la Turquie a fait l'objet de plusieurs condamnations par la Cour européenne des Droits de l'Homme.[20] Entre 1996 et 2006, plus de cent arrêts et décisions ont été rendus concluant à la violation de diverses dispositions de la CEDH par ce pays. Les problèmes soulevés dans un grand nombre de ces affaires étaient liés à des événements survenus dans le contexte de la lutte contre le terrorisme. Ils concernaient notamment les actions des membres des forces de sécurité. En vue de se conformer aux arrêts de la Cour EDH, la Turquie a pris des mesures individuelles: elle a dédommagé les victimes en leur versant des réparations pécuniaires. De plus, afin d'assurer que des violations similaires ne se répètent à l'avenir, elle a adopté des mesures de caractère général. Ces mesures ont nécessité une modification substantielle de la constitution turque mais aussi de la législation et des pratiques administratives.[21]

La pression découlant des obligations de la Turquie dans le cadre des traités internationaux des droits humains est susceptible d'augmenter. Au cours des dernières années, ce pays a ratifié plusieurs traités internationaux dont les deux *Pactes des Nations Unies*[22] et la

[19] Ci-après "CEDH."

[20] Ci-après "la Cour EDH."

[21] Conseil de l'Europe, Comité des ministres, *Résolution intérimaire ResDH(2005)43 Actions des forces de sécurité en Turquie. Progrès accomplis et problèmes en suspens. Mesures de caractère général visant à assurer l'exécution des arrêts de la Cour européenne des droits de l'Homme contre la Turquie concernant les actions des forces de sécurité (Suivi des résolutions intérimaires DH(99)434 et DH(2002)98,* 7 juin 2005; Conseil de l'Europe, Direction générale des Droits de l'Homme, *Mémorandum sur les mesures de caractère général visant à assurer l'exécution des arrêts de la Cour européenne des Droits de l'Homme dans 93 affaires contre la Turquie (Suivi des résolutions intérimaires DH(99)434, ResDH(2002)98 et progrès accomplis et problèmes en suspens depuis l'adoption de la ResDH(2005)43 en juin 2005,* 26 mai 2006.

[22] *Pacte international relatif aux droits civils et politiques*, A.G. res. 2200A (XXI), 21 U.N. GAOR Supp. (No. 16) at 52, UN Doc. A/6316 (1966), 999 U.N.T.S. 171, entrée en vigueur le 23 mars 1976; *Pacte international relatif aux droits économiques, sociaux et culturels*, A.G. res. 2200A (XXI), 21 U.N. GAOR Supp. (No. 16) à 49, UN Doc. A/6316 (1966), 993 U.N.T.S. 3, entrée en vigueur le 3 janvier 1976.

Convention sur l'élimination de toutes les formes de discrimination raciale.[23] Ces efforts ont non seulement entraîné une meilleure protection des droits et libertés fondamentaux, mais également impliqué un changement de l'image du pays comme membre de la communauté internationale assumant pleinement ses responsabilités en droit international.

Les réformes effectuées couvrent un large éventail de domaines. Dès juillet 1995, l'Assemblée nationale a voté un "paquet pour la démocratie" contenant seize amendements constitutionnels et facilitant la participation de la société civile à la vie politique. Cette première vague de réformes a été suivie de l'adoption en octobre 2001 d'une série de trente-quarante amendements à la Constitution. La Turquie a élaboré un *Programme national pour la reprise de l'acquis communautaire* (PNAA) dès 2001.[24] Un deuxième programme en 2003[25] présentait les modalités de la mise en œuvre de domaines prioritaires accompagnées d'un échéancier.[26] Plusieurs "paquets" successifs de réformes structurelles portant sur le fonctionnement des institutions démocratiques ont été adoptés. Des amendements constitutionnels, législatifs et administratifs ont visé à améliorer l'exercice des libertés fondamentales.[27]

Les réformes se sont poursuivies malgré le contexte sécuritaire qui prévaut dans la région depuis le 11 septembre 2001.[28] Elles symbolisent la transition de la Turquie d'un système d'exception caractérisé par des restrictions à l'exercice des droits et libertés, vers un système véritablement démocratique. Des structures de promotion des droits humains ont été créées au sein de l'exécutif et du

[23] *Convention internationale sur l'élimination de toutes les formes de discrimination raciale,* 660 U.N.T.S. 195, entrée envigueur le 4 janvier 1969.

[24] *National programme for the adoption of the acquis,* 19 March 2001. <http://ec.europa.eu/enlargement/pdf/turkey/npaa_full_en.pdf>.

[25] Conseil des Ministres de la République de Turquie, décision du 23 juin 2003. Journal officiel no. 25178bis du 24 June 2003, <http://www.abgs.gov.tr/indexen.html>.

[26] N. Ziya, "Domestic Politics, International Norms and Challenges to the State: Turkey-EU Relations in the Post-Helsinki Era," dans Ali Carko Lu et Barry Rubin, eds., *Turkey and the European Union. Domestic Politics, Economic Integration and International Dynamics,* London, Frank Cass, 2003, (9-34) à la page 13.

[27] Jean-Claude Vérez et Jean-Raphael Chaponnère, *Turquie et Union européenne. Un défi réciproque,* Paris, Ellipses, 2005, à la p. 57.

[28] Didier Billion, "Introduction. L'UE doit ouvrir des négociations d'adhésion avec la Turquie" dans Didier Billion, dir., *La Turquie vers un rendez-vous décisif avec l'Union européenne,* Paris, IRIS, PUF, 2004, à la page 38.

législatif. L'état de siège a été levé dans l'ensemble du pays en 2002. La composition, le mode de désignation des membres, les missions et le fonctionnement du Conseil national de la sécurité ont été révisés en août 2003. Le caractère secret de cette institution a été limité. Le poids de la bureaucratie militaire dans la conduite des affaires du pays a été réduit.[29] Les cours de sûreté de l'État ont été abolies en 2004. Ces tribunaux d'exception étaient habilités à juger toute personne prévenue pour atteinte à la sécurité nationale et à l'intégrité territoriale. Ils étaient considérés problématiques par la Cour EDH, du point de vue des garanties d'un procès equitable.[30] En outre, la peine de mort a été abolie en toute circonstance en 2004 et le *protocole no. 13* à la CEDH a été ratifié par la Turquie en février 2006. L'effet direct en droit interne a été reconnu aux traités internationaux, ce qui implique la prééminence des obligations internationales, y compris des normes de la CEDH, sur la loi nationale.

De plus, la Turquie a pris d'importantes mesures correctives pour encadrer l'action de ses forces de sécurité. Ces mesures portent sur les pratiques et le cadre juridique régissant les activités des forces de sécurité y compris leur système de formation et d'entraînement. Une politique officielle de "tolérance zéro" est menée dans la lutte contre la torture. Une attention particulière est portée à la formation initiale et professionnelle aux droits humains des membres des forces de sécurité et du personnel des centres de détention. Des recours internes effectifs ont été mis en place pour renforcer la responsabilité pénale des forces de sécurité. Les garanties procédurales sont améliorées afin d'interdire la torture et les mauvais traitements pendant la garde à vue, avec l'adoption en septembre 2004 d'un nouveau *Code pénal* et d'un *Code de procédure pénale*. La durée maximale de la garde à vue pour des infractions relevant de la compétence des cours de sûreté de l'État, qui était de quatorze jours avant 1997, est amenée à vingt-quatre heures en vertu de l'article 128 du nouveau *Code de procédure pénale*. Les méthodes d'interrogatoire abusives sont prohibées tout comme l'utilisation des aveux extorqués par la force comme motif de jugement.

29 William Hale, "Human Rights, the European Union and the Turkish Accession Process," dans Ali Carko Lu et Barry Rubin, dir., *Turkey and the European Union: Domestic Politics, Economic Integration and International Dynamics*, London, Frank Cass, 2003, à la page 119.

30 Cour EDH, *Incal* c. *Turquie, req.no. 22678/93*, arrêt du 9 juin 1998, Reports 1998-IV.

Les garanties procédurales reconnues à des personnes détenues en garde à vue sont renforcées. Elles ont désormais accès à un avocat de leur choix dès le début de la garde à vue, l'aide juridique gratuite, le droit d'être informées de leurs droits au moment où elles sont placées en garde à vue, de consulter leur dossier d'enquête et le droit à un examen médical. Les conditions matérielles de la détention sont substantiellement améliorées grâce à la coopération menée avec le Comité pour la prévention de la torture (CPT) du Conseil de l'Europe.[31]

Des avancées importantes sont enregistrées dans le dossier kurde qui était à l'origine des atteintes les plus graves aux droits humains dans les années 1980 et 1990. Suite à la reconnaissance politique de "la réalité kurde," l'exercice des droits culturels et politiques est amélioré. Plusieurs mesures sont prises dans le domaine des droits culturels. L'enseignement privé en langue kurde est autorisé. Le *règlement sur la diffusion de programmes de radio et de télévision dans les langues et dialectes traditionnellement utilisés par les citoyens turcs* a ouvert la voie à la diffusion des émissions dans cette langue. Les publications en langue kurde ne sont plus prohibées. Au cours de la dernière décennie, la Turquie a assisté à un renouveau de l'identité kurde soutenue par une société civile active. La minorité kurde a réconforté son assise politique avec l'élection de vingt députés kurdes à la GANT à l'issue des élections législatives du 22 juillet 2007. Les kurdes disposent désormais de vrais moyens démocratiques pour faire valoir leurs demandes.

Une attention particulière est portée à la situation de la population déplacée. Cette population représente plusieurs centaines de milliers de personnes déplacées en raison de la violence et de la détérioration de leur situation socio-économique dans la région du sud-est. Plusieurs initiatives sont prises pour améliorer le sort de ces personnes qui vivent dans une situation d'extrême précarité. Une projet de retour au village et de réintégration a été élaboré en 2004. Il prévoit des mesures concrètes comme la construction de l'infrastructure et des logements dans la région pour favoriser le retour des personnes déplacées. Ce projet est mis en œuvre avec la collaboration de la Banque mondiale et de l'Université de Hacettepe à Ankara. La coopération avec le Représentant de l'ONU sur les droits des personnes déplacées témoigne de la reconnaissance par le gouvernement de l'ampleur du problème. Par ailleurs, une *Loi sur*

[31] Les rapports de visites du CPT et les réponses du gouvernement turc sont disponibles sur le site du CPT au <http://www.cpt.coe.int/fr/etats/tur.htm>.

l'indemnisation des préjudices causés par le terrorisme et les opérations de lutte contre le terrorisme, adoptée le 27 juillet 2004, prévoit une possibilité d'indemnisation directe par les pouvoirs publics des préjudices financiers subis par des personnes physiques ou morales, du fait d'activités terroristes et d'opérations de lutte contre le terrorisme survenues de juillet 1987 à décembre 2005. La loi permet la révision judiciaire des décisions rendues à cet égard.[32] Les commissions d'indemnisation instituées lors de l'entrée en vigueur de la *Loi d'indemnisation* sont opérationnelles dans soixante-seize départements. À la fin de 2005, 170 000 personnes avaient déjà introduit un recours devant ces instances. Le 9 février 2006, la Cour EDH, saisie d'une requête individuelle dans laquelle le requérant se plaignait du refus des autorités de l'autoriser à regagner son domicile et ses terres dans le sud-est du pays, a conclu que les mesures prises par la Turquie pour remédier à la situation des personnes déplacées étaient satisfaisantes.[33]

Les violations des droits humains ont régressé au cours des dernières années. Il est cependant nécessaire que les réformes soient davantage consolidées et étendues. Comme le souligne la Commission européenne, il existe plusieurs questions problématiques. Des pas concrets doivent être pris pour améliorer notamment la liberté d'expression, les droits des femmes, les droits syndicaux et culturels, et le renforcement de la lutte contre les mauvais traitements.[34] Parmi les autres sujets de préoccupation soulevés par la Commission, figurent l'utilisation d'une force disproportionnée par les forces de l'ordre lors de manifestations, et la liberté religieuse des minorités et communautés religieuses.[35] De plus, la reconnaissance des droits des minorités demeure un processus fragile. Il est nécessaire que la Turquie déploie des efforts pour une acceptation pleine des kurdes comme une composante spécifique de sa population. Ces efforts devraient comprendre des réaménagements politiques et

[32] *Règlement sur l'indemnisation des préjudices résultant d'actes de terrorisme et d'opérations de lutte contre le terrorisme,* qui fixe les règles relatives au fonctionnement et aux méthodes de travail des "commissions d'évaluation et d'indemnisation," est entré en vigueur le 20 octobre 2004.

[33] Cour EDH, affaire *Içyer c. Turquie,* req. n° 18888/02, décision d'irrecevabilité du 9 février 2006.

[34] Commission européenne, *Document de stratégie pour l'élargissement,* Communication (2005)561final, 9 novembre 2005 à la p. 5.

[35] Commission européenne, *Document de stratégie pour l'élargissement,* Communication (2007) 663 final, 6 novembre 2007.

institutionnels en vue de renforcer la démocratie locale. Des mesures complémentaires doivent être prises pour assurer l'effectivité des programmes comme le Projet de retour au village et de réintegration, dont le succès dépend de l'amélioration des conditions de sécurité y compris le déminage de la région.[36] La Turquie devrait poursuivre ses efforts en vue de développer une véritable politique sociale contre la pauvreté, le chômage, la marginalisation sociale des personnes déplacées. Enfin, une culture de réconciliation devrait être favorisée.[37]

Conclusion

L'adoption de l'acquis communautaire ne se réduit pas à l'inscription dans les législations nationales de directives, mais accompagne une véritable transition sociopolitique.[38] L'expérience turque illustre bien ce défi de l'élargissement de l'Union. La perspective européenne a été un puissant facteur de démocratisation pour la Turquie. Les progrès enregistrés en vue de satisfaire aux *critères de Copenhague,* ont transformé l'État de droit et les mentalités des citoyens. Le processus de transposition de l'acquis communautaire au plan national a modernisé le système étatique. Il a un impact positif indéniable sur divers aspects de la vie quotidienne en Turquie, allant de l'environnement aux transports, de la protection des consommateurs à la santé. La volonté politique d'adhérer à l'UE a été déterminante dans ce processus. Elle demeure une condition majeure pour la poursuite des réformes démocratiques. Ce qui explique en partie le ralentissement des réformes dans la période ayant suivi la rupture des pourparlers avec l'Union en décembre 2006. Par ailleurs, la reprise des conflits armés dans le sud-est de la Turquie est préoccupante. Les tensions ethniques et politiques qui accompagnent la résurgence des hostilités entre les forces armées et le PKK, risquent de déstabiliser le gouvernement d'AKP confortablement réélu en juillet 2007. Le climat d'insécurité peut surtout

[36] Bilgin Ayata, Deniz Yukseker, "A Belated Awakening: National and International Responses to the Internal Displacement of Kurds in Turkey" dans *New Perspectives on Turkey,* no. 32 (2005) aux pp. 5-42.

[37] Turkish Economic and Social Studies Foundation and Norwegian Refugee Council, *Overcoming a Legacy of Mistrust: Towards Reconciliation between the State and the Displaced, Update on the Implementation of the Recommendations Made by the UN Secretary General's Representative on Internally Displaced Persons Following His Visit to Turkey,* 1 June 2006.

[38] Michel Foucher, *À propos des frontières de l'Europe,* Label France, no. 40, 07/2000, à la page 3.

remettre en question les avancées en droits humains et avoir des répercussions négatives sur l'exercice des droits et libertés.

Le débat sur l'adhésion de la Turquie apporte une contribution essentielle aux réflexions sur la définition de l'Europe.[39] L'avenir des relations de l'Union avec la Turquie dépend de la nature du projet politique européen. La Turquie présente des atouts culturels et géopolitiques indéniables pour une Europe définie comme la rencontre d'un espace et d'un projet démocratique. Pour la Turquie, l'enjeu est majeur. Cette adhésion assurera surtout son ancrage définitif à des principes, de la démocratie, du respect des droits de l'homme et des libertés fondamentales. En tant que membre de l'UE, la Turquie contribuera à la sécurité démocratique de l'Europe.

IDIL ATAK
Doctorante, Faculté de droit, Université de Montréal

Summary

Turkey's Bid for Membership in the European Union: The Decisive Role of the Copenhagen Political Criteria

In December 1999, Turkey was officially recognized as a candidate for European Union membership. Despite strong historical and economic ties that bind this country to the Union, its potential membership has generated lively debate in political circles as well as in public opinion. In addition to arguments of an economic and cultural nature, opponents of membership raise objections related to Turkey's poor human rights and democratic record. This article explores Turkish reforms undertaken in the fields of fundamental rights and freedoms and minority rights since the end of the 1990s. It focuses on the impetus given by the European Union to the process of democratization. The article also analyzes the changing framework of Turkey's relationship to the European Union since the opening of membership negotiations on 3 October 2005.

[39] Olivier Roy, "La Turquie: Monde à part ou nouvelle frontière pour l'Europe?" dans Olivier Roy, éd., *La Turquie aujourd'hui. Un pays européen?* Paris, Universalis, 2004 à la page 28.

Sommaire

Le processus d'adhésion de la Turquie à l'Union européenne: Le rôle déterminant des critères politiques de Copenhague

La Turquie a officiellement obtenu le statut de pays candidat à l'adhésion à l'Union européenne en décembre 1999. Malgré des accords de longue date liant ce pays à l'Union, la perspective de son éventuelle adhésion continue de susciter des débats passionnés tant dans la classe politique qu'au niveau de l'opinion publique en Europe. Les opposants à l'adhésion de la Turquie font valoir des arguments d'ordre économique, culturel mais aussi des objections liées au non-respect par ce pays des principes démocratiques fondamentaux. L'article porte sur les progrès accomplis par la Turquie en matière de respect des droits humains et des droits des minorités depuis la fin des années 1990. Il explore le rôle joué par l'UE dans le processus de démocratisation. L'évolution des relations entre la Turquie et l'Union depuis l'ouverture des négociations d'adhésion le 3 octobre 2005 est également examinée.

John Peters Humphrey: Canadian Nationalist and World Government Advocate

I have enough sense to realize that I can't step out of McGill and by the aid of a few clever words or acts change Montreal into Utopia. Success, if it comes, will be slow and after many set backs, but it will come ... When I die I want men to say "the world is a better place to live because that man lived" and unless men are willing to say that about me then my life has been a failure. These are not just words although it may look that way on paper. It is my very religion. To me immortality is to live on in the contributions that one makes to humanity.

JOHN PETERS HUMPHREY, 30 SEPTEMBER 1928[1]

INTRODUCTION

John Peters Humphrey is best known for his work as the director of the Division for Human Rights at the United Nations (UN). He held this position from 1946 to 1966 and in this role oversaw the creation of the *Universal Declaration of Human Rights* and dozens of other human rights covenants and protocols. In awarding Humphrey

---

This article was written for the course entitled Canadian Approaches to International Law, which is taught at the University of Toronto's Faculty of Law. The author would like to thank Karen Knop and Angela Fernandez for their guidance and insightful comments throughout. She is also grateful for the research and archival assistance of Beatrice Tice, the faculty's chief law librarian, and Mary Houde, administrative coordinator of the McGill University Archives.

1 This was said by Humphrey in a letter to his sister, Ruth, while he was in law school. He was twenty-three years old. Alan J. Hobbins, "'Dear Rufus ... ': A Law Student's Life at McGill in the Roaring Twenties from Letters of John P. Humphrey" (1999) 44 McGill L.J. 753 at 775 ["Dear Rufus"].

the Read Medal, honouring outstanding contributions to work in international law and organizations, the Canadian Council on International Law declared him the "Principal Drafter of the Universal Declaration of Human Rights."[2] It is this feature of Humphrey's life that is the main focus of academic biographical works, such as that done by Ronald St. John MacDonald and Alan Hobbins, and popular attention, such as the creation of a stamp and statute in Humphrey's honour and the focus of a Canadian Heritage Minute.[3]

The declaration and Humphrey's contribution to the human rights regime, while significant, is only one facet of his work. Prior to his time at the United Nations, Humphrey had very little to say about an international bill of rights. In fact, his early work is almost exclusively focused on strengthening national identity and obtaining equality for all Canadians and, later, the creation of a strong world government modelled on the federal nation state.[4] While social security was seen as a requirement of domestic equality, human rights were not an immediate part of his international project. This paradox, if it is a paradox, in Humphrey's thought is striking. However, the individual was of supreme importance in both of Humphrey's visions, national and international, and acts to unify Humphrey's life work. Human rights, in particular, allowed international law to come into contact with the individual — they would make the individual, rather than the state, directly subject to international law — and were a means to induce universal respect for individuals and therefore avoid repetition of the causes of the Second World War.

[2] "1973 Read Medal Recipient," Canadian Council on International Law, <http://www.ccil-ccdi.ca/index.php?option=com_content&task=view&id=51&Itemid=62>; *Universal Declaration of Human Rights,* G.A. Res. 217 (III), UN GAOR, 3rd Sess., Supp. No. 13, UN Doc. A/810 (1948), 71 [*Universal Declaration of Human Rights*].

[3] The Government of Canada fully attributes the *Universal Declaration of Human Rights* to Humphrey. Department of Foreign Affairs and International Trade (DFAIT), (1998) 1 Canada: World View 7; Historical Minute, "Canada and the World," History by the Minute, <http://www.histori.ca/minutes/minute.do?id=10219>.

[4] In the early 1940s, Humphrey was also involved in debates over Canada's entrance into the Pan American Union. Humphrey's goal in this debate was very nationalistic. He wanted to promote Canada and gain allies against American pressures: R. St. J. MacDonald, "Leadership in Law: John P. Humphrey and the Development of the International Law of Human Rights" (1991) 29 Can. Y.B. Int'l L. 3 at 16-17 ["Leadership in Law"].

Humphrey's predominant objective was the creation of an international order capable of creating and enforcing peace. This focus required a legitimate international institution that had the authority and ability to supersede a state's desires, to the extent that it was necessary to maintain stability. This vision would be realized when the individual was a direct subject of international law and states were reduced to only one tier within an international governance structure. The individual would have international legal personality when all citizens had equal rights enabling them to access this law. Key to this understanding was that a world government would be directly accountable to individuals and not to their states.

Humphrey's work in human rights was but the first phase of this agenda. Authority would be granted to a world government when it operated with the consent of all citizens, who would enable the institution to enforce international law, even upon states. In his vision, the principles of federalism would organize world government and connect that government directly to the individual and to the law. The state would not disappear — it would still be needed to oversee matters of a purely domestic nature — but it would be subject to the authority of the world government.

Given that Humphrey supported strong federal governments, his position at the UN — a body that was anathema to Humphrey's vision — was not an obvious place for him to focus his energy. Although the UN allowed for strong national identities, it took the form of a confederation or a "defensive alliance" and would be, in Humphrey's opinion, incapable of maintaining the peace.[5] The UN, rather than being a government for the citizens of the world, was a forum for states to interact. Yet, Humphrey not only joined the UN Secretariat but held his position for twenty years.[6]

The object of this article is to reconcile Humphrey's theories and actions; to unify his nationalistic vision of Canada with his goal of having individuals directly subject to world government; and to unify Humphrey's writings with his actions. In doing so, his work takes on new life. Humphrey can be seen as consistently pushing for the realization of his ideals. While it is true that this progression may be the result of looking back at his life — a revisionist accounting — it

[5] John P. Humphrey, "The Parent of Anarchy" (1946) 1 Int'l J. 11 at 15 ["Parent of Anarchy"].

[6] Humphrey was actually forced to retire at this time, as the UN has a mandatory retirement age of sixty. It is unclear whether he would have chosen to stay beyond this time, had he been given the choice.

is equally true that Humphrey did not see any tension between his visions for Canada and for the world. MacDonald, after interviewing Humphrey, commented: "A Canadian nationalist, Humphrey was at the same time an internationalist." Quoting Humphrey, MacDonald continued: "[A]nd as I understood Canadian nationalism in the period between the two wars, I didn't think I was being inconsistent."[7]

Not only are Humphrey's ideas coherent, but this coherency also plays out in the choice of audience to which the idea is aimed as well as in his actions. While he advocated for Canadian unity, a goal that was attainable as more than a mere legal construct, he spoke to Canadians in the language of the public. When he moved on to argue for world government, which was not a realistic objective, he turned his attention and his language to governments and the academic elite and joined the institution that came closest to realizing his vision.

The first section of this article will locate Humphrey within his historical period and demonstrate the numerous influences that were at work at this time. This will place him both at home where he was involved in Québec's struggle to find her place in Canada and illustrate how he became interested in, and involved with, international law. The section will also chart the emergence of the world government and human rights discourses.

The following section moves from Humphrey's influences to his vision for Canada and for the world. First, the choice of audience will be addressed, then his vision for Canada, followed by his vision for the world. The section will conclude by unifying audience and ideology, so that one can appreciate the coherence of his thought on both national and international issues. While world government was his goal for its ability to bring peace, this interest was not likely to have developed without Humphrey's awareness of domestic federal structures and their inherent need to directly address the individual. The last section unifies Humphrey's actions with his ideology. It will demonstrate that, whether knowingly or not, Humphrey worked towards realizing his vision throughout his career. Both his choice of audience and employment appear as logical steps in the promulgation of his vision. While his goal of world government would forever be out of his reach, moving the present system in this direction was not.

[7] "Leadership in Law," *supra* note 4 at 29.

Development and Influences

Humphrey began his academic career on the cusp of world change. He was a child during the First World War, a student during the peace of the 1920s, worked through the early 1930s, became a professor of law as the League of Nations collapsed, and completed his doctorate in political science during the final hours of the Second World War. While much of his work through this period has a tendency to seem radical and quite unusual, Humphrey was very much a product of his time and held to the idealism that defined the age.

THE EARLY YEARS

John Peters Humphrey was born on 30 April 1905 in New Brunswick, Canada. Orphaned at the age of eleven, his guardian had him attend Rothesay Collegiate, a local Church of England boarding school. Owing to his great dislike of the school, Humphrey prepared for and passed the provincial matriculation exams at age fifteen, allowing him to enter Mount Allison University in 1920.[8] This school also did not suit him, so while visiting his sister Ruth in Montreal, Humphrey decided to apply to the commerce program at McGill University.

Humphrey completed three degrees at McGill in the subsequent six years, receiving a bachelor of commerce in 1925, a bachelor of art in economics and political science in 1927, and a bachelor of law in 1929. While at McGill, Humphrey was an active participant in university life. He created a Model Parliament Club, founded the short-lived Confederation Club,[9] and was president of the Literary and Debating Society.[10]

Throughout the 1920s, Humphrey was very much the embodiment of a young educated English Canadian. His father had been a well-to-do businessman and had left Humphrey a trust fund.[11] It was sufficient to carry him through his education, and he had little to worry him financially. Humphrey participated in political life and, after an impromptu speech challenging the Conservative Party's neglect of young Canadians, was even invited to lead the Québec youth division of the party. While he declined this position, on the

8 *Ibid.* at 4-5.

9 *Ibid.* at 7.

10 "Dear Rufus," *supra* note 1 at 769.

11 "Leadership in Law," *supra* note 4 at 4.

advice of a professor, his involvement in the Conservative Party is indicative of his early political values.[12]

As with many university students, experience has a tendency to engender new outlooks. In 1926, after completing his first degree, Humphrey traveled to England to visit Ruth. In an interview conducted in 1989 between Humphrey and Ronald St. John MacDonald, Humphrey acknowledges this trip as transforming him into a "Canadian nationalist."[13] A second trip, this time to France after his second year of law school, instilled a lasting appreciation for the French language and culture. Following the completion of law school in 1929, Humphrey returned to France. During the first gathering of passengers on the vessel to Europe, he met Jeanne Godreau, the woman who would be his fiancé before reaching England and wife several weeks later. Jeanne, a French Canadian, would allow Humphrey to move between English and French Québec and begin to overcome the "two solitudes" that separated French from English Montreal.[14]

Returning to Canada in 1930, Humphrey had a new wife and was faced with starting his legal career at the brink of the depression. Throughout the 1930s, the world watched as the economic crisis was entrenched, turmoil and eventual wars broke out, and the League of Nations collapsed. Being politically minded, it is not surprising, given the circumstances,[15] that Humphrey helped found the Montreal chapter of the League for Social Reconstruction, which evolved into Canada's first socialist party — the Cooperative Commonwealth Federation.[16] There he fought for equality and social security for all Canadians.

[12] *Ibid.* at 8. J.C. Hemeon, professor of economics at McGill, advised Humphrey that he would be a "marked man" if he accepted the position. Humphrey was later very appreciative of this advice.

[13] *Ibid.* at 6. This perception had much to do with his travels in England. While he realized that Canada had much in common with the United Kingdom, he was also "conscious of the fact that England was, if not a foreign country, at least something quite different from what I want Canada to become."

[14] *Ibid.* at 6.

[15] Humphrey in letters to his sister expressed guilt over the poverty faced by many Canadians, as he had a well-paying job. Alan J. Hobbins, "Mentor and Protégé: Percy Elwood Corbett's Relationship with John Peters Humphrey" (1991) 37 Can. Y.B. Int'l Law 3 at 17 ["Mentor and Protégé"].

[16] Alan J. Hobbins, "Humphrey and the Old Revolution: Human Rights in the Age of Mistrust" (1998) VIII Fontanus 121 at 123 ["Humphrey and the Old Revolution"]. See also Leadership in Law, *supra* note 4 at 24-25.

Advocating for equality inevitably led Humphrey to confront what was known as "the Québec problem" in Canada. "Canadian independence," Humphrey wrote, "is only possible if we are prepared to think and act in national rather than provincial terms."[17] While Canada had been slowly gaining legal independence from Great Britain, with the *Constitution Act* of 1867, the *Statute of Westminster* of 1931, and a separate declaration of war on 10 September 1939, substantive independence had to be purposely inculcated.[18] Canada had to overcome its regionalism, as the isolationist tendencies of the provinces were a direct barrier to Canadian unity.[19] This regionalism was compounded in Québec, which was separated by political, linguistic, cultural, and religious barriers. These differences resulted in varying levels of equality across the country in terms of service provision, the ability to find employment, and the right to educate children in the French language outside of Québec.[20]

Humphrey believed that in order for Canada to grow as a nation four groups had to be faced: first, citizens who had a "vested political interest" in retaining strong provincial governments; second, "colonially minded" citizens who looked to London rather than Ottawa for direction; third, "short-sighted industrialists" who were apprehensive of change; and, fourth, the "French-Canadian *séparatistes*" who were disillusioned by the failure of French "aspirations" outside of Québec.[21] Humphrey argued that it was the fourth group that posed the most significant barrier to Canadian unity but was also the easiest to overcome. All that was needed was a strong central government to provide equal services to Canada and to uphold the constitutional guarantees of provincial and linguistic equality. Such efforts and "a little understanding and good manners" would sway French Canadians towards "the business of nation building."[22]

Publishing these ideas in the May 1940 edition of *Canadian Forum* brought Humphrey to the attention of Émile Vaillancourt, a prominent French Canadian. Together with Hugh MacLennan, a Scottish unilingual Canadian also living in Montreal, the three participated

[17] John P. Humphrey, "Whither Canada?" (May 1940) XX (232) Canadian Forum 43 at 43 ["Whither Canada?"].

[18] *Constitution Act, 1867* (U.K.), 30 & 31 Vict., c. 3, reprinted in R.S.C. 1985, App. II, No. 5; *Statute of Westminster, 1931* (U.K.), 22 & 23 Geo. V., c. 4, s.

[19] See "Whither Canada," *supra* note 17 at 43.

[20] *Ibid.* at 45.

[21] *Ibid.* at 44.

[22] *Ibid.* at 45.

in a Canadian Broadcasting Corporation (CBC) broadcast on 29 November 1942, entitled "Canadian Unity and Quebec."[23] The timing of this broadcast was truly significant, as it responded to the public's reaction to Québec's lack of support for conscription. While 80 percent of English Canadians were willing to allow the government to renege on their promise not to conscript Canadians, 70 percent of Québecers were not.[24] While this debate occurred on the radio, Alan Hobbins, who has extensively studied Humphrey's works, underscores that it was not an impromptu debate but, rather, carefully constructed and written in advance to convey their thoughts.[25]

In the broadcast, Humphrey points out that the way the world generally describes a nation — language, race, and history — are not appropriate for Canada.[26] It was therefore necessary to come up with another classification that can unite all Canadians. Humphrey argued that "Canada can become a true nation" if Canadians have a common "vision of what sort of nation we want Canada to become."[27] After discussing the barriers to this vision, Humphrey concluded the discussion with a summary of what Canadians needed to achieve. First, he explained, the other provinces must try and understand Québec, and Québecers must realize that they are the most difficult province to understand; second, French Canadians must be granted equal rights, everywhere; third, there must be an end to colonial dependence, which can be signified by the adoption of a national flag; and, fourth, the government must translate Roosevelt's Four Freedoms into Canadian policy.[28]

It is evident from these goals that a strong central government was needed and, further, that the high level of decentralization and powerful provincial governments, which was the present norm, was

[23] Hugh MacLennan, John P. Humphrey, and Émile Vallaincourt, "Canadian Unity and Quebec" (discussion on CBC Radio, 29 November 1942, 5 pm) [unpublished, archived at McGill University Archives (MG 4127, Cont. 18)].

[24] Alan J. Hobbins, "Canadian Unity and Quebec in 1942: A Roundtable Discussion among John Humphrey, Hugh MacLennan, and Émile Vaillancourt" (1993) VI Fontanus 119 at 124 ["Canadian Unity"].

[25] *Ibid.* at 124-26.

[26] *Ibid.* at 129.

[27] *Ibid.* at 130-31.

[28] *Ibid.* at 135. Roosevelt's four freedoms are, briefly: freedom of expression, freedom of religion, freedom from want, and freedom from fear. They formed the backbone of the international human rights movement, as will be seen later. See "Four Freedoms," *World Civilizations,* <http://www.wwnorton.com/college/history/ralph/workbook/ralprs36b.htm> ["Four Freedoms"].

an impediment to unity. To this end, the federal government needed to take on those matters that were beyond provincial competence, such as employment insurance.[29] While not using the federalism discourse to promote this vision, such a notion was clearly what Humphrey was promoting. Humphrey advocated for a central authority that would ensure that all citizens had equal rights and opportunities. This would create a national identity through equality and be more efficient as provincial service providers would be streamlined.[30] As long as provinces held on to regionalism, isolationism would prevail and Canadian nationhood would be no more than a legal fact. A strong federal government was required for substantive nationhood.

PRODUCT OF THE TIMES

The 1930s were characterized by the economic depression, high levels of inflation, and unemployment. While in Canada and the United States, these problems were met with economic reforms and calls for social security programs, Germany and Italy engaged in expansionist practices and, in the case of Germany, the reformulation of German identity to violently exclude minorities. This was a decade of mixed accomplishments — women were making gains in their domestic battles for equality, international documents upholding minority and labour rights were gaining popularity, and the principal of condemning genocide was taking hold.

The events of this decade were extremely influential on the life and career of Humphrey. It was during this period that he began his academic career, was a participant in Canadian advocacy for social security, and actively developed his interest in international law and relations. Thus, it was in the 1930s that Humphrey joined the Canadian Institute of International Affairs[31] and approached Percy Corbett, a law professor at McGill, to supervise his thesis.[32] Shortly after accepting Humphrey in 1935, Corbett, one of only three law professors, asked Humphrey to take over his class on Roman law. Before starting, Humphrey returned to France to study Roman law and also managed to pursue his interests in international law and be introduced to administrative law.[33]

29 "Whither Canada?," *supra* note 17 at 44.

30 *Ibid.* at 45.

31 "Leadership in Law," *supra* note 4 at 25.

32 See "Mentor and Protégé," *supra* note 15.

33 "Leadership in Law," *supra* note 4 at 11-13.

After touring Europe in 1937, Humphrey returned to Canada to begin teaching Roman law. Over the following years, he took over Corbett's class on international law and was instrumental in the creation of one of Canada's first classes on administrative law in 1938,[34] along with the introduction of "international organization" to the international law curriculum in 1943.[35] Through these courses, Humphrey was able to advocate for the re-organization of international institutions. Combining his interest in national organizational structures, he was able to introduce his students to federalism as it could apply on the international stage. MacDonald claims that in changing the curriculum "Humphrey became Canada's first institutionalist."[36]

The collapse of the League of Nations throughout the 1930s and the beginning of the Second World War opened the world to the renewed need to create a world order that could maintain peace. Academics the world over began analyzing international relations and theorizing a new international order. Humphrey was an enthusiastic part of this process. After the peace of 1919, the League of Nations was established. The mandate of this international organization was to "promote international co-operation and to achieve international peace and security."[37] Although the United States did not ratify the *Covenant of the League of Nations*, President

[34] In a letter from Humphrey to his sister dated 14 March 1938, the proposed new format for the faculty of law is enclosed. While the proposal is not attributed to a particular person, it is telling that the new administration course is to be based off the French model. John Peters Humphrey, "Correspondences" (1938) [unpublished, archived at McGill University Archives (MG 4127. Box 3)].

[35] "Leadership in Law," *supra* note 4 at 14-15. International organization was a move in a new direction — in the planning of the class Humphrey wrote to the Department of External Affairs Canada, and the department was quite interested in his proposal. Letter from the Department of External Affairs (8 June 1938) [archived at McGill University Archives (MG 4127, Box 11)]. It is significant to note that prior to the 1940s international organization and global governance were not mentioned in texts on international law. See, for example, J.L. Brierly, *The Law of Nations: An Introduction to the International Law of Peace* (Oxford: Clarendon Press, 1928); T.J. Lawrence, *The Principles of International Law,* 7th ed., revised by Percy H. Winfield (London: MacMillan and Company, 1927); and only briefly in George Grafton Wilson, *Handbook of International Law,* 3rd ed. (MN: West Publishing, 1939); and Sir Thomas Erskine Holland, *Lectures on International Law,* edited by Thomas Alfred Walker and Wyndham Legh Walker (London: Sweet and Maxwell, 1933).

[36] "Leadership in Law," *supra* note 4 at 15.

[37] *Covenant of the League of Nations,* Avalon Project at Yale Law School, http://www.yale.edu/lawweb/avalon/leagcov.htm>, preamble [*Covenant*].

Wilson argued that "a general association of nations must be formed under specific covenants for the purpose of affording mutual guarantees of political independence and territorial integrity to great and small States alike."[38] There was a need to acknowledge that peace could not be maintained so long as minorities were oppressed. As a counterpoint to the rhetoric, it is interesting to note that the covenant did not extend any overarching protections for minorities but, rather, tended to favour "assimilation" as a way to encourage stability by eliminating the causes of dissention.[39]

Over the next decades, the League of Nations created several documents regarding respect for racial, linguistic, and religious differences. While not the first time that these matters made their way into international law, as bilateral and multilateral treaties already existed, the League's actions were significant as they provided a body that could hear complaints over minority rights and the Permanent Court of International Justice could provide remedies. At the same time, the International Labour Organization worked to create international labour standards. These were significant developments, for, while individuals did not have international legal personality, international principles were emerging that directly addressed the individual.

The League of Nations experienced a crisis of legitimacy in the 1930s when member states abandoned their obligations and failed to take collective action against Italy, Japan, and Germany. The League was established to maintain peace through the threat of collective reprisals, yet members did not acknowledge nor address the expansionist tendencies of these states. Instead, Japan and Germany withdrew from the League in 1933 and Italy in 1937. On 16 October 1935, speaking before the Saturday Night Club following closely after Italy's invasion of Ethiopia, Humphrey argued that this was "the League's great chance" — if it failed to act against Italy "it would hardly be worth the paper on which the Covenant was written."[40] He went on to state:

[38] President Wilson qtd. in Sanderson Beck, *The Messages and Papers of Woodrow Wilson*, <http://san.beck.org/GPJ21-LeagueofNations.html#2>. *Covenant, supra* note 37.

[39] A.W. Brian Simpson, *Human Rights and the End of Empire: Britain and the Genesis of the European Convention* (Oxford: Oxford University Press, 2001) at 124-27.

[40] John P. Humphrey (speech presented to the Saturday Night Club, Montreal, 16 October 1935) [unpublished, archived at the McGill University Archives (MG 4127, Cont. 18)].

> It is not enough merely to prohibit wars of conquest and suppression. An effort must be made to remove fundamental causes of war. War has been one of the means whereby, from time to time, States have revised the established order. The analogy of war in the domestic sphere is revolution, and our only safeguard against revolution is our readiness to meet legitimate grievances by ordered changes in the established order. We shall not have solved the problem of peace until we can devise some ordered process whereby we can satisfy the legitimate demand for change in the international sphere.[41]

Italy's actions, however, went unchecked. Speaking before the House of Commons on 23 June 1936, British Prime Minister Stanley Baldwin blamed collective security for the failure of the League. As he explained, collective security will fail unless all states are ready at all times to go to war — generally "no country except the aggressor country ... was ready for war." Without this ability an international order could not act as the guarantor of peace.[42]

The failure to take action against Germany, and other smaller powers, was an affront to the *Covenant of the League of Nations* on two levels. First, member states failed to ensure the security of the system in the face of an expansionist power and, second, Germany's actions were a direct contradiction to international documents respecting minority rights.[43] However, instead of acting to counter the increasing threat to international security, the members of the League did nothing. After the United States' entry into the war in 1941, academics and politicians, particularly those in America, immediately turned

41 *Ibid.*

42 Prime Minister Baldwin qtd. in Library of Congress, *Events Leading Up to World War II* (1944) at 97, <http://www.gov-certificates.co.uk/birth/certificate/League_of_Nations>.

43 Documents in this period were not about "human rights" but concerned "violations against humanity." The majority involved the treatment of prisoners of war or how a just war should be fought. Another branch focused on the abolition of slavery, with the International Labour Organization pushing for even more stringent labour standards in the 1920s. The final branch concerned the protection of citizens in foreign states, and formed the backbone of international intervention for the protection of minority populations — one state was permitted to intervene with another state's persecution of their nationals. This went beyond place of birth, to cultural groups: minority populations were protected because the minority was likely a majority in a neighbouring state. Early examples of this were the *Treaty of Vienna*, 1616, the *Treaty of Carolowitz*, 1699, and the *Treaty of Berlin*, 1878, which protected religious freedom. However, it is significant that the *Covenant of the League of Nations* did not incorporate any provision for the protection of individual rights. Simpson, *supra* note 39, Chapter 3.

to theorizing over the post-war international order.[44] The League of Nations had collapsed, and it was understood that it had not been a sufficient instrument to prevent war. This realization created two streams of debate: first, that the Second World War was a war over human rights and thus that an international bill of rights was needed and, second, that a new and stronger institution of international order was required to maintain the peace.

Human rights, a term that was not used prior to the war,[45] came to dominate public discourse. It was thought that if states respected the rights of all people, not just their citizens, that international peace would be possible. It was further realized that efforts towards the protection of minorities, one of the only rights granted to people absent their citizenship recognized prior to the war, had not been sufficient — after all, it was crimes against minority populations that had been one of the causes of the war. The most significant impetus pushing rights into the war discourse was initiated by President Franklin Roosevelt. In his speech before Congress on 6 January 1941, he introduced to the world Four Freedoms based loosely on his New Deal legislation.[46] These are:

> The first is freedom of speech and expression — everywhere in the world. The second is freedom of every person to worship God in his own way — everywhere in the world. The third is freedom from want — which, translated into world terms, means economic understandings which will secure to every nation a healthy peacetime life for its inhabitants — everywhere in the world. The fourth is freedom from fear — which, translated into world terms, means a world-wide reduction of armaments to such a point and in such a thorough fashion that no nation will be in a position to commit an act of physical aggression against any neighbor — anywhere in the world.[47]

These four principles became the centre of the human rights movement. It was "a war to vindicate human rights."[48] Thus, when the "United Nations" declared war on 1 January 1942, they stated:

[44] *Ibid.*, Chapter 5.

[45] Simpson notes that when the representative of the English Foreign Office arrived in Vienna in 1947 he had not yet heard the term "human rights." *Ibid.* at 38.

[46] *Ibid.* at 173.

[47] "Four Freedoms," *supra* note 28.

[48] John P. Humphrey, "The International Law of Human Rights in the Middle Twentieth Century," in Maarten Bos, ed., *The Present State of International Law: 1873-1973* (The Hague: Kluwer Academic Publishers, 1973), 75 at 83 ["International Law of Human Rights"].

Being convinced that complete victory over their enemies is essential to defend life, liberty, independence and religious freedom, and *to preserve human rights and justice in their own lands as well as in other lands,* and that they are now engaged in a common struggle against savage and brutal forces seeking to subjugate the world.[49]

The governments of the United Kingdom and the United States were very active in trying to identify the reason for being at war.[50] A "Statement of War Aims" would serve to give a cause to their citizens and justify the destruction. Further, by associating the cause of war with human rights, the governments were able to argue that only unconditional surrender would be an acceptable end.[51]

However, while human rights were a component of wartime propaganda and had captured the attention of academics and civil society, the Allies did not have as strong a commitment to this objective as their rhetoric suggested. While, the *Atlantic Charter*, signed on 14 August 1941, included the implicit recognition that the "denial of the Four Freedoms, since this threatened security, was a matter of international and not just merely domestic concern,"[52] it did not translate into an explicit acknowledgment of either individual or human rights.[53] Admittedly, it was a wartime alliance between the United States, the Soviet Union, the United Kingdom, and China, but it is interesting to note that the document that first established the "United Nations" was concerned with rights only in so far as they promoted security. This tendency towards security in international relations prevailed throughout the Dumbarton Oaks conference as well.[54] This conference, taking place

[49] Declaration by the United Nations between the United States, the United Kingdom, the Union of Soviet Socialist Republics, China, Australia, Belgium, Canada, Costa Rica, Cuba, Czechoslovakia, Dominican Republic, El Salvador, Greece, Guatemala, Haiti, Honduras, India, Luxembourg, Netherlands, New Zealand, Nicaragua, Norway, Panama, Poland, South Africa, and Yugoslavia, 1 January 1942, Avalon Project at Yale University, <http://www.yale.edu/lawweb/avalon/decade/decade03.htm> [emphasis added].

[50] See generally Simpson, *supra* note 39, Chapter 4.

[51] *Ibid.* at 183.

[52] *Ibid.* at 175.

[53] *Ibid.* at 179. The Sixth Clause does state that "all the men in all the lands may live out their lives in freedom from fear and want."

[54] The United Nations *Yearbook on Human Rights* (1946) demonstrated that many states were not overly optimistic about the future of an international bill of rights. Cited in Simpson, *supra* note 39 at 47.

from 21 August to 7 October 1944, followed up on the *Atlantic Charter* and only made one mention of human rights.[55]

Civil society reacted strongly against the lack of influence of the human rights agenda within the UN framework. Throughout the war, dozens of groups and individuals had taken it upon themselves to create draft bills of rights, including two official initiatives by Roosevelt,[56] and these were expected to contribute to the new international order. Of particular significance were the works of Hersch Lauterpacht, who created a draft *International Bill of Rights of Man* in 1943, the American Law Institute's work,[57] and the work completed by the Commission to Study the Organization of Peace, which was created in 1939 — the latter two of which were highly influential on the *Universal Declaration of Human Rights*.[58] Thus, when the San Francisco conference began, numerous non-governmental organizations were ready with their proposals.

In San Francisco, Panama presented the draft *Bill of Rights* that had been prepared by the Pan American Union. Panama argued that a bill of rights should be incorporated into the very *Charter of the United Nations* (*UN Charter*). While this was not to be, it is significant to note that human rights were mentioned seven times within the *UN Charter*.[59] Further, the Commission for Human Rights, with the implicit mandate to write a bill of rights,[60] was the only commission

[55] Chapter 9 states that the UN "should facilitate solutions of international economic, social and other humanitarian problems and promote respect for human rights and fundamental freedoms." *Charter of the United Nations,* 26 June 1945, Can. T.S. 1945 No. 7 [*UN Charter*].

[56] The Legal Subcommittee of the International Social Policy Committee worked with two non-governmental organizations to produce a draft *Bill of Rights* in December 1942 and the National Resources Planning Board published their draft in January 1943, although this was a much more domestic instrument. Simpson, *supra* note 39 at 186-87. It is also worth noting that the United States adopted a domestic *Bill of Rights* in 1946, based on this second draft, so the American hesitation towards an international bill of rights likely stemmed from conflicting government approaches to international relations.

[57] Henri Laugier, a friend of Humphrey and first under secretary-general of the Economic and Social Council, and Percy Corbett were active in this initiative. Simpson, *supra* note 39 at 196.

[58] *Ibid.* at 190-202 and 205-6; *Universal Declaration of Human Rights, supra* note 2.

[59] References to human rights are found in the preamble, and Articles 1, 13, 55, 62, and paragraphs 2, 68, and 76. *UN Charter, supra* note 55.

[60] In closing the conference, President Truman alluded to the creation of an international bill of rights as being part of the San Francisco Conference. "International Law of Human Rights," *supra* note 48 at 84.

specifically provided for within the *UN Charter*.[61] The human rights agenda could not exist in isolation, so there was much overlap between the creation of an international bill of rights and ideas regarding the new international order. The challenge for theorists was to create an order in which politically and culturally divergent states could be members and, more difficultly, to create an order that overcame the perceived failings of the League of Nations.

The provision of the veto to the five great powers in the Security Council of the United Nations was expected to overcome many of the shortcomings of the League. Members would be bound by the decisions of the Security Council, and the Security Council, requiring the agreement of seven states, would create stability in the system. Humphrey noted that this system did achieve many of its goals. By creating two levels — the Security Council and the General Assembly — there was a superior and inferior relationship, which was needed for international governance. Unfortunately, while it did create a form of binding authority for most states, the UN was "little more than a defensive alliance" for the five powers.[62]

This and other shortcomings of the perceived consent-based system led to what is likely the predominant counter theory, besides anarchy — that of World Government. This theory did not emerge during the Second World War but had been a part of the "liberal internationalist" discourse prior to the First World War.[63] One of the first to move in this direction was H.G. Wells in his publication of *Anticipations* in 1901 and in the book *The Outline of History*. In these texts, Wells argues for a "gradual world-wide realization of the practical necessity of unity and unified action."[64] It is not the realist vision of the Leviathan but, rather, an argument for "consensual world unity," which is not based upon "conquest or subjugation"[65] but creates an "Association of Nations" that "supercede the existing 'Empires.'"[66] Corbett, writing in 1942, devoted an entire chapter to critiquing various visions of an international federal government.[67]

[61] Provided for in Article 68. *UN Charter*, *supra* note 55.

[62] "Parent of Anarchy," *supra* note 5.

[63] John S. Partington, "H.G. Wells and the World State: A Liberal Cosmopolitan in a Totalitarian Age" (2003) 17(2) Int'l Relations 233 at 234.

[64] Wells quoted in Partington, *ibid.* at 235.

[65] *Ibid.* at 235.

[66] Wells quoted in *ibid.* at 236.

[67] P.E. Corbett, *Post-War Worlds* (New York: Haddon Craftsmen, 1942) ["Post-War Worlds"].

The idea became far more mainstream during the war, particularly after the introduction of the atomic bomb. Those that had been hesitant to immediately condemn the UN after San Francisco, felt that the introduction of atomic warfare, only months later, irrevocably changed the international order. The July 1949 edition of *Annals of the American Academy of Political and Social Science,* for example, was entirely dedicated to an analysis of world government.

The general idea of a world government, supported by the majority of proponents, argues that sovereignty is an impediment to stability and that a supra-national order was needed to maintain peace. Clark M. Eichelberger, a prominent American participant in the debates, summarizes the goals of world government as follows:

> First, the law of the world community must be above the sovereignty of the individual nation. There must be a supreme law against war. Second, there must be an executive authority strong enough to use police force or whatever measures are necessary to preserve the peace. Third, there must be a constant procedure to producing such regulations as are necessary to lessen friction among the peoples of the world and enable them to grow and expand in their world community. It might be called the legislative process. And above everything else there must be a sense on the part of the peoples of the world that they are members of a common society with common objectives and ideals toward world peace, toward economic advancement, and toward respect for human rights and the dignity of the individual.[68]

And, more directly, Philip C. Jessup writes:

> Sovereignty ... is the quicksand upon which the foundations of traditional international law are built. Until the world achieves some form of international government in which the collective will take precedence over the individual will of the sovereign State, the ultimate function of law, which is the elimination of force for the solution of human conflicts, will not be fulfilled. There must be organs empowered to lay down rules (a legislative); there must be judicial organs to interpret and apply those rules (a judiciary);

[68] Clark M. Eichelberger, "World Government via the United Nations" (July 1949) 264 Annals of the American Academy of Political and Social Science 20 at 20. Eichelberger is the director for the American Association for the United Nations and of the Commission to Study the Organization of Peace. He was also part of the American delegation to the United Nations Conference on International Organization (1945).

and there must be organs with power to compel compliance with the rules (a police force).[69]

This was generally considered possible, if not required to occur, within the UN framework. Corbett, who was very influential in the academic development of Humphrey,[70] argued that gradual changes could slowly alter the framework until it evolved into a world government. The fact that a world government does not yet exist was given as proof that the world was not ready for this step.[71]

While a world government continued to be discussed with some hesitancy by leading international lawyers, such as Corbett and Jessup, the World Federalists had a more radical approach. While accepting the same preface of the more moderate scholars and even accepting the UN as a starting point, they argued for taking "energetic and immediate action to remedy" the failings of the UN.[72] Humphrey held a more moderate position than the World Federalists — one that was much in line with Corbett and Jessup. The goal of world government was to manage and enforce peace. This would best be accomplished if an international government existed that was responsive and responsible to all of the citizens of the world — not just their governments. However, as long as citizens did not have legal personality under international law, Humphrey acknowledged that his vision could not be realized. There was much work that had to be done to move the international order from its present state to the one envisioned. Primarily, sovereignty would have to be restricted.[73] As it has taken nearly three hundred years to move

[69] Jessup is not advocating for the equality of all states and is most certainly supportive of an elite driven collective will. He accepts George Orwell's criticism of the United Nations as being inevitable and likely preferable. In *Animal Farm* (1946), Orwell amends the statement "all animals are equal" to "but some animals are more equal than others." Philip C. Jessup, *A Modern Law of Nations: An Introduction* (New York: MacMillan Company, 1946; reprinted 1956).

[70] Hobbins argues that it was Corbett's influence that guided Humphrey from a position of domestic socialism to international liberalism. "Mentor and Protégé," *supra* note 15.

[71] Percy E. Corbett, "World Government: In Whose Time?" (October 1949) 25(4) Int'l Affairs 426 at 428 ["In Whose Time?"].

[72] Cord Meyer, Jr., "A Plea for World Government" (July 1949) 264 Annals of the American Academy of Political and Social Science 6 at 8. Meyer is the American president of the United World Federalists.

[73] Humphrey's project will be set out in greater detail in the latter part of the following section.

states from the absolute sovereignty encapsulated by the Treaty of Westphalia to the slightly constrained version of sovereignty asked by the UN, it would take some time to remove the state from this equation. Immediate action, as the World Federalists demanded, would not work.

CONCLUSION

Humphrey, while not the originator of the nationalism debate or a leading proponent in the push for world government, was a prominent advocate for both. Through his participation in legal associations and political groups, various speaking engagements, as a professor, and in his academic writings, Humphrey shared his beliefs with his students and the public. His life experiences provided Humphrey with the opportunity to develop his views and construct his vision. Moving from his national interests and goals, he used this background to inform his vision of the world. Humphrey was most certainly an idealist, but, rather than being caught up by his normative ideal, he remained connected to the world and was therefore able to work within the current international institution, even if the institution was not the one that he envisioned.

IDEOLOGIES

> *[The United Nations] is one more attempt to organize the world without using those techniques of the government which have proved themselves indispensable in the organization of States. Government, of course, implies a relationship of inferior to superior. There can be government only if the governed are legally and effectively subordinate to the government.*
>
> JOHN HUMPHREY, 1946[74]

At first glance, there appears to be a serious tension between Humphrey's goal for the nation and his goal for the world. Humphrey constructs a national identity, calling for a strong central government to create the structures of equality, then advocates for

[74] John P. Humphrey (speech delivered at an unknown time and place, likely in January 1946 as there is a reference to a speech by Prime Minister McKenzie King, said to have taken place several weeks earlier. This speech occurred on 17 December 1945) [unpublished, archived at the McGill University Archive (MG 4127, Cont. 18)] [Unknown speech].

an even stronger world government to which the national government would be inferior. He strengthens the very bonds of sovereignty by creating a common people and placing them within territorial borders on the one hand and, on the other hand, calls for the sovereign to be subject to a supranational authority. This apparent tension between a strong sovereign Canada and a world government need not exist. As MacDonald notes, "[a] Canadian nationalist, Humphrey was at the same time an internationalist and as [Humphrey] understood nationalism ... [he] didn't think [he] was being inconsistent."[75] A strong case may be made that Humphrey's perspective on federalism informed his vision for the world and, more specifically, that his argument for equality in Canada shaped his UN mandate of pushing for an international bill of human rights.

The world government is only to have power to the extent that matters are beyond state capacity. Where matters affect more than one country, the world government is to act to ensure peace. The theoretical background that drove his vision of a strong unified nation can be seen to have informed his outlook on a world government. Both locate the individual as the proper subject of law, both call for rights and freedoms to ensure that the individual may act under the law, and both seek to guarantee these rights through a strong federal government. As the nation ensures equality for all citizens, the world government ensures the equality of all individuals through the creation of a human rights regime. By being responsive to the needs of their citizens, or individuals, peace will result.

LANGUAGE OF THE AUDIENCE

Humphrey's early legacy seems to be divided between two very distinct projects: national identity and international organization. The way he approached these topics is also very different. With national identity, the discourse was directed towards the common man and was more emotional than his work on international organization. His approach likely had to do with his potential audience. His latter work, for example, would have been directed towards the academic and political elite.

Humphrey did not publish on national identity in his capacity as a professor at McGill University. His work in this field is isolated to what can be considered editorial comments in a magazine — the

[75] Humphrey quoted in "Leadership in Law," *supra* note 4 at 29.

Canadian Forum[76] — and his participation in the CBC radio broadcast.[77] While this might be attributed to the fact that his interest in Québec was far more personal, it may arguably be attributed to the audience he needed to reach. National identity, although it may be constructed by the government and requires government support, is in far greater need of public support. Public opinion is the forum for change. While the government may institute procedural equality, the citizens have a role to play in making it substantive.

The goal of building a national identity also had a very real chance of success. Canada was legally a nation and had been securing increasing levels of liberty from the United Kingdom. Canada also shared, at some level, a national identity of not being American and had been trying to establish her voice in world affairs. Thus, in talking to Canadians he speaks plainly and provides steps for accomplishing this goal. The fact that there are instructions demonstrates his belief that national unity is achievable.

The academic approach, on the other hand, which underlies his work on international law and organization is to be expected. While civil society was involved with theorizing a new international order, these groups were predominantly made up of the educated elite, governments, and their members. It is also significant to note that Humphrey was a professor of international law and so had an obligation to develop this discourse within an academic framework.

It is also worth noting that an appeal to the citizens of the world was not likely to be effective. Until the individual is a subject, rather than an object, of international law, he will have very little influence. There was currently no point of entrance for the individual on the international stage — the state was the subject of international law, and international law was concerned with the state.[78] Further, because of this distance between the present state

[76] The *Canadian Forum* was meant to be a political periodical and originated at the University of Toronto in the 1920s. Besides carrying political pieces the periodical also had a strong cultural component, profiling Canadian authors, poets, and artists. For a time, in the 1930s, it was operated by the League of Social Reconstruction, Canadian Encyclopedia Historica: <http://www.thecanadianencyclopedia.com/index.cfm?PgNm=TCE&Params=A1ARTA0001289>.

[77] Humphrey's published work is clearly balanced towards international law and political organization, with little found of his earlier work on Canadian unity. Comments in this article are drawn from one archived manuscript, a piece published in the *Canadian Forum*, and a paper written by Alan Hobbins.

[78] "Parent of Anarchy," *supra* note 5 at 12.

of affairs and his chosen actor, it is doubtful that Humphrey expected his vision of world government to evolve. There was simply too much that needed to be changed.

This distance may explain why Humphrey does not provide a set of instructions for achieving world government. While he outlines what is wrong with the current system and what the world needs in order to have peace and stability, he makes no effort to explain how this system is to be established. While advocating for international federalism as a way to connect world government with the individual and the individual with international law, he does not set out any steps to usher his utopia of world government into being. It is possible to read in several domestic provisions, based on his preference for the ideas of Alexander Hamilton in the *Federalist* papers,[79] but, generally, the reader is left with a highly theoretical agenda.

Regardless of the difference in approach and the difference in topic, Humphrey's interests are not contradictory. To support a strong national identity is not anathema to an argument for restricted sovereignty. Both theories aim towards stability and uphold the benefits of a federal central government to oversee matters that are beyond regional capabilities. Further, both theories can only be attained if the individual is directly subject to the law and has the rights and opportunities to take advantage of the law.

VIEW FOR THE NATION

The need to create a Canadian identity was central to Humphrey's beliefs during the war. The fact that Canada waited seven days to declare war and did not do it automatically as an extension of the British Empire was regarded as a pivotal moment in Canada's move towards becoming an independent country.[80] However, the fact that Canada was carving out a legal role for itself in the world did not mean that Canada was in any way united at home. While the war

[79] The *Federalist* was a series of papers published in New York in the late eighteenth century. They explored the potential benefits and disadvantages of a federal system of government in the United States. See Founding Fathers, <http://www.foundingfathers.info/federalistpapers>. See also "Parent of Anarchy," *supra* note 5 at 17-19.

[80] Maxwell Cohen, "Canada and the International Legal Order: An Inside Perspective," in R. St.J. MacDonald, Gerald L. Morris, and Douglas M. Johnston, eds., *Canadian Perspectives on International Law and Organization* (Toronto: University of Toronto Press, 1974), 3 at 8.

moved Canada away from its colonial heritage, the differing positions on conscription served to highlight regional divisions.[81] In order to overcome these differences, the central government had to uphold equality and take a greater role in service provision so that all citizens had the same rights and opportunities.[82] Only by addressing the systemic inequities could Canada become a stable and unified country.

This vision, at its most basic level, is founded upon the principals of federalism. In order to attain regional equality, there must be a strong central government. Humphrey, in explaining and approving of the notions of Alexander Hamilton, writes:

[Americans] invented a new technique of government which strengthened the central government without resulting in the disappearance of the member states. To the extent to which these were confirmed in their governmental powers, they remained legally and politically independent of the central government, the competence of which was limited to certain defined objects. Indeed, it was an essential characteristic of the new technique of federalism that the powers of government were distributed among different authorities, each of which was limited in its competence. The federal government possessed no competence in matters reserved for the states; and the states possessed no competence in matters reserved for the federal government. But, within the governmental sphere of each, there was a direct relationship between the government and citizens who, as Hamilton had said, were the only proper subjects of government. Hence, within each state there were, so to speak, two states, the boundaries of which were not territorial but jurisdictional.[83]

While Humphrey did not actually use the discourse of federalism when addressing the Canadian public, these tenets were clearly a part of his national vision. A strong provincial government was needed to maintain regional differences, but a central government was still needed to ensure a coherent application of law and policy. By respecting the existence of provincial variations within a united whole, a common set of practices will emerge — which are the same

[81] While 80 percent of English Canadians were willing to allow the government to renege on their promise not to conscript Canadians, 70 percent of Québecers were not. "Canadian Unity," *supra* note 24 at 124.

[82] *Ibid.* at 135.

[83] "Parent of Anarchy," *supra* note 5 at 19.

from province to province — and these practices could be used to form the basis of a common identity.[84]

As most of the legal framework for ensuring a federal government was already in place, it was left to bring this system into practice — to make it so that citizens were not only theoretically aware of this system but also cognizant of it in their daily lives. The most significant objective was for all Canadians to share a common purpose. While Humphrey does not indicate what this outlook would look like, he is certain that the common agreement on the necessity of being at war is not sufficient.[85] As all provinces do not have a common history, having different cultures and immigration patterns, commonalities must be found by looking to the future.

In order to instil a national identity, citizens must come to understand each other, and their diversity must be respected. This aim involves, Humphrey notes, the ability to find work in other provinces without discrimination and the ability to educate children in either French or English in any province. The goal is to make French people feel less like "a foreigner in the streets of Toronto."[86] For this goal to be realized, the government must transform the "Four Freedoms in to action in Canada."[87] The Rowell-Sirois report, Humphrey argues, "made it clear that there can be no Canadian unity until we have a proper standard of wages across the country ... A proper *Canadian* standard in wages, hours, old-age pensions, health, housing, and security generally."[88] This requires the adoption of a social security regime, and, for Humphrey, this regime must be controlled by a central government so that the benefits are apportioned equally to all Canadians.[89]

The final hurdle to be overcome is symbolic. Banal nationalism is a significant characteristic of nation building, but it is also characteristic of consensus building. In the 1940s, Canada was the only

84 It was the lack of a coherent application of law and policy that was seen as dividing Canadians. The existence of federal laws were redundant, unless they were applied equally across the country. "Canadian Unity," *supra* note 24 at 135.

85 *Ibid.* at 130.

86 "Whither Canada?," *supra* note 17 at 45.

87 "Canadian Unity," *supra* note 24 at 135.

88 *Ibid.* The Rowell-Sirois report was created in August 1937 by Prime Minister Mackenzie King. It was meant to look at what "legislative powers [were] essential to a proper carrying out of the federal system in harmony with national needs and the promotion of national unity," Marianopolis College, <http://faculty.marianopolis.edu/c.belanger/quebechistory/federal/rowell.htm>.

89 "Whither Canada?," *supra* note 17 at 43-44.

former British colony to not have a national flag. By making a break with the Union Jack, Canada would be relinquishing this symbolic tie to her colonial heritage. While Humphrey also advocated for the repatriation of the Constitution and the acceptance of a Canadian governor general,[90] it was the adoption of a national flag that was to act as the symbol of unity.

VIEW FOR THE WORLD

While a professor of law, Humphrey completed his doctorate in political science. This combination of interests — international law and organization and the theories of domestic governance — naturally worked together to create a theory for international governance. While, as was seen in the last section, Humphrey had an influential body of thought to draw upon for his ideology, it is important to understand specifically what Humphrey was advocating. In so doing, as the next section will demonstrate, one can reconcile Humphrey's actions and theories.

As an overarching theory, Humphrey seems most concerned with legitimacy in international law and relations. To this end, Humphrey engaged in a traditional line of inquiry: rationalizing the legitimacy of international law. Only through legitimate laws and structures can international stability be maintained.[91] There are three parts to his ideology. First, he criticizes international law and finds it to be no more than political arrangements. Second, he looks at the inability of international organizations to make and enforce law and, last, he constructs a new international order that could serve as a legitimate source for law.

It is impossible to prove, through juridical means alone, that law exists. To prove the legitimacy of national laws, one looks to the Constitution as the document that grants authority to the government to create law and provide sanctions. However, the problem for Humphrey was that there is no juridical means to prove the competency of a constitution.[92] A constitution may acquire legitimacy by calling on divine authority, but generally it must be accepted as a "fundamental norm" by citizens who understand that it is good

[90] *Ibid.* at 43.

[91] John P. Humphrey, *Functions of Government and the Nature of Laws* (Montreal: McGill-Queen's University Press, 1945) [*Functions of Government*].

[92] John P. Humphrey, "On the Definition and Nature of Laws," (Nov. 1945) Mod. L. Rev. 194 at 195 ["Nature of Laws"]. See also *Functions of Government, supra* note 91 at 15-16.

law and ought to be obeyed.[93] While legitimacy is important, only effective legitimacy provides authority. Law becomes more than a mere rule when it has the capacity to induce compliance. Humphrey writes:

> The jurist tests the law by looking backwards. He asks himself whether the rule emanates from a competent source or authority. If he finds that this is the case and that the rule is formally supported by a legal sanction, he says that it is a valid law, although he may reserve the right to criticize its social expediency.[94]

A constitution acquires authority by establishing that not only ought it to be obeyed but also that there are effective mechanisms to coerce this obedience. Legitimacy, in this sense, emerges from the public acceptance of the constitution as an authoritative document. The individual allows himself to be subject to the law because he is the source of its legitimacy,[95] and only when the individual has authorized his subjugation to international law on his own account, not through a state, will the law be legitimate and have the ability to bind individual actions. International law will never have this capacity since it was designed to govern the relations between states.[96] The community that is bound by law is not a society of people but, rather, a society of states.[97] There is a further inadequacy of international law: "Either a State is sovereign, in which case it cannot be bound by any law higher than its own, or it is bound by law, in which case it ceases to be sovereign." As states have retained their sovereignty, they are not subject to any higher authority; they only need to follow international law when it is "not an inconvenience."[98] All that exists between states are norms to dictate behaviour

93 "Nature of Laws," *supra* note 92 at 196.

94 *Ibid.* at 202.

95 Humphrey is struggling against the conception of individuals as mere "objects" of the law that was famously put forward by Oppenheim. It is interesting to note that while Lauterpacht agreed with Humphrey, that individuals must be a subject of international law, he was actually more pessimistic than Oppenheim in conceptualizing the current place of individuals in the international order. Simpson, *supra* note 39 at 93.

96 *Functions of Government, supra* note 91 at 12.

97 Alexander Hamilton, cited in "Parent of Anarchy," *supra* note 5 at 13-14.

98 John P. Humphrey, "On the Foundations of International Law" (1945) 39 Am. J. Int'l L. 231 at 233 ["Foundations of International Law"].

and treaties to dictate actions.[99] Thus, international law does not connect with the individual and does not carry the force of "law" between states.

The domestic understanding of law, according to Humphrey, can and should be applied to international law. For international law to become true law and move beyond mere political agreements, it must be legitimized by becoming a "world constitutional law."[100] Further, this constitution will only have authority if it is supported by people as a fundamental component of international order — it must be not only an arrangement between states but also an agreement between individuals.[101] An international constitution will gain this legitimacy if it takes the form of law — that is, if it provides a rule and either a sanction or a place to find a sanction and is binding upon states and individuals.[102]

This tenant moves Humphrey to the second and third phases of his analysis — what is required of a government if it is to be both legitimate and authoritative? Humphrey spent a great deal of time on this question, which became central to his dissertation, and again stole from the domestic sphere. In a speech written several months after the San Francisco conference, Humphrey explained, that "there can never be any order in the international or world society until that society has been organized on principles tried and proved in the development and organization of States."[103] For Humphrey, if world law is to exist a world government must also exist to authorize this system of law.

International organizations were far from capable of acting as a world government. They had more in common with confederations: an alliance or coalition among independent bodies. In his dissertation, Humphrey writes:

99 "Parent of Anarchy," *supra* note 5 at 13. It is interesting to note that while this piece was not published until 1946, it was written in November 1945 and remains one of Humphrey's favourite pieces. "Leadership in Law," *supra* note 4 at 25. See also "Foundations of International Law," *supra* note 98.

100 John P. Humphrey (speech to the Foreign Policy Association, Troy, New York, April 1942) [unpublished, archived at the McGill University Archives (MG 4127, Cont. 18)] [Foreign Policy Association speech].

101 See *ibid.*

102 "Nature of Laws," *supra* note 92 at 196.

103 Unknown Speech, *supra* note 74.

This indifference to and lack of direct relationship with the individual is a characteristic of international organization in its present stage of development. The individual takes no part in the formulation of the rules of international law which are not, moreover, made for him but for states. In theory, at least, the international legal order is not concerned with his disputes. And the sanctions of international law are not, in principle, invoked against him directly, although he may suffer their imposition vicariously as a member of a defaulting state.

The fact that international organizations, including confederations, are only in indirect relationship to the individual man and woman who, in the final analysis, constitute the international society is undoubtedly one of the principal reasons for their weakness. Confederations are, indeed, among the weakest organizations known to political science — most of the confederations of history having either disintegrated into their component parts or become the midwives of federal unions and unitary states.[104]

A federal structure would make a world government directly accountable to international society and not to states. The role of international organization has to shift from organizing states to organizing individuals — who just happen to be members of states. A world government, like a domestic government, requires the existence of legislative, executive, administrative, and judicial bodies.[105] Humphrey refrains from using the expression "separation of powers" to describe this system, as many academics have preferred, as he believes that there can only be one government "power," and these parts are but functions of this power.[106] The League of Nations and the newly created United Nations only had weak administrative capacities.[107]

The legislative function creates rules and laws. This function requires a body to have the capacity to create laws and the authority to make them binding. To be a government, these laws must be binding on every member of the community, although different

[104] *Functions of Government*, *supra* note 91 at 12.

[105] The division into four functions is not as mainstream as three functions or powers, but this was also the format used by Percy Corbett. "Post-War Worlds," *supra* note 67.

[106] John P. Humphrey, "The Theory of Separation of Functions" (1946) 6(2) U.T. L.J. 331 ["Separation of Functions"]. See also *Functions of Government*, *supra* note 91 at 61–62.

[107] "Parent of Anarchy," *supra* note 5 at 14.

obligations may be imposed.[108] Key to this function is that it must surpass the consent-based system that exists — the legislature cannot be made up of diplomats reporting back to domestic governments but, rather, of international actors that may bind the actions of these governments.[109] The legislative organ must not simply enact laws designed by states but also create those laws on behalf of states. This does not occur. Humphrey points out that "no legislative machinery can function efficiently if each member of the society can prevent the application of new rules to it."[110] At the UN, international documents only become "law" when member governments ratify and/or enact their terms. Since five powerful states have the ability to veto any "law," this capability serves to undermine the legitimacy of the entire system.

The executive function is characterized by the ability to police the international system. As Humphrey envisions a consent-based system — states consent to be bound by treaties and oblige when it is not an inconvenience — states must also consent to be sanctioned.[111] The UN system is further complicated by the fact that there are no police to enforce laws, and international order rests on the understanding that states, independently or collectively, are to enforce sanctions. Humphrey argues that this "system of self-help is inadequate" — it will never allow weaker states to sanction stronger states.[112] He goes on to argue that an international agency must "possess an effective monopoly over all the means of international coercion; and it must be possible for it to direct enforcement action against any State, large or small."[113] While the UN does rely on a level of "collective" enforcement, actions can never be taken against the five permanent members of the Security Council. Further, sanctions that do occur will always be controlled by the Security Council, regardless of how the General Assembly may feel.[114]

[108] John P. Humphrey, "Lecture Notes on International Law and Organization" [unpublished, archived at the McGill University Archives, appear to be from 1945 or 1946 (MG 4127, Cont. 9)] ["Lecture Notes"].

[109] *Ibid.*

[110] *Ibid.*

[111] "Foundations of International Law," *supra* note 98 at 235.

[112] Unknown Speech, *supra* note 74.

[113] *Ibid.* See also Stone, writing in 1932, found that the very collective action that was to preserve stability, was actually the most detrimental factor as states did not want to upset peace through all-out war, but were incapable of stopping violations of minority rights on an individual basis. Simpson, *supra* note 39 at 119-20.

[114] "Parent of Anarchy," *supra* note 5 at 14.

The administrative function in an international organization is the agency that carries out state requests. In the League of Nations, this role was held by the Secretariat, that is, the bureaucratic body. While this is the one function that the League and the UN managed, and is often the most important within the state, it has little power if the other three functions are lacking. Its only strength, in the absence of a true governmental power, is in the capacity of advisor. Diplomats will rarely have the expertise to determine every given situation, so an international administration may provide for the development of expertise.[115]

The judicial function settles disputes. This requires that all subjects of the law be compellable before court and bound by judicial decisions. The *UN Charter* did not provide for the judicial function beyond dictating that disputes were to be taken to the Security Council — so the executive was to take on the role of judiciary as well.[116] While the newly created International Court of Justice could handle disputes, states had to consent to appear and be bound by this institution and individuals could not be parties.

Unless all four functions exist there can be no international government. The four functions cannot exist in isolation — each function draws on the others. The judiciary, for example, interprets and creates law, the executive carries out the decisions of the judiciary, and the administration will take over less important legislative functions.[117] This separation of functions is to be organized by the principle of federalism, which dictates how government responsibilities are to be allocated to different branches of government. Federalism would organize the world government and provide for the connection between world law and individuals that would legitimate sanctions. In a speech before the Foreign Policy Association in New York, Humphrey highlights these two facets of federalism:

> [I]f you create a super-national federal organization, you will have a supra-national federal authority which will be able to command the obedience and loyalty of individual men and women in all parts of the world in so far as certain defined matters are concerned. To this supra-national federal authority could be delegated powers and duties in relation to such matters as the control of a supra-national police force, access to markets and raw

115 "Lecture Notes," *supra* note 108.

116 Unknown Speech, *supra* note 74.

117 "Separation of Functions," *supra* note 106. See also "Functions of Government," *supra* note 91 at 62.

materials, international communications, and other matters which reach beyond national borders ... To put it quite simply, the member-States would have no *say* whatsoever in respect of these matters. But the States would have competence in respect of matters of a purely national or local interest. In so far as these matters are concerned the federal authority would have no say.[118]

As a national government in a federal system may interact directly with the citizenry, even though there are local governments, a federal world government would have interactions with states and would also be connected to the individual.[119] Further, this allusion to federalism outlines the division between the responsibilities of world government and the state.

The creation of a superior and inferior governmental body is essential to Humphrey's understanding of federalism. States must be subjugated to an international authority if there is to be a stable international order.[120] While Humphrey appreciates that the UN is closer to this objective than the League — as the General Assembly is subject to the Security Council — it is not sufficient. While there is a federal-type division of power between the two sections, the General Assembly takes the form of a confederation, and for the five permanent members of the Security Council the UN is nothing more than a "defensive alliance."[121]

CONCLUSION

Humphrey's argument for the creation of a national identity is not an unobtainable utopia — it was a very real goal. Canada was a state and had been taking steps in cementing her sovereignty. Humphrey was not advocating for an entirely new order for Canada but the application of the provisions of the Constitution, the adoption of individual rights in order to assert equality, and the creation of a symbolic nationality. The fact that his goal was attainable would

[118] Foreign Policy Association speech, *supra* note 100. See "Functions of Government," *supra* note 91 at Chapter 2, for a more involved discussion of the functional benefits of federalism.

[119] Humphrey's analysis of federalism and the individual draws heavily from Alexander Hamilton's writings in the *Federalist*. "Parent of Anarchy," *supra* note 5 at 17-18.

[120] *Ibid.* at 21.

[121] Humphrey points out that this is very troubling as it is powerful states that "are most in need of government." *Ibid.*

explain why Humphrey provided specific steps for the achievement of his ideology. It would also explain the choice of audience. Speaking to the public has a very different role than speaking to the educated elite — it implies that the public is capable of acting on his beliefs.

In Humphrey's pursuit of his world vision, he provides no steps for the creation of a world government nor does he address the public. So long as international relations are entirely dominated by states, there is little room for the individual to bring about change. Humphrey noted that non-governmental organizations had some success at pushing the agenda in San Francisco, but history has shown that this is not the norm.[122] It would therefore have been unrealistic at this time to pursue an international vision by addressing the public. Certainly, they are a component, but the public will not be the deciding factor in any changes on the international stage. Only when there is a connection between international relations and the individual will the individual have influence, and by creating an international human rights regime Humphrey has begun to make this connection. With this link forged, Humphrey returned to academia and civil society where he again began to address the public.

From Theory to Action

> *[World Government] cannot be produced by legislation. A group of well-wishers cannot proclaim that there shall be society, law and government. Government is something that expresses an achievement already attained, a series of concordances that have been brought about by living experience rather than by a process of legislation.*
>
> Percy Corbett, 1949[123]

Humphrey did not believe that the United Nations was an adequate forum for ensuring peace or for acting as the basis of a world government. His involvement with the UN can be reconciled with his theories as working through the regime that had the greatest likelihood of achieving his goals. Humphrey was a pragmatist. He

122 John P. Humphrey (speech on the progress of the Declaration of Human Rights, delivered in Montreal, January 1948) [unpublished, archived at the McGill University Archive (MG 4127, Cont. 18)].

123 "In Whose Time?," *supra* note 71 at 427.

worked through the most "revolutionary" agency of the UN[124] — the Division on Human Rights — which, for the first time, would connect an international organization with the individual and therefore the individual with international law. By the time Humphrey reached retirement age at the UN, he had seen the bulk of the human rights agenda be achieved. He returned to McGill University and rejoined civil society to continue his quest of raising public awareness.

Humphrey's time at McGill during the war was responsible for the bulk of his individual publications. Academia provided him with the time and ability to develop his theories and enabled him to participate in debates with other scholars and share his views with students. Evidence from his lecture notes from "International Law and Organization" are clearly representative of his publications. In this course, he began with an outline of international law and the place of the individual within that framework. He later discussed the need for an international government to enable peace and stability and provided an argument for federalism and the need for the four functions of government to exist at a global level.[125]

Further, and more significantly, Humphrey was the creator of the International Law and Organization course. Whether his students were persuaded by his arguments or not, it would be difficult not to be influenced by McGill's acceptance of this course. The creation of the course demonstrates the explicit importance of international organizations to the study of international law. The introduction of his class on administrative law to the McGill curriculum also engaged the students in questions of the rule of law and the construction and purpose of governments. Thus, in his capacity as a professor of law, Humphrey was not only able to put forward his specific ideology but also acted to introduce new areas of legal study and forge links between previously unrelated matters.

Joining the UN opened up an entirely new set of opportunities for Humphrey. While he was appointed to the Division of Human Rights, his vision of world government had not really touched upon this area of study. Certainly, rights were important and the individual was essential to the promotion of his vision, but "human rights" in and of themselves were not part of his studies. Thus, Humphrey

124 John P. Humphrey (speech at New York University, New York City, 17 February 1949) [unpublished, archived at the McGill University Archives (MG 4127, Cont. 18)].

125 "Lecture Notes," *supra* note 108.

commented that he had "few, if any" qualifications for the job.[126] He thought that it was his bilingualism and interest in "linguistic minorities in Canada" that factored into his appointment.[127]

Regardless of his past involvement with the study of human rights, working in this department was not contrary to his world vision and would in fact work to introduce the individual to international law. If states recognize human rights documents, then they have recognized that a right exists in international law for individuals. In 1965, the *Convention on the Elimination of All Forms of Racial Discrimination* became the first document to incorporate a right of individual petition.[128] The 1966 *International Covenant on Civil and Political Rights*[129] also permits individuals, from states that have accepted its First Optional Protocol, to submit complaints to the Human Rights Committee.[130] The ability for individuals to make complaints to international bodies is a relatively new ability, which, once accepted, has been gaining popularity. Since 1966, three other United Nations human rights treaties have implemented monitoring bodies, which have the competency to hear individual submissions from citizens of member states. In addition, the Human Rights Counsel may directly hear complaints.[131]

Humphrey was instrumental in furthering the support of individuals at the UN. While diplomats on behalf of President John F.

126 Humphrey qtd. in "Leadership in Law," *supra* note 4 at 34.

127 *Ibid.*

128 *Ibid.* at 65. *Convention on the Elimination of All Forms of Racial Discrimination,* G.A. Res. 2106 (XX), Annex, 20 U.N. GAOR Supp. (No. 14) at 47, UN Doc. A/6014 (1966) (entered into force 4 January 1969).

129 *International Covenant on Civil and Political Rights,* G.A. Res. 2200A (XXI), 21 U.N. GAOR Supp. (No. 16) at 52, UN Doc. A/6316 (1966), 999 U.N.T.S. 171, (entered into force 23 March 1976, accession by Canada 19 August 1976) [*ICCPR*].

130 Humphrey had worked to have the right to petition included in the text of the *Covenant* itself, but this proved not to be politically viable: *Ibid.* The lessening of standards to gain more popular support is fundamental to regime theory, as it is expected that smaller gains will eventually lead States to be complicit in more significant projects.

131 Under the *Convention on the Elimination of All Forms of Discrimination against Women's* Optional Protocol, Article 22 of the *Convention Against Torture, and Other Cruel, Inhuman or Degrading Treatment or Punishment,* and Article 77 of the *Convention on Migrant Workers* all involve individual complaint mechanisms: Office of the United Nations High Commissioner for Human Rights, "Human Rights Bodies: Complaint Procedures," online: United Nations, <http://www2.ohchr.org/english/bodies/petitions/index.htm>.

Kennedy approached Humphrey in September 1963 regarding the need for some form of oversight on human rights, with Kennedy's death two months later the Americans were no longer pushing this agenda. Humphrey became very interested in and developed the idea of the creation of a neutral UN position with the power to investigate alleged human rights abuses.[132] While the proposal became known as the "Blaustein Plan," after Jacob Blaustein, a member of the American delegation to San Francisco who had spoken on the subject at Columbia University, Humphrey had written the speech.[133] After several close calls, the High Commissioner for Human Rights came into being in 1994.

Another legal shift required by Humphrey's vision, which was tied to the promotion of the individual, is the breaking down of state sovereignty. The *Universal Declaration of Human Rights* took important steps in this direction.[134] While not binding, states had committed themselves to reporting on their human rights conditions to the secretary-general. From his position as director, Humphrey writes:

> The theoretical importance of this development can hardly be exaggerated. It is the first time that in international organization has ever asked its member States to report to it on the near totality of their relations with their own citizens, an area so intimate that it has always been considered as coming within the exclusive jurisdiction of the State and hence preserved from international scrutiny ... It is when we look to things in this kind of perspective that we grasp the real meaning of progress ... In an area like this the first and most difficult thing to achieve is a change in attitudes.[135]

While sovereignty remains an important aspect of international law, as states cooperate and consent to a level of oversight, it is diminished as a legal characteristic. This restricted version of sover-

132 John P. Humphrey, "A United Nations High Commissioner for Human Rights: The Birth of an Initiative" (1973) 11 Can. Y.B. Int'l Law 220 at 222.

133 *Ibid.* at 223.

134 *Universal Declaration of Human Rights, supra* note 2.

135 John P. Humphrey, "Human Rights: Universal Directions in the U.N. Program" (1958) 4 N.Y. L. For. 391 at 392. In this piece, Humphrey does acknowledge that there may be a gap between the theoretical significance of this requirement and the practical outcome. In the 1958 session, he is optimistic as thirty-five states submitted reports, but there is no mechanism to force these submissions from reluctant states.

eignty will become a norm over time as attitudes shift, and new progress may be made towards an increasingly narrow definition.

Over the twenty years of Humphrey's involvement with the Division of Human Rights, he oversaw the creation of numerous documents protecting human rights. While many of these documents were not binding, Humphrey argued that "[i]t would be a great mistake to think that the Declaration is without legal significance." From its inception, the *Universal Declaration of Human Rights* became "not only a great catalyst of international and national legislation" but also acquired "an authority, at least political and moral, which was second only to the Charter of the United Nations itself."[136] The declaration, Humphrey has declared, was a general principle of international law.[137] As states ratified the declaration and domestically adopted its tenants, the protection of human rights became the norm and the basis for further commitments.

While his work on the various documents within the division demonstrated his explicit role in the promotion of individuals and their rights, his role behind the scenes was also significant. In the early 1950s, after the adoption of the *Universal Declaration of Human Rights*, many states felt that the Human Rights Division had fulfilled its assigned task. The United States, embroiled in McCarthyism, was particularly opposed to much of the division's work. Many members of the Secretariat were brought in for questioning by "disloyalty investigators," and a member of the division was even forced to resign.[138] Secretary-General Trygve Lie did nothing to curb this invasion, and his successor Dag Hammarskjold advocated that funding should be reduced and the division become an office within another division.[139] Based on an interview with Humphrey, MacDonald writes that "Humphrey was asked to make concerted efforts 'to keep the human rights programme going at the slowest speed possible,' instructions he says he did not follow."[140] Both Hobbins and MacDonald claim that Humphrey's lobbying for the division was one of his most important roles and the main reason why the division still exists.[141]

[136] Humphrey quoted in "Leadership in Law," *supra* note 4 at 59.

[137] "Leadership in Law," *ibid.* at 60.

[138] "Humphrey and the Old Revolution," *supra* note 16 at 6-7.

[139] "Leadership in Law," *supra* note 4 at 37.

[140] *Ibid.* at 36-38.

[141] See generally "Leadership in Law," *supra* note 4; and "Humphrey and the Old Revolution," *supra* note 16.

By 1966, when Humphrey left the Human Rights Division, the human rights regime was well established.[142] The UN lists five documents as being at the heart of human rights. Of these, the *Universal Declaration of Human Rights*, completed in 1948, was the only one finished before Humphrey's retirement in April. The *International Covenants on Economic, Social and Cultural Rights* and the *International Covenant on Civil and Political Rights*[143] as well as the latter's First Optional Protocol were not open for signature and ratification until December 1966. While Humphrey was not there when these passed the General Assembly, he was certainly there for their drafting and negotiation. These were documents that were in the works since the mid-1940s and required over twenty years of work to achieve sufficient political support.[144] It took twenty years of states being exposed to the idea of human rights for these documents, which, while not binding, did infringe on sovereignty, to be accepted. The last of the five is the Second Optional Protocol, which is part of the *International Covenant on Civil and Political Rights,* which passed in December 1989.

By the end of 1966, individuals, while not having a voice at the International Court of Justice, did have legal recourse at the international level. They could petition the Human Rights Committee. Whether binding or not, the individual was gaining a voice within the UN framework and under international law. One of the most significant inadequacies, addressed by Humphrey's ideology, was the connection of the individual to the law — through his actions at the UN he helped to forge this connection.

Leaving the Secretariat did not mean leaving the United Nations. Canada immediately appointed Humphrey to the Sub-Commission on the Prevention of Discrimination and the Protection of Minorities. In 1967, the sub-commission began a process to create a committee to review submissions on human rights abuses, find patterns to continuing situations, and apply to the Economic and Social Council for the ability to pursue this matter. This work led to Resolution 1503

[142] MacDonald writes that Humphrey's "departure from the Human Rights Division coincided roughly with the completion of the initial, legislative, phase of the work of the United Nations in the domain of human rights." "Leadership in Law," *supra* note 4 at 65.

[143] *International Covenant on Economic, Social and Cultural Rights,* G.A. Res. 2200A (XXI), 21 U.N. GAOR Supp. (No. 16) at 49, UN Doc. A/6316 (1966), 993 U.N.T.S. 3 (entered into force 3 January 1976, accession by Canada 19 August 1976); *ICCPR, supra* note 129.

[144] "Leadership in Law," *supra* note 4 at 61-63.

in 1970.[145] This is the only right of individual petition that could be used against any member of the UN, not just those who had signed on to the First Optional Protocol of the *International Covenant for Civil and Political Rights*.[146] Humphrey was the first chairman of the new committee.[147]

While Humphrey left his position at the UN in 1972, he was reinstated at McGill University in 1966. He taught "Special Problems in International Law and Organization," "The International Protection of Human Rights," "International Organization," and another on the protection of minorities. Humphrey was cross-appointed to the Department of Economics and Political Science, where he also taught a course on international organization.[148] For his classes on international organization, he continued to build on the lecture notes that he had put together in the 1940s and so continued to advocate for a federal international order.[149] He remained at McGill until 1971, after which he became a visiting professor at the University of Toronto for a year. Returning to Montreal, he was convinced to resume teaching part time, even creating a new seminar "Problems in International Law and Organization" in 1975. He was a visiting professor at the University of Western Ontario from 1981 to 1982, where he was able to teach the "Law of International Organization."[150] Not only did he address the McGill student body for nearly fifteen years, but he was also able to address students on other campuses. By returning to academia, Humphrey again asserted his vision of world government.

Outside of academia, Humphrey did not abandon his work in human rights. He remained devoted to this cause. Where prior to his work at the UN Humphrey had advocated to the public for the creation of domestic social security and the recognition of the Four Freedoms, he now took his international rights discourse to the

[145] *Resolution 1503*, ESC Res. 1503(XLVIII), 48 U.N. ESCOR (No. 1A), 1693rd Mtg., UN Doc. E/4832/Add.1 (27 May 1970) at 8.

[146] "Leadership in Law," *supra* note 4 at 78-79.

[147] *Ibid.*

[148] *Ibid.* at 82.

[149] There is an inference that is being drawn in this case. McGill introduced "International Law and Organization" in 1943 and the original typed lecture notes have no dates listed beyond 1945. The margins of the notes were filled with hand-written updates, but these tended to provide examples rather than change the theoretical basis.

[150] "Leadership in Law," *supra* note 4 at 88.

public. "In [Humphrey's] view," MacDonald writes, "unless [states] are compelled by the force of public opinion, most governments are unlikely to — indeed they will not — take positions in the United Nations or anywhere else in favour of the creation of effective institutions for the protection of human rights."[151] This devotion to public opinion led Humphrey to open the Canadian branch of Amnesty International. Participation and education were essential to the promotion of human rights, and such efforts were well made through non-governmental organizations and appeals to public opinion.[152]

Humphrey was also active throughout the 1970s and 1980s in various capacities with the UN. He chaired summits and was asked to speak on numerous occasions. As late as 1988, Humphrey addressed the General Assembly on the topic of "world law, the need for further mechanisms of implementation and enforcement, and the crucial relationship between human rights and the peace of nations."[153] Humphrey remained committed to his vision of a world government and international peace throughout his career. He also remained committed to the UN as the body capable of achieving this vision. All that was needed was public opinion to prod governments into action. With the connection made between the individual and international law, public opinion could become all the more effective. What was needed was the public acceptance of the competency of an international body to handle concerns that were traditionally perceived as purely domestic in nature. Once accepted, even in part, the idea is able to grow and demonstrate its value, thereby becoming the norm and allowing for further movement.

Conclusion

It is this movement — towards the acceptance of the individual in international law — that should truly be upheld as Humphrey's contribution to international law. Being proclaimed the drafter of the *Universal Declaration of Human Rights,* while significant, diminishes Humphrey's role particularly in light of other claims for this title. The declaration fulfils a far greater agenda than a respect for rights. It raises humans to the realm of international law so that they may be recognized as being deserving of rights. This was not

[151] *Ibid.* at 69.

[152] *Ibid.* at 70.

[153] Humphrey cited in "Leadership in Law," *ibid.* at 81-82.

a task accomplished in the acceptance of the declaration but, rather, in promoting the entire human rights regime and, in the absence of a world government, pushing for government oversight and accountability.

Government accountability and the importance of the individual were also essential to Humphrey's earlier work on Canadian nationalism. Citizens had to be treated equally — everywhere in Canada — if Canada was to have a single, common identity. Provincial governments would maintain regional differences, while a central government would create the backbone of a coherent nation. These interactions between governments and individuals, if embraced, would create a set of common expectations that would bind a regionally diverse country. This binding of citizens occurs at the international level when individuals are regarded as equal, and treated as such, by a single, world government.

The United Nations, while not the embodiment of an international, federal government, was a useful interface for Humphrey to promulgate his vision. By navigating cultural differences to create a single, universal document, Humphrey helped catapult the individual to the international stage. In doing this, Humphrey brought together his experience uniting Canada's "two solitudes" and his interest in international organization. Individual equality and cultural identities were central to both.

While Humphrey may not have considered his transition from nationalist to world government advocate to UN bureaucrat as a natural progression of his life work, his path was not incoherent. Under a federal world government, strong national identities may be preserved, just as under a national federal government regional differences are protected. The reasonability of Humphrey's approach has increased over time, just as his potential audience has grown with his work. Through it all, Humphrey remained dedicated to the individual and his role in creating a stable, legitimate system of governance.

ERIN C. ROTH
Student-at-Law

Sommaire

John Peters Humphrey: Nationaliste canadien et champion du gouvernement mondial

John Peters Humphrey est renommé pour avoir élaboré, au sein de l'ONU, la Déclaration universelle des Droits de l'Homme. Pourtant, cet œuvre, si important soit-il, ne constitue qu'un épisode dans la vie de Humphrey. Avant son affectation à l'ONU, Humphrey est un nationaliste canadien ardent, soutenant un Canada fort et uni tout en critiquant le système international de son temps et préconisant un gouvernement mondial fédéral. Cet esprit contrariant se manifeste également dans son choix d'emplois: selon Humphrey, qui championne le gouvernement mondial, l'ONU n'est guère plus qu'une "alliance défensive." Mais les paradoxes dans les dires et gestes de Humphrey sont plutôt apparentes que réelles. Il est possible d'y décerner un thème cohérent et unifiant : le fédéralisme. Grâce à son système de gouvernement stratifié, le fédéralisme permet de respecter les différences régionales tout en rattachant l'individu à chaque couche de l'ordre juridique. Humphrey réalise d'importants progrès en ce sens au sein de l'ONU, et de nos jours plusieurs instances internationales ont compétence pour recevoir des plaintes directement de la part de particuliers. De cette façon, Humphrey aide à nouer le lien entre l'individu et le droit international.

Summary

John Peters Humphrey: Canadian Nationalist and World Government Advocate

John Peters Humphrey is best known for drafting the United Nations Universal Declaration of Human Rights, *a role that, while significant, comprised only a brief period in Humphrey's life. Prior to his time at the UN, Humphrey was an adamant Canadian nationalist who argued for a strong, united Canada. At the same time, he was highly critical of international organization and argued for a federal, world government. This apparent contrariness was also seen in his choice of employment. Supportive of world government, Humphrey viewed the UN as little more than a "defensive alliance." Humphrey's paradoxical views and actions are far more coherent than they first appear. It is possible to see in them a single, unifying trend: federalism. Federalism's layered government structure has the ability to preserve regional differences and also to connect the individual to each layer of law. At the UN, Humphrey was able to make great strides in this direction, and today several international bodies receive complaints directly from individual complainants. In this way, Humphrey helped connect the individual with international law.*

Chronique de Droit international économique en 2006 / Digest of International Economic Law in 2006

I Commerce

RICHARD OUELLET

I Introduction

L'année 2006 s'annonçait propice à des changements dans la politique commerciale canadienne. Le 23 janvier, à l'issue d'élections générales déclenchées à la fin de l'année 2005, le Parti conservateur faisait élire 124 députés sur les 308 sièges en jeu et devenait le parti politique avec la plus importante représentation à la Chambre des communes. Le chef du parti, Stephen Harper, était donc appelé à devenir Premier ministre et à former un gouvernement minoritaire.

L'arrivée aux affaires de ce gouvernement conservateur laissait présager une certaine rupture avec la politique étrangère canadienne telle qu'elle était pratiquée depuis Lester B. Pearson. Pendant la campagne électorale, M. Harper n'avait pas fait mystère de son intention de rapprocher à maints égards la politique étrangère canadienne de celle des États-Unis et de réchauffer les relations canado-américaines, notamment en réglant le conflit du bois d'œuvre par la voie diplomatique plutôt que par la voie arbitrale. On pouvait décoder des promesses conservatrices, la volonté de se distancer d'une certaine tradition canadienne de multilatéralisme qui cherche à renforcer les institutions internationales et à faire de la règle de droit la pierre d'assise de tout règlement de différend

Richard Ouellet est professeur à la Faculté de droit et à l'Institut québécois des hautes études internationales de l'Université Laval et membre du Centre d'études interaméricaines (CEI). L'auteur tient à remercier le CEI pour son appui financier.

entre États. C'est par les actions concrètes du gouvernement Harper que l'on allait pouvoir constater si ce virage s'opère.[1]

David Emerson devint le ministre du Commerce international dans ce nouveau gouvernement tandis que Peter Mackay prenait la tête de la diplomatie canadienne en devenant ministre des Affaires étrangères. Les deux ministères, séparés deux ans auparavant, étaient réunifiés et redevenaient le bicéphale ministère des Affaires étrangères et du Commerce International (MAECI). L'agence canadienne de développement international (ACDI) relèverait de ce portefeuille.

Dès le Discours du trône, en avril, le gouvernement confirmait l'importance qu'il allait accorder à l'établissement de "relations multilatérales et surtout bilatérales plus solides, notamment avec les États-Unis," "meilleur ami" et "plus grand partenaire commercial" du Canada.[2] C'est d'ailleurs très rapidement, le 27 avril, que les deux pays arriveront à un accord sur le différend commercial du bois d'œuvre. Nous reviendrons plus loin sur ce règlement.

En plus de l'amélioration des relations avec les États-Unis, le gouvernement et le MAECI annonçaient, au chapitre des priorités en matière d'accès aux marchés, l'intention de créer de nouvelles possibilités d'affaires en Asie, notamment avec la Chine, l'Inde et la Corée du Sud.[3] L'importance de diversifier les marchés d'exportation du Canada et de faire des percées dans les marchés asiatiques

[1] La conciliation entre le multilatéralisme canadien et la gestion de la relation canado-américaine occupe et divise depuis longtemps bon nombre de spécialistes de la politique étrangère canadienne. Pour une idée des questions soulevées dans ce débat, le lecteur consultera notamment les écrits suivants: John M. Curtis, "L'importance d'être multilatéral (tout particulièrement dans un monde en voie de régionalisation)" dans John M. Curtis et Dan Ciuriak, dir., *Les recherches en politique commerciale 2003*, Ottawa, ministère des Travaux publics et Services gouvernementaux du Canada, 2003; Louis Bélanger et Gordon Mace, "Building Role and Region: Middle States and Regionalism in the Americas" dans Gordon Mace et Louis Bélanger, dir., *The Americas in Transition–The Contours of Regionalism*, Londres, Lynne Rienner Publishers, 1999, aux pp. 153-73, 167 et 168; Geoffrey Hayes, "Middle Powers in the New World Order," *Behind The Headlines* 51, 2 (hiver 1993-94); Andrew F. Cooper, Richard A. Higgott et Kim Richard Nossal, *Relocating Middle Powers: Australia and Canada in a Changing World Order*, Vancouver, UBC Press, 1993; Derek H. Burney, "The Perennial Challenge: Managing Canada-U.S. Relations," *Canada Among Nations 2005*, Montreal/Kingston, McGill-Queens University Press, 2005, aux pp. 47 et suiv.

[2] Parlement du Canada, 39e Législature, *Discours du trône*, Ottawa, 4 avril 2006, disponible en ligne: <http://pm.gc.ca/fra/media.asp?id=1087>.

[3] Secrétariat du Conseil du trésor du Canada, *Rapport sur les plans et les priorités de 2006-2007*, ministère des Affaires étrangères et du Commerce international,

en pleine expansion, augmentait considérablement puisque divers indicateurs financiers aux États-Unis, notamment dans l'immobilier, laissaient présager un ralentissement notable de l'activité économique et donc des possibilités commerciales réduites pour les exportateurs canadiens destinant leurs produits à nos voisins du Sud.[4] On remarquait d'ailleurs au cours de l'année 2006 une baisse relative des exportations canadiennes de marchandises vers les États-Unis; de 87,1 % en 2002, cette part passait à 81,6 % en 2006.[5]

D'autres indicateurs liés de près au commerce international canadien ont aussi retenu l'attention en 2006.

Le dollar canadien a poursuivi son appréciation en 2006, s'approchant de la barre des 0,90 $US. Au total, la valeur du dollar canadien par rapport au dollar US a fait un bon de 6,8 % pendant l'année.[6] Cette appréciation est attribuable en bonne partie à l'augmentation des prix des produits de base. Malgré cette montée de notre dollar, les exportations canadiennes de biens et de services ont augmenté légèrement en 2006, passant à un niveau record de 523,7 milliards de dollars.[7] Bien qu'encourageante, cette donnée est quelque peu trompeuse. Sans les exportations de ressources naturelles et la hausse des prix dans le secteur de l'énergie, les exportations canadiennes auraient diminué en 2006.[8]

L'année 2006 n'amenait pas qu'une nouvelle application de la politique commerciale canadienne. Afin de maintenir ses enviables données commerciales, de nouveaux défis économiques se posaient au Canada.

II Le commerce canadien aux plans bilatéral et régional

A Les négociations commerciales aux plans bilatéral et régional

1 *Le projet de la ZLEA*

Bien que la majorité des chefs d'États du continent américain aient réaffirmé, lors du Sommet des Amériques de Mar Del Plata

---

disponible en ligne: <http://www.tbs-sct.gc.ca/rpp/0607/fait-aeci/fait-aeci04_f.asp>.

[4] Affaires étrangères et Commerce international Canada, *Le commerce international du Canada: Le point sur le commerce et l'investissement–2007*, à la p. 9, disponible en ligne: <http://www.international.gc.ca/eet/pdf/07-1989-DFAIT-fr.pdf>.

[5] *Ibid.* à la p. 3.

[6] *Ibid.* à la p. 20.

[7] *Ibid.* à la p. 3.

[8] *Ibid.*

de novembre 2005, leur engagement à relancer les négociations devant mener à la création de la ZLEA,[9] aucun effort particulier n'a pu être remarqué en 2006 à ce sujet. Il est vrai que le 24 mars, lors de la 11e réunion de la Commission du libre-échange de l'ALENA, à Acapulco, le ministre canadien du commerce international, le secrétaire mexicain aux affaires économiques et le représentant américain au commerce ont redit leur détermination commune à promouvoir l'établissement de la ZLEA.[10] Malgré ces vœux, il faut bien se rendre à l'évidence. La dernière réunion des ministres du commerce de l'hémisphère remonte à 2003. Les Sommets des Amériques accouchent de déclarations qui ne permettent pas d'espérer de réelles relances des négociations. Il n'y a plus de volonté politique derrière ce projet. C'est peut-être en 2006 qu'on aura vraiment mesuré combien la ZLEA est loin dans la stratégie commerciale des gouvernements des Amériques. L'avenir nous dira si le projet de la ZLEA connaît encore des évolutions dignes de mention dans les années à venir.

2 *Les autres développements aux plans bilatéral et régional*

Douze ans après son entrée en vigueur, l'ALENA continue à livrer ses fruits, et son application semble bien s'adapter aux conditions de concurrence et de marché que requiert l'économie nord-américaine. À la réunion de la Commission du libre-échange, en mars, les ministres de l'ALENA, en plus de reconnaître la nécessité de lever encore des obstacles au commerce des produits et services, fixaient comme objectif de renforcer la compétitivité de l'Amérique du Nord. L'un des moyens pour atteindre cet objectif mérite que l'on souligne son originalité. Les ministres ont convenu de se pencher

> sur les moyens de collaboration éventuelle entre [les] trois pays dans le cadre d'accords de libre échange avec d'autres pays et sur la façon dont les éléments des nouveaux ALE seraient susceptibles de contribuer à

9 Quatrième Sommet des Amériques, *Déclaration de Mar Del Plata*, Argentine, 5 novembre 2005, para. 19A, disponible en ligne: <http://www.summit-americas.org/Documents%20for%20Argentina%20Summit%202005/IV%20Summit/Declaracion/Declaracion_FRA%20IV%20Cumbre-rev1.pdf>.

10 Réunion de 2006 de la Commission de l'ALENA, *Déclaration conjointe*, Acapulco, Mexique, 24 mars 2006, disponible en ligne: <http://www.international.gc.ca/trade-agreements-accords-commerciaux/agr-acc/nafta-alena/JS-Acapulco.aspx?lang=fr>.

l'amélioration des pratiques de l'ALENA, en matière de la [*sic*] transparence et la [*sic*] facilitation des échanges.[11]

La réunion de la Commission du libre-échange était aussi l'occasion de préparer la rencontre des chefs d'États des trois pays d'Amérique du Nord qui allait se tenir à la fin mars à Cancun au Mexique. Le Premier ministre Harper et les Présidents Fox et Bush se rencontraient pour la deuxième fois au sujet du *Partenariat nord-américain pour la sécurité et la prospérité* (PSP), qui célébrait son premier anniversaire en 2006. Le cadre informel et mal défini de ce partenariat permet aux trois dirigeants de déterminer de façon très souple l'agenda de travail qu'ils ont en partage. Ainsi, en 2006, les chefs d'États ont choisi cinq dossiers prioritaires sur lesquels ils allaient demander à leurs administrations de collaborer à la mise en place d'approches communes: (1) le renforcement de la compétitivité en Amérique du Nord; (2) la gestion des situations d'urgence en Amérique du Nord; (3) la grippe aviaire et la pandémie d'influenza; (4) la sécurité énergétique de l'Amérique du Nord; (5) les frontières nord-américaines intelligentes et sécuritaires. Les trois chefs ont convenu de faire le point sur ces questions un an plus tard, au Canada, à l'invitation du premier ministre.[12]

Dans sa stratégie de rapprochement avec les États-Unis et dans le but de renforcer le commerce en Amérique du Nord, le Canada inaugurait en juillet un nouveau consulat général à San Francisco en Californie. Il n'est pas anodin de mentionner que la Californie est le quatrième marché en importance du Canada.[13]

Outre les États-Unis, le Canada concentrait ses efforts de rapprochement avec quelques pays asiatiques. En mars, le ministre du Commerce international rendait visite à son homologue indonésienne afin de discuter entre autres des liens commerciaux et économiques des deux pays. L'Indonésie représente la troisième destination en importance de l'investissement canadien direct en

[11] *Ibid.*

[12] Partenariat nord-américain pour la sécurité et la prospérité, *Déclaration conjointe des chefs*, Cancun, Mexique, 31 mars 2006, disponible en ligne: <http://www.pm.gc.ca/fra/media.asp?category=1&id=1085>.

[13] Affaires étrangères et Commerce international Canada, *Communiqué de presse*, 26 juillet 2006, disponible en ligne: <http://wo1.international.gc.ca/minpub/Publication.aspx?isRedirect=True&publication_id=384253&Language=F&doc number=86>.

Asie, après le Japon et Singapour.[14] En octobre, une table ronde Canada-Inde visait à renforcer les relations commerciales entre les deux pays.[15]

B LES DIFFÉRENDS LIÉS À L'ALENA

À ce chapitre, c'est évidemment la gestion du différend sur le bois d'œuvre résineux qui a accaparé toute l'attention en 2006.

En mars, un groupe spécial de l'ALENA confirmait que le bois d'œuvre canadien n'est pas subventionné.[16]

Dès le 27 avril, le Canada et les États-Unis annonçaient qu'ils en étaient venus à un accord de principe permettant de régler l'entièreté du différend entre les deux pays quant au commerce du bois d'œuvre résineux.[17] Cet accord devait mener à la signature d'un accord formel plus tard, le temps de préparer les textes juridiques devant lier les parties. Cette signature est intervenue le 12 septembre, le ministre canadien du commerce international David Emerson et la représentante américaine au commerce Susan Schwab engageant par écrit leur État respectif.[18]

Cet accord de quatre-vingt-six pages plus des corrections prévoit essentiellement que:

- L'Accord est d'une durée de sept ans et pourra être reconduit pour une durée de deux ans.

[14] Commerce international Canada, *Communiqué de presse*, 31 mars 2006, disponible en ligne: <http://wo1.international.gc.ca/minpub/Publication.aspx?isRedirect=True&publication_id=383836&Language=F&docnumber=33>.

[15] Affaires étrangères et commerce international Canada, *Communiqué de presse*, 23 octobre 2006, disponible en ligne: <http://wo1.international.gc.ca/minpub/Publication.aspx?isRedirect=True&publication_id=384487&Language=F&docnumber=122>.

[16] ALENA, *Examen par un Groupe spécial binational constitué en vertu de l'article 1904 de l'Accord de libre-échange nord-américain*, USA-CDA 2002-1904-03, disponible en ligne: <http://www.nafta-sec-alena.org/app/DocRepository/1/Dispute%5Cenglish%5CNAFTA_Chapter_19%5CUSA%5Cua02035f.pdf>.

[17] Gouvernement du Canada, ministère des Affaires étrangères et du Commerce international, *Communiqué de presse*, 27 avril 2006, disponible en ligne: <http://wo1.international.gc.ca/minpub/Publication.aspx?isRedirect=True&publication_id=383935&Language=F&docnumber=45>.

[18] Le texte de *l'Accord sur le bois d'œuvre résineux entre le Gouvernement du Canada et le Gouvernement des États-Unis* est disponible en ligne à <http://www.dfait-maeci.gc.ca/trade/eicb/softwood/pdfs/SLA-fr.pdf>.

- À l'entrée en vigueur de l'Accord, les ordonnances d'imposition de droits antidumping et compensateurs sur le bois d'œuvre résineux qui avaient été imposées par les autorités américaines seront complètement révoquées.
- Le remboursement, en moins de huit semaines, d'environ 4,5 milliards de dollars américains aux exportateurs canadiens de bois d'œuvre qui s'étaient vus exiger ces sommes par les autorités américaines au titre de droits compensateurs ou antidumping, dans certains cas depuis 2002.
- Le gouvernement des États-Unis n'entamera aucune enquête en vue de l'imposition de droits antidumping ou compensateurs sur les exportations de bois d'œuvre résineux du Canada et rejettera toute demande d'intenter des recours commerciaux ou de mener des enquêtes en ce qui concerne le bois d'œuvre résineux canadien. De plus, un moratoire de douze mois sur tout recours commercial de la part des États-Unis prendra effet à l'échéance de l'Accord.
- Les exportateurs canadiens de bois d'œuvre résineux ne paieront pas de droit à l'exportation tant que le prix du bois sera supérieur à 355 $US par millier de pieds-planche.

Chacune des régions canadiennes (côte et intérieur de la Colombie-Britannique, Alberta, Saskatchewan, Manitoba, Ontario et Québec) pourra choisir l'un de deux régimes de droits à l'exportation pour des périodes de trois ans:

- Option A: des droits à l'exportation variant selon le prix du bois;
- Option B: des droits à l'exportation assortis d'une limitation du volume des exportations, dont le taux et la limitation du volume varieront selon le prix du bois.

Il est entendu que les revenus des droits à l'exportation perçus par le gouvernement du Canada seront distribués aux provinces.

- Le bois provenant des provinces maritimes, du Yukon, des Territoires du Nord-Ouest, du Nunavut et des scieries frontalières du Québec est exclu de l'application de l'Accord.
- Les parties mettent fin à toutes les procédures entamées avant l'entrée en vigueur de l'Accord.

D'autres règles et modalités d'application sont prévues à l'accord qu'il serait trop long de mentionner toutes ici.

L'Accord est finalement entré en vigueur en octobre 2006 et sa mise en œuvre formelle en droit canadien s'est opérée en décembre. Comme on le verra plus loin, cet Accord n'a pas eu que des impacts sur les litiges engagés dans le cadre de l'ALENA. Il mettait aussi un terme aux différends touchant le commerce canado-américain du bois d'œuvre portés devant l'OMC.

III Le commerce canadien et l'omc

A Les négociations commerciales multilatérales

1 Le Cycle de Doha et l'action canadienne au sein de l'OMC

C'est un vaste chantier qu'il fallait ouvrir, début 2006, pour aboutir à une entente qui permettrait de clore le cycle de négociation désormais appelé le Programme de Doha pour le développement (PDD). À cause de la question agricole, la Conférence ministérielle de Hong Kong qui s'était tenue en décembre 2005 n'avait pas permis de déceler ce qui permettrait de dénouer l'impasse devant laquelle se trouvaient les membres de l'OMC. Dès le début de l'année 2006, le Directeur général de l'OMC, M. Pascal Lamy, invitait tout de même instamment les négociateurs à intensifier leurs contacts avec d'autres délégations afin que les délais figurant dans la déclaration de Hong Kong puissent être respectés.[19] Début février, le Président des négociations sur l'agriculture, l'ambassadeur néo-zélandais Crawford Falconer, distribuait aux délégations une liste de questions à être traitées dans le cadre des discussions sur les "modalités" pour lesquelles la date butoir était le 30 avril[20] (ce dernier délai ne sera pas respecté).

En juin, le ministre du Commerce international rencontrait les ministres et hauts fonctionnaires provinciaux et territoriaux afin de les consulter en vue de l'élaboration de la position du Canada à l'OMC, notamment pour les discussions sur l'accès aux marchés des produits agricoles et non agricoles, tenues à la fin du mois.[21]

[19] Organisation mondiale du Commerce (OMC), Archives des nouvelles sur le PDD, 7 février 2006, disponible en ligne: <http://www.wto.org/french/news_f/archive_f/dda_arc_f.htm>.

[20] OMC, *Négociations sur l'agriculture–Liste non-exhaustive de questions,* 9 février 2006, disponible en ligne: <http://www.wto.org/french/tratop_f/agric_f/ag_questions_f.htm#covernote>.

[21] Affaires étrangères et Commerce international, *Communiqué de presse,* 19 juin 2006, disponible en ligne: <http://w01.international.gc.ca/minpub/Publication.aspx?isRedirect=True&publication_id=384118&Language=F&docnumber=69>.

Les négociations pour le Cycle de Doha en étaient, selon lui, à une étape cruciale et la rencontre visait donc à tenir les représentants des provinces et territoires au fait de l'évolution de la situation, ainsi qu'à recueillir leur avis.

À la fin juin, les présidents des groupes de négociation sur l'agriculture et les produits non agricoles distribuaient des projets de textes aux membres de l'OMC.[22] Après trois jours de discussions intenses, aucun progrès n'avait été accompli concernant les formules de réduction des droits de douane et des subventions, et ce malgré les efforts déployés par les négociateurs. Les négociations se trouvaient dans une impasse. Les ministres canadiens du ministère du Commerce international, et de l'Agriculture et de l'Agroalimentaire Canada, se disaient déçus par l'absence de progrès dans les négociations, mais reconnaissaient que l'écart entre les positions de négociation des membres était très grand.[23]

Le 23 juillet, le Directeur général de l'OMC réunissait les chefs des délégations du G-6, un groupe réunissant les États-Unis, l'Union européenne, le Brésil, l'Inde, l'Australie et le Japon. Cette réunion dite de la dernière chance, a malheureusement mené au constat que les divergences de vue entre les principaux protagonistes étaient trop importantes. Le lendemain, dans une déclaration où le Directeur général ne cachait un certain découragement, il annonçait qu'"il n'y a que des perdants" et que les négociations menées dans le cadre du Programme de Doha pour le développement étaient suspendues pour une durée indéterminée.[24] Le gouvernement du Canada, comme ceux de tous les membres d'ailleurs, exprimait sa déception et déclarait qu'il continuerait de se concentrer sur un commerce plus libéralisé, sur le système commercial multilatéral ainsi que sur les objectifs des négociations de Doha.[25] Avant de poursuivre les négociations, des progrès devaient être réalisés par des travaux informels afin de concilier les positions trop divergentes.

22 Organisation mondiale du commerce, *Projet de modalités possibles concernant l'agriculture*, Comité de l'agriculture, Session extraordinaire, OMC doc. JOB (06)/199 (22 juin 2006).

23 Gouvernement du Canada, *Communiqué*, 1er juillet 2006, disponible en ligne: <http://wo1.international.gc.ca/minpub/Publication.aspx?isRedirect=True&publication_id=384162&Language=F&docnumber=73>.

24 OMC, *Réunion informelle du CNC au niveau des chefs de délégation, Remarques liminaires du président*, OMC doc. JOB (06)/231 (24 juillet 2006).

25 Gouvernement du Canada, *Communiqué*, 24 juillet 2006, disponible en ligne: <http://wo1.international.gc.ca/minpub/Publication.aspx?isRedirect=True&publication_id=384243&Language=F&docnumber=84>.

En décembre, M. Lamy indiquait au Conseil général de l'OMC qu'un niveau d'engagement plus important commençait à poindre dans les consultations que menaient les présidents des divers groupes de négociation.[26] Quant au gouvernement canadien, il se déclarait satisfait en disant qu'il avait fait ses preuves en matière de gestion de l'offre dans le cadre des négociations du Cycle de Doha. Il indiquait néanmoins qu'il continuerait d'appuyer les programmes de gestion de l'offre utilisés pour les secteurs sensibles tels l'industrie laitière, l'industrie avicole ainsi que pour les oeufs.[27]

Il faut aussi déplorer pendant l'année 2006, le décès de John Lockhart, membre de l'Organe d'appel. Il fut remplacé en cours d'année par David Unterhalter, originaire d'Afrique du Sud.

Sur des thèmes plus réjouissants, les membres de l'OMC arrivaient à s'entendre en juillet sur les termes d'un nouveau mécanisme pour la transparence des accords commerciaux régionaux.[28] Il est permis de croire que l'application de ce mécanisme simplifiera singulièrement l'application des critères de l'article XXIV du GATT. Enfin, à la fin de l'année 2006, on annonçait qu'à la suite de longues négociations, le Conseil général de l'OMC décidait d'autoriser l'accession à l'OMC du VietNam. Cet État à l'économie émergente et effervescente, deviendra officiellement membre de l'OMC au début de l'année 2007.

B LES DIFFÉRENDS DEVANT L'OMC IMPLIQUANT LE CANADA

De nombreux différends impliquant le Canada connurent des développements notables en 2006. Nous les présentons ici selon l'ordre numérique des affaires mais, pour des raisons exposées plus haut, traiterons en bloc à la fin les affaires relatives au bois d'œuvre.

1 L'Amendement Byrd (DS 234)

Le 17 février, lors de la réunion de l'Organe de règlement des différends (ORD), les États-Unis indiquaient que leur Congrès avait

26 OMC, *Archives des nouvelles sur le PDD*, 14 décembre 2006, disponible en ligne: <http://www.wto.org/french/news_f/archive_f/dda_arc_f.htm>.

27 Gouvernement du Canada, *Communiqué de presse*, 21 décembre 2006, disponible en ligne: <http://wo1.international.gc.ca/minpub/Publication.aspx?isRedirect=True&publication_id=384704&Language=F&docnumber=163>.

28 Mécanisme pour la transparence des accords commerciaux régionaux, *Projet de décision*, Révision, Groupe de négociation sur les règles, OMC doc. JOB(06)59/Rev.5, 29 juin 2006.

approuvé le 1er février la *Loi sur la réduction du déficit* que le Président avait promulguée le 8 février et qui mettait les États-Unis en conformité avec leurs obligations commerciales multilatérales. Treize membres de l'OMC, dont le Canada, bien qu'accueillant positivement la nouvelle loi américaine, ont estimé que celle-ci ne plaçait pas les États-Unis en pleine conformité avec les décisions de l'ORD. D'ailleurs, plus tard en 2006, en lien avec cette affaire, les Communautés européennes et le Japon notifiaient de nouvelles listes de produits auxquels s'appliquerait un droit d'importation additionnel, avant l'entrée en vigueur d'un niveau de suspension de concessions.

2 *Mesures affectant l'approbation et la commercialisation des produits biotechnologiques (DS 292)*

Le rapport du Groupe spécial dans cette affaire fut distribué le 29 septembre. En langue française, ce rapport fait plus de 1 300 pages.[29] Il en fait 1 200 en langue anglaise.

On se rappellera que la demande de consultations dans cette affaire avait été notifiée en mai 2003. La plainte canadienne attaquait une restriction indirecte des importations en Europe de produits agricoles et alimentaires provenant du Canada. Cette restriction découlait, aux dires du Canada, d'un moratoire instauré par les Communautés européennes (CE) en octobre 1998 qui visait l'approbation de produits biotechnologiques (ou OGM). Le Canada reprochait notamment aux CE de maintenir des interdictions de commercialiser et d'importer des OGM, alors même que ces produits avaient été approuvés pour importation et commercialisation dans les CE. Le Canada prétendait que les mesures européennes étaient incompatibles avec plusieurs articles de l'Accord SPS, de l'Accord OTC, du GATT et de l'*Accord sur l'agriculture.*

Dans ses rapports, le Groupe spécial a notamment constaté que les Communautés européennes ont agi *d'une manière incompatible* avec leurs obligations au titre de l'Annexe C 1) a), première clause, de l'*Accord SPS* et, par voie de conséquence, avec leurs obligations au titre de l'article 8 de l'*Accord SPS* en appliquant un moratoire *de facto* général sur les approbations entre juin 1999 et août 2003.[30]

[29] OMC, Communautés européennes–Mesures affectant l'approbation et la commercialisation des produits biotechnologiques, *Rapport du Groupe special,* 29 septembre 2006, disponible en ligne: <http://docsonline.wto.org/DDFDocuments/u/WT/DS/293R-00.doc>.

[30] *Ibid.* para. 8.34.

Pour ce qui est des mesures des Communautés européennes visant des produits spécifiques, le Groupe spécial a constaté que "[l]es Communautés européennes ont *manqué* à leurs obligations au titre de l'Annexe C 1) a), première clause, de l'*Accord SPS* et, par voie de conséquence, à leurs obligations au titre de l'article 8 de l'*Accord SPS* en ce qui concerne les procédures d'approbation [de certains produits]."[31] Vu ces conclusions, le Groupe spécial a recommandé que l'Organe de règlement des différends demande aux Communautés européennes de rendre les mesures pertinentes — mesures communautaires ou celles relevant des États membres des Communautés — visant des produits spécifiques conformes à leurs obligations au titre de l'*Accord SPS*.

La mise en œuvre de cette décision n'était toujours pas faite à la fin de l'année 2006.

3 Hormones (DS 321)

Le 20 janvier, le Président du Groupe spécial informait l'ORD qu'en raison de la complexité en jeu, le Groupe spécial ne serait pas en mesure de remettre son rapport dans les délais prévus au *Mémorandum d'accord sur le règlement des différends*. Il estimait que le rapport pourrait être remis en octobre 2006.[32] Le rapport n'avait toujours pas été remis à la fin de l'année 2006.

4 Maïs en grains (DS 338)

En mars, les États-Unis ont requis des consultations à la suite d'une décision canadienne d'imposer des droits antidumping et compensateurs provisoires sur le maïs en grain à l'état brut provenant des États-Unis.

Les États-Unis prétendent que ces droits provisoires perçus par le Canada sont incompatibles avec des dispositions du GATT de 1994, de *l'Accord antidumping* et de l'*Accord sur les subventions et mesures compensatoires*. Ils affirment que les droits provisoires sont perçus par le Canada sur la base d'une détermination préliminaire de l'existence d'un dommage qui est incompatible avec les accords mentionnés.[33]

[31] *Ibid.* para. 8.38.

[32] OMC, *Canada – Maintien de la suspension d'obligations dans le dossier CE-Hormones*, Communication du Président du Groupe spécial, 23 janvier 2006, disponible en ligne: <http://docsonline.wto.org/DDFDocuments/u/WT/DS/321-9.doc>.

[33] OMC, *Canada- Droits antidumping et compensateurs provisoires visant le maïs en grains en provenance des États-Unis*, Demande de consultation présentée par les États-Unis,

5 *Chine — Mesures affectant les importations de pièces automobiles (DS 342)*

À l'instar de ce qu'avaient fait les États-Unis et les Communautés européennes plus tôt en mars, le Canada a notifié le 13 avril 2006 une demande de consultation contre des mesures chinoises ayant un impact négatif sur les exportations canadiennes de pièces d'automobiles en Chine. Ces mesures sont: "a) la Politique concernant le développement de l'industrie automobile; b) les mesures pour l'administration de l'importation de pièces et composants automobiles pour véhicules complets; et c) les Règles applicables pour déterminer si des pièces et composants automobiles importés constituent des véhicules complets, ainsi que tous les remplacements, modifications, prolongations, mesures d'application ou autres mesures connexes."

Ces mesures, selon le Canada, seraient incompatibles avec:

- le *Protocole d'accession* (WT/L/432) (y compris les parties 1.1.2 et 1.7.3 et les paragraphes 93 et 203 du rapport du Groupe de travail);
- l'article II et l'article III du GATT de 1994;
- l'article 2 de l'*Accord sur les MIC*;
- l'article 2 de l'*Accord sur les règles d'origines*, en particulier les paragraphes b), c) et d);
- l'article 3 de l'*Accord SMC.*

Le 15 septembre 2006, une demande d'établissement d'un groupe spécial fut présentée par les Communautés européennes, les États-Unis et le Canada. Cette demande fut reportée au 26 octobre 2006, où un groupe spécial fut établi conformément à l'article 9:1 du *Mémorandum d'accord sur le règlement des différends.*

6 *Exonérations et réductions fiscales pour le vin et la bière (DS 354)*

Une demande de consultation a été notifiée par les Communautés européennes le 29 novembre 2006 relativement à des exonérations et réductions fiscales que le Canada applique pour le vin et la bière:

---

22 mars 2006, disponible en ligne: <http://docsonline.wto.org/DDF Documents/u/G/SCM/D66-1.doc>.

Les questions que les Communautés européennes souhaiteraient soulever sont les suivantes:

- l'exonération des droits d'accise fédéraux appliquée par le Canada pour le vin produit au Canada qui est composé entièrement de produits agricoles ou végétaux cultivés au Canada, conformément à l'avis de l'Agence du revenu du Canada EDN 15 de juin 2006; et
- la réduction des taux des droits d'accise appliquée par le Canada pour les 75 000 premiers hectolitres de bière ou de liqueur de malt produits et emballés au Canada par année par un brasseur muni de licence, conformément à l'avis de l'Agence du revenu du Canada EDBN 9 de juillet 2006.[34]

Selon les Communautés européennes, ces mesures sont incompatibles avec les obligations prévues à l'Accord SMC (article 3.1 b), 3.2) et au GATT de 1994 (article III:2, III: 4).

7 *Les affaires liées au différend canado-américain sur le bois d'œuvre*

Par une communication en date du 12 octobre 2006, les gouvernements des États-Unis et du Canada notifiaient à l'Organe de règlement des différends qu'ils avaient conclu une solution mutuellement convenue pour tous les différends pendants relatifs au commerce du bois d'œuvre entre leurs deux pays.[35] Ainsi, les affaires DS 236, DS 247, DS 257, DS 264, DS 277 et DS 311 avaient fait l'objet d'un accord global daté du 12 septembre 2006. L'*Accord sur le bois d'œuvre résineux* était annexé à cette communication.

Peut-être est-il intéressant de mentionner que, plus tôt en 2006, le Canada avait eu gain de cause deux fois devant l'Organe d'appel dans les dossiers DS 264 et DS 277.

IV Conclusion

En définitive, le principal changement perceptible dans la politique commerciale canadienne s'est manifesté dans le mégadifférend

34 OMC, *Canada–Exonérations et réductions fiscales pour le vin et la bière*, Demande de consultations présentée par les Communautés européennes, 4 décembre 2006, disponible en ligne: <http://docsonline.wto.org/DDFDocuments/u/G/SCM/D72-1.doc>.

35 OMC, *États-Unis – Détermination finale en matière de droits compensateurs concernant certains bois d'œuvre résineux en provenance du Canada*, Notification de la solution convenue d'un commun accord, 16 novembre 2006, disponible en ligne: <http://docsonline.wto.org/DDFDocuments/u/G/SCM/D45-2.doc>.

avec les États-Unis relatif au bois d'œuvre résineux. En quelques mois, le nouveau gouvernement a réglé par la négociation un litige qui prenait la forme d'une multiplicité d'affaires portées devant des groupes spéciaux formés tant en vertu de l'ALENA que de l'OMC. D'aucuns diront que la nouvelle approche commerciale canadienne est la plus efficace, ayant rendu aux papetières canadiennes une bonne part de l'accès au marché américain qu'elle pouvait prendre, ayant permis le remboursement d'importantes sommes dues à ces entreprises qui en avaient cruellement besoin et ayant préservé un nombre significatif d'emplois dans le secteur des pâtes et papiers au Canada. Si tous ces arguments sont vrais et valables, une conclusion sur la valeur de la nouvelle approche commerciale canadienne ne saurait être tirée. D'abord parce qu'il est trop tôt pour le faire. Ensuite, parce qu'il est permis de se demander si le Canada aurait eu le même pouvoir de négociation face au géant américain s'il n'avait pas d'abord eu gain de cause à de multiples reprises pendant des années devant des Groupes spéciaux de l'ALENA et de l'OMC. Les débats sur les stratégies de politique commerciale qui servent au mieux les intérêts canadiens ne sont pas prêts de se clore.

II Le Canada et le système financier international en 2006

BERNARD COLAS

À l'instar des années précédentes, le blanchiment d'argent, la lutte contre le financement du terrorisme et la gouvernance ont constitué les principales préoccupations de la communauté internationale en 2006. Cependant la communauté internationale s'est également intéressée aux questions de développement durable, à l'égalité entre les sexes ainsi qu'en toile de fonds à la réforme des institutions de Bretton Woods. Ces travaux ont été menés de concert par: (1) le Groupe des 20 (G-20); (2) les institutions financières internationales; (3) les organismes de contrôle des établissements financiers; (4) le Groupe d'action financière; (5) le Joint Forum. Au sein de ces institutions le Canada assume son rôle de grande puissance mondiale.

I Le Groupe des 20 (G-20)

La huitième réunion du Groupe des 20 (G-20) qui s'est tenue à Melbourne, en Australie les 18 et 19 novembre 2006, avait pour thème le développement et le maintien de la prospérité économique.[1] À cette occasion, le G-20 a salué l'expansion économique mondiale tout en reconnaissant qu'après quatre années de forte croissance, celle-ci risquait de ralentir légèrement, à l'exception des marchés émergeants comme la Chine et l'Inde où la croissance reste forte. Le G-20 a mis l'accent sur le fait que le ralentissement de la croissance économique moyenne ainsi que l'instabilité des prix

---

Bernard Colas, Avocat associé de l'étude Colas Moreira Kazandjian Zikovsky, s.e.n.c.r.l. Docteur en droit. L'auteur remercie Xavier Mageau, LL.M., de la même étude ainsi que Thomas Segui, pour leur importante contribution à cet article.

[1] *G-20 Meeting of Ministers and Governors in Melbourne, 18-19 November 2006* (ci-après *Communiqué du G-20*), §1, disponible en ligne: <http://www.g20.org/G20/webapp/publicEN/publication/communiques/doc/2006_australia.pdf>.

du secteur de l'énergie et des minerais risquaient d'augmenter l'inflation et a rappelé à ce titre la nécessité d'ajuster les politiques fiscales et monétaires afin d'assurer la flexibilité du taux de change.[2]

Le G-20 a insisté sur les dangers du protectionnisme étatique pour le commerce et les investissements, et a rappelé l'importance de maintenir le libre-échange et à ce titre la nécessité du succès du programme de Doha, décidé lors de la conférence ministérielle de Doha en novembre 2001. Le Groupe a réclamé une reprise des négociations avec l'Organisation mondiale du commerce (OMC) dans ce but.[3]

Alors que les pays membres sont à des stades différents de leur transition démographique, les ministres du G-20 ont mis l'accent sur la nécessité de prendre en compte très tôt les impacts de cette transition et de réfléchir sur les ajustements qui doivent êtres opérés, en particulier au niveau des marchés financiers et de la mobilité internationale de la main d'œuvre. Le G-20 a, en 2006, réitéré ses appels à la coopération internationale dans les domaines de la rémunération et des coûts de transaction de la main d'œuvre émigrée.[4]

Le G-20 a réaffirmé la nécessaire réforme des institutions de Bretton Woods. Il a notamment mis l'accent sur la nécessité de procéder à une modification de la gouvernance, des politiques stratégiques, et des quotas et représentations afin de prendre en compte les changements dans les poids économiques des différents États.

Suite à son engagement de 2004 de parvenir à un niveau élevé de transparence et d'échange d'informations dans le domaine fiscal, le G-20 a accueilli avec succès la publication du *Forum 2006 sur l'imposition.* Celui-ci démontre de nombreux succès accomplis dans l'exécution de ces normes.[5]

II Les institutions financières internationales

A Le Fonds monétaire international (FMI)

Pour l'année 2006, l'ensemble des quotes-parts des 184 membres du FMI s'établissait à 213,5 milliards de DTS.[6] Les réserves du Canada au FMI en 2006 s'établissaient à 533,4 millions de DTS, soit

[2] *Ibid.* § 3.

[3] *Ibid.* § 4.

[4] *Ibid.* "Demographic change."

[5] *Ibid.* § 25.

[6] Au 29 décembre 2006, le taux de change du dollar canadien par rapport au DTS était de 1,753 080 $CAN par DTS.

une quote-part de 6 369,2 millions de DTS. Parmi les prêts engagés par le FMI au cours de l'année, 17,22 milliards de DTS ont été prêtés en aide d'urgence à la République centreafricaine et à Haïti pour les aider à se relever de conflits. Du fait du niveau élevé des remboursements cette année due à un environnement économique et financier plutôt favorable, l'encours du crédit du FMI à la fin de l'exercice 2006 était de 19,2 milliards de DTS. Cela représente le niveau le plus faible enregistré depuis vingt-cinq ans. Ces évènements ont amené le FMI à détenir un niveau de liquidités record de 120,1 milliards de DTS.[7]

En 2006, le FMI a concentré ses efforts de surveillance sur les déséquilibres mondiaux, le prix élevé du pétrole et la hausse des taux d'intérêts dans les pays développés. En mars 2006, un examen du Bureau d'évaluation indépendant (BEI) du FMI sur la surveillance exercée par l'Institution a fait ressortir des secteurs à améliorer, notamment au sujet des rapports de surveillance que l'on reproche d'être trop narratifs et pas assez analytiques.[8]

Le FMI s'est penché sur les moyens d'accroître l'objectivité et l'efficacité de la surveillance bilatérale prévue à l'article IV. Lors de la consultation annuelle au titre de l'article IV en 2006, le personnel ainsi que le Conseil d'administration du FMI ont conclu que le solide cadre macroéconomique du Canada avait permis de soutenir une autre année de performance.[9] Le Canada demeure le huitième pays membre en importance du Fonds.

Le Canada continue en 2006 de diriger les efforts de réforme du FMI, engagé il y a quelques années dans le but de renforcer le système financier international, en collaborant avec les ministres des finances du G-7 et du G-20 afin de faire accepter un processus de réforme en deux étapes. Ces efforts ont permis d'obtenir à la veille des assemblées annuelles du FMI et de la Banque mondiale en septembre 2006 l'accord des pays membres à l'égard d'une première étape de la réforme. Les gouverneurs du FMI ont décidé de majorer les quotes-parts des quatre grandes économies de marché émergentes les plus sous représentées[10] et de fournir des ressources supplémentaires au bureau des deux administrateurs africains du

[7] *Rapport sur les opérations effectuées en vertu de la loi sur les accords de Bretton Woods et des accords connexes 2006,* avril 2007, Direction des finances et des échanges internationaux ci-après *Bretton Woods 2006* , à la p. 9.

[8] *Ibid.* à la p. 7.

[9] *Ibid.* à la p. 45.

[10] La Chine, la République de Corée, le Mexique et la Turquie.

Fonds.[11] De même, le FMI a décidé de s'entendre sur la série plus vaste des réformes de la deuxième étape. Celle-ci suppose de réviser la formule dont se sert le Fonds pour calculer la quote-part des membres, accroître le niveau de vote de base, procéder à l'instauration d'un nouveau système de prêt, et ce, au plus tard pour l'assemblée annuelle d'octobre 2008. Le Canada appuie également le doublement des votes de base ainsi que la modification des statuts du FMI dans le but de donner aux pays à faible revenu une voix plus forte.[12]

Concernant le renforcement des finances du FMI, l'exercice 2006 est particulier car la réduction des prêts et le remboursement anticipé de la dette par les grands emprunteurs ont porté le revenu du fonds à un niveau inégalé. Le FMI est donc confronté à un manque à gagner et devra afficher un déficit budgétaire d'environ 69 millions de DTS pour l'exercice 2007 et des déficits croissants sont prévus pour les trois prochains exercices.

Le FMI a mis au point des nouveaux instruments dans le but de renforcer l'efficacité de son aide aux pays à faible revenu. Fin décembre 2005, il a créé l'Instrument de soutien à la politique économique (ISPE) qui n'accorde pas de prêt mais qui, à la demande des pays, évalue et sanctionne leurs politiques.[13] Le Canada a été un ardent défenseur de ce mécanisme, dont seul pour le moment l'Ouganda, le Nigeria et le Cap Vert ont bénéficié.[14]

Le FMI a également mis en place en 2006 une Initiative d'allégement de la dette multilatérale (IADM). Celle-ci annule la totalité des dettes admissibles que les pays ayant franchi toutes les étapes de l'Initiative en faveur des pays pauvres très endettés (PPTE)[15] ont envers le FMI, l'Association internationale de développement (IDA) et le Fonds africain de développement. En 2006, le Canada a déjà versé plus de 281,4 millions de dollars au fonds fiduciaire en faveur des PPTE, 65 millions de dollars au titre de l'allégement de la dette en faveur de ces pays, ainsi que 16,6 millions de dollars pour s'acquitter de ses obligations en vertu de l'IADM. Le Canada a également annulé l'ensemble des dettes que lui devait le Cameroun en 2006 (soit un montant de 221 millions de dollars) du fait que

[11] *Ibid. à la* p. 27.

[12] *Ibid.* note 11.

[13] *Ibid.* à la p. 9.

[14] *Ibid.*

[15] Initiative lancée en 1996 par le FMI.

ce pays a franchi toutes les étapes du processus en faveur des PPTE. En novembre 2006, le Canada s'est engagé à faire de même en faveur de Haïti lorsque celui-ci aura accompli les étapes du PPTE. En 2006, le Canada a contribué 14, 3 millions de DTS à la Facilité de protection contre les chocs exogènes (FPCE) qui fournit un soutien concessionnel aux pays membres à faible revenu propice aux chocs exogènes.

B LA BANQUE MONDIALE

En 2006, le montant des prêts consentis par la Banque mondiale s'élevait à 23,6 milliards $US, soit une hausse de 5,7 % par rapport aux 22,3 milliards de l'exercice 2005. Les domaines les plus importants des prêts en 2006 sont survenus au chapitre du développement du secteur financier et du secteur privé, et de la gouvernance du secteur public, démontrant ainsi sa volonté de créer un climat propice à l'investissement.[16]

Toujours dans un objectif de lutte contre la corruption, le Canada a en 2006 soutenu les mesures prises par la Banque mondiale pour durcir ses sanctions et renforcer ses politiques de divulgation volontaire afin d'accroître la transparence de la Banque, de recourir à des sanctions, telles que la radiation, en cas de pratiques frauduleuses, d'assurer des mécanismes sûrs pour les dénonciateurs et de fournir des méthodes plus objectives et transparentes d'évaluation et d'atténuation de la corruption. En février 2006, la Banque mondiale, de concert avec la FMI et les banques régionales de développement, a mis sur pied un groupe de travail chargé d'élaborer un cadre institutionnel pour empêcher et combattre la fraude et la corruption. Ce cadre a été présenté lors des assemblées annuelles du Groupe de la Banque mondiale et du FMI en septembre 2006.[17]

Conformément à sa stratégie de gouvernance et de lutte contre la corruption, la Banque mondiale s'engage à intensifier ses efforts dans ce domaine. Elle a mené de vastes consultations sur ce cadre à la fin de l'année 2006, notamment auprès du gouvernement, de parlementaires et de la société civile dans le but de présenter une stratégie améliorée à ses gouverneurs lors des réunions du printemps en 2007.[18]

16 *Ibid.* à la p. 13.

17 *Ibid.* à la p. 24.

18 *Ibid.*

Le Canada a été un des premiers à demander la réforme des budgets administratifs et de l'élaboration des stratégies de la Banque mondiale. L'an dernier, la Banque a amorcé un processus pour faire en sorte que l'orientation stratégique établie par le Conseil d'administration fasse partie intégrante du cycle budgétaire. Le Canada figure parmi les membres qui insistent le plus pour que les institutions deviennent plus transparentes et adoptent des politiques ouvertes de divulgation. La Banque mondiale a réalisé de grands progrès en vue d'assurer une plus grande transparence en augmentant le nombre de documents qu'elle met à la disposition du public.

Dans le but d'améliorer l'efficacité des prêts accordés en novembre 2006, la Banque a déposé un rapport d'étape sur la mise en œuvre des pratiques exemplaires pour l'application de la conditionnalité.[19] Le rapport conclu que des progrès certains ont été enregistrés quant à l'assurance du respect des pratiques exemplaires concernant la rationalité, mais reconnaît que des progrès de plus grande envergure sont encore possibles.

De nombreux pays de l'IDA réalisent des progrès au plan du développement mais la plupart n'atteindront sans doute pas quelques-uns des Objectifs du millénaire pour le développement (OMD), surtout ceux qui se rapportent au développement humain.[20] Dans le but d'enrichir la base de données statistiques de nombreux pays à faible revenu, la Banque mondiale a mis au point un certain nombre d'instruments. Le Fonds fiduciaire pour du renforcement des capacités statistiques soutient la mise en œuvre de stratégies nationales d'élaboration de statistiques. L'excellence du Canada dans ce domaine l'a toujours conduit à approuver les efforts de la Banque dans ce domaine. Début 2007, l'Agence canadienne de développement international (ACDI) a approuvé le versement d'une contribution de 6 millions de dollars au titre des travaux de la Banque à cet égard. En 2006, le Canada a versé la deuxième série de trois paiements égaux à 318 millions de dollars en vue de la quatorzième reconstitution des ressources de l'IDA.

En 2006, le Groupe d'évaluation indépendant (GEI) a évalué le portefeuille d'aide après les catastrophes de la Banque mondiale et lui a recommandé d'aider les pays à mieux préparer les catastrophes futures susceptibles de nuire au développement à long terme en soutenant la réduction du risque de catastrophes. Pour donner

[19] *Ibid.* à la p. 30.

[20] *Ibid.* à la p. 31.

suite à ces recommandations, la Banque a mis sur pieds avec les Nations Unis un nouveau partenariat, la Facilité mondiale pour la réduction des catastrophes et la reconstruction, dans le but de protéger les objectifs du millénaire pour le développement contre les désastres naturels. En 2006, la Banque mondiale a lancé comme projet pilote le mécanisme d'assurance contre les catastrophes dans les Caraïbes. Le Canada sera le plus important donateur de ce mécanisme opérationnel pour la saison des ouragans en 2007.[21]

En 2006, la Société financière internationale (SFI), volet du secteur privé du Groupe de la Banque mondiale, a nettement accru ses efforts au chapitre du suivi des résultats de développement de ses projets. Elle a instauré un nouveau système qui lui permet de surveiller systématiquement les résultats tout au long du cycle d'un projet, et lui permet ainsi de mieux évaluer sa performance globale par rapport à l'incidence sur le développement. Les résultats au chapitre du développement sont côtés sur une échelle de six points fondés sur quatre indicateurs sous jacents de la performance: financiers, économiques, environnementaux et sociaux, et incidence sur le développement du secteur privé.[22]

III Les organismes de contrôle des établissements financiers

A Le Comité de Bâle sur le contrôle bancaire

Le Comité de Bâle sur le contrôle bancaire a achevé avec succès les travaux de révision, entamés en 1998, de l'accord sur les fonds propres (Bâle I). La version définitive de ce nouvel accord a été publiée le 4 juillet 2006.[23] Le Groupe de travail institué par le Comité (Accord Implementation Group) reste néanmoins actif. Il aura désormais pour fonction de faciliter l'échange d'expériences, de favoriser l'harmonisation des réglementations nationales de mise en œuvre et de promouvoir le dialogue avec les associations bancaires internationales.

Parallèlement à l'achèvement de ses travaux relatifs à Bâle II, le Comité de Bâle a procédé à la révision de ses vingt-cinq principes pour un contrôle bancaire efficace (Core Principles for Effective

[21] *Ibid.* à la p. 36.

[22] *Ibid.* à la p. 37.

[23] *Rapport de gestion de la Commission générale des Banques*, 2006 (ci-après *Commission fédérale*), à la p. 77, disponible en ligne à: <http://www.ebk.admin.ch/f/publik/bericht/pdf/jb06.pdf>.

Banking Supervision) de 1997. Ceux-ci ont été validés en octobre lors de la Conférence internationale des autorités de contrôle bancaire (International Conference of Banking Supervisors).[24] La version nouvellement remaniée de ces principes tient compte tout particulièrement des dispositions du nouvel accord sur les fonds propres mais dans un souci de continuité, le Comité de Bâle a décidé de ne pas les remanier totalement. Parmi les nouveautés, il est à noter que les risques opérationnels, les risques de liquidité et les risques de taux font désormais l'objet de principes à part entière. Des critères d'évaluation complémentaires ont été ajoutés à certains principes. Les autorités de surveillance sont désormais habilitées à prendre des mesures en cas de déficience et doivent collaborer avec les autorités bancaires locales.

L'Accounting Task Force (ATF) a élaboré et publié deux documents en juin 2006; le premier, *Supervisory Guidance on the Use of the Fair Value Option for Financial Instruments by Banks*, permet de prendre en compte sous certaines conditions, les bénéfices non réalisés consécutifs à l'évaluation à la juste valeur dans le capital réglementaire, le second, intitulé *Sound Credits Risk Assessment and Evaluation for Loans*, contient des recommandations précises à l'égard des organes de banques et des autorités de surveillance.[25]

La clôture des travaux relatifs à Bâle II permet maintenant au Comité de Bâle de recentrer ses activités sur d'autres sujets. Dans ce but, le Comité a pu réviser la structure de ses groupes de travail technique et rationaliser la multitude de sous-groupes qui avaient vu le jour au fil des ans. L'organisation se subdivise ainsi désormais en quatre groupes distincts directement subordonnés au Comité: (1) le Policy Development Group remplace la Capital Task Force, et est chargé d'identifier les nouvelles pratiques en matière de gestion des risques et d'approche prudentielle notamment par rapport aux récentes mutations du secteur bancaire et des marchés financiers; (2) l'International Liaison Group, reprend la composition de l'ancien Core Principles Liaison Group (le groupe rassemble les huit pays membres du Comité de Bâle, les autorités de surveillance de seize pays non membres du G-10, le Fonds monétaire

[24] Ces principes dont chacun s'accompagnent de critères d'évaluation propres (*Core Principles Methodology*), constituent une référence internationalement reconnue par laquelle les pays peuvent mesurer par eux mêmes la qualité de leur surveillance bancaire. Ils servent en particulier de normes au Fonds monétaire international pour les examens des pays (International Conference of Banking Supervisors).

[25] *Commission fédérale*. à la p. 81.

international et la Banque mondiale) et traitera principalement de la surveillance axée sur les risques, de la présentation des comptes et des pratiques liées aux correctifs de valeur; (3) l'Accord Implementation Group (AIG), chargé d'encadrer la mise en œuvre de Bâle II; (4) l'Accounting Task Force (ATF), qui se consacre aux questions d'audit et de présentation des comptes.[26]

Selon une étude du *Financial Stability Institute,* l'Accord de Bâle II est actuellement mis en œuvre dans plus d'une centaine de pays, parfois avec du retard, parfois de manière incomplète.[27]

B ORGANISATION INTERNATIONALE DES COMMISSIONS DE VALEURS (OICV)

La 31e conférence annuelle de l'OICV s'est tenue en juin 2006 à Hong Kong et quelques 600 délégués provenant de plus d'une centaine de pays s'étaient réunis à cette occasion.

Le Comité des présidents, c'est-à-dire l'instance supérieure de l'organisation, a décidé que tous les membres de l'OICV devront avoir signé d'ici 2010 les annexes A et B de l'Accord multilatéral portant sur la consultation, la coopération et l'échange d'informations entre les commissions de valeurs mobilières (*IOSCO Multilateral Memorandum of Understanding – IOSCO MMoU*) adopté en 2002.[28] Cet accord a pour objet l'échange mondial d'informations et la coopération lors de procédures d'enquêtes.

En 2006, un comité *ad hoc* a été chargé d'analyser un éventail de questions ayant trait aux audits de qualité et à l'indépendance de l'auditeur. Il s'intéresse en particulier aux services offerts aux entreprises cotées en bourse par leurs sociétés d'audit, en dehors des prestations d'audit, et à l'influence potentielle de ces services sur l'indépendance des auditeurs. Dans le même domaine, au niveau présidentiel, un comité spécifique travaille sur une définition de la stratégie de l'OICV en matière d'audit, de phénomènes de concentration des sociétés d'audit et aux relations avec d'autres instances internationales qui traitent de la question.

Conformément à l'initiative entreprise en 2005,[29] un groupe de travail traite de la question de la gouvernance d'entreprise. Ce

[26] *Ibid.* à la p. 78.

[27] Voir <http://www.bis.org/fsi/fsipapers06.htm>.

[28] *Commission fédérale* à la p. 83.

[29] Voir la chronique "*Le Canada et le système financier international en 2005*" (2006), *ACDI* 44ème année, UBC Press, à la p. 530.

groupe s'est penché en particulier au cours de cette année sur les moyens permettant d'assurer l'indépendance du jugement du conseil d'administration des sociétés cotées et la protection des actionnaires minoritaires. Le groupe de travail du repérage des risques travaillait en 2006 sur l'établissement des principaux risques encourus par les marchés financiers ainsi que l'évaluation de leur degré de probabilité et de leurs conséquences (*Risk mapping*).

Parallèlement aux différents groupes de travail *ad hoc* existants, le Comité technique de l'OICV dispose de différents comités permanents qui se penchent sur plusieurs questions, notamment: la comptabilité et l'audit dans le but de créer une base de données pour favoriser l'application des normes IAS/IFRS (*International Accounting Standards/International Financial Reporting Standards*), la régulation des marchés secondaires, la réglementation des intermédiaires du marché, qui a publié en mars 2006 un rapport sur la conformité (*compliance*),[30] la coopération et l'échange d'informations concernant la collaboration internationale ainsi qu'une enquête sur les coûts de distribution des fonds de placement dans les pays membres et l'évaluation et la gestion des fonds spéculatifs à stratégie unique (*Single Strategy Hedge Funds*).

IV Le Groupe d'action financière (GAFI)

L'année 2006 a été pour le GAFI une année phare dans le renforcement de la lutte contre le blanchiment d'argent et le financement du terrorisme. Ce fut aussi l'année de la présidence canadienne avec à sa tête M. Frank Swedlove, à partir de juillet 2006, qui succéda à la présidence sud-africaine.

La présidence canadienne a été marquée par le processus d'adhésion de la République populaire de Chine qui avait accédé en 2005 au statut d'observateur (dont l'adhésion a été réalisée en juillet 2007) auprès du GAFI, ainsi que la nomination en tant qu'observateurs et futurs membres de la République de Corée en octobre et de l'Inde en novembre.[31]

En juin 2006, le GAFI avait le plaisir de reconnaître au Groupement intergouvernemental d'action contre le blanchiment d'argent en Afrique de l'Ouest (GIABA), qui avait obtenu le statut d'observateur

[30] Voir <http://www.iosco.org/library/pubdocs/pdf/IOSCOPD214.pdf>.

[31] *FAFT Annual Report 2006-2007*, 23 juin 2006, GAFI (ci-après *Rapport GAFI 2006-2007*), § 6.

en 2005, le statut de membre en tant qu'organisation régionale de type GAFI.

En 2006, le troisième cycle d'évaluation mutuelle des membres du GAFI commencé en 2005 a continué.[32] Durant cette année, sept évaluations mutuelles ont été achevées, et en 2006, treize des trente-deux pays membres du GAFI avaient donc fait l'objet d'une évaluation mutuelle.[33]

En octobre 2005, le Nauru a été retiré des listes de pays et territoires ne coopérant pas dans la lutte contre le blanchiment. En juin 2006, le Nigeria et en octobre 2006, le Myanmar ont été retirés à leur tour de cette liste.[34]

En octobre 2006, le GAFI a publié deux rapports. Le premier de ces rapports portait sur *Les nouveaux moyens de paiement* et le second sur *Le détournement des structures de société, notamment les fiducies et les fournisseurs de services aux sociétés*. L'étude a démontré que ces secteurs sont plus que d'autres sujets à des risques de détournement en faveur du blanchiment d'argent et du financement du terrorisme. Ces rapports identifient notamment plusieurs facteurs de risques.[35]

En 2006, le GAFI a surtout renforcé sa collaboration avec le secteur privé; en novembre une réunion avec le secteur privé à réuni des avocats, des comptables et des notaires afin d'évaluer de quelles manières ces professions pouvaient appliquer les normes du GAFI et par quels moyens faire état de leurs soupçons en dépit du secret professionnel ainsi que d'aborder des questions ayant trait à la transparence des personnes morales et des constructions juridiques.[36]

V Le Joint Forum

En 2006 à l'occasion de son dixième anniversaire, le Joint Forum a publié un document consacré à la gestion des risques de liquidité au sein des groupes financiers. Ce document dresse un panorama complet des défis concrets que seront amenés à relever en

[32] Il s'agit d'une évaluation mutuelle des standards du GAFI par ses membres au regard des quarante recommandations de 2003 et des neuf recommandations spéciales de 2001, ainsi que de la méthodologie développée en 2004.

[33] *Rapport GAFI 2006-2007*, §19.

[34] Le Myanmar a été le dernier pays à être retiré de cette liste pour les progrès qu'il a mis en œuvre dans son système anti-blanchiment, cependant son activité continuera d'être étroitement surveillée au cours de l'année 2007.

[35] *Rapport GAFI 2006-2007*, § 29.

[36] *Ibid.* § 51.

matière de refinancement, une quarantaine de groupes et de conglomérats financiers à caractère transnational opérant dans plusieurs secteurs et plusieurs devises.[37]

Le Joint Forum a en outre publié un ensemble de principes directeurs en matière de continuité des activités (*High Level Principles for Business Continuity*), répondant ainsi à un besoin manifeste dans ce secteur.[38] En effet, ces dernières années certains événements (e.g., les catastrophes naturelles, les attaques terroristes, les épidémies) ont mis en exergue le danger que représente une interruption dans le système financier et la nécessité de parvenir à gérer de telles situations de crises. Le document traduit la position adoptée à la fois par les autorités de surveillance et les intermédiaires financiers, qui plaident en faveur de l'instauration de normes internationales en matière de continuité des affaires.

Ainsi, l'année 2006 aura été une année de plus dans l'intensification de la lutte contre le blanchiment d'argent et de la recherche d'une plus grande transparence dans la gouvernance en matière financière. En outre, les institutions financières internationales se sont montrées très enclines à collaborer de façon encore plus étroite pour la lutte contre les inégalités et favoriser le développement durable.

[37] *Commission fédérale*, à la p. 85.

[38] *Ibid.* à la p. 84.

III Investissement

CÉLINE LÉVESQUE

I Introduction

Au cours de l'année 2006, le Canada a témoigné d'un intérêt renouvelé pour les accords concernant l'investissement étranger. En novembre 2006, le Canada a signé l'*Accord entre le Canada et la République du Pérou pour la promotion et la protection des investissements (APIE Canada-Pérou).*[1] Il s'agit du premier accord conclu suite à la publication en 2004 du nouveau modèle canadien d'Accord pour la promotion et la protection des investissements (APIE)[2] et du premier APIE signé depuis 1999. En décembre 2006, après des décennies d'attente, le Canada a finalement signé la *Convention pour le règlement des différends relatifs aux investissements entre États et ressortissants d'autres États (Convention CIRDI).*[3]

L'année 2006 a aussi vu l'aboutissement de la contestation judiciaire au Canada de la constitutionnalité des dispositions du règlement des différends investisseur-État du chapitre 11 (investissement)

Céline Lévesque, professeure agrégée, Faculté de droit, Section de droit civil, Université d'Ottawa.

1 *Accord entre le Canada et la République du Pérou pour la promotion et le protection des investissements,* 14 novembre 2006 (entrée en vigueur: 20 juin 2007), disponible en ligne: Affaires étrangères et Commerce international Canada (ci-après MAECI) <http://www.international.gc.ca/trade-agreements-accords-commerciaux/assets/pdfs/Canada-Peru10novo6-fr.pdf>. [ci-après *APIE Canada-Pérou*].

2 Voir APIE-type, MAECI, disponible en ligne: <http://www.international.gc.ca/trade-agreements-accords-commerciaux/assets/pdfs/2004-FIPA-model-fr.pdf>.

3 *Convention pour le règlement des différends relatifs aux investissements entre États et ressortissants d'autres États,* 18 mars 1965, 575 R.T.N.U. 160 (entrée en vigueur: 14 octobre 1966) [ci-après *Convention CIRDI*]. Voir MAECI, Communiqué de presse, 19 décembre 2006, disponible en ligne: <http://w01.international.gc.ca/minpub/Publication.aspx?isRedirect=True&publication_id=384696&Language=F&docnumber=160>.

de l'*Accord de libre-échange nord-américain* (ALENA).[4] En novembre 2006, la Cour d'appel de l'Ontario a rendu un arrêt dans l'affaire *Council of Canadians et al. c. Her Majesty the Queen* (*Council of Canadians*),[5] qui rejette l'appel du Conseil des Canadiens et autres, et qui confirme la décision de la Cour supérieure.

Finalement, le contentieux international portant sur l'investissement et intéressant le Canada continue de croître. Trois sentences finales font l'objet d'un examen particulier pour les fins de cette chronique. La première concerne l'affaire *EnCana Corporation c. Ecuador* (*Encana*).[6] Il s'agit de la première sentence arbitrale publique où un APIE canadien fait l'objet d'une interprétation. Les deux autres ont été rendues en vertu de l'ALENA dans les affaires *International Thunderbird Gaming Corporation c. Mexico* (*Thunderbird*)[7] *et Fireman's Fund Insurance Company c. Mexico* (*Fireman's Fund*).[8] Deux décisions sur la compétence seront aussi traitées, mais de façon plus sommaire, dans les affaires jointes *Canfor Corporation c. United States et Terminal Forest Products Ltd. c. United States* (*Canfor-Terminal Forest*),[9] et dans l'affaire *Grand River Enterprises Six Nations, Ltd, et al. c. United States* (*Grand River*).[10]

[4] *Accord de libre-échange nord-américain entre le gouvernement du Canada, le gouvernement des États-Unis d'Amérique et le gouvernement du Mexique,* 17 décembre 1992, R.T. Can. (1994) no. 2, 32:3 I.L.M. 605 (entrée en vigueur: 1er janvier 2004) [ci-après ALENA].

[5] *Council of Canadians et al. c. Her Majesty the Queen,* Court of Appeal for Ontario, 30 novembre 2006, 2006 CarswellOnt 7543, 217 O.A.C. 316, 149 C.R.R. (2d) 290, 277 D.L.R. (4th) 527. La Cour suprême a rejeté les demandes d'autorisation d'appel le 26 juillet 2007 [ci-après *Council of Canadians*].

[6] *EnCana Corporation* c. *Ecuador,* LCIA Case UN3481, UNCITRAL (3 février 2006). Il est à noter que les sentences arbitrales mentionnées dans cette chronique sont disponibles en ligne: <http://ita.law.uvic.ca/>. Les sites Internet des Parties à l'ALENA contiennent également les sentences rendues en vertu du ch. 11. Voir MAECI, disponible en ligne: <http://www.international.gc.ca/trade-agreements-accords-commerciaux/disp-diff/nafta.aspx?lang=fr> [ci-après *Encana*].

[7] *International Thunderbird Gaming Corporation c. Mexico,* UNCITRAL (26 janvier 2006) [ci-après *Thunderbird*].

[8] *Fireman's Fund Insurance Company c. Mexico,* ICSID Case No. ARB(AF)/02/01 (ICSID Add. Fac.) (17 juillet 2006) [ci-après *Fireman's Fund*].

[9] *Canfor Corporation c. United States et Terminal Forest Products Ltd. c. United States,* UNCITRAL (jointes) (6 juin 2006) [ci-après *Canfor-Terminal Forest*].

[10] *Grand River Enterprises Six Nations, Ltd, et al. c. United States,* UNCITRAL (20 juillet 2006) [ci-après *Grand River*].

II Les traités portant sur l'investissement étranger et la pratique canadienne

A La signature de l'APIE Canada-Pérou

L'APIE Canada-Pérou porte le nombre des APIE signés par le Canada à vingt-cinq.[11] Le Canada n'avait conclu d'APIE depuis la signature d'un tel accord avec le Salvador en 1999. La communication publique en 2004 du nouveau modèle d'APIE a signalé un renouveau dans le programme canadien et l'APIE Canada-Pérou reflète en grande majorité le modèle canadien. Rappelons d'abord les grandes lignes du modèle, avant d'aborder les points où les négociations ont mené à des divergences.

Le modèle d'APIE (ou l'APIE-type) est un document long et complexe qui compte cinq sections, cinquante-deux articles et cinq annexes, pour un total de plus de cinquante pages. Le modèle couvre les dispositions habituelles contenues dans ce type d'accord, notamment les définitions, le champ d'application, le traitement national et de la nation la plus favorisée, la norme minimale de traitement, les prescriptions de résultats, l'expropriation, les transferts, les exceptions, et les procédures de règlement des différends investisseur-État et État-État. Toutefois, le modèle est plus détaillé que plusieurs accords du genre, par exemple en matière fiscale, et surtout il innove à plusieurs égards en réponse à l'expérience du Canada et de ses partenaires, dans le cadre des différends portés sur le fondement du chapitre 11 de l'ALENA. Sur le fond, par exemple, le Canada a voulu restreindre l'interprétation large donnée à certaines obligations et clarifier la marge de manœuvre du gouvernement en matière réglementaire.[12] En matière de règlement

[11] Les chiffres sont en date de janvier 2007. L'accord conclu avec la Tchécoslovaquie à l'origine, compte maintenant pour deux (République tcheque et République slovaque). Les accords avec l'Afrique du Sud (1995) et le Salvador (1999) ne sont pas en vigueur. Voir la liste des APIE, MAECI, disponible en ligne: <http://www.international.gc.ca/trade-agreements-accords-commerciaux/agr-acc/fipa-apie/fipa_list.aspx?lang=fr>.

[12] Par exemple, le Canada a voulu préciser que le "traitement juste et équitable" se réfère à la norme minimale de traitement des étrangers en droit international coutumier (voir APIE-type, *supra* note 2, art. 5). En matière d'expropriation, une annexe a été ajoutée afin de préciser par exemple que "[s]auf dans de rares cas ... ne constituent pas une expropriation indirecte les mesures non discriminatoires d'une Partie qui sont conçues et appliquées dans un but légitime de protection du bien public, par exemple à des fins de santé, de sécurité et d'environnement" (APIE-type, *supra* note 2, Annexe B.13(1) c)).

des différends, le modèle mise sur la transparence accrue des procédures et sur une certaine ouverture en prévoyant la participation d'*amici curiae.*[13]

L'APIE Canada-Pérou diffère du modèle d'abord quant à certaines définitions. De nouvelles définitions ont été ajoutées, par exemple du terme "[personne] affiliée" ou encore de l'expression "accord de stabilité juridique." Dans le dernier cas, cet ajout rompt avec la pratique habituelle du Canada qui était de ne pas traiter de façon distincte de ce type d'arrangement.[14] Il apparaît que ce concept est utilisé en droit interne péruvien.[15] Ailleurs, des définitions existantes ont été complétées. Par exemple, pour l'expression "investisseur d'une Partie" qui réfère notamment à une entreprise ou un ressortissant "qui cherche à effectuer" un investissement, une note de bas de page précise ce qui est entendu par cette expression en mettant l'accent sur les "mesures concrètes nécessaires pour réaliser cet investissement" et en donnant un exemple. Toujours dans la définition de "investisseur d'une Partie," on s'attaque à la question de la double nationalité en prévoyant que: "une personne physique ayant la double citoyenneté est réputée être citoyenne du pays avec lequel elle a un lien dominant et effectif." Finalement, d'autres définitions sont plus détaillées, par exemple, celle du territoire.

En ce qui concerne les obligations de fond, deux ajouts mineurs sont à noter. Dans le champ d'application, un second paragraphe a été ajouté à l'article 2 qui précise que: "Il est entendu qu'une Partie n'est pas liée par les dispositions du présent accord en ce qui concerne les actes ou les faits antérieurs à celui-ci ainsi que les situations qui avaient cessé d'exister à la date où le présent accord est entré en vigueur à son égard." Ce texte rappelle l'article 28 de la *Convention de Vienne sur le droit des traités.*[16] L'autre ajout à l'article 13 (Expropriation) est une note de bas de page précisant ce que les Parties entendent par "intérêt public": "Le terme 'intérêt public'

[13] Voir APIE-type, *ibid.* art. 38 et 39.

[14] Voir le traitement différent de ces accords dans l'APIE Canada-Pérou, *supra* note 1, par exemple aux art. 22 et 23, concernant les plaintes déposées par des investisseurs, et à l'art. 40 sur le droit applicable.

[15] Voir le texte final du *United States-Peru Trade Promotion Agreement* au chapitre 10 (investissement), annexe 10-H, qui réfère à la loi applicable aux accords de stabilité au Pérou, USTR, disponible en ligne: <http://www.ustr.gov/Trade_Agreements/Bilateral/Peru_TPA/Final_Texts/Section_Index.html>.

[16] *Convention de Vienne sur le droit des traités,* 23 mai 1969, R.T.N.U. vol. 1155, à la p. 331 (entrée en vigueur le 27 janvier 1980).

est un terme faisant partie de la terminologie des traités, qui doit être interprété conformément au droit international. Il n'est pas censé contredire les concepts correspondants ou similaires que reconnaît le droit interne des Parties." Cet ajout paraît répondre à une préoccupation du Pérou.[17]

Les divergences potentiellement les plus significatives concernent le règlement des différends. La première est liée à l'obligation de traitement de la nation la plus favorisée (NPF). En particulier, une nouvelle annexe (B-4) vient préciser que:

> Pour plus de clarté, le traitement "en ce qui concerne l'établissement, l'acquisition, l'expansion, la gestion, la direction, l'exploitation et la vente ou autre aliénation d'investissements" mentionné aux paragraphes 1 et 2 de l'article 4 [NPF] n'englobe pas les mécanismes de règlement des différends, comme ceux énumérés à la section C [arbitrage investisseur-État], qui sont prévus dans le cas des traités ou accords commerciaux internationaux.

En pratique cela signifie que si un investisseur péruvien, par exemple, identifie dans un accord signé par le Canada une disposition en matière de règlement des différends qui lui paraît plus avantageuse que celle prévue dans l'APIE Canada-Pérou, il ne pourra pas s'en prévaloir au titre de l'obligation de la nation la plus favorisée.[18] Cette "clarification" apporte une réplique directe à la sentence dans l'affaire *Emilio Augustin Maffezini c. Spain* qui avait ouvert la porte à ce magasinage de procédures dans des traités-tiers.[19] Cette sentence avait créé des remous en droit international des investissements et deux tendances jurisprudentielles s'opposent toujours sur la question.[20]

[17] Voir *US-Peru TPA, supra* note 15, art. 10.7, où l'expression "*public purpose*" est également définie à la note 5.

[18] Les exceptions prévues à l'annexe III (Exceptions au traitement de la nation la plus favorisée), s'appliquent également. Voir APIE Canada-Pérou, *supra* note 1, annexe III, qui prévoit que "l'article 4 [NPF] ne s'applique pas au traitement accordé en vertu de tous les accords internationaux bilatéraux ou multilatéraux en vigueur à la date d'entrée en vigueur du présent accord ou signés avant celle-ci." L'art. 4 ne s'applique non plus au traitement accordé en vertu de certaines catégories d'accords comme les accords de libre-échange, actuels et futurs.

[19] *Emilio Augustin Maffezini c. Kingdom of Spain,* Decision of the Tribunal on Objections to Jurisdiction, ICSID Case No. Arb/97/7 (25 janvier 2000).

[20] Voir, par exemple, *Salini Costruttori S.p.A. and Italstrade S.p.A. c. Jordan,* Decision on Jurisdiction, ICSID Case No. ARB/02/13 (15 novembre 2004); et *Plama*

Une autre différence par rapport à l'APIE-type concerne la soumission d'une plainte à l'arbitrage. L'annexe C.27, qui vise particulièrement les investisseurs canadiens, prévoit une forme de "*fork in the road*" (clause d'option irrévocable) en ce qui a trait aux allégations de manquement aux obligations de fond *du traité* devant les juridictions *internes* du Pérou. Cette annexe rappelle une disposition au même effet de l'ALENA au profit du Mexique.[21] Dans les deux cas, l'imposition d'un choix définitif à l'investisseur entre les juridictions internes et l'arbitrage investisseur-État — afin de soumettre une plainte de manquement *au traité* — semble liée à l'existence d'un système moniste de mise en œuvre des traités au Mexique et au Pérou. On peut présumer que les Parties à ces accords ont voulu éviter des décisions contradictoires sur l'interprétation du traité devant des juridictions différentes.

Par ailleurs, on peut noter que l'APIE Canada-Pérou, tout comme le modèle, comporte une exception liée à des mesures qu'une Partie à l'accord "estime nécessaire à la protection de ses intérêts essentiels en matière de sécurité."[22] L'APIE, toutefois, va plus loin et, à l'instar de l'ALENA[23] prévoit que "la décision d'une Partie d'interdire ou de restreindre, conformément au paragraphe 10(4), l'acquisition d'un investissement, sur son territoire, par un investisseur de l'autre Partie, ou son investissement, ne peut faire l'objet d'un règlement des différends en vertu des sections C ou D du présent accord."[24]

Le mot de la fin au sujet de l'APIE Canada-Pérou est un avertissement au lecteur de la version française: la traduction laisse à désirer par endroits. Certains "termes de l'art" ne sont pas utilisés, mais pire, le lecteur peut être induit en erreur sur le sens si sa lecture ne tient pas compte de la version anglaise (ou espagnole) de l'APIE.

Consortium Ltd c. Republic of Bulgaria, ICSID Case No. ARB/03/24 (8 février 2005). Pour une discussion, voir D. Freyer et D. Herlihy, "Most-Favored-Nation Treatment and Dispute Settlement in Investment Arbitration: Just How 'Favored' is 'Most-Favored'?," (2005) 20(1) ICSID Rev.-FILJ 58.

[21] ALENA, *supra* note 4 à l'annexe 1120.1.

[22] Voir APIE-type, *supra* note 2 à l'art. 10(4) et APIE Canada-Pérou, *supra* note 1 à l'art. 10(4).

[23] Voir ALENA, *supra* note 4 à l'art. 1138(1).

[24] APIE Canada-Pérou, *supra* note 1 à l'annexe E.51.

B LE CANADA SIGNE LA *CONVENTION CIRDI*

Quarante ans après son entrée en vigueur le 14 octobre 1966, le Canada a finalement signé la *Convention CIRDI*. Pendant longtemps, ce manquement a pu sembler avoir peu de conséquences; l'activité du CIRDI s'étant limitée à moins de vingt affaires d'arbitrage pendant ses vingt premières années d'existence.[25] Toutefois, la dernière décennie a vu le rôle du CIRDI consacré en tant que forum privilégié de règlement des différends relatifs aux investissements.[26] En date de novembre 2006, plus de 150 États avaient signé la Convention.[27] Le Canada restait absent malgré tout.

Pourtant, le Canada avait participé aux consultations ayant mené à l'adoption de la *Convention CIRDI* au début des années 1960.[28] Les objectifs principaux de la Convention, notamment celui d'établir un forum neutre pour le règlement des différends opposant un investisseur étranger à un État membre, étaient vraisemblablement partagés par le Canada. Toutefois, avant les années 1980, la protection des investisseurs étrangers n'avait pas la cote au Canada. En définitive, la Convention allait devenir l'otage des relations fédéro-provinciales canadiennes.

La voie à cette prise d'otage a été tracée, en quelque sorte, par l'avis du Comité judiciaire du Conseil privé de Londres[29] dans *l'Affaire des Conventions sur le travail* de 1937.[30] En résumé, selon cette

[25] Voir la liste de cas, disponible en ligne: <http://icsid.worldbank.org>.

[26] En 2006, vingt-trois nouvelles affaires d'arbitrage ont été enregistrées par le CIRDI. E. Gaillard, dans sa chronique des sentences arbitrales du CIRDI, (2007), 1 JDI 255 à la p. 256, précise que: "Le nombre total d'affaires en cours au 1er janvier 2007 était de 108, contre 101 au 1er janvier 2006 et 86 au 1er janvier 2005. 222 affaires ont ainsi été enregistrées par la CIRDI depuis la création de Centre."

[27] Voir la liste des membres, disponible en ligne: <http://icsid.worldbank.org>.

[28] Une délégation canadienne a notamment participé à une rencontre de juristes exports à Santiago, Chili, en février 1964. Voir ICSID, *History of the ICSID Convention, Documents Concerning the Origin and the Formulation of the Convention on the Settlement of Investment Disputes between States and Nationals of Other States,* Volume II, Part 1, Washington, DC, 1968 à la p.299. Pour un bref historique de la Convention, voir C.H. Schreuer, *The ICSID Convention: A Commentary,* Cambridge, Cambridge University Press, 2001, aux pp. 2-4.

[29] On se rappellera qu'à l'époque, le Comité judiciaire du Conseil privé de Londres possédait une compétence d'appel sur les jugements rendus dans les colonies et territoires relevant de la couronne britannique.

[30] *Procureur général du Canada c. Procureur général de l'Ontario,* [1937] A.C. 326.

décision, le parlement fédéral avait le pouvoir de signer des conventions internationales au nom du Canada, mais pour ce qui est de leur mise en œuvre, la coopération des provinces était requise lorsque le sujet tombait dans un champ de compétence provinciale.[31] Ainsi, on a tenu pour acquis que la mise en œuvre de la *Convention CIRDI* au Canada requérait la participation des parlements provinciaux étant donné le lien entre l'exécution des sentences arbitrales, et "la propriété et les droits civils dans la province" et "l'administration de la justice dans la province," entre autres.[32] Et ce ne sont pas toutes les provinces qui étaient intéressées à ce projet.[33]

Avec le temps toutefois une piste de solution est apparue qui permettrait peut-être au Parlement fédéral de ratifier seul la Convention au titre de sa compétence pour l'adoption de "lois pour la paix, l'ordre et le bon gouvernement du Canada."[34] Selon le communiqué de presse annonçant la signature de la Convention, par contre, il semble que le gouvernement fédéral cherche toujours à collaborer avec les provinces:

> Au cours de la dernière année, trois provinces, soit la Colombie-Britannique, la Saskatchewan et Terre-Neuve et Labrador, ont adopté une loi pour mettre en œuvre la Convention. Le Nunavut et l'Ontario ont également adopté une loi semblable. Le gouvernement du Canada continuera d'encourager les provinces et les territoires qui n'ont pas encore passé de loi de mise en œuvre de la Convention à le faire.[35]

[31] Voir J.M. Arbour et G. Parent, *Droit international public,* 5e éd., Cowansville, Yvon Blais, 2006, aux pp. 180-83.

[32] Voir art. 92 (12) et (13) de la *Loi constitutionnelle de 1867* (R.-U.), 30 & 31 Vict., c. 3, reproduite dans L.R.C. 1985, app. II, no. 5.

[33] P. Lortie, "Settlement of International Investment Disputes Act," Uniform Law Conference of Canada (sans date) qui explique: "*As the [ICSID]* Convention *does not contain a federal state clause, Canada will not accede to it without the support of all provinces and territories. At the moment nine jurisdictions have expressed support in principle. The best scenario would have the consultation finalised by the end of winter 1997-1998*" (para. 12). Ce rapport est introduit de la façon suivante: "*In August 1996, the Department of Justice of Canada sought the assistance of the Uniform Law Conference of Canada (ULCC) to prepare a uniform act to implement the* [ICSID Convention]" (para. 1). Disponible en ligne: <http://www.ulcc.ca/en/poam2/ICSID_Uniform_Act_Rep_En.pdf>.

[34] Voir *ibid.* art. 91. Voir aussi Arbour et Parent, *supra* note 31 aux pp. 182-83.

[35] MAECI, Communiqué de presse, *supra* note 3.

D'une façon comme d'une autre, il est à espérer que le processus de ratification prendra moins de temps que la signature.

Du côté du CIRDI, il est à noter que des règles d'arbitrage améliorées sont entrées en vigueur en avril 2006. Elles sont l'aboutissement de discussions tenues en 2004 et 2005. Ces améliorations concernent notamment l'accès de "parties non contestantes" (*amici curiae*) aux instances, les mesures conservatoires, l'examen accéléré pour le rejet de plaintes qui manquent manifestement de fondement juridique et la publication des sentences.[36]

III Le contentieux interne sur la constitutionnalité du chapitre 11 de l'ALENA

Le 30 novembre 2006, la Cour d'appel de l'Ontario a rejeté l'appel du Conseil des canadiens au sujet de la constitutionnalité des dispositions du règlement des différends investisseur-État prévues au chapitre 11 de l'ALENA.[37] Cet arrêt confirme la décision de la Cour supérieure qui, en juillet 2005, a rejeté la demande de déclaration d'inconstitutionnalité de ces dispositions.[38]

La question était de savoir si le gouvernement du Canada, à travers les dispositions d'arbitrage investisseur-État prévues à l'ALENA, avait écarté le pouvoir des cours supérieures de juger des sujets qui leur sont réservés par l'article 96 de la *Loi constitutionnelle de 1867*, ou contrevenu aux principes de l'indépendance judiciaire et de la primauté du droit, ou encore violé les articles 7 et 15 de la *Charte des droits et libertés*. La Cour a répondu par la négative à chaque question.

Les motifs de la Cour d'appel portent en majorité sur l'application de l'article 96. La Cour rappelle que cet article, qui traite de la nomination des juges de la Cour supérieure, est devenu avec le temps garant de l'uniformité du système judiciaire au pays et de l'indépendance de la magistrature.[39] Aussi, la jurisprudence a formulé des principes permettant de déterminer quels pouvoirs peuvent être transférés à des tribunaux inférieurs ou administratifs sans

36 Voir, par ex., CIRDI, Règlement d'arbitrage, art. 37, 39, 41 et 48, disponible en ligne: <http://icsid.worldbank.org>. Voir aussi Gaillard, *supra* note 26 aux pp. 257-59.

37 *Council of Canadians*, *supra* note 5.

38 *Council of Canadians et al. c. Her Majesty in Right of Canada*, Ontario Superior Court, 8 juillet 2005, 2005 Carswell Ont 2973 (Ont. S.C.J.)

39 *Council of Canadians*, *supra* note 5 au para. 31.

porter atteinte à l'article 96. La Cour a d'abord posé la question de savoir si l'article 96 est applicable de quelque façon aux tribunaux constitués en vertu du chapitre 11 de l'ALENA. La Cour a répondu par la négative. En particulier, elle a noté que les tribunaux constitués en vertu du chapitre 11 ne font pas partie du droit interne canadien. L'ALENA a été approuvé par le Parlement, mais cet accord n'a pas fait l'objet d'une mise en œuvre en droit interne canadien.[40] Les appelants ont prétendu que le gouvernement ne pouvait pas "immuniser" un tribunal de l'analyse de l'article 96 (qui comporte un test fonctionnel) en le constituant par le biais d'un traité.[41] La Cour a choisi de ne pas répondre à cette question, car la réponse n'était pas nécessaire à son raisonnement.[42] En effet, même si l'article 96 était applicable, la Cour a déterminé que les tribunaux en question ne contrevenaient pas à l'article 96.

La Cour d'appel a d'abord rappelé le critère à trois volets exposé dans le *Renvoi sur la location résidentielle.*[43] Elle a mis l'accent sur le premier volet, qui consiste à déterminer si le pouvoir conféré aux cours inférieures est analogue ou correspond au pouvoir qu'exerçaient les cours visées à l'article 96 au moment de la Confédération.[44] Cette détermination exige que l'on s'arrête au "type" ou au sujet des différends. Sur ce point, la Cour a conclu que toutes les obligations de fond prévues au chapitre 11 de l'ALENA étaient des obligations réciproques des États en vertu du traité. Selon la Cour, aucun fondement de poursuite interne n'existait au moment de la Confédération qui ressemble aux obligations de traitement national ou de traitement juste et équitable du traité, par exemple. Même la compétence sur l'expropriation (découlant de l'article 1110) est différente de celle sur l'expropriation des cours supérieures au moment de la Confédération, car elle n'est pas animée par les mêmes objectifs.[45] Qui plus est, la Cour a souligné que: (1) le droit applicable par les cours supérieures et les tribunaux du chapitre 11 n'est pas le même, ces derniers devant trancher "les points en litige conformément au présent accord et aux règles applicables du droit

[40] *Ibid.* au para. 25.

[41] *Ibid.* aux para. 26-27.

[42] *Ibid.* aux para. 28-29.

[43] Voir *Renvoi sur la location résidentielle (1979) Ontario,* [1981] 1 S.C.R. 714. *Ibid.* aux para. 28 et 32.

[44] *Ibid.* au para. 35.

[45] *Ibid.* aux para. 39-40.

international"[46]; (2) les tribunaux constitués en vertu du chapitre 11 n'ont pas le pouvoir de modifier ou d'affecter le droit interne à travers leurs sentences; (3) les sentences rendues par ces tribunaux n'ont de "force obligatoire qu'entre les parties contestantes et à l'égard de l'espèce considérée."[47]

La Cour d'appel a rejeté plusieurs prétentions additionnelles des appelants qui touchent à d'autres aspects du système d'arbitrage investisseur-État.[48] En réponse à l'une de ces prétentions, la Cour a fait une incursion (à son insu peut-on croire?) dans le débat plus large de la nature des droits dont dispose un investisseur en vertu des procédures d'arbitrage investisseur-État comprises dans des centaines de traités internationaux. Ce débat oppose les tenants de la théorie des droits dérivés à ceux de la théorie des droits directs.[49] L'approche de la Cour se situe entre deux, reflétant une théorie mixte. La Cour affirme:

> *It is true that under Chapter 11 individual investors can seek to enforce state obligations to treat foreign investors in certain ways that the NAFTA Parties have undertaken to each other through the Treaty. It seems to me that these obligations are not just state-to-investor, but have a state-to-state dimension as well. They reflect the commitments of NAFTA Parties to each other as well as to individual foreign investors. Even if it could be said that the result is in part "rights" held by individual investors, they are not rights sourced in contract, legislation or domestic common law. They exist only so long as the NAFTA parties agree they should. There is no analogy here to investor rights of property or contract historically enforceable in the superior courts.*[50]

Ensuite, la Cour a examiné un autre critère, celui de la "compétence fondamentale" des cours supérieures.[51] Elle a d'abord jugé que cette dernière n'avait pas été retirée aux cours supérieures car un investisseur peut se prévaloir d'un recours interne plutôt que

[46] ALENA, *supra* note 4 art. 1131(1).

[47] *Ibid.* art. 1136(1).

[48] Voir *Council of Canadians, supra* note 5 aux para. 41-50.

[49] Voir notamment l'affaire *Loewen Group, Inc. and Raymond L. Loewen c. United States,* ICSID Case No. ARB(AF)/98/3 (ICSID Add. Fac.) (26 juin 2003) [ci-après *Loewen*] et la critique de l'adoption de la théorie dérivée par ce Tribunal dans Z. Douglas, "The Hybrid Foundations of Investment Treaty Arbitration" (2004) 2003 B.Y.I.L. 151 aux pp. 162-84.

[50] *Council of Canadians, supra* note 5 au para. 45.

[51] Voir *MacMillan Bloedel Ltd. c. Simpson,* [1995] 4 S.R.C. 725. *Ibid.* au para. 33.

de l'arbitrage international sur le fondement du traité.[52] Elle a aussi rejeté l'argument selon lequel les tribunaux constitués en vertu du chapitre 11 à l'extérieur du Canada ne pouvaient faire l'objet d'une révision judiciaire par les cours supérieures visées et en conséquence qu'une compétence leur avait été retirée. Selon la Cour, la compétence de révision judiciaire des cours visées à l'article 96 ne s'est jamais étendue aux tribunaux internationaux siégeant à l'extérieur du Canada et opérant en vertu du droit international.[53] Ainsi, les tribunaux constitués en vertu du chapitre 11 de l'ALENA ne violent ni l'un ni l'autre des critères et en conséquence ne contreviennent pas à l'article 96.[54]

Quant à la violation des principes de l'indépendance judiciaire et de la primauté du droit, la Cour d'appel a noté que les tribunaux constitués en vertu du chapitre 11 de l'ALENA n'agissent pas en tant qu'instance d'appel et n'ont pas le pouvoir d'annuler les décisions des cours supérieures. Même si ces tribunaux critiquaient des décisions des juridictions supérieures internes, la Cour est convaincue que la confiance du public n'en serait pas pour autant minée.[55]

Quant à la violation des articles 7 et 15 de la *Charte des droits et libertés,* la Cour a jugé que cette prétention était spéculative et donc prématurée. Les appelants n'ont pu en effet offrir de preuve qu'une décision d'un Tribunal constitué en vertu de l'ALENA avait porté atteinte aux droits constitutionnels d'un Canadien.[56]

IV Sentences arbitrales rendues en vertu de traités auxquels le Canada est partie

A *EnCana Corporation c. Ecuador*

La sentence dans l'affaire *EnCana* peut, de prime abord, apparaître d'un intérêt limité. En effet, le Tribunal y a jugé que sa compétence était limitée en matière fiscale à la question de l'expropriation et, sur le fond, a rejeté la plainte. Toutefois, le Tribunal tranche plusieurs questions dont l'intérêt dépasse largement le cadre de ce différend. L'opinion séparée de l'un des arbitres fournit un exemple

[52] Voir ALENA, *supra* note 4 à l'art. 1121.

[53] *Council of Canadians, supra* note 5 au para. 55.

[54] *Ibid.* au para. 56.

[55] *Ibid.* au para. 57.

[56] *Ibid.* au para. 59.

éloquent de l'interaction complexe des droits interne et international en droit des investissements.

EnCana, l'investisseur dans cette affaire, est une compagnie canadienne qui faisait affaire en Équateur par le biais de filiales constituées en corporation dans un pays tiers (la Barbade). Ces filiales détenaient des "contrats de participation" signés avec l'État hôte octroyant des droits d'exploration et d'exploitation pétrolières en Équateur. En vertu de ce type de contrat, les compagnies pétrolières assument les risques et les coûts d'opération et reçoivent en échange un pourcentage du pétrole extrait en vertu de "facteurs de participation."[57]

Au cœur du litige est le remboursement de taxes sur la valeur ajoutée (TVA). L'Équateur avait invoqué deux motifs principaux pour justifier son refus de rembourser les filiales de l'investisseur la TVA. Le premier est que les contrats de participation couvrent déjà la TVA et le second, qu'en vertu du droit fiscal, seul les fabricants, par opposition aux industries extractives, ont droit à un remboursement de la TVA.[58] Insatisfaite de ce refus, EnCana a porté plainte en se fondant sur l'APIE entre le Canada et l'Équateur le 14 mars 2003 (*APIE Canada-Équateur*).[59] D'autres compagnies étrangères ont aussi contesté ce refus, notamment la compagnie américaine Occidental Exploration and Production Company, qui a porté plainte sur le fondement du traité d'investissement entre les États-Unis et l'Équateur le 11 novembre 2002. La sentence dans cette affaire, condamnant l'Équateur à payer plus de 71 millions de dollars américains à titre de compensation, a été rendue le 1er juillet 2004; l'Équateur l'a aussitôt contestée (*Occidental*).[60] Le 2 août 2004, une loi interprétative a été adoptée par le Congrès

[57] Sur les faits, voir *EnCana, supra* note 6 aux para. 20-40.

[58] Voir *ibid.* aux para. 41-94.

[59] *Accord entre le gouvernement du Canada et le gouvernement de la République de l'Équateur pour la promotion et la protection réciproques des investissements*, 29 avril 1996, R.T. Can. 1997 No. 25 (entré en vigueur le 6 juin 1997). [ci-aprés *APIE Canada-Équateur*].

[60] Voir *Occidental Exploration and Production Company c. Ecuador*, LCIA Case No. UN 3467 (UNCITRAL) (1er juillet 2004) [ci-aprés *Occidental*]. Voir aussi *Ecuador c. Occidental Exploration and Production Company*, in the British High Court of Justice, Queen's Bench Division, Commercial Court, Case No.: 2004 FOLIO 656 (29 avril 2005).

La sentence dans l'affaire *EnCana* contient plusieurs références à la sentence dans l'affaire *Occidental*. À un endroit, par exemple, le Tribunal souligne les différences entre l'*APIE Canada-Équateur* et le *United-States-Ecuador BIT* (voir *EnCana, supra* note 6 à la note 119).

confirmant que les compagnies pétrolières n'avaient pas droit au remboursement de la TVA.[61]

Au sujet de la compétence du Tribunal, trois motifs d'exception ont été joints à l'analyse de la plainte au fond.[62] Les deux premiers ont été rejetés tandis que le troisième, limitant la compétence du Tribunal, a été retenu. Dans le premier cas, l'Équateur prétendait qu'Encana ne pouvait présenter une réclamation sur le fondement de l'APIE Canada-Équateur pour des dommages subis par ses filiales de la Barbade. Le Tribunal a rejeté cet argument au motif que dans la mesure où Encana allègue avoir subi elle-même des dommages, le Tribunal a compétence. En effet, les définitions larges des expressions "investissement," "investisseur" et "revenus" et la généralité de l'article sur le règlement des différends investisseur-État ne laissaient aucun doute à cet égard.[63] Ainsi, Encana ne pouvait réclamer que des dommages soient versés directement à ses filiales (qui ne sont pas des investisseurs couverts par l'APIE), mais pouvait toujours réclamer en son nom.

Dans le deuxième cas, l'Équateur prétendait que le Tribunal n'avait pas compétence car Encana s'était départie de ses filiales depuis le dépôt de la plainte. Le Tribunal a rejeté cet argument et a conclu qu'un "différend" existe en vertu de l'APIE lorsqu'un dommage ou une perte est subi par l'investisseur en raison d'un manquement au Traité. La vente des filiales peut avoir un effet sur le montant des dommages, mais pas sur la compétence du Tribunal.[64] Le Tribunal s'est inspiré de la décision dans l'affaire *Mondev International Ltd. c. United States* (qui avait reconnu que souvent les différends naissent de l'échec d'un investissement) et rejeté la pertinence de l'affaire *Loewen,* en particulier sur la question de la nationalité continue.[65] Le Tribunal a souligné à nouveau que la plainte

[61] *EnCana, ibid.* aux para. 95-97. Il faut ajouter que ce litige s'est déroulé sur le fond de troubles politiques. En 2004 et 2005, l'Équateur a vécu des troubles politiques menant notamment au congédiement de la majorité des juges de la Cour suprême et à la destitution du président du pays par le Congrès. EnCana a allégué que des liens existaient entre le congédiement des juges et les conflits opposant l'État aux pétrolières. Étant donné que le Tribunal n'a pas pris sa décision sur cette base, ces développements ne seront pas discutés davantage dans cette chronique. Voir *ibid.* aux para. 100-6.

[62] Le Tribunal se réfère à la décision préliminaire sur le déclinatoire de compétence rendue le 31 janvier 2004. *Ibid.* aux para. 7-8 et 112-13.

[63] *Ibid.* aux para. 115-22.

[64] *Ibid.* au para. 131.

[65] Sur l'affaire *Loewen,* voir C. Lévesque, "Chronique de Droit international économique en 2003: Investissement" (2004) XLII A.C.D.I. 473, aux pp. 486-91.

par Encana était faite en son nom propre et que la nationalité de la compagnie n'avait pas changé. Même si le Tribunal a indiqué ne pas devoir se prononcer sur la question plus large de la pertinence des règles provenant du droit international de la protection diplomatique des étrangers, en particulier au sujet de la nationalité continue, il a inclus une note de bas de page révélatrice qui est en dissonance avec la sentence dans l'affaire *Loewen*.[66]

Dans le troisième cas, le Tribunal a accepté la prétention de l'Équateur selon laquelle sa compétence était limitée en matière fiscale à la question de l'expropriation en vertu de l'article XII de l'APIE.[67] Encana avait tenté de convaincre le Tribunal que le litige concernait l'interprétation des contrats de participation et non pas des mesures fiscales comme telles. Le Tribunal a tranché qu'une fois qualifiées de "fiscales," les mesures en question sont généralement exclues de sa compétence. Par conséquent, il n'est pas de son ressort de décider si les mesures fiscales en question étaient illégales en vertu du droit interne, le Tribunal n'agissant pas en tant que Cour d'appel en matière fiscale.[68] Le Tribunal a adopté la même position afin de rejeter l'argument que le refus de remboursement de la VAT était contraire aux engagements internationaux de l'Équateur en vertu du droit de la Communauté andine et contraire à des normes internationales généralement reconnues. Même si c'était le cas, selon le Tribunal, la mesure n'en serait pas moins une mesure fiscale et généralement exclue de sa compétence.[69]

Il ne restait plus qu'au Tribunal à déterminer si une expropriation avait eu lieu en l'espèce. Le Tribunal a d'abord rejeté l'argument de l'expropriation indirecte présenté par EnCana, que même si les filiales n'avaient pas droit au remboursement de la TVA, le refus de procéder à ces remboursements avaient eu une incidence telle sur

[66] Voir *EnCana, supra* note 6 à la note 84: "*According to the ILC's Draft Articles on Diplomatic Protection (as adopted on first reading), art.5, the critical date in relation to the espousal of a claim by way of diplomatic protection by the national State is the 'date of the official presentation of the claim': see ILC,* Report on the work of its 56th Session ..." Dans l'affaire *Loewen,* le Tribunal avait plutôt retenu la date du règlement de la plainte (*dies ad quem*) pour déterminer sa compétence. Cet aspect de la sentence a été critiqué par ex, par J. Paulsson "Continuous Nationality in Loewen" (2004) 20 Arb. Int'l 213 et E. Gaillard, "Centre international de règlement des différends relatifs aux investissements (CIRDI) — Chronique des sentences arbitrales" (2004), 1 JDI 213 aux pp. 230-35.

[67] APIE Canada-Équateur, Article XII (Mesures fiscales), *supra* note 59.

[68] *Ibid.* aux para. 145-46.

[69] *Ibid.* au para. 147.

les filiales qu'il était équivalent à une expropriation de l'investissement. Le Tribunal a jugé que cette prétention était problématique à deux égards:

In the first place, foreign investments like other activities are subject to the taxes and charges imposed by the host State. In the absence of a specific commitment from the host State, the foreign investor has neither the right nor any legitimate expectation that the tax regime will not change, perhaps to its disadvantage, during the period of the investment ... In the second place, although the EnCana subsidiaries suffered financially from the denial of VAT and the recovery of VAT refunds wrongly made, they were nonetheless able to continue to function profitably and to engage in the normal range of activities, extracting and exporting oil ... There is nothing in the record which suggests that the change in VAT laws or their interpretation brought the companies to a standstill or rendered the value to be derived from their activities so marginal or unprofitable as effectively to deprive them of their character as investments.[70]

Rejetant la pertinence de la sentence dans l'affaire *Metalclad Corporation c. Mexico* (qui avait donné une définition large de l'expropriation) quant à la présente question fiscale, le Tribunal a ajouté:

From the perspective of expropriation, taxation is in a special category ... In itself such a law is not a taking of property; if it were, a universal State prerogative would be denied by a guarantee against expropriation, which cannot be the case. Only if a tax law is extraordinary, punitive in amount or arbitrary in its incidence would issues of indirect expropriation be raised.[71]

Le raisonnement du Tribunal confirme certains préceptes clés de droit international de l'expropriation selon lesquels: (1) à moins d'un engagement spécifique, l'État ne peut être présumé avoir garanti la stabilité de son régime fiscal; (2) une simple diminution de profits n'est pas suffisante pour constituer une expropriation; (3) les mesures fiscales, tout comme les mesures de change ou de police, sont traitées différemment en matière d'expropriation.

En ce qui concerne l'expropriation directe, le Tribunal a également rejeté l'argument selon lequel le refus de remboursement était illégal en vertu du droit équatorien. Le Tribunal a d'abord clarifié deux questions préliminaires, l'une concernant l'étendue de l'APIE et

[70] *Ibid.* aux para. 173-74 [notes omises].

[71] *Ibid.* au para. 177.

l'autre le droit applicable. Sur l'étendue, le Tribunal a indiqué qu'il a compétence dans le cas où l'État aurait annulé rétroactivement sa responsabilité pour le paiement de remboursements de taxes déjà dus (sommes comprises, selon lui, dans la définition large du terme "investissement").[72] Sur le droit applicable, le Tribunal a d'abord noté que la clause pertinente de l'APIE réfère à cet Accord et aux règles applicables du droit international. Le Tribunal s'est empressé d'ajouter: "*Unlike many BITs there is no express reference to the law of the host State. However, for there to have been an expropriation of an investment or return (in a situation involving legal rights or claims as distinct from the seizure of physical assets) the rights affected must exist under the law which creates them, in this case, the law of Ecuador.*"[73]

Le Tribunal traite de la situation juridique des remboursements de TVA avant et après la loi interprétative de 2004. Pour ce qui est de l'après 2004, le Tribunal ne croit pas qu'il peut être question d'expropriation.[74] Pour la période précédente, le Tribunal a posé deux questions: (1) Est-ce que les filiales avaient un droit au remboursement durant cette période? (2) Si oui, est-ce que ce droit a été exproprié? Le Tribunal raisonne à l'aide de présomptions et, suivant la voie tracée par la sentence dans l'affaire *Waste Management Inc. c. Mexico,*[75] conclut qu'un recours contre la mesure doit être exercé en droit interne avant qu'un Tribunal puisse conclure à une expropriation en droit international. Selon le Tribunal:

> *Like private parties, governments do not repudiate obligations merely by contesting their existence. An executive agency does not expropriate the value represented by a statutory obligation to make payment or refund by mere refusal to pay provided at least that: (a) the refusal is not merely wilful, (b) the courts are open to the aggrieved private party, (c) the courts' decisions are not themselves overridden or repudiated by the State.*[76]

En l'espèce, le Tribunal a dit ne pas être convaincu que les politiques fiscales de l'Equateur, en elles-même, constituaient "*an actual and effective repudiation of legal rights.*"[77]

72 *Ibid.* aux para. 182-83.

73 *Ibid.* au para. 184.

74 *Ibid.* aux para. 186-87 et 198.

75 *Waste Management, Inc. c. Mexico,* ICSID Case No. ARB(AF)/00/3 (ICSID Add. Fac.) (30 avril 2004) [ci-après *Waste Management II*].

76 *EnCana, supra* note 6 au para. 194.

77 *Ibid.* au para. 195.

En se référant à l'affaire *Waste Management II,* et à la question de savoir: *"[W]as there a 'final refusal to pay (combined with effective obstruction of legal remedies)?"*[78] le Tribunal entre dans la controverse entourant le retour (en force?) de l'exigence de l'épuisement des voies de recours internes en droit international des investissements. L'opinion en partie dissidente d'un des arbitres porte justement sur ce point. Contrairement à la majorité, le Dr. Horacio Grigera Naon aurait conclu en faveur de EnCana sur la question de l'expropriation directe.[79] Il indique que les lois, mesures administratives et pratiques internes de l'État hôte sont pour le Tribunal international des "faits" dont l'évaluation de conformité vis-à-vis du traité lui revient.[80] Selon lui, les attentes légitimes ("*legitimate expectations*") de l'investisseur quant aux revenus sont des intérêts protégés directement par l'APIE et leur existence ne dépend pas du droit interne, mais bien du droit international. En conséquence, si le Tribunal international s'en remet à la décision des Tribunaux locaux appliquant le droit fiscal interne, il abdique sa responsabilité d'interprétation du traité. L'arbitre dissident rejette ainsi l'exigence de l'épuisement des voies de recours internes imposée par la majorité.[81] Selon lui, cette règle, qualifiée de règle de fond ou de règle de procédure, est exclue du traité.[82]

La règle de l'épuisement des voies de recours internes qualifiée de "règle de fond" a été appliquée dans l'affaire *Loewen,* où il était question de déni de justice et du manquement à l'article 1105 (norme minimale de traitement) de l'ALENA.[83] Qualifiée de règle de fond, et assouplie, elle a aussi été appliquée en matière d'expropriation dans l'affaire *Generation Ukraine c. Ukraine* selon laquelle l'investisseur doit au minimum tenter d'obtenir un redressement en droit interne avant de pouvoir prétendre avoir été exproprié en

[78] *Ibid.* au para. 192.

[79] La décision de l'arbitre dissident sur le fond mériterait une analyse plus approfondie que ne le permet cette chronique. En effet, le traitement des questions de "discrimination," de "*public purpose*" et de la notion chargée de "*legitimate expectations*" n'est pas sans poser de problèmes. Voir Horacio Grigera Naon, Partial Dissenting Opinion, *EnCana c. Ecuador* (30 décembre 2005) aux para. 40-74.

[80] *Ibid.* au para. 12.

[81] *Ibid.* aux para. 17-27.

[82] *Ibid.* aux para. 29-36.

[83] Afin d'apprécier la distinction entre "règle de fond" et "règle de procédure," il faut se rappeler que la plupart des traités bilatéraux de protection des investissements ainsi que le ch. 11 de l'ALENA ont écarté l'exigence de l'épuisement quant à la procédure. Voir ALENA, *supra* note 4 à art. 1121(1)(b).

droit international (exception faite du manquement *per se* au traité).[84] Le Tribunal dans l'affaire *Waste Management II* a traité de la règle de fond dans le cadre de son analyse des articles 1105 et 1110 (expropriation).

Ce renouveau inquiète certains auteurs. Le professeur Christoph Schreuer, par exemple, indique que s'il semble raisonnable d'exiger qu'un investisseur fasse certains efforts de redressement en droit interne, il faut se rappeler que la règle de l'épuisement a été mise de côté en matière d'arbitrage investisseur-État consciemment et pour de bonnes raisons. Dans la mesure où des efforts sont requis, pourquoi, questionne-t-il, s'arrêter à une cour inférieure? Selon lui, il suffit d'un pas pour revenir à l'exigence de l'épuisement.[85]

En définitive, le Tribunal a rejeté la plainte, mais, dans un geste inhabituel, a tout de même cru "juste et équitable" de faire payer à l'Équateur tous les frais de l'arbitrage, compte tenu des circonstances.[86]

B *INTERNATIONAL THUNDERBIRD GAMING CORPORATION C. MEXICO*

Le 26 janvier 2006, le Tribunal dans l'affaire *Thunderbird* a rejeté la plainte de l'investisseur canadien. Selon lui, le Mexique n'a pas manqué à ses obligations en vertu des articles 1102 (traitement national), 1105 ou 1110 de l'ALENA. L'intérêt de cette sentence réside dans le traitement par le Tribunal de l'interaction entre le droit international et le droit interne, et dans le traitement du concept des "attentes légitimes," et dans une moindre mesure, dans l'analyse des obligations de fond.

Cette affaire concerne l'industrie du jeu ("*gambling*") et l'exploitation illégale de machines de jeu au Mexique. La preuve a démontré que Thunderbird savait lorsqu'elle a décidé d'investir au

[84] *Generation Ukraine* c. *Ukraine,* ICSID Case No ARB/00/9 (16 septembre 2003).

[85] Voir C. Schreuer, "Calvo's Grandchildren: The Return of Local Remedies in Investment Arbitration" dans *The Law and Practice of International Courts and Tribunals* 4, 1, Leiden, Brill, 2005, aux pp. 15-16. Il soulève également le problème posé par cette règle par rapport aux clauses dite de "*fork in the road*" dans plusieurs traités qui exige que l'investisseur opère un choix de recours irréversible dès le départ entre les tribunaux internes et l'arbitrage international en vertu du traité. Voir aussi E. Gaillard (2004), *supra* note 66 à la p. 235, qui avait critiqué le Tribunal dans l'affaire *Loewen* au sujet de l'épuisement des voies de recours internes.

[86] Voir *EnCana, supra* note 6 au para. 202.

Mexique (à travers EDM, dont elle avait le contrôle) que le jeu était illégal et que des exploitants de machines de jeu, similaires aux siennes, avaient eu des problèmes avec les autorités. Dans ce contexte, EDM a demandé aux autorités compétentes (SEGOB) une opinion au sujet de la légalité de ses activités au Mexique, qu'elle a décrites dans sa demande comme "*the commercial exploitation of video game machines for games of skills and ability.*" Dans cette demande, EDM a insisté sur le fait que "*[i]n these games, chance and wagering or betting is not involved.*"[87] Dans sa réponse, SEGOB a essentiellement confirmé que les machines de jeu, comme les "*slot machines*" étaient illégales au Mexique, mais a dit que si les machines de EDM étaient réellement des machines vidéos récréatives, qui n'impliquaient pas la chance ou le "*gambling,*" alors SEGOB n'avait pas compétence pour empêcher leur exploitation.[88] Ces machines ont été exploitées à divers endroits, jusqu'à ce que SEGOB détermine qu'elles étaient illégales en vertu de la loi applicable et ordonne la fermeture des locaux touchés. EDM a tenté certains recours judiciaires mais sans succès. En août 2002, Thunderbird a soumis sa plainte à l'arbitrage sur le fondement de l'ALÉNA.[89]

Le Tribunal a commencé son examen au fond en procédant à une analyse du rôle joué par le chapitre 11 dans cette affaire.[90] Notamment, le Tribunal a exploré les liens entre le droit interne et le droit international et a confirmé la marge de manœuvre étendue dont bénéficient les États en matière de régulation. Le Tribunal explique que:

> *The role of Chapter Eleven in this case is therefore to measure the conduct of Mexico towards Thunderbird against the international law standards set up by Chapter Eleven of the NAFTA. Mexico has in this context a wide regulatory "space" for regulation; in the regulation of the gambling industry, governments have a particularly wide scope of regulation reflecting national views on public morals. Mexico can permit or prohibit any forms of gambling as far as the NAFTA is concerned. It*

[87] *Thunderbird, supra* note 7 au para. 50.

[88] *Ibid.* au para. 55.

[89] Pour le sommaire des faits, voir *ibid.* aux para. 41-84.

[90] Préalablement, le Tribunal a rejeté deux exceptions d'incompétence soulevées par le Mexique, l'une concernant le degré de contrôle requis à l'art. 1117 (voir en particulier, *ibid.* au para. 106 où le Tribunal affirme que le contrôle de fait est suffisant) et l'autre concernant la renonciation requise à l'art. 1121 (voir en particulier les para. 117-18, où le Tribunal admet qu'un retard dans la soumission de la renonciation n'est pas fatal dans cette affaire).

can change its regulatory policy and it has a wide discretion with respect to how it carries our such policies by regulation and administrative conduct. The international law disciplines of Articles 1102, 1105 and 1110 in particular only assess whether Mexican regulatory and administrative conduct breach these specific disciplines. The perspective is of an international law obligation examining national conduct as a "fact."[91]

Le Tribunal a par la suite examiné la prétention de Thunderbird que l'opinion écrite de SEGOB avait créé des "attentes légitimes" aux quelles EDM pouvait se fier. Après avoir reconnu que ce concept avait un rôle à jouer dans l'interprétation de l'ALENA, le Tribunal a conclu que l'opinion de SEGOB en l'espèce n'avait pas créé d'attentes légitimes permettant à EMD d'exploiter ses machines de jeu au Mexique. Pour arriver à cette conclusion le Tribunal a examiné la demande d'opinion (jugée incomplète et inexacte) et l'opinion elle-même (qui contenait clairement un avertissement). Le Tribunal a aussi mis l'accent sur les risques qui doivent être assumés par l'investisseur. Par ailleurs, la reconnaissance du concept est notable, car elle est plus explicite que celles offertes jusque là par des Tribunaux constitués en vertu de l'ALÉNA. Le Tribunal s'exprime de la façon suivante:

Having considered recent investment case law and the good faith principle of international customary law, the concept of "legitimate expectations" relates, within the context of the NAFTA framework, to a situation where a Contracting Party's conduct creates reasonable and justifiable expectations on the part of an investor (or investment) to act in reliance on said conduct, such that a failure by the NAFTA Party to honour those expectations could cause the investor (or investment) to suffer.[92]

Le traitement par le Tribunal de ce concept appelle deux commentaires. Le premier porte sur le choix de trancher cette question avant de passer à l'examen individuel des obligations de fond. Même si le Tribunal a vraisemblablement procédé de la sorte par souci d'efficacité, car l'investisseur avait plaidé que ce concept était pertinent pour l'interprétation des articles 1102, 1105, et 1110, cette approche semble donner une valeur juridique indépendante à ce concept; une valeur qu'il n'a pas. Et bien que le Tribunal mentionne que le "*threshold for legitimate expectations may vary depending*

[91] *Ibid.* au para. 127.

[92] *Ibid.* au para. 147 [notes omises].

on the nature of the violation alleged under the NAFTA",[93] il aurait été préférable de procéder à cette analyse article par article.

Le deuxième commentaire découle en partie du premier. Le concept "d'attentes légitimes" a été utilisé dans un certain nombre de sentences, le plus souvent dans l'interprétation de l'obligation de traitement juste et équitable et en matière d'expropriation. Par contre, l'analyse quant aux sources se limite le plus souvent à une référence générale à la bonne foi ou à une énumeration de sentences où l'analyse était tout aussi anémique.[94] Malheureusement, ce Tribunal ne s'est pas davantage expliqué.[95] L'opinion séparée de Thomas Wälde, au contraire, cherche notamment à combler cette lacune avouée (*Wälde, opinion séparée*).[96]

L'arbitre est en désaccord avec le Tribunal sur deux points principaux, soit la conclusion que le Mexique n'a pas manqué à son obligation en vertu de l'article 1105 et sur la répartition des dépens et frais entre les parties. Quant à l'article 1105, l'arbitre s'étend sur le concept d'attentes légitimes et conclut que les attentes de Thunderbird, dans les faits, n'ont pas été respectées. L'approche de l'arbitre dissident diffère de celle de la majorité sur la question de savoir qui, du gouvernement ou de l'investisseur, doit assumer les risques d'ambiguïté liés à une "*governmental assurance.*"[97]

L'opinion séparée, qui compte plus de 130 pages, ne peut faire l'objet d'une étude détaillée dans le cadre de cette chronique. Toutefois, des doutes peuvent être émis quant à la méthode utilisée par l'arbitre pour justifier sa conclusion que le concept "d'attentes légitimes" est devenu une sous-catégorie autonome et un fondement indépendant de plainte en vertu de la norme de traitement juste et équitable couverte par l'article 1105 de l'ALENA.[98]

93 *Ibid.* au para. 148.

94 Voir, par exemple, *Tecnicas Medioambientales Tecmed S.A. c. Mexico,* ICSID Case No. ARB(AF)/00/2 (ICSID Add. Fac.) (29 mai 2003), aux para. 153-54 [ci-après *Tecmed*]; *CMS Gas Transmission Company c. Argentina,* ICSID Case No. ARB/01/8 (12 mai 2005) aux para. 278-79; *MTD Equity Sdn. Bhd. and MTD Chile S.A. c. Chile,* ICSID Case No. ARB/01/7 (25 mai 2004), aux para. 114-15.

95 La note de bas de page qui accompagne la référence au "*good faith principle of international customary law,*" *Thunderbird, supra* note 7 au para. 147, réfère à plusieurs auteurs, dont Bin Cheng, Joerg Mueller, E. Zoller, F. Orrego Vicuna, et à *l'Affaire des tests nucléaires.*

96 Thomas Wälde, Separate Opinion, *Thunderbird c. Mexico* (décembre 2005) au para. 30 [ci-aprés *Wälde, opinion séparée*].

97 *Ibid.* au para. 4.

98 *Ibid.* au para. 37. Voir aussi, des extraits problématiques, aux para. 16, 26-27, 30.

Pour ce qui est de l'interprétation de l'article 1102, le Tribunal propose une méthode dont l'application n'est pas entièrement claire. En toute apparence en réponse aux arguments du Mexique, le Tribunal indique que:

> *It is not expected from Thunderbird that it show separately that the less favorable treatment was motivated because of nationality. The text of Article 1102 of the NAFTA does not require such showing. Rather, the text contemplates the case where a foreign investor is treated less favourably than a national investor. That case is to be proven by a foreign investor, and, additionally, the reason why there was a less favourable treatment.*[99]

Selon le Tribunal, l'investisseur n'a pas fait la preuve, même *prima facie,* de traitement moins favorable. SEGOB a tenté de mettre en œuvre les dispositions de la loi pertinente à l'encontre des étrangers aussi bien que des Mexicains impliqués dans le jeu.[100] En conséquence, le lecteur n'a pu observer en quoi consiste la preuve en outre "de la raison expliquant le traitement moins favorable." En terminant, le Tribunal a avancé qu'en toute hypothèse il ne devrait pas y avoir d'égalité dans l'illégalité: "*In the Tribunal's view, it would be inappropriate for a NAFTA tribunal to allow a party to rely on Article 1102 of the NAFTA to vindicate equality of non-enforcement within the sphere of an activity that a Contracting Party deems illicit.*"[101]

Quant à l'article 1105, le Tribunal a indiqué que la norme minimale de traitement ne devait pas être interprétée de manière rigide et devait refléter l'évolution du droit international coutumier. Il souligne que malgré cette évolution le seuil demeure élevé. Selon lui, compte tenu du contexte, il faut déterminer si les actes constituent "*a gross denial of justice or manifest arbitrariness falling below acceptable international standards.*"[102] Le Tribunal réfère également à des irrégularités administratives qui doivent être "*grave enough to shock a sense of judicial propriety.*"[103] Il note aussi que l'exigence de l'application régulière de la loi ("*due process*") est plus élevée en matière judiciaire qu'administrative. Vu la preuve, rien ne permettait au Tribunal de conclure au manquement à cette obligation.[104]

[99] *Thunderbird, supra* note 7 au para. 177.

[100] Voir *ibid.* aux para. 178-82.

[101] *Ibid.* au para. 183.

[102] *Ibid.* au para. 194.

[103] *Ibid.* au para. 200.

[104] Voir *ibid.* aux para. 195-201.

Quant à l'article 1110, le Tribunal rejette cet argument en un paragraphe où il rappelle sa conclusion que EDM n'avait pas d'attentes légitimes de pouvoir exploiter ses machines au Mexique. Il conclut: "*compensation is not owed for regulatory takings where it can be established that the investor or investment never enjoyed a vested right in the business activity that was subsequently prohibited.*"[105] Cet énoncé reflète la première étape de l'analyse de l'article 1110 qui consiste à déterminer s'il existe un "droit"ou un "intérêt" pouvant faire l'objet d'une expropriation. En l'espèce, le Tribunal n'a pas eu à franchir la deuxième étape (c.-à-d. y a-t-il un enlèvement de propriété?), car il a jugé que EDM n'avait pas de droits acquis dans l'exploitation de machines de jeu au Mexique.[106]

En définitive, le Tribunal a rejeté la plainte. Contrairement à la pratique la plus courante en matière de dépens et de frais, le Tribunal, s'inspirant de la règle selon laquelle les dépens doivent être mis à la charge de la partie perdante, a réparti ces coûts ¾ (Thunderbird) et ¼ (Mexique).[107] L'arbitre dissident en partie s'est opposé à cette répartition.[108]

C *FIREMAN'S FUND INSURANCE COMPANY C. MEXICO*

Le 17 juillet 2006, le Tribunal dans l'affaire *Fireman's Fund* a rejeté la plainte de l'investisseur américain. Il a jugé que le Mexique n'avait pas manqué à ses obligations en vertu de l'article 1110 de l'ALENA, le seul article qui tombait dans son champ de compétence.[109] Le Tribunal a tout de même noté que l'investisseur avait été victime de discrimination, sans toutefois pouvoir sanctionner le Mexique. Il s'agissait de la première affaire où un Tribunal avait à appliquer les dispositions du chapitre 14 (services financiers) de l'ALENA à un investisseur et à son investissement dans des institutions financières d'une Partie.[110] Cette sentence apporte un éclairage sur la question de l'expropriation, mais offre également des

105 *Ibid.* au para. 208.

106 Sur l'existence des droits, voir aussi l'affaire *Marvin Feldman c. Mexico,* ICSID Case no. ARB(AF)/99/1 (ICSID Add. Fac.) (16 décembre 2002).

107 *Thunderbird, supra* note 7 aux para. 210-21.

108 *Wälde, opinion séparée, supra* note 96 aux para. 124-47.

109 *Fireman's Fund, supra* note 8 au para. 226. Voir aussi *Fireman's Fund Insurance Company c. Mexico,* Decision on the Preliminary Question, ICSID Case No. ARB(AF)/02/01 (ICSID Add. Fac.).

110 *Fireman's Fund, ibid.* au para. 1.

indices quant à l'interprétation de l'exception de l'article 1410 portant sur les mesures de prudence. La sentence touche également au rôle joué par les chapitres 14 et 11 en relation avec les risques que doivent assumer les investisseurs.

D'entrée de jeu, il faut noter que le chapitre 14 incorpore par référence l'article sur l'expropriation ainsi que les dispositions portant sur le règlement des différends investisseur-État du chapitre 11. Le chapitre 14 comporte une obligation de traitement national (article 1405), mais cette dernière peut uniquement faire l'objet d'un différend entre États (en vertu du chapitre 20). Finalement, le chapitre 14 ne contient aucune obligation similaire à l'article 1105. Le Tribunal a expliqué que cette architecture a été choisie par les Parties à l'ALENA en reconnaissance des défis particuliers posés par la réglementation des institutions financières.[111]

Fireman's Fund, l'investisseur dans cette affaire, est une compagnie d'assurance constituée aux États-Unis. Le groupe de compagnies dont fait partie Fireman's Fund ("Allianz") avait l'intention de pénétrer le marché mexicain de l'assurance personnelle notamment à travers des partenaires locaux dans le secteur bancaire. Fireman's Fund a investi au Mexique dans la foulée de la crise financière de 1994. En particulier, Fireman's Fund a fait l'acquisition en 1995 d'obligations ("*debentures*"), émises par une société de holding mexicaine (GFB) et libellées en dollars américains, d'une valeur de 50 millions de dollars (son investissement pour les fins de ce différend). GFB avait au même moment émis des obligations d'une valeur équivalente, celles-ci libellées en pesos mexicains, qui ont été achetées par des ressortissants du Mexique. Le principal actif de GFB était une Banque (BanCrecer).

D'année en année la situation financière de BanCrecer s'est détériorée. Le Mexique, afin d'éviter l'effondrement du secteur financier, a adopté différentes mesures visant les banques, dont BanCrecer. Des plans spécifiques de "*recapitalisation*" de BanCrecer ont aussi été discutés en 1997–1998 sans toutefois, selon la preuve, faire l'objet de l'approbation finale gouvernementale requise. En 1997, et à l'insu de Fireman's Fund, BanCrecer a obtenu la permission de racheter les obligations libellées en pesos mexicains à leur valeur d'émission. Plus tard, en 1999, lorsque Fireman's Fund (à travers GFB) a demandé aux autorités compétentes que le même traitement soit accordé aux obligations libellées en dollars, cette demande a été refusée. Des recours devant les tribunaux ont ensuite

111 *Ibid.* aux para. 1–3.

échoué. En octobre 1999, GFB a cessé de payer l'intérêt sur les obligations. En novembre 1999, le gouvernement prenait le contrôle de BanCrecer, qui a été vendue aux enchères en 2001. GFB devait pour sa part être dissoute et liquidée (mesures pendantes durant la cause). En novembre 1999 également, Fireman's Fund communiquait au gouvernement son intention de porter plainte à l'arbitrage et en 2001, Fireman's Fund soumettait sa plainte à l'arbitrage sur le fondement de l'ALENA.

Avant de traiter de l'expropriation, le Tribunal écarté de l'argument du Mexique, selon lequel une des exceptions prévues à l'article 1410 était applicable en l'espèce.[112] Suivant le paragraphe 1 de cet article,

> [a]ucune disposition de la présente partie ne pourra être interprétée comme empêchant une Partie d'adopter ou de maintenir des mesures raisonnables, pour des raisons prudentielles telles que: (a) la protection des investisseurs, des déposants ... (b) le maintien de la sécurité, de la solidité, de l'intégrité ou de la responsabilité financière des institutions financières ou de fournisseurs de services financiers transfrontières; et c) la préservation de l'intégrité et de la stabilité du système financier d'une Partie.[113]

Le Tribunal a jugé que cette exception est uniquement applicable au cas où il arriverait à la conclusion d'un manquement par le Mexique à l'article 1110. Comme ce n'était pas le cas en l'espèce, le Tribunal a dit ne pas avoir à décider si les mesures en question étaient raisonnables ou arbitraires.[114] Le Tribunal a quand même profité de l'occasion pour émettre les opinions suivantes. D'abord, il a indiqué qu'une mesure de prudence peut être discriminatoire (dans ses effets, par opposition à l'intention qui la motive), et quand même être jugée raisonnable.[115] Ensuite, il a rejeté la prétention du Mexique que cet article était "*self-judging*." Hormis le cas où cette question a été soumise à un Comité suivant l'article 1415, ce qui n'était pas le cas en l'espèce, l'exception prévue constitue un moyen de défense qui doit être établi devant le Tribunal.[116]

[112] Le Tribunal a aussi rejeté quatre exceptions d'incompétence (voir *ibid.* aux para. 137-47).

[113] ALENA, *supra* note 4 à l'art. 1410.

[114] *Fireman's Fund, supra* note 8 aux para. 160, 165, 168.

[115] *Ibid.* au para. 162.

[116] *Ibid.* aux para. 166-68.

En ce qui concerne la question de l'expropriation, trois aspects de la sentence retiennent notre attention: l'effet "de précédent" des sentences arbitrales, la méthode d'analyse de l'article 1110 et les éléments de définition de l'expropriation. Sur la pertinence de la jurisprudence internationale en matière d'expropriation à titre de précédent, le Tribunal a adopté une approche dorénavant assez typique, selon laquelle le Tribunal accepte de considérer les "précédents" à titre persuasif. Cela permet, selon lui, de contribuer à l'avancement du droit et éventuellement à davantage de prévisibilité pour les investisseurs comme pour les États. Il explique:

> *It is true that arbitral awards do not constitute binding precedent. It is also true that a number of cases are fact-driven and that the findings in those cases cannot be transposed in and of themselves to other cases. It is further true that a number of cases are based on treaties that differ from the NAFTA in certain respects. However, cautious reliance on certain principles developed in a number of those cases, as persuasive authority, to the extent that they cover the same matters as the NAFTA, may advance the body of law, which in turn may serve predictability in the interest of both investors and host States.*[117]

Pour ce qui est de la méthode d'analyse de l'article 1110, le Tribunal a confirmé qu'avant de se pencher sur les conditions de légalité de l'expropriation (paragraphes a) à d) de l'article 1110, qui, on s'en souvient, comprend la base non discriminatoire), le Tribunal devait d'abord déterminer si les mesures constituaient une expropriation. Selon le Tribunal, "*[t]hat would indeed be putting the cart before the horse ... Paragraphs (a) through (d) do not bear on the question as whether an expropriation has occurred.*"[118] Plus loin, le Tribunal a tout de même admis que la discrimination était un élément que les Tribunaux considéraient lorsqu'il était question de distinguer entre une expropriation et une mesure de régulation, la première nécessitant une compensation et l'autre pas.[119] L'élément discriminatoire était déterminant en l'espèce, car le Tribunal a conclu que l'investisseur a été victime de discrimination lorsque les autorités

[117] *Ibid.* au para. 172.

[118] *Ibid.* au para. 174. Le même raisonnement a été adopté par le Tribunal en réponse à l'argument de l'investisseur selon lequel la mesure était injuste et inéquitable, donc contraire à l'article 1105 applicable par le biais de l'article 1110(c) "en conformité avec l'application régulière de la loi et le paragraphe 1105(1)." Voir para. 208.

[119] *Ibid.* au para. 176(j).

ont refusé de permettre le rachat des obligations libellées en dollars tandis que cela avait été fait pour les obligations libellées en pesos. Dans les faits, toutefois, le Tribunal a conclu que: "*[a] discriminatory lack of effort by a host State to rescue an investment that has become virtually worthless, is not a taking of that investment.*"[120]

Quant aux éléments de définition de l'expropriation, le Tribunal a dressé une liste d'éléments pertinents tirés des affaires rendues sous le régime du chapitre 11 ainsi que du droit international coutumier. La majorité des éléments cités sont effectivement largement reconnus et ne prétent pas à controverse. Les points (j) et (k) dans la liste, par contre, méritent qu'on s'y arrête:

(j) *To distinguish between a compensable expropriation and a non-compensable regulation by a host State, the following factors (usually in combination) may be taken into account: whether the measure is within the recognized police powers of the host State; the (public) purpose and effect of the measure; whether the measure is discriminatory; the proportionality between the means employed and the aim sought to be realized; and the* bona fide *nature of the measure.*

(k) *The investor's reasonable "investment-backed expectations" may be a relevant factor whether (indirect) expropriation has occurred.*[121]

À certains égards, l'effort de synthèse du Tribunal est louable. On apprécie, par exemple, la mention du pouvoir de police, un concept important mais souvent négligé en droit des investissements. À d'autres égards, par contre, cet effort est insatisfaisant, surtout du point de vue des sources. Après avoir mentionné le rôle de la "proportionnalité," par exemple, le Tribunal précise, dans une note de bas de page, que ce concept a été retenu dans l'affaire *Tecmed c. Mexico* et ajoute: "*The factor is used by the European Court of Human Rights ... and it may be questioned whether it is a viable source of interpreting Article 1110 of the NAFTA.*"[122] Ce facteur ne fera l'objet d'aucune autre discussion dans la sentence. En ce qui concerne le point (k), concernant les attentes raisonnables de l'investisseur, le Tribunal cite en appui dans une note deux articles de doctrine récents, sans plus, et fait deux références au concept dans son évaluation des faits, mais sans beaucoup d'analyse.[123] Ce traitement inachevé soulève davantage de questions qu'il ne permet d'en résoudre.

[120] *Ibid.* au para. 207.

[121] *Ibid.* au para. 176(j).

[122] *Ibid.* à la note 161.

[123] Voir *ibid.* au para. 207.

Sur les faits, le Tribunal a débuté son analyse de la même façon qu'il l'a conclue, en mettant l'accent sur les risques qui devaient être assumés par l'investisseur. Le Tribunal a souligné, d'entrée de jeu, que l'investissement de Fireman's Fund était risqué. En date de 1997, le Tribunal a jugé que les obligations de Fireman's Fund avaient un statut comparable à des "*junk bonds.*"[124] L'analyse des faits qui suit est largement teintée par ces constats.[125] En bref, le Mexique ne pouvait pas exproprier un investissement sans valeur; les efforts auxquels avaient participé le gouvernement visaient à sauver l'investissement et non pas à l'enlever. Dans sa conclusion, le Tribunal affirme à nouveau que Fireman's Fund avait fait un investissement risqué et ajoute que "*The NAFTA, like other free trade agreements and bilateral investment treaties, does not provide insurance against the kinds of risks that FFIC [Fireman's Fund] assumed, and Chapter Fourteen addressed to cross-border investment in financial institutions, places further limits on the scope of investor-State arbitration.*"[126]

Fait notable, en fin de sentence, le Tribunal a ordonné aux parties de s'entendre, dans une période de trente jours, sur une version expurgée de la sentence, c'est-à-dire une version ne contenant pas d'information confidentielle et réservée. Il a fallu plus d'un an avant que cette sentence ne soit rendue publique en raison de désaccords sur ce point et le résultat est une sentence fortement expurgée.

D *CANFOR CORPORATION C. UNITED STATES ET TERMINAL FOREST PRODUCTS LTD. C. UNITED STATES*

Le 6 juin 2006, le Tribunal a rendu sa décision sur la compétence dans l'affaire concernant le bois-d'œuvre et ayant fait l'objet d'une jonction en vertu de l'article 1126 de l'ALENA.[127] Une seule question faisait l'objet d'un examen par le Tribunal à cette étape de la procédure. Il s'agissait de savoir si le paragraphe 3 de l'article 1901 empêchait le Tribunal de connaître des plaintes portées par les demandeurs concernant la législation américaine en matière de droits antidumping et compensateurs sur le fondement du chapitre 11 de l'ALENA. Ce paragraphe prévoit que: "Exception faite de

[124] *Ibid.* au para. 182.

[125] Voir *ibid.* par ex. les para. 189, 199, 207, 214.

[126] *Ibid.* au para. 218.

[127] Une question préliminaire décidée par le Tribunal en janvier 2006 concernait la compagnie Tembec et son retrait des procédures. Voir *Canfor-Terminal Forest, supra* note 9 aux para. 20-28.

l'article 2203 (Entrée en vigueur), aucune disposition de l'un quelconque des autres chapitres du présent accord ne sera interprétée comme imposant des obligations à une Partie relativement à sa législation sur les droits antidumping ou sur les droits compensateurs."[128] En un mot, dans une décision qui compte 173 pages, le Tribunal a répondu que: oui, ce dernier était empêché de connaître des plaintes, sauf quant à une allégation qui selon lui ne tombait pas dans le champ de cette exclusion.

Cette affaire est liée au différend de longue date entre les États-Unis et le Canada concernant le bois-d'œuvre. Les demandeurs, des compagnies canadiennes de bois, se plaignaient de la conduite des autorités américaines et du traitement qu'ils avaient reçu dans l'administration des lois américaines en matière de droits antidumping et compensateurs. Le Tribunal décrit en détails les antécédents juridiques de ce différend, y compris les nombreuses procédures de règlement des différends dans divers forum. Après avoir procédé à une analyse détaillée des termes pertinents de l'ALENA, le Tribunal est arrivé à la conclusion suivante:

In conclusion, (i) having regard to all the foregoing considerations, (ii) in light of the objective of efficient proceedings as set forth in Article 102(1)(e), and (iii) notwithstanding the principle that exclusion clauses are to be interpreted narrowly, the text of Article 1901(3) does not, in the judgment of the Tribunal, leave room for any other interpretation than that the entire Chapter Eleven does not apply with respect to the antidumping law and countervailing duty law of a State Party to the NAFTA.[129]

Le désaccord entre les parties sur l'interprétation du terme "législation," fondamental pour la résolution de la question de compétence, était ainsi résolu en faveur des États-Unis. Toutefois, le Tribunal allait conclure que l'*Amendement Byrd,* dont se plaignaient notamment les demandeurs, n'était pas couvert pas le terme législation. Il explique:

For all these reasons, the Tribunal concludes with respect to the first question that the Byrd Amendment *is not antidumping or countervailing duty law within the meaning of that term under Article 1901(3) of the NAFTA, because (i) assuming that it pertains to U.S. antidumping and countervailing duty law, the United States*

[128] ALENA, *supra* note 4 à l'art. 1901(3).

[129] *Canfor-Terminal Forest, supra* note 9 au para. 273.

failed to bring that subsequent statutory amendment into the definition of "anti-dumping and countervailing duty law" of Article 1902(1), and (ii) the contemporaneous and proximate conduct of the United States indicates that it did not consider the Byrd Amendment *to pertain to its antidumping and countervialing duty law. As previously noted, the Tribunal is of the view that such a conclusion is reinforced by the general rule of interpretation of treaties that restrictions and exceptions are construed narrowly.*[130]

Comme ce passage le laisse entendre, le Tribunal n'a pas vu d'un bon œil le fait que les États-Unis aient maintenu dans le cadre d'un différend à l'OMC une position qui était en contradiction avec celle présentée au Tribunal dans cette affaire.[131]

En définitive, le Tribunal a jugé que la plainte pouvait donc procéder à l'analyse au fond mais uniquement en ce qui concerne les allégations concernant *l'Amendement Byrd.*

E *GRAND RIVER ENTERPRISES SIX NATIONS, LTD, ET AL. C. UNITED STATES*

Le 20 juillet 2006, la Tribunal dans l'affaire *Grand River* a rendu sa décision sur la compétence du Tribunal. Une seule question faisait l'objet d'un examen par le Tribunal à cette étape de la procédure. Il s'agissait de savoir si le Tribunal avait la compétence *ratione temporis* pour décider cette plainte. Le Tribunal a examiné les termes des articles 1116(2) et 1117(2) de l'ALENA qui prévoient qu'"un investisseur ne pourra déposer une plainte si plus de trois ans se sont écoulés depuis la date à laquelle l'investisseur a eu ou aurait dû avoir connaissance du manquement allégué et de la perte ou du dommage subi."[132] Le Tribunal a rejeté plusieurs des allégations au motif que l'investisseur "aurait dû avoir connaissance" du manquement allégué et des dommages subis. Dans son raisonnement, le Tribunal s'est dit d'accord avec les énoncés d'autres Tribunaux selon lesquels "*agreements intended to protect international investment are not substitutes for prudence and diligent inquiry in international investors' conduct of their affairs.*"[133] Le Tribunal a noté à plusieurs endroits que la position de l'investisseur avait évolué durant

[130] *Ibid.* au para. 334.

[131] Voir *ibid.* aux para. 325-27.

[132] ALENA, *supra* note 4 aux art. 1116(2) et 1117(2).

[133] *Grand River, supra* note 10 au para. 67.

l'instance et qu'elle était même contradictoire par endroits. Malgré tout, le Tribunal a permis un amendement tardif de la plainte. En conséquence, la plainte sera entendue pour ce motif et pour décider des autres objections jointes à l'analyse au fond.[134]

Dans les faits, cette affaire est liée au règlement du conflit opposant certains États américains à l'industrie du tabac. Différentes mesures gouvernementales ont été adoptées aux États-Unis dans la mise en œuvre d'un accord (*Master Settlement Agreement*) conclu en 1998 afin de régler des poursuites judiciaires, contre les quatre plus grands producteurs de tabac américains, qui cherchaient à obtenir une compensation pour les dépenses médicales encourues dans le traitement de maladies liées à l'usage du tabac. Certaines de ces mesures visaient aussi des entités ne participant pas à l'accord, notamment pour assurer l'efficacité de ce dernier. La plainte est portée par une compagnie canadienne (Grand River Enterprises Six Nations) et par trois particuliers œuvrant dans l'industrie du tabac aux États-Unis. L'un des caractères distinctifs de cette plainte est que les trois particuliers font partie des peuples autochtones et que certaines de leurs activités se déroulaient sur des réserves autochtones.[135]

V Conclusion

L'examen détaillé de l'*APIE Canada-Pérou* a révélé que cet accord avait largement suivi le modèle publié en 2004. Certains des ajouts notés semblent répondre à des préoccupations internes du Pérou tandis que d'autres paraissent offrir une solution à des problèmes soulevés par la jurisprudence internationale, notamment concernant l'interprétation large de l'obligation de traitement de la NPF. Il sera intéressant de voir dans quelle mesure les accords résultants des négociations en cours en 2006 avec l'Inde ou la Chine divergeront du modèle canadien. Par ailleurs, nous pouvons nous réjouir de la nouvelle de la signature, après des années d'attente, de la *Convention CIRDI* par le Canada. En ce qui concerne la ratification de la Convention, on peut espérer que cette dernière se fera sans tarder.

De façon remarquable, l'un des défis soulevés par l'affaire *Council of Canadians,* de même que par les sentences arbitrales sur le fond étudiées dans cette chronique, est lié à l'interaction entre le droit

[134] *Ibid.* aux para. 103-6.

[135] Sur les faits, voir *ibid.* aux para. 1-21.

interne et le droit international. Sous des angles différents, les juges et arbitres ont tous eu à se pencher sur le rôle des tribunaux internationaux dans l'interprétation du droit interne des Parties à un accord international portant sur l'investissement. Ces débats reflètent une préoccupation réelle par rapport à la pénétration du droit international des investissements en droit interne. Ils révèlent aussi des désaccords chez les arbitres. Ces questions sont à suivre avec attention.

Un autre thème récurrent dans les sentences arbitrales est celui de la répartition des risques entre les investisseurs et les États hôtes. La perception des arbitres du rôle des traités portant sur l'investissement influe grandement sur les sentences arbitrales et les opinions séparées. Le concept, selon nous encore mal défini, "d'attentes légitimes" joue un rôle important en cette matière. Il est à souhaiter que les arbitres manient ce concept avec plus de soin à l'avenir.

Finalement, l'expropriation a été l'objet de discussions dans les trois sentences sur le fond étudiées. L'analyse majoritaire confirme que les tribunaux ne concluent pas facilement à une expropriation, notamment lorsque le "droit" qui aurait soi-disant été exproprié n'existe pas en droit interne ou qu'il est sans valeur. Leur analyse confirme aussi la marge de manœuvre dont disposent les États en matière de régulation, par exemple en matière fiscale ou encore concernant des activités illégales.

Canadian Practice in International Law / Pratique canadienne en matière de droit international

At the Department of Foreign Affairs and International Trade in 2006–7 / Au ministère des Affaires étrangères et Commerce international en 2006–7

compiled by / préparé par
ALAN KESSEL

ECONOMIC SANCTIONS

In a brief prepared in 2007, the Legal Bureau wrote:

The imposition of economic sanctions against foreign States and non-State actors remains an important instrument for the international community in the enforcement of international norms and laws. In order to maximize the legitimacy and effectiveness of a sanctions regime, particularly one involving trade and economic measures, Canadian policy seeks to ensure that sanctions measures are applied multilaterally whenever possible.

1. Chapter VII of the United Nations Charter and the *United Nations Act*

Most of Canada's economic sanctions are imposed as a result of decisions taken by the United Nations Security Council under Chapter VII of the Charter of the United Nations (UN Charter). If the Security Council determines that there has been a threat to the peace, a breach of the peace

Alan Kessel, Legal Adviser, Department of Foreign Affairs and International Trade, Ottawa. The extracts from official correspondence contained in this survey have been made available by courtesy of the Department of Foreign Affairs and International Trade. Some of the correspondence from which the extracts are given was provided for the general guidance of the enquirer in relation to specific facts that are often not described in full in the extracts within this compilation. The statements of law and practice should not necessarily be regarded as definitive.

or an act of aggression, it may decide what measures shall be taken to maintain or restore international peace and security. Following a debate among its members, the Security Council is authorized to adopt resolutions obliging Member States to impose sanctions. Decisions taken by the Security Council under Chapter VII become treaty obligations for Canada as a party to the UN Charter and are generally implemented under Canadian domestic law by regulations made pursuant to the *United Nations Act*, R.S.C. 1985, c. U2.

For example, on November 9, 2006, the Regulations Implementing the United Nations Resolution on the Democratic People's Republic of Korea entered into force to implement the measures decided by the Security Council set out in Resolution 1718, adopted on October 14, 2006, in response to a claim by the Democratic People's Republic of Korea (DPRK) that it conducted a test of a nuclear weapon on October 9, 2006. Resolution 1718 imposed an assets freeze against designated individuals and entities; a travel ban on individuals designated as being responsible for policies in relation to the DPRK's nuclear, ballistic missile and other weapons of mass destruction programs; an embargo on exports of luxury goods to the DPRK; and an embargo on the provision to and procurement from the DPRK of arms and related material and technical assistance. The Regulations give effect to the assets freeze, the embargo on the export of luxury goods, and the embargo on the provision and procurement of arms, related material and technical assistance. Implementation of the travel ban is ensured in Canada under existing provisions of the *Immigration and Refugee Protection Act*.

In 2007, the Regulations Implementing the United Nations Resolutions on Iran entered into force to implement the measures decided by the Security Council in Resolutions 1737 and 1747 of December 23, 2006, and March 24, 2007, concerning the situation in Iran. These measures included a nuclear and ballistic missile programmes-related export and import embargo, measures concerning travel and an assets freeze against designated persons and entities, and a prohibition on the provision of technical assistance, financial services, brokerage and other services related to the products subject to the export ban. The Security Council also imposed a prohibition on making available to any person in Iran any property, financial assistance or investment related to the products subject to the export ban, as well as a ban on the import of arms from Iran. The Regulations give effect to these sanctions. The measures concerning travel are ensured in Canada under existing provisions of the *Immigration and Refugee Protection Act*.

2. Regulations Implementing the United Nations Resolutions on the Suppression of Terrorism

Security Council sanctions may also be directed against non-State actors. On September 28, 2001, the Security Council adopted Resolution 1373, in response to the September 11, 2001 terrorist attacks against the United States. Key provisions of the resolution require States to:

(1) criminalize the provision or collection of funds used to carry out terrorist acts;
(2) freeze without delay funds and other financial assets of persons who commit or are involved in the commission of terrorist acts; and
(3) prohibit making funds, assets and services available to persons who commit or are involved in terrorist acts.

In order to implement this resolution, Canada made the Regulations Implementing the United Nations Resolutions on the Suppression of Terrorism. The Regulations require persons in Canada and Canadians outside of Canada to effectively freeze the assets of listed persons and prohibit fundraising for, or on behalf of, listed persons. Listed persons are persons who the Governor in Council has reasonable grounds to believe are involved in or associated with terrorist activities. The Regulations also include an obligation to disclose the existence of any property possessed or controlled by persons engaged in terrorist activities or any transaction related to property of such persons.

The Regulations were amended on June 23, 2006, to streamline the three terrorism listing mechanisms in place in Canada. As of July 2007, 36 individuals and entities were listed under the Regulations.

The Regulations have been supplemented, but not replaced, by the *Anti-Terrorism Act* (Bill C-36, now S.C. 2001, c. 41). Among other things, the Act amended the *Criminal Code* to create various terrorist offences and a process for the listing of terrorist entities. The effect of listing under the *Criminal Code* is similar to, but more extensive than, listing under the Regulations. The Office of the Superintendent of Financial Institutions maintains on its website a consolidated list of all names listed under both the Regulations and the *Criminal Code.*

3. *Special Economic Measures Act*

Absent a UN Security Council resolution, Canada may impose sanctions in accordance with the *Special Economic Measures Act,* S.C. 1992, c.17:

(1) "for the purpose of implementing a decision, resolution or recommendation of an international organization or association of States, of which Canada is a member, that calls on its members to take economic measures against a foreign State"; or

(2) "where the Governor in Council is of the opinion that a grave breach of international peace and security has occurred that has resulted or is likely to result in a serious international crisis."

On December 13, 2007, the Special Economic Measures (Burma) Regulations came into force in order to respond to the gravity of the situation in Burma. Subject to certain exceptions, the measures implemented by the Regulations include a ban on all goods exported from Canada to Burma; a ban on all goods imported from Burma into Canada; a freeze on the assets in Canada of any designated Burmese nationals connected with the Burmese state; a prohibition on the export of any technical data to Burma; a ban on new investment in Burma by Canadian persons and companies; a prohibition on the provision of Canadian financial services to and from Burma; a prohibition on Canadian registered ships or aircraft from docking or landing in Burma; and a prohibition on Burmese registered ships or aircraft from docking or landing in Canada and passing through Canada.

4. *Export and Import Permits Act*

Canada may also impose economic sanctions by using the *Export and Import Permits Act,* R.S.C. 1985, c. E-19. Permits are required for all goods exported to countries on the Area Control List, for the export of goods on the Export Control List and for the import of goods on the Import Control List. Foreign policy considerations may factor into the Minister's decisions respecting permit applications.

For example, on December 14, 2006, Belarus was added to Area Control List in light of the deteriorating human rights situation there following the presidential election in March 2006, which was deemed by international observers to be severely flawed. Burma (Myanmar) is also on the Area Control List.

INTERNATIONAL ECONOMIC LAW

World Trade Organization (WTO) — Internal versus Border Charges

In submissions to a WTO Panel dated 13 March 2007 and 22 June 2007, the Government of Canada wrote:

The Measures Impose Internal Charges on Internal Trade in China

If a measure does not relate to the process of importation, it is an internal measure. This distinction has been recognized by the Appellate Body:

> [T]he intention of the drafters of the [GATT] was clearly to treat the imported products in the same way as the like domestic products once they had been cleared through customs. Otherwise indirect protection could be given [*Italy – Agricultural Machinery,* Report of the GATT Panel, at para. 11, cited with approval in *Japan – Alcoholic Beverages II,* Report of the Appellate Body, at p. 16].

The text of Article II:2 (a) recognizes that some internal charges may be applied at the border on imported goods, but only if a similar charge is imposed on domestic products in accordance with Article III:2. In other words, the internal charges must apply equally to domestic products.

The contrast between non-discriminatory internal charges applied to both domestic and imported products and border charges designed only to apply to imported products is also evident in the level of flexibility provided to Members in varying those charges and duties. Internal charges need not be specified by WTO Members and, subject to the general restrictions in GATT Article III and elsewhere, can be increased at will. In contrast, all border charges, both "ordinary customs duties" and "other duties and charges," must be recorded in a Member's Schedule against the tariff item to which they apply. A Member may not increase border charges beyond those recorded levels.

A charge is internal when it is imposed on activities occurring within the territory of a Member in relation to normal internal trade of a product. A Member's policy reason for imposing internal charges is irrelevant. What is significant in determining whether a charge is an internal charge or a border charge is whether the charge is imposed "at the time or point of importation or whether it is collected internally" [*EEC – Parts and Components,* Report of the GATT Panel, at para. 5.6].

The notion that imported products may be deemed by Members — at their discretion — not to have entered their internal commerce, was rejected by the panel in *EEC – Parts and Components.* If such discretion were permitted,

> contracting parties could determine themselves which of [Article II or Article III:2] would apply to their charges. They could in particular impose charges on products after their importation simply by assigning the collection of these charges to their customs administration

> and allocating the revenue generated to their customs revenue. With such an interpretation the basic objective underlying Articles II and III, namely that discrimination against products from other contracting parties should only take the form of ordinary customs duties imposed on or in connection with importation and not the form of internal taxes, could not be achieved.

That is, Members cannot circumvent their national treatment obligations merely by "deeming" an internal measure to be a border measure.

The Measures impose charges and administrative requirements on imported auto parts based not on the state of the product upon presentation at the border, but upon the use of those imported parts in vehicle manufacturing that takes place after importation. For auto parts manufacturers using imported parts, the bound tariff rate for parts (usually 10%) is paid at the border. If that imported auto part is then used in manufacturing a vehicle of which imported content exceeds the value or quantity thresholds set out in the Measures, then an additional internal charge (usually an additional 15%) is assessed on the value of the imported auto part. The brake cylinders example illustrates that the Measures apply to auto parts only once they are in free circulation in the internal Chinese automotive market, and are based entirely on their use after importation.

China attempts to move the border inwards by deeming imported parts to be "bonded" while they are being used in manufacturing. This ignores reality, since auto parts are not in fact being treated as in bond after importation. Instead, the parts are being sold between companies in China. They are being used in the manufacturing process, and incorporated into any number of parts, Assemblies and vehicles in keeping with the industry's "just-in-time" requirements for production. Under these circumstances, there is no supervision of the parts by Customs, no bonding in the sense understood by any other WTO Member, or even by Chinese law. Imported parts are, therefore, in free circulation within China once they have passed the border.

The Measures apply charges and administrative requirements based upon use in China after products have been presented at the border for importation, and after they have entered into commerce in China. As such, the Measures are properly characterized as internal measures subject to the disciplines of Article III.

China Ignores the Principle of Non-Discrimination in International Trade

Canada first considers it important to set the Measures within the broader context of China's WTO commitments. China has gone to considerable lengths to argue that it cannot realize benefits negotiated as part of its Schedule. It has done this entirely within the context of GATT Article II, read selectively in the light of work of the World Customs Organization (WCO). It has ignored completely how Article II is situated within the GATT 1994.

A key element of treaty interpretation is consideration of the object and purpose of the treaty. In the case of the GATT 1994, a clear expression of that object and purpose is the principle of non-discrimination that informs GATT Articles I, II and III. However, China has failed completely to reconcile its manipulation of negotiated tariff concessions not only with the text of Articles II and III, but also with the very object and purpose of the Schedule understood in the context set by the sum of GATT's non-discrimination provisions.

Consider the harm that China alleges is done to its negotiated concessions, namely that it cannot realize the benefit of a 25% whole-vehicle tariff because of extensive trade in auto parts. It agreed to a rate for auto parts, and a rate for finished vehicles. There has been growth in vehicle production within China and a concomitant growth in imported parts. The parts trade involves the purchase of many different types of parts along with complex and often long-term supply chains. Canada does not dispute that these supply chains may involve parts and vehicle manufacturers with strong commercial relationships. But that is determinative of nothing; all major parts manufacturers have many strong, distinct commercial relationships with separate and independent vehicle manufacturers.

China has returned repeatedly to the flexibility that it says it must have to interpret its Schedule, invoking a remarkable interpretation of the flexibility provided by GIR 2(a). However, Canada stresses that, in the context of WTO obligations, the various disciplines expressed in the General Interpretative Rules and Explanatory Notes of the WCO exist to provide parts and vehicle manufacturers, among others, with clarity and certainty in respect of negotiated tariff concessions. And those concessions are set down in detail, along with any conditions on their application, to limit the application of border charges *to the border*. That does not mean, and Canada has not represented, that ordinary customs duties cannot be applied after physical importation so long as they are based on the product as presented at the border. However, if an ordinary customs duty can be manipulated *after* physical importation based on characteristics after first presentation to customs officials, then tariff classification is rendered meaningless.

In its First Written Submission, and then at great length in response to questions from the Panel, China attempted to draw bright lines between Articles II and III so as to allow it to discriminate at its discretion. However, GATT Article II cannot be read in isolation. It forms part of the universe of non-discrimination provisions that support the very legal and commercial certainty that the Measures undermine. Certainly, charges imposed under Article II may, by their nature, affect the competitive relationship of an appropriately classified imported product with its domestic equivalent. Yet this competitive effect is circumscribed both by the tariff lines themselves and by the permissible charges identified in respect of those lines, as well as by the requirement that Members not impose competitive disadvantages once the products have passed the border.

The Appellate Body and GATT *acquis* have made abundantly clear that Article III exists to prevent discrimination against imported products, by protecting expectations of an equal competitive relationship between imported and domestic products. The protection afforded by Article III does not work simply in respect of products once in the internal market, but also in respect of establishing the very point at which national treatment must apply. That point *must* be when a product is physically presented at the border. Otherwise, how can the objective of Article III be realized when the very scope of the tariff concessions is uncertain, and the border itself can be set as a Member sees fit so as to deny national treatment?

In effect, the Measures serve to redefine likeness, by shrinking the notion of the "imported" product and replacing it with an expansive concept of importation. Tariff classification would appear to become the single most important factor in determining whether a product is "like" another, since customs officials can determine, at any number of points following physical importation, how that product could be classified.

China says that, at least for auto parts, it need not look to the physical state of products as they arrive at the border. Instead, China suggests that, by requiring the posting of a financial security and by imposing various administrative requirements, it may effectively defer the point to look to in assessing ordinary customs duties to that when imported parts are processed in China into a completed vehicle. This ignores the ordinary meaning of an "ordinary customs duty" and proper classification practice; indeed, it ignores what a tariff *can* reasonably be.

While China insists on a continual retreat behind its charge that it is merely "enforcing" undisputed tariff lines, the heart of this dispute remains the limited extent to which ordinary customs duties imposed in accordance with Article II:1(b) may impinge on the broad protection against discrimination provided by GATT Article III, and China's failure to provide that protection.

WTO — Article 2.4.2 of the Anti-Dumping Agreement and "Zeroing" under the Transaction-to-Transaction Methodology

In submissions to the WTO Appellate Body dated 24 May 2006, the Government of Canada wrote:

The original panel and the Appellate Body in the underlying proceeding considered the U.S. practice of zeroing in the final determination using a weighted-average-to-weighted-average (WA-WA) methodology. The original panel found, and the Appellate Body confirmed, that the use of zeroing was inconsistent with U.S. obligations under Article 2.4.2 of the *Agreement on Implementation of Article VI of the General Agreement on Tariffs and Trade 1994* (*ADA*).

In purporting to implement the recommendations and rulings of the Dispute Settlement Body (DSB), the United States commenced a "section 129" proceeding. In this proceeding ostensibly aimed at bringing the United States into compliance with its WTO obligations, the U.S. Department of Commerce (USDOC) switched from a WA-WA methodology, to a transaction-to-transaction (T-T) methodology. In doing so, the USDOC continued to "zero" in calculating "margins of dumping" in its section 129 determination. Thus, the United States again applied the practice of zeroing that has been found illegal on numerous occasions by the Appellate Body. For this reason, Canada challenged the section 129 determination as not bringing the United States into compliance with its obligations under the *ADA*.

The Article 21.5 Panel (Panel) found that the USDOC could treat negative transaction-specific results as if they were zero (*i.e.*, that the USDOC was not required to fully take into account non-dumped transactions) in calculating "margins of dumping" under the T-T methodology. Thus, where the original panel and the Appellate Body once found that the United States may not disregard or ignore negative intermediate comparison results under Article 2.4.2, the Panel found that it may. In addition, the Panel found that the USDOC's use of zeroing in the section 129 determination did not result in an unfair comparison within the meaning of Article 2.4 of the *ADA*.

How did the Panel arrive at this counter-intuitive result? It did so by proceeding on the basis that past reasoning and interpretations of the Appellate Body did not apply to the case before it and by developing its own improper interpretation of Article 2.4.2 of the *ADA*. Specifically, the Panel interpreted the text of the first sentence of Article 2.4.2 as somehow not addressing the issue of whether zeroing is permitted under the T-T methodology. The Panel incorrectly found that the term "margins of dumping" in Article VI of the *General Agreement on Tariffs and Trade 1994* (*GATT 1994*) refers to a "price difference" that allows an investigating authority to include only positive intermediate comparison results in calculating a "margin of dumping" under the T-T methodology. The Panel also improperly found the term "product" in Article VI of the *GATT 1994* does not refer to the "product as a whole." The Panel thus concluded that a different rule applies to the use of zeroing in investigations depending on which calculation methodology — set out in the same sentence in the same provision — an investigating authority chooses to use. Even the dissenting member of the original panel recognized that such a result would not make sense.

The Panel's interpretation of Article 2.4.2 is incorrect. Consistent with Article VI of the *GATT 1994* and Article 2.1 of the *ADA,* Article 2.4.2 requires investigating authorities to establish "margins of dumping" for the product under investigation *as a whole.* An investigating authority does not treat the product as a whole when it treats intermediate values (*i.e.,* non-dumped results) as a false "zero" when it aggregates those values or results in arriving at a margin of dumping. Zeroing has this consequence whether the comparisons in question are at the sub-group level, under the WA-WA methodology, or at the transaction-specific level, under the T-T methodology. The correct interpretation of Article 2.4.2 has been confirmed by the Appellate Body in a number of cases; the reasoning of the Appellate Body in those various reports applies with equal force to the T-T methodology.

In addition, the Panel's interpretation of Article 2.4 is incorrect. Article 2.4 requires a "fair comparison." Such a comparison is one that takes into account the full difference between each comparison made under the T-T methodology. This provision therefore also prohibits the United States from zeroing under the T-T methodology.

Article 2.4.2 of the ADA Prohibits Zeroing under the T-T Methodology

Article 2.4.2, first sentence, sets out two calculation methodologies for establishing "margins of dumping" in anti-dumping investigations. It provides, in part, that:

> the existence of margins of dumping during the investigation phase shall normally be established on the basis of a comparison of a weighted average normal value with a weighted average of prices of all comparable export transactions or by a comparison of normal value and export prices on a transaction-to-transaction basis.

A correct understanding of the obligations in this sentence flows from the proper interpretation of the terms "margins of dumping" and "dumping." Canada demonstrates below that the calculation of a "margin of dumping" within the meaning of Article 2.4.2 must be done for the "product as a whole" and this means that an investigating authority must take account of all intermediate comparison results regardless of whether they are positive or negative in any aggregation leading to a final margin of dumping.

A "margin of dumping" must be calculated for the "product as a whole." This requirement is based on the correct interpretation of the term "margin of dumping" itself and the definition of the term "dumping" set out in Article 2.1 of the *ADA*. In *US – Softwood Lumber V* and *US – Zeroing,* the Appellate Body found that Article VI:1 of the *GATT 1994* and Article 2.1 of the *ADA* define the term "dumping" for the purpose of the *ADA*. According to the Appellate Body, Article VI:1 provides that "dumping" occurs when:

> *products* of one country are introduced into the commerce of another country at less than the normal value of the *products.*

Similarly, Article 2.1, which applies to the whole of the *ADA,* defines "dumping" in relation to a "product" providing that:

> [A] *product* is to be considered as being dumped ... if the export price of the *product* exported from one country to another is less than the comparable price, in the ordinary course of trade, for the like product when destined for consumption in the exporting country.

The Appellate Body has found in *US – Softwood Lumber V* and *US – Zeroing* that Article VI:1 and Article 2.1 use the term "product" to refer to the product under investigation or the product "as a whole." According to the Appellate Body, Articles 6.10 and 9.2 of the *ADA* also provide additional context confirming that the term "product" refers to the entire product under investigation. Article 6.10 provides that investigating authorities should determine a "margin of dumping" for the "product under investigation." Article 9.2 also refers to the imposition on a "product" of an anti-dumping duty "on imports of such product from all sources found to be dumped and causing injury." As a consequence, "'dumping' is defined in relation to a product as a whole."

The Panel's Incorrect Interpretation of Article 2.4.2

The Panel's interpretation of Article 2.4.2 is incorrect because it found that this provision permitted the USDOC's treatment of all negative intermediate comparison results as "zero" when the USDOC aggregated those intermediate results to arrive at "margins of dumping" for the product as a whole. To the contrary, as Canada has demonstrated, Article 2.4.2 does not allow the USDOC to manipulate intermediate comparison results in this way. Article 2.4.2, interpreted correctly, prohibits zeroing under the T-T methodology just as it prohibits zeroing under the WA-WA methodology.

Four key conclusions of the Panel highlight its flawed interpretation:

- first, the Panel found that the term "margin of dumping," read in the context of the *GATT 1994* Articles VI:1 and VI:2, refers to a "price difference" and that this may be interpreted to allow investigating authorities to not give full effect to non-dumped transaction-specific comparison results;

- second, the Panel improperly interprets "product" as not referring to "product as a whole";
- third, the Panel incorrectly concluded that the Appellate Body's reasoning in *US – Softwood Lumber V* does not apply to the proper interpretation of the T-T methodology; and
- finally, the Panel's reliance on the so-called "broader contextual considerations" it identified is misplaced.

Canada addresses each of these conclusions in turn below and demonstrates how each does not withstand scrutiny.

In addition, the Panel's interpretation makes no sense because it would permit zeroing in original investigations under one methodology while at the same time, using the same words in the same sentence of Article 2.4.2, prohibiting zeroing under the other methodology.

The Panel's Incorrect Interpretation of "Margins of Dumping"

The Panel's most important and erroneous conclusion is its view that outside of the WA-WA methodology, a margin of dumping need not "be established for 'the product as a whole,' on the basis of the full results of all comparisons." This erroneous interpretation flows from the Panel's view that Article VI:2 defines "margin of dumping" as the "price difference" and that this phrase could be interpreted to refer only to "the amount by which the export prices is less than normal value" or the amount of "dumping" on a transaction-specific basis (*i.e*,. dumped transactions-specific comparisons). On this basis, the Panel found that an investigating authority may ignore "non-dumped" transaction-specific comparison results when it aggregates intermediate comparison results to arrive at the margin of dumping for the product as a whole. The Panel therefore found that Article 2.4.2 permits the zeroing of non-dumped transaction-specific comparisons under the T-T methodology. The Panel's views in this regard are wrong and should be reversed.

First, as the Appellate Body has confirmed, the term "margins of dumping" (and "dumping") require an investigating authority to take into account the full value of all intermediate comparison results, be they positive or negative, so that the calculation of the final margin of dumping fully reflects the "product as a whole." An investigating authority is not precluded from undertaking intermediate comparisons and calculations to arrive at such a margin, but these intermediate results are not to be considered "margins of dumping" for the purpose of the *ADA*. Accordingly, where an investigating authority does not fully take into account some intermediate results by assigning them a value of "zero," then that investigating authority fails to properly calculate a margin of dumping under Article 2.4.2. Therefore, the Panel is incorrect when it states that "an investigating authority need not include in its calculations the results of comparisons where export price exceeds normal value" under the T-T methodology. This conclusion ignores previous Appellate Body interpretations of the term "margins of dumping" and of GATT Articles VI:1 and VI:2, as well as Article 2.1 of the *ADA*.

The Panel's conclusion ignores the Appellate Body's interpretation of Articles VI:1 and VI:2 of the *GATT 1994* that resulted in the opposite conclusion, *i.e.*, that the definitions of "dumping" and "margins of dumping" prohibit zeroing. The Panel avoided the Appellate Body's interpretation of these provisions by finding that it was made "in light of" the phrase "all comparable export transactions" and should be restricted to the WA-WA methodology for this reason alone. The Panel's assertion that the phrase "all comparable export transactions" affected the Appellate Body's interpretation of "dumping" and "margins of dumping" in these provisions is not consistent with a correct reading of *US – Softwood Lumber V.* The Panel's incorrect rejection of the reasoning of the Appellate Body on the basis of the phrase "all comparable export transactions" is discussed in greater detail below.

As a result of developing this incorrect understanding, the Panel rejected Canada's submission that the term "margins of dumping" could not have different meanings for each of the two calculation methodologies to which it applies because that term appears unmodified in the sentence in question. In doing so, the Panel rejected this argument on the basis that these two calculation methodologies are separated with a disjunctive "or." On this point as well, the Panel's analysis is incorrect; it ignores the grammatical construction of the first sentence of Article 2.4.2.

Article 2.4.2 provides that "margins of dumping" should normally be calculated through either of the WA-WA *or* T-T methodologies (*i.e.,* A should be "established" through B "or" C). This "or" only separates the two methodologies and makes clear that investigating authorities can choose between them in a particular investigation. What the "or" does not do is provide a basis for concluding that the term "margins of dumping" has two different meanings in this sentence. It could have different meanings if the sentence were organized differently, such that it made clear that the "margins of dumping" under the T-T methodology was different than the "margins of dumping" calculated under the WA-WA methodology, *i.e.,* the sentence provided that A should be "established" through B and a different A should be "established" through C. The first sentence of Article 2.4.2 is simply not written in this way.

Third, when the Panel relies on the fact that Article 2.4.2 does not explicitly prohibit zeroing, it again has its analysis backwards. The Appellate Body has already found that Article 2.4.2 contains no express language that permits the use of zeroing in the calculation of "margins of dumping."

The Panel's Erroneous Conclusions Regarding the Applicability of the Appellate Body's Reasoning in US – Softwood Lumber V

The Panel found that the reasoning of the Appellate Body in the original proceeding was not applicable to the case at hand in large part because of the Panel's view of the importance of the phrase "all comparable export transactions" to the Appellate Body's interpretation of "margins of dumping." More specifically, the Panel rejected Canada's argument that the phrase "all comparable export transactions" was not central to the Appellate Body's reasoning because it found that the Appellate Body "explicitly emphasize[d] that because both terms occur in the same sentence they should be interpreted in an integrated manner."

As elsewhere in its analysis, the Panel ignored three important points in reaching this conclusion. First, the sentence the Panel relied on was set out in the introduction to the Appellate Body's analysis of Article 2.4.2 in *US – Softwood Lumber V*, not in the actual analysis itself. Second, the Appellate Body's subsequent statement that the actual disagreement between Canada and the United States related not to the phrase "all comparable export transactions" but to differing interpretations of the terms "dumping" and "margins of dumping." The Appellate Body thus based its analysis on the definitions of "dumping" and "margins of dumping" and not, as the Panel insisted, on the phrase "all comparable export transactions." Finally, the Panel failed to point to any reasoning in the Appellate Body report suggesting that the phrase "all comparable export transactions" modified the Appellate Body's interpretation of "margins of dumping."

The Panel's Interpretation of Article 2.4.2 Makes No Sense

As the Appellate Body has repeatedly emphasized, the use of zeroing inflates "margins of dumping" because it requires that some export prices be treated as if they were less than what they actually are (*i.e.*, in transactions where the normal value is greater than the export price). The Appellate Body also has found that the use of zeroing introduces an "inherent bias" that "may distort not only the magnitude of a dumping margin, but also a finding of the very existence of dumping" [*US – Corrosion-Resistant Steel Sunset Review* at para. 135].

Although the Panel recognized that zeroing would increase "margins of dumping" under the T-T methodology, it failed to address the concerns that the Appellate Body expressed regarding the "inherent bias" and the distortion that results from the use of zeroing. Instead, the Panel concluded that: "T-T *with* zeroing (resulting in higher margins) is not inconsistent with Article 2.4.2." The Panel's conclusion that "higher" or inflated margins of dumping are acceptable ignores the Appellate Body's numerous admonitions regarding the bias inherent in the use of zeroing.

An interpretation of Article 2.4.2 that prohibits zeroing in one of the normal calculation methodologies, but permits it under the other would lead to absurd results in anti-dumping investigations. The Panel's conclusion that zeroing is prohibited under the WA-WA methodology, but permitted under the T-T methodology, would mean that the choice of a calculation methodology could be determinative as to whether dumping exists and could create substantial differences in the size of "margins of dumping."

The panel majority and the dissenting panellist in the original proceedings both recognized the problem of applying a different rule to zeroing for the two "normal" calculation methodologies in that same sentence. The panel majority recognized that the issue was not before it but suggested nevertheless that: "the use of zeroing when determining a margin of dumping based on the transaction-to-transaction methodology would not be in conformity with Article 2.4.2 of the *AD Agreement*." In a slightly different way, the dissenting panellist in the original panel also came to the view that the same rule regarding "zeroing" should apply to both calculation methodologies set out in the same first sentence of Article 2.4.2. Even the United States has agreed in the original proceedings arguing that "there is no basis for finding a different rule applicable to the two principal methodologies under Article 2.4.2."

This Panel came to exactly the opposite conclusion and did so because of its incorrect interpretation of Article 2.4.2.

WTO — Whether Government-Provided Infrastructure Is "General Infrastructure" under the SCM Agreement

In a submission to a WTO Panel dated 7 May 2007, the Government of Canada wrote:

The United States claims that a variety of infrastructure projects in France, Germany and the United Kingdom are subsidies as defined by Article 1 of the SCM Agreement, but fails to first establish that they are not general infrastructure excluded from the scope of the SCM Agreement by Article 1.1(a)(1)(iii). Canada takes this opportunity to elaborate on the proper approach to establishing whether government-provided infrastructure is "general infrastructure" or "other than general infrastructure."

A. The Scope of the General Infrastructure Exclusion

Article 1.1 of the SCM Agreement provides in relevant part as follows:

> For the purpose of this Agreement, a subsidy shall be deemed to exist if:
>
> (a) (1) there is a financial contribution by a government or any public body within the territory of a Member (referred to in this Agreement as "government"), i.e., where:
>
> ...
>
> (iii) a government provides goods or services *other than general* infrastructure, or purchases goods;
>
> and
>
> (b) a benefit is thereby conferred [emphasis added].

The Appellate Body has ascribed an expansive meaning to the word goods in Article 1.1(a)(1)(iii) of the SCM Agreement, noting that: "In the context of Article 1.1(a)(1)(iii), all goods that might be used by an enterprise to its benefit — *including even goods that might be considered infrastructure* — are to be considered 'goods' within the meaning of the provision, *unless they are infrastructure of a general nature*" [*United States – Final Countervailing Duty Determination with respect to Certain Softwood Lumber from Canada*, Report of the Appellate Body, Doc. WT/DS257/AB/R, adopted 17 February 2004, para. 60 [emphasis added]].

On this basis, if infrastructure is general, it is excluded from the SCM Agreement. If infrastructure is other than general infrastructure it may be either a good or a service that constitutes a financial contribution subject to the disciplines of the SCM Agreement.

However, the SCM Agreement and WTO jurisprudence offer little guidance on the meanings of "general" versus non-general infrastructure, or the considerations relevant to the determination of whether government-provided infrastructure is of a "general" or non-general nature.

The U.S. claims relative to infrastructure therefore provide this Panel with an opportunity to clarify the analysis required. Unfortunately, at least in its first submission, the United States has provided no guidance in this regard. Instead, it appears to rely on its specificity analysis and related evidence to substantiate bare assertions that the infrastructures in question are "other than general."

The EC's first submission takes a more thorough approach to interpreting "general infrastructure" and its exclusion from the scope of the SCM Agreement. However, the EC submission is too quick to follow the approach of the U.S. submission in proceeding immediately to address specificity under Article 2 of the SCM Agreement without recognizing that the general infrastructure exclusion under Article 1 requires a prior, independent analysis of its own. Canada therefore sets out the proper analysis of the general infrastructure exclusion in Article 1 including how the infrastructure analysis should be distinguished from the specificity analysis.

According to the rules of interpretation set out in Article 31 of the *Vienna Convention on the Law of Treaties,* the meaning of a term is to be determined by reference to its ordinary meaning, read in light of its context, and the object and purpose of the treaty. Canada agrees with the EC that the term "infrastructure" denotes "basic goods and services in a society that underpin its economic performance." In this dispute, there is no disagreement that the public works at issue qualify as infrastructure.

The disagreement between the Parties centres on the term "general." The word "general" has a number of ordinary meanings, the most relevant of which is "*not specifically limited in application;* relating to a whole class of objects, cases, occasions, etc" [*Shorter Oxford English Dictionary,* 5th ed. (Oxford: Oxford University Press, 2002) at 1081-82 [emphasis added]].

The phrase "not specifically limited in application" as distinguished from the broader phrase "not limited in application" helps convey the concept that, for something to be transformed from "general" to non-general or restricted application, the limitation must be clearly specified. This understanding of "general" is confirmed by the negotiating history of the exclusion identified in the EC submission. In particular, the roots of the general infrastructure exclusion in proposals by the Canadian Chief Negotiator in 1988 that basic infrastructure available "for general public use" be excluded from the SCM Agreement's disciplines. This history is instructive in confirming that infrastructure is general if it is available for use by the public at large.

Applying this definition, we can say that where a government provides infrastructure and does not specifically limit its availability to the public, there is no financial contribution for the purposes of the SCM Agreement.

The context of the term "general infrastructure" within the SCM Agreement supports a broad interpretation which presumes that government — provided infrastructure is general unless a government specifically limits its use so that it is not available to the general public.

First, the term is in Article 1. It is the only exclusion in the SCM Agreement where the legal analysis regarding the SCM Agreement's application to a government measure (*i.e.,* the provision of infrastructure) can be completed without any consideration of whether the measure confers a benefit.

Second, the fact that the drafters only referenced infrastructure in the context of an exclusion for general infrastructure indicates that their primary purpose was to ensure that general infrastructure was excluded, rather than ensuring that certain infrastructure was included.

Finally, the object and purpose of the broader provision supports a presumption that government-provided infrastructure is general unless its availability is specifically limited. As the panel in *United States – Export Restraints* found, the Article 1 subsidy definition "was drafted with the express purpose of ensuring that not every government intervention in the market would fall within the coverage of the Agreement." Article 1.1(a)(1)(iii) should be interpreted so as not to undermine that purpose by unduly broadening the scope of the Agreement.

B. The Distinction to Be Made between the Concept of Non-General as It Pertains to Infrastructure, and the Concept of Specificity as It Pertains to Subsidies

By virtue of Article 1.2 of the SCM Agreement, a "subsidy" as defined in Article 1 of the Agreement — including subsidies arising from financial contributions described in Article 1.1(a)(1)(iii) — is only subject to the provisions of Part II, or Part III or V, if the subsidy is "specific" in accordance with the provisions of Article 2 of the Agreement. Because "subsidy" and "specificity" determinations constitute discrete and sequential findings under the SCM Agreement, it follows that a finding under Article 1.1(a)(1)(iii) that government-provided infrastructure is not general, cannot be equated with a finding under Article 2.1 of the Agreement that a resulting subsidy is specific, as this would introduce an element of redundancy to the analysis.

Therefore, the test for *de facto* specificity in Article 2.1(c) of the SCM Agreement is not the relevant test in an analysis under Article 1.1(a)(i)(iii). The fact that certain infrastructure is used predominantly by certain enterprises, or that certain enterprises derive a disproportionate benefit from it does not establish the non-general nature of the infrastructure at issue if government has not excluded the general public from this same infrastructure.

The *de facto* specificity test, if applied to government-provided infrastructure available to the public, would give rise to systemic inequities. A determination that government-provided infrastructure should be considered other than general on the basis of predominant use by certain enterprises or their derivation of a disproportionate benefit from such usage would disadvantage those Members whose lack of national or regional economic diversification results in predominant use of government-provided infrastructure by certain enterprises.

C. The Appropriate Treatment of Improvements to General Infrastructure under the SCM Agreement When the Improvements Are of Particular Benefit to Certain Users

Nothing in the SCM Agreement indicates that improvements to general infrastructure that benefit a limited number of users should change the status of that infrastructure so long as it remains generally available to the public. The public reasonably expects that a government will maintain general infrastructure in the public interest, for instance to permit the supply of production and the distribution of goods to market. Moreover, to the extent infrastructure is general, improvements to it that initially benefit a single or limited number of users frequently end up benefiting new economic actors and activities that may not have been foreseen when the improvements were made.

The United States has alleged that certain improvements to the road network in France "related to the AéroConstellation industrial site," constitute "the provision of goods or services other than general infrastructure" within the meaning of Article 1.1(a)(1)(iii). However, the United States has identified no limitation on the use of these roads by the general public as a result of the improvements.

The extended runway in Bremen would appear to raise different considerations. The United States has alleged that the extended portion of the runway is restricted by regulation for the exclusive use of Airbus while the original portion is not. In Canada's view, specific restrictions on the use of a distinguishable element of infrastructure to certain enterprises could, in appropriate circumstances, justify separate consideration of that element, whether or not it is attached or otherwise connected to general infrastructure.

D. Temporary Limitations on the Use of General Infrastructure

Temporary limitations on the use of infrastructure to certain users do not necessarily deprive that infrastructure of its general nature if there is a reasonable expectation that general use will resume in the foreseeable future (e.g., an exclusive use agreement for a period before public use is practicable or covering a particular season when public use is not practicable). A temporary right of exclusive use may, however, require independent consideration to determine if that conferral of an exclusive right itself constitutes provision of a good (or service).

E. Propositions Relevant to the Analysis of Alleged Infrastructure Subsidies

For the foregoing reasons, the Panel should adopt an approach to its analysis of the infrastructure claims advanced by the United States consistent with, *inter alia,* the following propositions:

a. Government-provided infrastructure should be presumed to be general infrastructure unless the evidence demonstrates that a government has limited its use exclusively to certain users;

b. Government-provided infrastructure that a government has reserved for exclusive use by certain users, is not "general" for the purpose of Article 1.1 (a) (1) (iii) of the SCM Agreement;
c. The fact that certain enterprises are significant or predominant users of government-provided infrastructure does not establish that such infrastructure is not "general" for the purposes of Article 1.1 (a) (1) (iii) of the SCM Agreement;
d. Government-provided infrastructure which is limited to certain enterprises may still qualify as "general" for the purpose of Article 1.1 (a) (1) (iii) if the limitations on its use are temporary and where general use is likely to resume in the foreseeable future.

WTO — Compliance with Rulings and Recommendations of Dispute Settlement Body as Pre-Condition to Overturning Existing Authorization to Retaliate

In an oral submission to a WTO Panel on 2-3 October 2006, the Government of Canada argued:

Let us recall that after it was found in violation of international law, the EC refused to bring itself into compliance with its WTO obligations. What did the complaining parties do? They sought multilateral authorization, from the DSB, to impose retaliatory measures. Arbitration under the *DSU* set the amount of retaliation; the DSB duly granted authorization for the imposition of retaliatory measures; and Canada acted in accordance with that multilateral authorization. There is no allegation anywhere that Canada is acting inconsistently with that authorization. The claim is something else altogether. The EC argues that, on the sole basis of an assertion of compliance by the EC, Canada should forego its rights under the WTO and launch dispute settlement proceedings. And if the EC were to be found, yet again, in violation? Why, next year, the EC could make another unilateral assertion of compliance and, if its procedural arguments here were to prevail, force the parties into another dispute, and the year after that, and so on. Few things can be better calibrated to undermine confidence in WTO dispute settlement than the endless litigation loop into which the EC would propose to place complaining Members facing a defending Member that asserts newly found compliance with its WTO obligations.

The EC does not stop there. It alleges that Canada is in violation of Article 22.8 [of the DSU] because the retaliatory measures should have been terminated on the basis of a unilateral statement of compliance by the EC. And here is the logical sequence, and consequence, of the EC argument: a) there is a multilateral authorization by the DSB; b) there is a unilateral statement of compliance by the EC; and c) according to the EC, its unilateral assertion overrides the multilateral authorization of the DSB.

The EC is plainly wrong. Canada, having acted consistently with a DSB authorization, may not be found to be in violation of Article 22.8 [of the DSU] on the sole basis that the EC has asserted itself to be in compliance with the WTO Agreement.

Which brings us to the final point I wish to make on the *DSU* portion of this dispute: how does the EC end the retaliatory measures? Simple enough, Mr. Chairman and Members of the Panel: it brings — really brings — itself into compliance with its obligations, and if there is a disagreement as to compliance, it *establishes* such compliance to the satisfaction of a WTO panel and the DSB. As it seeks to overturn an existing DSB authorization, the EC has the burden of demonstrating its compliance with rulings and recommendations of the DSB.

INTERNATIONAL ENVIRONMENTAL LAW

Niagara River Diversion Treaty — Application to Irrigation

On 27 September 2006, the Legal Bureau wrote:

I. Summary

In our view, the general object and purpose of the BWT [Boundaries Waters Treaty] and Niagara Treaty would be consistent with a broad definition of "domestic" uses of water that would include irrigation. Moreover, the central purpose of the Niagara Treaty is to avoid a waste of water flowing over the falls beyond that needed to maintain its vista. Water utilized for a beneficial purpose above the falls should not be considered a "waste" of the resource nor is its water sufficiently distinctive of any other Upper Basin waters to justify restricting or prohibiting beneficial uses. The Treaty establishes the principle that diversions of water regardless of where they take place are of equal weight to allocations of water for hydro production at Niagara. Since no meaningful distinction may be made between Niagara River water and water found anywhere else in the Upper Basin, there is no object or purpose serving the treaty that would justify inferring that diversions of water for irrigation purposes in the Niagara Region are either prohibited or should be set against the existing allocations for hydro production that are provided.

II. Background

There are proposals for irrigation, apparently both for recreational golf courses and for vineyards in the Niagara Peninsula that would draw water from the Niagara River above the falls and/or from the Welland Canal above the DeCew Falls hydro-electric plant. There have been some concerns expressed generally and between governments that this may cut into the amount of water available for hydro-electricity production. It is certainly clear that irrigation represents a high consumptive use of water compared to other purposes, and the more efficient the use, the higher this will be.

For purposes of clarifying the facts it would be useful to know if, before the present controversy, there is a history of utilizing Welland or Niagara water above the Falls for purposes of irrigation in either Canada or the US. The region remains one of fairly intensive agricultural production and a precedent would constitute a "practice" of the Parties that would guide our interpretation of its provisions. Until so clarified, we will assume that this is the first use of these waters for irrigation purposes, at least since the 1909 BWT.

The supply of water for hydro-electric production at Niagara comes entirely from the Upper Lakes. Water levels and flows over the whole system and above Niagara Falls vary both for reasons both man-made (various consumptive uses) and natural (climate/seasonal variations). The 2002 IJC Report on the Protection of the Waters of the Great Lakes notes that consumptive use from the Great Lakes was approximately 4,270 cfs: Canada responsible for 33% and the US 67 %, although per capita use is roughly equal between the two countries. Of consumptive uses, the highest was irrigation (29% of the total). There are no figures of consumptive use as divided between the lakes above the falls and Lake Ontario below, but Tom McCauley from the IJC suggested a ball-park figure for consumptive use as a percentage of water flow at Niagara would be about 1.6%. Far greater is the impact of nature, the change of seasons, warm and cool spells, precipitation and drought that has recently resulted in a reduction of flow of some 15%.

III. Issues

On October 3, there is a meeting of the International Niagara Committee which measures water allocations for hydro-electricity production and ensures that they meet the 50/50 shares established by Treaty. For purposes of the meeting we have been asked to consider the following questions:

1. Are withdrawals for irrigation purposes in the areas of the Niagara Peninsula described above permitted under the Niagara Treaty given the absence of a specific reference in the Treaty to uses of water for irrigation purposes?
2. If such withdrawals for irrigation are allowed under the Treaty, do such withdrawals count against the equal share of water that Canada is entitled to under Article VI of the Niagara Treaty?

IV. Texts of the Two Treaties

Water allocations specific to the Niagara River were set out both in the 1909 BWT and subsequently in the 1950 Treaty Concerning the Diversion of the Niagara River ("the 1950 Niagara River Treaty").

Article V of the 1909 BWT provided a special regime for Niagara waters as follows. The first two paragraphs remain in force and have regulated the use of the falls from 1909 to the present:

> The High Contracting Parties agree that it is expedient to limit the diversion of waters from the Niagara River so that the level of Lake Erie and the flow of the stream shall not be appreciably affected. It is the desire of both parties to accomplish this object with the least possible injury to investments which have already been made in the construction of power plants on the United States side of the river under grants of authority from the State of New York, and on the Canadian side of the river under licenses authorized by the Dominion of Canada and the Province of Ontario.
>
> So long as this treaty shall remain in force, no diversion of the waters of the Niagara River above the Falls from the natural course and stream thereof shall be permitted except for the purposes and to the extent hereinafter provided.

The following three paragraphs were in force from 1909 till 1950:

> The United States may authorize and permit the diversion within the State of New York of the waters of said river above the Falls of Niagara, for power purposes, not exceeding in the aggregate a daily diversion at the rate of twenty thousand cubic feet of water per second.
>
> The United Kingdom, by the Dominion of Canada, or the Province of Ontario, may authorize and permit the diversion within the Province of Ontario of the waters of said river above the Falls of Niagara, for power purposes, not exceeding in the aggregate a daily diversion at a rate of thirty-six thousand cubic feet of water per second.
>
> The prohibitions of this article shall not apply to the diversion of water for sanitary or domestic purposes, or for the service of canals for the purposes of navigation.

The Niagara Treaty terminated the above three paragraphs and, in addition to other provisions, substituted a new regime in Articles III-VI for regulation of Niagara waters:

> III. The amount of water which shall be available for the purposes included in Articles IV and V of this treaty shall be the total outflow from Lake Erie to the Welland Canal and the Niagara River

(including the Black Rock Canal) less the amount of water used and necessary for domestic and sanitary purposes and for the service of canals for the purposes of navigation. Waters which are being diverted into the natural drainage of the Great Lakes System through the existing Long Lac-Ogoki works shall continue to be governed by the notes exchanged between the Government of Canada and the Government of the United States of America at Washington on October 14 and 31 and November 7, 1940, and shall not be included in the waters allocated under the provisions of this Treaty.

IV. In order to reserve sufficient amounts of water in the Niagara River for scenic purposes, no diversions of the water specified in Article III of this Treaty shall be made for power purposes which will reduce the flow over Niagara Falls to less than one hundred thousand cubic feet per second each day between the hours of eight a.m., E.S.T., and ten pm, E.S.T., during the period of each year beginning September 16 and ending October 31, both dates inclusive, or to less than fifty thousand cubic feet per second at any other time; the minimum rate of fifty thousand cubic feet per second to be increased when additional water is required for flushing ice above the Falls or through the rapids below the Falls. No diversions of the amounts of water, specified in this Article to flow over the Falls, shall be made for power purposes between the Falls and Lake Ontario.

V. All water specified in Article III of this Treaty in excess of the water reserved for scenic purposes in Article IV may be diverted for power purposes.

VI. The waters made available for power purposes by the provisions of this Treaty shall be divided equally between Canada and the United States of America.

V. Analysis of the two regimes

The BWT and Niagara treaty structured water use related to the Niagara River very differently.

In 1909, by Article V of the BWT the Parties explicitly apportioned the flow of Niagara water that could be used by each for electricity production, 36,000 cfs for Canada and 20,000 cfs for the US. No other diversions were allowed above the falls except for "sanitary or domestic purposes, or for the purpose of canals for the purposes of navigation."

The explanation for the Canadian advantage in shares is not apparent from the text of the treaty but may be ascribed both to the fact that significant power was then generated on the Canadian side by US-owned corporations and exported to the US. Also, there was taken into consideration compensation to Canada for the US Chicago diversion that reduced the amount of water that could go over the falls by some 3,000 cfs. Those two elements substantively explain the difference in Canadian and US allocations.

In 1950, the Niagara Treaty substituted a new structure. First, the use for the amount specifically reserved was changed from hydro-electricity production to a fixed amount to be maintained to preserve the vista of the falls. So too, the diversion was continued of an unspecified amount for "sanitary and domestic purposes" and for "navigation." The entirety of the remainder was available for hydro-electricity production on the basis of a 50/50 share between Canada and the US. The area covered by the Niagara Treaty was expanded to include the Welland Canal (where hydro-electricity was also produced at DeCew Falls). Finally, and this may have been a significant US gain from the negotiation, the Canadian advantage in terms of allocation for hydro was reduced. The amount apparently credited to Canada in 1909 by the US diversion of water from the Great Lakes (at Chicago) was not taken into consideration, though Canada retained full credit for water it diverted into the Great Lakes by the 1940 twin diversions into Lake Superior at Long Lac and Ogoki.

VI. Application of the Niagara Treaty to Irrigation:

How then can we apply the provisions of the Niagara Treaty to determine the status and consequences of irrigation in the Niagara Region?

The rules for the interpretation of any treaty are set out in the Vienna Convention of the Law of Treaties, Article 31 of which succinctly provides:

> A treaty shall be interpreted in good faith in accordance with the *ordinary* meaning to be given to the terms of the treaty in their *context* and in the light of its *meaning and purpose* [emphasis added].

As noted above, both Article V of the BWT and Article III of the Niagara Treaty allowed for diversions from the Niagara River above the falls for sanitary, domestic and navigation purposes. Now in 1909, the formulation was to allow for diversions "of water for sanitary or domestic purposes, or for the service of canals for the purpose of navigation." In 1950, the same substance was repeated but was described as an allowance for the amount of water used and necessary for these same purposes.

Neither the BWT nor the Niagara Treaty explicitly prohibits diversions in the Niagara River for irrigation. Nor do they provide a definition for "domestic" which is an expression capable of a meaning broader and more elastic than navigation and sanitation. The issue is then whether a proper interpretation of either Treaty would lead one to include irrigation as a "domestic" use or on the other than if one should instead infer that either a prohibition for irrigation purposes exists or if allowed, would have the consequence of altering the 50/50 share of Niagara waters for hydro production that currently exists.

Looking at what may constitute a "domestic" use, an argument in favour of excluding "irrigation" from "domestic" uses could start by relying upon the wording of Article VIII of the BWT which generally categorizes a priority of uses in those applications for approvals brought before the IJC. The order of precedence regrettably is cast in the passive voice but is directed to the IJC:

(1) uses for Domestic and sanitary purposes;
(2) uses for navigation, including the service of canals for the purposes of navigation;
(3) uses for power and for irrigation purposes.

As the allowed diversions in the BWT and Niagara Treaty respecting the Niagara River mention all the above but irrigation, it can be argued that by applying the maxim *expressio unius est exclusio alterius* diversions for irrigation are not intended to be allowed for that region. On the other hand, the *expressio unius* is one of the weakest canons of construction and as used here compares apples and oranges both as to the institution and the project since the purpose of Article VIII of the BWT is to provide guidance to the IJC for very large projects, whereas the Niagara provisions of the BWT or Niagara Treaty are applied to the care of governments for smaller projects not likely ever to be seen by the IJC since the Parties have agreed that the levels of Lake Erie and flows of the Niagara are not to be "appreciably affected" by diversions under either the BWT or Niagara Treaty and levels and flows are the conditions precedent for any project to be approved by the IJC.

If then by a canon of construction we do not exclude irrigation from domestic uses, it is reasonable nonetheless for us to do so by considering the ordinary meaning of "domestic" within the context and purpose of the BWT and Niagara Treaty, i.e. by applying the mantra of the Vienna Convention. It is difficult to do so since an ordinary definition of "domestic" uses that would exclude irrigation would similarly exclude many other typical uses of water. For example, a definition of "domestic" could be confined to uses for residential areas and homes (this is the gist of the "Oxford" definition). But such a limitation would exclude educational, commercial and industrial uses, all of which are exceedingly important to the Niagara economy.

Moreover, when you look to context and purpose, to prohibit diversions for irrigation or exclude it from a definition of "domestic" use fails to persuade because to do so is not consistent with the purposes that led the parties to conclude the 1950 Niagara Treaty nor do they make sense in the context of that Treaty and the BWT which continues to govern water uses generally in the Great Lakes.

In the Preamble to the 1950 Treaty, the persistent theme is to maximize beneficial use of the waters of the Niagara and also to avoid "waste" of the resource. Both Parties recognized:

- a common interest "in providing for the most beneficial use of the waters of that River";
- "considering that the water resources of the Niagara River may be more fully and efficiently used"; and
- "desiring to avoid a continuing waste of a great natural resource."

These preambular imperatives suggest that water is wasted not because it is put to a beneficial purpose above the falls but because it is not utilized at all and flows over the falls and is rendered surplus to hydro-electric generation capacity. Thus you determine waste by looking to the amount of water below the Falls and not above it.

But should the Niagara Treaty be interpreted to attempt to restrict or prohibit beneficial uses above the falls? We would argue against this interpretation because in terms of providing water at Niagara for hydro generation, it is irrelevant that a consumptive use of water for irrigation is drawn from the Niagara River or Welland Canal, compared to nearby Lake Erie, and, in terms of the BWT and Niagara Treaty, even compared to a consumptive use drawn from anywhere in the upper lakes. If a gallon of water per second diverted from the Niagara River above the falls is not different or more valuable than a gallon drawn each second anywhere else in the Upper Great Lakes, than there is no purpose relevant to the Niagara Treaty for a prohibition or restriction of diversions for irrigation where it is allowed everywhere else in the Upper Great Lakes basin under the BWT.

It is not beyond reason to argue that a gallon of water added or drawn from the Niagara has more consequence than a gallon found or lost elsewhere for purposes of hydro-electricity generation at Niagara. We know that a gallon of water situated at the mouth of the Niagara at Lake Erie most certainly will very shortly reach the falls and its entirety will be available for hydro-electric production. However, a gallon introduced elsewhere, for example, Lake Superior, may be exposed to such natural effects as evaporation, a portion of it may be drawn for consumptive uses along the way and in any event, there will be a considerable time lag before that notional gallon of water would reach the falls.

However, both countries have rejected this argument when they negotiated both the BWT and the Niagara Treaties. They did so by crediting or debiting as the case may be, 100% of the flow of diversions into and out of the Great Lakes as applied to the shares of water at Niagara Falls. When the BWT was negotiated, the Chicago diversion was debited against the US share at Niagara, even though the diversion occurs a great distance from the Niagara River. So too, the Long Lac and Ogoki diversions into Lake Superior, geographically nearly the greatest possible distance from any point within the Great Lakes to Niagara, resulted in a 100% credit for Canada at Niagara.

This was explicitly stated in the US Note that formed the 1940 Exchange of Notes respecting Ogoki/Long Lac:

> to assist in providing an adequate supply of power to meet Canadian defence needs and contingent upon the Province of Ontario's agreeing to provide immediately for diversions into the Great Lakes System of waters from the Albany River Basin [My note i.e. Long Lac and Ogoki] which normally flow into Hudson Bay, the Government of the United States will interpose no objection ... to the *immediate utilization* for power at Niagara Falls by the Province of Ontario of additional waters *equivalent in quantity* to the diversions into the Great Lakes Basin above referred to [emphasis added].

As noted above, the 1950 Niagara Treaty made no alteration to this diversion as concluded in 1940.

It is true that the BWT and Niagara Treaty did not credit or debit all diversions in terms of altering the apportionment of Niagara waters. For example, the Chicago diversion was included in 1909 but not in 1950. There are other diversions, all much smaller than Long Lac, Ogoki and Chicago that have never been considered in terms of Niagara hydro production. But the essence of the issue is that when diversions have been incorporated into both treaties, 100% of that diversion has been credited or debited; there has been no pro-rating the amount and volume of the diversion based on its distance from or proximity to Niagara.

Since the BWT and Niagara Treaty consistently credited or debited diversions into and out of the Upper Great Lakes Basin on a 1:1 ratio with water flow allocations at Niagara, regardless of where situated, it is not possible to infer a prohibition to divert water for irrigation in the Niagara River on the basis that its water was uniquely valuable compared to any other in the Upper Lakes. There is no object and purpose established under either treaty that would justify treating Niagara River water differently from water found elsewhere in the Upper Basin. Indeed, the Long Lac and Ogoki diversion provisions require an opposite conclusion.

VII. Conclusions

It is possible under the Niagara Treaty to divert Niagara River water for irrigation and that it is a "domestic use" in the Niagara provisions of either the BWT or Niagara treaty, thereby answering question 1.

Respecting question 2, there is also no basis under either treaty to measure such a diversion and subtract it from the share of that country in which the diversion takes place in response to question 2. Consumptive uses by either country of Niagara water or indeed any water in the Basin have not been measured and taken from their respective shares for hydro production. Only diversions and not consumptive uses have been used to alter shares and then only where they have been specifically enumerated in the Treaty. Therefore, any use of Niagara water for irrigation will not alter the share that Canada currently holds under the provisions of the Treaty.

International Boundary Waters Treaty Act — Amendments Proposed by Bill S-225

On 26 June 2007, the Legal Adviser wrote:

I also understand that there has already been considered the following which were more policy-based objections [to Bill S-225]:

- Loss of flexibility in the [regulations] to respond to unforeseen circumstances (the prudence argument).
- More generally, opening up the IBWTA will involve a debate on this very emotional issue, one that runs the risk of — at day's end — winding up with weaker legislation than we currently have. I say this since there seems to be a constituency that wants to see the words "bulk water export ban" reflected in legislation — something that would open us to a trade challenge (this is more a political judgment question than strictly legal/technical, but I think it is a real risk).

On the legal side, I can summarize my objections as follows:

- [T]he motivation of the Senator, to strengthen the prohibition on removal of boundary waters in bulk, is not significantly carried out by the proposed enactment.
- [I]nstead, the Bill will make it somewhat more difficult for the Government to carry out its obligations under the Boundary Waters Treaty related to levels and flows — the difficulties will be minor but do exist and are an apparently unintended effect of the Senator's Bill.

I now spell out these objections in more detail. From my perspective, the Bill makes two changes in law — the first is an attempt to clarify the bulk water ban by slightly recasting the prohibition and also by moving the definition of "removal of boundary waters in bulk" from regulation to the statute itself. Our argument or objection to this is that the legal impact of this provision is non-existent and therefore is tautological. This runs contrary to longstanding canons of construction that assumes all enactments are intended to be substantive. This rule is stated in *Hill v. William Hill* (*Park Lane Ltd.*): "Words should not be put into a statute unless they have a grammatical or substantive function." US courts have a very similar rule in its canon "The law neither does nor requires idle acts" (cited in *People to Save the Sheyenne River Inc. et al v. North Dakota Department of Health et al.*). Now the potential for mischief by Courts straining to provide additional meaning to the amended IBWTA is likely to be slight and my objection is more a matter of principle than a fear of a direct and foreseeable consequence.

Compared to the current law, the only actual change to the bulk water removal ban that I can find comes about by removing the ability to designate by regulation the various basins in which boundary waters are located and therefore having all boundary waters subjected to the ban wherever found. As a practical matter, the current statute and regulation applies to the vast majority of boundary waters and it is our argument that an attempt by regulation to exempt significant boundary waters would be *ultra vires*. I can only identify one body of water, Judson Lake in British Columbia, which arguably may be added to the waters to which the prohibition is applied. Judson Lake is a very small lake (measuring about a mile from north to south and about a quarter of a mile across) straddling the border on the Canadian side in the town of Abbotsford; its alleged contamination by lead shot from duck-hunters also makes it a poor candidate for bulk water removals.

The second purpose of the Bill is to subject the making of certain regulations to a prior tabling in Parliament with the option of Parliament blocking its adoption. These consist of any regulation that:

- specifies what constitutes a "use, obstruction diversion or work";
- defines any word or expression not otherwise defined by the Act; and
- specifies exceptions to the application of subsections 11(1) and 12(1).

The motivation expressed by Senator Carney is that the prior tabling of these regulations before Parliament would make it more difficult for regulators to water down the bulk water removal ban. However, none of these regulation-making powers that are made subject to parliamentary oversight can be used to alter the prohibition of the "removal boundary waters in bulk" since the phrase is now defined in the legislation and no regulation can alter it.

Instead, the amendment would actually impact how we carry out our obligations set out in Articles III and IV of the Boundary Waters Treaty of 1909. The principal purpose of the Treaty was to regulate levels and flows altered by the construction and maintenance of dams, canals, bridges, periodic dredging and other physical structures along the border. Articles III and IV ensure that attempts to alter the levels and flows of boundary and transboundary waters are made subject to either the approval of the International Joint Commission or by a special agreement concluded between Canada and the United States. In turn the 2002 amendments to the IBWTA created a licensing system to ensure that the IJC's approvals or the special agreements between Canada and the United States would be made enforceable in court (a nagging problem arising from the Court's decision in *Clifford Burnell v. the International Joint Commission,* a 1976 case where the Federal Court held that the IJC could not be sued — if the IJC cannot be sued, it also cannot sue and therefore cannot enforce the terms of its approvals to private entities.

The enactment of Senator Carney's Bill will only affect how we implement the Boundary Waters Treaty on the margins. To the extent that the language of the original statute and the Treaty itself are clear, there is no pressing need to pass regulations that can clarify its provisions in modern language. However, as the Department's expert on the Treaty, I have found both its language and consequently the original language of the IBWTA to be as often elegant than exact. An example of this that comes to mind, and which could be remedied by quick regulation, is the ongoing Pembina Dike court case in the Manitoba Superior Court. US plaintiffs argue that a Canadian dike running along the border is illegal because it blocks flood waters from the US from entering Canada and flooding Canadian farmland. One of Manitoba's arguments would be that this type of edifice is not covered by the Treaty because flood waters are not "waters from rivers flowing across the international boundary" because they are not running in a river channel. Their case would be strengthened by regulations stating that. The enactment of Senator Carney's Bill will mean that any attempt to pass such a regulation will need Parliamentary oversight. Whether this should be so is a matter of policy but it remains a fact that it is a consequence apparently unintended by the Senator.

In conclusion, I would argue that enactment of the Senator's Bill will neither reap substantial benefits nor sow significant disruption. Its principal purpose, strengthening the ban on removal of boundary waters in bulk, appears to change the existing regime only by the addition of Judson Lake.

Its secondary purpose, subjecting certain regulation-making to Parliamentary oversight, cannot influence the ban itself, even though that was the Senator's motivation, but may somewhat complicate, limit or slow our day to day regulations of levels and flows of boundary and transboundary waters as exemplified by the facts of the *Pembina Dike* litigation.

Enforcement Mechanisms in International Agreements — Great Lakes Water Quality Agreement (GLWQA)

On 23 August 2006, the Legal Bureau wrote:

How agreements are interpreted and enforced is a fundamental issue in international law and the interpretation and enforcement of treaties diverges from that of non-binding instruments as MOUs or Arrangements. By definition, the latter do not create obligations enforceable at international law and therefore have no compulsive basis for their enforcement, beyond the continuing political will of the Parties to carry them out.

International Agreements, particularly in the context of bilateral agreements between Canada and the United States offer several possible mechanisms:

(a) Mechanisms within the Treaty Itself: International Agreements may often provide for methods by which either disputes on the meaning of the agreement may be resolved, either by a consultation mechanism, a mediation mechanism or an arbitration mechanism. The Boundary Waters Treaty (BWT) has both a reference (or "mediation") provision in Article IX (given the enhanced status of the IJC) and an arbitration provision under Article X. The former has been highly successful when utilized in leading the Parties to an appropriate view of their obligations. The latter has not been utilized but if done, would be determinative of any dispute involving the "rights, obligations or interests" of the Parties. In the case of the GLWQA, the provisions are much weaker. First, there is no arbitration provision at all; this is not surprising and is quite consistent with US treaty practice which avoids such mechanisms. Article X does provide for a consultation process respecting "implementation of the Agreement" which could be useful in the event of obligations not being apparently carried out. However, Article XI specifically makes any obligation subject to the appropriation of funds; therefore any breach arising from the lack of funds to administer the agreement would not be considered an obligation under the Agreement and not be considered binding at international law. This type of provision has been routine in US Treaty practice since legislative deadlocks over budgets from time to time resulted in periods in which the US Administration "closed down" for non-essential purposes.

(b) Mechanisms Available at International Law: The Vienna Convention on the Law of Treaties (Vienna Convention) provides a process through which Parties may legally confront a material breach of a treaty. "Treaty" is defined by the Vienna Convention as including an "international agreement concluded between States ... and governed by international law." In terms of US constitutional parlance, this would include both treaties like the BWT and executive agreements like the GLWQA. Article 60 of the Vienna Convention defines a material breach (in the context most likely in our scenario) to be "the violation of a provision essential to the accomplishment of the object or purpose of the treaty." Articles 61-70 set up an elaborate process which establishes how and to what extent an injured state may claim a material breach and suspend its obligations partially or totally as a consequence.

(c) Mechanisms Available by Domestic Law: In the context of US domestic law and assuming a possible breach by the US of a treaty, there are a number of possible options. In the case of a treaty that has received the advice and consent of the Senate, its provisions become part of the law of the land and may be enforced by US Domestic Courts should the treaty evince an intention that its provisions would create a right of action under domestic law (self-executing). US courts in such cases have successfully invalidated statutes of US states that are contrary to an international agreement to which the US is a party. Treaties not subject to the advice and consent of the Senate (executive agreements) will not be enforceable at US domestic law though Courts may enforce any legislative or regulatory implementation that was carried out in order to honour the Treaty's obligations. Lastly, Courts will, at a minimum, regard obligations at international law as [a] method by which statutes and regulations may be interpreted, the canon being that domestic law should be interpreted consistent with international law where ambiguity permits such an interpretation.

While the above processes provide mechanisms to determine and deal with consequences of a breach, we need to consider the context of the GLWQA. Political considerations and the fact that suspension of implementation would mutually harm the environments of both countries would likely limit the options that any government would seriously consider, especially those outlined in the Vienna Convention, regardless of the extent of its formal rights.

However, pragmatic self-restraint is not the same as denying or diluting the distinctions that exist between agreements and non-binding instruments. Moral persuasion and diplomatic pressure are tools available to any dispute, legal or otherwise. International law remains a tool beyond these efforts, however difficult or cumbersome its application.

INTERNATIONAL HUMANITARIAN LAW

In a brief prepared in June 2007, the Legal Bureau wrote:

On June 11, 2007 the UN Special Committe on Peacekeeping Operations (C34) adopted by consensus a revised Draft Model MOU between the UN and Troop Contributing Countries (TCC) which strengthens and clarifies the obligations of TCCs and the UN with respect to conduct and discipline, in particular sexual exploitation and abuse (SEA).

More specifically, (i) the MOU incorporates an updated/unified set of standards of conduct which applies to all peacekeeping personnel; (ii) specifies that TCC contingents are required to comply by them; (iii) imposes obligations with respect to training of both troops and contingent commander; (iv) imposes obligations on contingent commanders to ensure compliance and specifies his/her accountability; (v) imposes obligations of reporting; (vi) clarifies responsibilities between the UN and TCCs with respect to investigations; (vii) TCCs undertake to exercise jurisdiction with respect to crimes, offences and acts of misconduct; (viii) TCCs undertake to facilitate paternity claims.

The C34 Working Group carried out its activities under the Chairmanship of Canada.

Overall, this revised Model MOU constitutes another step in the strengthening of conduct and discipline in peacekeeping operations, particularly with respect to SEA. Despite uncertainty at the outset of the session, agreement on this document was indeed successfully reached. Nevertheless, as a result of an intergovernmental process on sensitive issues, the MOU is not an ideal document, particularly with respect to investigations.

Parliamentary Declarations in 2006-7 / Déclarations parlementaires en 2006-7

compiled by / préparé par
ALEXANDRA LOGVIN

STATEMENTS MADE ON THE INTRODUCTION OF LEGISLATION / DÉCLARATIONS SUR L'INTRODUCTION DE LA LÉGISLATION

Bill S-5: An Act to Implement Conventions and Protocols Concluded between Canada and Finland, Mexico and Korea for the Avoidance of Double Taxation and the Prevention of Fiscal Evasion with Respect to Taxes on Income / Loi S-5: Loi mettant en oeuvre des conventions et des protocoles conclus entre le Canada et la Finlande, le Mexique et la Corée en vue d'éviter les doubles impositions et de prévenir l'évasion fiscale en matière d'impôts sur le revenu[1]

Ms. Diane Ablonczy (Parliamentary Secretary to the Minister of Finance):

This bill is part of Canada's ongoing network of tax treaties with other countries, which happens to be one of the most extensive of any country in the world. At present Canada has tax treaties in place with over 80 countries. Bill S-5 would enact updated tax treaties that Canada has signed with three countries: Finland, Korea and Mexico. These treaties will provide taxpayers and businesses both in Canada and in those countries with more predictable and equitable tax results in their cross-border dealings.

The conventions in Bill S-5 would replace existing treaties that have been in force for some time and need to be updated. The Canada-Korea treaty, for example, was originally signed in 1978. In the case of Finland and

Alexandra Logvin, Faculty of Law, University of Ottawa.

[1] Editor's note: Bill S-5 was introduced in the House of Commons by Hon. Stockwell Day (for the Minister of Finance) on 24 November 2006. The bill received Royal Assent on 12 December 2006; S.C. 2006, c. 8.

Mexico, the original treaties were signed in 1990 and 1991 respectively. Through this bill our bilateral arrangements with these three countries would be updated to make them consistent with current Canadian tax treaty policies.

Before discussing these treaties I want to take a few minutes to provide the House with a brief overview of the importance of tax treaties and why it is necessary for this bill to be passed ... Tax treaties or income tax conventions, as they are sometimes called, are an integral part of our tax system. Basically, they are agreements signed between countries that are primarily concerned with setting out the degree to which one country can tax the income of a resident of another country. In this regard, since income tax was first put in place back in 1917, Canada has taxed both the worldwide income of Canadian residents and the Canadian source income of non-residents.

The benefits to Canada of having tax treaties in place with other countries are significant ... Our tax treaties ... assure us of how Canadians will be taxed abroad. At the same time, they assure our treaty partners of how their residents will be treated here in Canada.

Tax treaties also impact on the Canadian economy, particularly because they are directly related to international trade and investment. Their direct impact on Canada's domestic economic performance is quite substantial. For example, Canadian exports account for more than 40% of our annual GDP.

In addition, Canada's economic wealth each year depends on direct foreign investment, as well as inflows of information, capital and technology. As a result, eliminating tax impediments in these areas has become even more important and contributes toward the creation of a competitive tax advantage for Canada.

In fact, there are definite economic disadvantages for countries that do not enter into tax agreements with other countries. Not having a tax treaty in place can have a negative impact on the expansion of trade and on the movement of capital and labour between countries ... Investors, traders and others with international dealings want to know how they will be taxed before they commit to doing business in a country ... They also want assurances that they will be treated fairly.

Tax treaties establish a mutual understanding of how the tax regime of one country will interface with that of another, thus removing any uncertainty about the tax implications associated with doing business, working or visiting abroad. Such an understanding can be achieved by allocating the right to tax between the two countries together with incorporating measures that resolve disputes and eliminate double taxation. All these measures promote certainty and stability, and help produce a better business climate. Tax treaties, including the ones enacted in this bill, are specifically designed to facilitate trade, investment and other activities between Canada and its treaty partners. They are developed with two main objectives in mind: the avoidance of double taxation and the prevention of tax evasion ...

To alleviate the potential for double taxation, a tax treaty between two countries allocates the exclusive right to tax with respect to a number of items. The other country is thereby prevented from taxing those items and double taxation is avoided. As a rule, the exclusive right to tax is conferred on the state of residence ...

The second objective, the prevention of tax evasion or tax avoidance, comes about as a result of cooperation between tax authorities in Canada and our tax treaty partners. Tax treaties play an important role in protecting Canada's tax base by allowing information to be exchanged between our revenue authorities and their counterparts in other countries with which we have tax treaties. This helps ensure that taxes owed are paid.

Another aspect of tax treaties ... is the importance of withholding taxes. Bill S-5 provides for several withholding tax rate reductions.

Withholding taxes are a common feature of international taxation. In Canada's case, they are levied on certain payments that Canadian residents make to non-residents. These payments include interest, dividends and royalties, for example. Withholding taxes are levied on the gross amounts paid to non-residents and represent their final obligation with respect to Canadian income tax. Without tax treaties, Canada usually taxes this income at a rate of 25%, which is the rate set out under our domestic law or, more precisely, under the *Income Tax Act*.[[2]]

Our tax treaties specify the maximum amount of withholding tax that can be levied by Canada and its treaty partners on certain income, and these rates are always lower than the 25% rate provided for in the *Income Tax Act*. The tax treaties in this bill all provide for certain reductions in withholding tax rates. For example, each treaty provides for a maximum rate of withholding tax of 15% on portfolio dividends paid to non-residents. The maximum withholding tax rate for dividends paid by subsidiaries to their parent companies is reduced to as low as 5%.

Withholding rate reductions also apply to royalty, interest and pension payments. Each treaty in this bill caps the maximum withholding tax rate on interest and royalty payments at 10%. In addition, with respect to

[2] *Income Tax Act*, R.S.C. 1985, c. 1 (5th Supp.), I-3.3, s. 212.

periodic pension payments, the maximum rate of withholding tax is set at 15% or 20% ... The treaties [in Bill S-5], like their predecessors, are all patterned on the OECD model tax convention, which is accepted by most countries around the world.

(*House of Commons Debates, 7 December 2006, pp. 5769-70*)
(*Débats de la Chambre des Communes, le 7 décembre 2006, pp. 5769-70*)

Bill C-12: An Act to Provide for Emergency Management and to Amend and Repeal Certain Acts / Loi C-12: Loi concernant la gestion des urgences et modifiant et abrogeant certaines lois[3]

Mr. Dave MacKenzie (Parliamentary Secretary to the Minister of Public Safety):

Canada's emergency management activities are currently governed under the Emergency Preparedness Act legislation that was passed in 1988.[[4]] ... In the intervening 17 years, very much has changed, the kinds of threats we face, the things that are threatened, and the way we deal with those threats ... Globalization, heightened world tensions, even climate change, have introduced new perils. Think only of today's anxiety about a global viral pandemic, in order to understand how quickly a local scare has the potential to evolve into a wide scale emergency.

That is why the proposed emergency management act prescribes an all hazards approach. In planning for disaster, we must consider any and all threats to our safety and security.

Bill C-12 will bring much needed improvements to our existing emergency management legislation. The bill ... would strengthen the federal government's capacity to coordinate response to major emergencies. For one thing, it would clarify the roles and responsibilities setting out the role of the Minister of Public Safety to exercise leadership for emergency management activities for the Government of Canada. It would recognize emergency management in an evolving risk environment, and would require the collective efforts of all governments, industries and non-governmental organizations. It would also recognize that modern emergency management includes a full spectrum of action: prevention, mitigation, preparedness, response and recovery. It would introduce the reality of critical infrastructure, which relates to the facilities and services that require

[3] Editor's note: Bill C-12 was introduced in the House of Commons by Hon. Stockwell Day (Minister of Public Safety) on 8 May 2006. The bill received Royal Assent on 22 June 2007; S.C. 2007, c. 15.

[4] Editor's note: *Emergency Preparedness Act,* R.S.C. 1985, c. E-4.6 (4th Supp.), assented to 27 April 1988.

protection against natural or intentional threats ... Bill C-12 would make federal ministers explicitly accountable for identifying risks to critical infrastructure. Moreover, to encourage infrastructure owners and operators to cooperate with federal planners, the bill would for the first time protect the confidentiality of specific information concerning their vulnerabilities that was shared in confidence with the government ... These reforms would help keep Canada's emergency preparedness and response capabilities in step with our fast changing threat environment.

(*House of Commons Debates, 21 September 2006, pp. 3071-72*)
(*Débats de la Chambre des Communes, le 21 septembre 2006, pp. 3071-72*)

Bill C-24: An Act to Impose a Charge on the Export of Certain Softwood Lumber Products to the United States and a Charge on Refunds of Certain Duty Deposits Paid to the United States, to Authorize Certain Payments, to Amend the Export and Import Permits Act and to Amend Other Acts as a Consequence / Loi C-24: Loi imposant des droits sur l'exportation aux États-Unis de certains produits de bois d'œuvre et des droits sur les remboursements de certains dépôts douaniers faits aux États-Unis, autorisant certains paiements et modifiant la Loi sur les licences d'exportation et d'importation et d'autres lois en conséquence[5]

Hon. David Emerson (Minister of International Trade and Minister for the Pacific Gateway and the Vancouver-Whistler Olympics):

Th[is] legislation [will] enable the Government of Canada to implement the softwood lumber agreement reached this past summer with the United States.[[6]] The agreement will provide stability and dispute-free market access to the United States market ... for a period of at least eight to nine years ... It will provide a trajectory for the evolution of the softwood lumber industry to a world of complete free trade ... Without this agreement we would be looking at a difficult period of trade litigation over the months and years ahead ...

[The] agreement [will] put much needed cash into the hands of companies, businesses and communities. Under this agreement, 81% of the duties on deposit with the United States would come back to Canadian

[5] Editor's note: Bill C-24 was introduced in the House of Commons by Hon. David Emerson (Minister of International Trade and Minister for the Pacific Gateway and the Vancouver-Whistler Olympics) on 20 September 2006. The bill received Royal Assent on 14 December 2006; S.C. 2006, c. 13.

[6] Editor's note: *Softwood Lumber Agreement between the Government of Canada and the Government of the United States of America*, 12 September 2006 (entered into force 12 October 2006), <www.international.gc.ca>.

companies. That is more than 5 billion Canadian dollars coming back into companies at a time when they badly need the cash and badly need to invest in their businesses.

In addition, as a Canadian initiative and as part of the agreement, we have included an accelerated deposit recovery mechanism. Through the Export Development Corporation of Canada, producers will be able to obtain their cash deposit within four to eight weeks of them filing their documents with Export Development Canada. That is compared to a normal time period that could take in excess of six months, possibly more than two years, to recover deposits through the U.S. customs.

The agreement has major exemptions in it. The entire Atlantic Canadian industry would be exempt from any border measures under the agreement which includes dumping duties. As hon. members will know, unlike previous trade disputes, Atlantic Canadian companies, while they have not been subject to countervailing duties, have been subject to dumping duties. Dumping duties are pernicious in weak markets. Dumping duties grow. An administrative review indicates that dumping duties will grow this fall. Even if we continue to win current litigation, that litigation will be appealed. Dumping duties will continue to be applied and Canadian companies, including those in Atlantic Canada, would be subject to continuing trade harassment. The territories, Yukon, Northwest Territories and Nunavut, are also exempt from the provisions of the agreement, with no border measures there.

A very important part of the agreement is the unprecedented protection of provincial forest policies ... In the past, what is called anti-circumvention language in past agreements had basically prevented provincial governments from implementing changes in forest policies and, indeed, any measure that a province would take under past agreements that had the effect of reducing timber stumpage, would have been subject to countervail and would have been a circumvention of the last softwood lumber agreement. In the agreement, those policies are protected. We can in fact have a market-based timber pricing system, as has been implemented in British Columbia, that now will be protected. Timber prices can go up when markets are good and timber prices can go down when markets are bad. Timber prices can also reflect conditions such as an export tax, an exchange rate change, hydro rates or any other kind of economic circumstance that changes the value of timber. The agreement protects those policies that allow timber pricing mechanisms to play their role as shock absorbers as we go through the vagaries of the lumber market and those factors which affect it.

The agreement also provides flexibility. In that part of the market when prices are low, the agreement provides provinces with significant flexibility as to how they wish to implement the agreement. In some parts of the country there will be a desire to restrict volume because they are actually reducing their allowable cut for other reasons. In provinces like Quebec, in a weak market they can pay duties no higher than 5% and complement that by reductions in volume shipped into the U.S. market ...

We have improved our position in terms of dispute resolution ... This agreement provides [for] a dispute resolution mechanism [which is] separate [from] ... chapter 19 of NAFTA. This ... mechanism ... will deal quickly and in a binding way with issues that come up in the context of this softwood lumber agreement ...

We have negotiated in this agreement the best and most secure termination language in any trade agreement that Canada or the United States has. In fact, one cannot terminate this agreement for 18 months. After 18 months, there must be six months' notice. After the six months' notice there is a 12-month standstill during which no trade action can be brought against Canadian companies. This six months' notice and 12-month standstill will continue through the agreement. At the end of the seventh year, if the United States were not to renew this agreement for the full nine years, the 12-month standstill would continue to apply. In effect, at a minimum, we get eight years of dispute-free trade.

This agreement will evolve. It is not going to be a static agreement.

There are mechanisms built into this agreement that will allow government-to-government committees to work on critical policy issues to improve the agreement, to look at issues like the British Columbia coastal industry and the issue with respect to exports of lumber from logs harvested off private lands. It will deal with issues of running rules to ensure that the agreement operates in a commercially viable manner. And it will give a very clear and immediate focus to what we call off-ramps.

Government-to-government discussions will look at the policy changes that provincial governments can put in place to find relief from the measures included in this softwood lumber agreement. That is a very important part of this agreement, because it will allow the agreement to be improved and to migrate gradually to full free trade over time.

There is also a binational mechanism at the industry level so industry can work together to determine how better to improve the competitiveness and the market position of the North American softwood lumber industry. Again, the analogy to autos or the steel sector, where the sector gradually evolves to full free trade, is readily apparent.

This is an agreement that is good for Atlantic Canada. It will give the provinces of Atlantic Canada full exemption. It will get them away from the threat of dumping duties that are sure to grow and become much more burdensome going forward without this agreement.

This agreement will be good for Quebec. It meets Quebec's needs in terms of the option and the kind of agreement Quebec was seeking to best support its industry. And let us remember that 32 border mills in Quebec will be completely exempt from border measures under this agreement ...

There is an option that meets Ontario's needs. It is the same thing for the Prairies.

British Columbia is very well positioned under this agreement. It is well positioned because the number one issue that British Columbia had was to protect its new regulatory measures for timber pricing and forest management in British Columbia. Those policies have been fully protected under this agreement.

[The Agreement] ... clears the table for Canada to get back to doing business in North America, to get back to rectifying some of the issues that need to be addressed in Canada's best interest as we strengthen and improve the workings of the North American Free Trade Agreement.

(*House of Commons Debates, 25 September 2006, pp. 3170-72*)
(*Débats de la Chambre des Communes, le 25 septembre 2006, pp. 3170-72*)

Bill C-25: An Act to Amend the Proceeds of Crime (Money Laundering) and Terrorist Financing Act and the Income Tax Act and to Make a Consequential Amendment to Another Act / Loi C-25: Loi modifiant la Loi sur le recyclage des produits de la criminalité et le financement des activités terroristes, la Loi de l'impôt sur le revenu et une autre loi en conséquence[7]

Ms. Diane Ablonczy (Parliamentary Secretary to the Minister of Finance):

This legislation contains needed measures to update Canada's fight against money laundering and terrorist financing activities ... Criminals are constantly changing their tactics and finding new ways to evade the law. The proposed amendments in the bill before the House today are critical in helping to stay one step ahead of these criminals ...

[T]he activities of organized crime, such as drug trafficking and prostitution, generate significant amounts of money, usually in cash. The criminal or group must find a way to spend and invest the funds without attracting attention to the underlying illicit activity, lest it be shut down and they lose their source of revenue.

[7] Editor's note: Bill C-25 was introduced in the House of Commons by Hon. James Michael Flaherty (Minister of Finance) on 5 October 2006. The bill received Royal Assent on 14 December 2006; S.C. 2006, c. 12.

Money laundering of course is very difficult to quantify. However, the International Monetary Fund makes an educated estimate that the aggregate size of money laundering worldwide is between 2% and 5% of global GDP. That is a very significant amount ...

Money laundering occurs in three stages. The first is the placement stage. In this stage the launderer introduces the illegal profits into the financial system. This is done in a number of ways. One is breaking up large amounts of cash into less conspicuous smaller sums that are then deposited directly into a bank account. Another is using cash to purchase a series of monetary instruments, cheques, money orders, et cetera, from financial institutions that are then collected and deposited into accounts at other locations.

The second stage is called layering. In this stage the launderer engages in a series of conversions or movements of the funds to distance them from the first place they were deposited. For example, this could be through the purchase or sale of investment instruments such as shares or a series of wire transfers to various bank accounts globally.

Having successfully moved the criminal profits through the first two stages of the money laundering process, the launderer then enters the third stage which is integration. It is at the integration stage that the funds re-enter the legitimate economy. The funds can now be invested or used to purchase luxury assets, real estate, securities or other investments.

Money launderers tend to seek out jurisdictions with weak or ineffective anti-money laundering programs. Canada does not want to be on that list. However, because the objective of money laundering is to get the illegal funds back to the individual who first collected them through criminal activity, launderers usually prefer to move funds through areas of highly developed, stable and sophisticated financial systems, and where the large volume of transactions may diminish the risk of suspicious transactions being detected. That is a country like Canada with a sophisticated and stable financial system.

The other element, terrorist financing, how does that fit into this picture? Terrorist organizations require financial support in order to carry out their evil and destructive activities. A successful terrorist group, like a criminal organization, must be able to build and maintain a steady flow of funds. It must develop sources of money, a means to covertly move that money around, and a way to ensure that the money can be used to obtain the materials needed to commit terrorist acts.

Terrorist financing comes from two primary sources. First, there is state sponsored terrorism, sadly. Financial support is provided for these terrorist activities by states or organizations large enough to collect and then make funds available to the terrorist organization. A variation of this is where a wealthy individual provides funding ...

The second source of terrorist financing is money derived directly from various revenue generating activities. As with organized criminals, a terrorist group's income often comes from crime or other unlawful activities. For example, a terrorist group may engage in large scale smuggling, various types of fraud, robbery and narcotics trafficking.

However, unlike organized crime, terrorism can be financed using legitimate funds such as those collected in the name of charitable causes. These loopholes, often exploited by terrorist groups, need special attention in order for Canada to move effectively to deny terrorists the funds they use for their destructive deeds. It is this second source of terrorist funds that the measures in the bill are designed to detect ...

The potential costs of money laundering are of course serious. If not addressed, organized crime can infiltrate financial institutions, acquire control of large sectors of the economy through investment, create competitive disadvantages for local businesses, and continue to fund harmful criminal activity such as drug trafficking, human smuggling and prostitution which preys on women.

What has Canada done to prevent and deter money laundering and terrorist financing? Since 2001 Canada has had an anti-money laundering and anti-terrorist financing regime that is in the top tier of our international partners. This legislation has helped ensure that Canada is not a haven for money laundering and terrorist financing activities.

Indeed, Canada has made significant progress in detecting suspected cases of money laundering and terrorist financing. We continue to work closely with our domestic and international partners to improve the regime. In 2005-06, reporting entities filed upwards of 30,000 suspicious transaction reports with the Financial Transactions and Reports Analysis Centre of Canada, FINTRAC. In turn, FINTRAC made 168 case disclosures to law enforcement agencies. In addition, 10 new domestic information-sharing agreements were signed with financial sector regulators. FINTRAC now has 30 information-sharing agreements with foreign counterparts internationally.

Canada's ... government has committed to a strong and comprehensive anti-money laundering and anti-terrorism regime that is consistent with international standards. That is what this bill, Bill C-25, is all about. It amends the existing legislation in order to update and enhance the legislation to better combat money laundering and terrorist financing activities ...

The proposed amendments will require financial intermediaries to undertake a number of actions such as enhanced client identification and record-keeping measures. They will also be required to undertake enhanced measures with respect to certain clients and activities, for example with respect to foreign politically exposed persons and their banking relationships. The reporting of suspicious attempted transactions will also be required.

Bill C-25 also establishes monetary penalties in addition to existing criminal sanctions ... [as well as] a new registration regime for money services businesses that remit funds in and out of Canada and for foreign exchange dealers, within FINTRAC.

An important part of Bill C-25 relates to information sharing. Specifically, the bill proposes to allow the exchange of information between FINTRAC here in Canada and the Canada Revenue Agency, and with Canadian law enforcement agencies, to better prevent and detect the use of registered charities for financing of terrorism.

Canada needs a robust and up to date anti-money laundering and anti-terrorist financing regime to ensure security for Canadians on a number of fronts. Canada must also continue to meet its global obligations. For the year starting July 1, 2006, Canada will chair the international Financial Action Task Force, the international standard-setting body on this important issue. Taking on this responsibility, along with the measures proposed in Bill C-25, demonstrates the solid leadership of Canada's ... government that we are showing in the global effort against money laundering and terrorist financing.

(*House of Commons Debates, 20 October 2006, pp. 4039-42*)
(*Débats de la Chambre des Communes, le 20 septembre 2006, pp. 4039-42*)

Bill C-42: An Act to Amend the Quarantine Act / Loi C-42: Loi modifiant la Loi sur la mise en quarantaine[8]

Mr. Steven Fletcher (Parliamentary Secretary to the Minister of Health):

The modernization of the Quarantine Act addresses urgent issues with respect to the spread of communicable diseases in Canada and abroad. It modernizes existing legislation that dates back to 1872 by providing new tools to manage serious emerging public health threats.

It also represents a complementary step in a series of legislative initiatives to strengthen Canada's public health system which also includes the creation of the Public Health Agency of Canada and the Office of the Public Health Officer.

[8] Editor's note: Bill C-42 was introduced in the House of Commons by Hon. Tony Clement (Minister of Health and Minister for the Federal Economic Development Initiative for Northern Ontario) on 12 December 2006. The bill received Royal Assent on 22 June 2007; S.C. 2007, c. 27.

While trying to develop a regulation related to section 34 [of the Quarantine Act in force], it became apparent that the section would not operate as intended. Section 34 obligates operators of commercial conveyances, such as marine vessels and air carriers, to report any death or illness of public health concern on board prior to arrival in Canada.

This advance notice is critically important to federal officials as it permits an appropriate response to health emergencies on board various vehicles. Further, it permits the minister to better assess whether to order the diversion of a conveyance to an alternate landing site in Canada if required to protect the health and safety of Canadians.

In its current wording, section 34 requires a report to be made directly to a destination authority situated at the nearest entry point in Canada [and] ... is problematic for three reasons. First, in the event of a health emergency on board a conveyance, an operator may be unable to determine which of the many Canadian entry points is nearest at the time of reporting. In practice, this may lead to delays in reporting and hinder an appropriate and timely response. Second, the authority designated by the minister may not actually be situated at an entry point. As defined in the new Quarantine Act, an entry point is a place where a customs office is located or a point in Canada designated by the minister. The most appropriate authority to handle important public health information is a quarantine officer, a federal nurse or a medical practitioner with public health experience who is trained and designated by the minister. Like other authorities, they are not necessarily situated at every single entry point to Canada, which would include smaller ports or seaports and so on. Finally, the current wording in section 34 implies direct reporting. It does not take into account intermediaries who may have a role to play in receiving and transmitting important public health information on behalf of a conveyance operator. For example, a pilot will likely call the company dispatch centre first before a report is formally made to the responsible public health authority.

For those very reasons, there is a need for a minor and technical amendment to the current wording used in section 34. The new wording for section 34 requires operators of conveyances in the air and marine community to report an illness of public health concern or death on board as soon as possible to a quarantine officer before the conveyance arrives at its destination in Canada.

At this point in time it does not bind the operator of land conveyances to the same advance reporting obligation. If necessary, the new wording offers the minister the flexibility to preserve other conveyances. This would most likely happen in the event of a large scale outbreak that escalated in a way that was not necessarily predictable.

Limiting reporting obligations to the marine and air community supports a risk management approach. First, approximately 94% of international flights arrive in Canada through six international airports where there are established quarantine stations and the presence of a quarantine officer. They are Vancouver, Calgary, Toronto, Ottawa, Montreal and Halifax, though there are other airports as well. Second, it is easier for conveyance operators of a bus or train to have a sick traveller disembark in order to attend the nearest medical facility before the conveyance reaches the Canadian border. In addition, issues of a public health concern may be captured at points of entry when sick travellers and conveyances are processed for admittance into Canada.

Under the new act, travellers would have a duty to provide certain public health information and to answer any questions posed by a screening officer, such as a Canada Border Services Agency official or a quarantine officer. It is also important to note that under the previous quarantine legislation there was no requirement for land conveyances to report in advance. Thus, the new legislative framework maintains the status quo for the scope of advance reporting obligations.

(*House of Commons Debates, 28 February 2007, pp. 7446-47*)
(*Débats de la Chambre des Communes, le 28 février 2007, pp. 7446-47*)

Bill C-47: An Act Respecting the Protection of Marks Related to the Olympic Games and the Paralympic Games and Protection against Certain Misleading Business Associations and Making a Related Amendment to the Trade-Marks Act / Loi C-47: Loi concernant la protection des marques liées aux Jeux olympiques et aux Jeux paralympiques et la protection contre certaines associations commerciales trompeuses et apportant une modification connexe à la Loi sur les marques de commerce[9]

Mr. James Moore (Parliamentary Secretary to the Minister of Public Works and Government Services and Minister for the Pacific Gateway and the Vancouver-Whistler Olympics):

The bill is part of the Government of Canada's effort to support the upcoming 2010 Winter and Paralympic Games. The games ... are a massive endeavour that will bring the world to Vancouver, a sense of pride to every Canadian and, hopefully, championship glory to our athletes... .

[9] Editor's note: Bill C-47 was introduced in the House of Commons by Hon. Jay Hill (for the Minister of Industry) on 2 March 2007. The bill received Royal Assent on 22 June 2007; S.C. 2007, c. 25.

The government is proposing this legislation for two main reasons: first, to follow through on a commitment made by the International Olympic Committee during the bid phase of the 2010 games to adequately protect the Olympic and Paralympic brand if the games were awarded to Vancouver; and second, to assist the Vancouver organizing committee, VANOC, to maximize private sector participation in the games that will be critical to the success and legacy of the Vancouver 2010 games ...

In 2010 Vancouver-Whistler will become home to 6,000 athletes and officials from more than 80 countries. An army of more than 20,000 employees and volunteers will help make the games run smoothly. The competition will be covered by 10,000 members of the media and witnessed by more than three billion people worldwide. Simply put, the Olympic Games are the world's largest sporting event. This is part of the reason why our government is so proud to be an active partner.

Our government knows that these games are about commitment whether as an athlete or as an organizing committee. Our financial commitment extends to provincial services essential for an event of this magnitude, such as security, health and immigration, as well as border and meteorological services.

Our commitment will include a legacy endowment fund that will provide operational funding for the 2010 games sporting venues and fund high-performance amateur sporting programs across Canada. However, direct financial contribution is only part of the support that we can provide. We must also ensure that our intellectual property framework is not only up to international standards but will also foster maximum participation of the private sector in the games.

Since the 1988 Calgary Olympic Games, corporate partnerships have become a significant source of revenue for events of all kinds, from the local hockey tournaments to international sporting events. Businesses sign on as partners with particular events because the objectives that the events are in line with happen to be in line with their own. Corporate partnerships work because the value of the association enhances their corporate brands.

The Olympics are no doubt the best known sporting event in the world. Billions of people watch them on television and follow the events on the radio, in the newspapers and on line. As a result, the Olympic symbols, such as the five rings, are among the best known around the world.

The passionate global audience that is attracted to the Olympics, and increasingly to the Paralympic Games are of obvious interest to companies wanting to connect to that audience.

In response to this increased corporate attention, the Olympic movement has developed a sophisticated approach for working with those companies. The IOC, the International Olympic Committee, and the national bodies, such as the Canadian Olympic Committee, work closely with companies and organizations that want to become partners of the games or our national teams.

They work closely with companies and organizations that are interested in using Olympic or national team symbols of various kinds in their marketing and communications. Companies can compete and become official partners in specific product categories or the entire Olympic moment for a national Olympic body and for specific games.

Companies compete to receive licences that allow them to use the Olympic symbols and terms on products. They compete for the right to produce items with Olympic themes from something as simple as a souvenir T-shirt to a marketing campaign focused around the entire product line. These partnerships are now a critical part of the business plan for the event.

For the 2010 Olympic Games, VANOC has projected that it will receive 40% of its operational funding from games-related partnerships and licensing agreements. In 2006 alone, VANOC announced that it had signed partnership agreements worth $115 million. However, corporate partnerships and licensing agreements depend on the ability of the games organizers to ensure that the Olympic partners and licensees have the unique rights that they competed for and should therefore expect.

Why does this matter? Let me use the example of the T-shirt that I just suggested a minute ago. If I operate a T-shirt company, I can compete for a licence with VANOC to sell T-shirts that have the official Vancouver-Whistler 2010 Olympics symbol on it. When I pay for that licence, I am paying for an exclusive right to produce those 2010 games T-shirts, but if others are able to use those same symbols or ones that are likely to be seen as essentially the same, what business reason do I have to compete for the licence in the first place?

We need a legal framework with clear rules on the use of Olympic symbols and associated words. We need sound, prompt and effective remedies that will deter free riders who seek to cash in on the Olympics to the detriment of the games or the official partners. Put simply, we need to protect the commitment of our partners ...

Canada has a strong intellectual property rights protection regime in place today. For example, the current *Trade-Marks Act* [[10]] provides a certain degree of protection for Olympics related marks and symbols. Under section 9 of that act, by virtue of their status as public authorities, the Canadian Olympic Committee and VANOC enjoy a certain degree of protection for various Olympic related marks.

[10] Editor's note: R.S.C. 1985, c. T-13.

However, in light of the upcoming 2010 Winter Games and changes in the marketplace since the Trade Marks Act was written, the protection of Olympic and Paralympic marks is of sufficient importance as to merit a dedicated stand-alone piece of legislation in addition. There are reasons for this. The first reason is the significant expense required to host Olympic and Paralympic games, to build the world-class sporting facilities and infrastructure needed and ... an increasing reliance on the private sector. The second such reason stems from the concern that current laws are insufficient to prevent non-partner companies from using their own trade marks in a manner that misleads or is likely to mislead the public into thinking that they have some business relationship with the games ... Finally, there is the concern that current remedies under common law are insufficient to prevent suspected trademark infringers and ambush marketers from continuing their offending behaviour during the limited timelines involved. What is needed are fast but responsible remedies as the games may be over by the time a court ruling brings a case to a close and brings a decision to a given case.

(*House of Commons Debates, 15 May 2007, pp. 9533-35*)
(*Débats de la Chambre des Communes, le 15 mai 2007, pp. 9533-35*)

Bill C-53: An Act to Implement the Convention on the Settlement of Investment Disputes between States and Nationals of Other States (ICSID Convention) / Loi C-53: Loi de mise en œuvre de la Convention pour le règlement des différends relatifs aux investissements entre États et ressortissants d'autres États (Convention du CIRDI)[11]

Hon. Helena Guergis (Secretary of State (Foreign Affairs and International Trade) (Sport)):

The [ICSID] convention is an international treaty establishing the International Centre for the Settlement of Investment Disputes. ICSID ... is an organization devoted to the resolution of international investment disputes between states and nationals of other states through arbitration and conciliation. ICSID provides mechanisms for arbitration and conciliation of such disputes provided that both the state of the investor and the host state are parties to ICSID. This means that once Canada ratifies ICSID, a Canadian investor abroad in any of the 143 countries that have already ratified

[11] Editor's note: Bill C-53 was introduced in the House of Commons by Hon. Jay Hill (for the Minister of Foreign Affairs and Minister of the Atlantic Canada Opportunities Agency) on 30 March 2007.

ICSID may have recourse to ICSID to resolve disputes that may arise with the country in which it is doing business.

ICSID is a highly reputable World Bank institution based in Washington, D.C., and one of the most frequently used institutions for investment arbitrations.

ICSID and international investment arbitration have traditionally been used in cases of expropriation or nationalization. A hypothetical example is a takeover by a host government of a Canadian business exploiting natural resources such as oil or minerals. Such an expropriation may represent a substantial loss for the investor and fair compensation is not always easily obtained.

However, the Canadian investor may have insisted on an investment agreement with an ICSID arbitration clause before investing, or Canada may have an investment treaty with the host government making reference to ICSID arbitration. If so, once Canada ratifies ICSID, the Canadian investor owning the business will have the right to use ICSID arbitration to pursue fair compensation for its losses before an independent arbitral panel.

ICSID provides an efficient, enforceable mechanism for such dispute resolution. This is why our government believes ICSID is a good way to protect Canadian business and its investment in foreign countries. It also complements our investment protection treaties and existing arbitration clauses in investment contracts of Canadian businesses.

Bill C-53 will implement this convention. This bill needs to be passed before Canada can ratify the convention. This bill will make an ICSID award enforceable in a Canadian court. It will ensure that persons using conciliation under the convention cannot abuse that process. This bill also provides for governor in council appointments of persons to ICSID lists of potential panellists and it provides privileges and immunities as required by the convention.

The key provision making ICSID awards enforceable is clause 8, which states:

> (2) The court shall on application recognize and enforce an award as if it were a final judgment of that court.

This provision will apply to an ICSID award for or against Canada or a foreign government. This provision is the key to the ICSID system for enforcing arbitration awards.

An ICSID award is reviewable by an ICSID tribunal, but not by national courts. Once final, an ICSID award will be recognized and enforced in Canada as if it is a final judgment of a Canadian court.

While Canada will be giving full effect to awards, in turn the convention guarantees similar enforcement in all states that are party to ICSID. Thus, Canadian businesses with an ICSID award in their favour have a very powerful tool to ensure the award is paid. This ensures the protection of their rights and interests in foreign countries.

There are three important related provisions. Clause 6 makes the act binding on the Crown. This ensures that awards against the federal government can be enforced. Clause 7 prevents a party from seeking court intervention by way of judicial review applications or applications to a similar effect. A party cannot therefore attack the validity of a final ICSID award. Clause 8 also gives all superior courts, including the Federal Court of Canada, jurisdiction to enforce ICSID awards.

The provisions with respect to conciliation are brief. Clause 10 ensures that the ICSID conciliation process can be conducted in a manner that is without prejudice to the rights of the parties. In other words, testimony given during conciliation cannot be used in other proceedings. This gives investors a further option to ensure their rights are respected.

I should also mention that the bill proposes provisions ensuring the required privileges and immunities for the centre, its employees and its arbitrators. Such immunities guarantee the independence of the tribunal when seated in Canada ...

In today's world, there are many situations where Canadian businesses could be significantly harmed by foreign governments' activities or decisions. Canadian businesses are increasingly active in foreign markets. They invest in foreign countries by buying plants, establishing new businesses or acquiring rights to natural resources, for example. While disputes with foreign governments affect only a small portion of the $465 billion in assets owned by Canadian investors abroad, when disputes do arise, mechanisms such as ICSID are necessary to ensure that the dispute is resolved fairly and efficiently.

We as a government have worked hard to promote Canada abroad, facilitate the free flow of international investment and help Canadian businesses succeed abroad. To date, Canada has negotiated 22 foreign investment protection and promotion agreements, or FIPAs, and is actively negotiating others. These agreements provide for investor state dispute settlement by means of arbitrations.

ICSID arbitration is an option under these agreements but only if both countries are party to ICSID. These agreements create a more predictable and transparent climate for Canadian investors abroad by setting out rules for the treatment of investors and offering dispute settlement to adjudicate claims when their rights have been violated ...

The ICSID Convention represents one of the most ratified treaties in the world and Canada is not yet a party to it. This convention entered into force in 1966, over 40 years ago, and 143 states have ratified the convention, including most of our major trading partners.
(*House of Commons Debates, 15 May 2007, pp. 9475-77*)
(*Débats de la Chambre des Communes, le 15 mai 2007, pp. 9475-77*)

Bill C-57: An Act to Amend the Immigration and Refugee Protection Act / Loi C-57: Loi modifiant la Loi sur l'immigration et la protection des réfugiés[12]

Mr. Ed Komarnicki (Parliamentary Secretary to the Minister of Citizenship and Immigration):

Immigration is the lifeblood of Canada and, therefore, vital to its future. New Canadians bring us new ideas, new cultures, new skills and, above all, a fresh vibrancy and energy to our great country. To remain progressive and competitive, Canada needs to sustain and maintain this essential infusion of skill and commitment.

For some time, the prospect of becoming a Canadian is first realized when they apply for and receive a temporary work permit. For hundreds of thousands, such permits have been a doorway to opportunity, hope, security, prosperity and realizing a dream of becoming a Canadian ... The government has brought about a number of significant changes to that process ... The amendments would give immigration officers the authority to deny work permits in situations where applicants may be at risk.

Bill C-57 addresses an important gap that currently exists in Canadian immigration law. The *Immigration and Refugee Protection Act,*[[13]] or *IRPA* as it is known, provides the Government of Canada with authority to allow an individual to enter this country even if they do not meet all of the requirements and are inadmissible. We do this to ensure that we are able to take into account that each applicant who enters Canada represents a unique situation. Unfortunately and paradoxically, the act does not provide a similar authority to deny a temporary work permit to an applicant who meets the entry requirements. Other countries, such as Australia and the United Kingdom, have varying forms of discretionary authority over and above their general inadmissibility provisions but we do not.

[12] Editor's note: Bill C-57 was introduced in the House of Commons by Hon. Diane Finley (Minister of Citizenship and Immigration) on 16 May 2007.

[13] Editor's note: S.C. 2001, c. 27.

Essentially, the current rules allow officers to refuse work permits based primarily on what is or has been happening, for example, if the applicant has a communicable disease or has criminal conviction. These proposed amendments, however, will allow an officer, based on instructions issued by the minister, to refuse a work permit based on reasonable concern for what will happen, namely, that the person could be in danger of being trafficked, exploited or degraded once in Canada. Immigration officers would make their decision on a case by case basis. Each application for a permit would be assessed on its own merits. The proposed changes could be used to prevent abuse in a number of possible scenarios, which could include low skilled labourers and exotic dancers, as well as other potential victims of human trafficking. For example, some applicants for work permits may be inexperienced, without a support network and overly dependent on their employer. In many situations, this would not be a problem. However, in some situations this could lead to humiliating and degrading treatment, including sexual exploitation.

Where there is evidence that these concerns are serious and well-founded, ministerial instructions would provide the government with the mechanism to protect applicants from abuse and exploitation they might otherwise experience. Making Canada a safer place for everyone is our objective and the authority is intentionally broad to allow for future unanticipated situations.

Human trafficking is another example of the kind of abuse and exploitation we are trying to prevent. Ministerial instructions issued under this new authority would give us another tool to help stop trafficking at our borders and prevent foreign nationals from becoming victims of this heinous crime ...

Currently, temporary workers and recent graduates usually need to leave Canada to apply for permanent resident status. As a result, many of them end up pursuing other options and do not return to Canada. Allowing these people to apply for permanent resident status from within Canada will open up an important source of skilled and talented newcomers. This includes skilled tradespersons who may find it difficult to qualify under the current skilled worker program.

The Canadian experience and credentials that individuals who qualify have will enable them to more quickly and effectively integrate into Canadian society and the workforce. This will also help ensure all regions benefit from immigration. Many newly arrived immigrants go to Toronto, Montreal and Vancouver but those who have been studying or working temporarily in smaller centres are more likely to stay where they are already established.

Over the past few months this government has introduced various changes to the temporary foreign worker program to ensure the program is more responsive to Canada's labour needs. Budget 2007, for example, included funding for further improvements to the program, making it faster for employers to get the people they need in regions and sectors facing the most critical shortages. These improvements include negotiating agreements with the provinces and territories to allow them to play a more direct role in helping their employers access temporary foreign workers that they so desperately need.

We have extended pilot projects enabling workers with less formal training to work in Canada for up to 24 months instead of 12 months. We have also extended work permits issued to live-in caregivers to three years and three months, up from one year. We have also acknowledged and developed lists of jobs where there have been labour shortages to make it easier, quicker and less costly for employers in certain regions to recruit the foreign workers they need. As our economy grows and the demand for temporary foreign workers continues to rise, we need to ensure that these growing numbers of workers enjoy the respect they deserve for helping to fill our labour shortages. We need to speed up the processing of applications and strengthen monitoring and compliance mechanisms to help ensure that employers respect commitments to wages and working conditions ...

As well, the government has demonstrated compassion to victims of human trafficking by authorizing immigration officials to issue temporary resident permits for up to 120 days. Individuals who receive these permits are also exempted from the processing fee and are eligible for trauma counselling and health care benefits under the federal interim health program. These measures have been carefully designed so that only bona fide victims of human trafficking would benefit from them. No one is removed from Canada without consideration of their need for protection.

While I am proud of the progress we have made to date, there are still many challenges ahead and much work to be done ... [This Bill is to] ensure that Canada's immigration system can meet our current and future labour market needs and facilitate the integration of newcomers to Canada.

(*House of Commons Debates, 5 June 2007, pp. 10133-35*)
(*Débats de la Chambre des Communes, le 5 juin 2007, pp. 10133-35*)

B STATEMENTS IN RESPONSE TO QUESTIONS / DÉCLARATIONS EN REPONSE AUX QUESTIONS

1 *Environment / L'environnement*

(a) Arctic / Arctique

Hon. Larry Bagnell (Yukon):

The greatest impact of climate change in the world is on Canada's Arctic ... On March 31 the government will close the Northern Climate Exchange which does important tracking and research both nationally and internationally. Why is the government ... turning its back on the north?

Hon. John Baird (Minister of the Environment):

The government recognizes the importance to act on greenhouse gas emissions. Climate change is having a huge effect ... particularly in our Arctic ... [T]his government believes that the time has finished to talk about things, to study things, to reach into promoting things. The time has come to act. That is why this government is taking real action on climate change reduction. We introduced equal energy initiatives, more energy efficiency and more clean energy. We have announced our intention to regulate both on greenhouse gases and on clean air.

(*House of Commons Debates, 7 February 2007, p. 6517*)
(*Débats de la Chambre des Communes, le 7 février 2007, p. 6517*)

Mr. Dennis Bevington (Western Arctic):

Canada's Arctic sovereignty is becoming a concern for ... Canadians. With the ice melting and the Northwest Passage opening wider every day, the government does not even know who is in charge of protecting our sovereignty. Earlier this month the general in charge of military planning said that Indian and Northern Affairs is now responsible for Arctic sovereignty ... [W]hat has the government planned for Arctic sovereignty and who is in charge of this critical file?

Hon. Gordon O'Connor (Minister of National Defence):

A number of departments and ministers are involved in enforcing our sovereignty in the north, [including National Defence,] Indian Affairs and Northern Development ... Natural Resources ... Foreign Affairs and other ... Our government takes the north as a very important element of our country, not only our sovereignty but also to protect the environment and the people up there as well. Any action we take, no matter which department, we will always consult the people up there.

(*House of Commons Debates, 27 February 2007, p. 7385*)
(*Débats de la Chambre des Communes, le 27 février 2007, p. 7385*)

(b) Biosafety / Biosécurité

M. Bernard Bigras (Rosemont — La Petite-Patrie):

Le Protocole sur la biosécurité[14] a été ratifié par 139 pays et prévoit la mise au point d'un cadre juridique permettant d'établir la responsabilité des multinationales et des acteurs locaux lorsque les semences ou les espèces naturelles seront contaminées par des OGM. Or, le Canada et les États-Unis n'ont pas ratifié ce protocole et ne veulent pas payer pour les dommages causés par les OGM. Comment le Canada, qui est un des quatre plus gros producteurs d'OGM sur la planète, peut-il justifier son opposition à l'établissement d'un cadre juridique?

Hon. Chuck Strahl (Minister of Agriculture and Agri-Food and Minister for the Canadian Wheat Board):

The Government of Canada signed the biosafety protocol in April 2001. To signal our support for that objective, we have actively participated in the three meetings of the parties to the protocol as well as a number of technical task forces. We continue to work with that group to address the legal and technical questions that the protocol has raised. We have not ratified this protocol yet due to the concerns regarding this lack of clarity. As these working groups put this clarity together and answer those technical questions, we look forward to continuing to support that protocol in the days ahead ... Canada is one of the largest users of GMO products and those are not used by multinationals. Those are used by our farmers from coast to coast. We want to ensure that the regulatory regime that comes forward from this biosafety protocol addresses the technical issues, the safety issues and the regulatory issues so when we sign on to this protocol, we will be able to do so with confidence, and our Prairie farmers and Quebec farmers will be able to say that they can continue to do business after we sign on.

(House of Commons Debates, 21 February 2007, pp. 7127-28)
(Débats de la Chambre des Communes, le 21 février 2007, pp. 7127-28)

(c) Dumping / Déversements

M. Peter Julian (Burnaby — New Westminster):

La Commission de coopération environnementale de l'ALENA dénonce l'attitude du gouvernement devant les déversements de produits toxiques

14 Editor's note: *Cartagena Protocol on Biosafety to the Convention on Biological Diversity*, 29 January 2000, UN Doc. UNEP/CBD/ExCOP/1/3, reprinted *in* (2000) 39 I.L.M. 1027 (entered into force 11 September 2003). Canada ratified the *Convention on Biological Diversity* on 4 December 1992; it is a signatory to the *Cartagena Protocol* since 19 April 2001.

dans nos rivières par les usines de pâtes et papiers. Ce rapport fait suite au dépôt d'une plainte de sept groupes écologistes contre un millier d'infractions commises entre 1995 et 2000. Selon le rapport, le gouvernement ... n'a rien fait pour arrêter ces déversements toxiques dans nos rivières ... Le ministre peut-il nous dire quelles mesures concrètes il va prendre aujourd'hui?

Hon. John Baird (Minister of the Environment):

We take the issues contained in [this report] very seriously. When it comes to the quality of our water ... the migratory birds at risk and other issues raised, we take them very seriously and we will move to work with the provincial governments to ensure that these important concerns are addressed ... We are prepared to look at what we can do to ensure that our record on environmental enforcement is stronger. We think that is an important priority for Canadians and it is certainly something that has my attention.

(*House of Commons Debates, 6 February 2007, pp.6469-70)*
(Débats de la Chambre des Communes, le 6 février 2007, pp.6469-70)

Hon. Anita Neville (Winnipeg South Centre):

The fact that the U.S. turned on ... [Devils Lake's] tap without notifying the government is of great concern to Canadians ... [T]he government has to take real action to ensure that our waters are not being contaminated ... How can Canadians be sure that no alien species have invaded our waters?

Hon. Peter MacKay (Minister of Foreign Affairs and Minister of the Atlantic Canada Opportunities Agency):

Our government is of course very concerned about the biodiversity and the health of our lakes and waters. This decision by the government of North Dakota is extremely troubling. We have signalled that ... at the highest levels to members of the United States government. We continue to call upon North Dakota to close this gap until such time as the proper technical equipment is in place to prevent any species from entering our waters.

(*House of Commons Debates, 18 June 2007, pp. 10749-50)*
(Débats de la Chambre des Communes, le 18 juin 2007, pp. 10749-50)

(d) Reserves of Fresh Water / Les réserves d'eau douce

M. Serge Cardin (Sherbrooke):

Les provinces ont des lois qui protègent leurs ressources en eau et qui interdisent l'exportation d'eau en vrac. Le gouvernement peut-il nous confirmer que, par ses compétences en matière de commerce international, il compte veiller à ce qu'aucun accord commercial ne diminue la capacité ... des provinces à protéger leurs réserves d'eau douce?

Hon. David Emerson (Minister of International Trade and Minister for the Pacific Gateway and the Vancouver-Whistler Olympics):

Under the *International Boundary Waters Treaty Act,*[15] it is against federal law to export bulk water in Canada. The government is committed to maintaining water in its natural state. Water in its natural state is not subject to NAFTA or World Trade Organization strictures.

(House of Commons Debates, 1 May 2007, p.8928)
(Débats de la Chambre des Communes, le 1 mai 2007, p. 8928)

(e) UN Environment Program / Le programme environnemental des Nations Unies

L'hon. Lucienne Robillard (Westmount — Ville-Marie):

Aujourd'hui, le directeur du programme environnemental des Nations Unies affirme que la communauté internationale fut déçue du Canada à Nairobi, que la communauté internationale regrette que le Canada ait reculé sur ses engagements ... Le [gouvernement] écoutera-t-il finalement toutes les voix qui s'élèvent contre son approche environnementale peu crédible?

Mr. Mark Warawa (Parliamentary Secretary to the Minister of the Environment):

The environment minister had very good meetings with her international counterparts and they were establishing a workshop that will be held within weeks. The EU, U.K. and United States will all be participating in discussions on carbon trading. This government takes climate change seriously ... The environment minister stayed in Kenya for an extra couple of days and a MOU on conservation was signed with the Kenya government.

(House of Commons Debates, 27 November 2006, p.5365)
(Débats de la Chambre des Communes, le 27 novembre 2006, p. 5365)

[15] Editor's note: R.S.C. 1985, c. I-17.

(f) UN Framework Convention on Climate Change[16] and the Kyoto Protocol[17] / Convention-cadre des Nations Unies sur les changements climatiques et le Protocole de Kyoto

Hon. John Godfrey (Don Valley West):

[T]he ministers of the environment for all Kyoto signatories met last week in Switzerland ... [Canada] was the chair of the meeting ... Why did [the Minister of the Environment] not table the program?

Hon. Rona Ambrose (Minister of the Environment):

I have also chaired four international Kyoto conferences ... representing over 160 countries worldwide. We are also participating in the G-8 talks on climate change, the Asia-Pacific partnership. We are ... engaging the United States on their RGGI climate change system. We are ... in talks with California about its new legislation ... [N]otre plan va au-delà de Kyoto. En effet ... [il] s'attaque à la pollution atmosphérique de même qu'au changement climatique.

(*House of Commons Debates, 21 September 2006, p. 3089*)
(*Débats de la Chambre des Communes, le 21 septembre 2006, p. 3089*)

M. Gilles Duceppe (Laurier — Sainte-Marie):

Dans son rapport, la commissaire à l'environnement ... a qualifié de "trop peu, trop lentement" les efforts du gouvernement pour atteindre les objectifs du Protocole de Kyoto. Elle a aussi mentionné l'urgence d'établir des cibles qui permettront de réduire substantiellement les émissions de gaz à effet de serre. L[e gouvernement] va-t-il ... mett[r]e en place des mesures pour atteindre les objectifs du Protocole de Kyoto?

M. Jason Kenney (secrétaire parlementaire du premier ministre):

[C]e gouvernement va prendre la voie d'une réduction des émissions de gaz à effet de serre. Nous proposerons cette année la première loi canadienne sur l'air propre. [Mais] c'est une tâche difficile parce qu'on ... a

[16] Editor's note: *United Nations Framework Convention on Climate Change,* 9 May 1992, 1771 U.N.T.S. 107, U.N. Doc. A/AC.237/18 (Part II)/Add.1, reprinted in (1992) 31 I.L.M. 849 (entered into force 21 March 1994). Canada signed the Convention on 12 June 1992 and ratified it on 4 December 1992.

[17] Editor's note: *Kyoto Protocol* to the *United Nations Framework Convention on Climate Change,* 11 December 1997, UN Doc FCCC/CP/1997/7/Add.1, reprinted in (1998) 37 I.L.M. 32 (entered into force 16 February 2005). Canada ratified the protocol on 17 December 2002.

vu une augmentation de plus de 30 p. 100 des émissions de gaz à effet de serre.

Mr. Mark Warawa (Parliamentary Secretary to the Minister of the Environment):

We agree with the recommendations of the commissioner ... Our action will provide clean air and reduce greenhouse gas emissions.

(*House of Commons Debates, 28 September 2006, pp. 3385-86*)
(*Débats de la Chambre des Communes, le 28 septembre 2006, pp. 3385-86*)

Hon. Jack Layton (Toronto — Danforth):

Today is the two year anniversary of the coming into force of the Kyoto protocol and the government should be living up to its obligations ... [I]t turns out that Canada owes $525,000 under [the UN *Framework Convention on Climate Change*] ... Why is the government not paying its dues on the environment?

Hon. Peter Van Loan (Leader of the Government in the House of Commons and Minister for Democratic Reform):

We know there are others who would like to see Canada spend money, for example, on greenhouse gas hot air credits by giving billions to Russia. We believe in acting in Canada. We have done that through the ecoenergy program and the ecotrust proposal ... We are putting billions in the hands of Canadian provinces to have a program to make our environment cleaner ... We were committed to commitments internationally ... In fact, under the previous ... government, Canada went to 35% above its Kyoto commitments. Obviously, we have a big hole to dig out of.

(*House of Commons Debates, 16 February 2007, p. 6929*)
(*Débats de la Chambre des Communes, le 16 février 2007, p. 6929*)

L'hon. Stéphane Dion (chef de l'opposition):

La prochaine rencontre du G-8 sera très importante pour aider l'humanité à lutter contre la pire menace écologique à laquelle elle fait face: les changements climatiques. La présidence allemande insiste pour que la déclaration finale comporte des cibles obligatoires de réduction des gaz à effet de serre, ce à quoi s'oppose l'administration Bush. Nous voulons savoir ... de quel côté penchera le Canada. Mettra-t-il son poids du côté de l'accélérateur ou du côté du frein?

Le très hon. Stephen Harper (premier ministre):

À la réunion du G-8 ... le Canada aura pour la première fois un plan pour la réduction absolue des émissions de gaz à effet de serre ... [T]his will be the first time ever that a prime minister of Canada will be attending a G-8 with an actual plan to have absolute reduction of greenhouse gas emissions in Canada ... [I]n order to have an effective international protocol post 2012, we need to have all major emitters, including the United States and China, as part of that effort. Canada will be working to try to create that consensus.

(*House of Commons Debates, 28 May 2007, pp. 9806-07*)
(*Débats de la Chambre des Communes, le 28 mai 2007, pp. 9806-07*)

(g) Wildlife Trafficking / Trafic d'animaux sauvages

Mr. Brian Fitzpatrick (Prince Albert):

International wildlife trafficking is a serious problem around the world. The threats to wildlife from poaching and the illegal trade in animal parts from endangered species is a very important fight which Canada must be a part of ... [W]hat action our government is taking to fight wildlife trafficking?

Hon. John Baird (Minister of the Environment):

We are very pleased to join the Coalition against Wildlife Trafficking. This international trade around the globe is some $10 billion and we want to take real, substantive action.

(*House of Commons Debates, 16 April 2007, p. 8235*)
(*Débats de la Chambre des Communes, le 16 avril 2007, p. 8235*)

2 *Foreign Affairs / Affaires étrangères*

(a) China / Chine

Mr. Paul Szabo (Mississauga South):

Diplomatic relations with China are in shambles and disarray. The foreign affairs minister even accused China of espionage in Canada. Strong relations with China are vital to bilateral trade, to human rights and to terrorism, and is essential to the resolution of issues such as the imprisonment of Canadian citizen, Huseyin Celil. Relations with China must be returned to strengthened mutual respect. What is the government doing to repair [the situation]?

Hon. Peter MacKay (Minister of Foreign Affairs and Minister of the Atlantic Canada Opportunities Agency):

When I met last week with the foreign minister from China, we had a very open and fulsome discussion on a number of issues, including some consular cases of which the hon. member is familiar. Our relations with China are strong and are on a very good foundation. We are continuing to work on a number of economic issues. [The Government has] trips planned there in the future ... We will continue to elevate and work very hard on this important relationship with China.

(*House of Commons Debates, 29 September 2006, pp. 3435-36*)
(*Débats de la Chambre des Communes, le 29 septembre 2006, pp. 3435-36*)

(b) Colombia / Colombie

Mme Johanne Deschamps (Laurentides — Labelle):

Aujourd'hui, la ministre des Affaires étrangères de la Colombie est en visite à Ottawa pour rencontrer divers ministres et organismes, dont l'ACDI. Le ministre des Affaires étrangères profitera-t-il de sa rencontre avec son homologue pour faire pression auprès du gouvernement colombien pour que ce dernier respecte le jugement de la Cour constitutionnelle colombienne qui reconnaît que les groupes humanitaires financés par l'ACDI ne sont pas des groupes terroristes?

L'hon. Peter MacKay (ministre des Affaires étrangères et ministre de l'Agence de promotion économique du Canada atlantique):

J'ai une rencontre, aujourd'hui, avec la ministre des Affaires étrangères de la Colombie. Je suis certain que nous aurons de bonnes discussions à propos des nombreux enjeux. Mon intention est de soulever cet enjeu avec beaucoup d'autres. Je suis aussi certain que la nouvelle ministre des Affaires étrangères aura beaucoup d'enjeux dont elle voudra discuter avec moi ... [et] que nous aurons la chance d'avoir une bonne discussion.

(*House of Commons Debates, 25 September 2006, p. 3193*)
(*Débats de la Chambre des Communes, le 25 septembre 2006, p. 3193*)

(c) Estonia / Estonie

Mr. Patrick Brown (Barrie):

In recent weeks, following an Estonian decision to relocate a Soviet occupation era war memorial, Estonia has been the victim of ethnic clashes, cyber attacks and assaults on Estonian diplomats in Russia as the Russian government has stepped up the rhetorical attacks on Estonia. Is Canada standing up for the freedom and democracy of our NATO ally, Estonia?

Hon. Helena Guergis (Secretary of State (Foreign Affairs and International Trade) (Sport)):

Canada stands strongly by Estonia, a NATO ally and friend of Canada, in the face of intimidation from Russia or any other country. During the height of the tensions over this incident, our foreign affairs minister communicated to Russia in the strongest terms our concerns over the Russians' actions and reminded them of their obligations under international law. Whether the acts against Estonia are in cyberspace or in the streets of Moscow or Tallinn, Canada will continue to support the government and people of Estonia in the face of any aggressive act ... Estonia is a responsible global citizen, including the deployment of forces to southern Afghanistan.

(*House of Commons Debates, 30 May 2007, p. 9925*)
(*Débats de la Chambre des Communes, le 30 mai 2007, p. 9925*)

(d) European Union / Union européenne

Hon. Bill Graham (Leader of the Opposition):

[The Prime Minister cancelled a summit with the EU]. Canada worked ... hard to establish a privileged relationship with the European Union involving twice yearly summits, once in Europe and once in Canada. How can the Prime Minister pull out of the Canada-EU summit?

Mr. Jason Kenney (Parliamentary Secretary to the Prime Minister):

The Prime Minister did meet with the presidency of the European Union this summer at the margins of the G-8 summit in St. Petersburg. He is looking forward to, hopefully, a very productive result-oriented summit with the European Union next spring. He will, of course, be meeting many European heads of government later this month at the NATO heads of government summit in Europe as well. We continue to work closely with our European partners to achieve our shared objectives ... The Prime Minister ... could not maintain the trip to Finland in his schedule [given his participation in] both the NATO heads of government summit and the APEC heads of government summit ...

(*House of Commons Debates, 6 November 2006, pp. 4746-47*)
(*Débats de la Chambre des Communes, le 6 novembre 2006, pp. 4746-47*)

(e) Fiji / Fidji

Mrs. Nina Grewal (Fleetwood — Port Kells):

Very recently in Fiji there have been threats of possible action against the democratically elected government by some elements of the Fijian armed forces. This action could result in political instability in that region. Could the [Government] share [its] reaction to this news?

Mr. Deepak Obhrai (Parliamentary Secretary to the Minister of Foreign Affairs):

Canada is very concerned about the threats made against the democratically elected government of Fiji by the commander of the military forces. Canada believes in freedom, democracy, human rights and the rule of law. It is critical that the armed forces in Fiji respect these principles.

(*House of Commons Debates, 3 November 2006, p. 4699*)
(*Débats de la Chambre des Communes, le 3 novembre 2006, p. 4699*)

(f) Francophonie / Francophonie

M. Daniel Petit (Charlesbourg — Haute-Saint-Charles):

[Le gouvernement] était à Bucarest, la semaine dernière, pour le 11e sommet de la Francophonie. La ministre a annoncé un protocole d'entente entre le Canada et la France. Peut-elle nous donner les détails de ce protocole?

L'hon. Josée Verner (ministre de la Coopération internationale et ministre de la Francophonie et des Langues officielles):

J'ai effectivement scellé, la semaine dernière, un protocole d'entente avec la France sur la coopération pour le développement, ce qui est une première entre nos deux pays. Il amènera notamment la France et le Canada à œuvrer dans le cadre d'initiatives conjointes en Haïti et en Afrique, où nos deux pays sont particulièrement actifs et engagés. Parmi les autres secteurs de collaboration, notons l'éducation, la gouvernance, l'environnement et l'égalité entre les hommes et les femmes. Ce protocole contribuera à renforcer l'efficacité de notre aide.

(*House of Commons Debates, 2 October 2006, p. 3492*)
(*Débats de la Chambre des Communes, le 2 octobre 2006, p. 3492*)

(g) International Youth Programs / Programmes internationaux pour les jeunes

Hon. Keith Martin (Esquimalt — Juan de Fuca):

The young professionals international program was an outstanding program that provided young people with the ability to gain valuable international experience, then come back and work in the Department of Foreign Affairs, in CIDA and in international NGOs ... Why [did the] government cut [this] program?

Hon. Peter MacKay (Minister of Foreign Affairs and Minister of the Atlantic Canada Opportunities Agency):

The Department of Foreign Affairs will focus its international youth programs on opportunities for young Canadians, between the ages of 18 and 30, through programs consisting of four components: the working holiday program; the student work abroad program; the young workers exchange program; and the co-op education. These are comparable programs, more efficient and they target the same age.

(*House of Commons Debates, 7 November 2006, p. 4827*)
(*Débats de la Chambre des Communes, le 7 novembre 2006, p. 4827*)

(h) Iran / Iran

Mr. Mike Wallace (Burlington):

Iran is currently holding 15 British sailors captive claiming that they trespassed in Iranian waters. However, the U.K. has denied that the crew trespassed. The UN Security Council issued the following statement:

> Members of the Security Council support calls, including by the Secretary-General in his 29 March meeting with the Iranian Foreign Minister, for an early resolution of this problem, including the release of the 15 United Kingdom personnel.

... [W]hat [is] our government's position ... on this matter?

Hon. Peter MacKay (Minister of Foreign Affairs and Minister of the Atlantic Canada Opportunities Agency):

We have called in the Iranian Chargé d'affaires to express Canada's concern over their actions in seizing British sailors in international waters that were clearly defined as Iraqi waters, not Iranian waters. We have called for the immediate release of these sailors ... We continue to express support for the British at this time and for the international community for Iran to come in line, not only with the release of these soldiers but also with the request from the UN Security Council that it cease and desist with its nuclear ambitions.

(*House of Commons Debates, 30 March 2007, p. 8185*)
(*Débats de la Chambre des Communes, le 30 mars 2007, p. 8185*)

(i) Liberia / Libéria

Hon. Bryon Wilfert (Richmond Hill):

Ellen Johnson-Sirleaf is an inspirational woman. Beyond being the first woman democratically elected president of an African country, she and her administration have taken sweeping steps to rid Liberia of corruption. Why did the Prime Minister yesterday refuse an official request to meet with the president of Liberia while she is in Ottawa?

Hon. Peter MacKay (Minister of Foreign Affairs and Minister of the Atlantic Canada Opportunities Agency):

This was a private meeting arranged by the president of Liberia. I met with her in my office for almost an hour. We discussed important issues of development and debt reduction. We had a very informed and very useful discussion on how Canada can continue to help the people of Liberia. We have been there for them in the past [and] ... will be there for them in the future. This is a very inspiring woman, one in whom the Government of Canada places a great deal of respect and a great deal of hope for the future of the people of Liberia.

(*House of Commons Debates, 28 March 2007, p.8033*)
(*Débats de la Chambre des Communes, le 28 mars 2007, p. 8033*)

(j) Middle East / Moyen-Orient

Mme Johanne Deschamps (Laurentides — Labelle):

La tragédie survenue ce mercredi, hier, dans la bande de Gaza où 18 civils, dont sept enfants, sont morts, n'a laissé personne indifférent. Toute la communauté internationale a déploré les tirs de roquettes qui ont envenimé la situation, mais aussi la violence de la riposte d'Israël et ses conséquences sur la population civile. Comment le [gouvernement] [a-t]-il [réagie à cette] violence?

Hon. Peter MacKay (Minister of Foreign Affairs and Minister of the Atlantic Canada Opportunities Agency):

Yesterday, we expressed sympathy to those victims and their families on behalf of the Government of Canada. We similarly expressed concern for this escalation in violence. We called upon the Palestinian Authority, as well as Israel, to take concrete steps toward reducing violence, protecting civilian life and taking all steps to move toward a peaceful solution.

(*House of Commons Debates, 9 November 2006, pp. 4972-73*)
(*Débats de la Chambre des Communes, le 9 novembre 2006, pp. 4972-73*)

(k) Palestine / Palestine

Mme Francine Lalonde (La Pointe-de-l'Île):

Depuis l'Accord de La Mecque qui a permis la création d'un gouvernement palestinien entre le Hamas, le Fatah et d'autres groupes, l'espoir d'une reprise des négociations avec Israël s'est fait jour. Plusieurs pays, l'Union européenne et ... le consulat américain à Jérusalem ont rencontré des ministres non-Hamas du gouvernement palestinien. Or, le ministre de l'Information, Mustafa Barghouti, un membre non-Hamas de l'autorité palestinienne, est à Ottawa aujourd'hui, et le ministre canadien des Affaires étrangères a refusé de le rencontrer ... [E]st-ce que le ministre ... ne rate pas une belle occasion de, peut-être, contribuer à régler ce conflit[?]

Hon. Peter MacKay (Minister of Foreign Affairs and Minister of the Atlantic Canada Opportunities Agency):

While I was speaking with President Abbas about this particular situation I reminded him that we are in fact very closely following developments in the peace process. This is a very sensitive issue ... and there is much progress that is being made. I advised the president that we continue to support his efforts to bring peace, in particular to the territories, but until such time as we see progress in the area of the quartet principles, which call for the recognition of Israel ... the cessation of violence and ... the road map to be adhered to, we are not going to deal directly with a terrorist organization, namely, Hamas.

(*House of Commons Debates, 28 March 2007, p. 8035*)
(*Débats de la Chambre des Communes, le 28 mars 2007, p. 8035*)

(l) Pakistan / Pakistan

Mr. David Tilson (Dufferin — Caledon):

Pakistan is increasingly being identified as an important element of a comprehensive strategy to address the security situation in Afghanistan ... [W]hat action Canada is taking to encourage Pakistan to improve the security situation in Afghanistan?

Hon. Peter MacKay (Minister of Foreign Affairs and Minister of the Atlantic Canada Opportunities Agency):

While Pakistan is indeed an important ally in the fight against terror, Pakistan and Afghanistan need to do more to combat the instability and poverty exploited by the Taliban insurgency. Canada has offered solutions to help better police the border, a point that I made during my recent visit in January to both countries. A Canadian multi-departmental border security assessment team has just recently returned from surveying that border and meeting with officials in those countries ... These recommendations will be used to jointly develop new effective border management projects. These efforts are important for the safety of Pakistan, Afghanistan and Canadians and the success of the overall mission.

(*House of Commons Debates, 27 February 2007, pp. 7385-86*)
(*Débats de la Chambre des Communes, le 27 février 2007, pp. 7385-86*)

(m) Security and Prosperity Partnership of North America[18] / Partenariat nord-américain pour la sécurité et la prospérité

L'hon. Jack Layton (Toronto — Danforth):

Les discussions sur le Partenariat nord-américain pour la sécurité et la prospérité touchent les gens ordinaires ... On parlera ... de sécurité, de transport, d'environnement, de santé et d'intégration de manière de plus en plus profonde ... Pourquoi le ministre ne dévoile-t-il pas l'ordre du jour de ces réunions?

Hon. Peter Van Loan (Leader of the Government in the House of Commons and Minister for Democratic Reform):

The reality is that this is a very open and transparent process. It is an agreement between the United States, Canada and Mexico designed to facilitate as much as possible the movement of individuals and trade, and to ensure that we can protect our economic security in the process and ensure prosperity for all ... [T]he result of the discussion [is that] we should continue this process in a very positive way.

(*House of Commons Debates, 23 February 2007, pp. 7253-54*)
(*Débats de la Chambre des Communes, le 23 février 2007, pp. 7253-54*)

[18] Editor's note: The Security and Prosperity Partnership of North America (SPP) was launched in March 2005 as "an ongoing dialogue that seeks to address common challenges, strengthen security and enhance the quality of life for the citizens of Canada, the United States, and Mexico" (see Canada at <www.spp-psp.gc.ca>).

(n) United States of America / États-Unis

Mr. Omar Alghabra (Mississauga — Erindale):

It is mid-term election time in the United States and a Republican television attack ad has outraged many Canadians. The ad says in part, "Let Canada take care of North Korea, they're not busy." Is this what Canadians should be expecting as the outcome of cozying up to Mr. Bush?

Hon. Peter MacKay (Minister of Foreign Affairs and Minister of the Atlantic Canada Opportunities Agency):

The country has greatly benefited by improved relations with the United States as well other countries when it came to important and contentious trade irritants and other issues.

(*House of Commons Debates, 25 October 2006, p. 4228*)
(*Débats de la Chambre des Communes, le 25 octobre 2006, p. 4228*)

Mr. Laurie Hawn (Edmonton Centre):

The rules requiring all air travellers to present acceptable documentation for travel to the United States are now in effect. For most Canadians, a passport will be the document of choice but for frequent travellers to the U.S. there is an alternative in the NEXUS program ... [H]ow a membership in the NEXUS program can expedite border clearance?

Hon. Stockwell Day (Minister of Public Safety):

I was pleased to be in Toronto yesterday at Pearson International Airport where we announced the extension of the NEXUS program. It has been successfully piloted in Vancouver. Thousands of Canadians now enjoy the program. Any Canadian citizen or permanent resident can apply for the program with a background check. Once they receive the card they will be able to cross the border at any of the airports. It eventually will be extended across Canada. With the card, people only need to look into an iris screener, touch the screen for quick access to the questions and then they can immediately cross the border. Children 18 years and younger can also apply for the program free of charge.

(*House of Commons Debates, 13 February 2007, p. 6774*)
(*Débats de la Chambre des Communes, le 13 février 2007, p. 6774*)

(o) Health / Santé

Ms. Tina Keeper (Churchill):

Two Canadians are fighting for their lives in a Toronto hospital after contracting botulism from contaminated carrot juice ... [T]he Public Health Agency of Canada and the Canadian Food Inspection Agency saw the warnings and advisories from the U.S. a full two weeks before they passed this information on to public health officials ... Will the Minister of Health please explain why he failed to protect the health and safety of Canadians?

Hon. Chuck Strahl (Minister of Agriculture and Agri-Food and Minister for the Canadian Wheat Board):

This is a very serious case which concerns me and the Canadian Food Inspection Agency. There was an isolated case. When it became two cases, we were notified. Working with our FDA partners in the United States, immediately, within 24 hours, a recall notice was put out and there was a health advisory alert. We took immediate action to bring that to the attention of Canadian consumers.

(*House of Commons Debates, 24 October 2006, p. 4180*)
(*Débats de la Chambre des Communes, le 24 octobre 2006, p. 4180*)

(p) HIV-AIDS / VIH-SIDA

Ms. Ruby Dhalla (Brampton — Springdale):

[What is] Canada's [international] funding commitment for HIV-AIDS?

L'hon. Josée Verner (ministre de la Coopération internationale et ministre de la Francophonie et des Langues officielles):

[L]e sida est un obstacle majeur au développement des pays qui ont besoin de notre aide. Et pour aider à combattre ce fléau, le gouvernement a versé 250 millions de dollars dans le Fonds mondial de lutte contre le SIDA, la tuberculose et le paludisme dès le début de son mandat; 60 p. 100 de ces fonds seront affectés à la lutte contre le sida. De plus, lors du dernier Sommet du G8, le premier ministre a annoncé également que l'ACDI va consacrer 450 millions de dollars en 10 ans à l'amélioration des systèmes de santé de l'Afrique.

(*House of Commons Debates, 30 October 2006, pp. 4409-10*)
(*Débats de la Chambre des Communes, le 30 octobre 2006, pp. 4409-10*)

Mr. Mike Wallace (Burlington):

HIV-AIDS affects people from all walks of life in all parts of the world. Earlier this week, the [Government], along with Mr. Bill Gates, announced funding for research into the development of an HIV vaccine. [What is] the importance of this initiative in regard to HIV-AIDS research?

L'hon. Josée Verner (ministre de la Coopération internationale et ministre de la Francophonie et des Langues officielles):

Hier, le gouvernement du Canada a annoncé un investissement de 111 millions de dollars dans l'initiative canadienne de vaccins contre le VIH, en compagnie de M. Bill Gates. Cet investissement majeur démontre notre leadership sur la scène internationale en matière de recherche et de prévention dans la lutte contre le VIH-sida. À cela s'ajoute, bien entendu, notre contribution de 250 millions de dollars au Fonds mondial de lutte contre le sida, la tuberculose et le paludisme, sans compter l'octroi de 120 millions de dollars que nous avons accordés en décembre dernier pour appuyer près d'une vingtaine de projets.

(*House of Commons Debates, 21 February 2007, p. 7131*)
(*Débats de la Chambre des Communes, le 21 février 2007, p. 7131*)

(q) Malaria / Malaria

Hon. Keith Martin (Esquimalt — Juan de Fuca):

The Canadian Red Cross has an excellent program [on combating malaria]. It has just rolled out a bed net program that is saving millions of children from the scourge of malaria ... Will the government ... continue to fund [this] life-saving initiative ... ?

L'hon. Josée Verner (ministre de la Coopération internationale et ministre de la Francophonie et des Langues officielles):

Nous avons annoncé tout récemment avec la Croix-Rouge que 875 000 moustiquaires imprégnés d'insecticides seraient envoyés en Sierra Leone. Voilà ce que nous faisons afin de venir en aide aux enfants atteints de la malaria.

(*House of Commons Debates, 29 November 2006, p. 5515*)
(*Débats de la Chambre des Communes, le 29 novembre 2006, p. 5515*)

Mrs. Joy Smith (Kildonan — St. Paul):

Every year malaria kills more than one million people and more than 900,000 of them are in sub-Saharan Africa. In Africa, this disease kills more children per year than any other disease. This morning, the Minister of International Cooperation announced a ... program that aims to distribute bed nets on the African continent. Could the minister ... tell the House more about this very important initiative?

L'hon. Josée Verner (ministre de la Coopération internationale et ministre de la Francophonie et des Langues officielles):

La lutte contre le paludisme est une des priorités de notre gouvernement. Ce matin, j'ai annoncé que le Canada versera 20 millions de dollars à la Croix-Rouge canadienne pour un programme permettant la distribution gratuite de près de 2,5 millions de moustiquaires de lits en Afrique. Le nouveau gouvernement du Canada a déjà investi plus de 46 millions de dollars dans la lutte contre le paludisme. Selon les responsables de la Croix-Rouge canadienne, on estime qu'entre 53 000 et 88 000 vies pourront être sauvées grâce à ce programme.

(*House of Commons Debates, 17 April 2007, p. 5515*)
(*Débats de la Chambre des Communes, le 17 avril 2007, p. 5515*)

3 Human Rights / Droits de la personne

(a) Child Poverty / Pauvreté des enfants

Mme France Bonsant (Compton — Stanstead):

Un rapport de l'UNICEF situe le Canada au 12e rang des pays de l'OCDE en ce qui a trait à la qualité des conditions de vie des enfants ... Par conséquent, qu'attend le gouvernement pour transmettre ... aux provinces ... les fonds nécessaires pour améliorer le sort de nos enfants?

Mrs. Lynne Yelich (Parliamentary Secretary to the Minister of Human Resources and Social Development):

We are very concerned about child poverty. That is why we have addressed child poverty through ... the universal child care benefit. Every child under the age of six receives $100 per month, which equals $1,200 a year. We did that in the first half of our mandate and that includes every child under six in [Quebec]. It does not matter which wage bracket they are in, and we are working for the poor.

(*House of Commons Debates, 16 February 2007, p. 6935*)
(*Débats de la Chambre des Communes, le 16 février 2007, p. 6935*)

(b) China / Chine

Mr. Gord Brown (Leeds — Grenville):

It is reported that Chinese border guards fired on a group of about 70 unarmed Tibetans who were attempting to cross the border from China into Nepal. A 17-year-old nun was killed. The guards also reportedly took some Tibetans into custody, mostly children aged six to eight. [W]hat representation has been made to the Chinese government and what measures are being taken to have these children returned to their families?

Hon. Peter MacKay (Minister of Foreign Affairs and Minister of the Atlantic Canada Opportunities Agency):

Canada strongly condemns this act of violence against unarmed civilians as an egregious violation of human rights. We have formally raised these concerns. About the incident, we will follow up further with the Chinese government and we intend to reiterate Canada's strong condemnation of this gross human rights violation. We have called upon the Chinese to conduct a full, independent investigation and punish those responsible, as well as release the detained Tibetan children immediately to their families and abide by the relevant international obligations, including those under the UN Convention of the Rights of Children.

(*House of Commons Debates, 18 October 2006, p. 3931*)
(*Débats de la Chambre des Communes, le 18 octobre 2006, p. 3931*)

(c) Guantanamo Bay / La baie de Guantánamo

Hon. Bill Graham (Toronto Centre):

In the last five years, the American detention centre at Guantanamo Bay has lost its legitimacy. Hundreds have been imprisoned but only a few have ever been charged with a crime ... Basic principles of human rights are flagrantly abused in ways that tell others it is acceptable to ignore the rights of their citizens. Why does the government [abstain from] ... what the world calls out for, which is the closure of this unacceptable detention centre?

Hon. Peter MacKay (Minister of Foreign Affairs and Minister of the Atlantic Canada Opportunities Agency):

We know that there is intention in the near future to see this facility closed. Clearly, Canada has a grave concern about any human rights violations that take place. We have been given assurances that all proper humanitarian efforts are made to protect the rights of detainees ... Both this government and previous governments have always condemned torture and human rights violations.

(*House of Commons Debates, 1 February 2007, p. 6286*)
(*Débats de la Chambre des Communes, le 1 février 2007, p. 6286*)

(d) Immigration / Immigration

Mrs. Nina Grewal (Fleetwood — Port Kells):

What role is immigration playing to address labour shortages?

Hon. Monte Solberg (Minister of Citizenship and Immigration):

The truth is that Canada was built on immigration. We need more immigrants. We need them to be better off. That is why we have gone ahead with off-campus work permits for international students [and] put $307 million into settlement funding.

(*House of Commons Debates, 21 September 2006, p. 3090*)
(*Débats de la Chambre des Communes, le 21 septembre 2006, p. 3090*)

(e) Migrant Workers / Travailleurs migrants

Mme Meili Faille (Vaudreuil-Soulanges):

Amnistie internationale dénonce encore les conditions de travail des aides domestiques [au Canada] ... Les Nations Unies ont adopté, en 2003, une convention qui vise à assurer une meilleure protection de tous les travailleurs migrants.[[19]] Qu'attend le Canada pour la signer? ... Le gouvernement reconnaîtra-t-il qu'un des moyens qui s'offrent à lui pour soustraire les travailleurs [immigrants illégaux] aux abus éventuels serait de régulariser leur statut pour les sortir de la clandestinité?

Hon. Monte Solberg (Minister of Citizenship and Immigration):

We have great concern for migrant workers, workers of all kinds. We have rules in place regarding labour conditions and we work with the provinces to ensure that those standards are met ... We are looking for ways to make it easier for tradespeople and people who do not necessarily have a university degree to come here. In fact, we have raised the number of temporary workers who come here quite dramatically. We are going to do more on that file, but we are not going to allow people to jump the queue and get ahead of the 800,000 people who are trying to come here by regular means. That is not the Canadian way. We have to be fair to people who are trying to get here legally.

[19] Editor's note: *Convention on the Protection of the Rights of All Migrant Workers and Members of Their Families*, 18 December 1990, GA/Res 45/158, *reprinted in* (1991) 30 I.L.M. 1517 (entered into force 1 July 2003).

(*House of Commons Debates, 27 October 2006, p. 4356*)
(*Débats de la Chambre des Communes, le 27 octobre 2006, p. 4356*)

Mme Meili Faille (Vaudreuil-Soulanges):

Le gouvernement américain s'oppose à ce que des employés ayant certaines doubles citoyennetés travaillent à la réalisation de contrats militaires confiés à la compagnie montréalaise CAE ... Le gouvernement entend-il protester formellement auprès des autorités américaines devant cette violation de la Charte des droits?

Hon. Peter MacKay (Minister of Foreign Affairs and Minister of the Atlantic Canada Opportunities Agency):

We have in fact raised this issue already with the highest levels of the American government ... to deal specifically with th[is] unfairness ... We have established a working group in the Department of Foreign Affairs, complete with American officials, to find a suitable solution to this issue ... We have had a number of occasions to speak directly to the American ambassador.

(*House of Commons Debates, 1 November 2006, p. 4534*)
(*Débats de la Chambre des Communes, le 1 novembre 2006, p. 4534*)

(f) Multiculturalism, Cultural Diversity, and Heritage / Multiculturalisme, la diversité culturelle et le patrimoine

Mme Vivian Barbot (Papineau):

Le Sommet de la Francophonie se tiendra dans les prochains jours à Bucarest, en Roumanie, et la Convention sur la diversité culturelle n'est toujours pas adoptée par l'ensemble des pays francophones.[20] Le gouvernement canadien ... entend-il multiplier les démarches pour que cette Convention soit adoptée officiellement lors de ce sommet?

Mme Sylvie Boucher (Secrétaire parlementaire du Premier ministre et de la ministre de la Francophonie et des Langues officielles):

Nous travaillons très fort pour que la dualité linguistique de notre pays soit reconnue partout à travers le monde.

[20] Editor's note: *Convention on the Protection and Promotion of the Diversity of Cultural Expressions*, 20 October 2005, (entered into force 18 March 2007), at <www.unesco.org/culture/diversite/convention/>. Canada has become the first state to ratify the convention on 23 November 2005.

(*House of Commons Debates, 25 September 2006, p. 3190*)
(*Débats de la Chambre des Communes, le 25 septembre 2006, p. 3190*)

Mme Christiane Gagnon (Québec):

La ministre du Patrimoine canadien entend-elle promouvoir activement la création d'un secrétariat pour [la Convention sur la protection et la promotion de la diversité des expressions culturelles] et compte-elle prendre fait et cause pour qu'il soit établi dans la ville de Québec?

Hon. Bev Oda (Minister of Canadian Heritage and Status of Women):

We will be participating in the meetings this June, in Paris, to set up the intergovernmental committee. Canada wants to be a member of that committee. We want to host the first international meeting of that committee [and] ... will be contributing to the implementation and the measures taken by every country that is a signature.

(*House of Commons Debates, 12 February 2007, p. 6698*)
(*Débats de la Chambre des Communes, le 12 février 2007, p. 6698*)

Mr. Gerald Keddy (South Shore — St. Margaret's):

The Juno Beach Interpretation Centre in Normandy, France is an excellent facility that commemorates the role and the sacrifice of Canada's military during the Second World War. A group of World War II veterans formed the Juno Beach Association and with their president, Garth Webb, they were the driving force behind the creation of the centre. It is acknowledged as a forum for learning and building awareness of the role of Canada in the world ... What is the government doing to assist in the operation of the only facility in Europe where Canada commemorates the Second World War?

Hon. Greg Thompson (Minister of Veterans Affairs):

I appreciate the chance to pay tribute to our veterans, the corporate citizens and more than 18,000 individual Canadian donors who made the Juno Beach Centre a reality. They were determined to have a lasting memorial to honour the men and women who made remarkable efforts during the Second World War. The centre was built on the Normandy coast. Today, at Lester Pearson Catholic High School, the Prime Minister and I had a chance to recognize veterans like Garth Webb and, to show our unwavering support, we announced $5 million in funding over the next decade so the Juno Beach Centre will never again be in jeopardy.

(*House of Commons Debates, 15 February 2007, p. 6896-97*)
(*Débats de la Chambre des Communes, le 15 février 2007, p. 6896-97*)

(g) Protecting Canadians Abroad / Protection des Canadiens à l'étranger

M. Gilles Duceppe (Laurier — Sainte-Marie):

[D]ans son rapport rendu public hier, le commissaire Dennis O'Connor a innocenté Maher Arar et a blâmé sévèrement la GRC pour son travail dans ce dossier. L'enquête a démontré que la GRC a transmis de l'information inexacte aux autorités américaines, ce qui a contribué au renvoi de Maher Arar en Syrie, où il a été emprisonné et torturé pendant près d'un an. Le commissaire recommande au gouvernement canadien de dédommager M. Arar pour les préjudices et les dommages subis. Le commissaire O'Connor ayant blanchi Maher Arar et rétabli sa réputation, le [Gouvernement] a-t-il l'intention de faire sa part en indemnisant M. Arar?

Le très hon. Stephen Harper (premier ministre):

Nous avons reçu le rapport du juge O'Connor et nous avons l'intention de suivre ses recommandations. Nous préparons notre réponse aussi rapidement que possible. Il est clair que M. Arar a subi une injustice, et ce gouvernement a l'intention d'agir.

(*House of Commons Debates, 19 September 2006, p. 2976*)
(*Débats de la Chambre des Communes, le 19 septembre 2006, p. 2976*)

Mr. Wayne Marston (Hamilton East — Stoney Creek):

Huseyincan Celil is a Canadian. The Chinese government is holding him against our country's will and it has violated international law. It does not get more serious than this ... When will the government send a diplomatic mission to China to ... appoint a special envoy to stand up for this Canadian?

Mr. Deepak Obhrai (Parliamentary Secretary to the Minister of Foreign Affairs):

We are highly concerned with this case. The Prime Minister, when he was at the ASEAN meeting in Vietnam, met with the president of China and expressed his concern ... We are keeping a watch and we are talking constantly to ensure that this Canadian citizen's rights are maintained.

(*House of Commons Debates, 28 November 2006, p. 5460*)
(*Débats de la Chambre des Communes, le 28 novembre 2006, p. 5460*)

Hon. Maurizio Bevilacqua (Vaughan):

There have been 15 homicides involving Canadians in Mexico since the year 2000. Many of the cases remain unsolved. Over the past year, three of my constituents, Adam DePrisco and Dominic and Nancy Ianeiro were killed while vacationing in Mexico ... What specifically will the [Government] be demanding from the Mexican [authorities] to ensure the protection of Canadians?

Hon. Helena Guergis (Secretary of State (Foreign Affairs and International Trade) (Sport)):

The Minister of Foreign Affairs has raised on a number of occasions with his counterpart in Mexico the situations that we have there ... He has requested very thorough, timely and transparent investigations on all outstanding cases. He is in fact in Mexico again this week and he will do so again.

(*House of Commons Debates, 6 February 2007, p. 6470*)
(*Débats de la Chambre des Communes, le 6 février 2007, p. 6470*)

Hon. Irwin Cotler (Mount Royal):

Canadians have been shocked to learn that nine-year-old Kevin, a Canadian citizen, is being held with his parents at a detention centre in Texas criticized for its deplorable conditions, abusive behaviour towards detainees, lack of privacy and inadequate health care. Like Kevin, over 170 children and their parents are currently detained under such deplorable prison-like conditions ... This is not the way young Kevin, a Canadian citizen, should be treated ... [W]hat the government is doing to help this Canadian boy and his parents?

Hon. Peter Van Loan (Leader of the Government in the House of Commons and Minister for Democratic Reform):

This government takes very seriously its responsibility for all Canadians. Canadian consular officials are providing consular services to the child in question. The Canadian government does provide consular services to all Canadians who need help abroad. This is, however, a sensitive, private matter ... The family has explicitly requested that their privacy be respected.

(*House of Commons Debates, 2 March 2007, p. 7552*)
(*Débats de la Chambre des Communes, le 2 mars 2007, p. 7552*)

Mme Caroline St-Hilaire (Longueuil — Pierre-Boucher):

Depuis juillet 2006, le jeune Maxim Charbonneau, un citoyen canadien, est emprisonné en Haïti sans qu'aucune accusation crédible ne soit portée contre lui ... Qu'est-ce que le [Gouvernement] attend pour intervenir personnellement auprès du gouvernement haïtien afin de faire sortir Maxim Charbonneau de prison?

Hon. Peter MacKay (Minister of Foreign Affairs and Minister of the Atlantic Canada Opportunities Agency):

This particular individual ... has received consular visits. The Canadian government has made interventions on his behalf, and on behalf of the family, with the highest levels ... of the Haitian government, including the Prime Minister and the Minister of Justice. We will continue to pressure and work with the Haitian government to see that this case results in a fair trial ... [W]e will continue to work on behalf of Mr. Charbonneau to see that he is treated fairly.

(*House of Commons Debates, 19 March 2007, p. 7603*)
(*Débats de la Chambre des Communes, le 19 mars 2007, p. 7603*)

Hon. Bryon Wilfert (Richmond Hill):

Two Canadian brothers, Mohamed Kohail who is 22, and his 16-year-old brother, Sultan, are being held in a Saudi Arabian jail facing execution ... [Has] any Canadian officials ... visited these two brothers, what condition are they in and what is being done to ensure that these Canadian citizens receive due process?

Hon. Peter MacKay (Minister of Foreign Affairs and Minister of the Atlantic Canada Opportunities Agency):

We have had four visits now with the boys in Saudi Arabia. We are very concerned about allegations of mistreatment there. They will have continued consular access [and] ... legal representation there. We have made representations to the Saudi government about our concern for their well-being ... [T]he legal representation is not provided by the Government of Canada. However, we will continue to work with our officials at the Saudi Arabia embassy and with the two young Canadians.

(*House of Commons Debates, 18 May 2007, pp. 9753-54*)
(*Débats de la Chambre des Communes, le 18 mai 2007, pp. 9753-54*)

(h) Rights of Persons with Disabilities / Droits des personnes handicapées

Mr. Ron Cannan (Kelowna — Lake Country):

The United Nations General Assembly recently adopted the *Convention on the Rights of Persons with Disabilities* [[21]] ... What [are] Canada's plans ... with respect to the signing and ratification of this convention?

Hon. Peter MacKay (Minister of Foreign Affairs and Minister of the Atlantic Canada Opportunities Agency):

Canada was very proud to have participated in this important negotiation on the *Convention on the Rights of Persons with Disabilities.* The ... convention promises to be an important tool for the protection and promotion of human rights of persons with disabilities. The convention, of course, is an essential part which will need to be consulted with the provinces and territories as they will be responsible for implementing these changes in relation to the education, health and employment of persons with disabilities. We are looking forward to working actively and expeditiously with the provinces to see that we bring this matter forward in a positive way.

(*House of Commons Debates, 13 February 2007, p. 6773*)
(*Débats de la Chambre des Communes, le 13 février 2007, p. 6773*)

(i) Rights of Women / Droits des femmes

Mrs. Joy Smith (Kildonan — St. Paul):

On Monday the director of women's affairs in Kandahar, Safia Amajan, was murdered outside her home by two gunmen on a motorcycle. She had been a teacher, an advocate for women's rights for more than three decades and ran an underground girls' school during Taliban rule ... [W]hat is the government's reaction to this outrage?

Hon. Peter MacKay (Minister of Foreign Affairs and Minister of the Atlantic Canada Opportunities Agency):

Safia Amajan ... devoted her life to advancing women's rights, to seeing that young girls were able to go to school. Her life was cut short by a brutal and violent attack by terrorists ... Canada condemns this heinous crime which, among the other recent attacks, including those that have hurt Afghan children, demonstrates that these terrorists seek only to destroy life and the fundamental freedoms which we hold dear and these

[21] Editor's note: *Convention on the Rights of Persons with Disabilities,* with the Optional Protocol, 13 December 2006, GA Res. 61/611, (entered into force 3 May 3, 2008). Canada signed the convention on 30 March 2007. Canada has not signed the Optional Protocol, <www.un.org/disabilities/>.

will not be abandoned. Canada, alongside 36 other countries serving this NATO-led UN backed mission, will work with the Afghan people to support their efforts, to support the enhancement of women's rights to integrate fully into civil society.

(*House of Commons Debates, 27 September 2006, pp. 3313-14*)
(*Débats de la Chambre des Communes, le 27 septembre 2006, pp. 3313-14*)

Mrs. Nina Grewal (Fleetwood — Port Kells):

What action has [been] taken to express [Canada's] concerns to Japan over Prime Minister Abe's statements that he saw no evidence that coercion was used by Japanese military authorities to force so-called comfort women into service in military brothels?

Hon. Peter MacKay (Minister of Foreign Affairs and Minister of the Atlantic Canada Opportunities Agency):

Canada has enormous sympathy for comfort women who endured great suffering during World War II. The abuse of the comfort women is a deplorable story and these wrongs and their enormously painful era should not be forgotten but should be addressed in a compassionate and progressive way ... I relayed those sentiments when I spoke to the Japanese foreign minister this week. I sought clarification on the issues of the apology to these women and the regrettable comments of the prime minister of Japan. He confirmed that thee government would stand by the 1993 apology made by chief cabinet secretary, Kono, and previous prime ministers that Japan acknowledges the involvement of military authorities of the day, extends its sincere apologies and remorse to all of those comfort women.

(*House of Commons Debates, 20 March 2007, p. 7668*)
(*Débats de la Chambre des Communes, le 20 mars 2007, p. 7668*)

4 *Self-Determination / Autodétermination*

(a) UN Declaration on the Rights of Indigenous People / Déclaration des Nations Unies sur les droits des peuples autochtones

M. Gilles Duceppe (Laurier — Sainte-Marie):

Le [gouvernement] n'est-il pas mal à l'aise d[e] ... coprésider [le] ... Forum socioéconomique des Premières nations du Québec à Mashteuiatsh ... alors que son gouvernement s'apprête à voter de nouveau contre la Déclaration des Nations Unies sur les droits des peuples autochtones, cette fois devant l'Assemblée générale des Nations Unies?

Le très hon. Stephen Harper (Premier ministre):

Ce gouvernement a des inquiétudes au regard de la déclaration [sur les droits des peuples autochtones] ... puisque plusieurs parties ne respectent pas la Constitution canadienne ... Certaines sections de cette [déclaration] ... posent des difficultés à notre gouvernement. Et nous travaillons à l'amélioration de ladite entente.

(*House of Commons Debates, 25 October 2006, p. 4221-22*)
(*Débats de la Chambre des Communes, le 25 octobre 2006, p. 4221-22*)

Hon. Anita Neville (Winnipeg South Centre):

Indigenous people around the world are the most disadvantaged in society. The Departments of Foreign Affairs, of Indian Affairs, of National Defence, all three opposition parties, along with Kofi Annan and Louise Arbour publicly support the UN declaration on the rights of indigenous people. Contrary to all advice, the ... government ... has been one of most aggressive opponents of the declaration. How can the government say that it is a protector of human rights when it opposed the rights of indigenous people around the world?

Mr. Rod Bruinooge (Parliamentary Secretary to the Minister of Indian Affairs and Northern Development and Federal Interlocutor for Métis and Non-Status Indians):

The Government of Canada's position on the draft declaration has been consistent with the previous government's position over the last 10 years that this draft declaration has been negotiated. It is hoped that it will continue to be negotiated so that it is in a format that works for Canada ... Our government is proceeding with real initiatives for first nations people ... and actually extend human rights to first nations people on reserve.

(*House of Commons Debates, 8 June 2007, p. 10351*)
(*Débats de la Chambre des Communes, le 8 juin 2007, p. 10351*)

(b) Québec / Québec

M. Gilles Duceppe (Laurier — Sainte-Marie):

En campagne électorale, le premier ministre a promis que le Québec aurait un siège à l'UNESCO. Quelques mois plus tard, il a annoncé que le Québec aurait non pas un siège, mais un observateur au sein de la délégation canadienne à l'UNESCO. Nous voilà six mois plus tard, l'observateur du Québec n'a toujours pas été nommé et il n'y a même pas d'entente administrative qui a été signée entre le gouvernement du Québec et celui du Canada.

Comment le [gouvernement] explique-t-il que, six mois après avoir annoncé en grande pompe la nomination d'un observateur québécois à l'UNESCO, celui-ci ne soit pas encore nommé?

Le très hon. Stephen Harper (Premier ministre):

Ce gouvernement a signé une entente historique avec le gouvernement du Québec pour sa pleine participation à l'UNESCO ... [I]l n'y avait pas de blocage. C'est au gouvernement de choisir son propre représentant.

(*House of Commons Debates, 23 October 2006, p. 4105*)
(*Débats de la Chambre des Communes, le 23 octobre 2006, p. 4105*)

Mme Vivian Barbot (Papineau):

Le premier ministre peut-il nous dire si oui ou non, pour lui, le Québec constitue une nation?

L'hon. Michael Chong (Président du Conseil privé de la Reine pour le Canada, ministre des Affaires intergouvernementales et ministre des Sports):

Ce gouvernement s'est engagé à créer un fédéralisme d'ouverture, qui met à profit les forces que chaque province et chaque territoire apporte à notre fédération et qui reconnaît la culture, la tradition du droit civil et la majorité d'expression française du Québec. Notre gouvernement s'occupe des priorités des Québécois, soit le soutien aux familles, les baisses de taxes et la lutte contre la criminalité ... Notre gouvernement a déjà posé des gestes concrets qui démontrent la place unique qu'occupe le Québec dans le Canada. Telle est la conclusion sur le rôle du Québec à l'UNESCO et notre appui aux célébrations du 400e anniversaire de Québec.

(*House of Commons Debates, 20 November 2006, pp. 5076-77*)
(*Débats de la Chambre des Communes, le 20 novembre 2006, pp. 5076-77*)

(c) UN Millenium Objectives / Objectifs du Millénaire des Nations Unies

M. Steven Blaney (Lévis — Bellechasse):

[Le gouvernement] a participé hier à la Conférence promesse du millénaire ... [à] Montréal ... Le [gouvernement] pourrait-il nous faire part de l'annonce faite hier ... par [le Canada]?

Mr. Ted Menzies (Parliamentary Secretary to the Minister of International Cooperation):

[The Government] yesterday announced that Canada, through CIDA, would contribute $45 million over five years to UNICEF and the United Nations. This contribution will provide essential drugs and vaccines to treat children with common infections. It will also help prevent pregnancy related deaths. Our government provides over $100 million a year, through UNICEF, for various initiatives throughout the developing world.

(*House of Commons Debates, 10 November 2006, p. 5025*)
(*Débats de la Chambre des Communes, le 10 novembre 2006, p. 5025*)

(d) Zimbabwe / Zimbabwe

Hon. Keith Martin (Esquimalt — Juan de Fuca):

Robert Mugabe is engaged in massive human rights violations against his own people. Zimbabweans now have the shortest lifespan in the world, a shocking 33 years ... [Since the Government has] cut ... [Canada's] aid for the country, will [it now] ... expel the Zimbabwean high commissioner to Canada?

Hon. Peter MacKay (Minister of Foreign Affairs and Minister of the Atlantic Canada Opportunities Agency):

The monstrous behaviour of President Mugabe is one that should be condemned by all, which I and the parliamentary secretary have done publicly. We continue to work on all multilateral mechanisms to bring about some compliance with universal standards of human rights and good governance. We are going to continue to work on this issue, not withdraw from this issue.

(*House of Commons Debates, 24 April 2007, p. 8626*)
(*Débats de la Chambre des Communes, le 24 avril 2007, p. 8626*)

5 *International Criminal Law/ Droit pénal international*

(a) International Criminal Court / Cour pénale internationale

Hon. Ken Dryden (York Centre):

Because of repeated statements by Iranian officials, including the president of Iran, for the annihilation of Israel and for Israel to be wiped off the map, a foreign affairs subcommittee passed a motion for the government to ask the United Nations, under its charter, to stop this incitement to commit genocide and to refer the matter to the International Criminal Court. Of all the members on the subcommittee, only the two Conservative members voted against it, no one else. Why?

Hon. Peter MacKay (Minister of Foreign Affairs and Minister of the Atlantic Canada Opportunities Agency):

All members of this House agree with the substance, and the sentiment is shared. President Ahmadinejad's comments with respect to Israel are hateful. Canada does not accept such hatred, such intolerance and anti-Semitism of any kind. This motion calls for a referral to the courts, which would give President Ahmadinejad a platform to proclaim his noxious views on Israel and the Holocaust. It is highly unlikely that this motion would pass. With respect to that, Canada will continue to have its voice heard loud and clear in the international community on the promotion of hatred as we have seen coming out of Iran.

(*House of Commons Debates, 14 May 2007, p. 9435*)
(*Débats de la Chambre des Communes, le 14 mai 2007, p. 9435*)

(b) Terrorism / Terrorisme

Mr. Gord Brown (Leeds — Grenville):

Today the Air-India Victims Families Association, the Canadian Resource Centre for Victims of Crime, and the Canadian Coalition against Terror all called on parliamentarians to extend two crucial anti-terrorism provisions brought in by the former ... government ... [What is] the importance of these measures for the safety of Canadians?

Hon. Stockwell Day (Minister of Public Safety):

Up until 9/11 Canada had the tragic record of being the country that had the most citizens killed in a single terrorist attack. That was, of course, the horrendous Air-India bombing. Families have an opportunity to find out about what went on.

(*House of Commons Debates, 19 February 2007, pp. 6996-97*)
(*Débats de la Chambre des Communes, le 19 février 2007, pp. 6996-97*)

6 International Humanitarian Law / Droit international humanitaire

(a) Arms Control and Disarmament / Contrôle des armements et le désarmement

Hon. Keith Martin (Esquimalt — Juan de Fuca):

Small arms and light weapons kill more than 150,000 people a year ... 100 countries support the establishment of [the UN] treaty ... to ban and stem the proliferation of small arms and light weapons.[22] ... Why has the ... Conservative government removed Canada from supporting the establishment of [this] treaty[?]

Hon. Peter MacKay (Minister of Foreign Affairs and Minister of the Atlantic Canada Opportunities Agency):

We have not withdrawn support for this treaty ... We supported British efforts in this regard. It is ongoing at the United Nations as we speak.

(*House of Commons Debates, 19 October 2006, p. 4011*)
(*Débats de la Chambre des Communes, le 19 octobre 2006, p. 4011*)

Mr. Rick Norlock (Northumberland — Quinte West):

This past Tuesday North Korea announced its intention to conduct a nuclear test ... This announcement has provoked a strong reaction by the international community as it is a threat to regional peace and stability. What is Canada doing to respond to this threat?

Hon. Peter MacKay (Minister of Foreign Affairs and Minister of the Atlantic Canada Opportunities Agency):

The North Korea[n] attempt to conduct a nuclear test in the future ... is seen as very provocative. It undermines regional peace and stability. It is unacceptable to Canada, as it is to the entire international community. Canada has repeatedly urged North Korea to dismantle its nuclear weapons program and refrain from proliferation, or risk further international isolation and condemnation. The government remains in close contact with our allies on this issue. We will raise our objections with North Korea every opportunity we get and we will, again, strongly urge North Korea to return to the six party talks.

(*House of Commons Debates, 5 October 2006, p. 3717*)
(*Débats de la Chambre des Communes, le 5 octobre 2006, p. 3717*)

Mr. Bill Siksay (Burnaby — Douglas):

The Norwegian government opened talks yesterday to ban cluster bombs throughout the world. Cluster bombs have a history of causing mass civilian casualties and indiscriminate death ... Will the [Government] today

[22] Editor's note: *United Nations Programme of Action to Prevent, Combat and Eradicate the Illicit Trade in Small Arms and Light Weapons in All Its Aspects,* 20 July 2001, UN Doc A/CONF.192/15, <http://disarmament.un.org/cab/salw.html>.

commit to show leadership on this issue and agree to a moratorium? Will Canada destroy any cluster bombs in Canadian stockpiles?

Mr. Deepak Obhrai (Parliamentary Secretary to the Minister of Foreign Affairs):

Canada signed on to the agreement in Oslo, Norway to ban cluster bombs.[23] Canada participated in it and now will work with that process to ensure that it becomes an international treaty.

(*House of Commons Debates, 23 February 2007, pp. 7259-60*)
(*Débats de la Chambre des Communes, le 23 février 2007, pp. 7259-60*)

Ms. Alexa McDonough (Halifax): International delegates are meeting in Vienna to prepare for the next round of nuclear non-proliferation treaty talks ... Canada claims to support our twin obligations to advance both nuclear non-proliferation and nuclear disarmament, yet Canada is silent in the face of NATO policies to maintain strategic nuclear weapons and to sanction the use of nuclear weapons as a first strike option. Nuclear non-proliferation will not happen in the absence of genuine nuclear disarmament on nuclear possessing states. These principles go hand in hand. [Does the] government ... want ... to be a leader [on the nuclear non-proliferation and disarmament issue]?

Hon. Peter MacKay (Minister of Foreign Affairs and Minister of the Atlantic Canada Opportunities Agency):

I recently took the opportunity while in Oslo, Norway at a NATO meeting to discuss this subject with the German foreign minister who is currently serving as president of NATO. This particular subject matter will remain very important to all Canadians. We take opportunities to raise it at multilateral forums ... Canada is a signatory to the non-proliferation treaty[24] and the ban remains in place.
(*House of Commons Debates, 8 May 2007, p. 9212*)
(*Débats de la Chambre des Communes, le 8 mai 2007, p. 9212*)

7 Humanitarian Intervention and Aid / Aide et l'intervention humanitaire

[23] Editor's note: Oslo Conference on Cluster Munitions, *Declaration,* 22–23 February 2007, at <www.clusterprocess.org/>.

[24] Editor's note: *Treaty on the Non-Proliferation of Nuclear Weapons,* 1 July 1968, 729 U.N.T.S. 161, reprinted in (1968) 7 I.L.M. 811 (entered into force 5 March 1970). Canada ratified the treaty on 1 August 1969.

(a) Afghanistan / Afghanistan

M. Claude Bachand (Saint-Jean):

[L]e gouvernement canadien vient d'annoncer un nouveau contingent d'environ 200 soldats qui va s'ajouter aux troupes déjà présentes en Afghanistan. Comme le gouvernement a déjà autorisé la prolongation de cette mission en Afghanistan ... nous aimerions savoir ... si ce nouveau contingent est un ajout ponctuel ou s'il s'agit d'un premier ajout qui risque d'être suivi par d'autres ultérieurement?

Hon. Gordon O'Connor (Minister of National Defence):

I want to offer my condolences to the military families and their friends relating to the four casualties we had last night. It is a very sad event for the military. [T]he military made an assessment that it needed additional infantry and armour and engineers to fulfill its requirements in the area to provide better security for both our reconstruction effort and for our security forces. We have provided the military with what it needed ... [O]ur troops on the ground said that they needed some improvements to improve their security, and we have done that. [We] are approaching NATO to encourage NATO countries to provide more resources to Afghanistan.

(*House of Commons Debates, 18 September 2006, p. 2894*)
(*Débats de la Chambre des Communes, le 18 septembre 2005, p. 2894*)

Mme Vivian Barbot (Papineau):

La mission canadienne en Afghanistan ne doit pas être qu'une mission militaire, mais aussi une mission humanitaire qui permette l'établissement d'un système plus démocratique ... Le [Gouvernement] pourrait-il faire le point quant à l'aspect humanitaire et démocratique de la mission canadienne en Afghanistan? ... [Est-ce que] le gouvernement canadien s'apprête à modifier la nature de la mission en Afghanistan pour permettre aux soldats d'aller jusqu'au Pakistan, comme le laisse entendre une source de l'OTAN?

L'hon. Josée Verner (ministre de la Coopération internationale et ministre de la Francophonie et des Langues officielles):

[L]'ACDI a fait l'objet de louanges de la part d'un haut placé à la Banque mondiale quant à l'efficacité de son aide et sur ses méthodes de suivi pour s'assurer que l'argent se rend bien à la population ... Nous avons d'ailleurs accru notre budget au printemps dernier de façon à s'assurer que l'on offre des alternatives aux agriculteurs en Afghanistan, que l'on puisse permettre aux enfants d'aller à l'école, que l'on puisse permettre la construction de cliniques et d'autres infrastructures afin d'aider la population afghane à se prendre en main.

Hon. Gordon O'Connor (Minister of National Defence):

The report that came out in the press which said that we said we were sending troops to Pakistan is totally false. What we were discussing was exchanging one liaison officer with the Pakistan army. We have no intention of changing the tasks or the activity within Afghanistan.

(*House of Commons Debates, 18 September 2006, p. 2896*)
(*Débats de la Chambre des Communes, le 18 septembre 2006, p. 2896*)

M. Claude Bachand (Saint-Jean):

Le gouvernement a obtenu un mandat jusqu'en 2009 pour la mission de l'armée canadienne en Afghanistan. Or le premier ministre a laissé entendre que ce mandat pourrait éventuellement être prolongé au-delà de 2009 ... Le [Gouvernement] se rend-il compte qu'il est en train de prendre des engagements alors même que la mission actuelle est un sérieux défi pour l'armée canadienne?

Hon. Gordon O'Connor (Minister of National Defence):

Canada and NATO will exit Afghanistan when we are confident that governance, development and security are satisfactory and irreversible.

(*House of Commons Debates, 19 September 2006, p. 2977*)
(*Débats de la Chambre des Communes, le 19 septembre 2006, p. 2977*)

M. Daniel Petit (Charlesbourg — Haute-Saint-Charles):

[Est-ce que le gouvernement] pourrait-[il] dire ... ce qu'[il] a accompli lors de son récent voyage en Afghanistan?

L'hon. Josée Verner (ministre de la Coopération internationale et ministre de la Francophonie et des Langues officielles):

L'Afghanistan est le principal bénéficiaire de l'aide internationale canadienne. Il était donc essentiel pour moi d'aller sur le terrain dans le but de travailler avec les spécialistes en développement, de rencontrer les dignitaires du gouvernement afghan et, bien entendu, de soutenir notre mission en Afghanistan. Lors de ce voyage, j'ai également lancé de nouveaux projets axés sur l'aide humanitaire, sur les femmes et les filles, et sur l'infrastructure en Afghanistan, surtout à Kandahar. Bref, ces nouveaux projets totalisent plus de 40 millions de dollars.

(*House of Commons Debates, 25 October 2006, p. 4227*)
(*Débats de la Chambre des Communes, le 25 octobre 2006, p. 4227*)

(b) Darfur / Darfour

Hon. Keith Martin (Esquimalt — Juan de Fuca):

[The] government said that enforcement action or military intervention is required when peaceful means have failed. Genocide is occurring. Diplomacy has failed and the time for half-measures is over ... [W]hy is the government ... saying that an intervention is required in Darfur now, but it will not support that same intervention?

Hon. Peter MacKay (Minister of Foreign Affairs and Minister of the Atlantic Canada Opportunities Agency):

Canada is doing an incredible job supporting the people of Darfur ... [and] contributing over $320 million.

(*House of Commons Debates, 4 October 2006, p. 3644*)
(*Débats de la Chambre des Communes, le 4 octobre 2006, p. 3644*)

Mr. Glen Pearson (London North Centre):

Fifty thousand Darfur refugees have converged in the region in recent weeks, with many more expected in the coming months. The International Organization for Migration and the United Nations are on the scene, but desperately need the help of the international community. If the government committed just $6 million, it would mean the difference of between life and death for thousands of families. Will the government answer this plea and alleviate what is already a desperate situation?

L'hon. Josée Verner (ministre de la Coopération internationale et ministre de la Francophonie et des Langues officielles):

Jusqu'à présent, le gouvernement a consenti 35 millions de dollars en aide humanitaire au Darfour. La situation est effectivement très préoccupante. Nous la suivons de très près, mais nous devons également nous assurer que les travailleurs humanitaires pourront œuvrer dans le milieu le plus sûr possible.

(*House of Commons Debates, 8 February 2007, p. 6585*)
(*Débats de la Chambre des Communes, le 8 février 2007, p. 6585*)

Mr. James Lunney (Nanaimo — Alberni):

In his latest report to the Security Council on Darfur, the United Nations Secretary-General reiterated that increasing violence has stretched the capacity of the African Union mission in Sudan. Canada has played a leadership role in supporting AMIS, but now it is clear that AMIS is desperately underfunded and under-equipped. What is the status of Canada's support for this mission?

Hon. Peter MacKay (Minister of Foreign Affairs and Minister of the Atlantic Canada Opportunities Agency):

Canada continues to support the African Union mission in Sudan and its efforts to promote the ceasefire and protect civilians. In fact, to this end, Canada has committed $48 million to continue our critical support to the end of the AMIS current mandate of June 30, 2007. We are among the largest donors ... In fact, my colleague from international development announced $13 million just last week ... [O]ur continued support includes 25 leased helicopters, two fixed wing aircraft, and money to the African Union to purchase fuel to fly this critical air support.

(*House of Commons Debates, 1 March 2007, p. 7506*)
(*Débats de la Chambre des Communes, le 1 mars 2007, p.7506*)

(c) Pakistan / Pakistan

Mr. Peter Goldring (Edmonton East):

October 8 marked the first anniversary of the earthquake that hit south Asia and particularly Pakistan. Canada was quick and successful in responding to relief efforts. We gave support for health care and emergency shelters that saved lives by preventing the spread of disease and protecting people from winter conditions ... Would the minister outline Canada's new contribution to the people of Pakistan?

L'hon. Josée Verner (ministre de la Coopération internationale et ministre de la Francophonie et des Langues officielles):

L'ACDI fournira une aide supplémentaire de 40 millions de dollars [au Pakistan] pour ses activités de reconstruction. Ces fonds serviront notamment à reconstruire des écoles. Notre gouvernement démontre ainsi son engagement à lutter contre la pauvreté et à s'engager à long terme avec ses partenaires. L'ACDI suivra de près l'évolution de la situation sur le terrain et s'assurera de la bonne utilisation de ces fonds.

(*House of Commons Debates, 17 October 2006, p. 3889*)
(*Débats de la Chambre des Communes, le 17 octobre 2006, p. 3889*)

(d) Prisoners of War / Prisonniers de la guerre

Hon. Stéphane Dion (Leader of the Opposition):

Canadians have great confidence in the work of the men and women serving our country in Afghanistan ... The Minister of National Defence has apologized for providing inaccurate information to the House about the situation of prisoners of war, but the questions remain ... [What the Government is doing] ... about the safety of human beings and Canada's responsibility to uphold human rights and international law?

Hon. Peter Van Loan (Leader of the Government in the House of Commons and Minister for Democratic Reform):

We have made human rights a cornerstone of our foreign policy. It is our policy in Afghanistan to ensure that all detainees are treated in accordance with the Geneva conventions.[[25]] We have an agreement with the Afghan government that it shall do that. We expect it, as a sovereign government, to honour that agreement. We have recently entered into an agreement with the Afghan independent commissioner of human rights. This will also ensure that we have another check to ensure the human rights of detainees are respected.

(*House of Commons Debates, 19 March 2007, p. 7598*)
(*Débats de la Chambre des Communes, le 19 mars 2007, p. 7598*)

(e) Refugees / Réfugiés

Mme Johanne Deschamps (Laurentides — Labelle):

Jean Bosco Rwiyamirira, un Rwandais qui a obtenu le titre de bénévole de l'année au Québec en 2005 et qui a réclamé l'asile politique, a été expulsé du Canada le 3 octobre dernier. Il serait emprisonné dans la capitale rwandaise depuis plus d'une semaine maintenant. Ses enfants de 10 ans et 14 ans, déportés avec lui, seraient laissés à eux-mêmes en Afrique. Comment le gouvernement peut-il justifier la décision d'expulser ce Rwandais, compte tenu du fait qu'il avait demandé l'asile politique parce qu'il craignait justement pour sa sécurité dans son pays d'origine?

[25] Editor's note: *Geneva Convention Relative to the Treatment of Prisoners of War* (*Geneva Convention III*), 12 August 1949, 75 U.N.T.S. 135 (entered into force 21 October 1950). Canada ratified the convention on 14 May 1965. Canada is also a party, since 20 November 1990 (by ratification), to the *Protocol Additional to the Geneva Conventions of 12 August 1949, and Relating to the Protection of Victims of International Armed Conflicts* (Protocol I), 8 June 1977, 1125 U.N.T.S. 3 (entered into force 7 December 1978). Both the convention and the protocol provide for the treatment of the prisoners of war.

Hon. Monte Solberg (Minister of Citizenship and Immigration):

When refugee claim applications are made, these applications are all determined by independent officers. If someone meets the criteria as a refugee they are accepted. Pre-removal risk assessments are also done to determine if people are in danger. If there are incidents where people will be endangered when they are returned to their home countries, obviously Canada will do everything it can to ensure their safety.

(*House of Commons Debates, 30 October 2006, p. 4413*)
(*Débats de la Chambre des Communes, le 30 octobre 2006, p. 4413*)

Mme Meili Faille (Vaudreuil-Soulanges):

Selon la section canadienne d'Amnistie internationale, le Comité contre la torture des Nations Unies a rendu des décisions favorables aux allégations de torture de personnes qui se sont vu refuser le droit d'asile au Canada. Dans le cas Falcon Rios, le Comité contre la torture a demandé au Canada de mettre en place une section d'appel des réfugiés et il a réitéré cette demande lors de sa dernière évaluation. Le gouvernement peut-il s'engager à régulariser la situation de ces personnes, à la suite de ces considérations humanitaires d'une instance réputée des Nations Unies?

Mr. Ed Komarnicki (Parliamentary Secretary to the Minister of Citizenship and Immigration):

There is no question that Canada has one of the finest refugee programs in the world. Indeed, the United Nations High Commissioner has said so and has indicated that other countries model on this program. We have various appeal routes that can be taken to the Federal Court by leave to appeal and actually appeal. We also have a humanitarian and compassionate ground application process that can be taken by applicants at any time. It is certainly a system that we are proud of ... We are always looking at ways to make the system better than it is, but ... the system has various aspects ... to be looked at on its merits ... We have to look at all [circumstances] in conjunction before a decision is made.

(*House of Commons Debates, 8 December 2006, pp. 5855-56*)
(*Débats de la Chambre des Communes, le 8 décembre 2006, pp. 5855-56*)

8 Law of the Sea / Droit de la mer

(a) Fisheries / Pêches

Mr. Norman Doyle (St. John's East):

On Monday evening, [a] foreign fishing vessel was caught misreporting its catch on the Grand Banks just outside Canada's 200 mile limit. It was clear that the vessel had over-reported its actual catch of shrimp in order to later catch an illegal amount of Greenland halibut, a species under moratorium ... [W]hat has happened since? Is that vessel still breaking the rules in NAFO waters?

Hon. Loyola Hearn (Minister of Fisheries and Oceans):

Our fisheries officers boarded the Spanish boat and found that the captain was misreporting catch. Our colleagues from the EU came on board and verified that. Spain immediately ordered the boat out of the NAFO zone.

(House of Commons Debates, 26 October 2006, p. 4305)
(*Débats de la Chambre des Communes, le 26 octobre 2006, p. 4305*)

(b) High Seas / Haute Mer

Mr. Peter Stoffer (Sackville — Eastern Shore):

Today in the United Nations there is a debate going on among countries around the world to stop high seas dragging. Australia has led the way. The United Kingdom and other countries now are following suit ... Will [the Government of Canada] ... show leadership and ... support a moratorium on high seas dragging?

Hon. Loyola Hearn (Minister of Fisheries and Oceans):

We are glad to see that President Bush and the United States are now supporting our direction [in NAFO]. In relation to dragging ... we are working with our UN counterparts to make sure that we protect the habitat [and] ... the fish stocks, but ... we have to make sure our decisions are based on science ... We will take the leadership in doing whatever has to be done to achieve that aim.

(House of Commons Debates, 4 October 2006, pp. 3643-44)
(*Débats de la Chambre des Communes, le 4 octobre 2006, pp. 3643-44*)

Mr. Fabian Manning (Avalon):

How ... has [the issue of] banning bottom trawling on the high seas ... been resolved at the UN?

Hon. Loyola Hearn (Minister of Fisheries and Oceans):

With the leadership of Canada and our friends from Australia, in the wee hours of the morning, we arrived at a resolution where we have complete consensus from all the countries involved as it moves forward to the United Nations General Assembly.

(House of Commons Debates, 23 November 2006, p. 5271)
(Débats de la Chambre des Communes, le 23 novembre 2006, p. 5271)

(c) Northwest Atlantic Fisheries Organization (NAFO) / Organisation des pêches de l'Atlantique Nord-Ouest (l'OPANO)

Mr. Gerald Keddy (South Shore — St. Margaret's):

The adoption of the 1995 United Nations Fish Stocks Agreement [[26]] was supposed to give the Northwest Atlantic Fisheries Organization some teeth. Yet, the agreement [has not been] implemented by NAFO and the result has been rampant overfishing ... Can the [Government] please tell Canadians how [it] is fighting overfishing and delivering actions?

Hon. Loyola Hearn (Minister of Fisheries and Oceans):

The Canadian delegation went to the NAFO meetings in Dartmouth last week with an inflexible mandate to not only reform the NAFO convention but also the monitoring, control and surveillance areas. This will establish a management regime on the continental shelf outside the 200 mile limit, the same as it has inside the 200 mile limit.

(House of Commons Debates, 25 September 2006, p. 3191)
(Débats de la Chambre des Communes, le 25 septembre 2006, p. 3191)

9 *Trade and Economy / Commerce et économie*

(a) Canadian Exports / Exports canadiens

Mr. Rick Casson (Lethbridge):

Could [the Government] inform the House of ... the accomplishments made for our [agricultural] producers?

Hon. Chuck Strahl (Minister of Agriculture and Agri-Food and Minister for the Canadian Wheat Board):

26 Editor's note: *United Nations Agreement for the Implementation of the Provisions of the United Nations Convention on the Law of the Sea of 10 December 1982 relating to the Conservation and Management of Straddling Fish Stocks and Highly Migratory Fish Stocks,* 4 August 1995, UN Doc. A/CONF.164/37 (entered into force 11 December 2001). Canada signed the agreement on 4 December 1995 and ratified it on 3 August 1999.

Last week I met with the American Secretary of Agriculture, Mike Johanns. We discussed and made good progress on ... nematodes, BSE and border issues. I appointed a new Canadian Wheat Board director. We have made good progress on marketing choice for prairie farmers. We invested $10 million to get farmers started in biofuels ... The money is starting to flow from our cover crop programs. We have extended compensation to the farmers affected by anthrax [and] accelerated the grains and oilseeds payment of $755 million and, more importantly, $2 billion will come into farmers' hands between now and the end of the year.

(*House of Commons Debates, 18 September 2006, p. 2897*)
(*Débats de la Chambre des Communes, le 18 septembre 2006, p. 2897*)

M. André Bellavance (Richmond — Arthabaska):

Il y a plus d'un mois maintenant, la frontière américaine a été fermée à l'exportation de pommes de terre du Québec après qu'on ait détecté la présence du nématode doré dans un champ, au sud de Montréal. Les producteurs ont pris les moyens nécessaires pour prévenir l'apparition du nématode sur d'autres terres, dont le lavage des produits ainsi que de l'équipement. Le ministre ... se rendra-t-il aux demandes de Québec en exerçant toutes les pressions nécessaires sur Washington afin que l'embargo sur les exportations de pommes de terre québécoises soit levé?

L'hon. Chuck Strahl (ministre de l'Agriculture et de l'Agroalimentaire et ministre de la Commission canadienne du blé):

J'ai discuté de ce problème à plusieurs reprises avec Mike Johans, secrétaire du département de l'Agriculture des États-Unis, et avec M. Vallières, ministre de l'Agriculture du Québec. Nous travaillons à minimiser le plus rapidement possible l'impact des contrôles à la frontière, et nous allons continuer de surveiller la situation de très près afin de réévaluer le besoin de compensation, tel qu'il se présentera.

(*House of Commons Debates, 22 September 2006, p. 3128*)
(*Débats de la Chambre des Communes, le 22 septembre 2006, p. 3128*)

(b) Economic Competitiveness / Compétitivité économique

Hon. Wayne Easter (Malpeque):

The ... government ... has failed to provide immediate cash to farmers as promised ... to hold the U.S. to account in terms of BSE, [and] ... to implement a GATT article XXVIII dairy tariff line as mandated by the House.

It has failed through its options program to address commodity price shortfalls and it has failed at the WTO. Will the minister ... provide the needed cash assistance [to] farmers?

Hon. Chuck Strahl (Minister of Agriculture and Agri-Food and Minister for the Canadian Wheat Board):

[The Government provided] $1.5 billion [as assistance] ... This government is delivering the goods for Canadian farmers ... [T]here will be $2 billion coming into the hands of farmers between now and the end of the year ... [W]e continue to work with our allies on liberalizing trade. We continue to push Pascal Lamy and others who are involved, whether it is through the Cairns Group, which happened last week in Australia, or in our continuing negotiations with our trading partners. Canada wants liberalized trade on farm trade, generally. We are moving ahead, wherever possible, with our allies to push that agenda forward.

(*House of Commons Debates, 25 September 2006, pp. 3192-93*)
(*Débats de la Chambre des Communes, le 25 septembre 2006, pp. 3192-93*)

Mrs. Nina Grewal (Fleetwood — Port Kells):

Given that Canada's major west coast ports are much closer to the vibrant market and commercial ports of Asia than our American competitors ... how will the Asia-Pacific gateway announcement made on October 11 help B.C. ports compete for a greater share of Asia-Pacific shipping and the west coast to become the great economic engine of Canada?

Hon. David Emerson (Minister of International Trade and Minister for the Pacific Gateway and the Vancouver-Whistler Olympics):

The government is committed to a productive, competitive and efficient economy. The gateways and corridors initiative is one part of this program. It is focused [and] efficient. It minimizes bureaucracy [and] decision delay. It accelerates funding of over $300 million with $591 million in total to be spent over the next five or six years.

(*House of Commons Debates, 16 October 16, 2006, p. 3811*)
(*Débats de la Chambre des Communes, le 16 octobre 2006, p. 3811*)

Hon. Belinda Stronach (Newmarket — Aurora):

Last week, the World Intellectual Property Organization released its annual report containing a bleak measure of Canada's international competitiveness. Patents show our strength at turning our research and development into commercial success and indicate where the new jobs will come from. Right now Japan, the United States, China, Russia, India, Sweden and Brazil all have better records in terms of patents filed. Canada ranks 30th in the world. Will the government introduce a competitiveness strategy in its economic update and will it include a measure to improve Canada's record of performance on patents?

L'hon. Maxime Bernier (ministre de l'Industrie):

Dans quelques semaines, ce gouvernement remplira une autre promesse, soit celle de consulter les scientifiques relativement à une nouvelle plateforme en sciences et technologie. À la suite de ces consultations, nous aurons une nouvelle stratégie qui se concrétisera dans le prochain budget.

(*House of Commons Debates, 25 October 2006, p. 4227*)
(*Débats de la Chambre des Communes, le 25 octobre 2006, p. 4227*)

Hon. Hedy Fry (Vancouver Centre):

Canada's economic security depends on our ability to be competitive and export our goods into emerging Asian markets. Asia contains the fastest growing economies in the world ... Why does the government delay and dilute ... the [Pacific] gateway strategy and Canada's global prosperity?

Mr. James Moore (Parliamentary Secretary to the Minister of Public Works and Government Services and Minister for the Pacific Gateway and the Vancouver-Whistler Olympics):

What we have done is put forward $600 million in the Asia-Pacific gateway for real projects that will get real results for British Columbians and all Canadians ... All the western provinces and indeed this entire government are supportive of the Pacific gateway. It is going to get real results for all Canadians.

(*House of Commons Debates, 8 December 2006, p. 5857*)
(*Débats de la Chambre des Communes, le 8 décembre 2006, p. 5857*)

(c) GMO Labelling Standards / Étiquetage des OGM [27]

M. Bernard Bigras (Rosemont — La Petite-Patrie):

[27] See also the Section on Environment — Biosafety earlier in this article.

Cela fait déjà trois ans que le gouvernement fédéral a adopté une norme volontaire sur l'étiquetage des OGM.[28] Malgré cela, pas une seule étiquette mentionnant les OGM n'a été trouvée par les consommateurs du Québec et du Canada. Sachant que plus de 80 p. 100 des consommateurs au Québec et au Canada veulent l'étiquetage obligatoire, une mesure déjà appliquée dans une quarantaine de pays, le gouvernement a-t-il l'intention de donner aux consommateurs le droit de savoir si leurs aliments contiennent, oui ou non, des OGM?

Hon. Chuck Strahl (Minister of Agriculture and Agri-Food and Minister for the Canadian Wheat Board):

This is of great interest to agriculture ministers, both federal and provincial ... We were also engaged in an international forum recently in Montreal. Up to 35 countries participated, again to try to find a way forward that would meet the needs of our international obligations while still allowing farm operations and our very safe food operations to continue in Canada. We are working on this, building consensus.

(*House of Commons Debates, 9 May 2007, p. 9251*)
(*Débats de la Chambre des Communes, le 9 mai 2007, p. 9251*)

(e) Imports into Canada / Importations au Canada

Mr. Rick Casson (Lethbridge):

For years our cattle industry has been calling for an easing of import restrictions on cattle from the U.S ... [W]hat Canada's ... government is doing to normalize our trading relationships with the Americans?

Hon. Chuck Strahl (Minister of Agriculture and Agri-Food and Minister for the Canadian Wheat Board):

To help out Canadian farmers, effective immediately, U.S. cattle can enter Canada without any blue tongue-related import requirements. As well, there will be reduced testing requirements for anaplasmosis. In addition, sheep, goats and other small ruminants will be able to be imported for breeding purposes.

(*House of Commons Debates, 6 February 2007, p. 6469*)
(*Débats de la Chambre des Communes, le 6 février 2007, p. 6469*)

[28] Editor's note: Canada, Standards Council of Canada, *Standard for Voluntary Labelling and Advertising of Foods That Are and Are Not Products of Genetic Engineering,* 15 April 2004.

(f) Investments / Investissement

M. Robert Vincent (Shefford):

La compagnie Téléglobe Canada, qui a été vendue à des intérêts privés il y a quelques années, annonce qu'elle diminuera ses activités au Canada et qu'elle déménagera plus de 200 emplois en Inde au cours des prochains mois. Le gouvernement ne pense-t-il pas que les lois canadiennes doivent être révisées de manière à faire face à la nouvelle réalité économique engendrée par la mondialisation?

L'hon. Maxime Bernier (ministre de l'Industrie):

Il est important de noter que le Canada a été bâti à même des capitaux étrangers. Le chemin de fer allant de la côte ouest à la côte est a été construit avec de l'argent qui venait d'Angleterre, avec de l'argent qui venait des Américains. Nous sommes ouverts aux capitaux étrangers ... Nous avons une loi, au Canada, que nous faisons respecter: la Loi sur Investissement Canada. Cette loi précise que tout investissement étranger doit être analysé dans un contexte où il y aura des bénéfices nets pour le Canada et pour le Québec. Nous respectons cette loi.

(*House of Commons Debates, 22 September 2006, p. 3131*)
(*Débats de la Chambre des Communes, le 22 septembre 2006, p. 3131*)

(g) Securities / Valeurs mobilières

Mme Paule Brunelle (Trois-Rivières):

Le [gouvernement] revient à la charge dans son [projet] de créer un organisme commun de réglementation des valeurs mobilières ... Le ministre des Finances entend-il faire une croix sur les prétentions des courtiers de la Bourse de Toronto, leur signifier que les valeurs mobilières sont une compétence exclusive du Québec et que le fédéral n'a pas à s'en mêler?

Hon. Jim Flaherty (Minister of Finance):

The efficacy of capital markets is very important in Canada to help encourage jobs and investment. I have had constructive discussions with my provincial colleagues with respect to that issue. This is not an issue dealing with the creation of any sort of national federal entity. It is an issue relating to the creation of a common securities regulator shared by all of us who are in government, the various governments in Canada. This would help put us in a position to have a stronger economic union and to move toward more free trade in securities, not only in North America but in the G-7 ...

The intention is to try to make the Canadian economic union work as well as it can. The IMF and the World Bank have looked at the issue and in their report they recommended that we, as governments in Canada, continue to pursue this option of making our capital markets more effective and more efficacious, which creates more liquidity in Canada, which creates more investment, more jobs for Canadians and more jobs in Quebec.

(*House of Commons Debates, 20 March 2007, p. 7670*)
(*Débats de la Chambre des Communes, le 20 mars 2007, p. 7670*)

(h) Softwood Lumber / Bois d'œuvre

M. Serge Cardin (Sherbrooke):

Selon la représentante américaine du Commerce international, Susan Schwab, le Québec et l'Ontario contreviendraient à l'Accord sur le bois d'oeuvre. Déjà, en juillet 2006 ... le Conseil de l'industrie forestière du Québec, tout en appuyant l'Accord, ont émis des craintes face à la clause anticontournement de l'accord. Qu'entend faire le [gouvernement] pour répondre aux allégations des Américains?

Hon. David Emerson (Minister of International Trade and Minister for the Pacific Gateway and the Vancouver-Whistler Olympics):

We just established our binational committee to review a number of issues under the softwood lumber agreement. These provincial practices will be discussed there. We had a very cordial first meeting. Other discussions are ongoing, on how provinces can come out from this agreement, and the exit ramps issue. A number of very positive constructive discussions are taking place ... The softwood lumber agreement protects Canadian forest policies ... [It also] protects us from more trade litigation and from more aggressive taxes and duties that would be very destructive for the Canadian forest industry. Therefore, it offers ... a lot of stability and ... security for the next seven to nine years.

(*House of Commons Debates, 27 February 2007, p. 7384*)
(*Débats de la Chambre des Communes, le 27 février 2007, p. 7384*)

Hon. Navdeep Bains (Mississauga — Brampton South):

The Minister of International Trade claimed the softwood lumber agreement was "far better than litigation." The U.S. has criticized our domestic softwood lumber policies. We have had one consultation meeting and it is clearly apparent that we are going to arbitration, in other words, back to court ... When will the minister acknowledge he signed a flawed deal [with] ... the U.S.?

Hon. David Emerson (Minister of International Trade and Minister for the Pacific Gateway and the Vancouver-Whistler Olympics):

If we did not have the softwood lumber agreement in place today, we would be facing NAFTA chapter 19 litigation. We would be facing duties of 30% to 40%. The softwood lumber agreement brings stability. It brings a process and a positive, constructive way to deal with these kinds of disputes.

(*House of Commons Debates, 9 May 2007, pp. 9248-49*)
(*Débats de la Chambre des Communes, le 9 mai 2007, pp. 9248-49*)

(i) Tourism Industry / Industrie du tourisme

Mr. Roger Valley (Kenora):

The ideological cuts we have seen from the ... government this week will have devastating effects on border tourism ... [T]housands of visitors have taken advantage of the GST rebate offered to tourists, stimulating cross-border traffic and tourism opportunities. Jerry Fisher of the Northwestern Ontario Tourism Association maintains this will be a devastating blow to the industry. How can the government ... justify the elimination of this business-friendly program?

Hon. John Baird (President of the Treasury Board):

Only 3% of visitors to Canada took advantage of this program; 97% of visitors to Canada did not take advantage of this program. We brought in a huge tax cut to help spur investment, to help spur consumer spending in Canada. That was called a 15% reduction in the goods and services tax.

(*House of Commons Debates, 29 September 2006, p. 3436*)
(*Débats de la Chambre des Communes, le 29 septembre 2006, p. 3436*)

Hon. Belinda Stronach (Newmarket — Aurora):

[T]he new passport rules threaten to devastate border communities and cost tourism billions of dollars ... When it is actually time to stand up for Canadians on the passport issue?

Hon. Stockwell Day (Minister of Public Safety):

I am ... pleased to see the progress that has been made, first, with air traffic. We had a delay that was put in place to allow people more time. We also had special arrangements made for people returning from the United States later on who traditionally go south. We made progress in moving the implementation date back further. We have alternative documents that are acceptable. We have a province and a state working on a driver's licence project.[29]

(*House of Commons Debates, 5 February 2007, p. 6393*)
(*Débats de la Chambre des Communes, le 5 février 2007, p. 6393*)

(j) Trade and Tax Agreements / Accords commerciaux et fiscals

Ms. Judy Wasylycia-Leis (Winnipeg North):

Will [the Government] today commit to shutting down all loopholes in Canada's tax laws including the Barbados tax haven?

Hon. Jim Flaherty (Minister of Finance):

Certainly, we are interested in tax fairness as a fundamental principle and expanding the tax base. We believe ... that all Canadians, including corporations, should share in the tax burden fairly. That includes, legitimately ... review of treaties with respect to taxation as well to ensure that all Canadians are accepting their fair share of the tax burden.

(*House of Commons Debates, 1 November 2006, p. 4535*)
(*Débats de la Chambre des Communes, le 1 novembre 2006, p. 4535*)

Mr. Peter Stoffer (Sackville — Eastern Shore):

The government is in negotiations with the EFTA countries to reduce and eliminate the tariffs of ships built in other countries coming into Canada ... Why is the government in negotiation with other countries?

Ms. Helena Guergis (Parliamentary Secretary to the Minister of International Trade):

Canada can no longer afford to continue with the ... policy of complacency with respect to free trade agreements. Since NAFTA almost 13 years ago, we have seen only three agreements, while other countries, such as Australia and the United States are moving at a much faster pace. With respect to ... shipbuilding ... we will continue to work with the industry very closely, hear its concerns, ensure they are addressed and only proceed in an agreement that is to the best benefit for all Canadians.

(*House of Commons Debates, 8 December2006, pp. 5856-57*)
(*Débats de la Chambre des Communes, le 8 décembre 2006, pp. 5856-57*)

Mr. Gary Goodyear (Cambridge):

[29] Editor's note: With respect to the passport issue, see also the section on Foreign Affairs — United States, earlier in this article.

Free trade agreements can encourage economic prosperity and raise the standard of living for citizens in the countries involved. Last week, the Minister of International Trade was in Washington, D.C., at the Council of the Americas ... [W]hat this ... government is doing to improve our economic relations with our partners in the region.

Mr. Ted Menzies (Parliamentary Secretary to the Minister of International Trade and Minister of International Cooperation):

Last week the Minister of International Trade presented a clear vision of Canada's trade agenda for the Americas. His message was unambiguous. The Americas are a key priority. To that end, we have already started work with the U.S. and Mexico to further strengthen our NAFTA partnership. Last year Canada signed a foreign investment protection and promotion agreement with Peru. This is the first such agreement that Canada has signed in eight long years. Negotiation of bilateral trade agreements with Caribbean and Latin American countries is another key part of our plan.

(*House of Commons Debates, 11 May 2007, p. 9378*)
(*Débats de la Chambre des Communes, le 11 mai 2007, p. 9378*)

(k) NAFTA / ALENA

Mr. Charlie Angus (Timmins — James Bay):

An American investor named Vito Gallo is going after the Canadian taxpayer for $350 million in compensation over the failed Adams Mine dump proposal. Mr. Gallo is going after chapter 11 of NAFTA regarding a proposal that was under the city of Toronto and under the jurisdiction of Ontario. It is for the benefit of a numbered company in North York. That is quite the stretch for NAFTA ... [W]hat steps [the Government] is taking to protect the interests of Canadian taxpayers? Will it do a complete forensic audit of this company so we know exactly who stands to benefit from this massive hit on the Canadian taxpayer.

Hon. David Emerson (Minister of International Trade and Minister for the Pacific Gateway and the Vancouver-Whistler Olympics):

We are assessing the merits of the case. We will be fighting on behalf of Canada and Canada's interests ... [W]e will be pursuing aggressively this chapter 11 case and we will attempt to demonstrate that it has no merit.

(*House of Commons Debates, 28 February 2007, p. 7425*)
(*Débats de la Chambre des Communes, le 28 février 2007, p. 7425*)

(l) South Korea / Corée du Sud

M. Robert Vincent (Shefford):

Récemment, le négociateur en chef du [gouvernement] comparaissait devant le Comité permanent de l'industrie, des sciences et de la technologie afin de nous présenter une étude des effets sur l'industrie de l'automobile d'un accord de libre-échange en cours de négociation entre le gouvernement canadien et la Corée du Sud. M. Burney a souligné qu'aucune évaluation des effets d'une telle entente sur les autres secteurs industriels n'avait été faite. Comment le [gouvernement] peut-il négocier un accord international sans étudier [les effets sur l'industrie ?]

Ms. Helena Guergis (Parliamentary Secretary to the Minister of International Trade):

[W]e ... are in negotiations with Korea on a free trade agreement, but we are nowhere near any finalization. [W]e will ensure that our auto industry in fact will continue to be consulted, as it has all along.

(*House of Commons Debates, 20 October 2006, p. 4053*)
(*Débats de la Chambre des Communes, le 20 octobre 2006, p. 4053*)

Mr. Brian Masse (Windsor West):

A few years ago Canada was the fourth largest automaker in the world. Now we have dropped to 10th ... Canada has a $3 billion trade deficit with South Korea ... Right now Toyota has surpassed General Motors in auto production and Canada has become a net importer of cars... . Why is the [Government] willing to sell us out with a deal with South Korea costing us Canadian jobs without examining the situation?

Hon. David Emerson (Minister of International Trade and Minister for the Pacific Gateway and the Vancouver-Whistler Olympics):

The government is committed to supporting our exporters, and to negotiating free trade agreements that will give our exporters fairer access to international markets, competitive access with respect to competitors in the United States, Australia, and many other countries that we are competing with. We need trade agreements ... The bottom line is our exporters need competitive access to the global marketplace. We need to be opening up markets. We need to open up the market in Korea. We need to open up the markets in Europe and Asia. That is what we are doing. We are putting our exporters back on a level playing field that they were knocked off of because of 10 years of neglect of the trade agenda.

(*House of Commons Debates, 24 April 2007, p. 8627*)
(*Débats de la Chambre des Communes, le 24 avril 2007, p. 8627*)

(l) Transport / Transports

Hon. Robert Thibault (West Nova):

Bay Ferries Limited, a vital link between Nova Scotia, New Brunswick, the United States and central Canadian markets ... has announced that it will be closing the service between Digby and Saint John on October 31. How will the federal ministry assume its responsibility and ensure the permanent survival of this transportation link?

L'hon. Lawrence Cannon (ministre des Transports, de l'Infrastructure et des Collectivités):

Effectivement ... le gouvernement du Canada subventionne déjà cette opération. Pour les navires, il subventionne par les frais qu'il assume au niveau des frais de quais.

(*House of Commons Debates, 20 September 2006, p. 3023*)
(*Débats de la Chambre des Communes, le 20 septembre 2006, p. 3023*)

M. Daniel Petit (Charlesbourg — Haute-Saint-Charles):

Le week-end dernier, le chef du Bloc québécois a annoncé que la ville de Québec serait la capitale d'un Québec souverain en 2015 ... I]1 propose un train à grande vitesse reliant la ville de Québec et New York. Est-ce que le [gouvernement] peut informer la Chambre au sujet de la viabilité de cette proposition?

L'hon. Lawrence Cannon (ministre des Transports, de l'Infrastructure et des Collectivités):

Nous ne possédons aucune étude ... qu'une liaison ferroviaire à grande vitesse serait économiquement viable. Par contre, depuis plus d'une trentaine d'années, plus d'une vingtaine d'études ont été réalisées sur un possible liaison entre Montréal et New York. Aucune ne concluait à la rentabilité.

(*House of Commons Debates, 23 October 2006, p. 4111*)
(*Débats de la Chambre des Communes, le 23 octobre 2006, p. 4111*)

Mr. Dean Allison (Niagara West — Glanbrook):

Could the [Government] tell the House more about ... the blue sky policy [that was recently introduced]?

Hon. Lawrence Cannon (Minister of Transport, Infrastructure and Communities):

As part of ... our blue sky policy ... we negotiated an open skies agreement with the United Kingdom last spring. A year later we witnessed new non-stop flights to the United Kingdom from Calgary, Edmonton, Toronto, St. John's and Deer Lake. The business trip to London and the family reunion in Scotland will be cheaper, easier and within the reach of more Canadians than ever before.

(*House of Commons Debates, 3 May 2007, pp. 9043-44*)
(*Débats de la Chambre des Communes, le 3 mai 2007, pp. 9043-44*)

(m) World Bank / Banque mondiale

M. Thierry St-Cyr (Jeanne-Le Ber):

Le président de la Banque mondiale, Paul Wolfowitz, est accusé d'avoir profité de sa situation en consentant à une employée de la banque, qui est aussi son amie ... Est-ce qu'à titre de gouverneur de la Banque mondiale, le ministre des Finances entend exiger la démission de Paul Wolfowitz?

Ms. Diane Ablonczy (Parliamentary Secretary to the Minister of Finance): The World Bank has a process in place to deal with these types of allegations [and it] ... is being followed. We are assured that the World Bank's board of directors is seeking and collating all relevant documentation. Once it is released ... we will be able to make a finding at that time.

(*House of Commons Debates, 27 April 2007, p. 8803*)
(*Débats de la Chambre des Communes, le 27 avril 2007, p. 8803*)

(n) World Trade Organization / Organisation Mondiale du Commerce

M. Steven Blaney (Lévis — Bellechasse):

Les producteurs laitiers sont très inquiets de l'augmentation de l'utilisation de concentrés de protéines laitières qui sont importés pour la fabrication de fromage ... [Est-]ce que le secrétaire d'État à l'Agriculture peut faire pour les producteurs laitiers du Québec pour régler ce problème?

L'hon. Christian Paradis (secrétaire d'État (Agriculture)):

Aujourd'hui même, le ministre de l'Agriculture et de l'Agroalimentaire annonçait aux producteurs laitiers du Canada que ce gouvernement allait entreprendre des actions au nom de l'industrie en invoquant l'article 28 du GATT afin d'augmenter les barèmes de prix pour les concentrés de protéines laitières. Cette action est en réponse aux inquiétudes des entreprises laitières quant à l'utilisation de ces concentrés. De plus, nous allons initier un processus de réglementation avec les transformateurs laitiers pour établir les standards de composition du fromage.

(*House of Commons Debates, 7 February 2007, p. 6515*)
(*Débats de la Chambre des Communes, le 7 février 2007, p. 6515*)

Mr. Harold Albrecht (Kitchener — Conestoga):

For years Canadian farmers have had a difficult time competing against unfair U.S. subsidies ... [W]hat our government is doing to stand up for producers against the U.S. and its unfair subsidies?

Hon. Christian Paradis (Secretary of State (Agriculture)):

These subsidies continue to pose economic harm to our producers, especially our corn growers. This is unacceptable and we encourage action. That is why ... our government will be requesting a WTO dispute settlement panel be established on the issue of U.S. agricultural subsidies. Canadian farmers deserve a level playing field.

(*House of Commons Debates, 8 June 2007, p. 10353*)
(*Débats de la Chambre des Communes, le 8 juin 2007, p. 10353*)

Hon. Gerry Byrne (Humber — St. Barbe — Baie Verte):

Members of the European Union are putting a squeeze on Canadian fishermen through an illegal ban on seal products. In a flagrant violation of international trade law, Belgium has now banned Canadian seal products on the basis of domestic public concern ... Will the minister and his colleagues formerly commit to launching WTO actions against EU members that are illegally banning Canadian seal products?

Hon. Loyola Hearn (Minister of Fisheries and Oceans):

The EU itself has not banned or will not ban seal products. It has admitted that the seal hunt is conservationist [and] ... is looking now at the humaneness of the hunt ... Individual member states, some of them including Belgium, have banned seal and seal products. This is a serious precedent. We cannot put up with it and we will take action.

(*House of Commons Debates, 18 June 2007, p. 10752*)
(*Débats de la Chambre des Communes, le 18 juin 2007, p. 10752*)

(o) Sports / Sports

Mr. Ron Cannan (Kelowna — Lake Country):

From August 2 to August 10, 2008, the fine folks in the community of Cowichan in beautiful British Columbia will host the 2008 North American Indigenous Games. To celebrate aboriginal sport and culture, these games will bring together 2,000 cultural performers, more than 3,000 volunteers, over 5,000 junior athletes competing in 16 sports, and generate more than $26 million for the local economy ... [W]hat [is] our government ... doing to support these games?

Hon. Michael Chong (President of the Queen's Privy Council for Canada, Minister of Intergovernmental Affairs and Minister for sport):

Aboriginal Canadians have had a long proud tradition in sport in this country. We have Canadians like Tom Longboat who won the Boston Marathon in 1907 and set a world record in doing so. We have Canadians like Jordin Tootoo who plays for the Nashville Predators ... [W]e will be building on this tradition by contributing $3.5 million to the North American Indigenous Games to be held by the Cowichan Tribes in the beautiful province of British Columbia.

(*House of Commons Debates, 6 November 2006, p. 4753*)
(*Débats de la Chambre des Communes, le 6 novembre 2006, p. 4753*)

Mr. Ron Cannan (Kelowna — Lake Country):

What action Canada is taking to ensure that Canada's 2010 Olympics will be doping free and serve as an example to young people around the world?

Hon. Helena Guergis (Secretary of State (Foreign Affairs and International Trade) (Sport):

Canada has played a leading role in the development of the *International Convention against Doping in Sport.* [[30]] Nations worldwide are working very closely with the sport community to create an environment that will enable

[30] Editor's note: *International Convention against Doping in Sport,* 19 October 2005 (entered into force 1 February 2007). Canada deposited the instrument of acceptance of the convention on 11 November 2005 (<portal.unesco.org>).

athletes to compete on a very level playing field. Canadians can also be very proud knowing that their contribution will help strengthen anti-doping activities ensuring that our very talented and very dedicated athletes rise to the top and to the podium.

(*House of Commons Debates, 1 February 2007, p. 6290*)
(*Débats de la Chambre des Communes, le 1 février 2007, p. 6290*)

Treaty Action Taken by Canada in 2006 / Mesures prises par le Canada en matière de traités en 2006

compiled by / préparé par
JAQUELINE CARON

I BILATERAL

Chile
Agreement between the Government of Canada and the Government of the Republic of Chile to Amend the Free Trade Agreement between the Government of Canada and the Government of the Republic of Chile. *Signed*: Hanoi, 15 November 2006. *Entered into force*: 4 December 2006.

Czech Republic
Agreement between Canada and the Czech Republic Concerning the Facilitation of Temporary Work Stays of Youth. *Signed*: Ottawa, 23 November 2006.

European Community
Agreement between the Government of Canada and the European Community Establishing a Framework for Cooperation in Higher Education, Training and Youth. *Signed*: Helsinki, 5 December 2006.

Finland
Convention between Canada and Finland for the Avoidance of Double Taxation and the Prevention of Fiscal Evasion with Respect to Taxes on Income. *Signed*: Helsinki, 20 July 2006.

Germany
Agreement between the Government of Canada and the Government of the Federal Republic of Germany on the Gainful Occupation of Members of the Families of Members of a Diplomatic Mission or Career Consular Post. *Signed*: Berlin, 11 December 2006.

Israel
Agreement on Bilateral Cooperation in Industrial Research and Development between the Government of Canada and the Government of the State of Israel. *Signed*: Ottawa, 27 March 2006. *Entered into force*: 31 March 2006.

Japan
Agreement between Canada and Japan on Social Security. *Signed*: Tokyo, 15 February 2006.

Korea
Convention between the Government of Canada and the Government of the Republic of Korea for the Avoidance of Double Taxation and the Prevention of Fiscal Evasion with Respect to Taxes on Income. *Signed*: Ottawa, 5 September 2006. *Entered into force*: 18 December 2006.

Jacqueline Caron is Treaty Registrar in the Legal Advisory Division of the Department of Foreign Affairs / Greffier des Traités, Direction des consultations juridiques, Ministère des Affaires étrangères.

Latvia
Agreement between the Government of Canada and the Government of the Republic of Latvia Concerning Exchanges of Young Citizens. *Signed*: Ottawa, 25 September 2006.

Luxembourg
Agreement between the Government of Canada and the Government of the Grand Duchy of Luxembourg Concerning the Sharing of Confiscated Property and Equivalent Amounts of Money. *Signed*: Luxembourg, 17 August 2006. *Entered into force*: 17 August 2006.

Agreement between the Government of Canada and the Government of the Grand Duchy of Luxembourg Concerning the Sharing of Confiscated Property and Equivalent Amounts of Money. *Signed*: Luxembourg, 17 August 2006. *Entered into force*: 17 August 2006. CTS 2006/15.

Agreement between the Government of Canada and the Government of the Grand Duchy of Luxembourg Concerning the Sharing of Confiscated Property and Equivalent Amounts of Money. *Signed*: Luxembourg, 17 August 2006. *Entered into force*: 17 August 2006. CTS 2006/16.

Mexico
Convention between the Government of Canada and the Government of the United Mexican States for the Avoidance of Double Taxation and the Prevention of Fiscal Evasion with Respect to Taxes on Income. *Signed*: Mexico, 12 September 2006.

Peru
Agreement between Canada and the Republic of Peru for the Promotion and Protection of Investments. *Signed*: Hanoi, 14 November 2006.

South Africa
General Agreement on Development Co-operation between the Government of Canada and the Government of the Republic of South Africa. *Signed*: Pretoria, 23 November 2006. *Entered into force*: 23 November 2006.

Spain
Amendments to the Agreement between the Government of Canada and the Government of the Kingdom of Spain Concerning Cinematographic Relations, done at Madrid on 14 January 1985. *Signed*: 10 October 2006. *Entered into force*: 10 October 2006. CTS 2006 No. 11.

United Kingdom of Great Britain and Northern Ireland
Agreement between the Government of Canada and the Government of the United Kingdom of Great Britain and Northern Ireland on British Armed Forces' Training in Canada. *Signed*: Ottawa, 20 July 2006. *Entered into force*: 20 July 2006.

United States of America
Softwood Lumber Agreement between the Government of Canada and the Government of the United States of America. *Signed*: Ottawa, 12 September 2006. *Entered into force*: 12 October 2006.

Agreement between the Government of Canada and the Government of the United States of America amending the Softwood Lumber Agreement between the Government of Canada and the Government of the United States of America done at Ottawa on 12 September 2006. *Signed*: Ottawa, 12 October 2006. *Entered into force*: 12 October 2006.

Agreement between the Government of Canada and the Government of the United States of America on the North American Aerospace Defence Command. *Signed*: Ottawa, 28 April 2006. *Entered into force*: 12 May 2006.

Agreement between the Government of Canada and the Government of the United States of America to Amend

Annex IV of the Treaty between the Government of Canada and the Government of the United States of America Concerning Pacific Salmon, done at Ottawa on 28 January 1985, as amended. *Signed*: Ottawa, 16 June 2006. *Entered into force*: 16 June 2006.

II MULTILATERAL

Culture
Protocol for the Protection of Cultural Property in the Event of Armed Conflict, The Hague, 14 May 1954. *Entered into force for Canada*: 28 February 2006.

Second Protocol to the Hague Convention of 1954 for the Protection of Cultural Property in the Event of Armed Conflict, The Hague, 26 March 1999. *Entered into force for Canada*: 28 February 2006.

Customs
Protocol of Amendment to the International Convention on the Simplification and Harmonization of Customs Procedures, Brussels, 26 June 1999. *Entered into force for Canada*: 3 February 2006.

Human Rights
Second Optional Protocol to the International Covenant on Civil and Political Rights, Aiming at the Abolition of the Death Penalty, New York, 15 December 1989. *Entered into force for Canada*: 25 February 2006.

Investment Protection
Convention on the Settlement of Investment Disputes between States and Nationals of Other States, Washington, 18 March 1965. *Signed by Canada*: 15 December 2006.

Navigation
1996 Protocol to the Convention on the Prevention of Marine Pollution by Dumping of Wastes and Other Matter, 1972, London, 7 November 1996. *Entered into force for Canada*: 24 March 2006.

Post
Acts of the twenty-third Congress of the Universal Postal Union, Bucharest, 5 October 2004. *Entered into force for Canada*: 1 January 2006.

Private International Law
Amendments to the Statute of the Hague Conference on Private International Law, The Hague, 30 June 2005. *Approved by Canada*: 31 March 2006.

Telecommunications
Final Acts of the Plenipotentiary Conference of the International Telecommunication Union, Antalya, 24 November 2006. *Signed by Canada*: 24 November 2006.

Trade
Exchange of Letters Constituting an Agreement between the Government of Canada, the Government of the United States of America and the Government of the United Mexican States, amending Annex 401 of the North American Free Trade Agreement, Mexico, Ottawa and Washington, 24 March 2006. *Signed by Canada*: 24 March 2006.

War
Protocol additional to the Geneva Conventions of 12 August 1949, and Relating to the Adoption of an Additional Distinctive Emblem (Protocol III), Geneva, 8 December 2005. *Signed by Canada*: 19 June 2006.

I BILATÉRAUX

Afrique du Sud
Accord général de coopération au développement entre le gouvernement du Canada et le gouvernement de la République sud-africaine. *Signé à*: Pretoria, le 23 novembre 2006. *Entré en vigueur*: le 23 novembre 2006.

Allemagne
Accord entre le gouvernement du Canada et le gouvernement de la République fédérale d'Allemagne sur l'exercice d'une activité rémunérée par des

membres de la famille des membres d'une mission diplomatique ou d'un poste consulaire de carrière. *Signé à*: Berlin, le 11 décembre 2006.

Chili
Accord entre le gouvernement du Canada et le gouvernement de la République du Chili modifiant l'Accord de libre-échange entre le gouvernement du Canada et le gouvernement de la République du Chili. *Signé à*: Hanoï, le 15 novembre 2006.

Communauté européenne
Accord entre le gouvernement du Canada et la Communauté européenne établissant un cadre de coopération en matière d'enseignement supérieur, de formation et de jeunesse. *Signé à*: Helsinki, le 5 décembre 2006.

Corée
Convention entre le gouvernement du Canada et le gouvernement de la République de Corée en vue d'éviter les doubles impositions et de prévenir l'évasion fiscale en matière d'impôts sur le revenu. *Signée à*: Ottawa, le 5 septembre 2006. *Entrée en vigueur*: le 18 décembre 2006.

Espagne
Modifications à l'Accord sur les relations cinématographiques entre le gouvernement du Canada et le gouvernement du Royaume d'Espagne fait à Madrid le 14 janvier 1985. *Signées à*: Ottawa, le 10 octobre 2006. *Entrées en vigueur*: le 10 octobre 2006. RTC 2006/11.

États-Unis d'Amérique
Accord sur le bois d'œuvre résineux entre le gouvernement du Canada et le gouvernement des États-Unis d'Amérique. *Signé à*: Ottawa, le 12 septembre 2006. *Entré en vigueur:* le 12 octobre 2006.

Accord entre le gouvernement du Canada et le gouvernement des États-Unis d'Amérique amendant l'Accord sur le bois d'œuvre résineux entre le gouvernement du Canada et le gouvernement des États-Unis d'Amérique. *Signé à*: Ottawa, le 12 octobre 2006. *Entré en vigueur*: le 12 octobre 2006.

Accord entre le gouvernement du Canada et le gouvernement des États-Unis d'Amérique sur le Commandement de la défense aérospatiale de l'Amérique du Nord. *Signé à*: Ottawa, le 28 avril 2006. *Entré en vigueur*: le 12 mai 2006.

Accord entre le gouvernement du Canada et le gouvernement des États-Unis d'Amérique modifiant l'Annexe IV du Traité entre le gouvernement du Canada et le gouvernement des États-Unis d'Amérique concernant le saumon du Pacifique, fait à Ottawa le 28 janvier 1985, tel que modifié. *Signé à*: Ottawa, le 16 juin 2006. *Entré en vigueur*: le 16 juin 2006.

Finlande
Convention entre le Canada et la Finlande en vue d'éviter les doubles impositions et de prévenir l'évasion fiscale en matière d'impôts sur le revenu. *Signée à*: Helsinki, le 20 juillet 2006.

Israël
Accord sur la coopération bilatérale en recherche et développement industriels entre le gouvernement du Canada et le gouvernement de l'État d'Israël. *Signé à*: Ottawa, le 27 mars 2006. *Entré en vigueur*: le 31 mars 2006. RTC 2006/9.

Japon
Accord de sécurité sociale entre le Canada et le Japon. *Signé à*: Tokyo, le 15 février 2006.

Lettonie
Accord entre le gouvernement du Canada et le gouvernement de la République de Lettonie relatif aux échanges de jeunes citoyens. *Signé à*: Ottawa, le 25 septembre 2006.

Luxembourg
Accord entre le gouvernement du Canada et le gouvernement du Grand-Duché de Luxembourg concernant le partage des biens confisqués et des sommes d'argent équivalentes. *Signé à*: Luxembourg, le 17 août 2006. *Entré en vigueur*: le 17 août 2006. RTC 2006/14.

Accord entre le gouvernement du Canada et le gouvernement du Grand-Duché de Luxembourg concernant le partage des biens confisqués et des sommes d'argent équivalentes. *Signé à*: Luxembourg, le 17 août 2006. *Entré en vigueur*: le 17 août 2006. RTC 2006/15.

Accord entre le gouvernement du Canada et le gouvernement du Grand-Duché de Luxembourg concernant le partage des biens confisqués et des sommes d'argent équivalentes. *Signé à*: Luxembourg, le 17 août 2006. *Entré en vigueur*: le 17 août 2006. RTC 2006/16.

Mexique
Convention entre le gouvernement du Canada et le gouvernement des États-Unis du Mexique en vue d'éviter les doubles impositions et de prévenir l'évasion fiscale en matière d'impôts sur le revenu. *Signé à*: Mexico, le 12 septembre 2006.

Pérou
Accord entre le Canada et la République du Pérou pour la promotion et la protection des investissements. *Signé à*: Hanoï, le 14 novembre 2006.

République tchèque
Accord entre le Canada et la République tchèque relatif à la facilitation des séjours temporaires de travail pour les jeunes. *Signé à*: Ottawa, le 23 novembre 2006.

Royaume-Uni de Grande-Bretagne et d'Irlande du Nord
Accord entre le gouvernement du Canada et le gouvernement du Royaume-Uni de Grande-Bretagne et d'Irlande du Nord concernant l'entraînement des forces armées britanniques au Canada. *Signé à*: Ottawa, le 20 juillet 2006.

II MULTILATÉRAUX

Commerce
Échange de lettres constituant un Accord entre le gouvernement du Canada, le gouvernement des États-Unis d'Amérique et le gouvernement des États-Unis du Mexique modifiant l'annexe 401 de l'Accord de libre-échange nord-américain, Mexico, Ottawa et Washington, 24 mars 2006. *Signé par le Canada*: le 24 mars 2006.

Culture
Protocole pour la protection des biens culturels en cas de conflit armé, La Haye, 14 mai 1954. *Entré en vigueur pour le Canada*: le 28 février 2006.

Deuxième Protocole relatif à la Convention de La Haye de 1954 pour la protection des biens culturels en cas de conflit armé, La Haye, 26 mars 1999. *Entré en vigueur pour le Canada*: le 28 février 2006.

Douanes
Protocole d'Amendement à la Convention internationale pour la simplification et l'harmonisation des régimes douaniers, Bruxelles, 26 juin 1999. *Entré en vigueur pour le Canada*: le 3 février 2006.

Droit international privé
Amendements au Statut de la Conférence de La Haye de Droit international privé, La Haye, 30 juin 2005. *Signés par le Canada*: le 31 mars 2006.

Droits de la personne
Deuxième Protocole facultatif se rapportant au Pacte international relatif aux droits civils et politiques visant à abolir la peine de mort, New York, 15 décembre 1989. *Entré en vigueur pour le Canada*: le 25 février 2006.

Guerre
Protocole additionnel aux Conventions

de Genève du 12 août 1949 relatif à l'adoption d'un signe distinctif additionnel (Protocole III), Genève, 8 décembre 2005. *Signé par le Canada*: le 19 juin 2006.

Navigation
Protocole de 1996 à la Convention de 1972 sur la prévention de la pollution des mers résultant de l'immersion de déchets, Londres, 7 novembre 1996. *Entré en vigueur pour le Canada*: le 24 mars 2006.

Poste
Actes du XXIIIe Congrès de l'Union postale universelle, Bucarest, 5 octobre 2004. *Entrés en vigueur pour le Canada*: le 1er janvier 2006.

Protection des investissements
Convention pour le règlement des différends relatifs aux investissements entre États et ressortissants d'autres États, Washington, 18 mars 1965. *Signée par le Canada*: le 15 décembre 2006.

Télécommunications
Actes finals de la Conférence de plénipotentiaires de l'Union internationale des télécommunications, Antalya, 24 novembre 2006. *Signés par le Canada*: le 24 novembre 2006.

Cases / Jurisprudence

Canadian Cases in Public International Law in 2006–7 / Jurisprudence canadienne en matière de droit international public en 2006–7

compiled by / préparé par

GIBRAN VAN ERT

Evidence — letters rogatory — public policy against extraterritorial applications of US law

Morgan, Lewis & Bockius LLP v. Gauthier (2006), 82 OR (3d) 189 (29 August 2006). Ontario Superior Court of Justice.

The applicant MLB was a US law firm carrying on business principally in Philadelphia. It sought an order from the Ontario Superior Court of Justice giving effect to a letter of request issued by the Court of Common Pleas of Philadelphia County, Pennsylvania. This court sought the assistance of the Ontario court in obtaining document production and testimony from the respondent, Claude Gauthier, a Canadian citizen resident in Ontario.

The request arose out of litigation in the United States in which MLB was the defendant. The plaintiffs in that action (the Brodies) were former clients of MLB who had been convicted in the United States under legislation prohibiting trade with Cuba. The Brodies were shareholders in Purolite, a company engaged in the production of resins for use in water purification, and which had, through certain foreign subsidiaries, traded with Cuba. The Brodies alleged that MLB had negligently advised them that such conduct was lawful and that MLB's flawed legal advice had caused their convictions. MLB denied liability and sought evidence from Gauthier as part of its defence. Gauthier was an employee of Purolite's Canadian subsidiary. He was not a party to the US action.

Gibran van Ert is an associate with Hunter Litigation Chambers, Vancouver.

The legal backdrop of the Pennsylvania court's request was the US trade embargo on Cuba. In 1992, the United States amended its Cuban Asset Control Regulations (which implement the US *Trading with the Enemy Act*) to prohibit trade with Cuba originating in Canada by any US-owned or controlled company. Canada opposed this measure as an extra-territorial application of US law. In response, the federal government issued the Foreign Extra-Territorial Measures (United States) Order 1992 (the FEMA), which prohibited compliance in Canada with US measures prohibiting trade with Cuba. Gauthier was aware of this order and believed (rightly, it seems) that Canadian law made it illegal for Canadian businesses to refuse to trade with Cuba because of the US embargo and, therefore, that the US embargo did not apply to his activities on behalf of Purolite Canada.

A minor diplomatic incident concerning Gauthier occurred in 2000 when a US prosecutor telephoned Gauthier from the US and invited him to travel there to discuss his work with Purolite Canada. Gauthier wisely declined the request and retained counsel, who reported the matter to the federal government. Discussions ensued between the Canadian and US governments, in which Canada consistently indicated its support for Gauthier and its opposition to any move by the US to indict him. The eventual US indictment of the Brodies did not include Gauthier but did refer to him as a "person known to the grand jury." Furthermore, Gauthier was identified throughout the US proceedings as an "unindicted co-conspirator" of the Brodies. Based on this, Gauthier resisted MLB's motion to enforce the Pennsylvania letter of request, arguing that he feared his testimony and documents, if disclosed to American authorities, would expose him to potential prosecution in the United States.

Quigley J. observed that requests for legal assistance from foreign courts are made on the basis of the comity of nations, a principle of international law suggesting that Canadian courts should give full force and effect to foreign requests for judicial assistance "but only within prescribed limits." Quoting *Zingre v. R.* (1981), 127 D.L.R. (3d) 223 (SCC), Quigley J. noted that such a request is acceded to "unless it be contrary to the public policy of the jurisdiction to which the request is directed … or otherwise prejudicial to the sovereignty or the citizens of the latter jurisdiction." Thus, whether a Canadian court will grant an order to enforce letters rogatory remains a matter of discretion.[1] Quigley J. observed that public policy was central to

1 *Morgan, Lewis & Bockius LLP v. Gauthier* at paras. 60–61.

the application before him given that the US *Trading with the Enemy Act* was "directly contrary to Canadian public policy as embodied in the FEMA."[2] The learned judge concluded as follows:

> [T]he evidence is clear that Canadian public policy opposes the extra-territorial application by the United States of its [Cuban Asset Control Regulations] and the U.S. embargo against Cuba. As such, enforcement of the Letter of Request would seem to be directly contrary to that policy insofar as it will place sworn testimony and documentation within the territorial jurisdiction of the U.S. government.
>
> That documentation has not previously been available to the United States government. If ordered produced, it would include not only information regarding Gauthier, but also regarding other Canadian entities. Unfortunately, when it comes to alleged violations of [the *Trading with the Enemy Act*] and [the Cuban Asset Control Regulations], the United States government has shown little respect for, nor has it paid regard to the application of Canadian law, or whether a particular person is a Canadian citizen and resident acting exclusively in Canada. Canada clearly opposes the extra-territorial application of U.S. law, and through the FEMA blocking legislation, has specifically prohibited Canadian persons from complying with the U.S. law. Against this background, in my view this court should prevent enforcement of a Letter of Request, which will deliver new and further evidence into the United States when there is no certainty that the U.S. government will not use that material to further exert its claim to extra-territorial jurisdiction.[3]

Similarly, under the damning heading "Failure of the U.S. to Observe Principles of International Comity," Quigley J. made the following observations:

> [T]he applicant endeavoured to persuade the Court that if it granted the application and enforced the Letters of Request against Mr. Gauthier, it could safeguard Mr. Gauthier by ordering that the evidence provided by him could be used for no purpose other than for the litigation in the Pennsylvania Action. However, it is evident to this Court that the enforcement of such an order in the United States would depend on whether the U.S. court, in exercising its discretion, decided to enforce such an order in the interests of international comity. In determining the extent to which it can take comfort from that likelihood, sadly this Court cannot help but

2 *Morgan, Lewis & Bockius LLP v. Gauthier* at para. 65.

3 *Morgan, Lewis & Bockius LLP v. Gauthier* at paras. 73–74.

be guided by the unhappy previous experiences in this matter where United States courts on two separate occasions refused to recognize the principle of the comity of nations, choosing instead to ignore accepted international law and abide by the wishes of the United States executive branch that prosecutions under [the *Trading with the Enemy Act*] should proceed against foreign nationals and corporate persons.

In the U.S. federal criminal proceedings that underlie this matter, a U.S. court in Pennsylvania specifically refused to apply the principle of international comity in circumstances where the U.S. Department of Justice (the executive branch of the U.S. government) chose to proceed with criminal charges under [the Cuban Asset Control Regulations]. If Gauthier is compelled to testify and provide documents in respect of the Pennsylvania Action, and the executive branch of the U.S. government were to decide to bring criminal charges against him, prior history shows that there is no guarantee that a U.S. court would enforce any order of this court that the evidence provided by Mr. Gauthier could not be used for any purpose other than the litigation of the Pennsylvania Action. In fact, the U.S. court's previous decision in respect of the underlying federal criminal prosecution suggests exactly the opposite.[4]

Quigley J. was therefore inclined to refuse to give effect to the Pennsylvania court's request for assistance. In notably strong language, he explained his inclination as being due to

the failure of United States authorities to comply with accepted international conventions relating to comity of nations, and their avowed intent instead to doggedly pursue alleged extraterritorial application of their embargo of Cuba, a position that they take in the face of the views of most of the world community, which in the result leaves a Canadian citizen such as Gauthier, and other Canadian persons, at risk of prosecution under a law which Canadian law requires that they disobey.[5]

Yet Quigley J. was also "mindful of the very difficult position in which the applicant finds itself." It was, after all, MLB and not the US government that sought this evidence for the purpose of defending itself in a negligence action. The learned judge described as "ironic" the fact that, if the court denied to give effect to the Pennsylvania court's request, MLB might be unable to defend the soundness of the legal advice it gave to the Brodies, which (MLB alleged)

[4] *Morgan, Lewis & Bockius LLP v. Gauthier* at paras. 81–82.

[5] *Morgan, Lewis & Bockius LLP v. Gauthier* at para. 84.

was that the Brodies were obliged to comply with Canadian law and policy.[6] Quigley J. therefore sought further submissions on how the parties might restrict the scope of the evidence sought so as to assist MLB while ensuring that Canadian public policy concerns be respected and Canadian nationals not be exposed to the risk of prosecution by US authorities. The parties did eventually agree to a form of order giving effect, in part, to the letters of request. This order is included as a schedule to the reasons.

This decision is notable in several respects. First, it is an instance of a Canadian court invoking the public policy exception to the usual rule of compliance with requests for assistance by foreign courts. The learned judge made clear findings on the content of Canadian public policy regarding trade with Cuba and American attempts to extend its embargo of that country to Canada and other states. Regrettably, the judgment includes no express consideration of how a litigant should go about proving the existence and content of a Canadian public policy. Yet the sources referred to by the learned judge (principally the FEMA and diplomatic correspondence concerning Gauthier) offer some guidance. Second, the decision is striking for the vigour of its criticism of US actions in this matter. Finally, in spite of Quigley J.'s disapproval of US conduct, the actual result of the case — that is, the order complying in part with the Pennsylvania request, serves to underscore the strong inclination of Canadian courts to give effect to letters rogatory, whether out of comity or, as seems to have been the case here, out of fairness to the applicant.

NAFTA — conformity of the treaty with Canadian constitutional law — parliamentary approval and implementation of treaties

Council of Canadians and Others v. Canada (Attorney General) (2006), 277 D.L.R. (4th) 527 (30 November 2006). Court of Appeal for Ontario.

The appellants challenged the constitutionality of Canada's agreement to the establishment of arbitral tribunals to resolve claims by foreign investors under Chapter 11 of the 1992 *North American Free Trade Agreement* (*NAFTA*).[7] The appellants contended that by doing so the government of Canada had deprived Canadian superior

[6] *Morgan, Lewis & Bockius LLP v. Gauthier* at para. 85.

[7] [1994] Can. T.S. no. 2.

courts of their authority to adjudicate upon matters reserved to them by section 96 of the *Constitution Act 1867*, had violated the principles of judicial independence and the rule of law, or had unjustifiably infringed the *Canadian Charter of Rights and Freedoms.* At first instance, Pepall J. rejected these arguments.

Goudge J.A. for the Court of Appeal for Ontario dismissed the appeal. He began by reviewing the treaty provisions at issue. *NAFTA* Chapter 11 is divided into two sections. Section A provides substantive guarantees for foreign investors in each of the three *NAFTA* states, including national treatment, most-favoured-nation treatment, the minimum standard of treatment in accordance with international law, and protection from expropriation without compensation. Section B establishes the means by which these guarantees are vindicated, namely an arbitral mechanism for the settlement of investment disputes between an investor of a *NAFTA* party and a *NAFTA* state (known as investor-state arbitration). Investors who wish to invoke this process against a *NAFTA* party must waive their right to take proceedings before any domestic court or tribunal of that party. The *NAFTA*'s parties (Canada, the United States, and Mexico) are deemed by the treaty to consent to the submission of claims to arbitration in accordance with *NAFTA* procedures. Arbitral awards made under the *NAFTA* are binding only between the investor and the state against who the claim is brought. *NAFTA* tribunals, being international rather than domestic bodies, cannot invalidate or otherwise affect state measures impugned by investors. *NAFTA* awards are enforceable in Canada pursuant to the *North American Free Trade Agreement Implementation Act,* S.C. 1993 c. 44. This act also provides, at section 10, that the *NAFTA* "is hereby approved."

Goudge J.A. began by considering whether *NAFTA* tribunals are, as the appellants alleged, courts under section 96 of the *Constitution Act 1867*. This section, on its face, accords to the governor general the power to appoint judges of the superior, district, and county courts in each province. Yet section 96 has been held to include constitutional protection for judicial independence and to prohibit the complete removal from superior courts of powers integral or inherent to their jurisdiction.[8] The appellants sought to bring *NAFTA* tribunals under section 96 in order to scrutinize them on these bases. Goudge J.A. agreed with the application judge that the tribunals established under *NAFTA* Chapter 11 are not "incorporated

[8] See, e.g., *Reference re Amendments to the Residential Tenancies Act (N.S.),* [1996] 1 S.C.R. 704 and *MacMillan Bleodel Ltd. v. Simpson,* [1995] 4 S.C.R. 725.

into domestic law" and therefore section 96 does not apply to them. "There is a clear and well-known distinction," observed Goudge J.A., "between parliamentary approval of a treaty on the one hand, and incorporation of that treaty into Canadian domestic law on the other ... The *NAFTA Implementation Act* clearly does the former, and just as clearly does not purport to do the latter." The learned judge went on to note that while the *NAFTA Implementation Act* makes *NAFTA* awards enforceable in Canadian courts, "[t]hat legislation cannot be seen as a determination by Parliament to incorporate into Canadian domestic law the entire investor-state adjudication process."[9]

Goudge J.A. briefly considered whether tribunals established by an international treaty signed by Canada but not implemented into domestic law are "*per se* immunized from scrutiny under s. 96." He found "some attraction" in the appellants' argument that the federal government cannot immunize a tribunal from section 96 scrutiny merely by setting it up by treaty. Yet he declined to "attempt a final answer" to the question because he took the view that *NAFTA* tribunals do not violate section 96.[10] The first step in the test for determining whether a conferral of power on an inferior tribunal violates section 96 is whether the power conferred broadly conforms to a power or jurisdiction exercised by a superior, district, or county court of Canada at the time of Confederation. Goudge J.A. held that the powers exercised by *NAFTA* tribunals are not analogous to any exercised by superior courts at the time of Confederation. Rather, the powers of *NAFTA* tribunals derive only from the treaty and regulate only the conduct of the treaty's parties in adopting measures relating to investors of other parties. *NAFTA* tribunals only have the power to adjudicate upon alleged inconsistencies of governmental measures with the *NAFTA* obligations of the states parties, and such inconsistencies are the only causes of action that NAFTA tribunals may determine.[11] The only *NAFTA* power analogous to that exercised by superior courts at Confederation was the power to adjudicate on expropriations under *NAFTA* Article 1110, but the *NAFTA* power is designed "to facilitate the flow of international investment in North America" and not "to regulate the government taking of domestic private property" and is therefore a novel jurisdiction taking *NAFTA* tribunals outside the ambit of

[9] *Council of Canadians* at para. 25.

[10] *Council of Canadians* at paras. 26–29.

[11] *Council of Canadians* at paras. 37–38.

section 96. In addition, Goudge J.A. observed that *NAFTA* tribunals apply international law and have no power to alter or affect domestic laws, unlike superior courts.[12]

Against these conclusions, the appellants argued that investors who pursue claims under Chapter 11 are exercising rights broadly analogous to the historic rights of foreign investors to sue the Canadian government in superior court for interference with property or contractual rights. Goudge J.A. rejected this analogy by noting that the obligations of *NAFTA* parties "are not just state-to-investor, but have a state-to-state dimension as well. They reflect the commitments of NAFTA Parties to each other as well as to individual foreign investors."[13] The appellants also contended that *NAFTA* tribunals have several times reviewed the decisions of domestic courts of *NAFTA* parties and that this is analogous to the appellate powers of section 96 courts. Again Goudge J.A. rejected the appellants' submission. He confirmed the application judge's finding that there have been no cases in which a *NAFTA* tribunal had constituted itself as a court of appellate jurisdiction over the determinations of any Canadian court. Goudge J.A. added that the instances cited by the appellants were in fact cases in which NAFTA tribunals appeared to assess the decisions of domestic courts against the state obligations found in NAFTA Chapter 11 rather than against the standards applied by domestic appellate courts.[14]

Goudge J.A. also rejected the appellants' arguments that *NAFTA* tribunals offend section 96 by removing a core jurisdiction from superior courts. Against this, the learned judge held that NAFTA Article 1121 expressly contemplates that investors "can elect to proceed in domestic courts rather than to complain to a NAFTA tribunal. Thus, it cannot be said that there is any removal of jurisdiction from those courts." Likewise, Goudge J.A. held that it has never been part of the core jurisdiction of superior courts to review international tribunals acting under international law.[15] Finally, Goudge J.A. briefly and flatly rejected the appellants' submissions concerning judicial independence, the rule of law, and alleged *Charter* infringements.[16]

[12] *Council of Canadians* at paras. 39–41.

[13] *Council of Canadians* at para. 45.

[14] *Council of Canadians* at para. 50.

[15] *Council of Canadians* at paras. 52–55.

[16] *Council of Canadians* at para. 57–59.

Extradition — treaty between Canada and the Czech Republic — justiciability of treaties in Canadian courts

Ganis v. Canada (Minister of Justice), 2006 BCCA 543 (7 December 2006). Court of Appeal for British Columbia.

The applicant Ganis sought judicial review of a surrender order by the minister of justice in favour of the Czech Republic. That state sought Ganis's extradition for the enforcement of a prison sentence in that country for the offence of trade in women, an offence analogous to the Canadian offence of procuring. The Czech request was made pursuant to section 3 of the *Extradition Act*, S.C. 1999, c. 18, and under an extradition treaty between the United Kingdom and Czechoslovakia, as amended by protocol (the 1924 *Treaty between the Czechoslovak Republic and the United Kingdom of Great Britain and Northern Ireland for the Extradition of Criminals*).[17] Ganis asked the Court of Appeal for British Columbia to quash the surrender order for several reasons, only one of which is of note for present purposes: Ganis challenged the validity of the 1924 Treaty.

Counsel for Ganis argued that there was no evidence of a valid extradition treaty between Canada and the Czech Republic. There was, it seems, evidence of a series of diplomatic notes between Canada and the Czech Republic from 1997 in which the parties agreed to adopt the 1924 Treaty, which previously applied between Canada and the predecessor state to the Czech Republic, Czechoslovakia. This correspondence, however, referred to the 1924 Treaty as "amended by a Protocol signed at London on June 4, 1936." No such protocol exists. Rather, the 1924 Treaty was amended by a protocol dated 4 June 1926. The reference to 1936 was simply a typo. It was on this slim basis that Ganis sought to argue that there was no evidence of a valid extradition treaty in place between Canada and the Czech Republic. In his reasons for surrender, the minister relied upon advice from Foreign Affairs Canada that there was, in fact, a valid extradition treaty in place between the two countries.

[17] *Treaty between the Czechoslovak Republic and the United Kingdom of Great Britain and Northern Ireland for the Extradition of Criminals*, 11 November 1924 as amended by a Protocol signed at London on June 4, 1926, [1926] UKTS no. 31; see also Notification extending to Canada as from the 15th August, 1928, the Treaty between His Majesty and Czechoslovakia, for the Extradition of Criminals signed at London on 11 November 1924, and amended by Protocol signed at London, 4 June 1926 [1928] Can. T.S. no. 8.

Finch C.J. for the court held that the existence of a treaty "is not a justiciable issue in our Courts." He observed:

> Matters of foreign affairs, including treaty-making, are part of the Crown's Prerogative powers. While this classification alone will not always put a matter beyond the scope of judicial review there are some powers which, because of their nature and subject matter, will not be amenable to the judicial process: *Black v. Canada (Prime Minister)*, 2001 CanLII 8537 (ON C.A.), (2001), 54 O.R. (3d) 215 (C.A.). In *Council of Civil Service Unions v. Minister for the Civil Service*, [1985] 1 A.C. 374, [1984] 3 All E.R. 935 (H.L.) (cited with approval by Laskin J.A. for the Court in *Black, supra*, at para. 36), Lord Roskill identified the Prerogative powers related to treaty-making as falling within that category. Apart from Charter issues which might arise on the facts of another case, and apart from the exception below relating to jurisdiction, it appears that the question of a treaty's validity is purely political, and that there is no legal component in these circumstances that would warrant the court's interference.
>
> Our courts are sometimes asked to interpret a treaty's provisions and determine its domestic effect; that task, involving legal questions, is within the judiciary's expertise. A treaty's existence, however, is not an ordinary question of law but a highly political matter as between the executive of two contracting states. The Supreme Court of Canada has recognized this distinction, holding that "whether a treaty is in force, as opposed to what its effect should be, [is] wholly within the province of the public authority": *Institut National des Appellations d'Origine des Vins et Eaux-de-Vie v. Chateau-Gai Wines Ltd.* [1975] 1 S.C.R. 190, per Pigeon J. at 199.
>
> If a treaty's existence is called into question by one of the contracting parties, that dispute might be for resolution at the political level, or failing that, in some other forum. The existence of a treaty, however, cannot be for adjudication in a domestic court, in a dispute between an individual and of one of the contracting states. Such a process might have untold political and diplomatic consequences, well beyond the issue of whether one individual should be extradited. A ruling on a treaty's existence or validity could not properly be made in the absence of both parties to it. As the Treaty's existence is not a justiciable issue in our Courts it is not open to us to review the Minister's determination that the Treat validly exists and applies to the appellant.[18]

The chief justice went on to reject Ganis's other arguments and dismiss his application for judicial review.

[18] *Ganis* at paras. 23–26.

This case confirms a very sensible distinction between a treaty's existence, on the one hand, and its meaning and effect, on the other. As Finch C.J. makes clear, the interpretation of a treaty and its legal effect, if any, in domestic law are very much questions within the judiciary's expertise. But the preliminary question of whether a treaty is in place at all is a different matter. The chief justice describes that question as "a highly political matter as between the executive of two contracting states." From the perspective of a domestic court, that is an entirely correct characterization. Of course, the existence and validity of treaties is not exclusively a political question. It may also be a question of international law, concerning, for instance, compliance with the provisions of the 1969 *Vienna Convention on the Law of Treaties*[19] or the customary international law of treaties. Yet it would be inappropriate and awkward for a domestic court to rule on the existence or validity of an international agreement between states. To adopt a distinction made by the Supreme Court of Canada in *Re Secession of Quebec*, the adjudication of such a dispute would involve the court in a question of "pure" international law rather than one concerned with rights and obligations within the Canadian legal order.[20]

State immunity — state organs — commercial activity exception

Collavino Inc. v. Yemen (Tihama Development Authority), 2007 ABQB 212 (7 May 2007). Alberta Court of Queen's Bench.

Collavino sought to enforce against Yemen a US $16 million arbitral award made in its favour against the Tihama Development Authority (TDA). The award arose from a contract dispute between Collavino and the TDA during the construction of irrigation works in Yemen. The award was made in Paris under the UNCITRAL rules and was expressly made against TDA and not Yemen. Collavino was unable to collect on the award and therefore commenced an action in Alberta under the *International Commercial Arbitration Act*[21] for recognition and enforcement of the award in that province. Collavino named "Tihama Development Authority (TDA) an Organ of the Republic of Yemen" as the respondent to this action. Yemen

[19] [1980] Can. T.S. no. 37.

[20] [1998] 2 S.C.R. 217 at paras. 21–23.

[21] R.S.A. 2000 c. I-5.

brought the present application under the *State Immunity Act.*[22] It sought to stay or dismiss Collavino's claim against Yemen or any of its agencies on the basis of state immunity and TDA's alleged distinct legal personality.

Both parties led evidence on the legal status of the TDA in Yemeni law. This evidence took the form of affidavits by Yemeni legal experts. The expert opinions differed greatly. Dr. Hamzah, for Yemen, was of the opinion that the TDA was an entity known in Yemeni law as a Public Authority, the purpose of which is to provide public services. Dr. Hamzah acknowledged the influence of the Yemeni ministry of agriculture over the TDA but described the relationship as one of oversight rather than direct control. In his opinion, the TDA had a separate legal identity from Yemen under Yemeni law. Mr. Abdullah, for Collavino, was of the opinion that the TDA was a public corporation wholly owned by the Yemeni government and under the direct control of the ministry of agriculture.

Yemen submitted that Collavino was engaging in an abuse of process by seeking to re-litigate an issue already decided by the arbitral tribunal, namely whether Yemen was a party to the dispute over the Collavino contract. Collavino replied that the decision of the arbitrator on this point was not final and binding. The application judge, Wittmann ACJQB, declined to apply ordinary *res judicata* principles as Yemen was not a party to the arbitral decision. Yet he held that the arbitral award was made against the TDA not Yemen and that it would be an abuse of process to permit Collavino to raise that question again before him.[23]

Returning to the issue of whether the TDA was a separate entity from Yemen, Yemen contended that the applicable law was the law of the forum. Thus, if Yemen and the TDA were separate under Yemeni law, they must be so regarded for the purposes of the *State Immunity Act.* Yet Yemen also argued that the TDA's independence from Yemen was supported by Canadian and US authority. Against this, Collavino submitted that the TDA was an organ of the state controlled by Yemeni laws and regulations. Collavino described provisions of Yemeni law, stating that the TDA enjoyed legal personality and independence from government as a "ruse." Wittmann ACJQB concluded that Yemeni law is "essential to the determination of the TDA's status" but should nevertheless not be examined "with-

[22] R.S.C. 1985 c. S-18.

[23] *Collavino v. Yemen* at paras. 52–66.

out regard for Canadian concepts."[24] The learned judge accepted Dr. Hamzah's opinion that the TDA is a public authority of Yemen and rejected the argument that the TDA was Yemen's alter ego. Rejecting both Collavino's argument that the TDA was the same as Yemen and Yemen's argument that the TDA was a completely independent organization, Wittmann ACJQB held that the TDA was an "agency of a foreign state" as that phrase is defined in section 2 of the *State Immunity Act*: a legal entity that is an organ of Yemen but that is separate from Yemen.[25]

As such, the TDA benefited from Yemen's immunity under the *State Immunity Act*. This finding gave rise to the question of whether the TDA's activities were commercial in nature such as to fall within the commercial activity exception to state immunity in the *State Immunity Act*. Section 5 of the act provides,

> [a] foreign state is not immune from the jurisdiction of a court in any proceedings that relate to any commercial activity of the foreign state.
>
> *[l]'État étranger ne bénéficie pas de l'immunité de juridiction dans les actions qui portent sur ses activités commerciales.*

Wittmann ACJQB noted that there is "not an abundance of Canadian case law that has considered the definition of 'commercial activity' within the context of the *State Immunity Act*."[26] Rather than resorting to the ample jurisprudence on this phrase in United Kingdom, United States, and other jurisdictions, he relied on the majority and dissenting opinions in *Re Canada Labour Code*[27] and resorted to dictionary definitions. On these bases, and considering the "plain, obvious and ordinary meaning" of commercial activity, Wittmann ACJQB held that the contract at issue came within the commercial activity exception, thus removing from the TDA any immunity it would otherwise have under the *State Immunity Act*.[28] Notably, the learned judge identified the TDA and not Yemen as the entity that lost immunity as a result of its commercial activities.

Finally, Wittmann ACJQB considered Collavino's argument that when a foreign state or an agency of a foreign state consents to

24 *Collavino v. Yemen* at para. 107.

25 *Collavino v. Yemen* at paras. 115–21.

26 *Collavino v. Yemen* at para. 130.

27 [1992] 2 S.C.R. 50.

28 *Collavino v. Yemen* at paras. 131–35.

arbitration it implicitly waives its immunity under the *State Immunity Act*. Against this contention, Yemen argued that section 4 of the act requires a state to submit to the court's jurisdiction explicitly by written agreement in order to waive its statutory immunity. The learned judge noted that waiver argument against Yemen was moot given his finding that the TDA was not an alter ego of Yemen. Yet he expressed "no doubt that the TDA waived immunity for enforcement purposes pursuant to s. 12 of the *State Immunity Act*" by agreeing to international commercial arbitration. "Otherwise," he said, "the effect of an Award could be thwarted by successfully claiming state immunity in jurisdictions where the TDA has exigible assets."[29]

Wittmann ACJQB therefore held that the arbitral award could not be enforced against Yemen. He summarized his conclusions as follows:

(a) The arbitration decision regarding the status of the parties was final and binding. Yemen was not a party to the arbitration decision and is not bound by it;
(b) The TDA is an entity distinct from Yemen such that Collavino's Award against the TDA cannot be enforced against Yemen, either on the basis the TDA is Yemen, or the alter ego doctrine.
(c) The TDA is an organ of Yemen distinct from Yemen and a state agency within the meaning of the *State Immunity Act*;
(d) The transaction or agreement and conduct between the TDA and Collavino was a "commercial activity" within the meaning of the *State Immunity Act* so as to exempt the operation of the *State Immunity Act* against the TDA;
(e) The TDA waived any immunity it would otherwise have had pursuant to the *State Immunity Act* by agreeing to the process of international commercial arbitration for recognition and enforcement purposes.[30]

The learned judge therefore dismissed the action against Yemen and held that the action against the TDA may proceed. The difficulty for Collavino was that Yemen had "effectively structured the TDA so that neither it nor Yemen has to pay the Award." Wittmann ACJQB described this result as unfortunate but seemingly regarded it as unavoidable.[31]

[29] *Collavino v. Yemen* at paras. 136–39.

[30] *Collavino v. Yemen* at para. 140.

[31] *Collavino v. Yemen* at paras. 141–42.

But was it? The effect of the court's finding that the TDA is an agency of Yemen was (or should have been) to equate the TDA with Yemen for the purposes of the *State Immunity Act*. This is clear from the definition of "foreign state" in the act, which includes "any agency of the foreign state." Section 5 of the act provides that a foreign state — defined to include its agencies — is not immune from the jurisdiction of a court in any proceedings that relate to any commercial activities of the foreign state — again defined to include its agencies. The learned judge seems to have understood this to mean that the TDA could not claim state immunity, but that Yemen nevertheless could. Yet the act equates Yemen with its agencies, including the TDA. Having engaged in commercial activities with Collavino, neither the TDA nor Yemen could rightfully claim immunity in proceedings relating to those activities. To find otherwise, and to conclude that Yemen has cleverly structured its quasi-governmental agencies so as to defeat foreign creditors, is to tolerate the very problem the act was intended to solve.

Interprétations des lois — recours collectifs — Recours pour préjudice psychologique subi à la suite d'un incident survenu en avion

Plourde c. Service aérien FBO inc. (Skyservice), 2007 QCCA 739 (28 mai 2007). Cour d'appel du Québec.

L'appelant Plourde se pourvoyait contre un jugement de la Cour supérieure qui a refusé d'autoriser la partie d'un recours collectif qui recherchait l'indemnisation du préjudice psychologique subi à la suite de l'atterrissage d'urgence d'un avion de l'intimée Skyservice. L'appelant et sa famille étaient passagers à bord d'un vol de l'intimée destiné à Cancun qui a du atterrir d'urgence à Orlando, en Floride, après que certains passagers aient vu des flammes s'échapper de l'un des moteurs de l'avion, puis l'un des moteurs s'est arrêté. Après neuf heures d'attente à l'aéroport d'Orlando, les passagers ont continué leur voyage à bord d'un autre appareil de l'intimée. Pour le préjudice psychologique subi, l'impact sur ses vacances et les retards causés par l'incident, l'appelant a réclamé à l'intimée une indemnité de $30 000.

Au stade de l'autorisation du recours collectif, l'intimée a concédé que la demande de l'appelant satisfaisait les conditions énoncées aux alinéas a), c) et d) de l'article 1003 du *Code de procédure civile* LRQ c. C-25 (C.p.c.). Elle a toutefois plaidé que le recours devait être rejeté puisque la demande de l'appelant ne paraissait pas justifier les conclusions recherchées, aux termes de l'alinéa b) de l'article 1003 C.p.c. Plus précisément, l'intimée a fait valoir que, selon les articles 17 et 29 de la *Convention pour l'unification de certaines règles relatives au transport aérien international*, signée à Montréal, le 28 mai 1999 (la *Convention de Montréal*), et mise en œuvre au Canada par la *Loi sur le transport aérien*,[32] aucun droit d'action n'est possible pour l'indemnisation du préjudice psychologique subi par un passager à la suite d'un accident d'avion.

Le juge de première instance a procédé à l'analyse du texte de l'art. 17 de la *Convention de Montréal* selon le sens ordinaire des mots utilisés dans cette disposition, le texte entier de la convention et la jurisprudence internationale. Il a conclu que tant l'étude du texte de la disposition pertinente que la jurisprudence internationale excluent le recours pour le préjudice psychologique subi à la suite d'un accident d'avion. Il a, en conséquence, écarté du recours la question de l'indemnisation du préjudice psychologique.[33]

Pour les motifs de la juge Thibault, la Cour d'appel du Québec a rejeté l'appel. La juge a commencé avec une analyse des limites du critère de l'apparence de droit énoncé à l'alinéa b) de l'article 1003 C.p.c: "Le tribunal autorise l'exercice du recours collectif et attribue le statut de représentant au membre qu'il désigne s'il est d'avis que : ... b) les faits allégués paraissent justifier les conclusions recherchées." La juge Thibault a conclu que l'expression "paraissent justifier" signifie qu'il doit y avoir aux yeux du juge une apparence sérieuse de droit, et que le juge de première instance a conclu, en effet, que, à sa face même, la partie du recours qui a trait à l'indemnisation du préjudice psychologique à la suite d'un accident d'avion était vouée à l'échec.[34]

La deuxième question devant la Cour était si le juge de première instance a exercé son pouvoir discrétionnaire de refuser le recours collectif d'une manière raisonnable. C'est ici où ont été soulevées les questions de droit international relatives à la responsabilité des transporteurs aériens en matière d'indemnisation du préjudice psychologique.

La juge Thibault a constaté que, jusqu'à ce que la *Convention de Montréal* soit intégrée au droit canadien par la *Loi sur le transport aérien*, la responsabilité des transporteurs aériens était régie par la *Convention de Varsovie* de 1929[35] sous laquelle le préjudice psychologique,

[32] LRC 1985 c. C-26 tel que modifiée.

[33] *Plourde c. Service aérien FBO inc. (Skyservice)* aux paras. 14-15.

[34] *Ibid.* aux paras. 17-26.

[35] [1947] Recueil des traités du Canada no. 15.

non accompagné d'une blessure physique, n'était pas indemnisable. L'appelant à plaidé toutefois que la *Convention de Montréal* a changé l'état du droit. D'après la juge, cette position n'était pas endossée par la doctrine et la jurisprudence qui concluent que, à l'égard de cet élément, aucun changement n'a été apporté par rapport à la situation qui prévalait sous la *Convention de Varsovie.*[36] Se fiant notamment à l'arrêt rendu par la Cour d'appel fédérale des États-Unis pour le deuxième circuit dans l'affaire *Ehrlich c. American Eagle Airlines inc.*,[37] la juge a conclu que la *Convention de Montréal* n'a pas modifié le régime de responsabilité du transporteur aérien en cas de préjudice psychologique tel qu'établi sous la *Convention de Varsovie.* La question de l'indemnisation du préjudice psychologique a été abordée spécifiquement lors de la Conférence de Montréal (qui a élaboré la plus récente Convention), puis clairement écartée.

En arrivant à cette conclusion, la juge Thibault a fait quelques remarques importantes sur l'interprétation des traités. Premièrement, elle a réaffirmé que les principes juridiques applicables à l'interprétation des traités sont énoncés aux articles 31, 32 et 33 de la *Convention de Vienne sur le droit des traités* de 1969.[38] Deuxièmement, elle a déclaré que l'interprétation et l'application d'un traité international ne peuvent pas varier d'un pays à l'autre. À cet égard, la juge Thibault a cité *Recchia c. K.L.M. lignes aériennes royales néerlandaises*[39] et les propos du juge Malloy dans *Connaught Laboratories Ltd. c. British Airways*[40] où le juge a donné son appui au passage suivant (tiré d'une affaire belge cité par le juge dans une traduction anglaise):

> *The Interpretation of an international convention the purpose of which is the unification of the law cannot be done by reference to the domestic law of one of the contracting States. If the treaty text calls for interpretation, this ought to be done on the basis of elements that pertain to the treaty, notably, its object, its purpose and its context, as well as its preparatory work and genesis. The purpose of drawing up an international convention designed to become a species of international*

[36] *Plourde c. Service aérien FBO inc. (Skyservice)* au para. 30.

[37] (2004) 360 F. 2d 366 (2d. Cir.).

[38] [1980] Recueil des traités du Canada no. 37; *Plourde c. Service aérien FBO inc. (Skyservice)* aux paras. 50-1.

[39] [1999] RJQ 2024.

[40] 2002 OJ 3421 (QL) aux paras. 7-8.

legislation would be wholly frustrated if the courts of each State were to interpret it in accordance with concepts that are specific to their own legal system.[41]

Troisièmement, la juge Thibault a rejeté l'argument de l'appellant voulant que l'interprétation de la *Convention de Montréal* pourrait être le sujet de témoignage par le président de la Conférence de Montréal, le docteur Rattray. "À mon avis," déclare la juge,

> et sans me prononcer sur son admissibilité, un tel témoignage n'aurait aucune valeur probante. En effet, selon la jurisprudence, le recours aux travaux préparatoires pour interpréter un traité est possible lorsque deux conditions sont réunies. D'abord, la preuve doit être publique et accessible. Ensuite, elle doit établir de façon claire et indiscutable l'intention des parties ... À l'évidence, le témoignage du Dr Rattray ne respecte pas ces conditions.[42]

Il n'y a pas de doute que la Cour d'appel a eu raison de rejeter l'appel. Le jugement de première instance est conforme non seulement au texte de la *Convention de Montréal* mais aussi à la jurisprudence internationale qui l'entoure. De plus, les commentaires de la juge Thibault sur l'interprétation des traités multilatéraux à la lumière de la jurisprudence étrangère méritent la considération sérieuse des avocats de litige au Canada, qui semblent parfois ignorer cette riche ressource. Finalement, les brefs propos de la juge Thibault sur le recours aux travaux préparatoires et le témoignage proposé du docteur Rattray sont sûrement bien fondés. Non seulement un tel témoignage n'est-il pas probante, mais il est contraire, de façon évidente, aux dispositions de la *Convention de Vienne sur le droit des traités*, qui exige que les travaux préparatoires et les circonstances dans lesquelles un traité a été conclu soient des moyens complémentaires d'interprétation auxquels on peut faire appel seulement où cela est permis par l'art. 32. En fin de compte, les questions de la signification et l'interprétation d'un traité sont des questions de droit et non pas de preuve.

Extraterritorial application of the Charter — status of international custom in Canadian law — presumption of conformity with international law

R. v. Hape, 2007 SCC 26 (7 June 2007). Supreme Court of Canada.

[41] *Plourde c. Service aérien FBO inc. (Skyservice)* au para. 55.

[42] *Ibid.* aux paras. 59-61.

Hape was a Canadian businessman convicted of money laundering. At his trial, the Crown adduced documentary evidence that RCMP officers had gathered from the premises of his investment company in the Turks and Caicos Islands. Hape sought to have that evidence excluded, pursuant to *Charter* section 24(2), on the basis that it was gathered in violation of his rights under *Charter* section 8 to be secure against unreasonable search and seizure.

As the searches and seizures took place abroad, it was a necessary element of Hape's argument that the *Charter* applies to Canadian officials operating outside Canada. The RCMP conducted several searches of Hape's business premises in Turks and Caicos, acting under the authority of the local police. It is unclear whether any of these searches was conducted with a warrant from the local authorities or whether such a warrant was even required under Turks and Caicos law, but, in any case, no warrants were admitted into evidence at trial. After having entered Hape's business premises twice in March 1998, the RCMP did so a third time in February 1999, seizing a large number of business records. When they attempted to load these documents onto a plane and remove them to Canada, the local authorities objected. The RCMP therefore resorted to electronically scanning the originals. Some of these scanned documents became the exhibits that Hape sought to exclude from evidence at trial, complaining that they were obtained contrary to *Charter* section 8.

The Crown's position on Hape's section 8 application was that the *Charter* does not apply to searches and seizures conducted outside Canada. The trial judge, applying the decision of the Supreme Court of Canada in *R. v. Cook*,[43] asked himself whether to apply the *Charter* to the activities of the RCMP in Turks and Caicos would interfere with the sovereign authority of the foreign state and thereby generate an objectionable extra-territorial effect. He found that the propriety and legality of the entries into Hape's business premises were governed by Turks and Caicos law and that there was a potential conflict between Canada's exercise of jurisdiction over its RCMP officers on the basis of their nationality and the territorial jurisdiction of Turks and Caicos. He therefore held that the *Charter* did not apply. In a later application, the trial judge declined to exclude the evidence, relying in part on his previous finding that the *Charter* did not apply and finding further that to admit the documents into evidence would not render the trial unfair. Hape

[43] [1998] 2 S.C.R. 597.

was eventually convicted, and the Court of Appeal for Ontario dismissed his appeal from conviction.

On further appeal to the Supreme Court of Canada, the court unanimously dismissed Hape's appeal. But there was no unanimity in its reasons for doing so. LeBel J. wrote for the five-judge majority. Bastarache J. wrote reasons concurring in the result, to which the two other justices subscribed. Binnie J. also gave reasons, again concurring in the result but in little else.

LeBel J. for the majority of the Court began his analysis with *Charter* section 32(1):

> This Charter applies:
> (a) to the Parliament and government of Canada in respect of all matters within the authority of Parliament including all matters relating to the Yukon Territory and Northwest Territories; and
> (b) to the legislature and government of each province in respect of all matters within the authority of the legislature of each province.
>
> *La présente charte s'applique:*
> *(a) au Parlement et au gouvernement du Canada, pour tous les domaines relevant du Parlement, y compris ceux qui concernent le territoire du Yukon et les territoires du Nord-Ouest;*
> *(b) à la législature et au gouvernement de chaque province, pour tous les domaines relevant de cette législature.*

He observed that this provision does not expressly impose any territorial limits on the *Charter*'s application and that its interpretation in this regard therefore falls to the courts. He added that the tools that assist in this interpretation exercise include Canada's obligations under international law and the principle of the comity of nations.[44]

From here, LeBel J. entered into an unprecedented survey of the relationship between domestic law and international law in Canada. He began with the relationship between rules of customary international law and Canadian common law. The common law was not strictly at issue, for the question before the Court (as LeBel J. noted) was the interpretation of *Charter* section 32(1). Yet LeBel J. nevertheless surveyed the English and Canadian jurisprudence on the incorporation of custom by the common law, observing that rules

[44] *Hape* at para. 33.

of custom "are important interpretive aids for determining the jurisdictional scope of s. 32(1)."[45] The learned judge observed that English law takes an "adoptionist approach" to custom, whereby "prohibitive rules of international custom may be incorporated directly into domestic law through the common law," provided there is "no valid legislation that clearly conflicts with the customary rule."[46] LeBel J. endorsed *Trendtex Trading Corp. v. Central Bank of Nigeria*[47] and quoted from the passage from Lord Denning's judgment holding that a lower court may give effect to a change in international custom despite the existence of otherwise binding precedent based on the previous customary rule. Turning to Canadian law, LeBel J. reviewed and quoted from a number of leading, though frequently neglected, cases to conclude that the doctrine of adoption also applies in Canada.[48] He noted a number of Supreme Court of Canada cases in which the doctrine had been neglected but affirmed that despite those cases "the doctrine of adoption has never been rejected in Canada" and "operates in Canada such that prohibitive rules of customary international law should be incorporated into domestic law in the absence of conflicting legislation."[49]

LeBel J. also turned his attention to another basic doctrine of Canadian reception law, namely the presumption of conformity with international law. The learned judge's comments on this point merit lengthy quotation:

> It is a well-established principle of statutory interpretation that legislation will be presumed to conform to international law. The presumption of conformity is based on the rule of judicial policy that, as a matter of law, courts will strive to avoid constructions of domestic law pursuant to which the state would be in violation of its international obligations, unless the wording of the statute clearly compels that result. R. Sullivan, *Sullivan and Driedger on the Construction of Statutes* (4th ed., 2002), at p. 422, explains that the presumption has two aspects. First, the legislature is presumed to act in compliance with Canada's obligations as a signatory of international

[45] *Hape* at para. 35.

[46] *Hape* at para. 36.

[47] [1977] 1 Q.B. 529 (Eng. C.A.).

[48] *Hape* at para. 37, citing such cases as *The Ship "North" v. The King* (1906) 37 S.C.R. 385, *Re Armed Forces,* [1943] S.C.R. 483 and *Saint John v. Fraser-Brace Overseas Corp.*, [1958] S.C.R. 263 (mistakenly cited by the court as *Fraser-Bruce*).

[49] *Hape* at para. 39

treaties and as a member of the international community. In deciding between possible interpretations, courts will avoid a construction that would place Canada in breach of those obligations. The second aspect is that the legislature is presumed to comply with the values and principles of customary and conventional international law. Those values and principles form part of the context in which statutes are enacted, and courts will therefore prefer a construction that reflects them. The presumption is rebuttable, however. Parliamentary sovereignty requires courts to give effect to a statute that demonstrates an unequivocal legislative intent to default on an international obligation. See also P.-A. Côté, *The Interpretation of Legislation in Canada* (3rd ed. 2000), at pp. 367-68.

The presumption of conformity has been accepted and applied by this Court on numerous occasions ... The presumption applies equally to customary international law and treaty obligations.

This Court has also looked to international law to assist it in interpreting the *Charter*. Whenever possible, it has sought to ensure consistency between its interpretation of the *Charter*, on the one hand, and Canada's international obligations and the relevant principles of international law, on the other. For example, in *Slaight Communications Inc. v. Davidson*, [1989] 1 S.C.R. 1038, at p. 1056, Dickson C.J., writing for the majority, quoted the following passage from his dissenting reasons in *Reference re Public Service Employee Relations Act (Alta.)*, [1987] 1 S.C.R. 313 at 349:

The content of Canada's international human rights obligations is, in my view, an important indicia of the meaning of the "full benefit of the Charter's protection." I believe that the Charter should generally be presumed to provide protection at least as great as that afforded by similar provisions in international human rights documents which Canada has ratified.

Dickson C.J. then stated that Canada's international obligations should also inform the interpretation of pressing and substantial objectives under section 1 of the *Charter* ... In interpreting the scope of application of the *Charter*, the courts should seek to ensure compliance with Canada's binding obligations under international law where the express words are capable of supporting such a construction.[50]

These paragraphs represent the Court's most extensive consideration of the presumption of conformity with international law.

[50] *Hape* at paras. 53–56.

Among the many significant comments in this passage are the following: international law's values and principles form part of the context in which Canadian legislation is enacted; the presumption is rebutted (only?) where the legislature demonstrates an unequivocal intent to default on an international obligation; the *Charter* is subject to a similar interpretive presumption, seemingly in both its scope of application (section 32(1)) and its substantive protections.

The relevance of these doctrinal comments to the outcome of the appeal is based on two further preliminary observations of LeBel J. First, he held that "respect for the sovereignty of foreign states" is a principle of customary international law.[51] LeBel J. considered the international legal doctrine of the sovereign equality of states and the related principle of non-intervention in the affairs of foreign states. The learned judge considered that the principles of non-intervention and territorial sovereignty "may be adopted into the common law of Canada in the absence of conflicting legislation" and "must also be drawn upon in determining the scope of extraterritorial application of the Charter."[52] Second, LeBel J. considered international comity, noting that while comity is not a strict legal obligation, it is nevertheless a recognized interpretive principle in Canadian law. Importantly for the purposes of this appeal, LeBel J. observed that comity requires a state that seeks assistance from another in criminal matters to respect the way in which the other state chooses to provide such assistance within its borders.[53] He added, however, that such deference "ends where clear violations of international law and fundamental human rights begin."[54]

Having thus set the stage, LeBel J. turned to consider the question of extraterritoriality. He identified three international law principles of state jurisdiction: prescriptive jurisdiction, enforcement jurisdiction, and adjudicative jurisdiction. He then noted several recognized bases of jurisdiction in international law, chief among them territorial jurisdiction and nationality jurisdiction. He reviewed the famous *Lotus* case,[55] drawing from it that extraterritorial exercises of state jurisdiction are subject to strict limits and that a state "cannot" (surely this should be "may not") act to enforce its laws within

[51] *Hape* at para. 40.

[52] *Hape* at para. 46.

[53] *Hape* at paras. 47–52.

[54] *Hape* at para. 52.

[55] *Case of the SS "Lotus"* (1927) PCIJ Ser. A, No. 10 (PCIJ).

the territory of another state absent either the consent of the other state or, in exceptional cases, some other basis under international law.[56]

Turning to the application of these principles in Canadian law, LeBel J. noted that the *Statute of Westminster 1931* conferred on Canada authority to make laws having extraterritorial operation and that Canada has done so on several occasions. Yet he held that there are limits to the extraterritorial application of Canadian law. One such limit is uncontroversial. *Criminal Code* section 6(2) establishes a general rule that Canadian criminal legislation is territorial unless specifically declared to be otherwise. But LeBel J. added a further, seemingly new limit on the extraterritorial application of Canadian law. He held that Parliament's ability to pass extraterritorial legislation "is informed by the binding customary principles of territorial sovereign equality and non-intervention, by the comity of nations and by the limits of international law to the extent that they are not incompatible with domestic law."[57] LeBel J. immediately added that, "[b]y virtue of parliamentary sovereignty, it is open to Parliament to enact legislation that is inconsistent with those principles," a qualification that tends to throw the statement it qualifies into confusion. The learned judge then observed that, sovereign though Parliament may be in this respect, Canadian law can only be enforced in another country with the consent of the host state.[58]

The importance of these observations becomes clear in the following passage:

> As the supreme law of Canada, the Charter is subject to the same jurisdictional limits as the country's other laws or rules. Simply put, Canadian law, whether statutory or constitutional, cannot be enforced in another state's territory without the other state's consent. This conclusion, which is consistent with the principles of international law, is also dictated by the words of the Charter itself. The Charter's territorial limitations are provided for in s. 32, which states that the Charter applies only to matters that are within the authority of Parliament or the provincial legislatures. In the absence of consent, Canada cannot exercise its enforcement jurisdiction over a matter situated outside Canadian territory. Since effect cannot be

[56] *Hape* at paras. 57–65.

[57] *Hape* at para. 68.

[58] *Hape* at paras. 66–8.

given to Canadian law in the circumstances, the matter falls outside the authority of Parliament and the provincial legislatures.[59]

The propositions of this paragraph are both significant and questionable. What does it mean to say that Canadian law "cannot" be enforced in another state's territory without its consent? If this is meant to be a statement of fact, as the word "cannot" suggests, it is surely wrong. Factually speaking, Canadian law *can* be enforced in a foreign territory without the host state's consent, though doing so may violate Canadian law, international law, or both.[60] Also questionable is the conclusion LeBel J. draws from this supposed inability of Canadian law to be enforced extraterritorially without consent. He observes (indisputably) that *Charter* section 32(1) provides that the *Charter* applies only to matters within the authority of Parliament or the provincial legislatures. He then combines this proposition with his view that Canada "cannot" enforce its own laws extraterritorially without foreign consent and concludes that since a Canadian extraterritorial law cannot be given effect in such circumstances, such a law falls outside the authority of Parliament and the provincial legislatures. This is a startling proposition, one seemingly at odds with such constitutional orthodoxies as section 3 of the *Statute of Westminster 1931*,[61] the sovereignty of Parliament to violate international law, and the exhaustiveness of the federal distribution of powers.[62]

[59] *Hape* at para. 69.

[60] Take the example of the RCMP officers loading Hape's documents onto their plane: when the local official protested, they chose (quite rightly) to avoid an incident and unload their plane. But they *could* have ignored the protest and flown away, though doing so might have brought all sorts of undesirable consequences. In short, to the extent that the RCMP's investigation in Turks and Caicos may be regarded as an exercise in extraterritorial enforcement of Canadian law, it could in fact have been done without the host state's consent. Many more grievous examples of extraterritorial enforcement of state laws can be imagined.

[61] "It is hereby declared and enacted that the Parliament of a Dominion has full power to make laws having extra-territorial operation." 22 George V. c. 4 (UK).

[62] For example, "In essence, there is no topic that cannot be legislated upon, though the particulars of such legislation may be limited by, for instance, the Charter. A jurisdictional challenge in respect of any law is therefore limited to determining to which head of power the law relates." *Reference re Same-Sex Marriage,* [2004] 3 S.C.R. 698 at para. 34.

From here, LeBel J. went on to review at length the Court's previous jurisprudence on *Charter* section 32(1),[63] under which a court faced with a possible extraterritorial application of the *Charter* was required to ask: first, whether the action in question fell within section 32(1) as a matter within the authority of Parliament or a provincial legislature and, second, whether the application of the *Charter* in this instance would interfere with the sovereign authority of a foreign state and thereby generate an objectionable extraterritorial effect. LeBel J. rejected this approach, finding that it disregarded the distinction between prescriptive and enforcement jurisdiction, gave rise to impractical consequences, and ignored the wording of section 32(1) itself.[64] On the first point, LeBel J. considered that the mere fact of applying *Charter* standards in another state's territory without its consent would constitute interference with that state's sovereignty.[65] Yet it is difficult to see how the sovereignty of Turks and Caicos might be interfered with by the decision of a Canadian court, sitting in Canada, trying a Canadian, to exclude from his trial on *Charter* grounds evidence gathered in Turks and Caicos. On the second point, LeBel J. observed that to comply with the *Charter* in this case, the RCMP would have had to obtain a warrant unavailable under Turks and Caicos law, and that to require that country's legal system to devise such a warrant in order to comply with the *Charter* "would constitute blatant interference with Turks and Caicos sovereignty."[66] It is hard to imagine Canada or any state ever making such a request of another. But even if it did, doing so would not involve any extraterritorial application of the *Charter* but only a very unusual diplomatic request which the requested state would either ignore or consent to — in the exercise of its own sovereign will and seemingly without any interference with its sovereign equality. State sovereignty is not so easily infringed as the *Hape* court fears.[67]

LeBel J. therefore concluded that international law and comity prevent *Charter* standards from applying to investigations in foreign

[63] *Hape* at paras. 70–82.

[64] *Hape* at paras. 83–95.

[65] *Hape* at para. 84.

[66] *Hape* at para. 86.

[67] See also *Hape* at para. 92, in which LeBel J. expresses the view that for an accused person, detained abroad, to claim a right to retain and instruct counsel under s. 10(b) of the *Charter* interferes with the territorial sovereignty of the detaining state.

states involving Canadian officials. "When Canadian authorities are guests of another state whose assistance they seek in a criminal investigation, the rules of that state govern."[68] Yet LeBel J. acknowledged that "a balance must be struck" between individual rights and state sovereignty in such matters. He therefore proposed two refinements of his approach to extraterritoriality. First, he confirmed that *Charter* sections 7 and 11(d) continue to protect fair trial rights. Where the Crown seeks at trial to adduce evidence gathered abroad, these provisions ensure that due consideration is shown for the rights of an accused being investigated abroad.[69] Second, LeBel J. offered the following exception to the rule that Canadian officers participating in foreign investigations must do so according to foreign laws: the principle of comity may give way where participation by Canadian officials "would place Canada in violation of its international obligations in respect of human rights." "I leave open the possibility," said LeBel J., "that, in a future case, participation by Canadian officers in activities in another country that would violate Canada's international human rights obligations might justify a remedy under s. 24(1) of the Charter because of the impact of those activities on Charter rights in Canada."[70] The curious result of this dictum appears to be that the *Charter* cannot be used to scrutinize the conduct of Canadian officials abroad (unless the host state consents; see later discussion), yet international human rights law norms can be. Such an approach seems at odds with a reception law doctrine not discussed by the majority in *Hape* but surely just as well established as the incorporation of custom or the presumption of conformity, namely the requirement that treaties (by far the most important source of international human rights law) do not take direct effect in Canadian law but require legislative implementation.

Applying his analysis to the facts of the case, LeBel J. held that the RCMP searches of Hape's business premises were not within the authority of Parliament because they took place in Turks and Caicos and there was no evidence that that country had consented to the exercise of Canadian enforcement jurisdiction within its territory. Thus, the *Charter* did not apply. The most Hape could do was to demonstrate that the trial judge erred in admitting the disputed documents because doing so rendered the trial unfair. Hape did not in fact argue this point, but LeBel J. nevertheless considered it

[68] *Hape* at para. 99.

[69] *Hape* at para. 100.

[70] *Hape* at para. 101.

briefly, holding that this was not a case in which admission of the evidence violated Hape's right to a fair trial. He therefore dismissed the appeal and affirmed Hape's convictions.[71]

Bastarache J., for himself and Abella and Rothstein JJ., acknowledged certain difficulties in the existing jurisprudence on the *Charter*'s application abroad but disagreed with LeBel J.'s analysis on key points. He disagreed that an inability to enforce Canadian law outside Canada means that the matter in question falls outside of the authority of Parliament and the provincial legislatures under ssection 32(1) of the *Charter*, saying in part: "The fact that Canadian law is not enforced in a foreign country does not mean that it cannot apply to a Canadian government official" and noting that some Canadian criminal laws apply on the basis of nationality wherever the crime is committed.[72] Bastarache J. took the view that *Charter* section 32(1) defines who acts, not where they act, adding: "In the instant case, the matter is a Canadian criminal investigation involving Canadian police acting abroad, which clearly makes it a matter within the authority of Parliament or the provincial legislatures."[73] Bastarache J. also took the view (quite rightly, in the present writer's opinion) that "the application of the Charter as such to the actions of Canadian officials does not automatically result in an interference with the sovereign authority of foreign states."[74] In the place of the majority's approach, Bastarache J. took the view that adhering to fundamental *Charter* principles would simply require Canadian officers operating abroad to inform themselves of the rights and protections in place under the foreign state's law and to compare them to those guaranteed under the *Charter*. Difference resulting from different legal regimes and different approaches adopted in other democratic societies will usually be justified under *Charter* section 1.[75]

Binnie J., concurring in the result, emphasized that the majority's reasons effectively overrule *Cook* and worried that doing so was premature given that neither of the parties, nor the intervenor, asked that *Cook* be revisited, much less overruled. "Constitutional pronouncements of such far-reaching implications as are laid down by my colleague [LeBel J.] ... were not even on the radar screen of

[71] *Hape* at paras. 114–23.

[72] *Hape* at para. 160.

[73] *Hape* at para. 161.

[74] *Hape* at para. 162.

[75] *Hape* at para. 169; see also para. 174.

the parties and intervener to this appeal," Binnie J. noted, "[t]he Court should decline to resolve such important questions before they are ripe for decision."[76]

The *Hape* decision is bound to leave Canadian international lawyers with mixed feelings. The majority's pronouncements on the incorporation of customary international law by the common law and the strength and nature of the presumption of conformity with international law are very much to be welcomed. Yet the majority's pronouncements on the extraterritorial application of Canadian law are suspect. One may wonder whether *Hape*'s facts involve any extraterritorial application of Canadian law at all. The sole question before the Court was whether a Canadian court was right, in the trial of a Canadian in Canada under Canadian law, in declining to exclude from evidence certain documents obtained by Canadian officials in the course of a foreign investigation in which they worked under the authority and with the cooperation of local police. Neither excluding the evidence nor admitting it could have any extraterritorial legal effect on Turks and Caicos. In determining otherwise, and in doing so in such a sweeping fashion, the majority made it well-nigh impossible for the *Charter* to apply to the acts of Canadian government officials operating outside Canadian territory (the exception being where the foreign state consents to the *Charter*'s application, but why would Canada ever ask and, if it did, would the host state even understand the question). Despite the majority's admirable declarations of its desire to respect and conform to international law, the result of its analysis seems out of step with the law of jurisdiction. *Hape* will surely have to be revisited one day. When that day comes, let us hope that the majority's important pronouncements on the domestic reception of international law are not jettisoned together with its less satisfactory conclusions.

International human rights and the Charter *— freedom of association — collective bargaining*

Health Services and Support - Facilities Subsector Bargaining Assn. v. British Columbia, 2007 SCC 27 (8 June 2007). Supreme Court of Canada.

This was a *Charter* challenge to the *Health and Social Services Delivery Improvement Act*,[77] a BC law that sought to reduce costs in BC's

[76] *Hape* at paras. 181–92.

[77] S.B.C. 2002, c. 2.

health care sector by enacting changes to existing employment arrangements particularly in regard to contracting out, the status of contracted-out employees, layoffs, and bumping rights. In some cases, the act permitted employers to do things that would not otherwise have been permissible under existing collective agreements and without adhering to otherwise applicable consultation and notice requirements. The act also invalidated certain provisions of existing collective agreements and voided any part of a past or future collective agreement that was inconsistent with the act's new restrictions.[78]

The act was challenged by unions and union members as being contrary to *Charter* sections 2(d) (freedom of association) and 15 (equality). The appellants' difficulty was that the jurisprudence of the Supreme Court of Canada had famously rejected collective bargaining as an aspect of freedom of association under *Charter* section 2(d) in the so-called Labour Trilogy[79] and subsequent cases. These decisions have been frequently criticized as being inconsistent with Canada's obligations under international human rights and labour law treaties protecting trade unionism.[80]

In a remarkable reversal, the Supreme Court of Canada allowed the appeal. McLachlin C.J. and LeBel J. for the majority of the court overruled the Labour Trilogy and held that *Charter* section 2(d)'s freedom of association guarantee extends to protecting the capacity of members of labour unions to engage in collective bargaining on workplace issues. Section 2(d) does not guarantee the particular objectives sought through such associational activity but only the process through which those objectives are pursued. The *Charter* is infringed where the effect of a state law or action is to substantially interfere with the activity of collective bargaining. Substantial interference involves the intent to seriously undermine, or the effect of seriously undermining, the activity of workers joining together to pursue the common goals of negotiating workplace conditions and terms of employment with their employer.[81]

[78] For a more fulsome description of the impugned provisions, see *Health Services* at paras. 116-28.

[79] *Re Public Service Employee Relations Act (Alta.),* [1987] 1 S.C.R. 313, *PSAC v. Canada,* [1987] 1 S.C.R. 424; and *RWDSU v. Saskatchewan,* [1987] 1 S.C.R. 460.

[80] See, for example, M. Freeman and G. van Ert, *International Human Rights Law* (Toronto: Irwin Law, 2004) at 235–40.

[81] See *Health Services* at paras. 89–92.

The majority rested its expansion of section 2(d) on four propositions, only one of which is of interest for the purposes of this note: that collective bargaining is an integral component of freedom of association in international law, which may inform the interpretation of *Charter* guarantees.[82] The majority began by observing that while "the incorporation of international agreements into domestic law is properly the role of the federal Parliament or the provincial legislatures ... Canada's international obligations can assist courts charged with interpreting the *Charter*'s guarantees."[83] The majority then confirmed what Dickson C.J. famously concluded in dissent in the *Alberta Reference* case twenty years earlier, namely that the *Charter* "should be presumed to provide at least as great a level of protection as is found in international human rights documents that Canada has ratified."[84]

From here, the majority surveyed the three leading international instruments concerning freedom of association and trade unionism, namely the 1966 *International Covenant on Economic, Social and Cultural Rights* (*ICESCR*),[85] the 1966 *International Covenant on Civil and Political Rights* (*ICCPR*),[86] and 1948 ILO *Convention No. 87 Concerning Freedom of Association and Protection of the Right to Organize.*[87] Canada is a party to all three treaties. The majority described these instruments as "reflect[ing] no only international consensus, but also principles that Canada has committed itself to uphold."[88] The majority went on to review each instrument in turn:

[82] *Health Services* at para. 20. The other three propositions enumerated by the majority in this paragraph are: (1) that "the reasons evoked in the past for holding that the guarantee of freedom of association does not extend to collective bargaining can no longer stand"; (2) that "an interpretation of s. 2(d) that precludes collective bargaining from its ambit is inconsistent with Canada's historic recognition of the importance of collective bargaining to freedom of association"; and (3) that "interpreting s. 2(d) as including a right to collective bargaining is consistent with, and indeed, promotes, other *Charter* rights, freedoms and values."

[83] *Health Services* at para. 69. Ironically, the case cited in support of this proposition is perhaps the most notorious example of a Charter decision that flies in the face of international law, namely *Suresh v. Canada (Minister of Citizenship and Immigration),* [2002] 1 S.C.R. 3.

[84] *Health Services* at para. 70.

[85] [1976] Can. T.S. no. 46.

[86] [1976] Can. T.S. no. 47.

[87] [1973] Can. T.S. no. 14.

[88] *Health Services* at para. 71.

The *ICESCR*, the *ICCPR* and *Convention No. 87* extend protection to the functioning of trade unions in a manner suggesting that a right to collective bargaining is part of freedom of association. The interpretation of these conventions, in Canada and internationally, not only supports the proposition that there is a right to collective bargaining in international law, but also suggests that such a right should be recognized in the Canadian context under s. 2(d).

Article 8, para. (1)(c) of the *ICESCR* guarantees the "right of trade unions to function freely subject to no limitations other than those prescribed by law and which are necessary in a democratic society in the interests of national security or public order or for the protection of the rights and freedoms of others." This Article allows the "free functioning" of trade unions to be regulated, but not legislatively abrogated (*per* Dickson C.J., *Alberta Reference*, at p. 351). Since collective bargaining is a primary function of a trade union, it follows that Article 8 protects a union's freedom to pursue this function freely.

Similarly, Article 22, para. 1 of the *ICCPR*, states that "[e]veryone shall have the right to freedom of association with others, including the right to form and join trade unions for the protection of his interests." Paragraph 2 goes on to say that no restriction may be placed on the exercise of this right, other than those necessary in a free and democratic society for reasons of national security, public safety, public order, public health or the protection of the rights of others. This Article has been interpreted to suggest that it encompasses both the right to form a union and the right to collective bargaining: *Concluding Observations of the Human Rights Committee Canada*, U.N. Doc. CCPR/C/79/Add.105 (1999).

Convention No. 87 has also been understood to protect collective bargaining as part of freedom of association. Part I of the Convention, entitled "Freedom of Association," sets out the rights of workers to freely form organizations which operate under constitutions and rules set by the workers and which have the ability to affiliate internationally. Dickson C.J., dissenting in the *Alberta Reference*, at p. 355, relied on *Convention No. 87* for the principle that the ability "to form and organize unions, even in the public sector, must include freedom to pursue the essential activities of unions, such as collective bargaining and strikes, subject to reasonable limits."[89]

From this review of the leading treaty provisions, the majority went on to refer to other international materials on point. It noted the existence of interpretations of *Convention No. 87* by the ILO's

[89] *Health Services* at paras. 72–75.

Committee on Freedom of Association, Committee of Experts and Commissions of Inquiry, and recommended such interpretations for *Charter* interpretation thus: "While not binding, they shed light on the scope of s. 2(d) of the Charter as it was intended to apply to collective bargaining."[90] Despite this endorsement, the majority did not itself cite any such interpretations. Rather, it quoted at length from a journal article in which the authors summarize, in the majority's words, "[s]ome of the most relevant principles in international law" concerning collective bargaining.[91]

The majority then briefly turned its attention to the ILO's 1998 *Declaration on Fundamental Principles and Rights at Work*, a formally non-binding declaration of the ILO, which that body nevertheless regards as obligatory on ILO member states. The majority observed:

> The fact that a global consensus on the meaning of freedom of association did not crystallize in the *Declaration on Fundamental Principles and Rights at Work* ... until 1998 does not detract from its usefulness in interpreting s. 2(d) of the *Charter*. For one thing, the *Declaration* was made on the basis of interpretations of international instruments, such as *Convention No. 87*, many of which were adopted by the ILO prior to the advent of the *Charter* and were within the contemplation of the framers of the *Charter*. For another, the *Charter*, as a living document, grows with society and speaks to the current situations and needs of Canadians. Thus Canada's current international law commitments and the current state of international thought on human rights provide a persuasive source for interpreting the scope of the Charter.[92]

Why the majority considered that a "global consensus on the meaning of freedom of association" can be found in the 1998 Declaration, and why it considered that such a consensus did not previously exist, are left unexplained. But what is most interesting about this passage is the majority's affirmation that international legal instruments that pre-date the *Charter* are not, for that reason alone, excluded from interpretive consideration when construing *Charter* rights.

The majority concluded its discussion of international law with the observation that it is "reasonable to infer" from Canada's adherence

[90] *Health Services* at para.76.

[91] B. Gernigon, A. Odero, and H. Guido, "ILO Principles Concerning Collective Bargaining" (2000) 139 Int'l Lab. Rev. 33; and *Health Services* at para. 77.

[92] *Health Services* at para. 78.

to international conventions recognizing collective bargaining as part of freedom of association that "s. 2(d) of the *Charter* should be interpreted as recognizing at least the same level of protection."[93] The language of reasonable inference seems misplaced. What the majority effectively did in this judgment was to extend the statutory interpretive presumption of conformity with international law to the *Charter*, more particularly to substantive *Charter* rights such as freedom of association. The majority went on to strike down sections 6(2), 6(4), and 9 of the impugned act as unjustified infringements of freedom of association. The equality challenges were dismissed.

In *Health Services*, the Supreme Court of Canada appears to do what many commentators (the present writer included) have advocated for some time, namely to adopt as a majority decision those parts of Dickson C.J.'s dissent in the *Alberta Reference* in which the learned chief justice proposed a strong role for international human rights law in *Charter* interpretation. The chief justice's doctrine that the *Charter* should be presumed to offer at least as much human rights protection as found in Canada's international human rights treaties is tantamount to applying the well-established interpretive presumption of conformity with international law to the *Charter*. *Health Services* is an invitation to future *Charter* litigants to examine international human rights law for support for their positions and, in cases where the international sphere may offer greater protection than allowed by existing *Charter* jurisprudence, to invoke the Dickson doctrine in much the same way as they might invoke the presumption of conformity in non-*Charter* cases. Were such an interpretive practice to become orthodoxy, Canada's already admirable record of compliance with international human rights law would further improve. The result in *Health Services* itself — striking down laws restricting and curtailing collective bargaining in the health sector, where past jurisprudence would have upheld them — is a case in point. *Health Services* is to be welcomed as a step forward in harmonizing *Charter* jurisprudence both with Canada's international human rights obligations and with the presumption of conformity with international law, an interpretive practice already well established in Canada for non-constitutional provisions but which has long seemed to meet with unstated resistance in the *Charter* context.

[93] *Health Services* at para. 79, citing *Re Public Service Employee Relations Act (Alta.)*, [1987] 1 S.C.R. 313 at 349 per Dickson CJ (dissenting).

BRIEFLY NOTED / SOMMAIRES EN BREF

The following cases were reviewed in previous issues of the *Yearbook* and have since been considered on appeal (*Les arrêts qui suivent ont été considéré aux numéros antérieurs de l'Annuaire et, depuis ce temps-là, ont été pourvu en appel*).

Immigration and refugee protection — arbitrary detention — security certificates

Charkaoui v. Canada (Citizenship and Immigration), 2007 SCC 9 (23 February 2007). Supreme Court of Canada.

The court allowed the appeal from this decision (see 2005 *Yearbook*) finding unjustifiable infringements of ssections 7, 9, and 10(c) of the *Charter* in the security certificate regime of the *Immigration and Refugee Protection Act*, SC 2001, c. 27. The international legal issues considered in the decision under appeal were not addressed in the court's reasons.

Foreign affairs prerogative — issuance of passports — status of Jerusalem in international law

Veffer v. Canada (Minister of Foreign Affairs), 2007 FCA 247 (8 May 2007). Federal Court of Appeal.

The court rejected Veffer's appeal for reasons broadly the same as those of the trial judge (see 2006 *Yearbook*). The court began by rejecting the intervenor's argument that the status of Jerusalem is fundamentally a question of international law and therefore not justiciable in the Federal Court of Appeal. The court noted that it was not being asked to decide the legal status of Jerusalem nor to interfere with Canadian foreign policy respecting Jerusalem. Thus, the non-justiciability doctrine was not engaged. The court confirmed that Canadian passport policy is subject to *Charter* scrutiny but found no violation of freedom of religion in Canada's policy of not indicating "Jerusalem, Israel" on the passports of Canadians born in Jerusalem. The court observed that Article 8(1) of the 1989 *Convention on the Rights of the Child*[94] (concerning the right of the child to preserve his or her identity) is not implemented by Canadian legislation as a "freestanding right." The court found no infringement of *Charter* section 15. In particular, it noted that the Passport Canada policy on Jerusalem seeks to reflect international law and accords

[94] [1992] Can. T.S. no. 3.

with a direction by former UN secretary-general Kofi Annan to refrain from actions that could prejudge the resolution of final status negotiations.

Extradition — Admissibility of evidence

United Mexican States v. Ortega; United States of America v. Fiessel, 2006 SCC 34 (21 July 2006). Supreme Court of Canada.

This appeal of the *Ortega* decision (see 2005 *Yearbook*) was heard with, and decided on the basis of, the decision of the Supreme Court of Canada in *United States of America v. Ferras; United States of America v. Latty,* 2006 SCC 33. The Supreme Court of Canada allowed the appeal and returned the cases to the extradition judges for determination in accordance with the interpretation of the *Extradition Act* set out in *Ferras.*

Canadian Cases in Private International Law in 2006–7 / Jurisprudence canadienne en matière de droit international privé en 2006–7

compiled by / préparé par

JOOST BLOM

A JURISDICTION / COMPÉTENCE DES TRIBUNAUX

1 Common Law and Federal

(a) Jurisdiction *in personam*

Resident defendant

Note. See *Ward v. Canada (Attorney General)*, noted below under (b) Declining jurisdiction — Resident defendant — claim arising out of personal injury or damage to property — class action.

Non-resident defendant — claim arising out of business, investment, or professional transaction — jurisdiction simpliciter *arguable*

MTU Maintenance Canada Ltd. v. Kuehne & Nagel International Ltd. (2007), 287 D.L.R. (4th) 215, 2007 BCCA 552 (British Columbia Court of Appeal)

The plaintiff, a New Brunswick company, maintained aircraft engines and often sent engines to the United States to be repaired by the original manufacturer or other repair facilities. The plaintiff contracted with the first defendant, a Canadian logistics operator, to handle the customs clearances. The first defendant often subcontracted the work to the second defendant, a United States logistics operator. When the plaintiff, under pressure from United States authorities, undertook a review of its compliance with United States customs laws, the defendants (so the plaintiff alleged) failed to provide sufficient or timely assistance, a default for which the plaintiff sued them in British Columbia. The first defendant was registered as an extraprovincial corporation in British Columbia,

Joost Blom, Faculty of Law, University of British Columbia.

and so had appointed an agent for service there, but the second defendant applied to have the claim against it dismissed on the basis that the court lacked jurisdiction. Jurisdiction depended on whether the claim had a real and substantial connection with the province as required by section 3(e) of the *Court Jurisdiction and Proceedings Transfer Act*, S.B.C. 2003, c. 28. The chambers judge held that the plaintiff had pleaded sufficient jurisdictional facts to bring its claim with one or other of the categories of presumed real and substantial connection in section 10 of the act.

The Court of Appeal remitted the matter to the chambers judge. It confirmed that the act applied, notwithstanding that the proceedings had been commenced before the act came into force (on 4 May 2006). The presumed real and substantial connection for a claim on a contract, "the obligations under which, to a substantial extent, were to be performed in the province" (section 10(e)), could not apply because the pleadings alleged no contract with the second defendant. Nor did the claim concern a business carried on in British Columbia (section 10(h)), because the second defendant carried on no business there. That left the argument that the plaintiff's claim concerned a tort committed in British Columbia (section 10(g)). The judge had found that the second defendant's alleged tort was committed in the province on the basis that all of the plaintiff's operations were conducted there, but this rested in part on counsel's assertion as to where the plaintiff did business as well as on the endorsement on the writ alleging a tort committed in British Columbia. These did not qualify as bases for a finding of jurisdictional fact.

Note. In British Columbia, the rules for jurisdiction have been codified in the *Court Jurisdiction and Proceedings Transfer Act*, S.B.C. 2003, c. 28, based on model legislation promulgated by the Uniform Law Conference of Canada. Saskatchewan has also enacted it. Sections 3(e) of the act embodies the common law rule for jurisdiction *simpliciter*, which has constitutional force, that the court of a province only has jurisdiction over a claim against a non-consenting defendant if either the defendant or the events giving rise to the claim have a real and substantial connection with the province. The innovation in the act is to provide in section 10 a number of categories of claim that are rebuttably presumed to have a real and substantial connection with British Columbia. If the plaintiff's claim does not fall under any of those categories it is still open to the plaintiff to show that the claim in fact does have a real and substantial connection with the province. That is why the court's rejection of the presumed connections found by the chambers judge in the *MTU* case did not dispose of the question of jurisdiction.

Non-resident defendant — claim arising out of business, investment, or professional transaction — jurisdiction simpliciter *found — jurisdiction not declined*

Note. See *Boreta v. Primrose Drilling Ventures Ltd.* (2007), 413 A.R. 12, 2007 ABQB 72, affd. (*sub nom. Boreta v. Jafar*) 2007 ABCA 212, leave to appeal to S.C.C. refused, 24 January 2008, a claim that a resident of the United Arab Emirates held on trust for the plaintiff certain shares that had been transferred to him, allegedly in breach of trust, by another defendant who was resident in Alberta. The former defendant was a necessary or proper party to the claim against the latter. *Han v. Cho* (2006), 62 B.C.L.R. (4th) 358, 2006 BCSC 1623, was a claim against a Korean resident for having defrauded a resident of British Columbia by misappropriating funds entrusted to her. It had not been shown that Korea was a more appropriate forum.

Non-resident defendant — claim arising out of business, investment, or professional transaction — jurisdiction simpliciter *found not to exist*

Note. 6463908 Canada Ltd. v. BellSouth Affiliate Services Corp. (2006), 24 B.L.R. (4th) 325 (Ont. S.C.J. (Master)), was a claim arising out of the desertion of twenty of the plaintiff's employees whom it had hired to repair telecommunications equipment in several American states in performance of a contract, governed by Georgia law, that the plaintiff had made with a BellSouth in Georgia. The plaintiff sought damages not only from the departed employees but also from BellSouth, and a company working for BellSouth that had hired the employees. Notwithstanding that the plaintiff was headquartered in Ontario, its claim was held to lack a real and substantial connection with the province. In *Foran Mining Corp. v. Theodoropoulos* (2007), 293 Sask. R. 1, 2007 SKCA 12, Saskatchewan was held to have no real and substantial connection with a Manitoba company's claim against a British Columbia law firm for negligence in its work in relation to certain mining claims, even though the claims were in Saskatchewan. The proceeding was ordered transferred to British Columbia under the *Court Jurisdiction and Proceedings Transfer Act,* S.S. 1997, c. C-41.1.

Non-resident defendant — claim arising out of business, investment, or professional transaction — jurisdiction simpliciter *found not to exist — class action*

Note. A proposed class action in the Federal Court of Canada claimed that a California firm providing software over the Internet had violated the misleading representation provisions of Canadian competition legislation. The claim was held to have no real and substantial connection with Canada, given that the defendant had in no way availed itself of Canadian laws and did no business in Canada through its website. The Federal Court therefore lacked jurisdiction *simpliciter*. *Desjean v. Intermix Media Inc.* (2006), [2007] 4 F.C.R. 151, 2006 FC 1395.

Attornment to the jurisdiction

Note. According to *Han v. Cho* (2006), 62 B.C.L.R. (4th) 358, 2006 BCSC 1623, a defendant cannot seek to have the court decline jurisdiction after having taken steps, such as entering an appearance or filing a statement of defence, that amount to a submission (attornment) to the jurisdiction. Rule 14(6.4) of the British Columbia Rules of Court creates an exception to this rule if the defendant files a motion denying jurisdiction *simpliciter* within thirty days of entering an appearance. (For whatever reason, the rule is limited to denials of jurisdiction *simpliciter*; it does not apply when all the defendant does is to ask the court to decline jurisdiction.) The defendant in *Han v. Cho* had not availed herself of this exception. The defendant in *Iskander & Sons Inc. v. Haghighat* (2007), 48 C.P.C. (6th) 102, 2007 BCSC 753, had done so, and so had not attorned by filing an application to set aside the *ex parte* order with which the plaintiff had garnished a bank account in British Columbia. See also *Borgstrom v. Korean Air Lines Co.* (2007), 70 B.C.L.R. (4th) 206, 2007 BCCA 263, in which the court held that the "no attornment" rule applies even if the defendant's application denying jurisdiction *simpliciter* is bound to fail and so is made solely to trigger the rule.

A Saskatchewan case also held that a defendant could not argue *forum non conveniens* after having attorned by filing a defence and applying to strike the plaintiff's claim: *True North Seed Potato Co. v. NZPC Americas Corp.* (2007), 291 Sask. R 30, 2007 SKQB 12. The defendant had not availed itself of the procedure (in Saskatchewan Queen's Bench R. 99(1)) for contesting jurisdiction without attornment. However, this case was expressly not followed in *Ackerman v. Saskatchewan Association of Health Organizations*, [2007] 11 W.W.R. 751, 2007 SKQB 146, which saw no reason why submission to the jurisdiction should bar the defendant from arguing *forum non conveniens.*

(b) Declining jurisdiction

Resident defendant — claim arising out of business, investment, or professional transaction

Note. Jurisdiction was not declined in *BNP Paribas (Canada) v. BCE Inc.* (2007), 33 C.B.R. (5th) 163, 43 C.P.C. (6th) 242 (Ont. S.C.J.), although both parties' head offices were in Québec and the litigation concerned a contract governed by Québec law. The action was closely linked to other proceedings in Ontario arising out of the primary defendant's insolvency. In *Sigma Group of Companies Inc. v. Chartier* (2007), 301 Sask. R. 224, 2007 SKQB 300, the defendant relied on the fact that related litigation was under way in a neighbouring province, but the parties to that litigation were different and the court refused a stay. Nor was jurisdiction declined in *Tully v. RBC Dominion Securities Inc.* (2007), 59 C.C.E.L. (3d) 119 (Ont. S.C.J.), an action brought against an Ontario corporation in respect of the plaintiff's dismissal by its Barbados subsidiary.

In three cases, the courts refused to decline jurisdiction in actions between insurer and insured. In one, *Valeurs Mobilières DPM Inc. v. American Home Assurance Co.* (2007), 300 Sask. R. 282, 2007 SKQB 326, brought by the insured, the court stressed that most of the losses in respect of which indemnity was sought had occurred in the province. In another, *ING Insurance Co. of Canada v. Health Craft Products Inc.* (2007), 46 C.C.L.I. (4th) 62 (Ont. S.C.J.), brought by the insurer for a declaration that it was not obliged to defend, the court took jurisdiction although the relevant loss was from a class action brought against the insured in the United States. The policy was governed by Ontario law, and most of the witnesses and evidence were located there. (See also *Lloyd's Underwriters v. Cominco Ltd.*, noted below under the heading parallel proceedings elsewhere (*lis alibi pendens*).) And in the third, *Ackerman v. Saskatchewan Association of Health Organizations*, [2007] 11 W.W.R. 751, 2007 SKQB 146, the court refused an application to transfer a proceeding for benefits under a disability income plan from Saskatchewan, where the plaintiff had been employed, to British Columbia, to which she moved after her action was commenced. The connections with Saskatchewan, including the law governing the plan, were too strong.

Jurisdiction was declined in *Pan-Afric Holdings Ltd. v. Ernst & Young LLP* (2007), 73 B.C.L.R. (4th) 355, 2007 BCSC 685, because, although the plaintiff was a British Columbia company, its claim arose out of a contract for valuation services made with the defendant in Maryland and to be performed there. The judge held that, although the matter was not expressly mentioned in the *forum conveniens* provisions (section 11) of the *Court Jurisdiction and Proceedings Transfer Act*, S.B.C. 2003, c. 28, the court had inherent power to make the stay of proceedings provisional, to become final on the plaintiff's claim being decided on its merits in Maryland.

Non-resident defendant — claim arising out of business, investment, or professional transaction

Note. Jurisdiction was not declined in *Research in Motion Ltd. v. Atari Inc.* (2007), 61 C.P.R. (4th) 193 (Ont. S.C.J.), an action for a declaration of non-infringement of the American defendant's Canadian copyright in certain electronic games. Issues relating to United States law were incidental to the main ones and therefore appropriately included in the Ontario proceeding. And a stay was refused in *Apotex Inc. v. IVAX Pharmaceuticals s.r.o.* (2006), 23 B.L.R. (4th) 180 (Ont. S.C.J.), an Ontario company's claim against a Czech company for breach of a supply agreement.

In *Iskander & Sons Inc. v. Haghighat* (2007), 48 C.P.C. (6th) 102, 2007 BCSC 753, Texas was held a more appropriate forum for a Texas firm's claim against its former officer and general manager, a Texas resident, for misappropriating the plaintiff's funds and depositing them in a bank account in British Columbia. Jurisdiction was also declined in a wrongful dismissal action against an American employer in *Young v. Tyco International of Canada Ltd.* (2007), 61 C.C.E.L. (3d) 105 (Ont. S.C.J.). The plaintiff's having formerly worked in Canada for a related company did not alter the fact that the litigation was entirely concerned with what had happened after he had taken the position with the American firm.

Non-resident defendant — claim relating to immovable property in the province

Note. In *Hormandinger v. Bender-Hormandinger* (2007), 47 C.P.C. (6th) 262, 2007 BCSC 949, jurisdiction *simpliciter* existed because the claim, which was for the division of an immovable in British Columbia as a matrimonial asset, related to property situated in the province and so was presumed to have a real and substantial connection with British Columbia under section 10 of the *Court Jurisdiction and Proceedings Transfer Act*, S.B.C. 2003, c. 28. Jurisdiction was, however, declined because the more appropriate forum was Germany, where the parties had always lived and where their respective property rights were being comprehensively determined by a court as part of divorce proceedings. An order for partition of the property could be sought in British Columbia once the German court had decided on the parties' shares in the asset.

Resident defendant — claim arising out of personal injury or damage to property — class action

Ward v. Canada (Attorney General) (2007), 286 D.L.R. (4th) 684, [2007] 11 W.W.R. 410, 2007 MBCA 123 (Manitoba Court of Appeal)

The plaintiff applied for certification of a class action in Manitoba against the federal Crown on behalf of persons injured through pesticide spraying at an armed forces base in New Brunswick in the 1960s. The plaintiff's counsel had filed similar statements of claim in every province, seven of which were proposed as class actions and the remainder as representative actions. The Attorney General for Canada applied to stay the proposed Manitoba class action on the ground that the Manitoba court lacked jurisdiction *simpliciter* or should decline jurisdiction as *forum non conveniens*. In a decision noted in (2006) 44 Can. Y.B. Int'l L. at 703–4, the motions judge held that the court had jurisdiction and had not been shown to be an inappropriate forum.

The Court of Appeal dismissed the Crown's appeal. Jurisdiction *simpliciter* was established by the residence of both the plaintiff and the defendant in Manitoba, a traditional basis for jurisdiction *simpliciter* that was not superseded by the real and substantial connection test introduced by *Morguard Investments Ltd. v. De Savoye*, [1990] 1 S.C.R. 1077, 76 D.L.R. (4th) 256. The court was not deprived of jurisdiction by the fact that the proceeding was to be a class action, on behalf of a class most of whose members probably did not reside in Manitoba. The prospective addition of non-resident plaintiffs to the class would only become relevant at certification or in the *forum non conveniens* analysis.

The defendant had not established that New Brunswick was clearly a more appropriate forum for the action. The fact that New Brunswick law would apply to the plaintiff's claim was not a significant factor. The courts of Manitoba could apply that law. The relevant records were stored in Ottawa, and it was unlikely that experts would come from New Brunswick. The vast majority of class members probably did not live in that province, and few of the witnesses still resided there. Most significantly, the plaintiff would enjoy a legitimate juridical advantage in Manitoba that he would not have in New Brunswick, namely several features of the Manitoba class action legislation compared with New Brunswick's. These included the ability to include non-residents of the province in the class on an "opt-out" rather than "opt-in" basis and, most importantly, the fact that in Manitoba a representative plaintiff is significantly insulated from serious exposure to an award of costs, whereas New Brunswick had no special costs provisions regarding representative plaintiffs. The Manitoba act represented the expressed will of the legislature, which had deliberately framed the legislation so as to encourage and facilitate class actions, provided that there was a solid jurisdictional basis for such actions to be brought in the province. The court expressly reserved the Crown's right to make a *forum non conveniens* motion at the certification stage, based on the additional evidence the court would then have about non-resident plaintiffs.

Note. The court's view that "the real and substantial connection test has no application in this action" (para. 46), because jurisdiction existed on a common law ground that predated *Morguard*, is significant. Differing views, both judicial and academic, have been expressed on whether the jurisdiction *simpliciter* criterion of a real and substantial connection has supplanted the old rule that the presence of the defendant in the province is sufficient. The closest the Supreme Court of Canada itself has come to addressing the question is to note: "The presence of more of the traditional indicia of jurisdiction (attornment, agreement to submit, residence and presence in the foreign jurisdiction) will serve to bolster the real and substantial connection to the action or parties" (*Beals v. Saldanha*, [2003] 3 S.C.R. 416, 234 D.L.R. (4th) 1, 2003 SCC 72 at para. 37), a vague comment to which the Manitoba Court of Appeal did not attach much weight (para. 46 of the present decision). The whole discussion, to which the court devoted several pages, was probably superfluous because there is little doubt that the connection with Manitoba was in fact real and substantial. The defendant's presence in the province was anything but transitory, and the court hedged its bets by relying on, not just the defendant's presence but also the representative plaintiff's residence in Manitoba and his allegation that he sustained damage there (para. 46).

Parallel proceedings elsewhere (lis alibi pendens)

Lloyd's Underwriters v. Cominco Ltd. (2007), 279 D.L.R. (4th) 257, [2007] 7 W.W.R. 281, 2007 BCCA 249 (British Columbia Court of Appeal), leave to appeal to S.C.C. granted, 29 November 2007

This procedural litigation is about whether the British Columbia Supreme Court, the United States District Court, or both will exercise jurisdiction in relation to claims by Teck Cominco (TCML) against various insurers. The claims arise out of TCML's potential liability under United States law to remediate the pollution of lands in Washington State by slag discharged into the Columbia River over many years by TCML's smelter in British Columbia. TCML was being sued for the remediation costs in the United States District Court for the Easter District of Washington by a number of Indian tribes and the state of Washington. TCML began legal proceedings against its insurers in Washington, for a declaration that they were liable to indemnify TCML, subject to policy limits, for any award the United States court might make. The insurers wished to have the British Columbia court determine the issue of their liability under the policies. Most of the policies had been issued to TCML's predecessor, Cominco, through insurers' offices in British Columbia, and a few through offices in Ontario. The policy limits were expressed and premiums were payable in Canadian currency. The risks covered by the policies related to Cominco's operations worldwide.

After preliminary legal skirmishes, the parties agreed to a standstill agreement under which neither side would take legal proceedings against the other in respect of the policies. The agreement expired on 23 November 2005. Just after midnight on that day, TCML commenced an action in Washington State court, subsequently transferred to the United States District Court. At 9:00 a.m. on the same day, the insurers commenced an action in British Columbia. As far as the potential claim arising out of Columbia River pollution was concerned, the issues were the same in both proceedings, but the insurers' action in British Columbia also sought a declaration on the insurers' liability to TCML for other potential claims under the same policies, of which TCML had given notice. These arose out of Cominco's past operations at three sites in British Columbia.

On 1 May 2006, the United States District Court denied the insurers' applications to dismiss TCML's claims for want of personal jurisdiction and *forum non conveniens*. The court held it had specific jurisdiction because the action arose from a dispute over insurance contracts that constituted the insurers' contact with Washington. The judge stressed Washington State's interest in adjudicating the dispute, given its interest in the timely remediation of pollution in the state. He also stressed TCML's interest in obtaining relief in Washington, where insurance law appeared to be "more developed" and where trying the case "would not result in piecemeal litigation of the [environmental cleanup action] and insurance coverage." As for *forum non conveniens*, public interest factors pointed strongly to Washington as the appropriate forum, including the local concern with the lawsuit, the court's familiarity with governing law, and Washington's "very compelling interest" in the coverage dispute. The court declined to engage in a lengthy analysis of which law governed the policies because it viewed choice of law as being of little weight at the *forum non conveniens* stage.

Soon afterwards, the British Columbia Supreme Court dismissed TCML's application to stay the insurers' proceedings on the ground of *forum non conveniens*. The chamber judge's decision was upheld on appeal. This was the Court of Appeal's first encounter with the *Court Jurisdiction and Proceedings Transfer Act*, S.B.C. 2003, c. 28, section 11(2), which sets out a non-exhaustive list of factors a court must take into account in deciding whether to decline jurisdiction, namely:

(a) the comparative convenience and expense for the parties to the proceeding and for their witnesses, in litigating in the court or in any alternative forum,
(b) the law to be applied to issues in the proceeding,
(c) the desirability of avoiding multiplicity of legal proceedings,
(d) the desirability of avoiding conflicting decisions in different courts,
(e) the enforcement of an eventual judgment, and
(f) the fair and efficient working of the Canadian legal system as a whole.

The court viewed the *forum non conveniens* provisions of the act as being meant to be assimilated into the existing body of common law.

The court saw no error of law in the chamber judge's giving decisive weight to the fact that the policies in question were in all likelihood governed by British Columbia law. The parties' reasonable expectation that the policies would be interpreted according to this law, irrespective of the jurisdiction in which the loss took place, amply supported the conclusion that British Columbia was the more appropriate forum. The crux of TCML's complaint was that the judge had not given enough weight to the fact that TCML's Washington action was begun first and that the court in Washington had been the first positively to assert jurisdiction. However, the authorities on *forum non conveniens* were inconsistent with a simplistic approach that would defer to the first court to assert jurisdiction. Such an approach would be very close to, and perhaps equally objectionable as, the old rule of deference to the plaintiff's choice. British Columbia was the natural or most appropriate jurisdiction for the present litigation, and, in the face of this fact, the judge was entitled to conclude that the British Columbia court should not stay the proceeding before it. Such a refusal was not out of keeping with the mutual respect and considerations of justice, necessity, and convenience that underlie the concept of comity.

It was true that parallel proceedings in two jurisdictions is something to be avoided if possible, However, it has to be remembered that the overarching objective of the rules relating to *forum conveniens* was to ensure, if possible, that the action is tried in the jurisdiction that has the closest connection with the action and the parties, and not to secure juridical advantage to one of the litigants at the expense of others in a jurisdiction that is otherwise inappropriate. The fact of concurrent proceedings (not parallel, because of the three additional potential losses included in the insurers' British Columbia action) was not due to error by the chamber's judge but was the result of the parties' divergent views as to their different interests. The situation was unfortunate, and it was unclear what the result would be if and when one court or the other decided the case and the successful party attempted to enforce its judgment against the other party or parties. That was a matter for counsel to ponder.

Note. This is one of a series of five cases to come recently before the British Columbia Court of Appeal, in which different sides to a dispute were each attempting to pursue litigation in a different forum. This is the second in which the court has not stayed the British Columbia action in deference to the foreign proceeding. The common law knows no doctrine of *lis alibi pendens,* so these issues are resolved by applying the *forum conveniens* discretion. The court's conclusion in three cases that British Columbia was *forum non conveniens* by comparison with the foreign (that is, extra-provincial) court was based on different considerations in each instance. In one case, the litigation concerned an Ontario contract, the parties had agreed to the non-exclusive jurisdiction of the Ontario courts, and the Ontario court had refused a stay (*472900 B.C. Ltd. v. Thrifty Canada Ltd.* (1998), 57 B.C.L.R. (3d) 332 (C.A.)). In the second, in which the rival proceedings were in Kansas, the court emphasized that both forums were equally appropriate and comity demanded giving weight to the fact that the Kansas proceedings had been started first (*Westec Aerospace Inc. v. Raytheon Aircraft Co.* (1999), 67 B.C.L.R. (3d) 278, 1999 BCCA 243, appeal dismissed without a hearing on the merits, [2001] 1 S.C.R. vi, 2001 SCC 26). In the third, the court deferred to proceedings in New York because New York was an equally appropriate forum and the court in that state had been the first to reach a positive decision to assert jurisdiction (*Ingenium Technologies Corp. v. McGraw-Hill Companies Inc.* (2005), 49 B.C.L.R. (4th) 120, 2005 BCCA 358). The one previous case in which the court held the British Columbia proceeding should continue, even if litigation on the same issues was before a California court, involved an insurance coverage dispute, similar to the present one, in which the insured was being sued in a class action in that state and had brought an action there against the insurers which the California court had refused to stay. Although the California action was begun first, the court denied a stay of the British Columbia proceeding because the connections between the parties and the subject matter of the dispute were more closely connected with British Columbia than with California, where the insurers had no presence and did no business (*Western Union Ins. Co. v. Re-Con Building Products Inc.* (2001), 95 B.C.L.R. (3d) 253, 2001 BCCA 513, leave to appeal to S.C.C. refused, [2002] 2 S.C.R. viii).

It is difficult to imagine that, when it decides the appeal in this case, the Supreme Court of Canada will adopt a rigid rule giving decisive, or near-decisive, weight to the first action to be commenced or the first court to decide positively to take jurisdiction. To do so has manifest practical disadvantages and would allow the tail of procedural happenstance to wag the dog of a principled harmonization of competing lawsuits. If the Supreme Court of Canada decides to reverse the lower courts' refusal of a stay, or perhaps to remit the issue for reconsideration by the chamber's judge, it will most probably be on the basis that the lower courts gave too much weight to the connections the insurance contracts have with British Columbia when compared with the connections the litigation, including the claims against TCML, has with Washington. It is certainly arguable that the lower courts gave unduly short shrift to an argument that played a large role in the District Court, namely, that judicial efficiency militated in favour of deciding the issues of insurance coverage in the same proceeding as TCML's environmental liability. On the other hand, based on what the British Columbia courts said about it, TCML's wish to have the insurance issues resolved in the United States seems to have had less to do with considerations of efficiency than with the chance to invoke certain favourable rules of Washington insurance law, an issue on which TCML's moral claims may appear less compelling.

Another case in which a Canadian court refused to stay proceedings in the face of parallel proceedings being conducted in the United States was *Brown v. Stackteck Systems Ltd.* (2007), 56 C.C.E.L. (3d) 315 (Ont. S.C.J.), in which the litigation was seen as much more closely connected with Ontario than it was with Delaware. A stay was granted in *Molson Coors Brewing Co. v. Miller Brewing Co.* (2006), 83 O.R. (3d) 331 (S.C.J.), because the litigation about a licence agreement could be heard as appropriately in Wisconsin, where proceedings had been commenced first, as in Ontario. The fact that the agreement was governed by Ontario law was not enough to justify having the Ontario action continue, in light of the fact that the parties must have contemplated that litigation could be brought in the United States as an alternative to Ontario, having framed the choice of an Ontario forum in their agreement as a non-exclusive one. See also *Lilydale Cooperative Ltd. v. Meyn Canada Inc.* (2007), 84 O.R. (3d) 621 (S.C.J.), in which the same party had commenced a parallel proceeding in Alberta before the Ontario proceeding but was permitted to continue in Ontario because its reasons for preferring that jurisdiction were legitimate.

Forum selection or arbitration clause

Note. A choice of forum clause in favour of the courts of Alberta, contained in a settlement agreement with a former employee, was not applied in *Procon Mining & Tunnelling Ltd. v. McNeil*, [2007] 11 W.W.R. 429, 2007 BCCA 438, because the claims against the employee for breach of fiduciary duty and breach of contract related to obligations outside the scope of the settlement agreement. A contractual dispute was likewise held outside an arbitration clause in *Apotex Inc. v. IVAX Pharmaceuticals s.r.o.* (2006), 23 B.L.R. (4th) 180 (Ont. S.C.J.). The clause was held to apply only to the confidentiality agreement the parties had made as part of the negotiations towards their contract.

A choice of forum clause was applied, and the plaintiff's action permanently stayed, in *Red Seal Tours Inc. v. Occidental Hotels Management B.V.* (2007), 284 D.L.R. (4th) 702, 2007 ONCA 620. Multiple parties had made a series of agreements, and the major issue was whether the choice of forum clause, which appeared in some of the agreements but not others, was intended to apply to the parties' relationship as a whole. The court held it was. In *Zhan v. Pfizer Inc.* (2007), 37 B.L.R. (4th) 132 (Ont. S.C.J.), the dispute concerned entitlement to a domain name the plaintiff had registered with a registrar based in Colorado. The plaintiff was held bound by the World Intellectual Property Organization dispute resolution policy to which every registrant subscribed, which included a choice of judicial jurisdiction in favour of the Colorado courts. See also *Union des consommateurs c. Dell Computer Corp.*, noted below under 2. Québec — Action personnelle — Clause d'arbitrage — contrat de consommation — article 3149 C.c.Q.

A non-exclusive choice of forum was held to be of no weight in deciding whether the foreign court is more appropriate than the domestic one, especially where the validity of the clause is contested: *Hayes v. Peer 1 Network Inc.* (2007), 86 O.R. (3d) 475 (Div. Ct.).

(c) Claims in respect of property

Foreign immovable

Minera Aquiline Argentina S.A. v. IMA Exploration Inc. (2007), 68 B.C.L.R. (4th) 242, 2007 BCCA 319 (British Columbia Court of Appeal), leave to appeal to S.C.C. refused, 20 December 2007

The main parties in this litigation were two mining companies based in British Columbia. One sued the other for having misused geological data that related to areas in Argentina and were imparted to it in confidence by a predecessor of the plaintiff. The wrongful use of the data was said to have enabled the defendant to stake mineral claims that would otherwise have been staked by the plaintiff. The claims became a valuable mining property, and the plaintiff sought an order from the British Columbia court that the defendant held the property on constructive trust for the plaintiff. The defendant argued that to grant such a remedy was effectively to transfer title to an immovable situated in Argentina, which the court lacked jurisdiction or should decline jurisdiction to do. The trial judge granted the remedy.

The Court of Appeal upheld the trial decision. The rule that a court would not take jurisdiction in disputes regarding title to a foreign immovable was subject to a well-established exception for claims based upon the plaintiff's having an equitable right against the defendant owner of the property, which a court could properly enforce by exercising *in personam* jurisdiction. Academic opinion could be found that was critical of the distinction between claims *in rem* and claims *in personam* in respect of foreign immovables, but it tended to favour the expansion of jurisdiction in the former, not narrowing of jurisdiction in the latter. This academic opinion was consistent with the general trend in private international law to adapt legal rules so as to enable the courts to deal more effectively with disputes arising in an increasingly interdependent global economy.

Matrimonial property

Note. See Hormandinger v. Bender-Hormandinger, noted above under (b) Declining jurisdiction — non-resident defendant — claim relating to immovable property in the province; and *Okmyansky v. Okmyansky*, noted below under (d) Matrimonial causes — support — foreign divorce.

Bankruptcy and insolvency

Note. This is an area notable for cooperation between courts of different jurisdictions. In *Re Calpine Canada Energy Ltd.* (2006), 26 C.B.R. (4th) 77, 2006 ABQB 743, the applicant sought to compel the negotiation of a cross-border protocol between courts in Canada and the United States in respect of claims against the applicant, which had availed itself of bankruptcy protection legislation in both countries. The application was dismissed as premature because it was not yet known which claims were more appropriately dealt with in a cross-border proceeding or solely by a United States court. The Manitoba court in *Minden Schipper & Associates Inc. v. Cancercare Manitoba* (2006), 30 C.B.R. (5th) 214, 2006 MBQB 292, applied common law concepts of comity to make an order recognizing receivership proceedings in Colorado, where most of the debtor's assets and undertaking were situated, and stay Manitoba proceedings against the debtor.

(d) Matrimonial causes

Nullity of marriage

Torfehnejad v. Salimi (2006), 276 D.L.R. (4th) 733, 32 R.F.L. (6th) 115 (Ontario Superior Court of Justice)

The applicant, a Canadian citizen of Iranian origin, asked his relatives in Iran to arrange for him to meet an Iranian woman, the respondent, of whom he had seen a picture. The relatives arranged with the woman's parents for the applicant to meet her in Iran. He and the respondent entered into a "marriage contract" and "marriage deed" in 2002, followed by a celebratory dinner, after which the applicant left and returned to Canada without the marriage being consummated. Two years later, his application to sponsor the respondent's immigration to Canada was granted and, after further delay, the respondent came to Canada. By this time, she had indicated to the applicant that she wanted a divorce. She refused to live with him and caused legal proceedings to be commenced against him in Iran for payment of the amount promised in the marriage contract. The applicant eventually sought a decree of nullity of marriage on the ground, *inter alia*, of the respondent's fraud.

The judge held that the court had jurisdiction because the parties were resident in Ontario, and the applicant was at all times both resident and domiciled in Ontario and a Canadian citizen. Expert evidence was accepted that under Iranian law a marriage is null and void if one party conceals from the other that he or she is entering into the marriage solely to achieve an ulterior purpose. It was fraud on the respondent's part when she agreed to marry the applicant, having no real intention ever to be his wife but intending solely to emigrate to Canada.

Support

Note. Jurisdiction to make a support order against a respondent in the jurisdiction is uncontroversial (see *G.(A.) v. S.(L.)* (2006), 275 D.L.R. (4th) 338, 2006 ABCA 311, a child support application by a mother resident in Kazakhstan), but there is a difference of opinion on whether an application against a respondent outside the province can be made under the general provincial legislation on support (which *Albert v. Albert* (2006), 316 N.B.R. (2d) 318, 2007 NBQB 20, assumed it could) or whether, if the province has enacted the uniform *Interprovincial Support Orders Act*, it must be made under that act. The latter view is supported by *Leonard v. Booker* (2007), 286 D.L.R. (4th) 451, 2007 NBCA 71 at para. 25, and *Kapolak v. Udlaoyak* (2006), 36 R.F.L. (6th) 388, 2006 NWTSC 52, which both relied on the fact that the act is specifically designed to deal with this situation and engages public authorities in both jurisdictions.

Support — foreign divorce

Note. Although the *Divorce Act*, R.S.C. 1985, c. 3 (2nd Supp.), s. 4(1), gives a court jurisdiction to order support of a "former spouse" in a corollary proceeding, that must be interpreted to refer only to a proceeding corollary to a Canadian divorce proceeding and did not allow a court to make a support under that act when the couple had been divorced in Russia: *Okmyansky v. Okmyansky* (2007), 284 D.L.R. (4th) 152, 2007 ONCA 427. The court held, however, that the same is not true in respect of the jurisdiction to divide family assets between "former spouses" under the *Family Law Act*, R.S.O. 1990, c. F.3, s. 7. There is no reason why a person who had been divorced abroad should not be able to apply to a court in Ontario for a determination of her property rights. *Leonard v. Booker* (2007), 286 D.L.R. (4th) 451, 2007 NBCA 71, likewise held that the corollary relief provisions of the *Divorce Act* did not give jurisdiction to vary a child support order made in divorce proceedings in Bermuda. The proper course was to register the Bermudan support order under the *Interjurisdictional Support Orders Act*, S.N.B. 2002, c. I-12.05, and then apply to vary the order.

(e) Infants and children

Custody — jurisdiction

Loubani v. Yassin (2006), 277 D.L.R. (4th) 79, 2006 BCCA 509 (British Columbia Court of Appeal), leave to appeal to S.C.C. refused, 6 December 2007

The mother and father were married in British Columbia in 1999 and lived in Saudi Arabia after their marriage. The two children of the marriage lived mainly with the mother after the marriage broke down in 2003. The mother obtained a divorce in Saudi Arabia, which involved having her father or older brother, both of whom lived in British Columbia, in court at each hearing because a woman could not be there alone. The mother applied for Canadian passports for the children based on the father's Canadian citizenship. The Canadian authorities refused because the father had not consented. The mother then returned to British Columbia and applied there for permanent or interim custody of the children, who at the time were still in Saudi Arabia. The judge at first instance held that although the requirements for jurisdiction under the *Family Relations Act*, R.S.B.C. 1996, c. 128, s. 44, were not met for a grant of permanent custody, section 47 authorized a court that did not have jurisdiction under section 44 to make an order for interim custody, which the judge made. The mother was subsequently able to bring the children to British Columbia.

On the father's appeal against the interim custody order, the Court of Appeal held that the order was validly made. However, it based jurisdiction, not on the *Family Relations Act* but on the *parens patriae* jurisdiction of the British Columbia Supreme Court. Section 5(3) of the *Family Relations Act* expressly preserved such jurisdiction "respecting a child before the court." This should not be read as requiring the child to be physically present in the province. Clearer language was needed if the legislature intended to deprive a child who is a Canadian citizen of the protection of the courts of this country. Although *parens patriae* jurisdiction should be exercised sparingly when children are not physically present in the jurisdiction, and there was much to be said for leaving the issue of custody to the courts of Saudi Arabia, the balance was tipped in favour of maintaining the substance of the judge's order by the provision in the law of Saudi Arabia that women were not equal to men. The father's having become a Canadian citizen meant that he had to accept that women and men were equal. Now that the children were in British Columbia, the judge could proceed to determine custody untrammeled by the findings of fact in these interim proceedings.

Note. In *Arsenault v. Burke* (2007), 34 R.F.L. (6th) 370, 2007 BCSC 23, the court upheld an interim custody order made two years earlier in favour of a couple who had recently moved to British Columbia from New Brunswick with two of their son's children, whom they had been looking after in New Brunswick. The children's mother had applied to set the order aside. Whether or not the children's connections with British Columbia met the requirements for jurisdiction in custody under section 44 of the *Family Relations Act*, R.S.B.C. 1996, c. 128 (habitual residence in the province, subject only to defined exceptions), the court should exercise its *parens patriae* jurisdiction because to take them from their grandparent's custody under the present circumstances would not be in the children's best interests.

The statutory requirements for jurisdiction were met in *Smith v. Deforme* (2007), 44 R.F.L. (6th) 310 (Ont. S.C.J.), because the children were either habitually resident in Ontario (section 22(1)(a) of the *Children's Law Reform Act*, R.S.O. 1990, c. C.12) or present in Ontario in circumstances satisfying an exception to the habitual residence rule (section 22(1)(b)). In *Metatawabin v. Abraham* (2007),

36 R.F.L. (6th) 171 (Ont. S.C.J.), jurisdiction existed either under the *Children's Law Reform Act* or under the corollary relief provisions in section 4(1) of the *Divorce Act*, R.S.C. 1985, c. 3 (2nd Supp.), given that divorce proceedings had been brought, and could only be brought, in Ontario.

Custody — extraprovincial order — enforcement

B.(D.) v. M.(L.) (2007), 282 D.L.R. (4th) 567, 2007 ABCA 99 (Alberta Court of Appeal), leave to appeal to S.C.C. refused, 6 December 2007

The child in this case had been taken into custody by the Children's Aid Society of Ontario and later by court order committed to the supervision of the mother, who moved with the child to Alberta. The father, who had a criminal record and who was suspected of abusive conduct towards the child, had rights of access (to be supervised by the society) under the supervision order. He obtained an order from the Ontario court, made under its child welfare jurisdiction, requiring the mother to return the child to Ontario. The Alberta Court of Appeal upheld the refusal of the first instance judge to enforce the Ontario order. It referred to section 125 of the *Child, Youth and Family Enhancement Act*, R.S.A. 2000, c. C-12, according to which an order made pursuant to child welfare legislation in another jurisdiction had the same effect in Alberta as if it had been made under the Alberta statute. Since, under that statute, the intervention of the state was justified only if the child was at risk of being harmed, and since Alberta child welfare officials had determined that the child was not at risk of being harmed when in the mother's care, there was no basis for the Alberta court to make an order. The father was not left without a potential remedy, as he could seek to enforce his access rights under the *Extra-Provincial Enforcement of Custody Orders Act*, R.S.A. 2000, c. E-14. While this legislation did not permit the registration of supervision orders or orders directing the return of a child to another jurisdiction, it did pertain to orders relating to a right of access or visitation.

Custody — extra-provincial order — variation

In *Leonard v. Booker*, noted above under (d) Matrimonial causes — support — foreign divorce, the court held that a Bermudan custody order could be varied in New Brunswick only if it was registered under the *Family Services Act*, S.N.B. 1980. c. F-2.2, thus giving it the status of a domestic custody order. An Alberta court refused to vary a British Columbia order in *W.(K.R.) v. W.(P.N.)* (2007), 141 A.R. 173, 2007 ABQB 145, on the ground of *forum non conveniens*; the child was habitually resident with the father in the other province. To the same effect are *Stone v. Shutes* (2006), 65 B.C.L.R. (4th) 112, 2006 BCCA 173, refusing to vary access provisions of a Washington custody order, and *Jerome v. Steeves* (2006), 35 C.P.C. (6th) 1 (Ont. C.A.), refusing to take jurisdiction on the issue of access for a grandmother when the child had been resident in Nova Scotia for the last three years and a Nova Scotia court had granted joint custody to the parents.

Child abduction

Note. A condition of obtaining the return of a child under the *Hague Convention on the Civil Aspects of International Child Abduction* (1980) is that the child has been habitually resident in the foreign jurisdiction immediately before the removal or retention that violated custody rights in that jurisdiction (Article 3). A child whose mother was deported from Florida when the child was only a few months old had not acquired a habitual residence in Florida: *Jackson v. Graczyk* (2007), 283 D.L.R. (4th) 755, 2007 ONCA 388.

A removal of a child from Texas by an aunt who had custody by order of a Texas court was not wrongful merely because she was in breach of a notice provision in the order: *Espiritu v. Bielza* (2007), 39 R.F.L. (6th) 218, 2007 ONCJ 175. In *Wedig v. Gaukel* (2007), 38 R.F.L. (6th) 91, 2007 ONCA 521, expert evidence as to the custody laws of Florida was used to determine that the removal of a child from that state was wrongful. In another case, although the father had initially agreed that the mother should move permanently with the children to Canada, he had withdrawn his consent to that plan before they left and so the mother's retention of the children in Canada became wrongful once the agreed period of the visit there had ended: *Den Ouden v. Laframboise* (2006), 417 A.R. 179, 2006 ABCA 403.

2 *Québec*

(a) Action personnelle

Compétence territoriale — article 3148 C.c.Q. — préjudice subi au Québec

Hoteles Decameron Jamaica Ltd. c. D'Amours, [2007] R.J.Q. 550, 2007 QCCA 418 (Cour d'appel du Québec)

Decameron se pourvoit à l'encontre d'un jugement de la Cour supérieure rejetant sa requête en exception déclinatoire. D'Amours occupait un chalet de l'hôtel Decameron, en Jamaïque, quand l'hôtel a fait vaporiser un pesticide près de son chalet. Elle prétend avoir éprouvé de sérieux malaises et, de retour au Québec, son mal s'aggrava. Les maux subis au Québec l'auraient tenue éloignée de son travail durant de longues périodes. Elle a entrepris un recours, au Québec, à l'encontre de Decameron. Celle-ci plaide l'absence de compétence de la Cour supérieure puisqu'elle n'a ni biens ni place d'affaires au Québec et que la faute et le préjudice allégués sont survenus à l'étranger. Le premier juge a invoqué l'article 3148 (3) C.c.Q., qui énonce:

3148. Dans les actions personnelles à caractère patrimonial, les autorités québécoises sont compétentes dans les cas suivants:
...
(3) Une faute a été commise au Québec, un préjudice y a été subi, un fait dommageable s'y est produit ou l'une des obligations découlant d'un contrat devait y être exécutée;
...
Cependant, les autorités québécoises ne sont pas compétentes lorsque les parties ont choisi, par convention, de soumettre les litiges nés ou à naître entre elles, à propos d'un rapport juridique déterminé, à une autorité étrangère ou à un arbitre, à moins que le défendeur n'ait reconnu la compétence des autorités québécoises.

Le juge a conclu que la notion de préjudice devait recevoir une interprétation large. Decameron plaide que l'article 3148 (3) C.c.Q. ne vise que l'occurrence du préjudice et non l'évolution des maux ou de la condition de la victime.

La Cour d'appel a rejeté le pourvoi. Le juge, en statuant sur la compétence internationale dans le cadre d'un recours en responsabilité extracontractuelle pour dommages corporels, vérifie d'abord si l'un des facteurs de rattachement de l'article 3148(3) C.c.Q. a été établi, soit la faute, le fait dommageable, le préjudice et le contrat. Il pourra ensuite préférer un tribunal étranger, bien que le tribunal québécois soit compétent, s'il est démontré qu'il doit exercer son pouvoir discrétionnaire conformément à l'article 3135 C.c.Q. Les allégations de D'Amours établissent qu'elle subit un préjudice au Québec. La Cour s'est abstenue de tout commentaire sur le *forum conveniens*, puisque Decameron n'en fait pas mention.

Injonction à portée extraterritoriale — compétence du tribunal québécois — forum non conveniens

Impulsora Turistica de Occidente S.A. de C.V. c. Transat Tours Canada Inc., [2007] 1 R.C.S. 867, 2007 CSC 20 (Cour suprême du Canada)

Transat a demandé à la Cour supérieure du Québec de prononcer contre Tescor une injonction et d'autres réparations. Transat a prétendu que Tescor, une société commerciale mexicaine, n'avait pas respecté un contrat accordant à Transat le droit exclusif, pendant trois ans, de louer des chambres dans un hôtel de Puerto Vallarta. Ce contrat contenait une clause d'élection de for désignant les tribunaux du Québec. Par la suite, Transat a déclaré que trois autres sociétés mexicaines, soit Impulsora Turistica de Occidente, Vision Corporativa et Hotelera Qualton, avaient elles aussi participé à l'inobservation du contrat en acceptant de mettre des groupes de chambres à la disposition de l'entreprise canadienne MyTravel, laquelle possède un établissement au Québec. Transat a mis en cause MyTravel en vertu du *Code de procédure civile*, L.R.Q., ch. C-25. Les défenderesses mexicaines, soutenues par MyTravel, ont présenté conjointement une requête en exception déclinatoire dans laquelle elles affirmaient que les tribunaux québécois n'avaient pas compétence sur la question, au motif que Transat demandait une réparation à portée extraterritoriale contre des entreprises mexicaines n'ayant aucun lien avec le Québec. Les défenderesses prétendaient également dans leur requête que, suivant la règle du *forum non conveniens* prévue à l'article 3135 C.c.Q., la Cour supérieure devrait décliner compétence et rejeter l'action intentée par Transat.

La Cour supérieure a fait droit à la requête en exception déclinatoire, estimant que la réparation demandée par Transat nécessiterait la prise par les tribunaux québécois d'une mesure à portée extraterritoriale, que leurs ordonnances resteraient sans effet et que de toute façon, suivant la règle du *forum non conveniens*, les tribunaux mexicains étaient plus à même de trancher le litige. La Court d'appel a infirmé la décision et rejeté la requête en exception déclinatoire. La Cour suprême a rejeté le pourvoi. Elle ne pouvait pas retenir l'argument selon lequel une Cour compétente pourrait ne pas avoir le pouvoir d'émettre une ordonnance d'injonction à portée purement extraterritoriale. D'une part, l'article 46, alinéa 1 C.p.c. énonce que "[l]es tribunaux et les juges ont tous les pouvoirs nécessaires à l'exercice de leur compétence." D'autre part, dans la mesure où l'article 3138 C.c.Q. définit l'étendue de la compétence des tribunaux québécois en droit international privé et qu'en l'espèce la Cour supérieure est compétente en vertu du paragraphe 3° du premier alinéa de cet article pour trancher le litige, elle a le pouvoir d'émettre une ordonnance d'injonction contre les sociétés mexicaines.

La décision du juge de première instance d'accueillir les requêtes en rejet d'action des sociétés mexicaines sur la base du *forum non conveniens* se fonde uniquement sur sa conclusion qu'il n'a pas le pouvoir d'émettre une telle ordonnance. Cette conclusion étant erronée, la décision qu'elle fonde l'est également. La Cour suprême ne pouvait donc davantage retenir l'argument selon lequel le juge aurait judicieusement usé de son pouvoir discrétionnaire pour décliner compétence. La Cour a souligné que Tescor avait choisi de se soumettre aux lois et tribunaux du Québec. Qui plus est, toute ordonnance rendue par la Cour supérieure aurait des incidences sur MyTravel. Aucun motif ne justifiait de nier ou de décliner compétence des tribunaux québécois à l'égard du litige.

Clause d'arbitrage — contrat de consommation — article 3149 C.c.Q.

Dell Computer Corp. c. Union des consommateurs (2007), 284 D.L.R. (4th) 577, 2007 SCC 34 (Cour suprême du Canada)

La société Dell vend au détail, par Internet, du matériel informatique. Elle a son siège canadien à Toronto ainsi qu'un établissement à Montréal. Un jour en 2003, les pages de commande de son site Internet anglais indiquent le prix de $89 au lieu de $379 et le prix de $118 au lieu de $549 pour deux modèles d'ordinateur de poche. Le prochain jour, Dell est informée des erreurs et bloque l'accès aux pages de commande erronées par l'adresse usuelle. Contournant les mesures prises par Dell en empruntant un lien profond qui lui permet d'accéder aux pages de commande sans passer par la voie usuelle, D commande un ordinateur au prix inférieur indiqué. Dell publie ensuite un avis de correction de prix et annonce simultanément son refus de donner suite aux commandes d'ordinateurs aux prix de $89 et $118. Devant le refus de Dell d'honorer la commande de D au prix inférieur, l'Union des consommateurs et D déposent une requête en autorisation d'exercer un recours collectif contre Dell. Dell demande le renvoi de la demande de D à l'arbitrage en vertu de la clause d'arbitrage faisant partie des conditions de vente et le rejet de la requête en recours collectif. L'Union et D invoquent, *inter alia*, l'article 3149 C.c.Q., qui est rédigée ainsi:

3149. Les autorités québécoises sont, en outre, compétentes pour connaître d'une action fondée sur un contrat de consommation ou sur un contrat de travail si le consommateur ou le travailleur a son domicile ou sa résidence au Québec; la renonciation du consommateur ou du travailleur à cette compétence ne peut lui être opposée.

La Cour supérieure et la Cour d'appel concluent, pour des motifs différents, que la clause d'arbitrage est inopposable à D.

La Cour suprême du Canada, par une majorité de 6 sur 3, a accueilli le pourvoi de Dell. La demande de D est renvoyé à l'arbitrage et la requête pour autorisation d'exercer un recours collectif est rejetée.

Deschamps J. a prononcé le jugement de la majorité. Le respect de la cohérence interne du *Code civil du Québec* commande une interprétation contextuelle ayant pour effet de limiter aux situations comportant un élément d'extranéité pertinent la portée des dispositions du titre traitant de la compétence internationale des autorités du Québec. Puisque la prohibition visant la renonciation à la compétence des autorités prévue par l'article 3149 C.c.Q. fait partie de ce titre, elle ne s'applique qu'aux situations comportant un tel élément. Il doit s'agir d'un point de contact juridiquement pertinent avec un État étranger, c'est-à-dire un contact suffisant pour jouer un rôle dans la détermination de la juridiction compétente. Le seul fait de stipuler une clause d'arbitrage ne constitue pas en lui-même un élément d'extranéité justifiant l'application des règles du droit international privé québécois. La neutralité de l'arbitrage comme institution est en fait l'une des caractéristiques fondamentales de ce mode amiable de règlement des conflits. Contrairement à l'extranéité, qui signale la possibilité d'un rattachement avec un État étranger, l'arbitrage est une institution sans for et sans assise géographique. Les parties à une convention d'arbitrage sont libres, sous réserve des dispositions impératives qui les lient, de choisir le lieu, la forme et les modalités qui leur conviennent. La procédure choisie n'a pas d'incidence sur l'institution de l'arbitrage. Les règles deviennent celles des parties, peu importe leur origine. Par conséquent, une situation d'arbitrage qui ne comporte aucun élément d'extranéité au sens véritable du mot est un arbitrage interne. En l'espèce, le fait que les règles applicables de l'organisme arbitral américain prévoient que l'arbitrage sera régi par une loi américaine et que l'anglais sera la langue utilisée dans les procédures ne constituent pas des éléments d'extranéité pertinents pour l'application du droit international privé québécois.

En présence d'une convention d'arbitrage, toute contestation de la compétence de l'arbitre doit d'abord être tranchée par ce dernier conformément au principe de compétence-compétence incorporé à l'article 943 C.p.c. Le tribunal ne devrait déroger à la règle du renvoi systématique à l'arbitrage que dans les cas où la contestation de la compétence arbitrale repose exclusivement sur une question de droit. En l'espèce, les parties ont soulevé des questions de droit portant sur l'application des dispositions de droit international privé québécois et le caractère d'ordre public du recours collectif. Plusieurs autres moyens requéraient cependant une analyse des faits pour déterminer l'application à l'espèce des règles de droit. Il en va ainsi de la recherche de l'élément d'extranéité dans les faits de l'affaire. En vertu du critère décrit ci-dessus, l'affaire aurait dû être renvoyée à l'arbitrage. Cependant, vu l'état du dossier, il serait contreproductif pour la Cour suprême de renvoyer le dossier à l'arbitrage et d'exposer ainsi les parties à une nouvelle série de procédures. Il est donc souhaitable de traiter ici de toutes les questions.

Bien que le recours collectif soit un régime d'intérêt public, ce recours est une procédure qui n'a pas pour objet de créer un nouveau droit. Le seul fait que D ait décidé de s'adresser aux tribunaux au moyen de la procédure de recours collectif, au lieu d'un recours individuel, n'a pas pour effet de modifier la recevabilité de son action. Le caractère d'ordre public du recours collectif ne saurait donc être invoqué pour s'opposer à ce que le tribunal judiciaire saisi de l'action renvoie les parties à l'arbitrage.

Comme les faits entraînant la mise en œuvre de la clause d'arbitrage se sont produit avant la date d'entrée en vigueur de l'article 11.1 de la *Loi sur la protection du consommateur*, qui interdit une stipulation ayant pour effet d'imposer au consommateur l'obligation de soumettre un litige éventuel à l'arbitrage, cette disposition ne s'applique pas aux faits de l'espèce.

Les juges dissidents étaient de l'avis qu'il ne faudrait attacher aucune importance à la structure du *Code civil du Québec* ou du *Code de procédure civile* pour interpréter les dispositions substantielles à l'étude dans ce pourvoi. La cohérence du régime ne tient pas au livre du C.p.c. qui traite en particulier de l'arbitrage, ni au titre du C.c.Q. où se trouve l'article 3149. Le *Code civil* constitue en soi un ensemble qui ne doit pas être morcelé en chapitres et en dispositions dépourvus de tout lien entre eux.

La convention d'arbitrage en cause ne saurait être opposée à D parce qu'elle constitue une renonciation à la compétence des autorités québécoises au sens de l'article 3149 C.c.Q. La clause d'arbitrage suffit en soi à déclencher l'application de l'article 3148, alinéa 2, et par le fait même, de ses exceptions, notamment l'article 3149. Les clauses d'élection du for et d'arbitrage constituent en soi l'"élément d'extranéité" requis pour que ces règles de droit international privé s'appliquent. Une "autorité québécoise" doit s'entendre du décideur situé au Québec qui tient sa compétence du droit québécois. Aucun arbitre lié par le droit américain ne saurait être qualifié d'"autorité québécoise." Il semble tout à fait incongru que le consommateur doive d'abord communiquer avec une institution américaine, située aux États-Unis et responsable de l'organisation de l'arbitrage, afin d'entamer le processus visant à attribuer à la soi-disant "autorité québécoise" la compétence nécessaire pour entendre le litige.

B PROCEDURE / PROCÉDURE

1 Common Law and Federal

(a) Pre-trial procedure

Mareva injunction

Tracy v. Instaloans Financial Solutions Centres (B.C.) Ltd. (2007), 285 D.L.R. (4th) 413, 2007 BCCA 481 (British Columbia Court of Appeal)

A class action was brought in British Columbia against several companies (collectively, Instaloans) for having allegedly charged their customers rates of interest that exceeded the maximum rate under the *Criminal Code*. The remedy sought was the disgorgement of all unlawful fees received by Instaloans. Instaloans' officers, directors, and shareholders were also sued personally in conspiracy. An Ontario class action, on behalf of all Canadian customers other than those in British Columbia, had been settled. The British Columbia plaintiff obtained a worldwide Mareva injunction, an impound order requiring the defendants to place all funds from sale of the businesses in issue in a lawyer's trust account, and an order requiring the defendants to file affidavits listing all their assets. On the appeal from these orders, the Court of Appeal upheld the orders against Instaloans but set aside the orders as against the individual defendants.

The court considered the elements required for such interlocutory relief. One was the strength of the plaintiff's case. There was no strict formula; the expressions "strong *prima facie* case" and "good arguable case" had both been used. In any case, the test was more than an arguable case, but need not reach the "bound to succeed" threshold. The claim of Instaloans' violation of the *Criminal Code* met that test. The judge had failed, however, to consider whether the plaintiff had established that the extent of the viable claim bore some relation to the value of the assets sought to be impounded or frozen. Even assuming the entire amount of the charges imposed on customers in British Columbia was recoverable, the total amount was considerably less than the amount sought to be impounded or the open-ended amount caught by the language of the injunction. This would have justified remitting the matter to the trial judge, were it not for the evidence before her that the actual scale of the assets of the companies was $1.7 million. An injunction against dissipation of assets of that scale could be supported by the claims against the companies. The element of balance of convenience, in which irreparable harm played a part, was satisfied according to the first instance judge by the risk of dissipation of assets. The judge's exercise of her discretion on that issue was based on sufficient evidence.

The orders against the individual defendants were set aside because the claims against them personally were inadequately supported by the evidence available to the judge. The claims of personal misconduct by them might have merit but they were not shown to be strong enough to justify injunctive relief before trial. The chamber's judge also failed to consider the quantum of damages that might be assessed against the individuals as part of her determination that an injunction in the terms ordered was justified. In addition, the balance of convenience did not favour the injunction. There was no evidence that the principals of the companies had taken steps to move assets outside the jurisdiction, or had defaulted on obligations, or otherwise dissipated assets in the sense required. It was also relevant that the action was a class action in which, in British Columbia, a plaintiff enjoys protection as to costs. The chamber's judge should have considered this extra leverage in litigation. The order as it stood compounded the plaintiff's advantage and, under the circumstances, tipped the playing field away from anything that could approach level ground. The lack of an undertaking in damages by the plaintiff, which the judge had not imposed because of the class action nature of the case, again tipped the field in favour of the plaintiff. The orders in effect froze the individual defendants' business life, while there was little jeopardy faced by the plaintiff in the event she did not establish damages against the defendants to a scale anywhere near the magnitude of the assets frozen.

Note. A Mareva injunction was denied in *Aosta Shipping Co. v. Gulf Overseas Gen. Trading LLC* (2007), 30 C.P.C. (6th) 93, 2007 BCSC 354, because the plaintiff's claim was being arbitrated abroad, neither party was substantially connected to the province, and the goods sought to be frozen were being used in the ordinary course of the defendant's business.

(b) Local order to assist foreign proceeding

Evidence obtained locally for foreign proceeding — letters rogatory

Connecticut Retirement Plans & Trust Funds v. Buchan (2007), 42 C.P.C. (6th) 116, 2007 ONCA 462 (Ontario Court of Appeal)

A. the lead plaintiff in a class action in California on behalf of investors in JDS Uniphase (JDS), obtained letters rogatory from the California court to examine three persons in Ontario. One of the three, R., a former in-house counsel of JDS, refused to testify. A. was successful in obtaining an order at first instance to enforce the letters rogatory. R. was ordered to attend for examination by United States counsel pursuant to United States rules and to produce certain documents. JDS was allowed to participate with the right to object to questions. The judge concluded that R. had information that was "likely relevant" to the California proceeding, that such information was necessary to that proceeding, and that it would not be available if R. were not examined. R. appealed from the judge's order.

The Court of Appeal held the judge had not applied the wrong test. A finding that R.'s information was "likely relevant" was intended to mean that relevance had been proved on a balance of probabilities, not that the judge was applying a new, lower threshold. The evidence also supported the judge's conclusion on the necessity of R.'s evidence, and the judge had not wrongly shifted the onus by concluding that R. failed to provide evidence to support his objections to attending for examinations. Having United States counsel question R. on matters arising from the United States litigation did not infringe Canadian sovereignty.

Note. Letters rogatory from a United States District Court in California seeking documentary evidence were enforced in *EchoStar Satellite Corp. v. Quinn*, [2007] 11 W.W.R. 522, 2007 BCSC 1225, subject to the applicant's filing proper affidavits setting out the source of the information on which the deponent based the belief that the witnesses had the relevant evidence. In response to a risk that the evidence might self-incriminate the companies and individuals producing the evidence, the judge imposed sixteen conditions designed to limit the use of the evidence strictly to the California proceedings and to make clear that in any proceedings in Canada the evidence was to be treated as compelled evidence so that the respondents would have the self-incrimination protections of the *Canadian Charter of Rights and Freedoms* and the federal and provincial *Evidence Acts*. In *Sherman v. Cross Canada Auto Body Supply Inc.* (2006), 87 O.R. (3d) 31 (S.C.J.), enforcement of letters rogatory from a court in Michigan, for the discovery of certain persons in respect of the marital assets at stake in matrimonial proceedings there, was refused. The request was not to obtain information relevant to the real issues but, rather, to examine non-parties in the hope of supporting possible hypothetical credibility issues that had not yet arisen. In any event, the information was otherwise obtainable.

C FOREIGN JUDGMENTS / JUGEMENTS ÉTRANGERS

1 Common Law and Federal

(a) Conditions for recognition or enforcement

Meaning of judgment — non-monetary order

Pro Swing Inc. v. Elta Golf Inc., [2006] 2 S.C.R. 612, 273 D.L.R. (4th) 663, 2006 SCC 52 (Supreme Court of Canada)

Pro Swing owned the United States trademark "Trident" for golf equipment. In April 1998, it brought action in United States District Court in Ohio claiming that eight defendants had infringed its trademark. One was Elta, which was based in Ontario but sold golf equipment over the Internet to purchasers in the United States. By a settlement agreement that was incorporated into a consent decree of the District Court of 28 July 1998, Elta undertook not to trade in golf equipment bearing the "Trident" or a confusing mark and would deliver to Pro Swing's counsel any infringing golf club heads and marketing material in its possession. On 20 December 2002, Pro Swing filed a motion with the District Court for contempt of the consent order, alleging that Elta had failed to surrender the items and was still advertising and selling infringing club heads. The District Court held that Elta had violated the 1998 consent decree and, on 25 February 2003, granted a contempt order. In addition to repeating the consent decree's injunction against all infringing activities and ordering the delivery up of all infringing equipment, the consent order required Elta to account for all infringing equipment sold since 1998, to pay compensatory damages based on profits from the sale of infringing goods, to pay costs and attorney's fees, to provide the names and contact information for suppliers and purchasers of infringing goods, to pay the costs of a corrective mailing, and to recall all counterfeit and infringing goods.

Some months later, Pro Swing filed a motion with the Ontario Superior Court of Justice for recognition and enforcement of the American consent decree and the contempt order. The motions judge held that a foreign non-monetary order could be enforced and gave an order enforcing both the consent decree and the contempt order except for certain parts that were duplicative or not final. The Ontario Court of Appeal held against enforcement altogether, on the ground that the orders were insufficiently certain in their terms, notably on the issue whether they were intended to operate outside the United States.

The Supreme Court of Canada, by a majority of four to three, affirmed that the orders should not be enforced. The majority noted that the distinction traditionally drawn between monetary orders, which could be enforced, and non-monetary orders, which could not, was rooted in the separation of judicial systems. Enforcement of a non-monetary order might require a domestic court to interpret and apply the foreign jurisdiction's law. This called for a balanced measure of restraint and involvement by the domestic court, but it did not justify the traditional absolute bar against enforcing non-monetary decrees. There was a compelling rationale for a change in that common law rule. However, because non-monetary orders are context-dependent and subject to amendment at the time of enforcement, their enforcement should be accompanied by an incorporation of flexible factors that reflect the specific and varied nature of equitable orders. Important factors to be taken into account are the clarity and specificity of the order, clarity as to its territorial scope, and considerations of convenience for the enforcing state and protection of its judicial system. Such factors should be dealt with as conditions for enforceability rather than as defences. The majority summarized the general position as follows (para. 31):

> The judgment must have been rendered by a court of competent jurisdiction and must be final, and it must be of a nature that the principle of comity requires the domestic court to enforce. Comity does not require receiving courts to extend greater judicial assistance to foreign litigants

than it does [*sic*] to its own litigants, and the discretion that underlies equitable orders can be exercised by Canadian courts when deciding whether or not to enforce one.

The primary reason for refusing to enforce the orders in this case was the quasi-criminal nature of a contempt order. The "public law" element of a declaration of contempt and the opprobrium attached to it eclipse the impact of a simple restitutionary award. The dissenting judges would have distinguished between civil and criminal contempt orders; they thought that the fact that persons cited for contempt are entitled to constitutional procedural protections does not transform the private, restitutionary, or compensatory aspects of a civil contempt order into public law.

The majority gave several supplementary reasons why the orders should not be enforced. Pro Swing could have obtained letters rogatory to obtain the evidence the American court needed to finalize the damage award, a procedural course that would have been less burdensome to the Canadian judicial system than enforcement of the foreign court order. Enforcement also would force the Ontario court to venture into the unknown territory of the consequences that should attach to a foreign contempt order that, by being enforced, becomes a Canadian contempt order that could expose the offender to imprisonment. There was also the issue that Pro Swing's rights under United States trademark law did not give the firm a right to stop Elta from doing anything outside the United States. The consent decree could and should be read as relating to activities in the United States only, but parts of the contempt order, such as the order to account for all sales whether or not to customers in the United States, clearly were extraterritorial and could not be supported by American trademark rights alone. And, although Elta had not raised it, there was a public policy concern about compelling Elta to disclose information about its customers that might be protected under Canadian privacy laws.

Note. The Supreme Court of Canada has opened the door to enforcing non-monetary judgments from other jurisdictions, but it has not opened it very far, given the number and nature of the conditions it has set. It is a pity that the issue arose in the context of intellectual property litigation, where the claimant's rights are almost always territorially limited. Essentially, Pro Swing was seeking to have a Canadian court take enforcement measures in respect of infringement, in the United States, of its United States trademark.

Our courts usually do not enforce foreign intellectual property rights and, if they start to do so, will almost inevitably get into the question of what rights the parties have according to foreign legislation that is likely to be complicated and the substantive provisions of which may well be geared to foreign enforcement procedures. This made Pro Swing's task an uphill one, even aside from the judicial distaste provoked by the fact that it was trying to enforce a contempt order. More straightforward non-monetary orders, such as injunctions or orders of specific performance, may stand a better chance of clearing the hurdles set by this case. Although the Supreme Court of Canada does not advert to it, the courts already have some experience with giving effect to foreign non-monetary orders. To a considerable extent courts exercising jurisdiction in insolvency and bankruptcy already make orders that, in effect, enforce orders of foreign courts that stay proceedings against the debtor or structure the orderly dealing with creditors' claims. See the note above, under A. Jurisdiction, 1. Common law and federal, (c) Claims in respect of property — bankruptcy and insolvency.

In some provinces, there is already a statutory mechanism to enforce non-monetary decrees from other provinces, namely the *Enforcement of Canadian Judgments and Decrees Act*, the model for which was proposed by the Uniform Law Conference of Canada. As of the time of writing, this act has been adopted by British Columbia (*Enforcement of Canadian Judgments and Non-monetary Orders Act*, S.B.C. 2003, c. 29), Manitoba (*Enforcement of Canadian Judgments Act*, C. C.S.M., c. E116), Nova Scotia (*Enforcement of Canadian Judgments and Decrees Act*, S.N.S. 2001, c. 30), and Saskatchewan (*Enforcement of Canadian Judgments Act*, 2002, S.S. 2002, c. E-9.1001). The act gives the courts broad discretion to withhold enforcement of part or all of an order or to modify the order so as to make it compatible with local procedures.

Finality — monetary order

Note. Neither a pending appeal, nor collateral proceedings in bankruptcy in the United States, were reasons to stay enforcement in Ontario of a judgment of a United States District Court in New York holding the defendant liable for many millions on a guarantee: *HSBC Bank USA v. Subramanian* (2007), 225 O.A.C. 38, 2007 ONCA 445. The debtor had admitted liability, and it was relevant that neither the American appeal court nor the bankruptcy court had stayed enforcement of the judgment in the United States.

Jurisdiction of the original court — consent

Note. See *Morgan (c.o.b. Kona Concept Inc.) v. Guimond Boats Ltd.* (2006), 357 N.R. 190, 2006 FCA 401, in which the defendant submitted an answer to the foreign court on the merits without any reservation as to the court's jurisdiction. Submission to the foreign court's jurisdiction, both by participating in the proceeding and by prior agreement, was likewise found in *Bad Ass Coffee Co. of Hawaii Inc. v. Bad Ass Enterprises Inc.* (2007), [2008] 1 W.W.R. 738, 2007 ABQB 581.

(b) Defences to recognition or enforcement

Public policy

Note. The fact that a Utah court had failed to apply Alberta law to a franchise agreement, when that application was required by the *Franchises Act,* R.S.A. 2000, c. F-23, s. 16, did not make the Utah judgment contrary to public policy in Alberta. There was no violation of principles of fundamental morality: *Bad Ass Coffee Co. of Hawaii Inc. v. Bad Ass Enterprises Inc.* (2007), [2008] 1 W.W.R. 738, 2007 ABQB 581. Public policy was also rejected as a defence in *Yugraneft Corp. v. Rexx Management Corp.*, [2007] 10 W.W.R. 559, 2007 ABQB 450, where it was argued that enforcement of an arbitral award would violate public policy (a defence under s. 36(1)(b)(ii) of the *International Commercial Arbitration Act,* R.S.A. 2000, c. I-5) because it would reward the new owners of the plaintiff company for their having taken over the plaintiff using (it was said) fraud, abuse of the Russian legal system, and armed force. The matter could have been raised before the arbitral tribunal, but either it had not been raised or it had been raised but the tribunal said nothing about it. In the latter event, the proper course was judicial review of the award. In the circumstances, enforcement of the award would not be contrary to basic principles of morality.

Fraud

Yeager v. Garner, [2007] 6 W.W.R. 469, 2007 BCSC 72 (British Columbia Supreme Court)

The defendant had his father live with him for the last thirteen years of the father's life. The father left his estate to the defendant and his sister to be divided equally. The sister, the plaintiff, had herself appointed as personal representative of the estate in Oregon and brought an action there on behalf of the estate against the defendant, for wrongful conversion of the estate's assets. The defendant, though unrepresented, participated in that action. The Oregon jury held the defendant liable for US $200,000, and the plaintiff sought to register the judgment under the *Court Order Enforcement Act*, R.S.B.C. 1996, c. 78, s. 29. The defendant argued that the plaintiff had certified a false inventory of the estate's assets in order to get herself appointed personal representative, that this fraud went to the root of the Oregon court's jurisdiction, and that the defence of fraud therefore precluded registration (section 29(6)(d) of the act). The British Columbia court held the judgment registrable.

The court applied *Beals v. Saldanha*, [2003] 3 S.C.R. 416, 234 D.L.R. (4th) 1, 2003 SCC 72, which restricted the defence of fraud to cases in which the fraud could not reasonably have been raised before the original court. The case was unclear on whether this principle applied with equal force to fraud going to jurisdiction as it did to fraud going to the merits, but for the present purpose it was enough to decide that under the circumstances it would not be right for the defendant to be able to raise the defence of fraud. The defendant was a party to the Oregon action and was in possession of all of the relevant facts and knowledge prior to the trial of the civil action. Also, the nature of the challenge he now raised was a complicated one involving mixed fact and law as well as Oregon probate practice and procedure, and the question whether jurisdiction was wrongfully taken as a result of fraud in the Oregon probate court should properly be considered in the first instance by that court. Counsel were asked to make submissions on whether, in order to permit the defendant to take steps before the Oregon probate court, the registration of the Oregon civil judgment should be stayed.

Natural justice

Note. A relatively rare instance of a foreign judgment being denied enforcement on the ground of a violation of natural justice is *Cortés v. Yorkton Securities Inc.* (2007), 278 D.L.R. (4th) 740, 2007 BCSC 282. Because notice of the proceedings in Ecuador had been sent to an office in Chile that, to the plaintiff's knowledge, the defendant (his former employer) had closed two years earlier, the defendant had not received notice of the action until a US $14 million judgment had given against it. Given a primary failure of natural justice, such as lack of notice, the defendant need not apply to the original court to have the judgment set aside as a condition of impeaching the judgment in British Columbia.

Limitations

Note. An arbitral award was denied enforcement in *Yugraneft Corp. v. Rexx Management Corp.*, [2007] 10 W.W.R. 559, 2007 ABQB 450 (noted above under public policy), because the claim was on a "simple contract debt" rather than a "judgment" for the purpose of the *Limitations Act*, R.S.A. 2000, c. L-12, s. 3(1), and so was statute-barred.

(c) Support orders

Divorce Act

Note. The corollary relief provisions of the *Divorce Act*, R.S.C. 1985, c. 3 (2nd Supp.), include the ability of a court where the applicant is resident to make a provisional order varying the corollary order for support, and the court where the respondent is resident to decide whether to confirm the variation. In *Bullock v. Bullock* (2007), 36 R.F.L. (6th) 150, 2007 BCSC 318, the original order was made in Ontario, the provisional order to vary was made in Nova Scotia, and the application to confirm the variation was dismissed in British Columbia because the court was not persuaded that the variation was justified.

Uniform Interjurisdictional Support Orders Act

Note. Enforcement of a final Polish child support order, when the child was of an age (twenty-four) at which Ontario law recognized no further obligation of support, was held contrary to public policy in *Niemira v. Niemira* (2006), 34 R.F.L. (6th) 204, 2006 ONCJ 411. However, it could be treated as a provisional order under the *Interjurisdictional Support Orders Act*, 2002, S.O. 2002, c. 13, leaving the court to decide whether to confirm or vary it. In *Mathers v. Bruce* (2007), 69 B.C.L.R. (4th) 94, 2007 BCSC 35, the court applied English law, as the law of the paying party's residence as to the amount of support to be paid (see s. 31(2) of the *Interjurisdictional Support Orders Act*, S.B.C. 2002, c. 29), in deciding to confirm an English court's provisional variation of a child support order.

2 *Québec*

(a) Compétence du tribunal étranger

Recours collectif en étranger — membres du groupe résidant au Québec

Société canadienne des postes c. Lépine, [2007] R.J.Q. 1920, 2007 QCCA 1092 (Cour d'appel du Québec), autorisation d'appel à la C.S.C. accordée le 31 janvier 2008

Depuis 2000, Postes Canada offrait à sa clientèle un forfait donnant droit à un accès à vie à Internet, entièrement gratuit. Le service offert fut discontinué en 2001, ce qui a provoqué le dépôt d'une plainte par les autorités albertaines ainsi que trois recours collectifs. Ces recours ont été commencés respectivement au Québec (requérant Lépine) le 6 février 2002, en Ontario (requérant McArthur) le 28 mars 2002, et en Colombie-Britannique (requérant Chen) le 7 mai 2002. McArthur, Chen et Postes Canada et sa filiale ont conclu une convention qui stipulait que "*this agreement embodies the provisions for the resolution of the proposed class actions brought against the Defendants in the Provinces of Ontario and British Columbia, and of any other issues in any other provinces and territories in Canada relating to CD ROMs as defined in this Agreement.*" La Cour ontarien a homologué cette convention. L'ordonnance du tribunal ontarien s'adressait à un groupe qui inclut "*[a]ny person in Canada, not a resident of the Province of British Columbia, who purchased a CD-ROM through any Canada Post outlet ... the packaging of which displayed the words 'free Internet for life'.*" Bien que les résidants du Québec soient toujours exclus des groupes que les représentants d'Ontario et de Colombie-Britannique décrivent dans leur procédures judiciaires, la convention stipule qu'elle s'appliquera à tous les consommateurs canadiens, dorénavant réunis en deux groupes : le premier est composé des résidants de la Colombie-Britannique, le second, décrit comme étant le "*Ontario class,*" de tous les autres consommateurs canadiens, excluant ceux de la Colombie-Britannique, mais incluant ceux du Québec. La Cour supérieure du Québec a refusé de reconnaître et de déclarer exécutoire le jugement du tribunal ontarien. Le juge a conclu que l'avis donné aux membres québécois à la suite de la décision ontarienne était insuffisant et qu'il était source de confusion.

La Cour d'appel a rejeté l'appel. On peut difficilement contester que, selon les critères énumérés aux sous-paragraphes 1, 2, 3 et 4 de l'article 3168 C.c.Q., le tribunal ontarien avait compétence au regard du recours entrepris par le requérant McArthur. Ce consommateur ontarien a en effet acheté, en Ontario, les droits offerts puis retirés par Postes Canada qui a son siège social et plusieurs places d'affaires dans cette province. Mais le juge ontarien aurait dû refuser de modifier la composition du groupe et décliner compétence à l'égard des résidants québécois. L'avis aux membres ontariens sème la confusion pour le lecteur qui aurait précédemment pris connaissance de l'avis québécois. Le jugement ontarien ne pouvait pas être reconnu au Québec, et ce, tant à cause de la violation du droit à l'équité procédurale que de l'exception de litispendance. La requête en autorisation de recours collectif déposée au Québec et le jugement certifiant la procédure ontarienne (amendée pour inclure le groupe québécois) satisfont à l'exigence de triple identité contenue à l'article 3155(4) C.c.Q., identité de parties, d'objet et de faits.

D CHOICE OF LAW (INCLUDING STATUS OF PERSONS) / CONFLITS DE LOIS (Y COMPRIS STATUT PERSONNEL)

1 Common Law and Federal

(a) Contracts

Statutory regulation of contract

Williams v. Brown (2006), 311 N.B.R. (2d) 31, 2006 NBCA 123 (New Brunswick Court of Appeal)

To compensate him for injuries received in a motor vehicle accident in New Brunswick caused by the negligence of the defendant, the plaintiff, a resident of Prince Edward Island, received no-fault benefits totalling $38,940. Although they were paid by his own insurer, the benefits were those payable under the *Insurance Act*, R. S.N.B. 173, c. I-12, section 24(3)(a) and Schedule B (standard automobile policy). The section, which reflects uniform interprovincial insurance arrangements, provides that where an action is brought against it in New Brunswick arising out of an automobile accident in the province, any automobile insurer that is licensed to carry on automobile insurance in New Brunswick "shall appear and shall not set up any defence to a claim under a contract made outside the Province, including any defence as to the limit or limits of liability under the contract, that might not be set up if the contract were evidenced by a motor vehicle liability policy issued in the Province." The plaintiff's insurer was licensed to carry on automobile insurance in New Brunswick. The benefits payable under the New Brunswick act were about double those that were payable under the equivalent standard policy under Prince Edward Island law. The plaintiff subsequently brought a tort action in New Brunswick against the defendant. The defendant admitted liability but argued that the whole of the no-fault benefits the plaintiff received should be deducted from any award of damages. The plaintiff argued that only the benefits required by Prince Edward Island law should be deducted.

The defendant's position was initially based on two alternative grounds. One was the statutory release provisions of the New Brunswick act, sections 257(2) and 263(2), which both provide that if no-fault benefits are paid and certain other conditions are satisfied, the payment operates as a release to that extent in favour of the person liable to the claimant or that person's insurer. This ground was rejected by the trial judge because New Brunswick could not constitutionally prescribe the obligations arising out of an insurance contract that was not governed by the law of the province. This ground was not pursued on appeal, although the Court of Appeal expressed doubts as to whether the trial judge had framed the constitutional issue correctly. It was arguable that the application of the release provisions could be supported on the ground that they dealt with New Brunswick tort law rather than contract law.

The other ground was section 265.4(1)(a) of the act, providing that in an action for damages arising out of an accident the amount recoverable for loss of income in the pre-judgment period is to be reduced by all payments received "for loss of income" during that period "under an enactment of any jurisdiction or under an income continuation benefit plan." The reference to "under an enactment" made it clear that this could apply even though the payments for loss of income did not flow from a policy of insurance, let alone policy made or renewed in New Brunswick. However, even assuming that the section applied only where a contract of automobile insurance made or renewed in New Brunswick was in play, the defendant and his insurer were parties to a policy of insurance issued in the province. The plaintiff's insurer had paid him benefits "for loss of income," and they were paid under "an income continuation benefit plan," namely the no-fault benefit provisions (Section B) of the plaintiff's Prince Edward Island insurance policy. The benefits also qualified as payments made under an "enactment," because they were required by section 24(3)(a) of the act.

Note. Although they turned on the exact wording of the rather complex provisions of the New Brunswick insurance legislation, the issues in this case boiled down to the question whether the legislature of New Brunswick had manifested the intention to require a New Brunswick court to deduct the plaintiff's no-fault benefits from the tort damages that would otherwise be payable. Even if the answer was yes, as the court held it was in respect of section 265.4(1)(a), there was a potential second question whether the legislature had the power to do this, given that the benefits were paid under an insurance contract governed by Prince Edward Island law. The court's assumption that section 265.4(1)(a) did not suffer from constitutional infirmity was presumably based on the view that section 265.4(1)(a) is framed as a rule about damages, and that substantive rules about damages arising out of a tort in New Brunswick are governed by New Brunswick law. The statutory release provisions, which arguably could be characterized as rules about the rights arising out of insurance contracts, were less obviously within New Brunswick's legislative competence when the contract under which benefits were paid was governed by another province's law.

A similar issue arose in *Royal & Sunalliance Ins. Co. of Canada v. Wawanesa Mut. Ins. Co.* (2006), 84 O.R. (3d) 449 (S.C.J.), in which one Ontario insurer claimed indemnity from another for benefits paid in respect of an automobile accident in Vermont. The claimant had paid the benefits as the victim's own insurer, whereas the other company insured the vehicle the victim was driving. The claimant's right was based on the loss transfer provisions of the *Insurance Act*, R.S.O. 1990, c. I-8, s. 275. The court held the claim was not to be characterized as one in tort, which would be governed by Vermont law but, rather, as an independent statutory claim governed by Ontario law and subject to arbitration as mandated by that law.

(b) Property

Transfer of interest inter vivos — *trust*

Kelemen v. Alberta (Public Trustee), [2007] 4 W.W.R. 562, 2007 ABQB 56 (*sub nom. Re Jagos (Estate of)*) (Alberta Court of Appeal)

A woman who died domiciled in Alberta left money on trust for her grandniece, the plaintiff's daughter, the capital to be paid to her when she reached the age of majority. The plaintiff and her daughter lived in Romania at all material times. The plaintiff brought an action in Alberta against the Public Trustee, which held the funds, claiming the balance in the trust because her daughter was sixteen and had reached the age of majority (fourteen) under

Romanian law. The public trustee argued that the age of majority for the purpose of the trust was that provided in Alberta law, namely, eighteen. The Alberta Court of Queen's Bench characterized the issue as one of the administration of a trust. The deceased's will did not specify which law applied to the trust, and it was unclear from the provisions of the will whether the testatrix impliedly intended a particular law to apply. Therefore, under Article 3 of the *Hague Convention on the Law Applicable to Trusts and on Their Recognition* (1985), implemented in Alberta by the *International Convention Implementation Act*, R.S.A. 2000, c. I-6, the trust was governed by the law with which it was most closely connected. Considering all of the relevant factors, including where the testatrix designated the trust was to be administered (her executor was her husband, who lived in Calgary), the location of the trust assets (all in Alberta), the location of the trustee (the Public Trustee), the objects of the trust and the place where they were to be fulfilled (to benefit a resident of Romania), and the testatrix's domicile at death (Alberta), the law with the closest connection to the trust was that of Alberta. The age of majority for the purpose of carrying out the terms of the trust was therefore eighteen. If the issue was characterized not as one of the administration of a trust but as one of succession, the result would be the same because the validity and effect of the will were governed by the law of Alberta as the testatrix's last domicile.

2 *Québec*

(a) Divorce

Divorce étranger — motifs de non-reconnaissance — ordre public — fraude

Droit de la famille — 072464, [2007] R.J.Q. 2656, 2007 QCCS 4822 (Cour supérieure du Québec)

Madame demande le divorce et des mesures accessoires tandis que monsieur s'y oppose en faisant valoir qu'un divorce a déjà été prononcé entre les parties dans le Pays A et demande par requête en reconnaissance d'une décision étrangère que ce jugement soit reconnu ici. Madame réclame, *inter alia*, une pension alimentaire pour les enfants à sa charge et pour elle-même, et un partage inégal du patrimoine familial. La Cour supérieure a rejeté la requête en reconnaissance d'un jugement étranger. Il n'y a aucun doute en l'instance que le tribunal étranger était compétent pour statuer sur le divorce puisque les parties résidaient dans le Pays A depuis quinze ans lors de l'introduction de l'instance et ont continué par la suite à y résider jusqu'au jugement final. Madame soutient que selon le droit musulman, qui s'appliquait au divorce, les époux n'ont pas des droits égaux lors de la dissolution du mariage et que, par conséquent, les procédures étaient contraire à l'ordre public. Il est certain que l'inégalité des conjoints lors du divorce, que l'on retrouve en droit islamique, heure les valeurs et la conscience du Tribunal. Mais il faut se garder d'évaluer ce qui se passe dans un pays étranger à la seule lumière de nos valeurs, même les plus profondes. Il n'est pas de l'essence du droit international et de l'ordre public qu'il sous-tend de ne juger qu'à la lumière des valeurs du for. C'est ce qui était fait lorsque notre droit référait à notre seul ordre public. Il faut croire que le législateur a entendu qu'il en aille autrement lorsqu'il a rédigé le nouvel article 3155 et référé à "l'ordre public tel qu'il est entendu dans les relations internationales." Le jugement étranger n'est pas contraire à l'ordre public.

Par contre, monsieur a commis une fraude dans la procédure dans le dossier étranger et, pour cette raison, la Cour ne peut reconnaître le jugement étranger. Monsieur a amené madame à croire qu'il y avait réconciliation avant le prononcé du divorce. Au moment même où il agissait ainsi, monsieur a continué les procédures en divorce entreprises, s'est présenté à la cour sans le dire à madame et même en lui cachant sa présence à la cour, et a caché le jugement prononcé à madame jusqu'à deux mois plus tard. En la confortant dans son idée que les parties étaient réconciliées, monsieur a donné à madame des raisons de ne pas se présenter à la cour pour s'opposer au divorce. Après la reprise de la vie commune et des relations sexuelles, elle connaissait dorénavant un moyen absolu pour empêcher le prononcé du jugement. Elle ne se serait donc sûrement pas privée de le faire valoir si elle avait su que monsieur continuait les procédures. Monsieur est allé jusqu'à induire les juges en erreur en leur déclarant que madame avait déjà quitté le pays A pour le Canada, ce qui était faux. Il a de même caché aux juges qu'il avait repris la vie commune avec madame. Tous les agissements de monsieur constituaient un véritable stratagème pour se débarrasser de madame sans que celle-ci ne s'en aperçoive. Dans les circonstances, le Tribunal ne saurait reconnaître le jugement de divorce.

La demande de divorce de madame est accueillie et le montant de la pension pour les enfants et pour madame est établi. Les époux n'ont jamais été soumis aux règles québécoises du patrimoine familial et Madame ne peut donc demander le partage de celui-ci.

(b) Adoption

Adoption étrangère — Kafala marocaine — reconnaissance

A. c. Québec (Procureur général), [2007] R.D.F. 528, 2007 QCCS 2087 (Cour supérieure du Québec)

Monsieur et madame veulent obtenir la reconnaissance et l'exécution de décisions émanant d'un tribunal marocain. Il s'agit d'ordonnances de Kafala et d'autorisation d'amener un enfant au Canada sous leur garde. Le Procureur général et le Directeur de la protection de la jeunesse plaident que cette procédure est une façon détournée d'obtenir éventuellement un jugement d'adoption autrement régi par les lois portant sur l'adoption internationale. Ils plaident également que le jugement recherché viserait à créer artificiellement un domicile québécois pour cet enfant afin de favoriser ensuite une adoption dite "nationale." Ce jugement permettrait également de forcer la main aux autorités canadiennes en matière d'immigration. L'enfant est né au Maroc. Son domicile et sa résidence sont au Maroc. Il a été abandonné par sa mère et a été confié à un orphelinat marocain. Monsieur et madame sont mariés et vivent au Canada. Selon un juriste marocain, la Kafala de l'enfant abandonné consiste en la prise en charge de sa protection, de son éducation et de son entretien. La Kafala ne rompt pas le lien de filiation existant et n'en crée pas un nouveau.

La requête de monsieur et madame est accueillie. Le statut de l'enfant est clairement modifié par l'attribution de la Kafala à monsieur. Un lien a été créé. Ce lien s'appellera une prise en charge, une tutelle, une garde légale ou une adoption par analogie au régime québécois. Ce lien ainsi créé n'est pas en soi contraire à l'ordre public. En reconnaissant les décisions rendues, la Cour supérieure oblige simplement les autres interlocuteurs judiciaires et administratifs à prendre position envers le régime de Kafala ainsi reconnu. La Kafala prononcée au Maroc dans le respect des règles de la loi marocaine serait proche de l'adoption au sens de la loi québécoise. Les effets en découlant sont du ressort de la loi québécoise. Ces aspects relèveront de la Cour du Québec lors d'une éventuelle demande en adoption. La Cour supérieure doit s'abstenir d'en disposer, n'ayant pas juridiction en matière d'adoption.

Quant aux lois prévalant en matière d'immigration, il est possible que des dispositions permettent l'établissement de l'enfant au Canada. Il n'est pas possible de conclure de façon évidente que monsieur ne puisse adopter l'enfant et que celui-ci ne puisse s'établir au Québec avec lui.

Book Reviews / Recensions de livres

International Law: Chiefly as Interpreted and Applied in Canada, 7th edition. Edited by Hugh M. Kindred and Phillip M. Saunders. Toronto: Emond Montgomery, 2006. 1,219 pages.

International Law: Doctrine, Practice and Theory. By John H. Currie, Craig Forcese, and Valerie Oosterveld. Toronto: Irwin Law, 2007. 983 pages.

The "Kindred" text enjoys a long and distinguished history, having evolved from the third edition compiled in 1976 by J.-G. Castel. The seventh edition, now listing eleven contributors from across the country, also features a documentary supplement and a website (see <http://www.emp.ca/index.php?option=com_content&task=view&id=67&Itemid=52>), which contains full case, treaty, and document links to most of the materials quoted in part in the text. The website provides an additional bonus — an online index that permits a rapid search of any words or phrases throughout the entire text, including its numerous footnotes. The authors of the newer book (the "Currie" text) have developed it from their previously unpublished course materials. They have a website (see <http://www.publicinternationallaw.ca>), which they plan to set up as a blog, to which they will post updates. Hopefully, they can post a web-based index similar to the Kindred text.

While the two texts cover essentially the same areas of international law and generally refer to the same materials, each possesses a distinct style and approach. While the Kindred text suffers from some degree of inconsistency because of its many authors, its use has moved beyond the classroom to become a general Canadian international legal reference source in law offices and legal bureaus. In contrast, while the limited authorship of the Currie text reflects a greater unification, it is not as useful a reference source. Students who are familiar with both texts have advised me that they find the Currie text to be more readable and easy to comprehend but that they turn to the Kindred text when beginning work on seminar presentations and term papers.

The approach of the Kindred text departs markedly from the three editions of its Castel ancestor, and it has evolved further from the fourth to the seventh editions. Nevertheless, the book remains essentially a collection of introductory-level reference materials that reveal the complexities of the rules and rule making of international law. The Currie text, on the other hand, sets out more of a narrative of international law. Its authors have divided it into four distinct parts and have provided a brief introduction to each of them. For purposes of convenience, I shall use this division for my review.

Both texts begin with chapters that focus on the international legal system (the title of the first part of the Currie text). The first chapter by Hugh Kindred and Phillip Saunders introduces the subject by discussing the roles of international law and international lawyers, while the one by John Currie, Craig Forcese, and Valerie Oosterfeld attempts to set out the notion, or concept, of international law. Each introductory chapter also describes the oftentimes strained relationship between international law and international relations and its theories. Predictably, both texts argue that international law is a necessary, although not always successful, tool to counter the self-centred political aspirations of states. The Kindred text describes the resilience and adaptability of international law and, towards the end of its first chapter, adopts the views of Philip Allott. As he explains, international law is the product of

> three strange accidents of evolution, or gifts of God: rationality (the capacity to order consciousness); morality (the capacity to take responsibility for our future); and imagination (the capacity to create reality for ourselves). Using these capacities, we found within ourselves the capacity to form the idea of the ideal — the idea of a better human future which we can choose to make actual.[1]

The Currie text concludes its introductory chapter with the views of Joseph Nye. He notes two benefits of international law that

[1] P. Allott, "The Concept of International Law," in M. Byers, ed., *The Role of Law in International Politics: Essays in International Law and International Relations* (Oxford: Oxford University Press, 2000) 69 at 88.

transcend theories such as positivism and realism. First, international "legitimacy" constitutes a form of "power" because it reduces the cost of a state's policies. Second, states rely on international law to deal with contentious matters because it "depoliticizes them and makes them predictable. Predictability is necessary for transactions to flourish and for the orderly handling of the conflicts that inevitably accompany them."[2] Both texts force their readers to view the international legal system from a Canadian perspective. Kindred and Saunders appear to emphasize the interpretive perspective that Canada takes, while Currie, Forcese, and Oosterfeld appear to concentrate on the "middle power" situation that Canada occupies.

The second and third chapters of each text outline the personalities and the sources of international law in a relatively similar manner. The Kindred text extends the introductory section with a fourth chapter discussing the relation between international and domestic Canadian law (the Currie text incorporates this material in its chapter on international legal sources), a chapter on "Interstate Relations" (covered in the third part of the Currie text in its chapter on "Jurisdictional Immunities"), and a chapter on "International Dispute Settlement."

The second part of the Currie text (entitled "State Jurisdiction") contains four chapters that cover, respectively, jurisdiction over land, over water, over air and outer space, and over persons, property, and transactions. It uses special sections of each chapter entitled "Law in Context" to focus on special applications of jurisdictional claims. For example, the chapter on jurisdiction over land contains separate "law in context" sections dealing, respectively, with the Antarctic regime and with Canadian Arctic claims. Again, while both texts cover much of the same material, the Kindred text splits the "state jurisdiction" issue differently. For example, it deals with land, polar, and air/outer space issues in a single chapter but devotes two chapters to jurisdiction associated with "persons" (natural and otherwise), entitled "Nationality" and "State Jurisdiction over Persons." The Kindred text devotes a large chapter later in the text to the law of the sea (ninety-one pages versus the seventy-one-page chapter of the Currie text dealing with jurisdiction over water).

The third section of the Currie text bears the title "Constraints on State Jurisdiction" and contains chapters on state immunities, human rights obligations, state regulation of economic activity, and

[2] J. Nye, *Understanding International Conflicts: An Introduction to Theory and History*, 5th ed. (New York: Pearson/Longman, 2005) at 168–69.

environmental obligations. The Kindred text contains chapters dealing with the same subject matter except for state regulation of economic activity. Notably, the two texts deal quite differently with human rights obligations. The Kindred text has left its human rights chapter comparatively compact (eighty-five pages) and covers the essentials (the development of international human rights norms, the standards as reflected in universal and regional treaties, and compliance and enforcement), along with a few specialized topics (customary human rights, problems of cultural diversity, and collective rights of Aboriginal peoples). The human rights chapter of the Currie text is more expansive (154 pages), a large part of which contains charts setting out comparative sections of the major human rights instruments. While this section provides useful material for independent assignments, students have indicated that it departs from the narrative style of the rest of the book.

The final section of the Currie text, entitled "Recourse for Violations of International Law" contains four chapters: "State Responsibility"; "Economic Sanctions"; "Use of Force'; and "International Criminal Law." Again, the content of the Kindred text is similar, but it does not contain a chapter on economic sanctions. Its chapter on the use of force contains a lengthy set of documentary extracts relating to the 1990–91 Iraq-Kuwait crisis (a model of how the international community can deal with an illegal use of force), and its chapter on international criminal law is much longer.

The contributors of both texts wrote for a very specific use — introductory courses in public international law during times of peace offered in English at Canadian law faculties. Each one provides a product that is exceptionally well suited to this purpose. The strengths and perspectives of the two books present course instructors with a challenge: which text to adopt. Whatever the answer, every international legal academic should possess a copy of each. Hopefully, the Canadian market is sufficiently large to justify regularly updated editions of the Kindred and the Currie texts.

DONALD J. FLEMING
Faculty of Law, University of New Brunswick, Fredericton

The Law of Sovereign Immunity and Terrorism. Par James Cooper-Hill. New York: Oceana Publications, 2006. 333 pages.

Avec le droit de la mer, l'immunité des états est souvent perçue comme une branche fétiche du droit international. Comme le constate Hazel Fox, il semblerait que tôt ou tard, "*any international lawyer worth his or her salt has seen fit to express views on some some aspect of the law of State immunity.*"[1] Nombreux sont les chercheurs qui se sont hasardés dans les bruyères de cette vénérable mais épineuse doctrine du droit international afin d'en vérifier les prémisses historiques et les applications normatives contemporaines. L'ancienne immunité absolue — traditionnellement basée sur la maxime *par in parem non habet imperium* — a depuis cédé la voie à la doctrine de l'immunité relative dont l'application dépend du caractère (*jure imperii* ou *jure gestionis*) des actes reprochés. Il s'agit d'une doctrine dynamique qui évolue au gré des conceptions changeantes de la souveraineté étatique et qui touche, en définitive, aux fondements même de l'ordre juridique westphalien. Il n'est donc pas étonnant qu'une telle matière revête un intérêt considérable pour plusieurs chercheurs du droit international. Outre l'excellent ouvrage de Fox (à mon avis, l'œuvre définitive en la matière), les études de Lauterpacht,[2] Sinclair,[3] Badr,[4] Trooboff[5] et Pingel-Lenuzza sont également notoires.[6]

Il serait mal aisé de placer la monographie de James Cooper-Hill, *The Law of Sovereign Immunity and Terrorism* dans la même catégorie que ces contributions importantes, ne serait-ce qu'en raison de la particularité de son sujet. Contrairement aux ouvrages susmentionnés qui traitent du droit international de l'immunité des états et de ses diverses applications domestiques, le texte de Cooper-Hill

[1] H. Fox, *The Law of State Immunity* (Oxford: Oxford University Press, 2002) à la p. 3.

[2] H. Lauterpacht, "The Problem of Jurisdictional Immunities of Foreign States" (1951) 28 Br. Y.B. Int'l L. 220.

[3] I. Sinclair, "The Law of Sovereign Immunity: Recent Developments" (1980-II) 167 Rec. des Cours 113.

[4] G. Badr, *State Immunity: An Analytical and Prognostic View* (La Haye: Martinus Nijhoff, 1984).

[5] P.D.Trooboff, "Foreign State Immunity: Emerging Consensus on Principles" (1986-V) 200 Rec. des Cours 245.

[6] I. Pingel-Lenuzza, *Les immunités des états en droit international* (Bruxelles: Éditions Bruylant, 1998).

occulte presque totalement le droit international pour se vouer exclusivement à l'exposition de cette branche singulière du droit étatsunien régissant l'immunité étatique dans le cadre de poursuites civiles contre des états soupçonnés d'avoir commis des actes de terrorisme. Certes, il s'agit là d'une matière digne d'intérêt — ou de curiosité plutôt — mais la décision de l'auteur d'exclure le droit international de son étude est des plus surprenantes. Comment expliquer une telle exclusion? Comment justifier la décision de ne pas discuter, ni même mentionner en note infrapaginale, les traités internationaux pertinents (dont la *Convention des Nations Unies sur les immunités juridictionnelles des États et de leurs biens, 2004*), ou les ouvrages de doctrine faisant autorité en la matière? La réponse, il me semble, s'exprime par un double constat. Premièrement, dans le domaine des immunités et du terrorisme, les États-Unis ont développé un cadre législatif unique en son genre qui reflète plus fidèlement leur politique étrangère que leurs obligations en droit international. Il sied aussi de rappeler que dans l'affaire *Amerada Hess Shipping Corp. c. Republic of Argentina* (*Amerada Hess*),[7] la Cour suprême des États-Unis a considérablement réduit la pertinence du droit international dans l'interprétation de la *Foreign Sovereign Immunities Act* (*FSIA*). Deuxièmement, dans la mesure où aucun autre pays n'a suivi l'exemple des États-Unis, il est difficile d'imaginer en quoi une étude comparée d'une autre juridiction pourrait vraisemblablement s'avérer éclairante. Bref, aux États-Unis, l'immunité des états et le terrorisme sont des matières qui relèvent exclusivement du droit interne, et c'est à la description de ce panorama juridique que s'emploie James Cooper-Hill.

Me Cooper-Hill est un avocat chevronné qui a plaidé quelques-unes des rares causes où les demandeurs, victimes d'actes de terrorisme, ont réussi à obtenir des dommages-intérêts par l'entremise du régime de compensation établi par la *Anti-terrorism and Effective Death Penalty Act* (*AEDPA*) et ses modifications subséquentes, dont la "Flatow Amendment," qui continuent à faire couler beaucoup d'encre. Cooper-Hill est un avocat de grande expérience, certes, mais il aurait pu bénéficier d'un meilleur soutien éditorial dans la préparation de son livre, lequel a été rédigé (hâtivement, on a l'impression) durant son séjour en tant que professeur invité à l'Université de Seattle. L'ouvrage est réparti en seize chapitres qui, souvent, semblent s'ignorer mutuellement. On n'y retrouve aucune préface ou introduction pour expliquer la thèse centrale du livre

[7] *Amerada Hess Shipping Corp. c. Republic of Argentina*, 488 U.S. 428 (1989).

qui, en définitive, demeure tout aussi illusoire après en avoir fait la lecture intégrale. Bref, l'étude de Cooper-Hill aurait pu être présentée plus systématiquement. Le manque de cohésion interne de l'œuvre est exacerbé par la présence de deux chapitres (parmi les meilleurs du tome) signés par des collaborateurs: R. Kevin Hill, un professeur de philosophie à l'Université de Portland et Bruno Ristau, un avocat au Département de justice et chargé de cours à la faculté de droit de l'Université George Washington. Or, si le titre de l'étude laisse entendre qu'elle porte entre autres sur le terrorisme, ce n'est qu'au chapitre 7 que le lecteur en trouve les premières mentions. Les analyses poussées des dispositions de la *AEDPA* commencent et prennent fin au chapitre 11, alors que les chapitres 12 à 16 portent surtout sur la réparation et le calcul des dommages-intérêts. Ensemble, les chapitres substantifs composent un peu plus de la moitié du volume total du livre, alors que la balance est constituée d'une série de treize annexes reproduisant les extraits saillants de la *FSIA*, de la *AEDPA* et ses modifications subséquentes, ainsi que des extraits de la *Tort Claims Act* du Texas et de la Californie, respectivement. À mon sens, ces annexes représentent l'un des plus grands attraits du livre.

Les premiers chapitres (1–6) ont une teneur historique appréciable. Il n'est pas question de retracer les origines de la doctrine de l'immunité accordée aux états étrangers, mais plutôt de l'immunité de l'état à l'égard de ses propres tribunaux en common law britannique et étatsunienne. Le chapitre 2 du philosophe R. Kevin Hill, "The Philosophy of Sovereign Immunity Law" est particulièrement bien réussi: il opère un tour d'horizon remarquable de la généalogie idéelle de la souveraineté dans la pensée politique et juridique occidentale, traçant les vicissitudes de son évolution de Platon à John Locke, en passant par la *ius commune* romaine, le droit canonique, Bodin, et Hobbes. Il s'agit d'un chapitre concis — beaucoup d'histoire en moins de vingt pages — mais bien recherché et réfléchi. L'auteur situe le concept étatsunien de l'immunité dans l'héritage philosophique de Locke et Hobbes, perpétuellement tendu entre l'idéal de l'état dont les pouvoirs seraient circonscrits par le droit naturel (Locke) et l'état centralisateur et puissant, opérant à l'abri de ses propres lois (Hobbes). L'auteur conclut (à la p. 35): "*the core idea of Locke's theory ... gradually fell into disrepute in the United States ... Nonetheless, its subterranean influence continues to be felt, in competition with Hobbesian and pragmatic approaches to the problem of sovereignty to the present day.*"

Le chapitre 6 de Bruno Ristau, "*The Foreign Sovereign Immunities Act of 1976 and the Act of State Doctrine,*" se démarque également. Il s'agit du premier chapitre voué à l'immunité des états étrangers et à l'encadrement législatif que lui réserve les États-Unis. Avant d'entreprendre le vif de sa matière, Ristau opère un bref détour historique, en commençant avec la célèbre décision du juge en chef Marshall dans l'affaire *The Schooner Exchange c. McFaddon,*[8] en passant par la toute aussi célèbre "Tate Letter" de 1952, pour enfin aboutir à l'adoption de la *FSIA* en 1976. Ce survol historique, aussi bref soit-il, suffit pour cerner le principe (ou s'agit-il plutôt d'une position) qui sous-tend la démarche étatsunienne en matière d'immunité depuis les premières heures de la république, c'est-à-dire (à la p. 69), "foreign sovereign immunity is a matter of grace and comity on the part of the United States, and not a restriction imposed by the Constitution." Voilà qui est clair: l'immunité dont peut bénéficier de temps à autre l'état étranger devant les tribunaux des États-Unis ne découle pas de la constitution, de la common law, et encore moins du droit international, mais d'abord et avant tout de la bonne volonté et de la courtoisie exécutives. La *FSIA* pour sa part se veut une codification de la jurisprudence antérieure, dans le but avoué "*to free the Executive from the case-by-case diplomatic pressures, to clarify the governing standards and to assure litigants that decisions are made on purely legal grounds*" (à la p. 70). Il est possible de douter de cette dernière affirmation lorsque l'on considère que le régime créé par l'*AEDPA* permet encore aujourd'hui à la branche exécutive, par fiat, de priver certains états de l'immunité normalement accordée par la loi. Cette problématique demeure sans réponse ou commentaire, tant dans la contribution de Ristau que dans les chapitres subséquents de Cooper-Hill.

Le chapitre 9, ironiquement intitulé "Collateral International Law," confirme le rôle subordonné du droit international dans l'ordre juridique étatsunien en matière d'immunité des états. Dans ce chapitre mince et insipide de six pages, l'auteur traite principalement des arrêts *Siderman de Blake c. Republic of Argentina* (*Siderman*)[9] et *Sampson c. Federal Republic of Germany* (*Sampson*),[10] où les parties demanderesses ont tenté de faire valoir des arguments fondés sur les normes impératives (*jus cogens*) et leur effet sur la *FSIA*. Liées par les propos de la Cour suprême dans l'affaire *Amerada Hess, supra,*

[8] *The Schooner Exchange c. McFaddon,* 7 Cranch 116 (1812).

[9] *Siderman de Blake c. Republic of Argentina,* 965 F.2d 699 (9th Cir. 1992).

[10] *Sampson c. Federal Republic of Germany,* 250 F.3d 1145 (7th Cir. 2001).

les cours fédérales ont rejeté les arguments de droit international en affirmant la primauté de la *FSIA*. Alors que les arrêts *Siderman* et *Sampson* mériteraient d'être analysés et disséqués à fond dans un ouvrage comme celui-ci, Cooper-Hill se contente d'en faire la simple synthèse. Il résume les prétentions des parties et les décisions des cours sans offrir l'ombre d'une critique ou le moindre commentaire, outre son opinion (à la p. 115) que la thèse de l'hiérarchie des normes dans *Siderman* est "*a fine argument.*" Le chapitre 9 est d'autant plus décevant du fait qu'on n'y retrouve aucune tentative de le rattacher à la thématique du terrorisme et aux débats continus en droit international sur le bien-fondé, voire la possibilité, de définir ce concept. Cette question est effleurée, très légèrement, au début du chapitre 12 (intitulé "War and the Military").

En définitive, les chapitre les plus notoires de cet ouvrage sont les chapitres 11 (*Anti-Terrorism and Effective Death Penalty Act* of 1996), 13 ("Compensation of Terrorism Victims") et 14 ("Calculation of Damages"). Ensemble, ils offrent aux non-initiés un aperçu détaillé de l'historique de l'*AEDPA*, de ses dispositions principales, de ses modifications subséquentes et de la jurisprudence pertinente. Encore une fois, la teneure est descriptive, et non pas analytique et surtout pas critique. L'auteur ne remet aucunement en question la licéité au regard du droit international de la politique discriminatoire des États-Unis à l'endroit des soit disant "*state sponsors of terrorism,*" un palmarès de l'ignominie où figurent (en date de cette recension) la Corée du nord, le Cuba, l'Iran, la Syrie, et le Soudan (la désignation de l'Irak ayant été résiliée en 2004 et celle de la Libye en 2006). Leur mise à l'index est un geste politique qui relève de l'exécutif, mais en vertu de l'*AEDPA*, ces pays parias ne jouissent d'aucune immunité s'ils sont poursuivis en dommages-intérêts par un citoyen des États-Unis relativement à un acte de terrorisme. Qui plus est, les modifications subséquentes de l'*AEDPA* permettent l'exécution des jugements obtenus à même les biens "gelés" de ces états qui ont été saisis par les États-Unis. Il s'agit là d'un régime qui a été à juste titre fortement critiqué par d'autres,[11] mais pas par Cooper-Hill.

[11] Voir e.g. A. Taylor, "Another Front in the War on Terrorism? Problems with Recent Changes to the Foreign Sovereign Immunities Act" (2003) 45 Ariz. L. Rev. 533; M. Reisman & M. Hakimi, "Illusion and Reality in the Compensation of Victims of International Terrorism" (2003) 54 Ala. L. Rev. 561; K. Sealing, "'State Sponsors of Terrorism' Is a Question Not an Answer: The Terrorism Amendment to the FSIA Makes Less Sense Now Than It Did Before 9/11" (2003) 38 Tex. Int'l L. J. 119; K. Shook, "State Sponsors of Terrorism are Persons, Too: The Flatow Mistake" (2000) 61 Ohio St. L. J. 1301.

Malgré toutes les difficultés qu'elles soulèvent, la *FSIA*, l'*AEDPA* et leurs modifications forment un régime législatif audacieux qui a néanmoins le mérite de faire valoir les droits des victimes de terrorisme. La mise en œuvre du droit international par les tribunaux domestiques est certainement digne d'intérêt, et c'est dont il est parfois question dans cet ouvrage. La présentation du droit étatsunien est détaillée et les annexes législatives très utiles. Malheureusement Cooper-Hill n'offre pas au lecteur le bénéfice de sa grande expérience de plaideur. Il limite ses commentaires généraux à quelques paragraphes au dernier chapitre ("The Future of Terrorism Litigation"). En défendant la politique architectonique du contentieux civil contre les états qui financent le terrorisme, Cooper-Hill avance (à la p. 189): "*[E]very dollar paid in damages to a victim of terrorism is one less dollar that terrorist states have to spend on acts of terrorism.*" L'auteur n'appuie pas cette affirmation par des études empiriques, mais à la lumière des sommes faramineuses payées à ce jour en dommages-intérêts aux parties demanderesses sous l'égide de l'*AEDPA* (plus de 10$ milliards),[12] il est difficile de s'imaginer que le régime de compensation étatsunien soit sans effet. En définitive, une discussion plus approfondie de ses mérites et de ses lacunes aurait été souhaitable, tant du point des victimes que des relations internationales. Mais Cooper-Hill ne semble pas s'intéresser à cette dimension de sa pratique.

À la dernière page de son ouvrage (à la p. 190), il résume implacablement l'état des choses: Grâce au régime créé par la *FSIA* et l'AEDPA, "*victims are allowed to seek compensation from the terrorist government which injured them. It is the American way.*" Pour l'instant, fort heureusement, il est possible de répondre à Cooper-Hill en disant : "*Only in America.*" Cependant, avec le projet de loi S-225 (*Loi modifiant la* Loi sur l'immunité des États *et le* Code criminel *(décourager le terrorisme en permettant un recours civil contre les auteurs d'actes terroristes et ceux qui les soutiennent)* qui vient de franchir la deuxième lecture au Sénat (9 avril 2008), il est possible (mais peu probable) que le livre de Cooper-Hill devienne pour nous, avocats et chercheurs canadiens, un outil de travail important et non pas seulement une curiosité étatsunienne.

François Larocque
Faculté de droit, Section de common law, Université d'Ottawa

[12] CRS Report for Congress: *Suits against Terrorist States by Victims of Terrorism*, 17 décembre 2007, Order Code 31258, à la p. 52, <http://fas.org/sgp/crs/terror/RL31258.pdf>.

Self-Determination of Peoples and Plural-Ethnic States in Contemporary International Law: Failed States, Nation-building, and the Alternative Federal Option. By Edward McWhinney. Leiden and Boston: Martinus Nijhoff Publishers, 2007. 133 pages.

During its long political and legal "career," the idea of self-determination has been questioned by many international legal scholars. Self-determination has been called "ridiculous,"[1] "evil,"[2] "entirely undefinable,"[3] and, more recently, "hopelessly confused and anachronistic,"[4] a "lex obscura."[5] Even during the Cold War — when self-determination enjoyed a period of conceptual stability — some authors argued that "the very principle ... has already reached the limits of its applicability."[6] However, from Kosovo to Tibet, the struggle for independence and political autonomy remains one of the central features of world politics. The persistence of the simultaneous processes of state building and state failure require that we re-engage the idea of self-determination in the world of today, where "verities and policy imperatives of the old, bipolar model" can no longer persuasively respond to the current global geo-political onjuncture.[7] In his new book, *Self-Determination of Peoples and Plural-Ethnic States in Contemporary International Law,* Edward McWhinney takes up this challenge, arguing in favour of federalism as an appropriate response to the phenomenon of failed multi-ethnic states.

While in the introductory chapter McWhinney sketches a well-known history of self-determination, in Chapter 2 he turns his attention to the emergence of states in classical international law. In

1 I. Jennings, *The Approach to Self-Government* (Cambridge: Cambridge University Press, 1956) at 56.

2 A. Etzioni, "The Evils of Self-Determination" (1992) 89 For. Pol. 21 at 21.

3 J.H.W. Verzijl, "The Right to Self-Determination," in H.W. Verzijl, ed., *International Law in Historical Perspective,* Volume I (Leyden: A.W. Sijthoff, 1968) 321 at 321.

4 G. Simpson, "The Diffusion of Sovereignty: Self-Determination in the Post-Colonial Age" (1996) 32 Stan. J. Int'l L. 255 at 257.

5 J. Crawford, "Right of Self-Determination in International Law: Its Development and Future," in P. Alston, ed., *Peoples' Rights* (Oxford: Oxford University Press, 2001) 7 at 10.

6 S. Prakash Sinha, "Is Self-Determination Passé?" (1973) 12 Col. J. Transnat'l L. 260 at 260.

7 Edward McWhinney, *Self-Determination of Peoples and Plural-Ethnic States in Contemporary International Law: Failed States, Nation-building, and the Alternative Federal Option* (Leiden and Boston: Martinus Nijhoff Publishers, 2007) at 87.

this chapter, he pays particular attention to British and American doctrines of recognition and to developments in the practice of recognition after the end of the Cold War. A special place is reserved for the dissolution of Yugoslavia, where McWhinney joins the numerous scholarly critiques challenging the political judgment of the outside actors that decided to recognize the seceding Yugoslav republics without first accomplishing a comprehensive political settlement for the dissolution of the Yugoslav federation. Drawing not only on legal materials but also on the memoirs of various influential political actors, McWhinney paints a persuasive picture of outside involvement in the Yugoslav crisis. While his analysis of the various doctrines and practice of recognition is persuasive, he does not link this discussion in a straightforward manner to the overarching theme of his book — self-determination.

Chapter 3 presents a survey of the practice of admission and exclusion of states from membership in the United Nations (UN) from 1945 to this day. Analyzing the early practice of admission, McWhinney focuses on the ruling of the International Court of Justice (ICJ) in 1950, which ruled out the possibility of admission of a new country to the UN without the recommendation of the Security Council. In the current context, this episode is worth remembering because of one of the main elements in the Russian and Serbian strategy of undermining Kosovo's independence: reliance on a Russian veto of any Security Council recommendation of admission of Kosovo to membership in the UN. Continuing his survey of admission to the UN after the end of the Cold War, McWhinney again tackles the Yugoslav case. He takes issue with the UN decision not to recognize the Federal Republic of Yugoslavia as a rightful successor to the Socialist Federal Republic of Yugoslavia, claiming that the decision was "political, rather than legal in its motivation."[8]

In Chapter 4, McWhinney deals with the principles of territorial integrity of states and *uti possidetis juris*. He joins what seems to be an emerging consensus among scholars that invocation of the *uti possidetis* principle — the respect for pre-existing administrative boundaries — was a mistaken transplantation of a legal principle from decolonization of Latin America and Africa to the context of the dissolution of a multinational federation, such as the former Yugoslavia.[9]

[8] *Ibid.* at 45.

[9] See generally S. Lalonde, *Determining Boundaries in a Conflicted World: The Role of Uti Possidetis* (Montreal and Kingston: McGill-Queen's University Press, 2002); P. Radan, *The Break-up of Yugoslavia and International Law* (London: Routledge,

However, while the topic of McWhinney's book is self-determination, he does not explore the troubled relationship between the principles of *uti possidetis* and self-determination. For example, Richard Caplan has rightly noted that

> while the EC affirmed the principle of self-determination in its guidelines for recognition, the Commission did not invoke the principle in support of the republics' independence claims ... *Badinter, in fact, invoked the principle of self-determination not to support but to restrict the emergence of new states in the region.*[10]

In other words, self-determination of peoples was not the legal ground for the independence of the secessionist Yugoslav republics. However, in the African context, the ICJ managed to retain the link between *uti possidetis* and self-determination by claiming that "the maintenance of the territorial status quo in Africa is often seen as the *wisest course*, to preserve what has been achieved by peoples who struggled for their independence, and to avoid disruption which would deprive the continent of the gains achieved by much sacrifice."[11] In sum, *uti possidetis* has been seen as an "essential requirement of stability [of new states, needed] in order to survive, develop and gradually consolidate their independence in all fields."[12] To put it differently, the ICJ reconciled self-determination with *uti possidetis* by postulating the *joint* struggle of several "peoples" against outside

---

2002); H. Hannum, "Self-Determination, Yugoslavia and Europe: Old Wine in New Bottles?" (1993) 3 Transnat'l L. & Contemp.Probs. 57; M. Pomerance, "The Badinter Commission: The Use and Misuse of the International Court of Justice's Jurisprudence" (1998) 20 Mich. J. Int'l L. 31; S. Ratner, "Drawing a Better Line: *Uti Possidetis* and the Borders of New States" (1996) 90 A.J.I.L. 590; J.A. Frowein, "Self-Determination as a Limit to Obligations under International Law," in C. Tomuschat, ed., *Modern Law of Self-Determination* (Dordrecht: Martinus Nijhoff Publishers, 1993) 211.

10 R. Caplan, *Europe and the Recognition of New States in Yugoslavia* (Cambridge: Cambridge University Press, 2005) at 69 [emphasis added]. For a different and arguably mistaken opinion, see J. Dugard and D. Rai, "The Role of Recognition in the Law and Practice of Secession," in M.G. Kohen, ed., *Secession: International Law Perspectives* (Cambridge: Cambridge University Press, 2006) 128. Dugard and Rai are right to claim that the European Community justified the independent statehood of the Yugoslav republics by recourse to self-determination of peoples. However, they are wrong in attributing that opinion to Badinter's Commission.

11 *Case Concerning the Frontier Dispute (Burkina Faso/Republic of Mali),* [1986] I.C.J. Rep. 554 at para. 25 [emphasis added].

12 *Ibid.*

colonial rule within a single jurisdiction. The purpose of *uti possidetis* was to prevent a potential colonial rollback. This rollback would be made possible if the newly independent states were unconsolidated by internal bickering. The ICJ *presupposed* that the various groups were united in their desire to safeguard their hard won freedom against outside colonial forces by staying together within a single unit. In the Yugoslav case, the situation could not be more different. In Yugoslavia, the paramount issue was not to prevent outside meddling but, rather, to determine who would live with whom. Thus, in the Yugoslav case, *uti possidetis* and self-determination are put into sharp relief.

In Chapter 5, McWhinney surveys "federalism and constitutional pluralism as self-determination options for plural-ethnic states."[13] McWhinney devotes a significant amount of space to discussing the "Anglo-Saxon" concept of federalism and, more specifically, its Canadian variant, which he uses as a "paradigm ... for plural-ethnic societies elsewhere."[14] McWhinney also discusses the federal and confederal options for the former Yugoslavia and speculates whether it would have been possible to "move from a federal to a confederal system as a practical option that would [have] allow[ed] retaining the integrity of the existing state of Yugoslavia."[15] While McWhinney's account of the political and legal developments surrounding the Yugoslav crisis is detailed and accurate, his optimism regarding further devolution of what was already an extremely devolved Yugoslav federation is misplaced. The Yugoslav Constitution of 1974 reconstructed Yugoslavia into a very loose federation. The federal Assembly, presidency, and Constitutional Court were constituted according to strict parity among the component republics. As a result, no institutional space was left for representation of a Yugoslav-wide federal "demos." In addition, the Yugoslav republics were designated as "states" in which the Yugoslav "constituent nations" exercised their sovereign rights.[16] Therefore, Canadian federalism could not serve as a realistic blueprint, at least not in the Yugoslav case, as McWhinney seems to suggest. Even after all of the pragmatic devolution and symbolic accommodation of Québec

[13] McWhinney, *supra* note 7 at 62.

[14] *Ibid.* at 63.

[15] *Ibid.* at 84.

[16] For an account of "constitutional nationalism" that contributed to Yugoslavia's demise, see R.M. Hayden, *Blueprints for a House Divided: The Constitutional Logic of the Yugoslav Conflicts* (Ann Arbor: University of Michigan Press, 1999).

nationalism, Canada remains a much more tightly knit political community than Yugoslavia ever was in the late 1970s and early 1980s. In other words, whatever Québec may have demanded and received from the rest of Canada, the Croats and Slovenians already enjoyed more of in the former Yugoslavia.

However, while Canadian constitutional law can offer little when it comes to ethnic accommodation, it is more useful, ironically, when it comes to suggesting prescriptions for full-blown secession. For example, the Supreme Court of Canada's decision in *Reference re Secession of Québec* offers a pragmatic blueprint for a situation structurally similar to the one existing in the former Yugoslavia.[17] A substantial part of the population in a component unit wants unilaterally to leave the federal bargain (Québecois/Croatians) and take with it the whole of its territory, while minority nations (James Bay Cree/Krajina or Bosnian Serbs) and the federal government oppose such a plan. The most important part of the Court's opinion was the rejection of self-determination as the governing normative principle of Québec's potential secession. Instead, the Court mandated a political process that would respond in good faith to Quebec's aspirations for independence while, at the same time, taking into the account the interests of other participants in Confederation.[18] This process, the Court implied, would not *a priori* exclude the correction of the provincial boundaries of Québec.[19]

In Chapter 6, McWhinney seeks to outline "new thinking on recognition and state succession."[20] He rightly notices that recognizing new states is increasingly done on an "*ad hoc* basis."[21] He claims that a new doctrine of recognition represents "a melding of the old Declaratory and Constitutive theories of Recognition." Such melding is accompanied by new criteria for recognition, possessing a *jus cogens* character. The fulfilment of these criteria is increasingly determined "on a collective, regional basis by 'likeminded' states."[22] In addition, the failure of plurinational states to conform to the standards of "good behaviour" — here McWhinney probably has Yugoslavia in mind — could result in the withdrawal of recognition and expulsion of such a state from the UN and other regional

17 *Reference re Secession of Québec,* [1998] 2 S.C.R. 217.

18 *Ibid.* at para. 92.

19 *Ibid.* at para. 96.

20 McWhinney, *supra* note 7 at 91.

21 *Ibid.* at 87.

22 *Ibid.* at 91.

bodies.[23] Finally, the *uti possidetis* principle — irrespective of the lack of normative justification for it — is becoming a governing principle in state formation.

In the final chapter, McWhinney tackles the political crises in Yugoslavia, Israel-Palestine, Iraq, and Québec in order to distil the prescriptions that should guide the emergence of new states after the end of the Cold War. These prescriptions are prudential and include the need for a prior representative international consensus as well as the importance of timing, co-option of local elites, and a context-sensitive transplantation of foreign constitutional structures and practices.

While McWhinney's book is timely, written with acumen, and full of individual insights, its overarching argument is not so clear. For example, how do discussions on state recognition and admission to the UN relate to the principle of self-determination? "Recognition" and "admission" are the *tools* for attaining and solidifying independent statehood. Self-determination, on the other hand, is the independent statehood's normative *justification*. McWhinney correctly notes that these tools are used in an increasingly prudential fashion. He mentions "new pragmatic realism" and "doing what comes naturally,"[24] and, towards the end of the book, he advocates "rules of prudence" in the process of state building.[25] Yet where does that leave the legal principle of self-determination? If doing what comes naturally is inescapable, should we abandon the principle of self-determination altogether?

The political rhetoric enveloping Kosovo's troubled road to independent statehood is an example of how a post-self-determination discourse might look. Instead of invoking the right to self-determination in international law, the US secretary of state asserted that it is

> [t]he *unusual combination of factors* found in the Kosovo situation — including the context of Yugoslavia's breakup, the history of ethnic cleansing and crimes against civilians in Kosovo, and the extended period of UN administration — [which] are not found elsewhere … [that] make Kosovo a special case. Kosovo cannot be seen as a precedent for any other situation in the world today.[26]

[23] *Ibid.* at 92.

[24] *Ibid.* at 93.

[25] *Ibid.* at 126.

[26] "U.S. Recognizes Kosovo as Independent State," *Department of the State*, <http://www.state.gov/secretary/rm/2008/02/100973.htm> [emphasis added].

Except for Albania, Kosovo's kin-state, which justified its recognition of Kosovo by invoking the right of peoples to self-determination,[27] other major Western powers that have recognized Kosovo have followed the American example. None of them have grounded their decision to recognize Kosovo as an independent country in a norm of international law.[28] Moreover, Kosovo Albanians' Declaration of Independence itself, while referring to the "call of our people" and claiming that it reflects "the people's" will, conspicuously omits grounding Kosovo's independence in the norm of self-determination. McWhinney mentions the "dialectical unfolding of the self-determination principle," but we are left bereft of the actual argumentative moves through which this "unfolding" takes place and what it means for the status and content of the principle of self-determination.[29]

A similar ambiguity mars the book's consideration of the relationship between self-determination and federalism. From McWhinney's analysis, it is not clear how self-determination and federalism are conceptually related. Is federalism, advocated by McWhinney, grounded in the right of internal self-determination or is it just a prudential device for ethno-cultural accommodation? If it is grounded in the principle of self-determination, should we see it as self-determination's most appropriate incarnation or merely as another possibility for exercising a right of self-determination? If, on the other hand, federalism is nothing but a device for prudential accommodation of conflicting ethnic agendas, should such federal arrangements continue to pay (prudential) lip-service to the principle of self-determination or not? For example, one can legitimately argue that the verbiage of self-determination in the Yugoslav Constitution of 1974 contributed to framing the conflict in categorical, "either-or" terms and prevented the prudential accommodation of the conflicting ethnic interests in this case.

Notwithstanding these ambiguities, however, McWhinney's book should be credited for its overall orientation, including the

27 "Albania Recognizes Kosovo," *Balkan Insight* (19 February 2008), <http://www.balkaninsight.com/en/main/news/8009/>.

28 See, for example, the stance of the Canadian government, which closely mirrors the United States' position by emphasizing "the unique circumstances which have led to Kosovo's independence." "Canada Joins International Recognition of Kosovo," *Foreign Affairs and International Trade Canada News Release*, 18 March 2008, <http://w01.international.gc.ca/MinPub/Publication.aspx?isRedirect=True&Language=E&publication_id=385955&docnumber=59>.

29 McWhinney, *supra* note 7 at 87.

appreciation of the critical role of outside actors in creating new states and a prudential approach to state building. This accomplishment, together with the other insights contained in this book, should impel scholars not only to take a second look at the principle of self-determination but also to radically reconceptualize it.

Zoran Oklopcic
SJD Candidate, Faculty of Law, University of Toronto
Assistant Professor, Department of Law, Carleton University, Ottawa

International Human Rights and Canadian Law: Legal Commitment, Implementation and the Charter. By William A. Schabas and Stéphane Beaulac. Scarborough: Carswell, 2007. 532 pages.

William Schabas's *International Human Rights Law and the Canadian Charter* first appeared in 1991. While others had written on the relationship between Canada's new constitutional rights provisions and the international human rights movement, Schabas's contribution stood out for its thoroughness, clarity of purpose, and usefulness to the reader, be she practitioner or scholar. The book offered a succinct introduction to international human rights law together with a fulsome account of how, and to what extent, these norms might find their way into Canadian law by means of the *Canadian Charter of Rights and Freedoms.* A second edition appeared in 1996, building on the solid foundations of the first.

Schabas, together with his new co-author, Stéphane Beaulac, now offers a third edition of this work under the new name *International Human Rights and Canadian Law: Legal Commitment, Implementation and the Charter.* The significance of the name change is unclear. The focus of the book remains the interaction between international human rights law and the *Charter.* Other, non-constitutional means by which international human rights norms may enter Canadian law are not considered in any detail. While the book now claims to be a "study concerned with international human rights law" rather than primarily a work of Canadian constitutional law, nearly half the book is taken up by a consideration of the *Charter*'s provisions in the light of international law.[1] Like its earlier incarnations, the

[1] William A. Schabas and Stéphane Beaulac, *International Human Rights and Canadian Law: Legal Commitment, Implementation and the Charter* (Scarborough: Carswell, 2007) at 3.

third edition is likely to be of interest chiefly to Canadian readers seeking to understand the relationship between human rights as protected by the *Charter* and human rights as established in international law.

The work's consideration of international human rights law and Canada's role in its development has been expanded in engaging and instructive ways. At the outset, the book now includes a fascinating discussion of Canada's political and diplomatic dithering over the negotiation and adoption of the *Universal Declaration of Human Rights* in 1948 by the United Nations General Assembly. The authors' behind-the-scenes account of Canadian ambivalence towards the declaration at the highest levels offers a counterpoint to the self-congratulatory accounts of Canada's role in the international human rights movement sometimes fostered by government departments. Also of interest is a new discussion of complaints filed against Canada at the UN for alleged violations of the declaration in its early years. Other notable features of the third edition include expanded discussions of international humanitarian law, international criminal law, UN human rights treaties, and complaints against Canada before the UN Human Rights Committee. These additions go beyond the updated discussions of international and Canadian legal developments that one expects in a new edition, while, for the most part, retaining the structure of the previous editions.

Despite these admirable additions, the third edition strikes a discordant note not found in its predecessors. Schabas's original work invited its readers — whom it imagined would consist of Canadian lawyers, judges, academics, students, and human rights activists — to familiarize themselves with international human rights law with a view to using it in constitutional litigation. The idea motivating this new edition is not so clear. While much of the book continues to show ways for internationally minded public lawyers and scholars to incorporate international human rights norms into their work, some new passages reveal an ambivalence to international human rights law as a significant influence on Canadian law. For example, the authors endorse the much-criticized statements of the Ontario Court of Appeal in *Ahani v. Canada (Attorney General)*[2] that the 1966 *International Covenant on Civil and Political Rights* is not implemented in Canadian law and therefore has no legal effect in this country, calling this conclusion "inescapable."[3] To the contrary,

[2] *Ahani v. Canada (Attorney General)* (2002), 58 O.R. (3d) 107.

[3] Schabas and Beaulac, *supra* note 1 at 67.

these *dicta* are very debatable, revealing an impoverished notion of what constitutes treaty implementation in Canadian legislative practice.[4] Elsewhere, the authors argue at length against applying, in *Charter* cases, the well-established interpretive presumption of conformity with international law, advancing instead a "contextual" approach that would, by all appearances, permit the courts greater latitude to find that the *Charter* does not, and need not, conform to Canada's treaty obligations.[5] Such an approach is inconsistent with Supreme Court of Canada authority, as most recently affirmed in *R. v. Hape*.[6] The authors cite *Suresh v. Canada (Minister of Citizenship and Immigration)* as support for this approach, in spite of the fact that this case has been panned both in Canada and internationally for its failure to respect one of the most well-established international human rights, namely the right of *non-refoulement* to torture.[7] Surely, the *Suresh* case proves the failure of interpretive approaches to the *Charter* that do not insist, at least as a rebuttable presumption, on its conformity with international law. Yet in their further consideration of *Suresh* in the context of the *Charter*'s right to life, liberty, and security of the person, the authors characterize the court's waffling on the international legal status of torture as "wise."[8]

As noted earlier, most of this book consists of a lengthy consideration (in chapter 4) of *Charter* rights and case law in light of international human rights law. Previous editions sought to catalogue and analyze references to international legal norms by Canadian courts in *Charter* cases. As the authors note in the preface to the present edition, the book's subject matter has now passed from avant-garde to mainstream. The cataloguing function of the previous editions has therefore become less important and the analytical function has become more so. The authors have recognized this in part by dropping from this edition an appendix of Canadian cases referring to international human rights and humanitarian law. Yet a more comprehensive revision of some of the *Charter* discussions would have been welcome. Occasional and frequently

[4] See, for example, E. Eid and H. Hamboyan, "Implementation by Canada of Its International Human Rights Treaty Obligations: Making Sense out of the Nonsensical," in O. Fitzgerald, ed., *The Globalized Rule of Law: Relationships between International and Domestic Law* (Toronto: Irwin Law, 2006) 449.

[5] Schabas and Beaulac, *supra* note 1 at 90–101.

[6] *R. v. Hape,* 2007 SCC 26 at para. 53.

[7] *Suresh v. Canada (Minister of Citizenship and Immigration),* [2002] 1 S.C.R. 3.

[8] *Ibid.* at 355.

inconclusive references to international law by dissenting judges or lower courts in *Charter* cases from the 1980s and 1990s were more pertinent in previous editions than they are today, yet many of these discussions have been preserved in the third edition. The authors have added more recent cases, of course. The book is by no means outdated. Yet the *Charter* discussions sometimes lack focus, combining as they do summaries of leading decisions of the Supreme Court of Canada with dissenting opinions and lower court judgments of questionable authority.

Perhaps the most remarkable aspect of Canadian law on the interaction of international human rights and the *Charter* in the eleven years between the second and third editions of this book is how little this law has developed. A reader of Schabas's second edition in 1996 might reasonably have believed that, by 2007, the Supreme Court of Canada would have resolved some of the theoretical problems hampering a more fulsome resort to international law by courts and counsel in *Charter* cases. The third edition offers little more insight into how one may legitimately and effectively rely on international human rights norms in *Charter* cases than did the second, but this fact is certainly not the authors' fault. Blame must fall on the Supreme Court of Canada, which, in the long period between the second and third editions, failed to establish clear reception rules in the *Charter* context despite opportunities to do so. Shortly after the third edition appeared, however, the Supreme Court of Canada released two major judgments that may — it is still too soon to say — finally establish a framework for international legal argument in *Charter* cases: *Hape* (strongly endorsing the presumption of conformity with international law and applying it to section 32 of the *Charter*) and *Health Services and Support-Facilities Subsector Bargaining Assn. v. British Columbia* (seemingly adopting the presumption of conformity with respect to substantive *Charter* rights, in particular, the right to freedom of association).[9] The timing of these judgments is unfortunate for the authors in one sense, for they no doubt would have relished the opportunity to consider them. Yet the release of these judgments also serves to underscore how timely this work continues to be. The authors are to be congratulated for bringing Schabas's fine work into a third edition. It is very much to be hoped that this work will continue to be updated in the coming years, as the relationship between the *Charter* and

[9] *Health Services and Support-Facilities Subsector Bargaining Assn. v. British Columbia*, 2007 SCC 27.

international human rights law becomes clearer and, perhaps, more significant.

Gibran van Ert
Associate, Hunter Litigation Chambers, Vancouver

Law and Practice of the United Nations: Documents and Commentary. Edited by Simon Chesterman, Thomas M. Franck, and David M. Malone. Oxford: Oxford University Press, 2008. 648 pages.

This book is described in the introduction as the product of a seminar at New York University School of Law. The course was begun in 1957 by Professor Franck and was taught from time to time in later years by Professors Malone and Chesterman. The authors are obviously very well equipped to write such an original work. It is designed for students of international law and international relations studying at the United Nations (UN). The pedagogic objective is to have students gain an understanding of international law and practice in the UN setting. The emphasis is on primary materials, which make up the bulk of its 600 or so pages.

The authors accept the challenge of incorporating UN practice into a larger, primarily legal, scheme. It is a daunting challenge, and they are to be congratulated for taking it on. It is a unique contribution to UN literature and to the interaction of law and practice. Each chapter has a series of questions, both relevant and pointed, that can be used to facilitate discussion. The book is strikingly comprehensive and is well edited for its purposes. In the authors' words, this work draws selectively from six decades of practice to examine underlying themes and principles concerning the normative context within which the United Nations operates.

The introduction, which is the work of all three authors, is an essay in its own right on the fundamental question of whether the UN *Charter* is a constitution as well as a treaty. This leads the authors to discuss whether the *Charter* possesses the characteristics that seem to be required of constitutions, which they do in considerable detail. Although not expressed in so many words, it is clear that the authors believe that it does. For them, the *Charter* is a living instrument analogous to the constitutions of the United States and Canada. To this end, they invoke well-known utterances in the Supreme Court of the United States and the Judicial Committee of the Privy Council.

The authors argue that certain resolutions and other acts of the UN are to be viewed as amendments to the *Charter*. They do not distinguish between third party judicial review and the claims of those relying on the often confused or vague language used in the UN process. The authors have made a strong case, perhaps the best possible, that the *Charter* is a living instrument and that the conduct of the UN, and the Security Council in particular, should be seen in evolutionary terms. They seem unwilling to contemplate any conclusion but that the UN, in particular, the Security Council, has wide-ranging and largely unchecked plenary powers. The frequent legal imprecision of Security Council resolutions, and particularly their constitutional basis, seems to be accepted simply as being inevitable. This situation seems to be viewed as a manifestation of the political aspects of any UN behaviour. For this reviewer at least, the discomfort is not so easily dismissed.

In the final section of the introduction, the authors suggest pointedly that how the question of constitutionality is answered "may well determine the ability of the Organization to continue to reinvent itself in the face of new challenges thereby assuring its enduring relevance to the needs of states and the emergence of an international community." This reviewer finds this a heavy load to be carried by an organization that many regard as essentially dysfunctional in certain critical areas. Looking at the body of the book, it is clearly comprehensive and well edited. Extracts could be drawn upon for use in a variety of non-UN oriented situations. It would certainly be an invaluable resource for diplomats accredited to the UN in New York, Geneva, or Vienna as well as the headquarters of the specialized agencies. This reviewer has only a small quibble and that is the use of a grey background for all of the primary materials, which this reviewer found distracting. The presentation is otherwise very clear.

This reviewer would have preferred that more attention be given to the importance of disaggregating law and policy. In some cases, the comments introducing cases and other materials could be more ample, with "high level panels," for example, being more clearly identified. It would also have been helpful to have brief comments on the use of such UN documents in state practice. This would be useful not only for pedagogic purposes but also to give weight to the authors' underlying premise about constitutionality.

It would also have been helpful to have a few comments from the authors as to how they see the application of the rule of law concept in such circumstances. There is indeed a very substantial question about when the practices identified by the authors take on the character of law, quite apart from constitutionality.

The authors explicitly acknowledge that the UN *Charter* contains no explicit power to establish ad hoc international criminal tribunals. However, they argue that the *Charter* does empower the Security Council to do so, and they invoke the term "autochthonous powers" to this end. On the other hand, they do discuss who is to interpret the *Charter*. In this context, they cover in some detail the *Lockerbie* cases. They also have a useful section on the Security Council as legislature. They also cover in detail the cases dealing with the use of force by the UN or the use of force authorized by the UN.

It is a stimulating book that students are likely to find both challenging and engaging. Its greatest use is likely to be as a text for discreet courses on the UN. Unfortunately, a recent informal canvas of Canadian law schools by this reviewer suggests that perhaps only one half of them currently have a course on the UN or on international organizations in general.

MAURICE COPITHORNE, Q.C.
Faculty of Law, University of British Columbia

Terror and Anti-Terrorism: A Normative and Practical Assessment. By Christopher L. Blakesley. Ardsley, NY: Transnational Publishers, 2006. 329 pages.

Almost seven years since the events of 9/11, bookshelves groan under the weight of books discussing, describing, and analyzing the legal implications of that day and of terrorism and anti-terrorism more generally. Some, such as Helen Duffy's instructive and comprehensive treatise, *The "War on Terror" and the Framework of International Law* (Cambridge: Cambridge University Press, 2005), constitute important resources to be kept close to the elbow of international lawyers with an interest in this issue. Others, such as Michael Ignatieff's now infamous *The Lesser Evil: Political Ethics in an Age of Terror* (Toronto: Penguin Canada, 2004) are provocative polemics that galvanize energetic debate in law school seminars and less than edifying mudslinging in the House of Commons. Still others inhabit an uncomfortable nether region between academic treatise and philosophic musings.

Christopher Blakesley's book, *Terror and Anti-Terrorism: A Normative and Practical Assessment*, falls squarely in this last class. Never quite deciding whether to be exhaustive scholarly assessment or extended literary critique, the book tries to do too much in too many areas and, as a result, does too little in most. Blakesley's book begins well enough, with an instructive and interesting essay — or "rumination" in the author's words — on terrorism, which is examined as a historical and cultural phenomenon. The author weaves historical insight with literary reference to create a fascinating and unusual introduction to a legal book. Nevertheless, in these introductory sections he does not clearly spell out his mission and provide readers with a solid sense of the *raison d'être* for his book. Instead, readers are left puzzled by the book's overall mission, as literary musings are followed by exhaustively detailed descriptions of (mostly) United States law interspersed with discussions of public international law topics such as international criminal law. The book reads like a series of discrete essays — indeed, at times like memoranda — cobbled together as a book. The net result is a volume whose sum is probably less than its parts. And even those parts are at times less comprehensive than they deserve to be.

By way of example, Blakesley devotes a chapter to the legal definition of terrorism — a vexed problem that has hindered the evolution of international law in this area for the better part of a century. The author quite correctly examines early League of Nations efforts at solving the definition conundrum, but then almost completely ignores the actual evolution of the definition of terrorism in treaty law, examines almost in passing recent United Nations (UN) Security Council resolutions on the topic, and launches into a more exhaustive (and critical) discussion of US approaches to definition (best described as "sweeping"). Along the way, Blakesley extracts insight from Herman Melville's famous Captain Ahab in *Moby Dick* (on humanity's self-destructive tendencies).

He does not, however, discuss in any real way the shortcomings or advantages of the thirteen multilateral anti-terrorism treaties that side step the problem of definition by carving out certain specific acts as terroristic. Nor does he examine thoroughly the emergence of a proto-consensus definition in, for example, the *International Convention for the Suppression of the Financing of Terrorism* — an "act intended to cause death or serious bodily injury to a civilian, or to any other person not taking an active part in the hostilities in a situation of armed conflict, when the purpose of such act, by its nature or context, is to intimidate a population, or to compel a Government or an international organization to do or to abstain from doing any act."[1] Finally, Blakesley seems to ignore recent debates about definition that have stalled efforts to develop a comprehensive, multilateral anti-terrorism convention.

The last omission is something surprising, given the author's preoccupation, in a number of different chapters, with juxtaposing terrorism with war crimes and crimes against humanity and grappling with the fraught issue of "state terrorism." Progress on a comprehensive anti-terrorism treaty has been, as of the middle of this decade, stymied by exemptions from the definition of terrorism for armed forces in situations of armed conflict and state military forces acting in the course of official functions. Read narrowly, these exclusions are choice of law provisions that relegate state action to the realm of international humanitarian and human rights law. Neither of these bodies of law give a state *carte blanche* to engage in unconstrained violence. It is certainly the case, however, that international humanitarian law does generally privilege state violence in situations of armed conflict over those of non-state actors (for example, unprivileged belligerents). The question of state terrorism might, therefore, be examined through a careful critique of how international law paints an otherwise identical act as legal or illegal, depending on the perpetrator. A careful examination of this sort is missing from Blakesley's treatise.

Blakesley intersperses his examination of the terrorism/war crimes/crimes against humanity nexus with an extended chapter on rules of extraterritoriality in (mostly) US law, with public international law rules on extraterritorial jurisdiction examined almost entirely through the lens of US jurisprudence. This lengthy treatment sits uncomfortably with the overall terrorism-related thrust of the book, since much of the discussion is preoccupied with principles developed in a very different context. Indeed, a notable portion of this chapter examines the reach of US laws outlawing sexual exploitation of children.

In an abrupt transition, the author's memorandum-style chapter on jurisdiction is followed by an extended literary-style critique of some of the leading polemicist pieces in the recent literature on anti-terrorism, including the musings of Michael Ignatieff. At times, this review reads like a blow-by-blow account of the varying views of assorted thinkers, and readers are advised to have the pieces being discussed on hand in order to fully follow Blakesley's critique.

[1] Christopher L. Blakesley, *Terror and Anti-Terrorism: A Normative and Practical Assessment* (Ardsley, NY: Transnational Publishers, 2006).

The author then reverts to his discussion of the *sui generis* nature of terrorism, contrasting the concept against more conventional domestic crimes and, again, against war crimes and crimes against humanity. The discussion of the latter concepts comprises a conventional discussion of the constituent elements of war crimes and crimes against humanity, one that perhaps pays less attention than it really should to the precise circumstances in which terrorism may overlap with one or both of these concepts. These chapters are organized in what, to this reader, seems almost like a stream of consciousness, bouncing between ideas (some quite interesting) but without developing a strong narrative organization that takes the reader from point A to point B. The book culminates with a handful of chapters critical of the United States' conduct of anti-terrorism, raising now common complaints about, among other things, illegal interrogations, detentions, and propagandistic invocations of the terrorism menace.

Christopher Blakesley's book is not a work to which one can usefully turn to answer doctrinal questions about law and terrorism. Nor does its structure make it a compelling normative treatment of the subject. The reader is yanked from excessively detailed treatment of topics only tangential to the author's project to sometimes thinly developed discussions on more squarely relevant topics, cobbled together in a structure that puzzles more than it enlightens. The book is, however, refreshing at times in its invocation of literary passages and insights as a means of examining thorny issues of terrorism and anti-terrorism. If one is prepared to read this book for these vignettes, it is worth the effort.

Craig Forcese
Associate Professor, Faculty of Law, University of Ottawa

Analytical Index / Index analytique

THE CANADIAN YEARBOOK OF INTERNATIONAL LAW

2007

ANNUAIRE CANADIEN DE DROIT INTERNATIONAL

(A) Article; (NC) Notes and Comments; (Ch) Chronique; (P) Practice; (C) Cases; (BR) Book Review

(A) Article; (NC) Notes et commentaires; (Ch) Chronique; (P) Pratique; (C) Jurisprudence; (BR) Recension de livre

Index of Cases / Index de la jurisprudence